中国社会科学院2000年度重大A类科研课题暨2001年度国家社科基金项目，得到中国社会科学院文库出版资助。

中国社会科学院文库
历史考古研究系列
The Selected Works of CASS
History and Archaeology

彩图1　偃师商城遗址鸟瞰

彩图2　偃师商城小城北城墙发掘现场

彩图3　偃师商城大城东北隅城垣剖面

彩图4　偃师商城五号宫室基址

彩图5 偃师商城八号宫室基址西段及十号宫室基址

彩图6 偃师商城水池局部及东水道

彩图7 偃师商城祭祀区祭祀沟内猪牲

彩图8　盘龙城西城门豁口

彩图9　盘龙城二号宫室基址西侧排
　　　水管道

彩图10　垣曲商城东半部

彩图11　郑州商城石板水池

彩图12　郑州商城水池石砌水管道　　　　彩图13　郑州商城人头骨壕沟

彩图14　郑州商城南顺城街窖藏青铜器

彩图15　郑州商城窖藏青铜器"杜岭一号铜鼎"

彩图16　洹北商城一号宫室主殿台阶垫木

彩图17　洹北商城一号宫室屋顶苇束痕迹

彩图18　洹北商城一号宫室焚烧后堆积的红烧土块

彩图19　安阳小屯晚商宗庙宫殿区鸟瞰

彩图20　小屯甲十二基址的仿建

彩图21　1985年小屯西北地发掘情况

彩图22　三星堆大型铜立人像

彩图23　三星堆凸目面具

彩图24　三星堆龙虎尊

彩图25　郑州商城"虎噬人"图像陶罍残片

彩图26-1 吴城遗址（北—南）

彩图26-2 吴城遗址（南—北）

彩图27　吴城西城垣南段

中国社会科学院文库 · 历史考古研究系列
The Selected Works of CASS · History and Archaeology

商代史·卷五

商 代 都 邑

DU YI (CAPTICAL CITIES) IN SHANG DYNASTY

宋镇豪 主编　王震中 著

中国社会科学出版社

图书在版编目（CIP）数据

商代都邑/王震中著 . —北京：中国社会科学出版社，2010.10
（商代史·卷五）
ISBN 978-7-5004-8926-9

Ⅰ.①商… Ⅱ.①王… Ⅲ.①都城—古城遗址（考古）—中国—商代
Ⅳ.①K878

中国版本图书馆 CIP 数据核字（2010）第 137378 号

责任编辑　黄燕生
特邀编辑　张　翀
责任校对　韩天炜
封面设计　孙元明
技术编辑　戴　宽

出版发行　中国社会科学出版社
社　　址　北京鼓楼西大街甲 158 号　　邮　编　100720
电　　话　010－84029450（邮购）
网　　址　http：//www.csspw.cn
经　　销　新华书店
印　　刷　北京君升印刷有限公司　　　装　订　广增装订厂
版　　次　2010 年 10 月第 1 版　　　印　次　2010 年 10 月第 1 次印刷
开　　本　710×1000　1/16
印　　张　33.75
字　　数　590 千字
定　　价　68.00 元

《中国社会科学院文库》出版说明

　　《中国社会科学院文库》（全称为《中国社会科学院重点研究课题成果文库》）是中国社会科学院组织出版的系列学术丛书。组织出版《中国社会科学院文库》，是我院进一步加强课题成果管理和学术成果出版的规范化、制度化建设的重要举措。

　　建院以来，我院广大科研人员坚持以马克思主义为指导，在中国特色社会主义理论和实践的双重探索中做出了重要贡献，在推进马克思主义理论创新、为建设中国特色社会主义提供智力支持和各学科基础建设方面，推出了大量的研究成果，其中每年完成的专著类成果就有三四百种之多。从现在起，我们经过一定的鉴定、结项、评审程序，逐年从中选出一批通过各类别课题研究工作而完成的具有较高学术水平和一定代表性的著作，编入《中国社会科学院文库》集中出版。我们希望这能够从一个侧面展示我院整体科研状况和学术成就，同时为优秀学术成果的面世创造更好的条件。

　　《中国社会科学院文库》分设马克思主义研究、文学语言研究、历史考古研究、哲学宗教研究、经济研究、法学社会学研究、国际问题研究七个系列，选收范围包括专著、研究报告集、学术资料、古籍整理、译著、工具书等。

中国社会科学院科研局

2006 年 11 月

目 录

彩图目录

插图目录

绪　论

视点与方法

在夏商周三代史的研究中乃至在人们使用的术语中，每每把三者视为一体。确实，夏商周三代作为王朝文明史中的三个前后相贯的早期王朝，有其整体性，有其前后相承袭的一面；然而，它们又有很具体、很特殊的另一面。就其特殊性一面来讲，一是商代社会、商的文明本来就与它之前的夏和它之后的周，在诸多方面是不一样的；二是研究三代史的方法手段也略有差异，如对于夏史的研究，我们虽然并不怀疑夏王朝的存在，但由于夏代的文字及用其文字作记录的当时的资料，并未发现，在文献上有关夏的记载仍不出传说的范畴，在考古上究竟哪些遗迹、哪些文化属于夏的文化，依然在讨论之中，还没有形成定论，甚至就连学者们作为夏文化来讨论的中原龙山文化晚期、新砦类型文化、二里头文化的绝对年代的测定，仍然处于变动之中。所以，在夏史的研究中，尽管学者们都试图经过自己的研究尽可能地多确定一些东西，但不明确的地方还是很多。然而，商史的情况却与之不同，商代由于大批甲骨文的发现、大量青铜器的出土、一座座明确属于商代的都邑城址的发掘，使得我们对于商史可以作出全新的研究。本书作为十一卷本《商代史》中的第五卷，主要对商代都邑这一领域作一系统的研究，但由于"汤都亳"是要从先商说起的，所以有关商汤所居之亳邑的问题，还可参考十一卷本《商代史》中的第三卷《商族起源与先商社会变迁》。

本书对商代都邑是按照商代的不同时期分别加以论述的，因而书中首先对商代商文化的考古学分期进行了论述。书中采用了近年来考古学界很有影响的对有商一代所作的早商、中商、晚商这样一种新的考古学分期的三分法，但本书的三分法中有关中商的部分，与一般将二里岗上层第二期作为中商的开始和将"洹北花园庄晚期"作为中商的末期不同，本书中的中商开始于二里岗上层第一期，而洹北花园庄晚期，在本书中是划归入晚商第一期的。中商之所以开始于二里岗上层第一期，是因为偃师商城废弃于二里岗上层第一期，本书采纳了"偃师商城废弃是中商文化开始的标志"这一新的研究成果。至于中商结束的时间，它与晚商的概念的界定相关联，由于本书按照以前较为传统的划分，将盘庚迁殷划入晚商阶段，因而与盘庚、小辛、小乙相联系的洹北花园庄晚期当然也就属于晚商了，也就是说，现在学术界所说的"中商第三期"即"洹北花园庄晚期"在本书中是归入晚商的范畴来论述的，从而书中依然使用了"殷墟文化第一期早段"这一分期称谓。具体说来，早商为成汤灭夏以后至仲丁以前，在考古学文化上包括二里头文化第四期（或二里头四期晚段）、二里岗下层第一期和第二期；中商从仲丁开始至盘庚迁殷以前，在考古学文化上包括二里岗上层第一期、二里岗上层第二期、洹北花园庄早期，亦即目前中商文化三分法中的中商第一期和第二期再加上二里岗上层第一期；晚商为盘庚迁殷至帝纣灭亡，在考古学文化上包括洹北花园庄晚期至殷墟第四期，亦即以前郑振香等先生所划分的殷墟文化第一期早段至殷墟文化第四期。

以上述分期为线索，在书中的第一章，首先就同属于早商王都的偃师商城与郑州商城的形成过程进行了论述，其中关于偃师商城形成过程的年代分期，书中基本上采用了中国社会科学院考古研究所偃师商城工作队的观点而略有补充，如关于偃师商城小城的修建年代，书中认为它有可能是与宫城同时建造，均为成汤灭夏以后所建；而建造及初始使用于偃师商文化第二期早段即偃师商文化第三段的大城城墙，有可能是商王大庚时所建；作为王都的偃师商城被放弃，始于仲丁迁隞。关于郑州商城的形成过程，书中依据夯土城墙下面叠压有二里岗下层一期的小灰沟等现象，赞成郑州商城内城的夯土城墙始建于二里岗下层一期偏晚阶段或一、二期之间（相当于偃师商文化第三段）。又根据近来的研究，城内某些宫殿之类的夯土建筑基址，有的可能早到相当于偃师商文化的第一段、第二段时期，有的则可能早到这之前的先商时期。这样，本书认为，在郑州，那些属于先商时期为数不多且规模不大的宫室等夯土建筑以及规模不太大的同期夯土城墙，可以视为成汤灭夏前占据郑州后，把郑州作为重要的军事重镇留下的遗迹；而那些相当于二里头四期和二里岗下层一期的、为数尚不多、规模也不大的夯土建筑，则可解释为此时的郑州依然继续作为军事重镇而被使用的缘故，只有到了周长近7公里的内城城垣建成后，郑州才变成了王都，但这已是成汤之后的事了。郑州商城作为王都若以周长近7公里的内城城垣建成为标志的话，那么它也是商王大庚所建。从而，从大庚开始，一直到仲丁以前，偃师商城和郑州商城是两座王都并存。自仲丁开始，由于偃师商城被放弃，商王仲丁离开了偃师，只居住在郑州商城，史称为"仲丁迁隞"。所以，郑州商城既作过早商时期的王都，也作过中商时期的王都。

既然从商王大庚起至仲丁以前，有偃师商城与郑州商城两座王都并存，那么，它们是否属于主都与辅都的关系呢？书中认为这主要涉及何谓王都这一概念问题。书中指出，所谓王都，就是商王常年居住的地方。由于商王常年居住于此，此地即构成了商王朝的政治、经济、军事、宗教、文化的中心，商王必然在这里修筑宫殿、宗庙等大型夯土建筑，有时出于防御上的考虑，还修建有高大的城墙、护城河之类防卫设施。偃师商城与郑州商城在建筑设施上，都具备这些条件，应该说属于两都并存。只是郑州商城内外城郭的修建本身，以及郑州商城的规模要大于偃师商城，可以认为早商时期自大庚开始，商王是在有意识地在将其政治中心向东扩展，由于郑州商城的规模要大于偃师商城，所以此时商王对于郑州商城重视的程度超过了偃师商城。早商时期虽有两都并存现象，但它是否已作为一种制度，称之为"两京制"，或者说整个商代是否有一个所谓主都与辅都的制度或体制，这都是是很难说的。因为在两都并存之前的成汤、大甲、外丙时期，以及在两都并存之后的中丁及其之后诸王时期，都不存在两都并存的问题，当然也就既不存在两京制，也不存在主辅都问题。实际的情况应该是，当成汤推翻夏王朝后，为了使自己所获得的所谓天命，在都城方位上也有一个正统合法的象征，于是就特意建都于夏朝后期统治的腹心之地——伊洛会聚之地，这个地方一直到周代都被认为是天下之中，但当时新修筑的都城只有一都，即偃师商城的宫城与小城，并非偃师与郑州两都。到了大庚时期，商王朝的统治甚为稳固，其正统与合法已不成为问题，而其国力又大大提高，因而既在郑州建筑了周长约7公里、面积达300万平方米的郑州商城，即该城的内城；又在偃师商城修建了大城，这才形成了两都并存。郑州商城这个都城的出现，既可以说是商王朝统治中心向东扩展，也可以说是略为东移，这大概也是出于其政治、经济、军事等方面的需要，但不能据此说夏商时期已形成主都与辅都、主都与陪都的制度或体制。

在本书的早商王都的研究中，有关偃师商城与郑州商城的布局、宫室等建筑物的形制、功用等方面，也是着墨较多。偃师商城，宫城在小城中居中略靠南、宫殿区和官署区占据了小城的南半部、手工业作坊、中小型房址、较多的窖穴等占据城的北半部的布局，以及宫城内的宫室左右对称、城门左右对称的格局，都反映了古人"择天下之中而立国，择国之中而立宫"的思想和"前朝后市"的建制，但当时还没有出现"左祖右社"的建筑布局。偃师商城修筑城墙时测量水平的技术，与《考工记》所说的"匠人建国，水地以县（悬）"的以水平地的水平测量技术，是一致的。

偃师商城宫城的宫室形制，可分为三进院落式的四合院和独立的四合院两种形制。其三进院落的宫室组合中，最北边即最后边的宫室乃王室的寝室，中间的殿堂是商王的明堂，最前边即最南边第一进院落的正殿及其殿前大庭是"外朝"。外朝的庭院较大，所以它和周代一样，也为"万民"即较多的族众可至之地；外朝之北即外朝之后的第二进和第三进院落均为"内朝"，此乃为治事、祭祀、宴饮、举行王族婚冠之嘉事等场所，其中，第二进院落的正殿及其殿前大庭是"内朝"中的"治朝"，第三进院落的正殿及其殿前大庭是"内朝"中的"燕朝"。无论是三进院落式的四合院还是独立的四合院，这两种形制单就一个院落而言，都由正殿和东庑室、西庑室、南庑室组成回字形院落，而在殷墟卜辞中，由"大室"和"东室"、"西室"、"南室"恰可以构成一个四合院式（回字形）的建筑组合，显然卜辞中的这种四合院式的建筑组合与偃师商城宫城中四合院式的宫室是吻合的，书中认为，卜辞中的"大室"应该指的就是正殿，而"小室"、"南室"、"东室"之类，则应指东庑、西庑、南庑中的庑室。宫室中的北部正殿一列数室的构成，又与甲骨刻辞中大乙宗、祖乙宗、父丁宗以及大甲室、祖丁室、妣庚室等所反映出的一祖一室的格局是吻合的，因而，书中提出，除个别情况下某一祖先有一单独的四合院式宗庙外，大多数应该是一院中容纳有数宗，也就是说，从宗庙的房间数来讲，基本上是一祖一室（庙），这里的一庙就是一个房间，就是"某某宗"（如大乙宗）；数个房间并列，就是数位祖先之庙（室）并列，也就是数宗并列，从而构成一个四合院式的宗庙建筑组合，书中称为"一院数宗"或"一院数庙"。还有，宫室中的庭院也可与文献和卜辞中王庭的形制、功用相联系，后来所谓"朝廷"、"内朝"、"外朝"等，都起源于这种"庭"即"王庭"、"大庭"。卜辞中的"庭阜"即文献中的"宾阶"、"阼阶"、"侧阶"之阶，亦即遗址中连接殿堂与庭院的台阶。卜辞中的宗门可分为整个宗庙建筑群中的大门和一个个宗室之门，这也与宫室庭院的南面大门和正殿之类的一个个房间之门相对应。就连卜辞中作为单开门的"庭西户"，也可以在偃师商城四号宫室庭院的西侧小门找到雏形。

偃师商城在重视宫殿宗庙建筑的同时，在宫室区的北部设置专门的大型祭祀场，其祭祀的对象主要是祖先神，这说明自商初起商人对祖先祭祀就是高度重视的，它与宫殿宗庙建筑相辅相成。此外，在偃师商城还发现作为仓储之用的府库和作为商王游乐和蓄水之用的池苑，这些都为我们全面认识和了解早商王都丰富的内涵，提供了难得的资料。

郑州商城分为早商与中商两个时期，早商时的郑州商城即以其规模庞大的内城和更大的外郭城而著称。因内城中尚未发现早商时期的宫城，而近年的发现又表明，夯土基址遍布于内城，故暂且可以说 300 万平方米的内城即宫城，只是这样的宫城也太过于庞大了。外郭城的面积达 1300 万平方米，在外郭城主要发现有铸铜、制陶、制骨手工业作坊和墓地、祭祀坑等遗迹；外郭城墙的走向是围绕着内城依照地势而设计的，再考虑到内城和外郭城都挖有城壕，可见内城和外郭城的防御性质都十分明显，其防卫的主人完全符合文献中所说的"筑城以卫君，造郭以守民"。所以，郑州商城内城与外郭城的结构使得我国城、郭的组合结构至少可以上溯到早商时期。

郑州商城由于被压在密集的现代建筑物之下，发掘零散而且每次发掘面积都十分有限，使得我们对于郑州商城的整体布局和各处宫室的具体布局与形制，很难得到一个完整的印象，尽管这样，郑州商城内城中的第十五号夯土建筑基址（C8G15）不但规模较大，而且自北而南，从 C8G15 到 C8T55还发现有三处夯土基址与之同时期的，这样它们原本有可能是一组宫室基址，前后构成一个二进或三进的院落，C8G15 只是这组宫室中靠北院落的正殿而已，这种结构与偃师商城中的三进院落式的组合结构是一样的，从而使得我们结合甲骨文对偃师商城宫室形制结构，特别是对其四合院式的宫室结构的分析，也同样应适应于郑州商城。

在郑州商城内城的东北部也有一个池苑，它和偃师商城的池苑一样，既是供宫殿区用水的大型蓄水池，也具有供王室游乐的功能。只是，郑州商城池苑修建的年代是在二里岗上层第一期，它已进入中商时期。由于每次发掘的面积所限，在郑州商城尚未发现像偃师商城那样位于宫室建筑北边的大型祭祀区和祭祀场，但在郑州商城发现有多处祭祀遗迹，还有百余个锯制的人头盖骨遗弃在沟中，无论这些人头骨是否作为饮器，参照其他迹象，在郑州商城存在"人祭"和"人牲"是事实，它反映出当时的文明中宗教祭祀残酷的一面。

总之，通过对偃师商城和郑州商城的形成过程、布局、建制及其功用等方面的考察，使得我们对商代的城市，特别是对早商的王都有了较为全面深入的了解，我们也可以从诸多方面总结出其特点，但其中有关早商王都所表现出的祭政合一的神权政治的特色，应该说是突出的，它是早商社会和文明的一个重要侧面。

本书第二章虽以"早商时期的地方都邑"为题叙述了盘龙城、垣曲商城、东下冯商城、府城商城，但由于这些地方城邑大多是从早商一直延续到中商前期，不便于分开叙述，所以，在其后的有关中商的章节中，对它们并未专门再加以论述。在这些地方都邑的城址中，晋南的垣曲商城、东下冯商城和河南焦作的府城商城，都位于作为王都的偃师商城和郑州商城的周边不远的地区，湖北黄陂盘龙城虽距离郑州商城和偃师商城较远，但依然还是位于二里岗文化的边缘地区，所以，这些城址无论是夯土建筑技术、城内宫室的形制，还是出土的典型的二里岗文化的陶器，都与偃师商城和郑州商城显示出很强的一致性。特别是在盘龙城发掘出有大型宫殿建筑，无论是其F1、F2的单座宫殿还是由F1与F2组成的三进院落的四合院式的建筑，都与偃师商城和郑州商城十分相像；根据最新的发现，盘龙城也有外郭城，从而原来发现的盘龙城商城实即宫城，这样，由宫城和郭城组成的盘龙城，在形制上与郑州商城是一样的，只是规模比郑州商城小了许多，可以视为郑州商城的缩影。再从盘龙城等地出土的随葬有青铜器和玉器的墓葬的特征看，它们都与商的王都有密切的关系，只是因其都邑的规模要比商的王都小得多，与商的王都显然不是一个等级，所以，学界的看法是或者把它们视为直属于商王的在外的政治、军事据点，或者是把它们视为直属于商王的侯国。其实，因它们不属于王畿内的畿内诸侯，所以，据点与侯国在这里是不矛盾的。其中，盘龙城、垣曲商城和东下冯商城，从其所在的地理位置看，它们都还有作为运输和掌控一些特殊的自然资源、战略资源中转站的功能，如盘龙城对于将南方青铜冶炼原料输运至中原，垣曲商城和东下冯商城对于将晋南的食盐和铜矿等资源运输至偃师商城和郑州商城，都是有其特殊意义的。

由于本书将洹北商城划入晚商的初期，所以有关中商的王都遗址只有二里岗上层第一、二期的郑州商城和小双桥遗址。关于小双桥遗址，书中第三章认为它是郑州商城的离宫别馆。对于中商"比九世乱"时期的迁都，书中尽可能地与考古遗迹现象相结合而对文献上的种种说法加以梳理。至于迁都的原因，书中赞成盘庚之前的四次迁都是因王室内部王位继承的政治斗争的缘故，而盘庚迁殷则主要是为了回到商的老根据地，寻求更大的发展。政治原因促使了迁都，但在具体迁移中，除南庚迁奄外，其他几次迁徙不但不是避开"河"（即古黄河）而是一直不离开"河"。如郑州商城和郑州小双桥遗址，距离黄河甚近；从郑州隞都迁往内黄（或内黄与安阳相接壤的地方）之相都，也在当时黄河之近旁；即使祖乙所迁之邢和盘庚所迁之殷也都位于"河"西不远的地方。此外，除南庚迁奄尚难确定外，无论是郑州的隞都、内黄的相都、邢台的邢都，还是安阳的殷都（包括洹北与洹南），都是在殷人的老根据地迁来迁去，不出商的传统范围，这也是颇有意思的。

本书的第四章专就洹北商城以及与洹北商城属于同时的藁城台西晚期居址进行了论述。书中赞成洹北商城为盘庚所迁之殷，并对此进行了论证。洹北商城既为盘庚所迁之殷，那么所谓殷墟就应包括洹北商城在内。洹北商城属于盘庚、小辛、小乙时的殷都，以小屯宫殿宗庙区为核心的洹南殷都（因商的王陵在洹北，所以洹南殷都也包括洹北在内，只是其宫殿宗庙区不在洹北）则属于武丁至帝辛时的殷都，二者都可用"自盘庚迁殷以来的殷都废墟"加以统称，因而都称为殷墟应该没有什么问题。洹北商城由于目前只揭露出一号建筑基址，所以，对其整体的布局及其分区的功用还不能作深入的叙说，仅就一号建筑基址而言，在四合院的形制上与偃师商城、郑州商城，以及后面将要叙说的小屯宫殿区都是一致的，只是洹北商城一号建筑基址庭院的西侧与南侧都不是由房舍构成，西侧即所谓的"西配殿"是既没有屋顶亦无房间分隔的夯土台基式建筑，南侧则是沿着南大门向东西两侧展开的走廊式建筑，但北侧的正殿却是由一字排开的数室组成，目前已发掘出的是九间屋室，所以，当我们将一号建筑基址推断为宗庙时，就已知的九间屋室来说，它与偃师商城的四号、五号宗庙建筑基址一样，都属于"一院数宗"。

对于洹北商城一号建筑基址中的"西配殿"，有的学者研究认为它是仓廪，本书依据文献"天子大社，必受霜露风雨，以达天地之气也"等记载，提出洹北商城一号基址中"西配殿"的建筑形制，恰巧符合文献中所说的社皆为有坛而外环以卑垣，有垣无屋这样的建制特点，因而推断所谓"西配殿"有可能是社坛遗迹。由此并结合本书第一章中对于"左祖右社"的讨论，书中指出就洹北商城一号基址中的西侧台基（即所谓"西配殿"）与北面正殿的位置关系而言，它们充其量只是有"左祖右社"的倾向或者说是一种苗头，但还不是严格意义上的"左祖右社"。"左祖右社"指的是左右对称的布局，在这种对称中，似乎表示社神已上升到和祖神相当的地位，这是当时社会的发展所表现出的一种宗教上的反映，这种情况是西周以后才出现的。然而，在商代，情况并非如此。在商代的甲骨文中，虽然既可以看到单独祭祀社的卜辞，也可以看到社与𪊨、稷河、岳等一同被祭祀的卜辞（《甲骨文合集》34185），还可以看到社与祖先一同被祭祀的卜辞（《甲骨文合集》1140 正），但社神的地位大致与河、岳等相同，无论从祭品的种类和数量，还是从受祭的频繁程度等来看，社神的地位远低于祖神的地位。在商代，商王所举行的社祭和宗庙之祭是无法比拟的，本书中所列举的周代社神因附加了许多社会属性而对它举行的祭祀，在商代都是归属于祖先神的。既然商代社神与祖先神绝非处于同等的地位，社神的地位远远低于祖神，当然作为祭祀场所的社与宗庙也就不会采取"左祖右社"的对称布置。洹北商城一号宫室庭院西侧的社坛台基，处于宗庙西南侧，充其量只是显示出商代晚期的社的位置，正在走向"左祖右社"，但还不成其为"左祖右社"，也就是说在商代，尚未形成"左祖右社"的格局。真正的"左祖右社"应该是进入西周以后才出现的。周代的"左祖右社"的格局是与社神地位的上升相一致的，它是社神地位被提升后，作为一种空间的象征而存在的。

河北藁城台西遗址被认为是一处典型的商代普通聚落居址，它因地面上保存较高的残断墙壁使得对包括屋顶在内的房子大体结构均能得以了解，因而在已发现的商代建筑居址中，甚为有名。本书通过对这群房屋建筑的布局、每组房子的形制特点与功用的分析，认为藁城台西晚期居址的十二座（组）房子，在考古学上给我们提供了商代以家族或宗族为单位的手工业、具体说来就是酿酒业的专门化生产的十分难得的实例；又依据遗址中出土的其他生产工具，指出在专门化的酿酒生产之外，这个家族或宗族也还兼营农业、渔猎和家庭纺织等生产；并认为这种在从事某种专门化手工业生产的同时，也因家族内口粮、日用品的需求而兼营农业、渔猎、纺织等生产，当属于商代以家族或宗族为单位的手工业专门化生产的一般形态，《左传》定公四年所说的殷遗民中的条氏、索氏、长勺氏、尾勺氏、陶氏、施氏、繁氏、锜氏、樊氏、终葵氏等，也应该属于这种情形。藁城台西的这处典型的从事手工业专门化生产的家族或宗族的聚落居址，对了解商代其他都邑遗址中聚族而居的从事手工业专门化生产的家族或宗族的居址形态，当有一定的参照作用。

本书的第五章主要就武丁以来的安阳小屯殷都作了论述。关于小屯殷都，书中强调的是在王权支配下的大杂居中的小族居，即就整个殷墟这个大单元而言，并非为子姓一族，而是各个族混杂的；而就各个族这种小单元而言，是以族聚居的。子姓与非子姓的各族之所以能够聚居于殷墟，当然属于王权的作用，它们都是为商王所直接调动和支配的，在各族的内部又是聚族而居、聚族而葬的。而在商代，社会分工存在一种世官世工世族的情况，其各类手工业生产都是以家族或宗族为单位进行的，从殷墟的布局可以看出这种世工世官也体现在聚族而居之中，只是这种大杂居小族居决定了殷都手工业作坊分布呈现为一种分散的状态。

殷墟的居址、作坊和墓地所反映出的这种"大杂居中的小族居"，其族氏结构究竟是"宗族"式还是"家族"式？也就是说，其族居族葬的族氏结构遵循的是由若干个同宗的诸家族组成一个个宗族？还是一些并不同宗的家族也可以聚集在一地？与以往的看法不同的是，本章通过对殷墟各墓地墓葬出土的族氏徽铭的分析，得出晚商王都商的王族和一些强宗大族虽有可能是以宗族与家族相结合的结构而组织起来的，但王都内其他不同族属的族人们，特别是外来族氏的人们，最初每每是以家族的形式出现的。这一现象以及晚商王都族居的特点主要是以家族为单元而呈现出的大杂居小族居，都反映出王都内的地缘性即亲族组织的政治性要较其他地方发达。

由于武丁移都于洹南时是紧临小屯一带的洹水而建，受这一自然地理的地形条件的影响，再加上殷人聚族而居的特点，致使小屯宫殿区亦即晚商王都中心区的布局与偃师商城、郑州商城以及洹北商城不同。当然，由于对原认为是起防御和区划作用的"大壕沟"产生了怀疑，因而宫殿区的范围将会有一些新的认识，也就是说宫殿区的范围应该更大一些。至于在宫殿区，有无类似于宫城一类的设施，以及在以小屯宫殿区为中心的"殷墟"有无外郭城设施，也只能期待于今后的考古发掘来解决。值得强调的是，长期以来我们在小屯一带，看不到宫殿区内的中轴线在何处，或者说这里的中轴线不那么明显；也看不到用纵横大道来区划城市的规划设计。然而，2008年春夏之交，中国社会科学院考古研究所安阳工作队在殷墟小屯宫殿区南部与殷墟南部的刘家庄北之间，发掘出南北方向的商代大型道路，而且在刘家庄北还发现有三道交汇的情形，路面宽达24米以上，双向多车道，路面用碎陶片合土夯实，结构坚硬，车辙满布。殷墟这条大道的发现是殷墟考古发掘工作中又一项重大突破，它与北部的宫殿宗庙区连为一体，构成了安阳殷都的中轴线。在这条可视为殷都中轴线的大道之外，殷墟各族内部和各个族居点之间无疑存在着供人行走和马车驰骋的大小道路，它们很可能是依据需要，并且是因地制宜，照顾当时的地形地貌修筑或形成的。例如，在殷墟小屯宫室区西，曾探出一条残长 90 多米的道路，用碎陶片和砾石铺成，路宽 2.30—5.20 米，若按晚商马车轴长在 2.7—3.1 米计，相当于一车行驶的单车道。这样的道路就应当属于各个族居点之间供车马和人行的道路。

殷都有专门的王陵区，但诸如妇好等王室成员和"亚长"之类贵族却不埋在王陵区，而埋在宫殿区，可见殷墟的王陵区在埋殷王这个问题上，是有其特殊意义的。这是因为商王与王室的其他成员，无论是活着还是死后，在国家中的作用与地位是有本质差别的。根据殷墟卜辞，殷王统治的世界是由王一人即卜辞中的"余一人"来体现的，王活着的时候，既是世俗王权的执掌者，也是神与人之间的中介；王死成为神灵，他既是商的王室王族的祖先神，也是整个商族的祖先神，还是整个王国的帝之外的最高神，而且在卜辞中，是看不到对帝举行祭祀的，从接受祭祀的角度来讲，殷人所祀的最高神就是死后的商王。由于殷王所统治的世界是由王一人来体现的，对先王的祭祀也就绝非仅仅是商的王室的事情，而是整个王国的大事，这样，王陵当然就会成为集聚臣民参与国家祀典的公共场所，从而在王陵使用大量的人牲举行祭祀时，也绝不能看成这是所谓专制君主的残暴所致，而是一种宗教需求所驱使，在当时人看来，通过大规模的祭祀，使先王的神力得到加强，使祖神的需求得到满足，这对整个王国都是一种福音，所以，将死去的王集中埋在一处——我们今天称之为王陵区的地方，并经常举行国家级别的、由众多族氏乃至四方侯伯参加的祭典，这是当时政教合一的神权政治所使然。而王室的其他成员或外来的贵族大臣因不具备像王那样的特殊作用，故按照当时族居族葬的习俗，可以埋葬在宫殿区内或其附近。

在小屯宫殿宗庙区的建筑形制方面，依据安阳工作站最新的钻探资料并结合 20 世纪 30 年代的发掘资料，可以看出乙组基址属于三进或两进院落的四合院式的建筑群，四合院中坐北面南的都是正殿，而从坐西面东的乙八基址所分隔出来的 12 间房间看，围成四合院的东西南北四面都是由屋室构成的，这恰好可与卜辞中的"大室"、"南室"、"东室"、"西室"四个方位的宗庙之室相对应；同时也说明小屯宫殿宗庙区的宗庙院落中，与偃师商城一样，也是"一院数宗"；此外，四合院中的庭院也与卜辞和《尚书·盘庚》等文献中的"庭"、"王庭"相一致。诸如此类，也表现在其他方面。我们知道，目前殷墟出土的主要是商王武丁以来的甲骨文，而小屯的这些夯土建筑也是武丁以来的宫殿宗庙，所以，能将二者联系起来予以说明，无论对于考古学还是对于甲骨学，都是一件幸事。

　　殷墟宫殿宗庙区中的丙组建筑基址，以往大多依据其面积较小、基址上多无础石或柱洞，笼统地推定其中有一些可能是"坛"一类的建筑。本书通过对丙一、丙二与丙三、丙四、丙七、丙八的分析，提出这是一组互有关联的祭祀甲骨文所说的"四土""四方"的祭坛遗迹。其中，丙一是修筑了一个夯土平台，在其上，丙二位于中心部位，是一个建有长方形亭子能摆放祭品的祭坛；以丙二为中心，位于西北隅、东北隅、西南隅、东南隅的丙三、丙四、丙七、丙八可以圈划出四土与四方，即丙三与丙四之间构成了北方，丙七与丙八之间构成了南方，丙三与丙七之间构成了西方，丙四与丙八之间构成了东方；在丙一台基上，围绕着丙二祭台及其亭子，可以看到有大量以人和羊牛等动物为牺牲的祭祀坑，还有用酒祭祀的"空坑"，以及属于燎祭遗迹（其中黑柴灰与羊骨、陶片在一起的为一种；仅遗留有烧过的黑灰土的为另一种）和埋置的白璧苍璧等，都属于祭祀四土与四方时的遗留。丙一、丙二、丙三、丙四、丙七、丙八这组基址的布局、形制及其与它们有关的大量的祭坑，与殷墟卜辞中有关"四土""四方"的理念及对其的祭祀，基本可以吻合，这也是殷墟考古发掘出的建筑基址能与殷墟卜辞相结合的又一例子。

　　第六章论述的是晚商的方国都邑遗址。虽说在山东青州苏埠屯、滕州前掌大、陕西西安老牛坡等地，作为诸侯方国性质的遗迹都有重要的发现，但鉴于或者是由于没有发现城址，或者是虽有城址发现但报道不详，所以，本书对晚商方国都邑的论述，只能局限于四川广汉三星堆遗址和江西樟树市（原名为清江县）吴城遗址。三星堆遗址中的三星堆文化是从相当于二里头文化二期开始，一直沿用到商末或周初的文化遗存。从三星堆文化中，我们可以看到一种不同于中原的文明形态，但由于中原王朝所带有的正统观念，使得中原王国的礼制文化对三星堆有影响，而三星堆的宗教观念体系则不见被商王国所接受，所以，在商的王都看不到有来自三星堆文化的影响。吴城遗址的城址面积为 61.3 万平方米，城内建有长廊式道路，发现有大型祭祀场所、建筑基址，还有制造几何印纹硬陶和原始瓷器的龙窑、铸造青铜武器、工具和礼器的作坊等遗迹。在距离吴城遗址东约 20 公里的新干大洋洲发现的商代大墓，墓内随葬器物 1900 余件，其中青铜器即达 480 余件。吴城城址、新干大墓、瑞昌铜岭商周矿冶遗址等吴城文化中的重要遗址，既充分反映了吴城文化的文明发展程度，亦再次说明了商代时中原与四方在交互影响方面的"辐射与聚会"的关系。

　　本书的第七章是在上述早商、中商、晚商都邑的论述基础上，对商的王畿四土与内服外服的范围及其所反映的"复合型"国家结构关系，以及商代都鄙分层结构与其统治方式，做了一点综合研究。其结论是：早商时期的王畿范围，可以并存的郑州商城和偃师商城以及两都之间的连线为依据，东西约100公里。晚商时期的王畿范围，可以参照《战国策·魏策》吴起所说的"殷纣之国，左孟门，而右漳滏，前带河，后被山"，《汉书·地理志》"周既灭殷，分其畿内为三国，《诗·风》北、鄘、卫国是也"，以及《竹书纪年》所谓"纣时稍大其邑，南距朝歌，北据邯郸及沙丘，皆为离宫别馆"。在商代，王畿与四土的关系，就是《尚书·酒诰》所说的"内服"与"外服"的关系。在都鄙结构方面，无论是王畿还是四土，其都鄙邑落结构都是由位于最上层的都邑、居于中层的大小贵族的居邑和处于最下层的普通村邑这样三大等级相构成。商的四土实际上处于一种开放的、不稳定的状态，在理念上，商对四土是存在支配权的，这种支配理念的存在，使得位于四土的附属国族，对其领地的主权是不完整的，但这种支配权又因与位于四土的侯伯方国的关系的变化以及商自身实力的消长而有伸缩，从而，四土的范围也处于动态之中。商王对四土即远距离的侯伯方国的支配，主要是间接性支配。而在王畿范围内，多为内服之职官，也有畿内诸侯，因而商王采用直接支配与间接支配相结合的方式。只是即使王畿内，其支配力最强的也只是王都及其附近，所以，直接支配与间接支配相结合是商代重要的统治方式。这一特点显然是由商代的国家体制及当时国家形态的发展程度所决定的。

　　从商的王畿与四土即"内服"与"外服"的关系来看商的国家结构，整个商王朝则呈现出"复合型"结构。在这种"复合型"国家中，作为王邦即王国的"大邦殷"（亦称"大邑商"亦即王畿）显然有"天下共主"的特征；而王朝中，在夏时即已存在的一个个邦国，在商时它们并没有转换为王朝的地方一级权力机构，这些邦国若臣服或服属于王朝，只是使得该邦国的主权变得不完整，主权不能完全独立，但它们作为邦国的其他性能都是存在的，所以形成了王朝内的"国中之国"。而商王朝，则既直接统治着本邦（王邦）亦即后世所谓的"王畿"地区，也间接支配着臣服或服属于它的若干邦国。王邦对于其他众邦其他庶邦就是"国上之国"，可称之为"王国"。邦国的结构是单一型的，王朝（即王朝国家）在"天下共主"的结构中，它是由王邦与众多庶邦组成的，是复合型的，就像数学中的复合函数一样，函数里面套函数。王国和王朝是由邦国发展而来的，它在上升为王朝王国之前，原本就是邦国。例如商在商灭夏之前，对于夏而言它只是一个邦国；周王朝的周邦在灭商之前，也是一个邦国。由邦国走向王国和王朝，就是由普通的庶邦地位走向了天下的共主地位。在以王为天下共主的王朝中，那些主权半独立的一个个邦国之君，在其国内都行使着国家君主的权力，各邦之间的关系也都是国与国之间的关系，只要周边环境和形势允许，它们都可以走向主权完全独立的国家。这种以王邦即王国为天下共主的王朝国家，属于复合型国家结构。

在研究方法方面，本书采用了考古、文献、甲骨文多方面的结合。如果我们把文献、甲骨文都看做史学的组成部分的话，那么，考古与文献、甲骨文等方面的结合，也可统称之为考古学与史学的结合。之所以采用这种多学科相结合的方法，首先是由于研究的对象所决定的。今天我们研究商代史，特别是研究商代的城市都邑，离开考古发掘所获得的遗址、遗迹、遗物等当时社会遗留下的资料，是不可想象的；而只靠这些考古学资料，置文献资料和甲骨文资料于不顾，其研究也是残缺不全的。所以，研究对象及其资料的来源，决定了将考古与文献和甲骨文相结合进行研究，是本课题最基本的、最主要的研究手段。此外，从笔者的知识结构和学科素养来讲，由于笔者在大学时的专业是历史系的考古学专业，所学的课程既有属于史学的科目，也有属于考古学的科目。大学毕业后在攻读硕士学位时的第一位导师尹达先生的学术经历走的也是"从考古到史学"的道路，这就决定了笔者至今的学术特点总是试图努力将考古学与史学结合起来，也因此而被考古所的同人戏称说这是一只脚在考古学一只脚在史学。这样一种"两条腿走路"即考古与史学的结合，在十多年前，笔者曾将之用于中国古代文明与国家起源的研究，应该说是行之有效的，现在再度用来研究先商的社会历史文化和商代的都邑，尚感得心应手。但这种结合要求一是需对考古和文献本身都有一个梳理，二是不能作牵强比附，所以，使用的是多重证据法，是从多方面接近古代实际，而不是让考古去迁就文献或者是让文献去迁就考古。笔者之所以强调这一点，是因为近年来有这方面的现象需要警惕。当然，本书将考古学与文献和甲骨文相结合，其实际情况究竟是好是坏，还需方家指正。

在城市都邑的研究中，传统的做法是在搞清楚城市都邑的形制、结构、布局、环境的同时，还需从社会学、政治学的角度对其功能、政治、经济、军事、宗教、文化诸方面的作用和意义，作出相应的阐述。从研究方法上讲，笔者认为这些都是最基本的，必不可少的。但是，最近，国外在使用

GIS（Geographic Information System）即地理信息系统对城市和村落的时空动态分析研究方面，获得了飞速的发展。2005年2月7—11日，笔者有幸得到宇野隆夫教授和他所在的国际日本文化研究中心的邀请，出席了该研究中心在日本京都举行的题为"解读世界的历史空间——应用GIS进行的文化·文明研究"的第24届国际研究集会。在这次研讨会上，笔者聆听和观摩了欧美和日本等国的学者们应用GIS对古代遗址、聚落和考古学文化所作的全新的研究，深感在中国古代聚落、城市和历史地理的研究中，有待于加强对于GIS的应用，更有待于建立中国的历史地理信息系统。由于笔者有心接触GIS时，本书已基本上完稿，所以本书在研究商代都鄙邑落的方方面面中，尚未应用GIS，或者说还没来得及将GIS与传统的研究方法和手段结合起来，相互配合使用，对此，只有留待今后再作努力。

值得一提的是，在考古学和城市、聚落、历史地理的研究中应用GIS，虽然属于一种新方法，但这种新方法与传统的原有的诸种研究方法之间的关系，绝不是相互取代的关系，而是需要相互结合，相互配合起来使用。例如，在对聚落的环境研究中，GIS有助于对自然地理环境及人与自然的关系进行分析，但它不能取代孢粉分析、浮选法、植物硅酸体分析法等方法，也不能取代通过动物骨骼的种属的鉴定来分析当时的自然环境与气候的方法。再如，在GIS即地理信息系统软件中，将有关聚落、城市以及地理等方面的一些资料数据输入进去以后，再通过所谓的"可视域分析"、"缓冲域分析"等，对聚落遗址或城市可进行立体的考察和分析，也可制出一系列图表。但GIS方法和手段，并不能取代历史地理、人文地理和城市都邑研究中的其他研究方法。采用多种方法，从多种角度加以研究，在当今史学和考古学研究中，也已属正常。应该提倡研究方法的创新，但不能将其绝对化，只有将多种方法，包括自然科学的方法，配合使用，才能接近古代历史的实际或对古代历史的演进作出符合实际的解释。

第 一 章

早商时期的王都

公元前 1553 年（或公元前 1572 年）[①] 出现的商代文明，是上古社会与众不同而高度发达的文明。商代文明高度和社会生活不仅仅是通过甲骨文和青铜器来表现的，它也是通过作为统治阶层主要活动及生活的场所的城邑与宫殿来表现的，因而对于商代都邑宫室的研究，既属于商代文明研究的一个重要组成部分，也属于对商代建筑规制和礼制研究的组成部分，还属于对商代都鄙邑落结构、对王畿与周边的关系、商人族居特点与族氏结构，以及商王朝国家结构和商王的统治与支配的方式等研究的组成部分，而且还与商代社会生活的研究息息相关，为此本书的空间和视角是广阔而丰富的。

强大的商王朝，是由中央王国和众多属国构成的"复合型"国家[②]，因

---

① 从文献上看，商代开始的年代应为公元前 1553 年或公元前 1572 年。如古本《竹书纪年》记载："自武王灭殷以至幽王，凡二百五十七年。"以此从公元前 770 年平王东迁上推 257 年，则武王克商在公元前 1027 年。古本《竹书纪年》又记载："汤灭夏，以至于受，二十九王，用岁四百九十六年。" 29 王之积年，不足《史记·殷本纪》商代 30 王之数（如计入未立而卒之太丁为 31 王），有学者认为"汤灭夏以至于受"可能是指从汤至帝辛即位，二十九王不包括未立而卒的大丁和帝辛。《夏商周断代工程 1996—2000 年阶段成果报告》（简本）据晚商祀谱的排比，认为帝辛在位 30 年，如是，则商积年为 496＋30（帝辛在位年数）＝526 年。526 年与《孟子·尽心下》所说的"由汤至于文王，五百有余岁"是一致的，也与《鹖子·汤政天下至纣》说"汤之治天下也……积岁五百七十六岁至纣"相近。至于《左传》宣公三年所说的"桀有昏德，鼎迁于商，载祀六百"，则可理解为约数。这样，若武王克商在公元前 1027 年，由公元前 1027 年再加上 526 年的商积年，即为成汤灭夏之年为公元前 1553 年。如此，商王朝的年代则是公元前 1553—前 1027 年。此外，对于武王克商的年代，若取用《夏商周断代工程 1996—2000 年阶段成果报告》（简本）主张的公元前 1046 年，由此上推 526 年，则商朝开始之年为公元前 1572 年，整个商朝的年代为公元前 1572—前 1046 年。

② 关于商代复合型国家结构的论述可参见本书第七章和绪论中的有关论述。

而作为商代的都邑，既有王国内的王都，也有各个侯伯之国或方国内的都邑。在商王朝约五百余年的历史中，商的王都几经迁徙，先后修筑建设了一个又一个都城和宫室；而在众多附属或臣服于商的属国中，也曾修建有规模不等的自己的都邑和宫室，笔者称之为方国都邑或地方城邑。本书涉及的空间范围是从中央都城到方国城邑，涉及的时间是从早商到中商再到晚商，通过运用八十年来商代考古发掘成果，并结合甲骨金文资料及历史文献，书中对于商代的都邑建制、王都与方国都邑的政治、军事及宗教等方面的意义、商代都邑文明的历史地位，以及晚商殷都的族组织结构，与都鄙邑落结构相关联的商王朝的复合型国家结构及商王的统治方式等，分章加以叙述。

作为商代早期的王都，目前发现有两座，即偃师商城和郑州商城。这两座商城建成之后有一段时间是并存的，业已得到学术界的共识，然而它们的始建年代究竟孰早孰晚，尚有争论。要究明偃师商城和郑州商城的修筑年代及其关系，有关这两座王都的形成过程将是一个很好的切入点。

第一节　早商王都的形成过程

一　郑州商城与偃师商城的考古文化分期

欲论述早商王都的形成过程，必然要涉及有关商代考古学文化的分期。对于自大乙成汤至帝辛商纣（公元前 1553—前 1027 年）约五百余年[①]的商

---

① 从文献上看，商代开始的年代应为公元前 1553 年或公元前 1572 年。如古本《竹书纪年》记载："自武王灭殷以至幽王，凡二百五十七年。"以此从公元前 770 年平王东迁上推 257 年，则武王克商在公元前 1027。古本《竹书纪年》又记载："汤灭夏，以至于受，二十九王，用岁四百九十六年。" 29 王之积年，不足《史记·殷本纪》商代 30 王之数（如计入未立而卒之太丁为 31 王），有学者认为"汤灭夏以至于受"可能是指从汤至帝辛即位，二十九王不包括未立而卒的大丁和帝辛。《夏商周断代工程 1996—2000 年阶段成果报告》（简本）据晚商祀谱的排比，认为帝辛在位 30 年，如是，则商积年为 496＋30（帝辛在位年数）＝526 年。526 年与《孟子·尽心下》所说的"由汤至于文王，五百有余岁"是一致的，也与《鹖子·汤政天下至纣》说"汤之治天下也……积岁五百七十六岁至纣"相近。至于《左传》宣公三年所说的"桀有昏德，鼎迁于商，载祀六百"，则可理解为约数。这样，若武王克商在公元前 1027 年，由公元前 1027 年再加上 526 年的商积年，即为成汤灭夏之年为公元前 1553 年。如此，商王朝的年代则是公元前 1553—前 1027 年。此外，对于武王克商的年代，若取用《夏商周断代工程 1996—2000 年阶段成果报告》（简本）主张的公元前 1046 年，由此上推 526 年，则商朝开始之年为公元前 1572 年，整个商朝的年代为公元前 1572—前 1046 年。

代考古学文化，目前一般是划分为前、后两期，笼统地讲，前期也称为"二里岗文化期"，后期也称为"殷墟文化期"。二里岗文化期又分为二里岗下层和二里岗上层，其下层现在又被细分为二里岗下层第一期和第二期（或二里岗下层偏早和偏晚）两期；其上层又被细分为二里岗上层第一期和第二期，二里岗上层第二期也称为"白家庄期"①。殷墟文化期又细分为一、二、三、四期。诚然，在二里岗下层文化中，对于以 C1H9 为代表的第一期（或称下层偏早阶段），也有学者把它不是作为早商而是作为先商文化对待的②。与此相反，也有学者把洛达庙中晚期即二里头文化三、四期作为"商代前期偏早"来对待③。但就多数学者而言，还是把二里岗下层第一期作为商代前期较早的阶段对待的。只是近年来中国社会科学院考古研究所偃师商城考古队的学者们依据自己在偃师商城的考古发现，提出相当于二里头文化第四期的偃师商城商文化的第一期第一段，早于二里岗下层第一期，这样就使得早商文化的上限，超出了一般所说的以郑州二里岗下层 C1H9 为代表的二里岗下层第一期的范畴④。此外，近年来随着小双桥和洹北商城等遗址的发现，有学者提出了一个新的"中商文化"的概念⑤，其"中商文化"指白家庄期（亦即小双桥期）至洹北商城期，从而它之前的二里岗下层一、二期和二里岗上层一期则为早商文化，它之后的殷墟一至四期为晚商文化。这是一个新的三期分法。本书采用这一新的三期分法，只是认为中商文化的前段应从二里岗上层第一期算起⑥，而中商文化的晚段不应包括

①　河南省文物考古研究所编著：《郑州商城》上册，文物出版社 2001 年版，第 145 页，图八七。

②　邹衡：《夏商周考古学论文集》（第二版），科学出版社 2001 年版，第 99—100 页。

③　河南省文物考古研究所：《郑州商城——1953—1985 年考古发掘报告》，文物出版社 2001 年版。

④　a. 中国社会科学院考古所河南二队：《河南偃师商城宫城北部"大灰沟"发掘简报》，《考古》2000 年第 7 期。b. 杜金鹏：《偃师商城与"夏商周断代工程"——"夏商周断代工程"〈偃师商城年代与分期研究〉专题结题报告》，《偃师商城初探》，中国社会科学出版社 2003 年版。

⑤　唐际根：《中商文化研究》，《考古学报》1999 年第 4 期；唐际根、难波纯子：《中商文化的认识及其意义》，［日］《考古学杂志》第 84 卷第 4 号（1999 年 3 月）。

⑥　关于早商文化结束于二里岗上层第一期亦即中商文化开始于二里岗上层第一期的理由，可参考王学荣《偃师商城废弃研究——兼论偃师二里头、郑州商城和郑州小双桥遗址的关系》（载于《三代考古（二）》，科学出版社 2006 年版）。

殷墟一期早段即不应包括洹北花园庄晚期在内①。故而本书所说的早商都城，若从二里岗商文化这一分期标准而论，大体上是指从洛达庙晚期（二里头文化第四期）开始，经二里岗下层第一、二期，至二里岗上层第一期时已结束，亦即二里头文化第四期和二里岗下层第一期、第二期是我们所说的早商时期。这是二里岗商文化的分期体系中本书所采用的早商文化的时段，在这一体系之外，近年又提出了另一可参照的体系，即偃师商文化的分期体系。

　　二里岗商文化最初是作为中商文化来对待的，当时的早商文化指的是洛达庙期文化亦即后来所称的二里头文化。20世纪70年代末80年代初，邹衡先生在提出"郑亳说"的同时，把二里岗期商文化由商代中期文化提前到商代前期文化，把它之前的二里头文化推定为夏代文化，建立了商代前期文化的大的框架和分期标准②。可以毫不夸张地说，这在中国考古学研究中是一个大的建树，其功不可没。在偃师商城未发现之前，尽管还存在着以二里岗下层C1H9为代表的二里岗下层第一期是早商还是先商问题以及二里头三、四期究竟是夏文化还是早商文化的分歧，但总体上以二里岗期商文化为商代前期文化的分期体系和标准在全国有着广泛的运用。1983年偃师商城被发现，随着20年来的发掘和研究，偃师商城的考古学者以郑州二里岗商文化为参照系，用偃师商城的资料，建立了一套偃师商文化的分期体系。偃师和郑州这两套早商文化分期体系的建立，使得二者可以相互参照，做到互补而互益。例如，在郑州地区，限于当时发掘的情况，对于二里岗下层C1H9、南关外H62乃至于原发掘报告所称的南关外下层，有的学者对此是不作进一步区分的③，但若参照偃师商城的发掘，似乎又可以作进一步的分期分段④。所以，偃师商城商文化分期资料和分期体系的建立，不但对郑州二里岗商文化分期框架在总体上是一个证明，而且

① 笔者认为洹北花园庄晚期即"殷墟文化第一期早段"既然是盘庚、小辛、小乙时期，那么把它划入晚商范畴更为合适。详见本书第七章第一节与第八章第一节及王震中《"中商文化"概念的意义及其相关问题》，《考古与文物》2006年第1期。

② 邹衡：《夏商周考古学论文集》，文物出版社1980年版。

③ 邹衡：《夏商周考古学论文集》（第二版），科学出版社2001年版，第99—100页。

④ a. 中国社会科学院考古所河南二队：《河南偃师商城宫城北部"大灰沟"发掘简报》，《考古》2000年第7期。

　 b. 杜金鹏：《郑州南关外中层文化遗存再认识》，《考古》2001年第6期。

在某些细节上还有着进一步的补充。

关于偃师商文化的分期，有的将它分为两期四段[1]，有的将它分为两期五段[2]，有的将它分为三期六段[3]，也有的将它分为三期七段[4]。在这里，我们以三期七段的分法为标准[5]，对照一下偃师商文化与郑州二里岗商文化的分期的异同：偃师商文化的第一期第一段（或称第一期早段），相当于二里头文化第四期或第四期晚段，它早于二里岗下层以 C1H9 为代表的第一期；偃师商文化的第二段（或称第一期第二段，又称第一期晚段）与二里岗下层第一期 C1H9 的年代基本相同；偃师商文化第三段（或称第二期第三段，又称第二期早段）介于二里岗 C1H9—C1H17 之间，与被视为郑州南关外中层的 H62 的年代相同；偃师商文化第四段（或称第二期第四段，又称第二期晚段）与二里岗下层以 C1H17 为代表的第二期相近；偃师商文化的第五段（或称第三期第五段，又称第三期早段）介于二里岗下层第二期与二里岗上层第一期之间；偃师商文化的第六段（或称第三期第六段，又称第三期中段）相当于二里岗上层第一期；偃师商城第七段（或称第三期第七段，又称第三期晚段）相当于二里岗上层第二期，即白家庄期。由于偃师商城废弃于偃师商文化第三期中段即偃师商文化第六段，偃师商城的废弃与郑州商城的鼎盛处于同一时期，而偃师商城的废弃与郑州商城的鼎盛这种"一兴一废"

---

[1]　张文军、张玉石、方燕明：《关于偃师尸乡沟商城的考古学年代及相关问题》，《青果集——吉林大学考古专业成立二十周年考古论文集》，知识出版社 1993 年版。

[2]　刘忠伏、徐殿魁：《偃师商城的发掘与文化分期》，《中国商文化国际学术讨论会论文集》，中国大百科全书出版社 1998 年版。

[3]　赵芝荃：《论偃师商城始建年代的问题》，《中国商文化国际学术讨论会论文集》，中国大百科全书出版社 1998 年版。

[4]　a. 中国社会科学院考古所河南二队：《河南偃师商城小城发掘简报》，《考古》1999 年第2 期。

b. 中国社科院考古所河南二队：《河南偃师商城宫城北部"大灰沟"发掘简报》，《考古》2000年第 7 期。

c. 杜金鹏：《郑州南关外中层文化遗存再认识》，《考古》2001 年第 6 期。

d. 杜金鹏：《偃师商城与"夏商周断代工程"——"夏商周断代工程"〈偃师商城年代与分期研究〉专题结题报告》，《偃师商城初探》，中国社会科学出版社 2003 年版。

[5]　中国社会科学院考古研究所编著：《中国考古学·夏商卷》，中国社会科学出版社 2003 年版，第 176—183 页，图 4—2：偃师商城陶器分期图。

之关系又意味着仲丁迁隞，偃师商城废弃是中商文化开始的标志的话①，这样，从偃师商文化这一分期标准来看，本书所说的早商都城指的是偃师商文化第一段至第五段，亦即二里头文化第四期至二里岗下层第二期。

二　偃师商城的形成过程

对于目前所发现的早商时期属于王都规模的郑州商城和偃师商城这两座城邑遗址，一般认为二者修建和使用年代大体同时，故而学者们或者用王都与别都或离宫别馆说②，或者用数都并存说③、"两京制"说④，或者用主都与辅都说⑤来加以解释。笔者认为从这两座都城在相当长的一段时间并行使用这一点来看，上述诸说都有一定的道理，但在始建的时间及其兴衰过程上，两座都城又有些不同，从而通过对这两座都城的形成过程的考察，对于何谓王都、何谓"两京制"等会有深一层的认识。

位于今偃师县城西南的偃师商城（图1—1），由宫城、小城和大城组成（图1—2），其小城和大城并非同时建成，所以所谓偃师商城的形成过程，实际上就是指宫城、小城、大城的建设过程而言。

---

①　王学荣：《偃师商城废弃研究——兼论与偃师二里头、郑州商城和郑州小双桥遗址的关系》，《三代考古（二）》，科学出版社2006年版。

②　a. 邹衡先生在《偃师商城即太甲桐宫说》（《北京大学学报》1984年第4期）提出偃师商城"实为太甲所放处桐宫，乃早商时期商王之离宫所在"。

b. 其后，邹衡先生在《桐宫再考辨——与王立新、林沄两位先生商谈》（《考古与文物》1998年第2期）认为，偃师商城不仅仅是太甲所放之处，它在早商时代还可能"一直是商都的别都（即陪都或离宫）"。

c. 关于"别都"或"陪都"、"辅都"的概念，最早丁山已涉及，他在《商周史料考证》（第12页）中提出"殷商时代，可能有两个以上的都城，'大邑商'是首都，那么，'中商'该是陪都"。后来，杨宽在《中国古代都城制度史研究》（上海古籍出版社1993年版，第32、35、38—39页）中认为："牧即沫，是商代晚期的别都"；"郑州商城即阑或管，是商代前期的别都"。而"汤居亳，在今山东曹县南"。

③　李民先生在《南亳、北亳与西亳的纠葛》（见《夏商史探索》，河南人民出版社1985年版）一文中，提出夏商时期两都或数都并存的观点，以此论证了"三亳"并存。

④　a. 许顺湛：《中国最早的"两京制"——郑亳与西亳》，《中原文物》1996年第2期。

b. 张硕国：《郑州商城与偃师商城并为亳都说》，《考古与文物》1996年第1期。

⑤　张国硕：《夏商时代都城制度研究》，河南人民出版社2001年版。

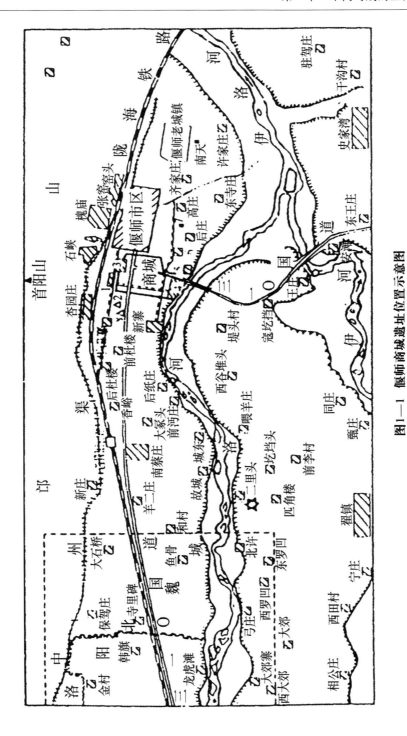

图1—1 偃师商城遗址位置示意图

1. 大槐树 2. 伊尹墓 3. 化肥厂 4. 塔庄 5. 任圪垱 6. 蔡家口 7. 五里堡 8. 田横墓

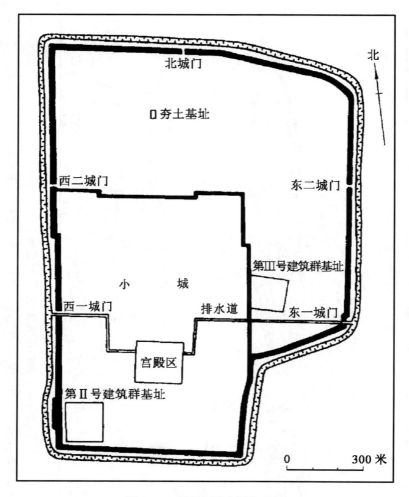

图1—2　偃师商城大城与小城

　　在偃师商城中，最早建设的是宫城和小城。在宫城内（图1—3），截至目前，至少发现有10座宫殿宗庙建筑基址，还有一大片用夯土围墙围起来的祭祀区（最初曾称之为"大灰沟"）和一处池苑，在小城内的西南隅有被称为府库的夯土建筑群遗址等。这些遗迹当然不是一次性建成的遗留物，有的在偃师商城商文化第一期第一段时即已出现，一直使用到第三期第六段；有的只建成和使用于某一期段。如祭祀区就由偃师商城商文化第一期第一段一直延续使用到第三期第六段，其中祭祀区内的B区和C区的使用时

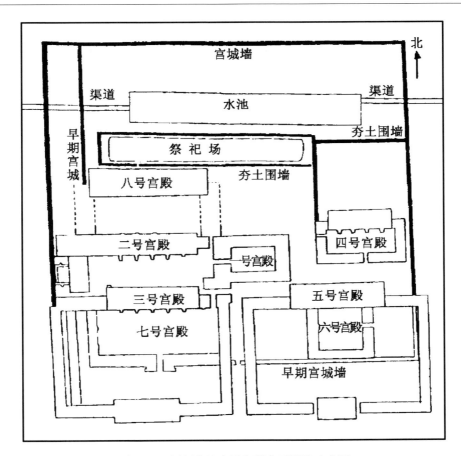

图1—3　偃师商城宫城各期主要遗迹分布图

间为第一期一段至第三期五段；A区的使用时间为第二期三段至第三期六段[①]。
宫室[②]基址中，四号宫室也是自第一期一直使用到第三期中段（第六段）[③]。

[①]　a. 中国社会科学院考古所河南二队：《河南偃师商城宫城北部"大灰沟"发掘简报》，《考古》2000年第7期。

　　b. 中国社会科学院考古研究所：《河南偃师商城商代早期王室祭祀遗址》，《考古》2002年第7期。

[②]　这里所使用的"宫室"一词，既包括宫殿，亦包括宗庙。

[③]　王学荣：《偃师商城的废弃——兼论与偃师二里头、郑州商城和郑州小双桥遗址的关系》，《三代考古（二）》，科学出版社2006年版。

赵芝荃先生曾依据其发掘所见，指出四号宫室西庑外侧底部有加固土层（第6层），出土一些陶片，与二里头文化第四期的相同，据此他推断四号宫室的建造年代约属二里头文化第四期[1]。据此，我们说四号宫室建成和最初使用的时间很可能是偃师商城商文化第一期第一段（相当于二里头文化第四期），并一直沿用至第三期第六段。此外，七号宫室、九号宫室、十号宫室也建于第一期；一号宫室至迟在偃师商文化第一期第二段偏早的时候已经建成使用。这样，在第一期时（图1—4），已建成的宫室有一号、四号、七号、九号和十号，在这些宫室的北部建有祭祀区的B区和C区，在祭祀区之北修建有池苑[2]。在商文化第二期时（图1—5），其宫室有一号、二号、四号、六号、七号、八号。其中，一号、四号宫室和七号宫室属于一期以来的继续使用，二号宫室是在二期早段（即第三段）时由九号宫室扩建而成，此时宫城的南、西城墙被突破，新建的六号宫室利用原宫城南墙作为南庑基址，又新建了一段宫城西墙。到商文化第三期早段（即第五段）时（图1—6），六号宫室改建成五号宫室，七号宫室改建为三号宫室，二号宫室、四号宫室还在继续使用[3]。至于宫城中由水渠和水池构成的池苑，第一期时水池四壁的质地为泥质，第二期晚段开始用石头砌水池的四壁[4]，第二期早段（即第三段）偏晚或更晚，水池又经过进一步改建，改建后的使用年代为第4—5段[5]。在上述诸遗迹中，由祭祀场和四号宫室的修建与使用时间，可证偃师商城内的一部分宫室及其宫城始建于当地商文化的第一期第1段。特别

---

① 赵芝荃：《再论偃师商城的始建年代》，《中原文物》1999年第3期。

② 王学荣：《偃师商城第一期文化研究》，《三代考古（二）》，科学出版社2006年版。

③ a. 杜金鹏：《偃师商城与"夏商周断代工程"——"夏商周断代工程"〈偃师商城年代与分期研究〉专题结题报告》，《偃师商城初探》，中国社会科学出版社2003年版，第88—93页。

b. 中国社会科学院考古研究所河南第二工作队：《河南偃师商城宫城第八号宫殿建筑基址的发掘》，《考古》2006年第6期。

c. 王学荣：《偃师商城废弃研究——兼论与二里头、郑州商城和郑州小双桥遗址的关系》，《三代考古（二）》，科学出版社2006年版。

④ 中国社会科学院考古研究所河南第二工作队：《河南偃师商城宫城池苑遗址》，《考古》2006年第6期。

⑤ 杜金鹏：《偃师商城与"夏商周断代工程"——"夏商周断代工程"〈偃师商城年代与分期研究〉专题结题报告》及《偃师商城王宫池渠的发现及其源流》，均收于《偃师商城初探》，中国社会科学出版社2003年版。

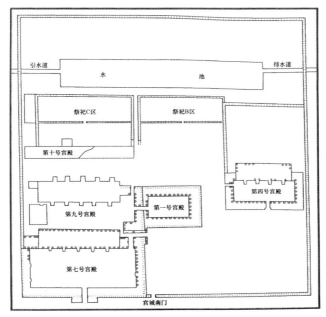

图 1—4　偃师商城宫城第一期主要遗迹平面示意图

（王学荣：《偃师商城第一期文化研究》）

是那片东西绵延达 200 米、总面积约 3100 平方米、四周有夯土围墙、南面围墙建有门道的专门的祭祀场，由其最底层出土的相当于二里头文化第四期即当地商文化第一期第一段的陶器，是很能说明宫城及一部分宫室的始建年代的。因为我们知道，在宫城中祭祀的对象应以祖先为主①，修建专门的祭祀场主要是为了祭祀宗庙里的祖先神，因而祭祀区与一部分宗庙的修建应是同时进行的。为此，笔者赞成偃师商城内的一部分宫室及其宫城始建于当地商文化的第一期第一段。在第二期早段（即第三段）时，随着大城城垣的修筑，宫城发生了很大变化，如九号宫室扩建为二号宫室，在九号宫室之北新建了八号宫室，在四号宫室之南新建了六号宫室，在第二期晚段（即第四段）时一号宫室被废弃，宫城的南、西城墙被突破，新建了一段宫城西墙。水池的四壁也是从第二期开始用石材垒砌。府库在第

————————

①　也许还应包括对于社神以及其他神灵的祭祀，但对于祖先的祭祀不但是必不可少的，也是最主要的。详见后文有关甲骨文中祖先神与社神地位的比较论述。

二期时也进行了全面的翻建①。到商文化第三期早段（即第五段）时，宫城内又有一些变革，六号宫室改建为五号宫室；七号宫室变为三号宫室，并新建了一座西庑。而四号的宫室与祭祀场一样，从第一期第一段一直连续使用到第三期第六段，即与偃师商城作为王都的时间相始终。

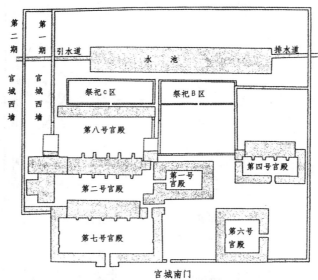

图1—5　偃师商城宫城第二期主要遗迹平面示意图

（王学荣、谷飞：《偃师商城宫城布局与变迁研究》）

　　偃师商城小城的修建年代，据研究大约是在当地商文化第一期第一、二段之际或第二段偏早的时候②，而笔者则认为有可能是与宫城同时建造，大约为偃师商城商文化第一期第一段。目前能说明小城建筑时间的材料有两处，一为小城西北角的发掘，另一为小城北城墙的发掘。1997年通过对小城西北角的发掘，得知偃师商城小城的城墙要早于大城城墙，大城城墙是在小

---

①　a. 中国社会科学院考古研究所河南第二工作队：《偃师商城第Ⅱ号建筑群遗址发掘简报》，《考古》1995年第11期。

　b. 王学荣：《河南偃师商城第Ⅱ号建筑群遗址研究》，《华夏考古》2000年第1期。

②　a. 杜金鹏、王学荣、张良仁：《试论偃师商城小城的几个问题》，《考古》1999年第2期。

　b. 杜金鹏：《偃师商城与"夏商周断代工程"——"夏商周断代工程"〈偃师商城年代与分期研究〉专题结题报告》，杜金鹏：《偃师商城初探》，中国社会科学出版社2003年版，第93—97页。

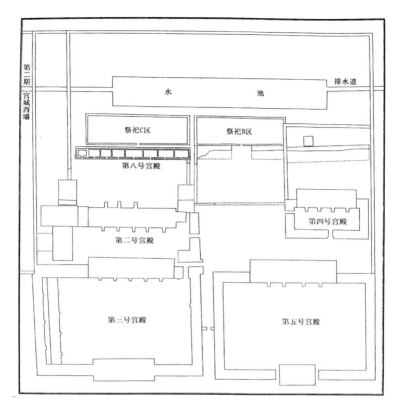

图1—6　偃师商城宫城第三期主要遗迹平面示意图

（《考古》2006年第6期第4页）

城城墙的基础上扩建而成的，以往所说的西二城门南侧的"马道"实即小城北墙的一部分。在修建大城时，对小城西城墙进行了修整，削去了小城城墙两侧的部分夯土，大城城墙包在小城城墙的两侧，大城城墙直接叠压在小城城墙上。所以1997年对小城西北角的发掘获得了小城与大城之间的地层关系即早晚关系，小城早于大城①。

小城早于大城，具体早到什么时候？在1999年对小城北城墙的发掘中，在城墙的内外发掘了22座商代墓葬，分别打破城墙内侧的附属堆积和城墙

_____

①　中国社会科学院考古所河南第二工作队：《河南偃师商城小城发掘简报》，《考古》1999年第2期。

外侧的路土，说明它们是在小城建成后才埋葬的，其中年代最早者是 M16，属于偃师商城商文化第三段（即第二期早段）。此外，在北城墙夯土的下面叠压有一条南北向的水沟 G2（图 1—7）[①]，叠压于 G2 之上的地层所出土的陶片，是商文化第三段偏早陶器的特征。这些都告诉我们小城在第三段以前已建成，它可作为小城城墙建造年代的下限。关于小城城墙建造年代的上

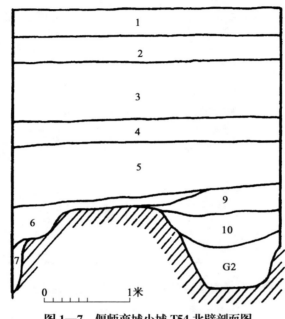

图 1—7 偃师商城小城 T54 北壁剖面图

1. 耕土层 2. 淤土层 3. 淤土层 4. 淤土层 5. 灰褐色黏土
6. 青灰色土 7. 浅灰色土 9. 黄褐色土 10. 浅灰色土

限，可以通过对被小城北城墙所叠压的水沟 G2 的废弃与堆积过程的分析，得到了说明[②]。该水沟在城墙建造之前，曾经有水流动，修建城墙时，在城

① 杜金鹏：《偃师商城初探》，中国社会科学出版社 2003 年版，第 99 页，图 15。

② a. 中国社会科学院考古所河南第二工作队：《河南偃师商城小城发掘简报》，《考古》1999 年第 2 期。

b. 杜金鹏、王学荣、张良仁：《试论偃师商城小城的几个问题》，《考古》1999 年第 2 期。

c. 杜金鹏：《偃师商城与"夏商周断代工程"——"夏商周断代工程"〈偃师商城年代与分期研究〉专题结题报告》，杜金鹏：《偃师商城初探》，中国社会科学出版社 2003 年版，第 96—97 页。

墙经过的地方，用土填充了水沟并施夯。由于水沟被城墙阻截成两段，形成城内城外两段"死沟"。城外的"死沟"，大概由于无人类生活活动而属于自然淤塞的缘故，其水沟的底部是淤土，伴出有许多螺壳，上层也是淤土，基本无文化遗物。城墙以南即城内的"死沟"，其底部一般是淤土，上部则是灰土，灰土中包含有不少的陶片，其形制特征较多的属于偃师商城商文化第二段，同时也有接近第一段的（图1—8）①，说明这些灰土开始堆积的年代，应是当地商文化的一、二段之际或一段偏晚时期。城内"死沟"内堆积的形成，应该是住在城内的人们不断地将生活垃圾倾倒进沟内，逐渐将其填平所致，所以城内水沟的上层堆积，即灰土中的文化遗存，应该略晚于城墙建造的时间，它只是表明小城使用年代中较早时期，而并非小城建造年代的上限。至于城墙建造年代的上限，应该还在这些堆积之前，即应在一段偏晚时期之前，很可能与宫城是同一时间建造，对此，后面将作进一步的补充。

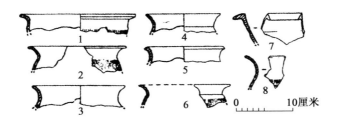

图1—8　偃师商城小城 T54 水沟 G2 出土陶器

（杜金鹏：《偃师商城初探》）

1. 折沿盆（G2：11）　2. Ⅱ式鬲（G2：8）　3. 瓮（G2：5）　4. Ⅰ式鬲（G2：3）

5. 瓮（G2：12）　6. Ⅱ式鬲（G2：10）　7. 折沿盆（G2：13）　8. Ⅰ式鬲（G2：1）

　　偃师商城大城城墙的建造年代晚于小城城墙，这在前述一部分大城的西城墙两侧包有小城西城墙，已得到说明。大城与小城在建造年代之间，存有一段距离。例如1997年在西二城门南侧的发掘，发现大城路土叠压小城路土的地层关系，证明大城是在小城建成并使用一段时间（形成了路土）后，才开始建造②。1996年对偃师商城大城东北隅的发掘，确定了大城城墙建于

---

①　杜金鹏：《偃师商城初探》，中国社会科学出版社2003年版，第101页，图17。

②　中国社会科学院考古所河南第二工作队：《河南偃师商城小城发掘简报》，《考古》1999年第2期。

当地商文化第三段，其主要的地层关系是，被城墙护坡土所叠压的灰坑 H8、H9、H10，属第二段，而打破城墙附属堆积的下层墓葬多数为第四段偏早，其中个别墓葬的年代属于第三、四段之际；城墙和护城坡夯土内所出年代最晚的陶片的特征与开口于城墙护坡下的灰坑内的陶片相同，二者年代应相近。这样，大城城墙的建造及初始使用的年代是第三段，即第二期早段[①]。

　　偃师商城的宫城、小城和大城的建造年代，已如上所述。偃师商城的废弃、沦为一般聚落约在第三期第六段[②]。从偃师商城的第一段到第六段，偃师商城经历了由第一期时的创建，到第二期时的繁荣鼎盛，再到第三期的继续使用与废弃的全过程。其中，第一期第一段开始建筑部分宫室、祭祀场、宫城和小城。第二段的遗存在宫城内分布较多，就连远离宫城的大城东北隅也发现有二段的铸铜遗存，说明二段时偃师商城已具有一定的规模。偃师商城的第三段即第二期早段时，城市建设已充分展开，不但在小城的基础上修建了大城，宫城也进行了扩建，改建或扩建乃至新建了一些主要宫室，翻建了府库，池苑的四壁也改用石材砌垒。在偃师商城的第三段和第四段即整个第二期，一个较为完善的宫城格局已经形成，城市设施基本完备，城址内的文化遗存相当丰富。进入第五段即第三期早段，偃师商城已过了繁荣期，有的宫室被废弃；到了第六段即第三期中段，衰败加速，若干宫室的使用已到尾声甚至完全废弃，小城可能已经平毁，其都城的地位当终结于此时；第七段即第三期晚段时，整个城池沦为一般聚落[③]。

　　偃师商城自第一段至第六段，经历了五个时段三个文化期，是一个较长

---

　　① 　a. 中国社会科学院考古所河南第二工作队：《河南偃师商城东北隅发掘简报》，《考古》1998年第 6 期。

　　b. 杜金鹏、王学荣等：《试论偃师商城东北隅考古新收获》，《考古》1998 年第 6 期。

　　c. 杜金鹏：《偃师商城与"夏商周断代工程"——"夏商周断代工程"〈偃师商城年代与分期研究〉专题结题报告》，《偃师商城初探》，中国社会科学出版社 2003 年版，第 108 页。

　　② 　王学荣：《偃师商城废弃研究——兼论偃师二里头、郑州商城和郑州小双桥遗址的关系》，《三代考古（二）》，科学出版社 2006 年版。

　　③ 　a. 杜金鹏：《偃师商城与"夏商周断代工程"——"夏商周断代工程"〈偃师商城年代与分期研究〉专题结题报告》，杜金鹏：《偃师商城初探》，中国社会科学出版社 2003 年版，第 137—138 页。

　　b. 王学荣：《偃师商城废弃研究——兼论偃师二里头、郑州商城和郑州小双桥遗址的关系》，《三代考古（二）》，科学出版社 2006 年版。

的时期。那么，这三期五段与灭夏后的哪些商王相对应呢？偃师商城考古队
的学者们一般是把第一段至第五段作为灭夏后的成汤以来、仲丁以前的王都
遗存，其中粗略的估计是，第一期文化的年代约为公元前 1600—前 1560 年，
第二期文化的年代范围大约为公元前 1560—前 1500 年，第三期文化的年代
范围大约为公元前 1500—前 1460 年[①]。一般将公元前 1600 年作为商王朝的
开始之年，这是采取的约数，实际上如前所述，商王朝的开始之年应在公元
前 1553 年。而杜金鹏等先生在这里对偃师商城各期年代范围的估计，主要
是告诉人们在偃师商文化的第一期、第二期和第三期中每期为 40 年，其中
前两期每一段平均是 20 年。若据偃师商城的测年数据，每段 20 年似乎偏
短。如夏商周断代工程公布过一批偃师商城采用加速器质谱计（AMS）的碳
十四测年数据，第一期第一段编号 SA00052 的测年数据为 3190±55 年
（BP），拟合后日历年代是公元前 1605—前 1540 年和公元前 1525—前 1515
年，因后一个拟合数据比第二段所测年代还晚，故可舍弃不予考虑，前一个
拟合后年代的中间值是公元前 1572 年；第一期第一段编号 SA00053 的拟合
后年代为公元前 1605—前 1535 年，中间值是公元前 1570 年；第一期第二段
有四个数据，编号 SA99121 的拟合后日历年代是公元前 1525—前 1489 年，
中间值为公元前 1507 年；编号 SA99117 的拟合后日历年代是公元前 1565—
前 1500 年，中间值为 1532 年；编号 SA99013 的拟合后日历年代是公元前
1565—前 1500 年，中间值为公元前 1522 年；编号 SA99012 的拟合后日历年
代是公元前 1555—前 1490 年，中间值为公元前 1522 年；第二期第三段有两
个数据，编号 SA99118 的拟合后日历年代是公元前 1504—前 1460 年，中间
值为公元前 1482 年；编号 SA99008 的拟合后日历年代是公元前 1503—前
1460 年，中间值为公元前 1481 年；第二期第四段有三个数据，编号
SA99011 的拟合后日历年代是公元前 1470—前 1436 年，中间值为公元前
1453 年；编号 SA99006 的拟合后日历年代是公元前 1469—前 1430 年，中间
值为公元前 1449 年；编号 SA99119 的拟合后日历年代是公元前 1440—前
1400 年，中间值为公元前 1420 年。若将以上各段拟合后日历年代的中间值
加以比较后，我们将会发现，第一期第一段的公元前 1570 年距离第一期第
二段的公元前 1532 年为 38 年；第一期第二段中最大的数据为公元前 1532

① 杜金鹏：《偃师商城与"夏商周断代工程"——"夏商周断代工程"〈偃师商城年代与分期研究〉专题结题报告》，杜金鹏：《偃师商城初探》，中国社会科学出版社 2003 年版，第 143、152 页。

年，最小的数据为公元前 1507 年，二者之间相距是 25 年；第一期第二段的公元前 1507 年距离第二期第三段的公元前 1482 年为 25 年；第二期第三段的公元前 1481 年距离第二期第四段的公元前 1453 年为 28 年；第二期第四段中最大的数据为公元前 1453 年，最小的数据为公元前 1420 年，二者之间相距是 33 年。依据这些数据，笔者以为偃师商城第一期第一段至第二期第四段，每段积年平均均为 25 年左右较为合适。若偃师商城第一期第一段的时间跨度为 25 年左右，那么偃师商城商文化的第一期第一段有一半时间属于灭夏后的成汤时期，大概不会有什么问题。

据史书记载，灭夏后成汤在位有十二三年。如《御览》八十三引《韩诗内传》："汤为天子十三年，百岁而崩。"《汉书·律历志》云："成汤方即世崩没之时，为天子用事十三年矣。商十二月乙丑朔旦冬至，故《书序》曰：'成汤既没，太甲元年，使伊尹作《伊训》。'《伊训》篇曰：'惟太甲元年十有二月乙丑朔。'"又云："《殷历》曰：当成汤方即世用事十三年，十一月甲子朔旦冬至，终六俯首。"今本《竹书纪年》说成汤灭夏后："十八年癸亥，王即位，居亳。……二十九年，陟。"王国维《今本竹书纪年疏证》在注引上述《汉书·律历志》、《书序》和《伊训》的话后说："据此，则自汤元年至太甲元年为十三年，汤在天子位凡十二年。"《史记·殷本纪》集解引皇甫谧曰：汤"即位十七年而践天子位，为天子十三年，年百岁而崩"。依据这些说法，成汤灭夏前和灭夏后在位的年数共计二十九年，其中灭夏后在位十二三年。对于上述诸书所说的成汤在位年数，一些学者也许不太相信，但笔者认为上引《韩诗内传》、《汉书·律历志》、今本《竹书纪年》三书基本一致，这种一致性使得我们今天估计成汤在位年数时，是可以作为一种参考的。为此，偃师商城的宫城作为成汤灭夏后在位初年所建，大概不会有什么问题，而小城城墙若与宫城是同时建成，自然也是进入商代以后成汤在位初年的事，若小城始建于第一段偏晚或第一、二段之际，则有可能是成汤晚年乃至太甲时期所建。

我们主张小城与宫城同时建成，一方面是如前所述小城城墙的建造年代应早于城内水沟 G2 的上层堆积，即早于水沟灰土中的文化遗存；另一方面是着眼于宫城、府库与小城的布局关系。在小城中，宫城位于小城纵向轴线的中部偏南，这里地势也较高，偃师商城的发掘者说这是古代都城中宫城居于郭城之纵轴上的最早实例。从宫城的北部引出的两条用石板砌成的地下水道（供宫城内水池进水和出水用的水道），一条通往大城的"东一城门"，另一条通往大城的"西一城门"。大城的西一城门实即小城西城墙正中间的门道。与西一城门相对应，从宫城中延伸出来的地下水道穿过小城东城墙的地方，也应当有一座城门，它与小城西城墙上的城门正相对应，这样，小城的这两个城门，正好处于小城的横向轴线上。被称为府库的第Ⅱ号夯土建筑群，位于宫城外的西南即小城城墙的西南隅，占据了一个较为僻静的地方。所有这些都表明，小城的城墙与宫城、府库、池渠水道以及小城城门等，都是一次性统一规划、统一设计、统一建造的。

　　还有，小城城墙，在形制上，修筑成曲折凹凸状，有类似于后世"马面"的设计①；在规模上，城墙宽度多为6—7米，墙基槽较浅，深度一般不足0.5米，城内面积为80多万平方米，较一般城邑为大，但又不是很大。形制上的设计体现了军事防御方面的考虑，而又不太大的规模，则说明建造时间较短，经济实力有限，也就是说，当时时间紧，人力、物力相对短缺，是仓促间在夏都附近创建了新的王都②。据史书记载，成汤灭夏后，连年大旱。如《吕氏春秋·顺民》说："昔者汤克夏而正天下，天大旱，五年不收。"《墨子·七患》说："《夏书》曰：'禹七年水'，《殷书》曰：'汤五年旱'，此其离凶饿甚矣。然而民不冻饿，何也？其生财密，其用之节也。"此外，《尚书大传》、《淮南子·主术训》、《说苑·君道》则说是大旱七年。我们以五年大旱为据，在天大旱，五年不收的情况下，欲在原为夏王朝的腹心之地尽快地修建一座城邑，当然是既有军事防御上的要求，又不能不量力而行，纵然所建的是王都，其规模也可不能过大，这就是墨子所说的"其用之节也"。所以，从偃师商城小城的形制和规模来看，它也应当是成汤灭夏后的初年所建。

　　偃师商城的宫城和小城属于成汤时期所建，那么，大城为何王所建？在考古学上，大城建于第三段，它已进入偃师商文化的第二期。若每段为25年，则大城建于进入商代以后的四五十年范围内。历史学上，我们知道成汤以后继位者若依《史记·殷本纪》，次序是外丙、中壬和太甲。而在商代甲

---

　　①　a. 中国社会科学院考古所河南第二工作队：《河南偃师商城小城发掘简报》，《考古》1999年第2期。

　　b. 杜金鹏、王学荣、张良仁：《试论偃师商城小城的几个问题》，《考古》1999年第2期。

　　②　中国社会科学院考古所河南第二工作队：《河南偃师商城小城发掘简报》，《考古》1999年第2期。

骨文周祭卜辞中，受祭祀的次序是大丁、卜丙（即外丙）、大甲。中壬的名号不见于卜辞，在周祭中也没有祭祀他的位置，研究周祭卜辞的学者认为，周祭中先王的祭祀次序是以他们的即位次序为准进行安排的，这些名号既不见于卜辞，在周祭中又没有祭祀位置者，很可能都是未曾被确定继承王位的①。在这二王的积年上，据文献，外丙和中壬在位年数甚短，如《孟子·万章篇》曰："汤崩，太丁未立，外丙二年，仲壬四年。"《史记·殷本纪》曰："汤崩，太子太丁未立而卒，于是乃立太丁之弟外丙，是为帝外丙。帝外丙即位三年②，崩，立外丙之弟中壬，是为帝中壬。帝中壬即位四年，崩，伊尹乃立太丁之子太甲。"关于太甲在位的年数，《竹书纪年》说太甲"十二年陟"。③ 太甲之后，《史记·殷本纪》中商王的世次为沃丁，但在周祭卜辞里没有沃丁，大甲之后为卜丙，卜丙之后为大庚④。今本《竹书纪年》说沃丁"十九年陟，"即沃丁在位19年。关于大庚，今本《竹书纪年》大庚写作"小庚"，说小庚"五年陟"。《太平御览》八十三引《史记》："帝太庚在位二十五年崩。"这里暂取《太平御览》所引《史记》之说。太庚之后是小甲，今本《竹书纪年》说小甲"十七年陟"。《太平御览》八十三引《史记》也曰："帝小甲在位十七年。"小甲之后据《殷本纪》为雍己，雍己之后为大戊。据周祭卜辞，小甲之后为大戊，大戊之后为雍己⑤。今本《竹书纪年》说雍己"十二年陟。"《太平御览》八十三引《史记》："帝雍己在位十二年崩。"关于大戊在位的年数，《尚书·无逸》说："中宗之享国，七十有五年。"《太平御览》八十三引《史记》："中宗在位七十有五年崩。"今本《竹书纪年》也说大戊"七十五年陟。"《尚书·无逸》中的中宗，有人以为是大戊，也有人以为是祖乙，《史记·殷本纪》说帝太戊时，"殷复兴，诸侯归之，故称中宗"。《史记·殷本纪》称太甲为太宗，称大戊为中宗，应该是有道理的。为了醒目起见，现将上引诸书中灭夏后的成汤至大戊的在位年数列表如下：

① 常玉芝：《商代周祭制度》，中国社会科学出版社1987年版，第134—138页。

② 《太平御览》八三引《史记》作外丙在位"二年"。

③ 《史记·鲁周公世家》索隐："案《纪年》，太甲惟得十二年。"

④ 常玉芝：《商代周祭制度》，中国社会科学出版社1987年版，第134页。

⑤ 同上。

成汤	13 年	《韩诗内传》、《汉书·律历志》、《帝王世纪》
外丙	2 年	《孟子·万章篇》、《太平御览》八十三引《史记》
中壬	4 年	同上
大甲	12 年	《竹书纪年》
沃丁	19 年	今本《竹书纪年》
大庚	25 年	《太平御览》八十三引《史记》
小甲	17 年	今本《竹书纪年》、《太平御览》八十三引《史记》
雍己	12 年	同上
大戊	75 年	《尚书·无逸》、《太平御览》八十三引《史记》、今本《竹书纪年》

由上表可知，灭夏后的成汤至大庚（不包括大庚）的在位年数为 50 年，若加上大庚的在位年数为 75 年。因周祭卜辞中没有中壬和沃丁，所以二者都有并未继承王位的可能，若除去中壬的 4 年、沃丁的 19 年，则从灭夏后的成汤至大庚前的在位年数为 27 年，若加上大庚在位的年数则为 52 年。27 年落在偃师商城商文化第一段的年代内，52 年落在第三段初期的年代范围内。为此，笔者认为偃师商城的大城有可能是商王大庚时期所建。

讨论了偃师商城的宫城、小城和大城分别是商代的何王所建后，接着需要说明的是偃师商城何时被放弃而成为一般聚落的？杜金鹏先生曾提出偃师商城"至 6 段时，有的宫殿已经废弃，有的宫殿可能还在继续使用。到 7 段的时候，所有的宫殿已全部毁坏"。为此他认为"宽泛地说，偃师商城商文化第 1 段至第 6 段，可视为商汤以来、仲丁以前的王都"[①]。王学荣先生在对偃师商城的宫城及其一号、二号、三号、四号、五号、八号宫殿以及祭祀区、池苑区的废弃时间进行了专门的研究后指出，"偃师商城宫城宫殿建筑群的废弃时间有的明确为第三期中段（6 段），有的可以确认为不晚于第三期中段（6 段）；祭祀区没有发现年代晚于第三期中段（6 段）的祭祀遗存；作为池苑区主体的水池，在第三期中段（6 段）时已经干枯，并被严重破坏，尤其打破水池的灰坑及水池内的废弃堆积中包含大量宫殿建筑的墙体残块，从另一角度可确证此时宫城已经废弃，即偃师商城宫城的废弃时间应为偃师商城商文化第三期中段（6 段）"。关于府库的废弃时间，对于经过大规模的

---

① 杜金鹏：《偃师商城初探》，中国社会科学出版社 2003 年版，第 143 页。

考古发掘的、位于城址西南隅、被称为第Ⅱ号建筑群址的府库，其"废弃时间不晚于偃师商城商文化第三期中段（6 段）"。最后，王学荣总结说："偃师商城废弃的时间应为偃师商城商文化第三期中段（6 段），即第三期中段（6 段）时，作为商代早期都城的偃师商城已经因废弃而沦为普通居址，而正是因统治者离去，城池荒废，才为曾是禁地的宫城和府库遭到毁灭性破坏提供了客观条件。"[①] 这里的所谓"统治者离去"说的就是商王仲丁"将都城从偃师商城迁移到了郑州商城"，而"传统意义上，一般将文献记载中的商王仲丁迁隞确定为商代中期的开始"因此"偃师商城的废弃是中商文化开始的标志"[②]。对于这些论述笔者是赞成的，尤其是以偃师商城王都的放弃作为中商的开始和仲丁迁隞结果，这样的划分是合理的，由此可以将郑州商城区分为作为早商的郑州商城（二里岗下层时期）与作为中商的郑州商城（二里岗上层时期），其分界线和分界的原因即在于偃师商城作为王都的放弃，对此我们在下一节将作进一步的论述。此外，如前所述，从文献上看，商王朝开始的年代为公元前 1553 年，而二里岗上层一期一个可以起到定点作用的碳十四测年的年代是公元前 1400±8 年[③]，从公元前 1553—前 1400 年，其年限为 153 年，依据上引文献，并除去中壬和沃丁在位的年数（因中壬和沃丁的名号不见于周祭卜辞，表明二人很可能都未曾被确定继承王位），成汤以来、仲丁以前商王的积年共计为 156 年，这与从公元前 1553—前 1400 年的 153 年，大致吻合。当然，相传大戊在位 75 年，有夸大的嫌疑，应缩短一点大戊在位的年数，而公元前 1400 年虽为二里岗上层第一期的年代，但它是否一定是二里岗上层第一期年代的上限，也还很难说。因而，缩短大戊在位年数与二里岗上层第一期上限的年代有可能在公元前 1400 年之前，都是有可

①　王学荣：《偃师商城废弃研究——兼论与二里头、郑州商城和郑州小双桥遗址的关系》，《三代研究（二）》，科学出版社 2006 年版。

②　同上。

③　夏商周断代工程对属于二里岗上层一期的郑州商城 T1J3 保存完好的井框圆木进行了碳十四系列测年，得出其最外轮年代为公元前 1408—前 1392 年，公元前 1400±8 年是其中间值，这应是该井的建造年代。参见《夏商周断代工程 1996—2000 年阶段成果报告》，世界图书出版公司 2000 年版，第 64 页。对于二里岗上层一期的年代来讲，殷玮璋先生说公元前 1400±8 年是"可以起到定点作用的年代"。参见殷玮璋《再论早商文化的推定及其相关问题——断代工程结题后的反思（一）》，《二里头遗址与二里头文化研究——中国·二里头遗址与二里头文化国际学术研讨会论文集》，科学出版社 2006 年版，第 513 页。

能的，即使这样，二者也是大致吻合的。

三　郑州商城的形成过程

如果说偃师商城因位于夏末夏王朝的腹心之地，所以它的出现只能是成汤商灭夏以后的事。那么，郑州商城的情况却要复杂一些，在郑州商城，既存在有中商时期的宫室，也有属于早商时期的宫室和城垣，还有属于先商时期的宫室乃至于较小的城墙。所以有关郑州商城的宫室、城垣的修建过程，还需从先商时期说起。

在郑州商城，从 20 世纪 50 年代以来就发现有早于二里岗下层一期的遗迹，如当年被称为南关外期的南关外下层的遗存①，以及 90 年代初在郑州化工三厂发现的属于南关外下层性质的 H1 遗迹②。这些遗迹，如我们在十一卷本《商代史》卷三《商族起源与先商社会变迁》中所论述的那样，属于先商时期，以下七垣文化为主的先商文化和以岳石文化为主的东夷文化相融合的结果。此外，在郑州商城还发现有当年称之为洛达庙类型、现在称之为二里头文化的遗迹③。化工三厂和南关外等地的南关外下层之类的遗存在郑州的出现，是先商时期商族和其东夷盟军来到该地的结果。在近年的一些研究中，学者们发现在郑州商城也存在先商至商初时期的宫室。如 1998 年在郑州商城的东北部、郑州市东里路东段北侧发现的被称为夯土 7 的基址，其下叠压有 H232 和 H233，其上被夯土 6 所打破。从 H232、H233 等灰坑中出土的遗物，时代相当于郑州洛达庙晚期，即二里头文化第四期，这说明夯土 7 建筑基址年代上限不早于二里头文化四期。在夯土 6 和夯土 7 垫土出土有陶片，发掘者认为除一部分属于郑州洛达庙晚期的外，另有少量带有二里岗下层一期偏早的因素④。也有学者认为，夯土 7 垫土内出土的陶片，"可辨器

---

① a. 赵霞光：《郑州南关外商代遗址发掘简报》，《考古通讯》1958 年第 2 期。

b. 河南省博物馆：《郑州南关外商代遗址的发掘》，《考古学报》1973 年第 1 期。

② 河南省文物考古研究所郑州工作站：《郑州化工三厂考古发掘简报》，《中原文物》1994 年第 2 期。

③ 河南省文物考古研究所：《郑州商城》（上册），文物出版社 2001 年版，第 7、22—25、86—118 页。

④ 河南省文物考古研究所：《郑州商城北大街商代宫殿遗址的发掘与研究》，《文物》2002 年第 3 期。

类有卷沿鬲、圆腹罐、深腹罐、大口罐、大口尊、捏口罐、大口缸，时代为洛
达庙期。……因此夯土 7 的年代应为洛达庙晚期"。还认为夯土 9、夯土 12 等
基址，也都"处于最下层，多打破洛达庙期的文化层或灰坑。夯土内多含有洛
达庙期陶片，而不见任何二里岗期陶片。故其年代应在洛达庙晚期阶段"①。
据此，夯土 7、夯土 9、夯土 12 都有可能属于先商至商初的宫室建筑基址。

关于先商时期的城墙，先是 1985—1986 年在郑州市偏东部的东里路与
顺河路之间的黄河水利委员会青年公寓发现一段 80 米长、呈东北—西南走
向的被称为 W22 的夯土墙基②，后来 1998 年在黄河水利委员会家属区中部
又发现与黄委会青年公寓 W22 夯土墙基相连的 30 米长的夯土墙基（图 1—
9，图 1—10）③。从其结构、筑法、方向及内部包含物均可证明 1998 年发现
的这段墙基与 1985 年发现的那段墙基为一个整体。这 110 米长的夯土墙主
要是基槽部分，宽约 8 米，厚 1.2—2.3 米，夯层厚 8—10 厘米，夯窝清晰，
直径约 4—6 厘米，夯土墙基的西南端已到头，因为基槽已向上内收。此外，
1995 年 5 月在郑州商城东北部，为配合北大街大队拟修建一、二号宿舍楼而
进行的考古发掘中，发现一段 62 米长、呈西北—东南走向（西北与东南两
头均未到头）的夯土墙基④，把这条夯土墙基的西北向前延伸，把黄委会青
年公寓 W22 夯土墙基的东北向前延伸，二者相接角度近于 90 度，在这个
拐角的夯土墙基的内侧遍布着密集的商代二里岗期大小夯土宫室基址，所以
有人认为这两段夯土墙基，有可能是商代宫城夯土墙遗址⑤。关于黄委会青
年公寓 W22 夯土墙基的时代，最初从打破它的相当于二里岗下层时期的灰
坑（H35）判断，认为它是二里岗下层时期即郑州商城时期的一段宫城城
墙⑥。后经 1998 年的发掘，认为打破夯土墙的两个灰坑 H56、H114 的出土

①　袁广阔：《关于郑州商城夯土基址的年代问题》，《中原文物考古研究》，大象出版社 2003 年
版。

②　河南省文物考古研究所：《郑州黄委会青年公寓考古发掘报告》，《郑州商城考古新发现与研
究》，中州古籍出版社 1993 年版。

③　河南省文物考古研究所：《河南郑州商城宫殿区夯土墙 1998 年的发掘》，《考古》2000 年第 2
期，第 42 页，图二—图五。

④　河南省文物考古研究所：《郑州商城》（上册），文物出版社 2001 年版，第 233—234 页。

⑤　同上书，第 238、296 页。

⑥　河南省文物考古研究所：《郑州黄委会青年公寓考古发掘报告》，《郑州商城考古新发现与研
究》，中州古籍出版社 1993 年版。

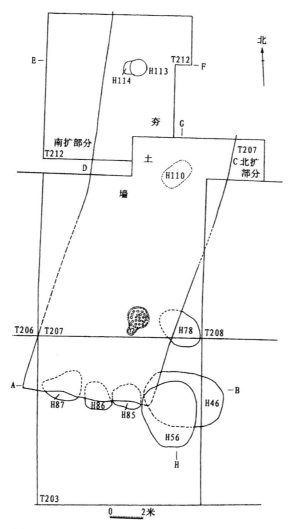

图 1—9　郑州商城内先商时期夯土城墙遗迹平面图

物可能要早于二里岗下层，最晚可至二里岗下层偏早阶段 H9 的时期，而且这两个灰坑打破的是夯土墙的基槽部分，特别是 H114 打破墙基的中部，表明在这个阶段这段城墙已完全废弃，为此，发掘者认为夯土墙基的始建年代不早于二里头文化第四期晚段，亦不晚于二里岗下层一期[①]。也有学者进一

①　河南省文物考古研究所：《河南郑州商城宫殿区夯土墙 1998 年的发掘》，《考古》2000 年第 2 期。

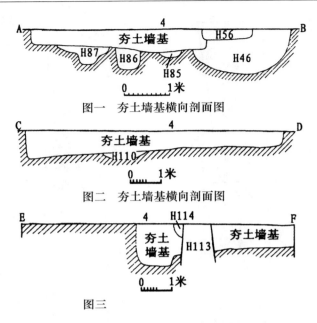

图一   夯土墙基横向剖面图

图二   夯土墙基横向剖面图

图三

图1—10   郑州商城内先商时期夯土城墙遗迹剖面图

步认为夯土墙 W22 的年代应在洛达庙晚期①。如此,这一夯土墙也有可能建于先商至商初时期。而且如果像以前那样,认为夯土墙 W22 是二里岗期早商的宫城城墙的话,那么在该夯土墙的东西两侧即内外两侧却均分布有二里岗期早商的宫室建筑基址,也就是说,有一部分宫室建筑是在该夯土墙的西部外边,该夯土墙并未起到护卫早商时期宫室的宫城城墙的作用,所以,从这一点讲,夯土墙 W22 也不可能是二里岗时期的宫城墙基,而应为先商至二里岗期之前的商初的夯土墙。更何况早于二里岗下层的 H114 打破的是墙基的中部,表明在早商的较早阶段该夯土墙已被废弃。至于它究竟是先商至商初时期城邑墙基还是城邑内的宫城墙基,还有待于今后进一步的发掘。

对于郑州商城灭夏前夕的先商时期和灭夏不久的商初时期既已存在宫室和城墙,我们究竟应如何看待?这对郑亳说而言,当然是把它解释为先商时期的汤所居之亳。但如《商族起源与先商社会变迁》所述,由于笔者主张灭

---

①   袁广阔:《关于郑州商城夯土基址的年代问题》,《中原文物考古研究》,大象出版社 2003 年版。

夏前成汤所居之亳邑在河南内黄或其附近的郼亳，而且在甲骨文中只有唯一的这个亳邑，所以郑州商城一带先商时的宫室虽为成汤所建、成汤所居，但还不能称为"从先王居"的汤都亳，而应是成汤从内黄郼亳开始四处征战来到郑州后的、灭夏前的重要军事重镇。这一军事重镇随着夏王朝被推翻，在它逐渐获得大规模的建设之后，才与偃师商城一样，都成为早商的王都之一。

进入早商以后，在郑州商城发现有相当于偃师商文化第一段的贵族墓，如1997年9月—1998年5月在郑州市东里路与顺河路之间发掘的T166M6三人合葬墓，随葬有铜鬲、铜盉、铜戈、玉柄形饰等142件（组）器物的墓葬，发掘者认为它属于一座中型贵族墓，其年代为"洛达庙晚期晚段（即二里头四期偏晚阶段）"①。

二里头四期之后是二里岗下层一期，在夯土建筑基址方面，位于北大街的夯土6、夯土10、夯土11、夯土14都是比较早的夯土建筑基址，其中，夯土6被叠压在二里岗二期的F1之下，夯土6基址经过解剖，据说夯土内出土陶片的特征为洛达庙期，不见二里岗期风格的陶器，故夯土6的年代应为二里岗下层一期。夯土10、夯土11、夯土14也均被二里岗下层遗存叠压或破坏，"夯土层内包含的陶片，时代多为洛达庙期"，因而这些夯土基址的年代"应为二里岗下层一期"②。郑州二里岗下层第一期相当于偃师商城商文化第2段，依据现已发表的资料，在二里岗下层一期郑州商城的宫室建筑还不是很多。

二里岗下层第二期是郑州商城宫室建筑大发展的时期，据《郑州商城》发掘报告，属于这一时期的夯土建筑基址有：位于黄委会科研所南院的C8F15（即C8G15）、位于市银行家属院C8T55、T60、T61三个探方内的商代夯土基址、位于省戏校西院C8T67探方内和东院内残存的商代夯土基址、位于省歌舞团宿舍楼下的商代夯土基址、位于市邮政局家属院C8T69探方内的商代夯土基址、位于市土产公司商店下的商代夯土基址、位于皮毛玩具厂院C8T43、C8T45探方内的商代夯土基址、位于郑州商城工作站院内的C8F9（即C8G9）、C8F11（即C8G11）、C8F12（即

---

① 河南省文物考古研究所：《郑州商城新发现的几座商墓》，《文物》2003年第4期。

② 袁广阔：《关于郑州商城夯土基址的年代问题》，《中原文物考古研究》，大象出版社2003年版。

C8G12)、C8F14（即 C8G14）夯土基址、位于旧城北关 C8T62 探方内的夯土基址、位于郑州回民中学的 91ZSC8ⅡT26F11、91ZSC8ⅡT26F12、91ZSC8ⅡT26F13 三座夯土基址、位于省中医学院家属院的 92ZSC8ⅡF1—F3 三座夯土基址、位于河南省中医药研究院的 C8F16（即 C8G16）大型夯土基址、位于黄委会水文局院内的商代夯土基址等①。此外，还有位于北大街的 F1、F2 等夯土建筑基址②。二里岗下层二期相当于偃师商城商文化第四段即偃师商文化第二期晚段，这是郑州商城宫室遗迹最丰富的时期之一。

二里岗上层第一期已进入中商时期③，它不但是郑州商城一个重要的使用期，也是郑州商城的繁荣期，学者们认为仲丁迁隞之都城，就是二里岗上层第一期时的郑州商城④。属于这一期的夯土建筑基址有：省戏校东院内的上层夯土基址、黄委会邮电所门前 C8T53 探方内的夯土基址、黄委会 62 号楼基下的 90C8ⅡF1 夯土基址、郑州商城工作站院内的 C8F8、C8F10、C8F13 三座夯土基址、黄委会中心医院内的夯土基址和水池遗迹、省中医学院家属院内东片夯土基址、省中医药研究院家属院内西南部夯土基址、郑州医疗器械厂内的 88C8F101、F102 两座夯土基址、水电部十一工程局郑州办事处院内 1991 年发掘的夯土基址和水井、郑州丝钉厂院内的夯土基址等⑤。二里岗上层第一期相当于偃师商文化第六段。在偃师商文化第六段时，偃师商城已被放弃，而郑州商城在二里岗上层第一期时仍然繁荣，而且其宫室遗迹的范围有进一步的扩展。

---

① 河南省文物考古研究所：《郑州商城》（上册），文物出版社 2001 年版，第 243—287 页。

② 河南省文物考古研究所：《郑州商城北大街商代宫殿遗址的发掘与研究》，《文物》2002 年第 3 期。

③ 王学荣：《偃师商城废弃研究——兼论与偃师二里头、郑州商城和郑州小双桥遗址的关系》，《三代考古（二）》，科学出版社 2006 年版，第 315—321 页。

④ a. 安金槐：《再论郑州商城——隞都》，《中原文物》1993 年第 3 期；《对于郑州商代城修建与使用时期的再探讨》，《安金槐考古文集》，中州古籍出版社 1999 年版。

b. 杨育彬：《再论郑州商城的年代、性质及相关问题》，《华夏考古》2004 年第 3 期。

c. 李锋：《试论偃师商城商汤亳都和二里岗上层一期郑州商城仲丁隞都》，《河南文物考古论集》，河南人民出版社 1996 年版。

⑤ 河南省文物考古研究所：《郑州商城》（上册），文物出版社 2001 年版，第 254、256—2557、263、265—266、276—279、286—287 页。

郑州商城在先商末期至商初时期即有可能建有小的城墙，如前所述的
W22 即为其一段城墙。而那座规模宏大、周长近 7 公里、城内面积约 300 万
平方米、现被称为内城的城墙，究竟建于何时？这在学术界是有争议的。最
初在人们对郑州二里岗下层不作进一步划分时期的时候，一般鉴于城墙的夯
土墙下叠压有南关外期文化层，夯土墙上覆盖有二里岗下层文化层，夯土层
中包含有二里岗下层陶片，故认为郑州商城始建于二里岗下层时期[①]。后来
随着对二里岗下层的进一步分期，二里岗下层被分为以 C1H9 为代表的早段
即下层第一期和以 C1H17 为代表的晚段即下层第二期。这样，有的认为郑
州商城的城墙始建于二里岗下层的 C1H17 时期，即二里岗下层第二期[②]，如
邹衡先生最初即认为城墙的修筑开始于他所划分的商文化的"第二段第Ⅲ
组"，亦即二里岗下层的 C1H17 时期，并以此作为早商文化的开始[③]。安金
槐先生也认为城墙始建于以 C1H17 为代表的二里岗下层第二期，只是他不
但不认为此期为早商的开始时期，就连二里岗下层第一期也不是早商的开
始，他主张早商始于洛达庙晚期[④]。也有的认为郑州商城城墙始建于二里岗
下层偏早阶段即下层第一期[⑤]，但对于二里岗下层第一期究竟属于先商还是
早商，又有不同。如李伯谦先生指出："根据郑亳说的观点，郑州商城是商
灭夏前始建的都城……郑州商城始建时的二里岗下层早段遗存则已属先商文

①　河南省博物馆等：《郑州商城遗址发掘报告》，《文物资料丛刊》第 1 辑，文物出版社 1977 年
版。

②　a. 李经汉：《郑州二里岗商文化的来源及其相关问题的讨论》，《中原文物》1983 年第 3 期。

b. 安金槐：《对于郑州二里岗期遗存分期和郑州商城修用时期的初步认识》，"夏、商前期考古年
代学研讨会"论文，1997 年 10 月。该文认为郑州商城始建于以二里岗 C1H17 为代表的"二里岗下
层二期"。

c. 河南省文物考古研究所：《郑州商城》（上册），文物出版社 2001 年版，第 180—227 页。

d. 邹衡：《夏商周考古学论文集》（第二版），科学出版社 2001 年版，第 101、167、187 页。

③　邹衡：《夏商周考古学论文集》（第二版），科学出版社 2001 年版，第 101、167、187 页。

④　河南省文物考古研究所：《郑州商城》（上册），文物出版社 2001 年版，第 180—227 页。

⑤　a. 仇士华：《关于郑州商代南关外期及其他》，《考古》1984 年第 2 期。

b. 李伯谦：《先商文化探索》，《庆祝苏秉琦考古五十年论文集》，文物出版社 1989 年版。

c. 张文军、张玉石、方燕明：《关于郑州商城的考古学年代及其若干问题》，载《郑州商城考古
新发现与研究》，中州古籍出版社 1993 年版。

化的范畴。"① 而张文军等先生则是把郑州商城城墙始建的二里岗下层第一期作为早商来对待的②。近年来,杨育彬先生等郑州商城的发掘者认为郑州商城城墙始建于二里岗下层第一期偏晚③。与之比较接近的是杜金鹏先生认为郑州商城城墙始建于二里岗下层的 C1H9 与 C1H17 之间,即始建于二里岗下层第一期与第二期之间,并将这一时期单独划分了出来,称为"南关外中层"时期,认为它与偃师商城商文化的第 3 段时间相当④。也有的认为郑州商城城墙始建于南关外期⑤,或者认为始建于"二里岗下层南关外 H62 之前",其年代接近洛达庙期晚段⑥。

认为郑州商城城墙始建于南关外期或洛达庙期晚段,其主要依据,一是认为城墙墙基或者坐落于生土地面,或者坐落于洛达庙文化层,或者打破南关外类型、洛达庙类型遗存;二是二里岗下层的遗存(文化堆积、房基、窖穴等)有叠压、打破城墙内侧近墙根处(护城坡)的夯土层;三是对发掘报告所说的城墙夯土层内除包含有龙山期、洛达庙期、南关外期的遗存外,也有部分陶片属于二里岗下层二期的情况的解释是:这些所包含的少量二里岗下层陶片,出土层位、坐标不明确,它究竟是城墙始建时的包含物还是后期

---

① 李伯谦:《先商文化探索》,《庆祝苏秉琦考古五十年论文集》,文物出版社 1989 年版,第 238 页。

② 张文军、张玉石、方燕明:《关于郑州商城的考古学年代及其若干问题》,载《郑州商城考古新发现与研究》,中州古籍出版社 1993 年版。

③ a. 杨育彬、袁广阔主编:《20 世纪河南考古发现与研究》,中州古籍出版社 1997 年版,第 344 页。

b. 杨育彬:《郑州商城的考古学研究》,《夏商周断代工程·商前期年代学研究课题·郑州商城专题报告》,1999 年,载杨育彬、孙广清《郑州商城的考古学研究》,《河南考古探索》,中州古籍出版社 2002 年版。

④ 杜金鹏:《郑州南关外中层文化遗存再认识》,《考古》2001 年第 6 期。

⑤ 郑州商城始建于南关外说,是陈旭先生首先提出的。见《郑州商文化的发现与研究》,《中原文物》1983 年第 3 期;《郑州商城宫殿基址的年代及其相关问题》,《中原文物》1985 年第 2 期。郑杰祥持相同意见。见《关于偃师商城的年代和性质问题》,《中原文物》1984 年第 4 期。后来,邹衡先生修正了原来的观点,改从陈旭、郑杰祥的意见。见《夏商周考古学论文集(续集)》,科学出版社 1998 年版,第 110、156、177 页。

⑥ a. 袁广阔:《郑州商城始建年代研究》,《中原文物》2003 年第 5 期。

b. 袁广阔、曾晓敏:《论郑州商城内城和外郭城的关系》,《考古》2004 年第 3 期。

的掺入物，值得怀疑，而且又是少量的碎陶片，对其年代的断定是否准确，也还是个问题①。笔者以为，一、城墙墙基无论是坐落洛达庙文化层还是打破洛达庙期、南关外期的遗存。只说明城墙的修建不早于洛达庙期或南关外期而不能说明其他。二、城墙护城坡一带的夯土被二里岗下层遗存叠压或打破据，确实说明城墙建造于先，叠压或打破它的遗存形成于后，但据《郑州商城》发掘报告，叠压或打破城墙内侧夯土层的二里岗下层遗存，实为二里岗下层二期的遗存，也就是说，在二里岗下层二期与洛达庙或南关外期之间，至少还有二里岗下层一期的存在，何以说被二里岗下层二期所叠压、打破的夯土城墙就一定是洛达庙或南关外期时的城墙，而不是洛达庙或南关外期之后、二里岗下层二期之前的城墙？三、关于夯土层内包含少量二里岗下层陶片问题，《郑州商城》说"在中下部夯土层内出土的陶片中，最晚者为商代二里岗下层二期，而在上部和一侧修筑的夯土内出土的陶片中，最晚者为商代二里岗上层一期"，可见在夯土城墙内陶片的层位、坐标是明确的。只是由于陶片破碎，要准确断定其年代确实不易。所以，作为郑州商城的发掘者，杨育彬先生近来认为，郑州"商代夯土城墙本身包含最晚的陶片为二里岗下层一期"②。四、夯土城墙下面叠压有二里岗下层一期的小沟③，也是否定夯土城墙建于二里岗下层一期之前的有力证据。根据以上四个方面，笔者认为郑州商城的内城城墙是不可能始建于洛达庙类型文化（二里头文化）或南关外类型文化时期的。而且，灭夏前的成汤忙于四处征战，是无暇大规模地修建周长近7公里的城墙的。

　　郑州商城内城城墙内侧一面护城坡的夯土被二里岗下层二期的遗存所叠压或打破，这反映了城墙始建年代的下限，夯土城墙下面叠压有二里岗下层一期的小灰沟或更早一些的文化层、灰坑和灰沟，这构成城墙始建年代的上

---

　　① 陈旭：《郑州商文化的发现与研究》，《中原文物》1983 年第 3 期。

　　② 杨育彬：《郑州商城的考古学研究》，载杨育彬、孙广清《河南考古探索》，中州古籍出版社 2002 年版。

　　③《郑州商城》认为夯土城墙下面所叠压的小灰沟是二里岗下层二期的小灰沟，见《郑州商城》（上册），第 192—193 页。而杨育彬先生《郑州商城的考古学研究》（《夏商周断代工程·商前期年代学研究课题·郑州商城专题报告》）认为，夯土城墙下面所叠压的小灰沟是二里岗下层一期的小灰沟。这里以杨先生的这一最新研究为依据。杨育彬先生的这一看法又见于杨育彬《郑州商城"亳都说"商榷》，载于《中国文物报》2004 年 3 月 19 日。

限，而最新的研究又表明城墙本身包含最晚的陶片为二里岗下层一期，为此，笔者赞成杨育彬、杜金鹏二位所主张的郑州商城内城城墙始建于二里岗下层一期和二期之间。其中，若把二里岗下层只划分为一期与二期这两个时段的话，那么，诚如杨育彬先生所言，"其始建年代约在二里岗下层一期偏晚阶段"[1]；而若把二里岗下层的一期与二期之间也作为一个单独的时段来对待的话，那么，诚如杜金鹏先生所言，其始建年代就在介于一期与二期之间的南关外中层这一时期，相当于偃师商城商文化第三段[2]，而其使用则一直到二里岗上层一期。

在郑州商城还发现有外郭城墙和护城河[3]。经历年的考古发掘或经钻探，现已可以确认在内城的南城墙、西城墙和北墙之外侧 600—1100 米处，有一个围绕内城大半个圈的夯土城墙，夯土墙基础槽口宽 14 米，槽深 1.2—1.8 米。外郭城墙之外是 10 余米的过渡地带，然后是宽约 40 余米的护城河。唯有东部，因地势较低，考古钻探为湖相沉积，依据文献资料结合考古调查，当地的考古学者认为东部在商代时可能是湖泊。这样，郑州商城最外部的防御体系是通过西南北三面的外郭城墙和护城河与东部湖泊内大面积水域所构成。

关于外郭城墙的时代，《郑州商城》通过外郭城墙基础槽的形制与内城城墙基础槽的形制相同，外郭城墙夯土层的形制结构、土色与内城城墙夯土层相同，外郭城墙夯土层内包含的遗物特征与内城夯土层内包含的遗物相近似，认为郑州商城外郭城墙的修筑时间与内城城墙的修筑时间相同，都是在二里岗下层二期开始[4]。最新的调查与试掘也认为"护城河的

---

① 杨育彬先生《郑州商城的考古学研究》（《夏商周断代工程·商前期年代学研究课题·郑州商城专题报告》）指出：郑州"商代夯土城墙本身包含最晚的陶片为二里岗下层一期，商代夯土墙下面所叠压的有二里岗下层一期的小灰沟或更早一些的文化层、灰坑和灰沟。由此可知郑州商城的相对年代介于二里岗下层一期和二期之间。其始建年代约在二里岗下层一期偏晚阶段"（载杨育彬、孙广清《河南考古探索》，中州古籍出版社 2002 年版）。

② 杜金鹏：《郑州南关外中层文化遗存再认识》，《考古》2001 年第 6 期。

③ a. 河南省文物研究所：《郑州商城外夯土墙基的调查与试掘》，《中原文物》1991 年第 1 期。

b. 河南省文物考古研究所：《郑州商城》（上册），文物出版社 2001 年版。

c. 河南省文物考古研究所：《郑州商城外郭城的调查与试掘》，《考古》2004 年第 3 期。

④ 河南省文物考古研究所：《郑州商城》（上册），文物出版社 2001 年版，第 305 页。

出土物可以证明该城在二里岗下层时已经建好"①。就筑城的顺序而言，一般是先筑宫城、内城城墙，再筑外城城墙，所以，笔者以为外郭城墙与内城城墙虽大体同时，但也可能略晚于内城城墙。前面已分析指出，内城城墙始建于二里岗下层一期与二期之间或一期偏晚阶段，那么，外郭城墙有可能始建于二里岗下层二期偏早阶段或一、二期之间，其使用也是一直到二里岗上层一期。

论述了郑州商城内的宫室、小的城墙、内城城墙以及外郭城城墙的修筑和使用年代后，我们就可以与偃师商城相对照，并与早商诸王相联系而作出一些判断。首先，先商时的宫室是成汤灭夏前所修建，由于当时还处于征战之中，故宫室的数量不多，其位置很可能仅集中于后来的郑州商城内城的东北部，即一般所谓的宫殿区内。对于这个先商时的郑州城邑故址，郑亳说者可以视之为先商时的亳邑，而非郑亳说者则可以称之为成汤灭夏前的军事重镇。因笔者认为甲骨文中的亳邑亦即得名于先商时的亳邑，在内黄或其附近一带，先秦时期称之为鄣亳，所以当然主张先商时的郑州城邑故址是成汤灭夏前的军事重镇。

进入商代以后，成汤时期，商在郑州的城邑及其宫室当然还在继续使用，只是目前我们看不出这时郑州的宫室较先商时有何变化与扩展。到了二里岗下层第一期亦即偃师商文化第二段时，位于北大街的夯土6、夯土10、夯土11、夯土14都有可能建于此时，尽管由于受郑州市区地面上的现代建筑的影响，对地下的发掘受到很大的限制，但就已发掘出的夯土基址的数量比例来看，二里岗下层一期的夯土建筑基址要比二里岗下层二期的少得多，简直不成比例。对此，笔者认为这主要是直到此时郑州商城尚未有较大的扩展，所以遗留的夯土基址不丰富。到了二里岗下层第一、二期之间，也就是偃师商文化的第三段，在郑州开始修筑了周长近7公里的城墙，而且其后在二里岗下层第二期，城内的夯土建筑基址才异常丰富，郑州商城获得了极大的发展，郑州商城的外郭城墙也是在内城城墙修建之后不久筑成的。如前一节所述，偃师商文化的第三段是商王大庚时期，偃师商城的大城为商王大庚所建；郑州商城的内城城墙建于二里岗下层一期偏晚阶段或相当于一、二期之间的偃师商文化第三段，也应是商王大庚所修建，只是大概商王大庚先修建的是郑州商城内城城墙，紧接着又修建了

① 河南省文物考古研究所：《郑州商城外郭城的调查与试掘》，《考古》2004年第3期。

偃师商城大城的城墙，因二者时间相距不久，大体上可视为同一时期。郑州商城的衰落是进入二里岗上层第二期之后，偃师商城的衰落与郑州商城大体相对应而开始的略早一些。二里岗上层第一期和第二期已属商王仲（中）丁、外壬时期，所以，郑州商城作为王都的使用时期既有仲丁之前的早商时期，也有作为中商的仲丁、外壬时期。

四　何谓王都

当我们叙述了偃师商城和郑州商城的形成过程后，接踵而来的问题是，在早商时期，何谓王都，我们判断王都的标准是什么，是以偃师或郑州这两座商城中的哪一级即什么样规模的城墙出现为标志，还是以是否具有"亳"称为依据？

所谓"王都"是我们今天对上古时代君王常年居住的地方的称呼。在商周甲骨金文中，商后期的王都即商都被称为"大邑商"，如在征伐人方、盂方的卜辞中，记录有商王出发前在"大邑商"举行告庙仪式（《合集》36482、36511、36530），周初的《何尊》铭文曰："武王既克大邑商。"此商都也称作"天邑商"（《合集》36541、36543；《英藏》2529），或称作"王邑"（《英藏》344）、"商邑"（《逨簋》），也有只称作"商"，如"王入于商"（《合集》10344）、"在商无祸"（《合集》7814）、"勿归于商"（《合集》7818）、"在商贞，今〔日〕步于亳"（《合集》36567），等等。在较早的文献中，也有与甲骨文相同的说法。如《尚书·多士》所说的"天邑商"，《尚书·立政》的"其在商邑"，《诗·殷武》"商邑翼翼"等。实际上，上述"大邑商"、"天邑商"、"王邑"、"商邑"等都是一些专有名词，是专称。综观这些与"邑"相组合的专有名词，单就"邑"而言，在绝大多数场合下"邑"是一个一般性名词的通称①，即上至王都、地方性的中心聚落，下至一般性的村落，都通称为"邑"，而像春秋时期所谓"凡邑，有宗庙先君之主

---

① 〔日〕伊藤道治先生在对"邑的结构及其统治"进行探讨时，指出甲骨文中出现的"邑"虽然大多数情况下是作为一般名词使用的，但也有作专名使用，如"辛丑，邑示一包"（《龟》一·一八·五）、"庚申卜，出贞：命邑竝酌河"（《文》三六二）、"癸亥卜，自贞：翌甲子邑至"（《宁》三·五）、"贞：邑来告？5月。贞：邑不其来告？"（《邺》初下三九·五）等，即这类卜辞中的"邑"，或作个人名字，或作国名、族名，或表示出身于该国族的个人名等使用。参见伊藤道治著、江蓝生译《中国古代王朝的形成——以出土资料为主的殷周史研究》，中华书局 2002 年版，第 135—165 页。

曰都，无曰邑"① 之类名词概念上的区分，在商代尚未出现②。

晚商时期的王都被称为"大邑商"等，那么早商时期王都的称谓是什么？我们今天已不得而知。也许有人说称之为"亳"。在多年来的郑亳说与西亳说的争论中，郑亳说主张郑州商城为亳都亦即商王成汤及其之后五代十王的王都，他们认为亳不在偃师，偃师商城当然只能或者是成汤灭夏后所建的一座重镇，或者是早商时期商王之离宫所在，或者是商王朝的别都、辅都。而西亳说把偃师商城作为早商王都，其重要的论证即在于将偃师商城与所谓"西亳"联系在一起，既然灭夏后的亳都在偃师，那么郑州商城就只能是亳都之外的隞都之类。笔者以为"亳"、"隞"之类原本为地名，并非王都的通称。亳的情况较特殊一点，它首先出现于先商时期，为成汤所居。大概由于自此开始，商族才在其邦君所在地筑城或者是在城垣上筑有楼观之类的城邑，因而甲骨文中的亳字，为城堡之上筑有台观、城堡之下生有草丛之形，因此我们说从亳字的结构造型可以视之为：商族自成汤居亳起对于城邑的作用十分重视，但它同时也具有作为地名的性质。最为重要的是在甲骨文中，亳地距离殷都安阳仅为步行一天的路程，即仅有几十华里，而郑州商城与安阳的距离为一百八十公里、三百六十华里以上，偃师商城与安阳的距离接近二百公里、四百华里，所以无论郑州商城还是偃师商城，都不是甲骨文中的亳，而且甲骨文中只有唯一的这个亳。亳地既不在郑州，也不在偃师，而郑州和偃师却发现早商时期具有王都规模的城邑遗址，因而我们若以亳称的有无来判断郑州商城与偃师商城何者为王都，与甲骨文中亳的所在地显然是矛盾的。

在商代，所谓王都，就是商王常年居住的地方。由于商王常年居住于此，此地即构成了商王朝的政治、经济、军事、宗教、文化的中心，商王必然在这里修筑宫殿、宗庙等大型夯土建筑，有时出于防御上的考虑，还修建有高大的城墙、护城河之类防卫设施。比照春秋战国时的情形，春秋战国时的"国"、"都"、"邑"之类概念上的划分，在商代虽然尚未出现，但"国"与"都"中的建筑物的核心却与商代一脉相承。如《墨子·明鬼篇》曰："昔者虞夏商周，三代之圣王，其始建国营都，曰必择国之正坛，置以为宗庙。"建国营都，宗庙为其建筑物的核心，是虞夏商周四代的传统。又如

① 《左传》庄公二十八年。

② 宋镇豪：《夏商社会生活史》，中国社会科学出版社 1994 年版，第 41 页。

《吕氏春秋·慎势篇》曰："古之王者，择天下之中而立国，择国之中而立宫，择宫中之中而立庙。"说的也是宗庙为都城建筑物中的核心。《周礼·考工记·匠人》曰："匠人营国，方九里，旁三门。……左祖右社，面朝后市。"也强调了宗庙建筑。《左传》庄公二十八年："凡邑，有宗庙先君之主曰都，无曰邑。邑曰筑，都曰城。"这里立有先君宗庙成为卿大夫身份地位的象征，并以此构成公卿大夫的都城与一般采邑的区别。在先秦时期，还有一种邑被称为宗邑，宗邑归宗主所有，它也是宗庙所在地①。也就是说，在东周时期，无论是周王的都城，还是诸侯国的国都，乃至卿大夫的都邑，宗邑等，都有各自的宗庙建筑物，而且都以各自的宗庙建筑物为其地位的象征。上溯到商代，作为王都，宗庙、宫殿也是其必须具备的核心建筑物，所以，我们判断早商时期的城邑遗址是否为王都，第一个必备的要件为是否存在大型的宗庙、宫殿建筑物。

另外，按照周代的礼制，王都、诸侯的国都、卿大夫的都邑，其城邑的大小规模都是有规定的。如《左传》庄公元年，祭仲在讲到卿大夫的城邑时说："都城过百雉，国之害也。先王之制：大都不过参国之一，中五之一，小九之一。今京不度，非制也。"在祭仲看来，共叔段营筑的京邑，其规模是不合法度、不合礼制的。孔子也说："都城不过百雉"②，又说："邑无百雉之城。"③ 在这里我们没有必要具体讨论雉的尺度是多少，百雉究竟有多大，上引文献意在说明，周代的王都、诸侯国的国都与卿大夫的城邑，由于等级不同，其城邑的规模也不同。如果说这在周代是一种礼制的话，那么在商代是否也是这样呢？笔者以为商代大概还未形成这样的礼制，但商代城邑的规模应该与营建者的政治、经济、军事的实力相一致，也就是说，商王的王都与商代方国侯伯之都邑，因各自的综合实力的不同，以及在当时多元一体的政治格局中所处的地位的不同，其城邑的规模必然不同。因而，城邑规模的大小也应作为我们考察是否为王都的条件之一，当然这也有其相对的一面，我们很难具体说多少平方米以上的城邑就是王都，多少平方米以下不能算是王都。

---

① 如《左传》襄公二十七年："崔，宗邑也，必在宗主。"杜预注："宗邑，宗庙所在。宗主谓崔明。"

② 《礼记·坊记》。

③ 《公羊传》定公十二年。

　　还有，若文献上有商王曾在某地建都的记载，而这一记载恰与该地考古发现的商城在地望上和时代上相吻合，那么文献上的这一线索与上述所谓宗庙和城邑规模两个条件相结合，则构成我们判断早商王都的又一重要依据。

　　将上述三个方面的条件应用于偃师商城。首先，偃师商城在宫城和小城中建有宗庙是确凿无疑的。例如，宫城内的四号宫室自第一期使用到第三期，长达一百余年，将其解释为宗庙是最为合适的。还有，宫城内北部修筑带有围墙的专门的祭祀场，也是与宗庙及其祭祀相配套的。专门祭祀场的修筑说明对于祭祀的高度重视，而商代的祭祀又是以祭祀祖先为主，因而从这一点也可以说明，偃师商城从建城伊始就建有宗庙，对祖先的祭祀颇为重视。其次，偃师商城的规模虽然是经小城、大城而逐渐扩大，小城时的面积为 80 多万平方米，到大城时，城墙周长约 5400 米，城内面积约 190 万平方米。就总体而言，它是除郑州商城之外早商时期又一座大规模的城邑。所以从城邑规模方面讲，偃师商城也是够得上王都标准的。尤其是在宫城内不但有宗庙、宫殿、祭祀场，还修筑有池苑，呈现出王都的风范和气派。

　　再从文献上看，虽然在汉代以前偃师一地没有亳称①，我们也不能依据有无亳称来判断是否为王都，但据《汉书·地理志》偃师尸乡下班固自注，偃师曾为"殷汤所都"却是明确的。《春秋繁露·三代改制质文》亦曰："汤受命而王，应天变夏作殷号……作宫邑于下洛之阳。"《春秋繁露》说成汤"作宫邑于下洛之阳"是与"周文王作宫邑于丰"、"周武王作宫邑于镐"、"周公作宫邑于洛阳"对举而言，所以"作宫邑于下洛之阳"就是在洛水下游北岸修建都城②。此外，春秋时的《叔夷钟》铭文曰："虩虩成唐，有严在帝所，尃受天命，剪伐夏祀。败厥灵师，伊小臣惟辅，咸有九州，处禹之堵。"《诗·商颂·殷武》："昔有成汤，自彼氐羌，莫敢不来享，莫敢不来王，曰商是常。天命多辟，设都于禹之绩。"《叔夷钟》铭文"处禹之堵"和《诗·殷武》"设都于禹之绩"中的禹，应该是夏的代称，而并非仅仅指的是禹或禹的都城，铭文中的"尃受天命，剪伐夏祀"和"咸有九州"也说明这里的禹是用来泛指夏，代表了夏。夏王朝后期的统治中心是在伊洛交汇之处

---

　　①　参见《商代史》卷三《商族起源与先商社会变迁》。

　　②　杜金鹏：《偃师商城初探》，中国社会科学出版社 2003 年版，第 173 页。

的洛河下游，如《国语·周语上》即说："伯阳父曰：'……昔伊、洛竭而夏亡，河竭而商亡。'"所以，把文中的"处禹之堵"和"设都于禹之绩"理解为：成汤灭夏后设都城于原来属于夏的统治中心地，是不为过分的。成汤推翻夏王朝后，为何要在夏的中心地设都筑城？这固然有镇抚夏遗民的作用，但又不仅仅是所谓为了监督、控制夏遗民，防止他们的造反。根本原因在于为了取得"正统"的地位，并以此为中心来治理整个"天下"。在当时人看来，商汤"剿伐夏祀"，取代夏桀，是受有天命，而把商的王都设在原为夏的腹心之地，这不就使得商取代夏的这种正统合法在空间方位上也有了象征的意义？从这一点讲，偃师商城不能仅仅理解为所谓监督夏遗民的军事重镇，也不能仅仅说成是陪都或辅都。这就像周武王灭商后，原本也是要把周的政治中心即统治中心亦即周的都邑移到成周雒邑一样，武王的原意并非要在成周建一个陪都、辅都或军事重镇，而是要居于被认为是天下之中的雒邑，在此处治民，支配天下①。

　　说到偃师商城是位于"天下之中而建"，那么，在二里头文化第四期时，它与原为夏都的二里头遗址是一种什么样的关系？根据近来的考古发现，二里头遗址在其第四期还修建了六号等夯土基址，此外，诸如制造绿松石的作坊等遗存也一直延续使用到了二里头文化第四期偏晚阶段，也就是说，在偃师商城第一期第一段亦即二里头文化第四期，商王虽在距离二里头仅有 6 公里的偃师商城修建了王都，但二里头原为夏都的夏邑却并未被毁灭，这与一般所理解的随着商灭夏的转变，偃师商城与二里头夏邑的关系也当为一兴一毁或一兴一废的关系，显然是不同的。其实，在历史文献中，商汤推翻夏王朝后，夏邑没有被毁灭是有线索可寻的。如《史记》的《殷本纪》曰："汤既胜夏，欲迁其社，不可，作《夏社》。"《封禅书》曰："汤伐桀，欲迁夏社，不可，作《夏社》。"《书序·商书》也说："汤既胜夏，欲迁其社，不可，作《夏社》、《疑至》、《臣扈》。"又说："汤既黜夏命，复归于亳，作《汤誓》。"这里的"欲迁夏社"之"迁"就是迁移之迁，而"复归于亳"则说明商汤并未以原来的夏都即夏邑为商都。从这些记载中我们可以看到，商汤推翻夏王朝后，本想迁移夏社，但因"不可"而没有这样做，只是在夏邑作了一篇《夏社》。这就是说，商汤战胜

---

　　① ［日］伊藤道治著，王震中译：《西周王朝与雒邑》，《商承祚教授百年诞辰纪念文集》，文物出版社 2003 年版。

夏桀后，既然连夏邑里的夏社都未迁移和毁坏，那么，对于夏邑里的宫殿、手工业作坊等建筑物，当然也不会加以毁灭破坏，而很可能是像周武王推翻商王朝后依旧封商纣王之子武庚于殷，"俾守商祀"①那样，夏桀的后裔和夏遗民依然生活在原来的夏都之中。这就使得偃师商城始建于二里头文化第四期，而二里头的夏邑在二里头文化第四期不但原有的一些宫室得到延续使用，还建了新的宫室。在二里头文化第四期，新建的偃师商城与二里头的夏邑一度并存，是不难理解的。

以上我们从偃师商城内的宗庙建筑的内涵、商城的规模以及文献方面的线索，得出的判断是偃师商城为早商的王都。根据前一节我们对偃师商城形成过程的论述，偃师商城自第一段至第五段是连续使用的，所以它作为王都的时期是相当长的。其中，宫城和小城始建于第一段，属于成汤灭夏后所建。当时刚刚推翻夏王朝不久，商的国力有限，再加上连年大旱，五年不收，所以成汤在偃师只修筑了宫城和规模不太大的小城。到了偃师商文化第三段时期，亦即商王大庚时期，商的国力显然获得了大大发展，不但修建了大城，而且新建、改建、扩建了宫殿宗庙等建筑。偃师商城商文化的第四、五段，商城继续在使用，只是到第六段时，所有的宫殿已全部毁坏，祭祀区、池苑区和府库也被废弃。第四、五段大概属于商王小甲、雍己、大戊时期，所以，偃师商城的考古学者判断偃师商城是灭夏后成汤以来、仲丁以前的时期王都，应该大致不误。需要强调的是，笔者认为偃师商城只是早商的王都之一，当时还存在另一王都，这就是二里岗下层时期的郑州商城。

郑州商城内城城墙的周长近7公里，城内面积约300万平方米，它比偃师商城大城的面积大三分之一，其外郭城的面积约1300万平方米，规模更是巨大无比。在建成内城的城墙之后，在二里岗下层第二期，在郑州商城已发现的宫室建筑基址异常丰富，只是目前我们尚无有效的方法具体判断出哪些夯土基址是宗庙哪些夯土基址是宫殿。在二里岗下层第二期时的郑州商城也发现有祭祀遗迹，还发现大型的铸铜作坊遗址等。既然我们能从偃师商城的规模及其宗庙建筑等判断它是早商王都，那么规模比它大的郑州商城也是早商的王都，更是毋庸置疑。

郑州商城作为王都是以周长近7公里的内城城墙的出现为标志，还是在

---

① 《逸周书·作雒篇》。

此之前的相当于偃师商城商文化第一、二段的时期也是商代的王都?[①] 笔者主张应以内城城墙的建成为标志,因为这不仅仅是大规模城墙的问题。在修筑内城城墙之前的先商至商初时期和二里岗下层第一期,虽说已建有宫室,但数量甚为稀少。在郑州商城,二里岗下层一期前段的宫室建筑物的数量与规模可以视为先商和商初时期的延续,并无大的发展。所以,在二里岗下层一期前段尚未修建近7公里长的内城是与它的宫室数量少、规模小相适应的。此时,商汤对于都邑建设的注意力放在了偃师,故而修建了偃师商城的宫城和小城。由内黄或其附近的郾亳移都于偃师,这也是商取代夏以后,作为取得王朝的正统合法地位、王天下的政治、宗教、军事需要而进行的重要举措。所以,进入商代以后,在周长近7公里的内城城墙建筑之前,郑州还不是商的王都,仍属于先商军事重镇地位在商初的延续。

在郑州,随着内城城墙的修筑,城内宫室的数量和规模也得到大幅度的扩展。在内城与外郭城之间还发现有大型的铸铜作坊遗址,其中,南关外的铸铜作坊遗址从二里岗下层第二期开始一直到二里岗上层第一期都在连续使用,紫荆山北的铸铜作坊遗址是从二里岗上层一期开始使用的[②]。郑州商城内城城墙的修筑既是早商又一王都出现的标志,也表明商王朝政治、经济、军事和宗教中心向东的扩展。商王朝的中心由偃师向东扩展到郑州,并没有放弃偃师的王都,因为在修筑郑州商城内城城墙的同时或略晚,在偃师也修筑了大城的城墙[③],整个偃师商城一直使用到偃师商文化第五段,所以,从偃师商文化第三段开始到第六段之前,偃师与郑州两个王都并存。但郑州商城的规模比偃师商城大,这似乎表明当时商王对于偃师和郑州这两个王都,更加重视的是郑州商城,明显地表现出商王向东发展的意图。

通过对偃师商城和郑州商城形成过程的考察以及我们对何谓王都的论

---

① 当然,如前所述,有些学者并不认为郑州商城约7公里长的内城城墙始建于二里岗下层一、二期之间或二里岗下层一期晚段(二里岗下层一、二期之间或一期晚段就是偃师商文化第三段),而是认为建于先商时期。对此,前文已作了一些辨析。

② 河南省文物考古研究所:《郑州商城》(上册),文物出版社2001年版,第308、367页。

③ 如前所述,偃师商城大城城墙始建于当地商文化第三段时期,郑州商城内城城墙若始建于二里岗下层一、二期之间,也相当于偃师商文化第三段,所以二者可能建于同时。若郑州商城内城城墙始建于二里岗下层第一期晚段,则有可能郑州商城内城城墙略早而偃师商城大城城墙略晚,但二者时间应该很接近,相差不会太久。

述，笔者以为从商王大庚至大戊时期，偃师商城与郑州商城作为王都是并存的，也就是说自大庚至大戊时期，商的诸王，既住在偃师商城，也住在郑州商城，或者说时而住在偃师时而住在郑州。既然是并存的两个王都，那么，比起所谓主都与陪都、主都与辅都或王都与离宫别馆的说法，许顺湛先生提出的"两京制"概念①，更接近历史实际。只是，第一，许先生对于郑州商城与偃师商城这两个都城即两京都用了亳称，即认为是郑亳与西亳的并存，这一点与笔者的意见是不同的。第二，两京并存只存在于商王大庚至大戊时期，大庚之前的成汤、太甲、外丙（卜丙）时期，并非两都并存，仲丁以后商的诸王也不是两都并存，所以，早商时期虽一度有两都并存现象，但它是否已作为一种制度，称为"两京制"，是很难说的。主都与辅都论也有这一问题，即在二里岗下层第二期这个阶段，偃师商城与郑州商城两都是并存的，在这期间假若从郑州商城的规模大于偃师商城等情况看，两都中或许存在何者为主的问题，但也不能说在商代有一个所谓主都与辅都的制度或体制，因为在两都并存之前的成汤、大甲、外丙时期，以及在两都并存之后的仲丁及其之后诸王时期，都不存在两都并存的问题，当然也就不存在主辅都问题②。实际的情况应该是，当成汤推翻夏王朝后，为了使自己所获得这种天命，在都城方位上也有一个正统合法的象征，于是就特意建都于夏朝后期统治的腹心之地——伊洛会聚之地，这个地方一直到周代都被认为是天下之中，但当时新修筑的都城只有一都，即偃师商城的宫城与小城，并非偃师与郑州两都。到了大庚时期，商王朝的统治甚为稳固，其正统与合法已不成为问题，而其国力又大大提高，因而既在郑州建筑了周长约 7 公里、面积达 300 万平方米的郑州商城，即该城的内城；又在偃师商城建设了大城，这才形成了两都并存。郑州商城这个都城的出现，既可以说是商王朝统治中心向东扩展，也可以说是略为东移，这大概也是出于其政治、经济、军事等方面的需要，但不能据此说夏商时期已形成主都与辅都、主都与陪都的制度或体制。

最后需要解释的一点是，据《竹书纪年》、《史记》等文献，在中丁迁隞之前，成汤、外丙、中壬、太甲、沃丁、大庚、小甲、雍己、大戊诸王③，

---

① 许顺湛：《中国最早的"两京制"——郑亳与西亳》，《中原文物》1996 年第 2 期。

② 关于商末殷墟安阳与朝歌的关系问题，参见本书第五章和第七章。

③ 在商代卜辞的周祭祀谱中，没有中壬、沃丁、廪辛的名字。

均都于亳。这至少告诉人们：早商时期的王都从成汤到大戊是连续使用的，其地点在亳。而考古发现的偃师商城和郑州商城作为王都也是连续使用的，其中偃师商城从偃师商文化第一段一直使用到第五段（相当于二里头文化第四期至二里岗上层第一期之前），对应于早商的诸王是从成汤一直到大戊。郑州商城，按照笔者所赞同的观点是从二里岗下层一、二期之间或一期晚段建都一直使用到二里岗上层第二期，所对应的既有早商大庚至大戊诸王，也有中商的仲丁和外壬。此外，在《左传》等先秦文献中，郑地有亳城，有亳称，在郑州商城出土的陶文中，也有带“亳”的字样。面对这些现象，笔者却认为偃师商城和郑州商城在商代均不称为亳，这与上述岂不是矛盾了吗？《竹书纪年》、《史记》等文献所说的仲丁以前商代诸王均都于亳的说法又是如何得来的？

如《商代史》卷三《商族起源与先商社会变迁》所述，笔者认为偃师商城和郑州商城在商代都不是亳，是依据甲骨文的征人方卜辞中“商”地与“亳”地仅为步行一天路程的距离。除非我们认为商末帝辛时期的商都或征人方卜辞中的“商”地就在郑州或偃师附近，或者在甲骨文中还能找出第二个亳，并能证明它位于郑州或偃师一带。事实上，在甲骨文中只有唯一的一个亳，它距离商都安阳很近，所以在甲骨文时代郑州和偃师都是没有亳称的，也就是说偃师商城和郑州商城虽然是早商时期一度并存的两个王都，但在甲骨文中商人自己并没有把它们称为亳。那么，传世文献中仲丁之前的早商诸王均都于亳的说法是如何形成的？笔者认为，文献上的亳是后人追溯、记录前人的事，最初的亳起源于先商时期成汤“从先王居”所居的亳，而且商人也是从这时开始有了在城堡之上筑有台观之类设施。在商代以后的人们看来，成汤所居之地都应称之为亳，故先商时成汤所居的亳邑（内黄郼亳）是亳，灭夏以后的汤都（偃师商城）也是亳，又因仲丁以前早商的诸王不曾迁过都，所以从成汤至大戊时的都城就只能称之为亳了。此外，《左传》等文献所说的郑地之亳和郑州商城出土的战国陶文中的亳字，不一定和成汤有关系，这正像《左传》等文献所说的鲁国的亳社与成汤没有关系一样。

第二节　偃师商都的建制与功用

一　偃师商城的选址

修筑一座都城，首先要考虑的是选址。在商周时期，筑邑特别是修筑大邑，每每要经过占卜等程序。例如：

> 甲寅卜，殻贞：我作邑，若（诺）？（《合集》13495）
> 作邑于麓。己亥卜，内贞：王侑石在麓北东，作邑于之？（《合集》13505）
> 贞：王作邑，帝若（诺）？八月。贞：勿作邑，帝若？（《合集》14201）
> 壬子卜，争贞：我其作邑，帝弗佐若？三月。癸丑卜，争贞：勿作邑，帝若？（《合集》14206 正）
> 贞：作大邑？（《合集》13513 反）
> 贞：作大邑于唐土？（《英藏》1105）

类似的卜辞，还可以举出一些。卜辞中说王之作邑与否，需要得到帝之类神灵的允诺。甲骨文所记录的这些情况，与《尚书》的《召诰》和《洛诰》所反映的周初营建洛邑时要经过占卜的情形是一样的。如《召诰》说："惟太保先周公相宅，越若来三月，惟丙午。越三日戊申，太保朝至于洛，卜宅。厥既得卜，则经营。"《洛诰》周公说："予惟乙卯，朝至于洛师。我卜河朔黎水，我乃卜涧水东、瀍水西，惟洛食；我又卜瀍水东，亦惟洛食。伻来，以图及献卜。"尽管修筑城邑，在程序上要通过占卜征得帝的允诺，但正像周初营建洛邑是周武王在世时已制定的既定方针一样，商王在修筑都城时，也是有自己的考虑的。从选址的角度讲，商王成汤灭夏后将商王朝的都城选建在偃师，应该说其考虑是综合性的。

在地理上，偃师商城位于偃师县城西南郊（图1—1，彩图1），这里北依邙山，南临洛河，地势平坦，土壤肥沃，既是有名的粮食高产区，也被古人称为"天下之中"，自古以来就是东西交通的孔道，南北交通也很便利。东经巩县出虎牢关到郑州，西经洛阳出函谷关达西安，南越镮辕关至登封，北过邙山岭可抵黄河要津。商代的生计以农业为主，畜牧业和青铜等手工业也高度发达。偃师商城一带的平坦地势和肥沃土地，对于粮食的生产和基本的供应是有保障的；依山傍水，也有益于畜牧业的发展；而便利的交通，又有利于从商王所控制的地域中把那些物产物资征集、运送到偃师商都，以供商王朝使用。所以，偃师一带的地理条件为商王成汤建都于此提供了良好的经济基础。

在政治上，我们说在夏朝之前的龙山时代，黄河长江流域的初始的邦国文明，处于多元多中心的格局。夏王朝诞生之后，天下就出现了多元一体的政治格局。在多元一体中，政治实体为多个层次并存，其中既有位于中原的王邦即王畿之地，也有各地服属于王邦的庶邦和敌对的其他邦国，还有尚未发展为邦国的史前不平等的"复杂社会"（即"阶等社会"——"分层社会"）乃至平等的氏族部落社会。尽管多个层次的政治实体并存，但在天下中还是构成了以夏王朝为核心的政治中心和正统地位。据《尚书·汤誓》，商汤伐夏是奉上帝之命，是替天行道。所以，在商取代夏的同时，原为夏所有的政治中心和正统地位，也就转为商所有。这样，成汤把商的王都设在原为夏的腹心之地，也就使得商取代夏的这种正统合法在空间方位上有了象征的意义。

这种在天下之中来治理天下，起自夏代，经由商代，到了周代时已形成一种传统意识。如西周铜器《何尊》铭文："玟王受兹［大命］。隹珷王既克大邑商，则廷告于天曰，余其宅兹中或（国），自之辥（治）民。"铭文的意思是说，周的文王接受了天的大命，而继承文王的武王，推翻了大邑商即推翻了强大的商王朝之后，向上天之神誓告说自己要居于"中或"，由此处治民。该文中的"中或"即"中国"，诚如唐兰等先生所指出，指的是以现在的洛阳为中心的地域，古时称为洛邑，也是《逸周书·作雒》"作大邑成周于土中"所说的"土中"，此"土中"过去即被解释为"于天下土为中"[1]，意味着中央之地的地域。伊藤道治先生曾指出，《何尊》铭文的这段话与《史记·周本纪》及《逸周书·度邑》中相关的记载完全可以联系起来考虑，而《周本纪》的这些话又来源于《度邑》。《度邑》云："（武）王曰：呜呼，旦，我图夷兹殷，其惟依天室。其有宪命，求兹无远天，有求绎相我不难。自雒汭延于伊汭，居易无固，其有夏之居。我南望过于三涂，我北望过于岳鄙，顾瞻过于河宛，瞻延于伊雒，无远天室。其兹度邑。"[2] 文中大意是武王对弟弟周公旦说，为了平定殷，需要依据天室，若遵从宪命，就不会违背天意，从殷遗民中寻求辅助我的人也没有困难。从雒水到伊水之地，地形平坦，以前有过夏之都城。这是南面的三涂、北边的岳鄙、东面的河宛都入视野的地方，而且若目及伊水、雒水流域，天室亦不远。于是命令说就在此地

---

① 《逸周书》卷五《作雒解第四十八》孔晁注。

② 据朱右曾：《逸周书集训校释》卷五《度邑》第四四。

计划建设新邑①。《度邑》所反映的是商、周之际的事，而在商末周初，王都即称为邑，如大邑商、大邑周、商邑等即指商周的王都，所以《度邑》中"其兹度邑"之邑，指的也是要计划新的都城。从《何尊》铭文和《逸周书·度邑》中我们可以看出，周武王显然是把洛邑作为灭殷后的政治中心来考虑的，并将其作为政治方针而向天发了誓，只是武王由于劳心成疾，灭商后不久就去世了，建设洛邑也就成了他向周公的遗命，而《何尊》的开头所记录的是成王时完成了成周的建设，从西边的宗周迁到了成周。此外，《何尊》铭文和《逸周书·度邑》还告诉了我们两点：一是伊洛这一带作为政治中心是自夏以来的传统，即文中所谓"其有夏之居"云云；二是参照其他铜器铭文及《尚书·洛诰》等文献，洛邑建成后，从周公、成王起，周人实行的是洛邑新都与宗周镐京并存的"两京制"，两地都有宗庙大室，都驻有常备军，在洛邑驻扎的是殷八师，在宗周驻扎的是西六师。

通过西周确凿的史料——青铜器铭文和《尚书》、《逸周书》等文献，想要说明的是以伊洛之地为天下之中，在天下之中来治理天下，这是夏商周三代王朝所形成的传统，特别是一个新的王朝，这种意识尤其强烈。从周代反观商代，我们说成汤灭夏后，"受命而王，应天变夏作殷号……作宫邑于下洛之阳"②，即在偃师营建新都，显然是有其政治上的考虑的，这种考虑包含有：一、以合法正统的地位来取代夏桀；二、在天下之中治理天下。从商人的这种政治上的考虑着眼，我们回过头来再看《叔夷钟》铭文所说的"虩虩成唐，有严在帝所，尃受天命，翦伐夏祀。败厥灵师，伊小臣惟辅，咸有九州，处禹之堵"；以及《诗·商颂·殷武》所说的"昔有成汤，自彼狄羌，莫敢不来享，莫敢不来王，曰商是常。天命多辟，设都于禹之绩"，将会有更深刻的理解。

在军事上，一些郑亳说的学者认为偃师商城是商人灭夏以后所建的一座重镇或陪都，其主要的功能属于军事方面，即用以巩固商初西部边防并镇服夏遗民的反抗③。我们认为偃师商城建在夏都二里头遗址的近旁，建在夏末

①　[日]伊藤道治著，王震中译：《西周王朝与雒邑》，《商承祚教授百年诞辰纪念文集》，文物出版社 2003 年版。

②　《春秋繁露·三代改制质文》。

③　郑杰祥：《夏史初探》，中州古籍出版社 1988 年版，第 304—306 页。陈旭：《夏商考古》，文物出版社 2001 年版，第 153 页。

夏王朝的腹心之地，当然对夏遗民有镇服作用。而且从小城城墙有类似于后世所谓"马面"的设计以及在宫城的西南和东北建有两处"府库"，也是出于军事上的考虑。

这里所说的"马面"是指小城的四面城墙并非直线走向，而是有目的地修建成凹凸状，如北墙的中段向南凹进了大约 8—10 米，从而使北墙形成了四个直角拐弯；西墙的情况也是这样，中段出现内凹；东墙的中段则采用了外凸的办法；南墙因全部被叠压在现代村庄的下面，难以确认是否有拐折现象。（图 1—2）偃师商城的发掘者认为，小城城墙的上述凹凸现象，并非地势影响所致，而应是修城时按照事先的规划有计划、有目的地修筑成这个样子。他们联系后世城郭常常使用的防御设施——马面，推测小城城墙造成曲折凹凸状，体现了设计者的军事防御意图，即在以弓箭为主要城防武器的商代，城墙呈曲折状，会给城墙上的防守者创造出从敌人的侧面向来犯者射击的有利条件，增强了防御效果[①]。

所谓"府库"建筑遗迹，过去也称为第Ⅱ号、第Ⅲ号建筑群遗址[②]，它们分别位于宫城的西南和东北。对于第Ⅱ号、第Ⅲ号建筑群遗迹，有人认为是驻扎士兵的排房。偃师商城的发掘者王学荣先生对第Ⅱ号建筑遗址曾作过很好的研究，他认为是集中存放兵械的"府库"[③]。笔者认为王学荣的分析、判断及其建筑物的复原图，都是有依据、有说服力的，对此我们后面还将作详细的说明。

由上述两点可知，偃师商城的修建显然有其军事方面的考虑，但这种考虑并非出于把它作为西部边防重镇或陪都的军事防御，而应是出于商初王都防御上的考虑。

---

① 　a. 中国社会科学院考古研究所河南第二工作队：《河南偃师商城小城发掘简报》，《考古》1999 年第 2 期。

　　b. 杜金鹏、王学荣、张良仁：《试论偃师商城小城的几个问题》，《考古》1999 年第 2 期。

② 　a. 中国社会科学院考古研究所洛阳汉魏故城工作队：《偃师商城的初步勘探和发掘》，《考古》1984 年第 6 期。

　　b. 中国社会科学院考古研究所河南第二工作队：《偃师商城第Ⅱ号建筑群遗址发掘简报》，《考古》1995 年第 11 期。

③ 　王学荣：《河南偃师商城第Ⅱ号建筑遗址研究》，《华夏考古》2000 年第 1 期。

二　偃师商城的总体布局

依据目前发表的考古发掘简报，偃师商城修筑的过程应是先修建了宫城和小城，后来又建了大城。谈布局，我们也是先谈小城再谈大城（图1—2）。

小城　偃师商城的小城位于大城内的西南部，平面近于长方形，其南北长约1100米，东西宽约740米，面积约80多万平方米。小城的西墙、南墙以及东墙的南部，与大城城墙重合，并被大城城墙所包夹。小城城墙宽度多为6—7米，墙基槽较浅，深度一般不足0.5米。小城的东城墙和北城墙（彩图2）毁坏严重，留存的夯土高度一般为0.5—0.7米左右，有的甚至不足0.2米。小城的西墙和南墙因被包夹在大城城墙之中，墙体保存高度在1.5米左右。除小城南墙因被叠压在现代村庄下，无法仔细钻探而不甚清楚外，大概出于军事防御的考虑，小城北墙的中段和西墙的中段向内凹进，东墙的中段向外凸出，小城城墙被设计成凹凸曲折形状[①]。

宫城　在小城正中略偏南是宫殿区亦即宫城（图1—3），这里的地势也较高。最初，宫殿区的四周有一道2—3米的围墙相围，围墙的南面正中有一座宽敞的大门，围墙及围墙内十余座夯土基址，构成为宫城，发掘简报称之为第Ⅰ号建筑群遗址。宫城平面近于正方形，长、宽各约200米，总面积达4万余平方米。宫城内的南大半部分，已发掘出属于偃师商文化第一期、第二期、第三期三个不同时期的宫殿宗庙（以下简称为宫室）建筑基址11座[②]。

这十余座宫室在每一期的组合与分布是：第一期（图1—4），在祭祀场（原称为"大灰沟"）以南靠西的一侧自北向南分布有十号、九号、七号三座宫室，由于这三座宫室的正殿前都带有一个庭院，所以构成了一个三进院落的建筑群。紧邻九号宫室的东边是一号宫室，一号宫室开的是西门，它很可能是九号宫室的附属宫室。在一号宫室的东边，也即祭祀场以南靠东的一侧，分布有四号宫室。第二期（图1—5），靠西的一侧自北而南分布的是八

[①]　中国社会科学院考古研究所河南第二工作队：《河南偃师商城小城发掘简报》，《考古》1999年第2期。

[②]　11座数字资料来源于王学荣队长2002年8月15日在中国社会科学院历史研究所先秦史研究室的演讲报告。

号、二号、七号三座宫室，也构成了一个三进院落的建筑群；靠东的一侧自北而南是四号、六号两座宫室。六号宫室被认为是庖厨建筑。在这两组宫室之间居中的一号宫室，也认为是庖厨建筑。只是，一号宫室到第二期晚段（即第四段）时被废弃。二期的八号宫室是在原十号宫室和九号宫室之间新建，而二号宫室则属于九号宫室的扩建，七号宫室属于自一期而来的继续使用。第三期早段和中段时（图1—6），靠西一侧自北而南是八号、二号、三号宫室，靠东一侧自北而南是四号、五号宫室。其中，八号和二号属于第二期以来的继续使用，四号是自第一期以来的继续使用，而三号是在七号址上的新建，五号是在六号址上的新建。

宫室建筑基址群的北面是专门的祭祀区，最初的简报称为"大灰沟"[①]，东西绵延达200平方米，主体部分由东往西大致可分A、B、C三个区域。其中A区的面积近800平方米，由若干"祭祀场"和祭祀坑组成；B区和C区（图1—4）是两个自成一体、规模庞大的"祭祀场"，B区的总面积接近1100平方米，C区总面积约1200平方米。B、C两区在布局、形制和结构等方面基本一致，位置东西并列，平面形状为长方形，四周有夯土围墙，门道位于南面夯土围墙中部，"祭祀场"的主体部分为一沟状遗存[②]。

祭祀区的北面是王宫的池渠遗址（图1—4）[③]。池渠由位于宫城北部池苑区中央的水池和东西两头进出水的水渠组成。水池的平面为长方形，东西长约130米，南北宽约20米。在水池的东西两端各有一条与之连通的石砌渠道通往宫城外，二渠出宫城后，先往北、再分别向东、西拐折，从城门下穿过，与城外护城河沟通。

府库　在宫城外的西南方向、小城的西南隅是被称为"府库"的建筑

① 中国社会科学院考古研究所河南二队：《河南偃师商城宫城北部"大灰沟"发掘简报》，《考古》2000年第7期。

② 中国社会科学院考古研究所：《河南偃师商城商代早期王室祭祀遗址》，《考古》2002年第7期。

③ a. 杜金鹏、张良仁：《偃师商城发现商代早期帝王池苑》，《中国文物报》1999年6月9日第一版。

b. 杜金鹏：《偃师商城王宫池渠的发现及其源流》，《偃师商城初探》，中国社会科学出版社2003年版。

群，已发表的简报称为第Ⅱ号建筑群遗址①。府库建筑群也由围墙相围，围墙的北墙长近 200 米，西墙靠近商城西墙，由北墙往南约 230 米左右是商城的南城墙，东北部近 100 米处为宫城。在府库建筑群内，1991 年曾发掘出南北两排大型建筑夯土基址。1992 年和 1993 年又发掘出 15 座大型建筑夯土基址，其中完整的有 5 座，这 5 座建筑也呈东西向一字排列。据钻探以及推算，整个府库建筑群内约有 6 排，每排约为 16 座，总数达 96 座夯土建筑基址。

类似于Ⅱ号建筑群的遗址在宫殿区的东北方、小城东墙外侧也有发现。经勘探，总体平面略呈方形，东西、南北各 140 米，面积稍小于Ⅱ号建筑群遗址。它也是由若干长条状夯土基址组成，排列整齐有序，判断其性质也当与Ⅱ号建筑群遗址类似②。

在宫城西侧、Ⅱ号建筑群遗址之北 1 万多平方米的范围内，发现有夯土台基数处，其中有一处呈长方形，南北长约 100 米，东西宽约 20 米，夯土厚约 1.5—2 米③。

在宫城外的南部也发现有两处大面积的夯土建筑，它与宫城西侧的夯土基址一样，都不知其时代为第几期，也许属于王室之外的贵族的宫室建筑群④。

大城　偃师商城在其商文化的第一期建成小城后，到了偃师商文化的第三段时，小城的北面和东面又扩建了大城（图 1—2，彩图 3）。大城的南城墙与小城南城墙重合，西城墙自南向北约三分之二也与小城西城墙重合，都是把小城城墙包夹在里边，大城北墙的东端略为内收，略呈西北东南走向，

---

① 中国社会科学院考古研究所汉魏故城工作队：《偃师商城的初步勘探和发掘》，《考古》1984 年第 6 期。

中国社会科学院考古研究所河南第二工作队：《偃师商城第Ⅱ号建筑群遗址发掘简报》，《考古》1995 年第 11 期。

② 中国社会科学院考古研究所编：《中国考古学·夏商卷》，中国社会科学出版社 2003 年版，第 215 页。

③ 同上。

④ a. 资料来源于王学荣 2002 年 8 月 15 日在中国社会科学院历史研究所先秦史研究室的演讲报告。

b. 在《偃师商城的初步勘探和发掘》（《考古》1984 年第 6 期）中也提到："Ⅰ号建筑遗址南侧、塔庄大队部院墙北及西北面麦地内，均有夯土发现。"

大城东墙在东一城门处向西拐又向南折，整个大城平面呈所谓"菜刀形"，南北长 1710 米，北墙长 1240 米，面积约为 190 万平方米。大城北城墙中间偏西处有一座城门，西城墙有两座城门，称为西一城门和西二城门，东城墙也有两座城门，与西城门相对应，称为东一城门和东二城门。大城城墙外侧 12 米处，配有宽约 20 米，深约 6 米的护城河。

大城内近二分之一的面积被小城所占据。在大城内、小城的东城墙外、紧邻小城东城墙发现有另一府库遗址，也被称为Ⅲ号建筑遗址，其夯土建筑遗址的范围，东西、南北各约 140 米，面积稍小于Ⅱ号建筑群遗址。它也是由若干长条状夯土基址组成，排列整齐有序，判断其性质也当与Ⅱ号建筑群遗址类似。

在大城内的北部，距大城北城墙约 180 米处，发现有夯土基址，被称为Ⅳ号建筑遗址，其平面呈长方形，南北长 25 米，东西宽 20 米[①]。另外，在大城的东北隅城墙内侧附属堆积即护城坡之下，发现有三个圆形锅底状灰坑（H8、H9、H10），在坑内所堆积的松软黑灰土中，夹杂有木炭、陶范、铜矿渣和铜渣等，在灰坑附近还发现圆形的红烧土面和红烧土坑，发掘者认为这些都是与青铜冶铸有关的遗迹，并推测在修筑这段城墙之前，此地原有一处商代早期的青铜冶铸作坊遗址，修筑该段城墙时，青铜冶铸作坊遗址被破坏[②]。在城墙内侧护城坡之下所压的那些青铜冶铸作坊遗迹，固然因修筑城墙所破坏，但若将部分作坊设施略向南移，这个青铜冶铸作坊还是可以继续生产下去的。为此，笔者判断大城东北隅这一带在修建了大城城墙之后，还应有青铜冶铸作坊，只是有可能略为南移而已。另外在大城的东北隅还发现有陶窑、墓葬、灰坑、车辙等遗迹。这一地域除了作为重要的冶铜手工业作坊区外，也应是一般民众的聚居区。还有，在大城东城墙中段内侧以及宫殿区附近，也曾出土一些内壁残留有青铜溶液的器物残片，这或许说明偃师商城内的冶炼或铸造青铜器的作坊不止一处[③]。

①　中国社会科学院考古研究所汉魏故城工作队：《偃师商城的初步勘探和发掘》，《考古》1984年第 6 期。

②　中国社会科学院考古研究所河南第二工作队：《河南偃师商城东北隅发掘简报》，《考古》1998 年第 6 期。

③　中国社会科学院考古研究所编：《中国考古学·夏商卷》，中国社会科学出版社 2003 年版，第 217 页。

1996 年，偃师商城考古工作队对横贯偃师商城的"尸乡沟"做了小范围的钻探和发掘，钻探表明，位于 301 国道东侧、尸乡沟以北的地方，也发现密集的商代居住遗迹①。

在历年的发掘中，大城内东北部（今偃化口及其东南部一带）还曾发现有大面积的灰土堆积，同时发现有形制比较简单的中、小型房屋以及陶窑和水井等，分布比较密集，这一地域应是一般民众的聚居区和手工业作坊区②。

依据目前对偃师商城的发掘及其报道的情况，我们对偃师商城小城和大城的布局，可作如上的概括。偃师商城小城的形制与布局，非常清晰地展现了当初规划、设计的基本思想，即宫城居于纵向轴线、左右对称的设计思想③。这种左右对称的布局，不但体现在宫城的西门与东门左右相对；王宫池渠的西边进水水渠与东边的出水水渠相对；而且也体现在宫城内宫室的左右对称上，如一期时四号宫室与九号宫室左右相对，二期时四号与二号、六号与七号左右相对，三期时四号与二号、五号与三号左右相对，等等。具体到单个宗庙宫殿建筑，其布局也十分讲究对称性，如四号、五号、三号、七号等建筑基址，都可以看到主殿在北面居中，大门位于庭院之南面也居中，庭院两侧的东庑、西庑每每呈对称分布。

《吕氏春秋·慎势篇》曰："古之王者，择天下之中而立国，择国之中而立宫，择宫中之中而立庙。"这里的"国"指国都，"宫"指宫城，"择中立宫"的思想显然与偃师商城小城的布局设计是一致的；至于"择宫中之中而立庙"的思想，虽与偃师商城宫城中宗庙宫殿建筑呈左右对称分布，尚不吻合，但这可以视为《吕氏春秋》所要强调的是建国营都时，宗庙为其建筑物的核心。

关于宫城内 10 座宫室何者为宫殿何者为宗庙，也可以在这里作一简单的讨论。一般来说，要在宫城内的各组宫室夯土建筑中区分出哪些属于宗庙哪些属于宫殿，是一件很困难的事情，因为能保存下来，被我们发掘所获得的都只是基址部分，仅凭基址的形制作出判断，让人难以信服。然而偃师商

① 中国社会科学院考古研究所河南第二工作队：《河南偃师商城Ⅳ区 1996 年发掘简报》，《考古》1999 年第 2 期。

② 王学荣：《偃师商城布局的探索和思考》，《考古》1999 年第 2 期。

③ a. 同上。

b. 杜金鹏、王学荣、张良仁：《试论偃师商城小城的几个问题》，《考古》1999 年第 2 期。

城的情况略有不同。原为偃师商城考古队队长的王学荣先生曾提出过一个想法。他指出，宫城内的四号宫室自第一期始建一直使用到第三期，长达一百余年而未改变，不像其他宫室那样，使用了一段时期即被改建、扩建、重建乃至遭到毁坏，为此，他认为将其解释为宗庙是最为合适的[①]。笔者以为王学荣先生的这一见解是颇有见地的。其实，宫城内东侧与西侧这两列建筑基址在形制上还是有区别的，其最大的区别是：东侧的四号（图 1—18）、五号建筑基址（图 1—21）每一处虽然都由正殿、廊庑、庭院、门塾等组成，但它们构成的是一座四合院式的独立的建筑体；而西侧的二号、三号、七号、八号、十号建筑基址，每一座虽然也是由正殿、廊庑、庭院、门塾等组成一个四合院，但它不是独立的，它在每一时期都与其他另外两座共同组成三进院落、前后三殿。也就是说，在一期时，东侧是一座四合院式的四号基址；西侧是由十号（压在八号基址之下）、九号（压在二号基址之下）、七号三座宫室组成的三进院落（图 1—4）。在二期时，东侧是四号基址和其南面的作为庖厨建筑的六号基址[②]；西侧则是由八号、二号、七号三座宫室组成的三进院落（图 1—5）。在三期时，东侧是四号、五号两个独立的院落；西侧则是由八号、二号、三号宫室组成的三进院落（图 1—6）。五号基址的形制与四号基址相同，只是规模更大而已。四号基址若为宗庙，五号基址也应该是宗庙。对四、五号基址先后的出现，可以作出这样的解释：四号基址是商汤灭夏后在王都内所建的最早的宗庙，里面供奉着上甲六示或自始祖高祖夒[③]以来的商先公先王的神主，由于精心维护，从第一期一直到第三期即历经一百余年而未遭大的毁坏，同时也随着时间的推移，里面也不断增添进入商代以后死去的商王的神主，如成汤大乙及其以后死去的商王的神主。到了第三期时，四号建筑即四号宗庙内已无法容纳更多祖先的神主，只好新建五号建筑即五号宗庙。与四号、五号基址相对的另一侧，其三进院落、三重殿堂正好符合中国古代宫廷建筑中"前朝后寝"、"前堂后室"的建筑风格与传统。所以，与四号、五号宗庙建筑相对的另一侧的三进院落、三重殿堂，原则上将它们视为宫殿建筑，应该说是一种合理的解释。具体来说，在"前朝后寝"（"前堂后室"）的三进院落中，位于北边即最后边的宫室（一期时为十

---

① 此为王学荣先生谈话所述，尚未发表。

② 杜金鹏：《洹北商城一号宫殿基址初步研究》，《文物》2004 年第 5 期。

③ 高祖夒即商之始祖契，参见拙著《商族起源与先商社会变迁》第一章。

号宫室、三期时为八号宫室），是商王室的寝室；位于中间的大殿（一期时为九号宫室，三期时为二号宫室）是明堂（详后）；位于南边即最前边宫室（一期时为七号宫室，三期时为三号宫室）的殿前大庭是"内朝"中的"治朝"之朝廷。当然，由于祭政合一的政治缘故，作为宗庙建筑物的四号、五号宫室的庭院，也当起着"内朝"之朝廷的作用。

如果说偃师商城的小城展现了"择中立宫"、左右对称的思想，那么，大城城墙的走向则体现了因地制宜的思想。例如，北城墙的东北隅处为何要穿过青铜冶铸作坊？北城墙的东段为何要呈西北—东南走向？发掘者经过勘查后发现，原来在这段城墙外侧有一古河道，也呈西北—东南走向，城墙筑至这里时已近河边，故而不得不改变原来的方向而顺河筑墙，这样就只能从作坊区穿过，也筑成西北—东南走向[1]。再如大城的东南部，其东城墙也是因外侧天然湖泊的影响而向西拐又南折[2]。还有，大城的南城墙以及一大部分西城墙利用原有的小城城墙并将之加宽，也是因地制宜的做法。《管子·乘马》云："凡立国都，非于大山之下，必于广川之上。高毋近旱，而水用足，下毋近水，而沟防省。因天材，就地利，故城郭不必中规矩，道路不必中准绳。"对照偃师商城大城城墙的形制和走向，我们说《管子》的这一说法和思想，其起源或者说其渊源颇古，至少在早商的筑城中就有所体现。

《考工记·匠人》曰："匠人营国……左祖右社，面朝后市。"《周礼·小宗伯》曰："小宗伯之职，掌建国之神位，右社稷，左宗庙。""左祖右社，前朝后市"，讲的都是都城内的布局。"左祖右社"中的"祖"，指的是供奉祭祀祖先神的地方，即宗庙；"社"是指祭祀社神的地方。如前所述，偃师商城宫城中的四号夯土建筑基址因从第一期至第三期都未曾改动，所以它很有可能是祭祀自始祖以来诸位祖先的宗庙，那么，位于它右边的一号夯土建

---

① 杜金鹏、王学荣、张良仁、谷飞：《试论偃师商城东北隅考古新收获》，《考古》1998 年第 6 期。

② 中国社会科学院考古研究所洛阳汉魏故城工作队在《偃师商城的初步勘探和发掘》（《考古》1984 年第 6 期）中指出：商城东城墙向西又向南的折拐处是一大片"水池"，"据探，水池规模，东西、南北各约 1.5 公里。水池形成的年代甚古，存在的时间也很长，至少汉魏时期尚未干涸壅塞。城址之东墙南段，沿水池西岸而建，这大概正是它之所以迂回曲折、破坏严重的原因之所在"。该文所说的这东西南北各 1.5 公里的"水池"，实即古湖泊。

筑乃至九号或二号夯土建筑基址中,有无"社"的遗迹?

　　杨鸿勋先生曾认为二号宫室西庑的地方有"社"、"稷"、"坛",其理由是这里发现了干阑式建筑,并说它就是稷与社。杨鸿勋先生所说的干阑式建筑,是在二号宫室正殿的右侧,发现由南到北11列,由东到西5排,排列有序的柱洞群,最南一排柱洞有版筑墙遗迹;在这个柱网的西侧与之相连还有南北5列、东西4排的柱洞群,其南、北、西三面有版筑墙遗迹(图1—11)。这些柱洞的直径较大,一般在0.30米左右;柱洞间距较小,仅2米左

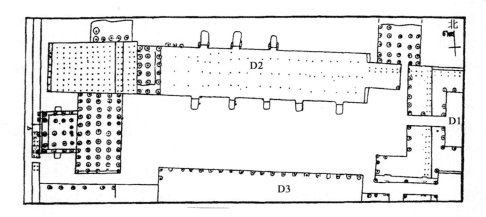

图1—11　偃师商城二号宫室基址平面图

右,排列密集。根据以上现象,杨先生认为那处11列5排的柱网,柱径大,并且柱子密集,可以推知上部荷载较大,即不只是屋盖荷载,而应为楼层;下部无台基,且周边呈不其整齐的泛水坡状,与附近地面达成一片,可知此楼的底层不是合围的房间,即这座楼原是栅居形式,即干阑。在其西与之相连的5列4排的网柱,也是一座干阑遗迹。在其东与之相距不远的一处夯土台基则为"坛"。这样,杨先生进一步推论说:"此处的大型干阑应是王国的大(太)仓(粮仓),也就是'稷'。其后(西)部的稍小的干阑,应是与'稷'密切相关的'社'。在社、稷的前(东)方的台,便是祭'坛'了"。为此,杨先生还作了一幅复原示意图(图1—12)①。

---

　　① 杨鸿勋:《宫殿考古通论》,紫禁城出版社2001年版,第52页,图四〇。

图1—12 杨鸿勋先生所绘偃师商城二号基址"干阑"部分复原图

杨先生的说法是值得商榷的。在这里，不论这些以柱网为基础的建筑是否为干阑式建筑，但诚如杨先生所言，在它上面总是有屋盖的，干阑式只是表明它有楼层，在杨先生的复原图中也是有屋顶的，而我们知道，一个有屋盖的建筑是不能作为"社"的。如《礼记·郊特牲》说："社祭土而主阴气也。君南乡于北墉下，答阴之义也。日用甲，用日之始也。天子大社，必受霜露风雨，以达天地之气也。是故丧国之社屋之，不受天阳也。薄（亳）社北墉，使阴明也。"郑注："北墉，社内北墙"，"大社，王为群姓立社"。可见"受霜露风雨"的社，有垣（墉）无屋，不是有房顶屋盖的建筑物。《周礼·大司徒》和《地官·封人》都有"设其社稷之壝而树之田主"的记载。郑注："壝，坛与埒埻也。"《说文》云："埒，卑垣也。"对此，焦循、黄以周等清代学者考证说：坛外卑垣为之埒埻，垣与墉同类；社稷皆有坛而外环以卑垣[1]。有垣无屋的社，在后来的文献中也有相同的记载，如《后汉书·祭祀志》："建武二年立太社稷于雒阳，在宗庙之右，方坛无屋，有墙门而已。"《五经通义》曰："天子大社王社，诸侯国社侯社，制度若何？曰社皆有垣无屋。"由上述记载可以看出，从周代到汉代，社坛的建筑形制，恪守传统，并无多大的变化，大体是：中间设有方坛，四周砌有垣墙，不设屋

---

① 《周礼正义》卷一八，中华书局1987年版。

顶，"受霜露风雨，以达天地之气"。只有那些"丧国之社"，才"屋之"，即建成有屋顶的建筑，使其上覆下蔽，为的是使它"不受天阳"，不能达天地之气。因而《汉书·王莽传》说："古者畔（叛）逆之国，既以（已）诛讨，则……四墙其社，覆上栈下，示不得通。辨（颁）社［于］诸侯，出门见之，著以为戒。"

二号宫室正殿右侧（西侧）干阑式建筑的形制显然与社的建筑形制是不符的，为此我们很难将之视为社的遗迹。杨鸿勋先生的推论是大型干阑为粮仓，也就是稷，又认为稷与社密切相关，故其西稍小的干阑是社。在这里，粮仓就是稷的说法本身即成问题，至于把粮仓旁边的另一干阑式建筑说成是社，更是令人难以接受。实际上，在这干阑式建筑东边的略呈方形的夯土台基，若没有柱洞的话，倒可与社相联系。然而，经向偃师商城的发掘者以及中国社会科学院考古所商周研究室主任杜金鹏先生了解和核实，柱网东边略呈方形的夯土台基上，在后来的发掘中发现有柱洞，所以它也是有屋顶的建筑，在形制上与社的建筑形制不符；在年代上，该夯土台基早于二号宫室，是九号宫室的建筑，即它与其西边的柱网不属于同一时期。为此，目前无论是在第一期时的七号、九号、十号三座三进院落式的宫室群中，还是在第二期时的七号、二号、八号三座三进院落的宫室群中，都没有社的遗迹的发现。至于第一期时九号与四号之间或第二期时二号与四号之间的一号宫室，根据现有的迹象，偃师商城的考古工作者判断它属于西区宫室所附属的庖厨建筑[1]，也与社无缘。

目前我们在偃师商城尚无社的遗迹发现，所以，很难以《考工记》所说的"左祖右社"来谈偃师商城的宗庙与社的分布格局问题。依据殷墟甲骨文，商代是有社的。例如：

> 癸卯贞：甲辰燎于社，大牢。（《屯南》726）
> 贞：燎于社，三小宰、卯一牛、沉十牛。（《合集》779 正）
> 己亥卜，田率燎社㘨、☲（稷）[2] 㘨、河㘨、岳㘨。（《合集》34185）
> 戊申卜，㱿贞：方帝燎于社、☲，□卯上甲□。（《合集》1140 正）
> 于亳社钔。（《合集》32675）

---

① 杜金鹏：《洹北商城一号宫殿基址初步研究》，《文物》2004 年第 5 期。

② 刘桓：《卜辞社稷说》，载刘桓《甲骨征史》，黑龙江教育出版社 2002 年版。

辛巳贞：雨不既，其燎于亳社。（《屯南》1105）

类似的卜辞还可以举出一些，上引前三条卜辞说的都是燎祭于社，只是所使用的牺牲各不相同。这里的社应指的是商王朝的国社或王社。后两条卜辞，一是说卯祭于亳社，另一是说因雨不止，要在亳社举行燎祭。这里的亳社即亳邑之社，有关亳社的卜辞还可以举出许多，这说明在武丁以来的晚商时期，商王在亳社举行祭祀是一种经常性的行为，由此也可见亳邑距离商都安阳理应不远，这也有助于说明笔者所提出的商的亳邑在内黄或其附近如内黄与濮阳、浚县接壤地带①。

甲骨文之外，文献中商代也是有社的。如《尚书大传》说："汤代桀之后，大旱七年。史卜曰：'当以人为祷。'汤乃剪发断爪，自以为牲，而祷于桑林之社。而雨大至，方数千里。"《论语·八佾》："哀公问社于宰我，宰我对曰：夏后氏以松，殷人以柏，周人以栗。"《淮南子·齐俗训》曰："有虞氏之祀，其社用土……夏后氏其社用松……殷人之礼，其社用石……周人之礼，其社用栗。"在这些记载中，商代社中的社主，虽有或为树木或为石的差异，但社的存在是毋庸置疑的，也许商代的社主原本就是树木与石并用。

从甲骨文和文献来看，商代祭祀社神是确凿无疑的，然而作为王都的偃师商城，目前尚未发现社的遗迹，这再一次说明考古发现的偶然性。但在现有的商代考古发现中，也并非没有祭祀社的遗迹。笔者认为，偃师商城之外，洹北商城一号宫室庭院西边的夯土台基，有可能是祭祀社的地方；殷墟的丙组基址中，有的也可能是祭祀社的坛。

判断洹北商城一号基址西部台基即所谓"西配殿"为社坛，其主要依据是，其台基上面没有任何柱洞的遗迹②，台基前设有3个台阶，在这3个台阶前部发现有祭祀遗存，与正殿前部台阶的情况类似，所埋均为动物的零碎骨头，在紧靠西部台基前面的庭院内有7个规模不等的祭祀坑③，这种呈露

① 参见《商代史》卷三《商族起源与先商社会变迁》第三章。
② 中国社会科学院考古研究所安阳工作队：《河南安阳市洹北商城宫殿区1号基址发掘简报》，《考古》2003年第5期。
③ 与南部门塾部分的祭祀坑一样，是"空坑"，我们推测，这些空的祭祀坑，也许是当时只用酒作祭品的缘故。

天的状态、没有房顶的台基，这正与《礼记·郊特牲》所说的"社祭土而主阴气"，"必受霜露风雨，以达天地之气"，是相符的。所以，笔者认为所谓"西配殿"，不是如杜金鹏先生所说的仓廪[1]，而很可能是祭社的大型社坛台基[2]。该台基前的 7 个祭祀坑和 3 个台阶前的祭祀坑，其祭祀的对象应是社神。至于在社坛台基上没有发现社主，这大概是因社主是土堆或木质，不易保存而已毁坏的缘故；或者是一号宫殿在遭遇大火时[3]，其社主被抢救出去的缘故。

在安阳小屯宫殿区的丙组基址中，有的也可能属于社坛的遗迹。丙组基址中除较大的丙一基址外，其余 16 座面积都较小，有方形和近方形两类，多数没有础石。石璋如先生说："这些基址的形式都很小，至少有一部分其上不可能有房子建筑，颇似坛的形式。"[4] 对于这些没有屋顶的台基，称之为坛之类是合适的，这些坛所祭祀的对象不应是一个，其中有的所祭祀的可能是社，只是我们目前还不能确指何处是社坛[5]。

上述洹北商城一号宫室庭院西侧的基址推测其为祭祀社的台基，应该说是有根据的。从布局上看，一号宫室庭院西侧的台基，于正殿而言位于其西南。还有，丙组基址按照原来甲组、乙组的布局而言，也位于西南，但近来在丙组基址的西面又发现许多夯土建筑基址，所以从总体上它并非位于西或西南，只是丙组基址对于乙组基址而言也位于其西南。而洹北商城一号宫室的正殿，据研究属于宗庙[6]；小屯乙组基址一般也认为是宗庙。那么，这两处社坛都位于宗庙的西南即右方，是否即构成"左祖右庙"的格局？笔者认为它们还不是严格意义上的"左祖右社"。左祖右社指的是左右对称的布局，在这种对称中，似乎表示社神已上升到和祖神相当的地位，这是当时社会的

---

① 杜金鹏：《洹北商城一号宫殿基址初步研究》，《文物》2004 年第 5 期。

② 详见本书第四章第二节。

③ 在一号宫殿大门的门塾等地，到处可以见到大片的被火烧过的红烧土块等，表明洹北商城是遭遇了大的火灾而废弃的。

④ 石璋如：《小屯殷代丙组基址及其有关的现象》，中研院史语所《集刊》外编第四种（下册），1961 年。

⑤ 据笔者研究，殷墟丙组基址中，丙一、丙二、丙三、丙四、丙七、丙八实为一组互有关系的祭祀基址，其所祭祀的对象应是甲骨文中的"四土"与"四方"之神，详见本书第五章第三节。

⑥ 杜金鹏：《洹北商城一号宫殿基址初步研究》，《文物》2004 年第 5 期。

发展所表现出的一种宗教上的反映。

笔者曾把由史前社会后期至汉代以来的社崇拜划分为原生形态、次生形态和再次生形态三个阶段，其中的周代属于次生形态阶段①。在两周时代，社神一方面依然具有生殖与土地神的性质；而另一方面又不完全局限于此。人们在社神的自然属性中加进了与农业生产无关的许多社会属性。除了农业生产之外，出征或凯旋要在社中举行祭礼，"帅师者，受命于庙，受脤（脤，祭社之肉）于社"②，"大师，宜于社……及军归，献于社"③；免除灾害也要举行社祭，"郑子产为火故，大为社，祓禳于四方，振除火灾，礼也"④；天子践位，诸侯结盟，都要祭社，"桓公践位，令衅社塞祷"⑤，"阳虎又盟公及三桓于周社，盟国人于亳社"⑥。诸如此类，不胜枚举，社神变成了具有多种功能的国家或地区的保护神，"社稷"一词也成为国家政权的代名词。

由于周代社神地位的大力提升，才使得作为祭祀场所的"社"获得了与宗庙并列的配置，从而形成"左祖右社"的分布格局，也就是说，所谓"左祖右社"的空间配置是和社神的地位上升到几乎与祖神相并肩一致的，它属于一种政治的、社会的宗教在建筑设施上的反映。然而，在商代，情况并非如此。在商代的甲骨文中，虽然既可以看到单独祭祀社的卜辞，也可以看到社与𥅕（稷）⑦、河、岳等一同被祭祀的卜辞（《合集》34185），还可以看到社与祖先一同被祭祀的卜辞（《合集》1140 正），但社神的地位大致与河、岳等相同，无论从祭品的种类和数量，还是从受祭的频繁程度等来看，社神的地位远低于祖神的地位。在商代，商王所举行的社祭和宗庙之祭是无法比拟的，社神与祖先神绝非处于同等的地位，因而作为祭祀场所的社与宗庙也就不会采取"左祖右社"的对称布置。洹北商城一号宫室庭院西侧的社坛台基以及小屯丙组基址中的社坛，处于宗庙西南侧，充其量只是显示出商代中晚

---

① 王震中：《东山嘴原始祭坛与中国古代的社崇拜》，《世界宗教研究》1988 年第 4 期。

② 《左传》闵公二年。

③ 《周礼·大祝》。

④ 《左传》昭公十八年。

⑤ 《管子·小问》。

⑥ 《左传》定公六年。

⑦ 刘桓：《卜辞社稷说》，刘桓：《甲骨征史》，黑龙江教育出版社 2002 年版。

期的社的位置，正在走向"左祖右社"，但还不成其为"左祖右社"。周代的"左祖右社"的格局是与社神地位的上升相一致的，它是社神地位被提升后的一种社会要求的反映。而在早商时期，作为王都之一的偃师商城，由于在宫城内并未发现可能是社的遗迹，所以早商的宫城中是否有社，是耐人寻味的，但至少可以说，早商时期的社在空间配置上，尚未形成"左祖右社"的格局。

关于"面朝后市"的问题，在偃师商城很有探讨的余地。"面朝"是指前面即南面为"朝"，"后市"是指后面即北面为"市"。文献中说两周时期的"朝"还有"外朝"、"治朝"、"燕朝"之分。天子宫之南曰皋门，诸侯曰库门[1]，库门之内为外朝。外朝是万民可至之地，所以《周礼·朝士》曰："凡得获货贿人民六畜者，委于朝，告于士，旬而举之。"《国语·晋语》所说的"绛之富商韦藩木楗而过于朝"之朝，也是外朝。外朝之内为应门，诸侯曰雉门，雉门之内为治朝，此为"群臣治事之朝"[2]。又其内为路门，路门之内曰燕朝。何谓燕朝，尚需作一说明。《周礼·大仆》曰："王眡（视）燕朝则正位。"郑注："燕朝，朝于路寝之庭。王图宗人之嘉事，则燕朝。"《周礼·朝士》郑注又曰："周天子诸侯皆有三朝，外朝一，内朝二。内朝之在路门内者，或谓之燕朝。"《大仆》注疏引焦循曰："路寝庭为燕朝，又曰内朝，《文王世子》'公族朝于内朝'，注云'内朝，路寝庭'是也。"江永曰："路寝门内之朝，君之视之也当有四：一为与宗人图嘉事，《文王世子》'公族朝于内朝'，郑云'谓以宗族事会'是也；一为与群臣燕饮，《燕礼》所言是也；一为君臣有谋议，臣有所进言，则治朝既毕，复视内朝，《乡党》所记是也；一是群臣以玄端服夕见，亦是有事谋议也。四事外，则君与四方之宾燕亦在寝，非朝礼。"

分为外朝、治朝、燕朝这种三分法是一种分类，而仅分为内外两朝，也是一种分类。如《国语·鲁语》云："天子及诸侯合民事于外朝，合神事于内朝。"在这种两分法中，按照郑玄的说法，外朝为一，内朝有二。所以，内朝既包括燕朝，亦包括治朝。但也有注释者认为，与燕朝在路寝之庭相

①　《诗经·大雅·緜》："乃立皋门，皋门有伉。乃立应门，应门将将。"说的是宗周的情况。《礼记·明堂位》说鲁国因"周公有勋劳于天下"而可用"天子之礼乐"，从而在宫室建制上就有这样的对应关系："大庙，天子明堂；库门，天子皋门；雉门，天子应门。"

②　《周礼·大宰》郑玄注。

对，治朝在其外，也可称为外朝。其实，内朝、外朝只是相对而言，在大的分类中或许可以分为外朝与内朝，又因内朝还可再细分为"治事"之处和"燕饮、宗事"之处两个地方，故内朝中又分为"治朝"和"燕朝"，"治朝"相对于外朝而言在内侧，当然是内朝，"治朝"相对于"燕朝"而言则在外侧，有的注释家即将此称为外朝了。

　　具体联系到偃师商城，笔者以为考虑到《考工记·匠人》"左祖右社，面朝后市"郑玄注说是"王宫所居"，则内朝和外朝皆在宫城之内，为此，宫城宫门以内西侧的三进院落中，第一进院落的正殿及其殿前大庭是"外朝"，即第一期七号宫室的正殿和殿前大庭以及第二、三期三号宫室的正殿和殿前大庭是"外朝"，此处庭院较大，所以它和周代一样，也为"万民"即较多的族众可至之地；外朝之北即外朝之后的第二进院落和第三进院落均为"内朝"，此乃为治事、祭祀、宴饮、举行王族婚冠之嘉事等场所，其中，第一期的九号宫室的正殿及其殿前大庭以及第三期的二号宫室及其殿前大庭是内朝中的"治朝"；第一期第十号宫殿的殿前大庭与第九号宫殿靠北一侧的殿堂、第三期第八号宫殿的殿前大庭与第二号宫殿靠北一侧的殿堂是"内朝"中的"燕朝"。由后面的分析还可知，第九号宫殿和第二号宫殿有可能是"明堂"。因九号宫室正殿和二号宫室正殿的南北两侧都有供上下的台阶，南侧的台阶与"治朝"之廷（庭院）相连接，北侧的台阶与"燕朝"之廷（庭院）相连接，所以若在"燕朝"举行宴饮，实际上是可以在九号和二号宫室的正殿进行的，只要利用北侧的台阶上下于殿堂与庭院之间即可。据礼书，"燕朝"之地时常举行宴饮之事，所以作为庖厨的一号宫室建筑物，不但建在了九号宫殿的旁边，其门与九号宫殿的庭院相通，而且在九号宫室正殿东侧的东庑有通向"燕朝"之庭院的通道，由此作为庖厨的一号宫室建筑物即使不走九号宫室正殿也可以通向"燕朝"之庭院（即十号宫室与九号宫室之间的庭院）。此外，又由于祭政合一的政治特点，商王也经常在宗庙院落内的殿前大庭内举行祭祀、宴饮和朝见诸侯、群臣等活动，所以，这些宗庙院落内的殿前大庭也属于"朝"。总之，宫城内的这些"朝"总是与"庭"相关联，故也可以称为"朝廷"，后世所谓朝廷，即起源于夏商时期的殿前露天大庭。

　　偃师商城由建城伊始至城址废弃，城内大型的重要建筑大都集中分布于城南部，城南部是当时王室贵族聚居地和官署区。即使在小城内，其宫城也位于纵向中轴线的偏南地方。宫城内已由各个宫室（即宗庙和宫殿）、祭祀区、池苑所占满，根本没有供作"市"之用的空间场所。宫城之南，近年又新探出两片大面积的夯土建筑基址，宫城西南是府库。所以，包括宫殿区在内的小城的南半部，是大型夯土建筑最集中的地方，完全符合"面朝后市"中作为"朝"的性质。而小城内的北部，在空间上有作为"市"的余地；小城外大城内的北部，也有作为"市"来使用的空间。所以，笔者推测，偃师商城中若存在作为"市"的专用场所的话，那么，在大城未建之前，其"市"应在小城的北部区域内，大城建成后，其"市"有可能仍然在小城内的北部，也有可能移到了大城内的北部。总之，从偃师商城重要建筑分布情况看，它符合"前朝后寝"和"面朝后市"的特点。

三 偃师商城建筑的形制、技术与功用
（一）城墙、城壕与城门

偃师商城的城墙有大城的城墙和小城的城墙。在建造技术上二者是一样的，只是小城城墙建造的相对简单，这种简单主要反映在规模较小。例如，大城城墙宽度一般为 17—19 米，小城城墙宽度一般为 6—7 米。大城城墙基槽深度一般在 1.2 米左右，小城城墙基槽深度一般不足 0.5 米。大城城墙周长约 5500 米，小城城墙周长约 3680 米。小城城墙建造的之所以规模较小，如前所述，这是因为成汤灭夏不久，时间紧，人力、物力并不充足，特别是又遇上连年大旱，年成不收，仓促间在夏都附近创建新的王都，不得不建造得规模较小。小城城墙建造规模虽较小，但它在防御功能上还是颇为讲究的，例如把城墙建成 Z 字形的凹凸曲折状，有类似后世"马面"的作用；在小城城墙外面也挖筑有壕沟等。

在建筑技术上，小城和大城在挖城墙基槽时，都可能做过城墙基础水平测量。考古工作者对小城城墙进行解剖时，在多个地点发现城墙基槽底部的两侧或一侧有沟状遗迹，沟宽约 0.5 米，深 0.2—0.4 米，它的走向与城墙一致，沟内填土被层层施夯，他们援引《考工记》"匠人营国，水地以县"，认为这是与基槽的水平测量有关[①]。偃师商城大城城墙基槽，尽管由于地势的原因，其基槽的开口在城墙内外两侧的相对高差有 1 米左右，但基槽底部

[①] a. 中国社会科学院考古研究所河南二队：《河南偃师商城小城发掘简报》，《考古》1999 年第 2 期。

    b. 杜金鹏、王学荣、张良仁：《试论偃师商城小城的几个问题》，《考古》1999 年第 2 期。

却是呈水平状的①。这些情况告诉我们，当时挖城墙基槽时，有可能以"水地"的方式做过水平测量。《考工记·匠人》开篇即言："匠人建国，水地以县。"《周礼正义》郑玄注曰："于四角立植，而县以水，望其高下。高下既定，乃为位而平地。"郑注意在解释"县"字，但说的还是不够明白。贾公彦疏曰："'水地以县'者，将建国，必先以水平地，以为测量之本。"贾公彦的这种解释大概接近了上古实际。《庄子·天道篇》云："水静则明烛须眉，平中准，大匠取法焉。"说的也是以水作为平地的准绳。《淮南子·齐俗训》也说："视高下不差尺寸，明主弗任，而求之乎浣准。"许注曰："浣准，水望之平。"孙诒让曰："浣准疑即'管准'，所以测高下之表仪也。"戴震对"水地以县"的解释是："水地者，以器长数尺承水，引绳中水而及远，则平者准矣。立植以表所平之方，县绳正植，则度水面距地者准矣。"结合现在农村建房时用水平仪、绳子和立桩来测量地基水平的方法，商代时"水地以县"的方法应该是：在墙基一段范围内的两端立柱即立植，两柱间系以绳索拉直，然后在基槽或基槽底部的小沟中注以水，依据水面来调节两柱所系绳索的高低，这样，水被渗漏而去，两柱间拉直的绳索面即为地基的水平面。在这里，在基槽或基槽底部的小沟中注入水即为"以水平地"，它起着今日水平仪的作用；而两头立柱并系以绳索，则属于"水地以县"之县；水离去或干涸后，留下被调节好的拉直的绳索，即为城墙基槽水平之准绳。技术的核心即在于"以水平地"，后世"水平"一词也由此而来。

与水平测定相关的是"正位"。《尚书·盘庚》说盘庚迁殷时，"盘庚既迁，奠厥攸居，乃正厥位"。奠居即奠基，正位即测定方位。至于测定方位的方法，《考工记·匠人》曰："置槷以县，眡以景。为规，识日出之景与日入之景。昼参诸日中之景，夜考之极星，以正朝夕。"文中的"槷"，郑玄谓："古文臬假借字"；"为规"即以所竖之臬为圆心画出圆形；"朝夕"也是东西方位的意思，这段文字的意思是：依据日出与日入时的投影以确定东向和西向，并参照正午时的日影和夜间的北极星，以校正东西南北的方位，其测定时，以臬为中心画出一圆，过圆心连接日出与日入即朝与夕时日影的连线，即构成东西向的横线，横线两端正指东西，过圆心与东西横线垂直相交的另一直线，正指南北，对于这样测出的东西南北，还可以经过正午时的日

---

① 中国社会科学院考古研究所河南第二工作队：《河南偃师商城东北隅发掘简报》，《考古》1998 年第 6 期。

影以及夜间的极星，加以确认和校正。类似的记载也见于《诗经》，《诗·鄘风》云："定之方中，作于楚宫，揆之以日，作于楚室。"朱熹《诗集传》谓"揆之以日"，是"树八尺之臬，而度日出入之景，以定东西，又参日中之景，以正南北"。朱熹完全是参照上引《考工记》，对此作的注。

依据笔者的研究，《考工记》所说的这种测定方位的方法，在新石器晚期的龙山时代即已出现。在河南杞县鹿台岗的龙山文化遗址中，考古学者发掘出两处形制颇为特殊的建筑遗迹，其中被称为Ⅰ号的建筑遗迹（图1—13），该遗迹高出当时周围地面近1米，系一内墙呈圆形、外墙为方形、外室包围内室（圆室）的特殊建筑。圆室内有一呈东西—南北向的十字形所谓"通道"，宽约0.6米，土质坚硬，土色为花黄色，与室内地面呈灰褐色土迥然不同。在这个十字形交叉点上还有一柱洞。方形外室和圆形内室的北部已毁，外室西墙缺口即外室西门恰与内室西门及十字形"通道"的西端呈直线相通，三者宽度相同。同样，外室南缺口又与内室南门及十字形"通道"南端在一直线上，三者的宽度也相同[1]。西墙和南墙通过所谓"门"与十字形"通道"直线相连，而北面和东面则可以通过开一个和十字形"通道"等宽的"窗户"或孔洞与十字形"通道"直线相连。十字形交叉点上的柱洞原是立有柱子的，它可以起着《考工记》所说的"槷"即臬的作用。而这个Ⅰ号建筑物无论是方形外室，还是圆形内室的十字交叉状，恰巧处于正南正北、正东正西的方位。内圆外方的建筑构形也意寓着天圆地方。所以，鹿台岗龙山文化Ⅰ号建筑物的形制完全符合上引《考工记》所说测定方位的原理。我们可以试想一下，日出时阳光从东面的窗户或孔洞照射进来，照在十字形交叉点的柱子上，柱影将会与十字形的西端直线以及西墙上的"门"相重合；日落时阳光从西面的"门"照射进来，照在十字形交叉点的柱子上，柱影将会与十字形的东端直线以及东墙上的"窗户"或孔洞相重合，这就是"识日出之景与日入之景"，以正东西之方位。在正午时太阳从南墙之"门"照射进来，照在十字形柱子上，柱影将会与十字形的北端直线相重合；在夜间时从北面的"窗户"或孔洞向夜空观看极星，这就是"昼参诸日中之景，夜考之极星"，既可定南北，亦可验证"朝夕"日影所测之方位。不仅如此，再结合《尚书·尧典》有关记述，鹿台岗龙山文化Ⅰ号建筑不但可以测定东西南北四方，还可以

---

① 郑州大学文博学院、开封市文物工作队：《豫东杞县发掘报告》，科学出版社2000年版，第37—39页，图二〇，彩版一：1、2。

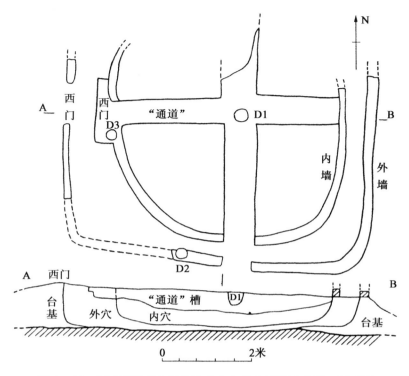

图1—13　河南杞县鹿台岗遗址龙山文化Ⅰ号遗迹平面、剖面图

测定四时乃至四季，它有天文历法上的作用①。当然，无论是古人还是我们今天来看，时空、四时与四方本来就是联系在一起的。

　　既然新石器时代即已出现《考工记》所说的以日景（影）测定东南西北四方方位的方法，那么，在商代这一方法当会更加娴熟。甲骨文中有一字作 ，宋镇豪先生解释此字，说它"象手持立臬于土上，日影投之地上，本义是揆日度影以定方位"②。就偃师商城而言，无论是大城、小城、宫城，还是宗庙宫殿、池苑等建筑，南北东西的方位一致，从宫室的角度看，都属于通常所说的坐北朝南，所以，偃师商城无论是城墙还是城内的宫室等建筑，在建设时显然是经过方位测定的，至于为何又要略为北偏东7度？还有待进一步研究。

---

① 对此，笔者另有专文予以探讨。

② 宋镇豪：《夏商社会生活史》，中国社会科学出版社1994年版，第76页。

筑城的另一项技术为夯土版筑法。偃师商城城墙由墙体和墙基两部分组成，大城城墙的内侧还有属于"护城坡"性质的附属堆积。依据对大城东北隅的解剖，墙基部分被挖成口大底小倒梯形后，采用逐层回填夯实的方法筑成。当夯筑与基槽口齐平后，再采用版筑法逐层夯筑。所见版高约为 0.3—0.7 米，每夯筑一版内收约 0.1 米，逐层内收。夯筑城墙所用土料较杂，系用不同的土混合而成，呈灰褐色。夯层清晰，厚度一般为 8—12 厘米，土质致密，坚硬①。考古学者在对位于"偃洛汽车修配厂"的小城东城墙的发掘中还发现，在小城城墙基槽上部的两侧，紧靠基址根部，各有排列不甚规整的一排圆形柱洞，而基址上部未发现有任何隔墙或柱洞遗迹，这种墙体两侧所发现的柱洞是版筑墙体时留下的木柱残迹②。墙体两侧的这些木柱是干什么用的？笔者推测它应该是固定夯版的木柱，也就是说，墙体两侧夹着夯土的夹板，也即我们所说的版筑之版，在墙根底部有的是用木柱来固定的，或者说既用绳索捆绑固定，也用木柱木桩来固定。

偃师商城不论是大城还是小城，城墙墙体的上部都已遭破坏。大城东北隅现存部分顶部宽度为 13.7 米，根部为 16.5 米。城墙残存高度若以城墙内侧基槽口为准计算，为 1.5—1.8 米，若以城墙外侧基槽口为准计算则约为 2.9 米。

发掘大城东北隅城墙时，发现城墙内侧有附属堆积，亦即"护城坡"。另据早年的发掘简报，城墙内外两侧都有属于护城坡的附属堆积③。1999 年发掘了一段偃师商城大城的东城墙，也发现在城内外两侧有属于护坡的服属堆积④。以大城东北隅城墙内侧的护城坡为例，护城坡直接叠压城墙基槽，南北宽约 13 米，其高度由城墙根部向城内逐步递减，最高达 0.7 米，由斜向夯筑的若干层夯土组成。（图1—14）

---

① 中国社会科学院考古研究所河南第二工作队：《河南偃师商城东北隅发掘简报》，《考古》1998 年第 6 期。

② 王学荣：《偃师商城布局的探索和思考》，《考古》1999 年第 2 期。

③ 中国社会科学院考古研究所洛阳汉魏故城工作队：《偃师商城的初步勘探和发掘》，《考古》1984 年第 6 期。

④ 中国社会科学院考古研究所河南第二工作队：《河南偃师商城Ⅳ区 1999 年发掘简报》，《考古》2006 年第 6 期。

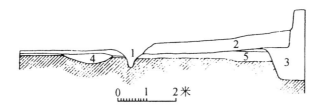

图 1—14　偃师商城东北隅发掘局部剖面图

1. 排水沟　2. 城墙内侧附属堆积　3. 城墙夯土

4. H8　5. 青灰色纯净土（次生土）

　　在修筑城墙中还有一种现象，即奠基现象，这虽不属于建筑技术，但却是筑城过程中的一个程序环节。例如，1983 年考古学者在大城的 T1 西城墙的东侧附属堆积下层的东端，发现下面压着一段南北向小沟，沟挖在红生土中，东西宽约 1 米，深 0.1—0.15 米，沟内置有无墓圹、无葬具人骨一具；在 T2 北城墙南侧的附属堆积下，叠压墓葬一座（T2M2），墓为土圹竖穴，墓口略作长方形，南北长 1.9 米，东西宽 0.45 米，深 0.2 米，墓边不整齐，墓内填土和城墙附属堆积下层一样。墓内置人骨一具，无任何随葬品（图 1—15）[1]。这些人骨都是在堆筑或夯筑护城坡时，先在生土层中挖坑或挖沟埋人，然后再在其上修筑护城坡，所以，它属于一种奠基仪式。

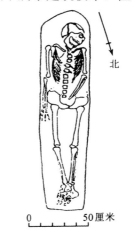

图 1—15　偃师商城北墙南侧奠基墓葬 M2

　　偃师商城的护城河修筑的也很规范、适用[2]。护城河挖筑在大城城墙外侧，也称为城壕（图 1—16）。护城河的走向与城墙基本平行，城壕口宽底

①　中国社会科学院考古研究所洛阳汉魏故城工作队：《偃师商城的初步勘探和发掘》，《考古》1984 年第 6 期。

②　a. 中国社会科学院考古研究所河南第二工作队：《河南偃师商城东北隅发掘简报》，《考古》1998 年第 6 期。

b. 中国社会科学院考古研究所河南第二工作队：《河南偃师商城Ⅳ区 1999 年发掘简报》，《考古》2006 年第 6 期。

窄，一般外侧坡度较陡，内侧坡度较缓。东护城河距东城墙约 10 米，壕沟上口宽约 18 米，深 6 米。西护城河距西城墙 18—20 米，沟宽近 20 米，深度在 8 米以下[①]。北护城河在东北隅这一段与城墙相距约 12 米，口宽约 20 米，深约 6 米。壕内下部堆积是商代淤积层，最厚部位厚约 2 米，出土有商代早期陶片；城壕内上部堆积以及直接叠压在城壕上面的地层堆积，时代皆属东周时期[②]。

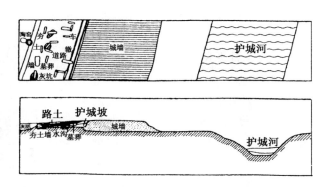

图 1—16　偃师商城城墙与护城河

偃师商城护城河的功用有二，一是它与城墙配合，有军事防御上的作用；另一是它也构成了商城的外循环水系。可以设想，水从邙山下来，沿着护城河流向商城东南，最后流入东南的湖泊。其中，有的地段的护城河，原本可能就与自然河流相通，例如大城东北隅护城河的北岸，经钻探发现一条宽约 20 多米的古河道，和城墙及城壕的走向一样，呈西北—东南走向。发掘者认为，从走向看，它向东南与护城河相通恐无疑问[③]。此外，宫城内池苑用水，也是从西城墙外的护城河引入，穿过西一城门和宫殿区，从东一城门处的护城河排出。护城河的这种多种用途和因地制宜，反映了商代人的智慧和综合治理的能力。

---

　　① 刘忠伏、徐殿魁：《偃师商城的发掘与文化分期》，《中国商文化国际学术讨论会论文集》，中国大百科全书出版社 1998 年版。

　　② 中国社会科学院考古研究所河南第二工作队：《河南偃师商城东北隅发掘简报》，《考古》1998 年第 6 期。

　　③ 王学荣：《偃师商城布局的探索和思考》，《考古》1999 年第 2 期。

偃师商城的城门，经发掘或钻探，已发现 5 座，但有简报发表的只有西二城门一座（图 1—17）①。西二城门位于大城西城墙北段，城门为东西向，方向 280°。门道全长约 16.5 米，与西城墙的厚度相等，宽 2.3—2.4 米。门道两侧各有一条东西向的窄墙，紧贴城墙两端，由夯土筑成，墙内保留有排列密集的木柱洞痕迹，南侧夯土墙内发现柱子洞 16 个，北侧 18 个，柱子洞一般直径约 20—25 厘米，最大的达 32 厘米，柱洞之间的距离约 20—40 厘米。柱洞底部埋有础石，门道下面是坚实的路土。柱洞被包在夯土墙中，形成暗柱；柱础石均埋置较深，形成暗础，为砂质岩石。

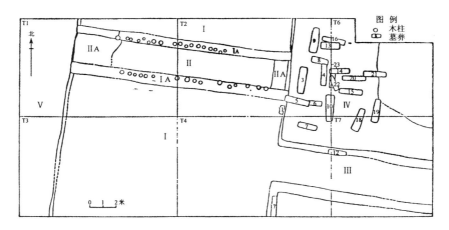

图 1—17　偃师商城西二城门平面遗迹图

Ⅰ. 城墙　Ⅱ. 城门道　Ⅲ. 马道　Ⅳ.　Ⅴ. 路土　ⅠA. 夯土墙　ⅡA. 封堵墙

城门道中的路土坚硬平密，保存完好，厚 40—50 厘米。出城门向西钻探至 6.5 米处，路土分别沿城墙向北和向南延伸，路面逐渐变窄，宽 4.5 米，形成一条南北向的"顺城路"。城门道中的路土进城以后逐渐向东，形成东西大道。

此城门在使用一段时间之后被废弃不用，两端用夯土墙封堵，中部填满杂土，不经夯打，土质松散，里面包含有一只完整的猪头骨。据推测，封堵的原因可能是城门偶然失火，发掘中可以看到木骨墙内的数根木柱周壁已被

---

①　中国社会科学院考古研究所河南二队：《1983 年秋季河南偃师商城发掘简报》，《考古》1984 年第 10 期。

烧烤成砖红色，在封堵的门道内也发现一定数量的红烧土块①。还有那个填土中的完整的猪头骨，是否也与封堵门时举行过简单的祭祀有关？也许确实因失火，认为不吉利，封堵了西二城门。

在西二城门南约 550 米处，也发掘出一座城门，现编号为西一城门。城门门道宽 3 米，两侧也是木骨夯土墙，木柱下均置础石。该门道下发现有用石头垒砌成方腔的水渠暗道，也称为水道，向西通向城外护城河，向东与宫城内的水池相连。水道基石宽达 2 米，而净宽仅几十厘米。

与西一城门相对应的是在大城东城墙南部近拐折处发现一座城门，现编号为东一城门。该城门的形制与西一城门、西二城门有相似之处，如门道狭窄，两侧为木骨夯土墙等。在门道之下，和西一城门一样也发现保存完好的大型石砌水渠暗道，只是西一城门下的水道为进水道，东一城门下的水道为排水道。该水道由石块、石板铺设垒砌而成，中以木柱加固，宽高均近 2 米，底部石板顺水流方向叠砌，层层相压，状如鱼鳞，上盖木板，木板与门道路土间铺垫约 50 厘米厚的草泥土。水道向西通向宫城，向东与城外护城河相连。全长 800 余米，流水自西向东，水流落差千分之二，进入城门处落差达千分之七，便于水流迅速排出城外②。

与西二城门相对应，在大城东城墙北部也发现有城门，现编号为东二城门。在大城北城墙中间靠西一点，也发现一座城门，现称为北城门。目前能确认的只有这五座城门。另外，从宫城中延伸出来的地下水道是穿过小城东城墙，然后直通"东一城门"的，偃师商城考古队的学者们认为，小城东城墙有地下水道通过的地方，也应当有一座城门，它与小城西城墙上的"西一城门"正相对应③。

偃师商城由于是先建小城后建大城，大城的西一城门是利用小城原有的城门改造而成的，所以西一城门既是小城的城门，也是大城的城门。只是在改造时，一并将小城时期城门下的木石混合型水道改砌为石砌水道④。偃师商城的上述几座城门，充分显示出在其修建时已有很好的统一规划、综合利

---

① 刘忠伏、徐殿魁：《偃师商城的发掘与文化分期》，《中国商文化国际学术讨论会论文集》，中国大百科全书出版社 1998 年版。

② 同上。

③ 杜金鹏、王学荣、张良仁：《试论偃师商城小城的几个问题》，《考古》1999 年第 2 期。

④ 王学荣：《偃师商城布局的探索和思考》，《考古》1999 年第 2 期。

用的思想。如西一城门和东一城门，在建筑城门的同时也垒砌了门道下的水道，而且将穿过城墙的水道砌在城门的门道下面，便于日后检修、改建，其设计显然是有前瞻性的。西一城门与东一城门左右对称，西二城门与东二城门左右对称，大城的北门靠近小城纵向轴线，小城的东西城门位于小城横向轴线，其对称布局显而易见，这些城门又与城内纵横交错的大道相连，发挥着市政建设应有的功用。

（二）宗庙、明堂和其他宫殿建筑

这里将宫殿和宗庙统称为宫室。偃师商城的宫室建筑物主要发现在宫城中，近年在宫城外的南部也发现两片大面积的夯土建筑。宫城中发现的宫室建筑基址至少有 10 座，目前发表简报的有四号[①]、五号[②]、六号（即原称为五号下层建筑）和八号四个建筑。这里除了对四号、五号、六号和八号建筑基址作一概括和分析外，对二号和九号宫殿建筑的功用也做一些分析。

1. 四号、五号、六号建筑基址的形制

（1）四号宫室 四号夯土建筑基址的平面呈长方形（图 1—18，图 1—19）[③]，东西全长约 51 米（以东、西两庑外缘计算），南北宽约 32 米（北以正殿北缘、南以南庑南缘计算），北面为正殿，坐北朝南，方向 188°，中置庭院，东、西、南三面设庑，南庑中部有正门，西庑偏北有一个西侧门，整个基址全系夯土筑成，是一个包括正殿、东庑、西庑、南庑、南门、庭院和西侧门在内的、自成一体的封闭式建筑群体。

位于这组建筑北部的正殿基址，尽管上部结构破坏较甚，但仍保存着高出当时地面约 25—40 厘米的台基，下部基础保存完好。正殿台基平面呈长方形，东西长约 36.5 米，南北宽约 11.8 米，边缘清楚，南部边缘出四个长方形台阶。在台基的四边发现一周断断续续的圆形或椭圆形的夯土墩，直径一般为 80 厘米，最大的 110 厘米，最小的 65 厘米，厚 5 厘米，其上很可能原本是支撑房屋的较重要的粗柱子。由南面现存六个夯土墩的

① 中国社会科学院考古研究所河南二队：《1984 年春偃师尸乡沟商城宫殿遗址发掘简报》，《考古》1985 年第 4 期。

② 中国社会科学院考古研究所河南二队：《河南偃师尸乡沟商城第五号宫殿基址发掘简报》，《考古》1988 年第 2 期。

③ 中国社会科学院考古研究所编著：《中国考古学·夏商卷》，中国社会科学出版社 2003 年版，第 212 页，图 4—6；杨鸿勋：《宫殿考古通论》，紫禁城出版社 2001 年版，第 47 页，图三五。

主要分布于台基的台阶位置观测，似乎最西的 1 号台阶上面的台基处原本也应有夯土墩。

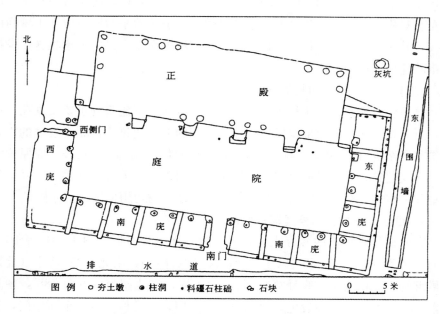

图1—18 偃师商城四号宫室基址平面图

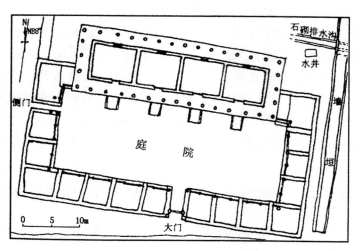

图1—19 偃师商城四号宫室基址平面复原图

(杨鸿勋：《宫殿考古通论》)

在正殿台基的南边有四个台阶，排列有序，自西向东编号为阶1—4。阶1距台基西缘6.3米，阶4距台基东缘5.9米，四个台阶的间距自西而东是5.5米、5.3米、5.5米，大致相等。台阶平面为长方形，南北长2.3—2.5米，东西宽约2米，一般保留有三级台阶，上连台基表面，下达庭院地面，层层叠错。台阶外侧用石板围护，以防风雨侵蚀。有的台阶两侧还有柱洞，似为在台阶上也有顶棚一类建筑或者也只是护卫台阶的设施而已。

在正殿的东西两侧，亦即庭院的东西两面，是东庑、西庑基址。东庑，北起正殿台基东侧，与正殿之间有一条宽约2米的夯土小台，南端与南庑基址相连。基址南北长25.2米，东西宽，北部5.1米，南部5.4米，高出庭院0.2米。基址上面建有五室，各室之间以夯土墙相隔，每室的面阔和进深一般为4米多，略呈方形。东庑基址的内侧，即朝向庭院的一面，尚保留着7个柱洞，柱洞外围都有柱础槽，柱槽底部均放置有础石。这些柱洞南北排列整齐，西距庑缘约为0.55米，柱洞直径一般为0.25米左右。间距除去一个为2.35米外，其余为2.6—2.7米。基址的外侧，即北、东、南三面均围以夯土墙，墙中施木骨。四道东西隔墙内，均未发现木骨。夯土墙与隔墙厚度相仿，一般为0.6米左右，北墙长为4.5米，东墙全长25.4米，南墙亦即南庑的南墙，西行直达南门处。西庑，隔庭院与东庑相对称，建筑结构和技法与东庑相同，只是毁坏的较为厉害，隔墙仅存一道，另外，在西庑上开了一个宽约1米的西侧门，便于向宫城的中部出入。

南庑基址在正殿的南部，中隔庭院，与正殿相距14—14.5米。南庑东西两端分别与东、西庑的南端相接，三座基址构成"凹"字形建筑。南庑外缘全长51米，北缘即在庭院部分长40.1米，东端宽5.5米，西端宽5.6米。中部偏东处有一座南北向门道，把南庑分成东西两部分。南庑基址上也有夯土隔墙把南庑分隔成西部五室（南庑的最西室也即西庑的南室）、东部四室（南庑东室即东庑南室），每室的面阔一般为4米多，进深一般为4米多到5米。南门的门道，北连庭院，南出宫室，门道北端宽2.4米，南端宽2.1米。门道两侧的隔墙北端各有1个柱洞，南端内侧各有1个半圆形的凹槽，直径约为1米，左右对称，可能与安装大门一类的设施有关。

庭院位于宫室基址中部，四周有殿、庑相围绕，形制为长方形，南北长14.1米，东西宽40.1—40.7米。院内满铺淡黄色净土，北高南低，倾斜度十分明显。在淡黄色净土下面，是一层黑褐色硬土，再下面是一层带砂性的青黄花土，总厚为0.6米，直接铺垫在生土层上面。

在正殿建筑的东北和西北面各置一口水井，东北面的水井距正殿东北角为
3.5 米，东距宫城东墙为 3.7 米。此水井口与庭院地面相平，上面叠压着商代
文化层。井口呈长方形，东西长 2.1 米，南北宽 1.2 米，向下逐渐内收，至
2.5 米处东西为 1.8 米，南北为 0.9 米，下挖至 6 米不到底。在水井南、北壁
上各有一排脚窝，两两相错，排列整齐，上下间距为 0.6 米。在四号宫室基址
的东北、东南和南庑南面共发现三处用石板、石块垒砌的排水道。其中南庑南
面的这条东西走向的排水道，西起 T19 以西约 20 米处，东到宫殿东墙以外，
全长近百米，是宫城中的一条重要排水管道，它全部被埋在当时的地面以下，
西高东低，坡度明显，水道下面铺砌一层较薄的片状大石块，合缝铺平，然后
在水道两侧叠石砌壁，最后在上面加盖较大的石块，形成方腔水道，堵严漏
缝，封土填平。水道内宽约 30 厘米，高约 47 厘米，里面积满淤土。在四号宫
室建筑的东面 2 米多的地方有一道厚约 2 米的围墙，它是宫城的东围墙。

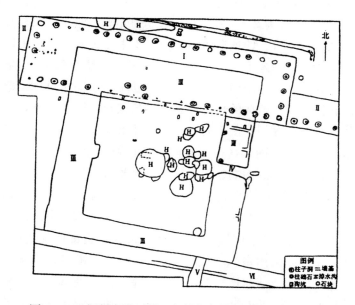

图 1—20　偃师商城五号、六号宫室基址（部分）平面图

Ⅰ. 五号正殿基址　Ⅱ. 五号宫室交庑基址　Ⅲ. 六号建筑基址
Ⅳ. 六号基址门道　Ⅴ. 黄褐路土层　Ⅵ. 宫城南墙　H. 灰坑

　　（2）五号宫室　在四号宫室的南边是五号宫室和六号宫室（图 1—20，
图 1—5）。五号宫室压在六号宫室之上，过去把属于上、下两层建筑的遗存

统称为五号夯土建筑基址①，现在把上层建筑称为五号建筑基址，把下层建筑称为六号建筑基址。

五号夯土建筑基址平面呈长方形，东西总长 107 米，南北宽 81 米。北面是正殿，正殿两侧和东面、西面各有庑址。（图 1—21，图 1—22，图 1—23，彩图 4）②

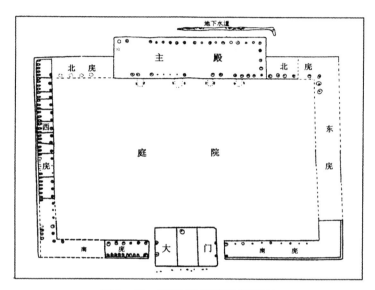

图 1—21　偃师商城五号宫室基址

正殿基址的平面为长方形，表面已毁，现存部分东西长约 54 米，南北宽约 14.6 米，高度为 10—30 厘米，在基址四边各有一排柱础石或柱子洞，其保存情况是：北排现有 18 个，缺 2 个；南排现有 12 个，缺 10 个；东、西两排各有 3 个，西排缺 1 个，加上南、北两端的各 1 个，东西排应各有 5 个。总计现有柱础石 35 个，缺 13 个，原应有 48 个。柱础石或柱子洞的间距一般是 2.5 米，最大的 3.1 米，最小的 2.2 米。东、西排总长为 51 米，南、北排总长为 11.5 米。柱础石或柱子洞排列的情况是：东、西两排相对

---

①　中国社会科学院考古研究所河南二队：《河南偃师尸乡沟商城第五号宫殿基址发掘简报》，《考古》1988 年第 2 期。

②　杨鸿勋：《宫殿考古通论》，紫禁城出版社 2001 年版，第 49—51 页，图三七、图三八、图三九。

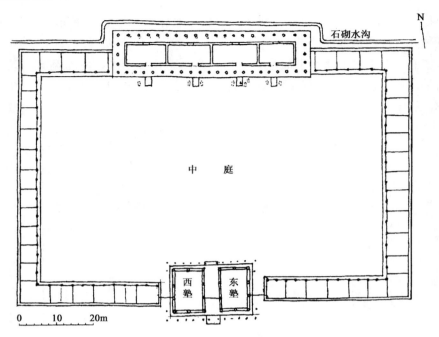

图1—22　偃师商城五号宫室基址复原平面图

（杨鸿勋：《宫殿考古通论》）

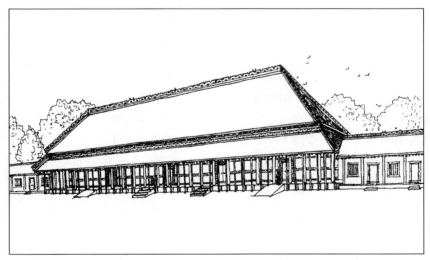

图1—23　偃师商城五号宫室基址复原透视图

（杨鸿勋：《宫殿考古通论》）

照，南北两排的数目不相等，位置亦不对称。另外，在南排柱础槽附近发现
2 个埋葬小狗的土坑，编号为 G9—10。根据上述情况，发掘者认为，这些柱
础石系迴廊立柱的础石，五号宫殿四周原有一周迴廊，形制与盘龙城一号宫
殿和二里头遗址二号宫殿的形制相同①。

五号宫室的庑址与四号宫室不同的是，在正殿的东、西两侧存在北庑基
址。北庑基址的南边与正殿南边相齐，北边内收 7.7 米。北庑的西段长约 28
米，宽 6 米，基址南面发现 8 个柱础石。北庑的东段长约 25 米，宽约 7 米，
基址南面发现 7 个柱础石。北庑柱础石的位置较正殿的柱础石低些，这可能
与建筑整体的高度有关。西庑基址北端与北庑西端相连，宽约 6 米，西边有
墙，东边有柱础石，已探出 10 个，间距约 2.6 米，总长为 26.5 米。东庑基
址与西庑相仿，南部基址在 1986 年时尚未勘察。

庭院，五号宫室的庭院是在六号建筑之上修建起来的，除去平整六号建
筑原有的夯土基址和填平凹坑之后，再铺垫一层 10—15 厘米厚的散碎夯土
层，在碎夯土层上面是淡黄色的地面，北高南低，坡度较为明显。

在庭院靠北边的地面以下，发现 8 个埋有小狗的土坑，自西向东编号
为 G1—G8，除 G8 外，这些埋有小狗的土坑顺延正殿基址南部边沿分布在
一条直线上，北距基址边缘为 1.1—1.3 米。土坑为长方形，南北长约
60—70 厘米，东西宽约 30—40 厘米，坑深 18—30 厘米，每坑各有一只狗
骨架，有的蜷曲，有的侧卧，头皆向南，似有守卫之意。狗坑间距的排列
很有规律，如 G2 与 G3 相距 3.7 米，G4 与 G5 相距 2.6 米，G6 与 G7 相
距 3.1 米，合为 3 对，每对狗坑之间的地面的土质土色与周围的土质土色
不同。发掘者认为是台阶的残存，应该是确实的，也就是说，每对狗坑原
本是一个台阶两旁的奠基或祭祀之坑，三对狗坑构成三个台阶。此外，在
G1 的东边附近也应有一个狗坑，与 G1 组成一对，只是被后世毁坏而已。
所以，五号宫室的正殿前边原可能有四个台阶，每个台阶的两旁都有用作
奠基或祭祀的狗坑。

（3）六号宫室 六号夯土建筑基址被压在五号建筑基址的下面，最初的
发掘简报称之为五号下层建筑基址，其基址平面呈口字形，北面基址较宽，
其余三面较窄。（图 1—24，图 1—5）

① 中国社会科学院考古研究所河南二队：《河南偃师尸乡沟商城第五号宫殿基址发掘简报》，
《考古》1988 年第 2 期。

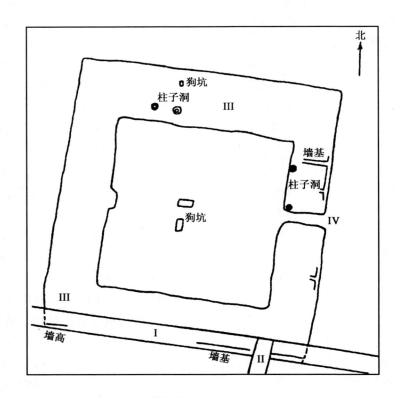

图1—24　偃师商城宫城六号宫室基址平面图

　　六号的北面基址全部被叠压在五号正殿基址的下面，它的南边比其上面基址的南边北移约1米，北边距其上面基址的北边约5米，表面呈长条形，东西外长约38米，内长约25.5米，南北宽约8.5米，厚约1米，基址下面是生土层。基址的夯土质地坚硬，在解剖沟附近发现2个柱洞基槽和1个狗坑。柱洞基槽内填夯土，下有础石，狗坑的形制与五号宫室相似。

　　东、西、南三面基址的宽度相等，东、西两面基址的北端与北面基址相连，从而使得东、西、南、北四面基址连成一体。东庑基址表面高于本宫室院落的地面，其东边即外边尚保存有两段南北向的残墙基和三段东西向的隔墙残基，北面有2个柱洞基槽和柱子洞。这些情况说明东庑的建筑格局与四号宫室的庑室是相同的，即东庑的外边（东边）是木骨泥墙，东庑的里边（西边）是廊柱及由廊柱支撑的屋檐；东西向的隔墙表明东庑各室之间也是以夯土墙相隔。在东庑基址的中部有一道东西向的缺口，宽度约 2 米，是六号宫室庭院的东行门道。西庑基址保存较差，南北内长约 26 米，外长约 42 米，东西宽 6.1—7 米，厚约 1—2 米。西庑基址的内侧中部有一段突出部分，位置与门道相对，属于台阶的残基。南庑基址外长约 39 米，内长约 25 米，宽 7.5 米。南庑的南面即外面保留有一段残墙基，表明其结构应与东庑西庑相同。

六号宫室的庭院基本上是方形，南北长 26 米，东西长 25 米，北高南低，略有坡度。在庭院中部有两口水井。

在六号和一号基址中，看不到诸如四号、五号或二号、三号等宫室那样北面为正殿的情形，院子的大门也是开在侧面而不是南面，在院子中都有一些作为丢弃生活垃圾的灰坑。因而，杜金鹏先生把六号宫室判断为"东区宫殿的庖厨建筑"，把一号宫室判断为"西区宫殿的庖厨建筑"[①]，显然是有道理的。

在六号和五号基址之间即上、下层基址之间，有一百多个小柱基槽和 21 个灰土坑。灰土坑上面被五号宫室院落铺垫的夯土层所叠压，下面打破六号宫室院落的地面和宫室的下部基址，小柱基槽均挖筑在灰土坑的周围地面上，灰土坑分布相当密集，相互之间多有叠压和打破关系，排列没有规律。这些灰土坑有的可能与六号宫室同时，有的也可能晚于六号宫室。晚于六号宫室的灰坑表明，六号宫室废弃以后，并没有立即修建五号宫室，而是在此地挖了一些"灰土坑"，并在坑上面用小柱子搭建了棚顶，六号宫室与五号宫室的建筑，中间有一段时间间隔。

上述四号、五号宫室以及后面还要谈到的二号、三号、七号、八号、九号等宫室，都是由正殿（也称为主殿）、廊庑、庭院、阜阶（一般称为台阶）、门道门塾等组成，其中第一期时的七号与九号、十号；第二期时的三号与二号、八号宫室，还分别构成了三进院落式的宫室组合。在这些宫室中，无论是由一个院落构成的宫室，还是由三进院落组成的宫室，殿堂、庑室、庭院、阜阶、门道、门塾是其基本要素。而这些宫室建筑的基本要素在文献和甲骨文中也有不同程度的反映，为此下面我们将文字资料与考古发掘相对照，以便进一步了解早商宫室建筑的形制与功用。

---

① 杜金鹏：《洹北商城一号宫殿基址初步研究》，《文物》2004 年第 5 期。

2. 四号、五号基址的建制与宗庙功用

正殿是宫室的主体建筑。《考工记》说："殷人重屋，堂修七寻，堂崇三尺，四阿重屋。"重屋，《礼记》称为"复霤重檐"；四阿即屋顶为四坡出檐，亦即郑玄注所说的屋顶为四坡出水的"四注屋"。由四号、五号正殿基址四边都有一周柱础之类的遗迹来看，正殿的屋顶应为以四坡出檐来流注雨水的四阿形式；至于是否为重屋，仅凭一周的柱础石或一周的"夯土墩"还难以断定，然而，《说文》训楼为重屋①，也是取了它为重檐的形式，诚如杨鸿勋先生所言，在商代的甲骨文和殷代的铜器铭文中都有这种重屋或楼的图形文字（图1—25）②。所以，商代是具备这种两重屋檐的建筑技术的，《考工记》所说的"四阿重屋"符合当时的实际情况。

| 楼阁图形文字
（《甲骨文编》附录
587S23背） | 重屋图形文字
（山东长清县兴复河
发现殷代铜鼎铭文） | 甲骨文 |

图1—25　甲骨文和殷代的铜器铭文中重屋或楼的图形文字

据杨鸿勋先生研究，重屋下面一层伸出去的屋檐，是用擎檐柱支撑的，两重屋檐，既解决了高大建筑的防雨、防晒，保证良好的通风、日照等问题；又使得殿堂的形体高耸壮观，地位尊贵。所以，三代以来以"四阿重屋"为古制而奉为至尊式样，三千余年一直作为主体殿堂的定制，直到清末

---

① 《说文》木部："楼，重屋。"

② 杨鸿勋：《宫殿考古通论》，紫禁城出版社2001年版，第55页，图四三；又见杨鸿勋《从盘龙城商代宫殿遗址谈中国宫廷建筑发展的几个问题》，载杨鸿勋《建筑考古学论文集》，文物出版社1987年版。

北京故宫的太和殿①。

《考工记》说"堂修七寻，堂崇三尺"，注疏均认为"八尺曰寻。七寻，五十六尺也"。"堂修"指堂的进深，旧注认为，这里的堂只言修不言广，此堂为"方正可知"。对照四号、五号、六号宫室的正殿建筑，我们发现"堂修七寻"的说法与实际是有出入的：一是考古发现的这三个宫室的正殿都是长方形而非正方形，二是其南北和东西边长的数据均与七寻不合，三是这三个宫室正殿的大小与长宽各自也都不一样。四号、五号、六号这三个宫室之外，偃师商城宫城内的其他宫室的情况，也都是这样。所以，堂修七寻并非商代的古制，是不必拘泥的。至于堂崇三尺，所指的是庭院地面以上殿堂台基的高度，可惜发掘出的商代宫室基址的上部都毁坏严重，当时实际的地面以上的台基高度，现已无法测得。四号宫室正殿现存台基仍高出庭院 25—40 厘米，但鉴于其台基面被毁严重，柱洞与础石已全然无存的情况，原来的台基应该能达到三尺的高度。五号、六号宫室的情况也是这样，如五号宫室的正殿台基的表面也被毁，现存高度仅为 10—30 厘米，只是在基址的四边还保存一些柱础石和柱子洞。杨鸿勋先生曾依据半坡仰韶文化 F24 柱子埋的深度以及二里头遗址一号宫室的情况，认为堂崇三尺是可信的②。早商时期建造宫室之所以要挖筑并夯打一个台基，而且除去当时地面以下的基槽部分，地面以上的高度即达三尺；这大概是，在居住上有利于防潮，造成一个高爽干燥的地势；在观念上以其高大挺拔的台基展示了其地位的尊崇和威严。

分析了四阿重屋、堂崇三尺以后，正殿开间的形制也是需要交代的。偃师商城四号、五号宫室正殿基址的上部，因毁坏较严重，已无法直接观察到其开间和形制。杨鸿勋先生曾对四号、五号宫室的平面进行了复原，复原的结果是将它们都复原为一列四室，并围以回廊的形制③（图 1—19，并见图 1—22）。若考虑到四号、五号正殿台基的前面都有四个台阶，而参照洹北商城宫殿区一号基址正殿前已发现的九个台阶与正殿的九个房间（即所谓"正

---

①　杨鸿勋：《从盘龙城商代宫殿遗址谈中国宫廷建筑发展的几个问题》，载杨鸿勋《建筑考古学论文集》，文物出版社 1987 年版。

②　杨鸿勋：《初论二里头宫室的复原问题——兼论"夏后氏世室"形制》，载杨鸿勋《建筑考古学论文集》，文物出版社 1987 年版。

③　杨鸿勋：《宫殿考古通论》，紫禁城出版社 2001 年版，第 47—51 页。

室”）相对应的情况，四号、五号正殿也应是内由一列四室组成、外有走廊环绕的格局。所以，杨鸿勋先生的复原应该是可信的。

由于商代的宫室建筑体现了当时祭政合一的政治与社会生活，因而今日我们若要判断考古发掘出来的商代宫城内的宫室，哪些是宗庙，哪些是宫殿或只是供人居住的寝室，一般是比较困难的。然而，偃师商城的情况稍好一些。首先，偃师商城宫城内东西两边两列宫室的格局是不一样的。西边一列是由三进院落组成，它构成了“前堂后室”、“前朝后寝”的格局，其殿堂及其庭院的“治朝”特色较为明显，其后室（三进院落中最后一个院落最后一排宫室）作为“寝室”的可能性较大。东边一列四号、五号建筑基址每个都是单独的四合院，其独立性很强，不存在所谓“前堂后室”、“前朝后寝”的问题。其次，四号宫室，由于精心维护，自第一期一直使用到第三期，经历了一百余年而未遭大的毁坏，也没有像其他宫室那样被改建。所以，诚如王学荣先生所指出的那样，四号宫室应该是宗庙。又因五号宫室与四号位于同一侧面，形制也相同，只是规模更大而已，为此笔者主张四号、五号属于先后不同时期修建起来的宗庙。四号、五号基址之所以是先后修建，是因为四号基址是商汤灭夏后在王都内所建的最早的宗庙，里面供奉着上甲六示或自高祖夔以来的商先公先王的神主，但随着时间的推移，里面也不断增添进入商代以后死去的商王的神主，如成汤（大乙）、外丙、太甲及其以后死去的商王的神主，到了第三期时，四号建筑即四号宗庙内已无法容纳更多祖先的神主，只好新建五号建筑即五号宗庙。在偃师商城宫城中，若将西边的三进院落的宫室判断为宫殿，有助于将与此相对的东边的四号五号宫室判断为宗庙；反之，若将东边的四号五号宫室判断为宗庙，也有助于将西边的三进院落内的宫室判断为宫殿。

当然，仅从四合院形制方面讲，宗庙可以是四合院式的，宫殿也可以是四合院式的；在名称上，宗庙可以称为室（如“大室”、“大甲室”、“祖丁室”、“妣庚室”之类），宫寝也可以称为室（如“寝小室”）；在功能上，殷墟卜辞中的宗、室、宫、寝、家、升、祊等建筑，都有举行祭祀活动的记录。从考古发现的实际看，除了偃师商文化第一期的一号宫室、第二期的六号宫室与其他宫室略有区别，以及西侧的是三进院落、东侧的是独立的四合院这些区别外，仅就每个院落而言，又都属于北面为正殿、四周有廊庑环绕的四合院式结构，即使一号和六号宫室也是回字形的四合院式形制。所以，从单个的宫室形制方面，是难以判断出孰为宗庙孰为宫寝的。

从甲骨文涉及的宫室建筑来看，某一建筑物商王可以从不同的分类角度给予它不同的名称。这或许原本就有一室多用的功能，或许是最初为某一商王的宫殿，等到该王死去后即变为专门祭祀他的宗庙。总之情况是复杂的。

在殷墟卜辞中，宫殿、宗庙和寝室都可统称为"室"，所以早商时期宫室中的正殿和庑室，也许都可统称为室。只是在甲骨文中，"室"又分为"大室"（《合集》40362、23340、30370、《英藏》2082）、"南室"（《合集》557、806、13557、24939、24941）、"东室"（《合集》13555 正、13556 反）、"西室"（《合集》30372）、"中室"（《合集》27884）、"后室"（《合集》13559、13560）、"新室"（《合集》13563、31022）、"盟室"（《合集》13562、24942、24943、25950、《英藏》2083、2119、2177）、"大甲室"（《林》2·1·3）、"祖丁室"（《合集》30396）、"祖丁西室"（《合集》30372）、"妣庚室"（《花东》61）、"寝小室"（《综述》第 476 页），等等。其中，由"大室"和"东室"、"西室"、"南室"恰可以构成一个四合院式（回字形）的建筑组合，而这种四合院式的建筑组合又与偃师商城宫城中一个个四合院式（回字形）的宫室相吻合，因而笔者认为，"大室"应该指的就是正殿，而"小室"、"南室"、"东室"之类，则应指东庑、西庑、南庑中的庑室。

在这些诸室中，大室每每举行各类祭祀，说明大室实有宗庙的性质；然而也有在大室进行赏赐的记录。所以，陈梦家先生认为这些大室在作为"祭祀所在的宗庙"的同时，"亦兼为治事之所"[1]。联系到后面我们将要讲到的，大室之前的庭院是一种王庭，它与宫殿中的庭院一样，是后世所谓"朝廷"或"内朝"的滥觞，大室兼为治事之所是不难理解的。至于东室、西室、南室诸室，由于也都有祭祀活动被记录，因而被认为"都是祭祀所在的宗庙"[2]。其实，正像下面在第九章还要讲到的那样，在殷墟甲骨文中，凡被提到的建筑物是很少有不进行祭祀活动的，而且有的建筑物本来就是作为宗教之用的，例如宗庙之宗，《说文》："宗，祖庙也"，《仪礼·士昏礼》："承我宗事"，郑注："宗事，宗庙之事也。"卜辞宗作介，宀为屋，T为神主，置神

---

①　陈梦家：《殷虚卜辞综述》，中华书局 1988 年版，第 477 页。

②　同上。

主于备祭之屋，祖庙之意甚明①。

　　殷墟卜辞中宗名甚多，有"王宗"（《合集》13542）、"中宗"（《京津》1170）、"北宗"（《合集》38231）、"西宗"（《合集》36482）、"右宗"（《合集》28252）、"大宗"（《合集》34044）、"小宗"（《合集》34045）、"秦宗"（《合集》27315）、"岳宗"（《合集》30298）、"唐宗"（《合集》1339）、"河宗"（《合集》13532）、"飘宗"（《合集》30299）、"旧宗"（《合集》30328）、"新宗"（《合集》13547）、"亚宗"（《合集》30295）、"大乙宗"（《合集》33058）、"文武宗"（《合集》36149）、"祖乙宗"（《合集》33108）、"妣庚宗"（《合集》23372）等。在这些宗庙中，诸如北宗、西宗、中宗、右宗之类，是以方位或位置来区别的宗庙；大宗、小宗则是以宗庙的大小相区别的宗庙②；大乙宗、祖乙宗、妣庚宗之类是以某一先王、先妣的庙号来称呼的。这些被称为"宗"的建筑物与上述被称为"室"特别是"大室"的建筑物，很可能有异名同物的情况，如《戍嗣子鼎铭》曰："丙午，王赏戍嗣子贝廿朋，在阑宗。用作父癸宝鼎。唯王餝阑大室，在九月，犬鱼"；《宰椃角铭》："庚申，王在阑，王格，宰椃从，赐贝五朋，用作父丁尊彝。在六月，唯王廿祀，翌又五"；这两件商代铜器铭文都记录了商王在阑（管）邑③的赏赐活动，其中《戍嗣子鼎铭》既记有"在阑宗"，又记有"阑大室"，这里的"阑大室"当然是"阑宗"里的"大室"，而我们若把"阑宗"理解为由四合院构成的宗庙，则其中坐北朝南的正殿，不就是"阑大室"了吗？以此反观偃师商城宫城内的宫室，那些原本就作为宗庙的一组回字形建筑，或者是其整体被称为宗庙，而其中的正殿则可称为大室；或者是正殿中一列诸室的每一室分别被称为某某宗，但鉴于正殿一列诸室的规格和规模较大，故可称为大宗，正殿以外的庑室较小，则可称为小宗。总之，偃师商城宫城内的诸如四号和五号这两座四合院式的宫室，若可以判定为宗庙的话，参照甲骨文金文中的记载，

---

　　①　胡厚宣：《殷代婚姻家族宗法生育制度考》，载胡厚宣《甲骨学商史论丛初集》，河北教育出版社2002年版。

　　②　同上。

　　③　商代和周初的管邑不在河南郑州一带，而在商的朝歌以东商代卫地范围内的濮阳一带，参见拙著《商代周初管新考》，载《2004年安阳殷商文明国际学术研讨会论文集》，社会科学文献出版社2004年版。

宗与室是可以统一起来的，而不必拘泥于《尔雅·释宫》所谓"室有东西厢曰庙"的说法。《尔雅·释宫》的这一说法，用来解释西周及其以后的宗庙建筑，或许可信；用来解释商代，尚难以成立。何况"庙"字本身，始见于西周时期的金文，不见于商代的甲骨文。

在殷墟卜辞各类名为"宗"的建筑物中，有许多是在宗前冠以祖先庙号、名称或神灵名，如前面已列举的大乙宗、大丁宗、大甲宗、大庚宗、大戊宗、中丁宗、祖乙宗、祖辛宗、祖丁宗、小乙宾宗、父丁（武丁）宗、宗父甲（祖甲宗）、康祖（康丁）宗、武乙宗（武祖乙宗）、文武宗（文武丁宗）、妣庚宗、䙆宗、岳宗、河宗等。可以肯定上举这些宗庙绝大部分都应在商都的宫殿宗庙区，然而一个四合院式的宗庙组合中究竟只是一宗还是数宗并存？也就是说，商王是为上述每一位祖先都建造一个单独的四合院式的宗庙，还是在一个四合院式的宗庙中容纳有数位祖先之宗庙？笔者以为，除个别情况下某一祖先有一单独的四合院式宗庙外，大多数应该是一院中容纳有数宗，即从宗庙的房间数来讲，基本上是一祖一室（庙），这里的一庙就是一个房间，就是"某某宗"（如大乙宗）；数个房间并列，就是数位祖先之庙（室）并列，也就是数宗并列，从而构成一个四合院式的宗庙建筑组合。我们从最近发现的安阳洹北商城宫殿区一号基址的形制来看[1]，是很支持我们提出的"一院数宗（庙）"说的。洹北商城一号宫室基址应该是宗庙[2]，其形制也为四合院式，在庭院的北部是坐北朝南的正殿，发掘简报称之为主殿。正殿现已发掘出一字排开有九间正室，正室外有长廊围绕，九间正室的门对应于九个走向庭院的台阶，已发掘出的 9 间正室的面阔和进深基本相等。对此，笔者认为，九间正室就是九位先公先王的"宗"，也即九个庙。也许将正殿全部发掘清理完毕后，其正室尚不止于九间，但总归属于一祖一庙（室）。偃师商城四号、五号宫室的情况也是这样，即由正殿的四个台阶可判断出它是由一字排开的四间正室组成，四间正室可视为四位先公先王的庙，即四个宗。至于东、西、南三面的庑室，也属于较小的宗室。诚然，四

---

① 中国社会科学院考古研究所安阳工作队：《河南安阳市洹北商城的勘察与试掘》，《考古》2003 年第 5 期；

中国社会科学院考古研究所安阳工作队：《河南安阳市洹北商城宫殿区 1 号基址发掘简报》，《考古》2003 年第 5 期。

② 详见下一章。

号、五号宗庙中的庑室也有是寝室的可能，即使如此，如我们在后面还要讲到的那样，在寝室也是可以举行祭祀活动的。这是由当时祭政合一的政治与社会生活所致。尚需指出的是，在甲骨文时代即商代晚期，商王的祖先是越积越多，在一祖一庙（室）的情况下，"某某宗"的名称也是越来越多；但在早商时期，尤其是在成汤时期，商王的祖先还不是那么多，故其宗庙也不需要那么多。

3. 庭院、阶与门塾的建制功用

偃师商城的宫室在正殿之南每每都有由廊庑围起来的庭院，由于正殿基址高于庭院，所以连接正殿与庭院的是较为讲究的台阶。在先秦文献中，也经常提到庭与阶，特别是庭，是王治事、宴饮，乃至祭祀的重要活动空间。如《尚书·盘庚》曰："王命众，悉至于庭"①，意思是商王盘庚命令众人到庭中来，听取商王盘庚的规诫。又曰："其有众咸造，勿亵在王庭，盘庚乃登进厥民"，意思是许多臣民都来了，恭敬地来到王庭，盘庚便把这些臣民都叫到自己的面前来。这种庭也称作大庭，如《逸周书·大匡解》曰："王乃召冢卿、三老、三吏、大夫、百执事之人，朝于大庭。"《大匡解》所说的虽然是周人的情况，但据商代铜器铭文《四祀其卣》，商代的庭也是称作大庭的。结合偃师商城、安阳洹北商城的考古发现，《盘庚篇》中的"庭"、"王庭"指的就是商王宫室中的庭院，后来所谓"朝廷"、"内朝"等，都起源于这种"庭"即"王庭"。在殷墟卜辞中，也有庭，写作"𡪢"，于省吾先生考证认为"𡪢为廷或庭之初文"，并据商代《四祀其卣》铭文中的大庭写作"大廊"，说"从广与从宀一也"②。于省吾先生的考证甚是，并已得到甲骨学界较多学者的认同。依据殷墟卜辞和商代铜器铭文的记录，商王及其王室成员时常在庭举行飨宴，也进行祭祀的活动，如：

（1）王其飨在庭？（《合集》31672）
（2）王其飨于庭？
　　勿飨于庭？……（《屯南》2276）
（3）王其侑祖乙，王飨于庭？（《屯南》2470）

---

① （清）《十三经注疏》，阮元校刻，中华书局影印本1980年版。
② 于省吾：《甲骨文字释林》，中华书局1979年版，第85页。

（4）贞：叀多子飨于庭？（《合集》27647）

（5）乙酉卜，争贞：□小乙于庭，□羌三人（《合集》383）

（6）辛未王卜，在召庭，惟执其令飨事。（《合集》37468）

（7）辛巳，王饮多亚庭，

　　……逦赐贝二朋，用作大子丁……（《邐簋》，《集成》3975）

（8）乙巳，王曰：尊文武帝乙宜，在召大庭，

　　……己酉，王在楙，郊其赐贝，在四月，

　　唯王四祀翌日。（《四祀切其卣》，《集成》5413）

辞（1）至（3）卜问的都是王宴飨于庭，其中辞（3）说的是先举行侑祭祖乙，然后飨于庭。辞（5）说的也是祭祀小乙于庭，可否用羌人三名作牺牲。辞（4）中的多子，有人认为是"多位'子某'即诸王子"[1]，也有的认为是与商王有血亲关系的后嗣分族之长的群称[2]，《邐簋》铭文中的多亚之亚，是一种官职之称，多子与多亚都表示多人宴飨于王庭，可见王庭的空间不会太小。辞（6）中的庭为召庭，执是人名，有领地，该族与商有通婚关系[3]。《四祀切其卣》铭文把召庭写作召大庭，也可知当时的庭一般都是大庭，该铭文记载说：帝辛四年四月在召大庭主持烹饪祭飨父王帝乙的典礼，自乙日始，至次日丙午将食物倾入炊器，至第三日丁未煮成献之，同时还有赏赐贝的活动[4]。庭作为商王祭政活动的重要场所，在上引文献、卜辞以及铜器铭文中，得到了充分的说明。

由于甲骨文、金文中的庭字从宀或从广，所以于省吾先生说，"太室中央谓之廷"，"大廷谓宗庙太室之广廷"[5]。朱凤瀚先生进一步认为甲骨刻辞中的庭，"可隶定为今厅字，为有屋顶的厅堂类建筑"，并根据一条武丁时期的卜辞，王宾祭中丁时绊倒在"庭阜"上，主张"庭是一种高台式的厅堂建

---

① 朱凤瀚：《商周家族形态研究》，天津古籍出版社1990年版，第61页。

② a. 裘锡圭：《关于商代的宗族组织与贵族和平民两个阶级的初步研究》，《文史》第十七辑。

　b. 宋镇豪：《夏商社会生活史》，中国社会科学出版社1994年版，第319页。

③ 宋镇豪：《夏商社会生活史》，中国社会科学出版社1994年版，第319页。

④ 李学勤：《切其三卣与有关问题》，《全国商史学术讨论会论文集》，殷都学刊编辑部1985年版，第456—457页。

⑤ 于省吾：《甲骨文字释林》，中华书局1979年版，第85页。

筑，设有台阶"①。朱先生释"庭阜"之阜为台阶，显然是卓识，但说庭为高台式的厅堂建筑似又不确。与此相反，宋镇豪先生根据盘庚能够把众人悉数召集到庭中，判断庭的面积是相当大的，提出庭应是王宫内、位于正殿前的露天广场，是全封闭式的②。联系偃师商城宫城内的四号、五号、三号、七号等宫室的结构与形制以及近年新发现的洹北商城一号宫室的结构与形制，至少最主要的庭应该是宽广的庭院式的，其上不应有屋顶，甲骨文"庭阜"之阜，实即连接庭院与殿堂的台阶。

在四合院式的宫室中，连接庭院与殿堂的台阶，周代以来叫做"阶"。如《尚书·顾命》中的"宾阶"、"阼阶"、"侧阶"之阶以及《考工记》中的"九阶"之阶，就属于这类台阶。甲骨刻辞中无"阶"字而有"阜"字，其中"庭阜"（《合集》10405 正）之"阜"解作台阶之阶，应该是可行的。宾阶为西阶，是宾客所走的台阶；阼阶为东阶，是主阶。宾阶、西阶之称是周代的，《考工记》所说的"九阶"，郑玄注为"南面三，三面各二"。但在偃师商城的宫室中，有的正殿为四处台阶，有的为五处、六处台阶，也有的在正殿南北两面都有台阶。可见《考工记》所说的九阶之数是不必拘泥的，但阶的设置却得到考古学证实。

出入宗室乃至庭院的是门。在甲骨文中，门的名称有乙门、丁门、丁宗门、父甲宗门、父甲升门、尹门、亦门、叔门、冂门、宗门、南门，等等。甲骨文中也有称为户的门，如丁宗户、宗户、庭西户等。依据甲骨文字的造形，门与户的区别是，门为双开的门，户为单开的门。所以，门要宽一些，户要窄一些。

在上述诸种门中，诸如丁宗门、父甲宗门之类，应该是四合院式宗庙组合中位于正殿正室的一个个宗（庙）之门，即一院数宗并存中的具体祖先的宗（庙）门。而对于那种只称为"宗门"者，如"王于宗门逆羌"（《合集》32035），即卜问商王是否要在宗门迎羌人以为祭祀的宗门，就应该理解为是宗庙庭院南面的正门，朱凤瀚先生将之解释为集合"大乙宗"、"父丁宗"、"妣庚宗"之类的集称的宗庙之门③，是合理的。卜辞中的南门，

①　朱凤瀚：《殷墟卜辞所见商王室宗庙制度》，《历史研究》1990 年第 6 期。

②　宋镇豪：《夏商社会生活史》，中国社会科学出版社 1994 年版，第 323 页。

③　朱凤瀚：《殷墟卜辞所见商王室宗庙制度》，《历史研究》1990 年第 6 期。

如"王于南门逆羌"(《合集》32036)中的南门，一般也理解为宗庙之门①，笔者以为它是与"宗门"相对应的宫城的南门。从南门进入宫城之后，若进入宗庙则需再进入宗门；进入宗门之后，又有丁宗的丁宗门、父甲宗的父甲宗门，等等。卜辞中有"庭西户"(《合集》30294)，指的是庭院西边有单开的门。恰巧偃师商城四号宫室的庭院，除有位于南庑的正门外，也有位于西庑的西侧门，西侧门是一个小门。在这里，较大的正门属于双开门，较小的西侧门则应为单开的门，与甲骨文中的户字的造型一致，所以，"庭西户"说的虽然是安阳殷都晚商时某一宫室庭院开西门的情形(详后第五章)，但作为庭院的建筑形制，与偃师商城四号宫室庭院的西侧门刚好一致，这再一次说明在宫室的建制上，早商与晚商有一些是前后相承的。

4. 八号、十号宫室基址的形制与寝室功用

八号基址(图1—26，彩图5)位于宫城内西边第二期和第三期时期的三进院落的最北部，北距祭祀C区南围墙约1.8—2米，西距第一期宫殿西墙约2.5米。八号宫室建在夯土台基上，夯土台基坐北朝南，平面形状呈长方形，东西长71米，南北宽7.7米，方向约为190度。在台基上面是一东西向单体长排建筑，共分隔成8个相对独立的单间，自东向西依次编号为D8F1—D8F8。房与房之间的隔墙南北长4.5—4.7米，各房间的门道皆在其前墙中间，个别略偏东。无论是房与房之间的南北隔墙，还是将8个房间围起来的四周墙壁，在墙槽内都立有木柱，被称为"木骨墙"，木柱排列比较密集，柱与柱的间距多为10—40厘米，柱洞直径一般为10—12厘米。由于后世破坏严重，台基前是否有台阶已不可确知。

八号宫室的东西两侧没有廊庑而是围墙，构成一个院落。在八号宫室的庭院中分布着6口水井，也有少量灰坑。在八号宫室的南面是二号宫室，八号宫室的前院就是二号宫室的后院，而二号宫室前院的南边就是三号宫室。这样，在第三期时，三号、二号、八号宫室及其院落就构成了一组由三进院落组成的宫室组合(图1—6)。

---

① 陈梦家：《殷虚卜辞综述》，中华书局1988年版，第478页。

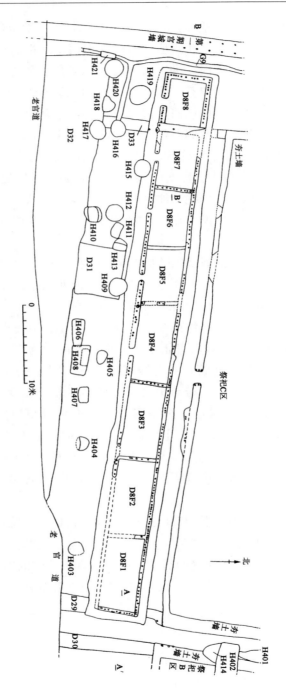

图1—26 偃师商城八号宫殿基址平面图

　　关于八号宫室建筑的功用，该遗址的发掘者在简报中认为，八号宫室没有廊庑，是一个相对开放的单体长排型建筑，与第二号宫室建筑和第七号宫室建筑相比，第八号宫室建筑的功用更接近居所，而非朝堂①。杜金鹏先生对八号宫室基址进行了专门研究，认为八号宫室的性质是"商王及其家人燕居之所，即后世所谓'寝殿'、'后宫'"②，并对八号宫室进行了复原（图1—27，图1—28，图1—29）。我们从八号宫室的形制、八号宫室在三进院落中所处的位置以及八号宫室院落内6口水井的分布等情况来判断，杜金鹏的研究和复原应该是可信的，八号宫室应该是商王室第二期和第三期时期的寝室。

图1—27　偃师商城八号宫室复原建筑木构框架图

（杜金鹏：《偃师商城第八号宫殿建筑基址初步研究》）

图1—28　偃师商城八号宫室复原建筑前视图

（杜金鹏：《偃师商城第八号宫殿建筑基址初步研究》）

---

　　①　中国社会科学院考古研究所河南第二队：《河南偃师商城宫城第八号宫殿建筑基址的发掘》，《考古》2006年第6期。

　　②　杜金鹏：《偃师商城第八号宫殿建筑基址初步研究》，《考古》2006年第6期。

图 1—29　偃师商城八号宫室复原建筑侧视图

（杜金鹏：《偃师商城第八号宫殿建筑基址初步研究》）

十号宫室建筑基址（图版 9）是第一期的三进院落最北的宫室，在简报发表的平面图中被标为 D32 即第 32 号夯土基址（图 1—26）。十号宫室建筑基址被严重破坏，仅存部分夯土基槽。基址北距八号宫室建筑基址约 6 米，距祭祀 C 区南围墙约 7.8—8 米，西距第一期宫城西墙约 1.7 米，大体与第八号宫室建筑平行。残存的基槽南北最宽约 8 米，东西残长约 57 米，夯土呈红褐色，质地坚硬，最后约 1 米，其内未发现柱洞等遗迹。

据简报讲，属于祭祀 C 区南围墙外广场的西围墙 D33 和东围墙 D29，都向南延伸至第十号宫室建筑基址，而且西围墙 D33 的南端基槽上部边缘被第十号宫室基址基槽打破，北部与祭祀 C 区改建前的西围墙之基槽连为一体，这样就产生了一个问题，即不知道进入祭祀 C 区南围墙外广场的门道在哪里？

尽管十号宫室建筑基址被严重破坏，但从其残存的部分来看，它的规模、形制与八号宫室建筑相仿，而且它的位置也属于三进院落的最北端，八号宫室是十号宫室的替代物，因而十号宫室基址的性质和功用也应该和八号宫室基址相同，它是商王室第一期时期的寝室。

在商代甲骨金文中有一个作为建筑物的"寝"字，而且有的还直接称作"王寝"，如"乍（作）王寝"（《合集》9815、24952、24953、32980）。也有以祖先名称寝的，如"祖乙寝"（《屯南》1050、2865）。有的称作"东寝"（《合集》13570），有的称作"西寝"（《合集》34067），也有的称作"新寝"（《合集》13571、24951）。有的寝明确说成是居住的，如"今二月宅东寝"

（《合集》13570）、"三妇宅新寝"（《合集》24951）。商王也在寝举行占卜，如"贞于东寝"（《京津》4345）。也有铜器铭文记载商王在寝赏赐臣下，如寝矛簋铭文："王在寝，赏寝矛□贝二朋，用作祖癸宝尊"（《集成》3941），还有小臣系卣铭文："王赐小臣系，赐在寝"（《集成》5378），等等。

对于甲骨文中的"寝"，陈梦家先生《殷虚卜辞综述》中曾据当时所见卜辞认为卜辞中寝无关祭祀，提出寝是王居住之所①。但后来在小屯南地出土的1050号甲骨记有："辛巳贞：其刚于祖乙寝。"《小屯南地甲骨》的作者认为，本片甲骨文之寝，"为祭祀场所，刚为祭名，刚于祖乙寝即祭于祖乙之寝。此寝可能与文献中寝庙之含义相同"②。朱凤瀚先生也据此认为，陈梦家先生所说的"卜辞中寝无关祭祀，现已可修正"③。然而，由上引"宅东寝"、"宅新寝"之类卜辞，可知寝确实有可供居住的性质；而"刚于祖乙寝"之类卜辞，只是说明在寝中也可举行祭祀活动而已。这种情况与甲骨文中的"宫"有可能在作为宴飨、治事、住所的同时也举行祭祀活动是一致的。如"甲午卜，贞：在狱，天邑商皿宫衣，［兹夕］亡祸。宁（《合集》36541）、"乙丑卜，贞：在狱，天邑商公宫衣，兹夕亡祸。宁。在九月"（《合集》36543），这两条卜辞，就是卜问在大邑商的皿宫和公宫举行衣（殷）祭，该晚是否无祸。联系到前面所述，宗庙中的正殿可称为大室，而大室也兼作治事之所等现象。笔者以为这一切都是商代祭政合一④的社会生活在宫室建筑物的名称及其功用方面的反映。

偃师商城八号、十号宫室既然是作寝室之用，当然也就是甲骨文中的寝。只是，在甲骨文中还有"东寝""西寝"之称，而在八号、十号宫室中并无东西厢房庑室，所以甲骨文所见的"东寝""西寝"尚不适用于八号、十号宫室。至于四号、五号宫室中的东西庑室，究竟是作为"小宗"（小的宗庙）的"东室"、"西室"？还是作为寝室的"东寝"、"西寝"？因四号、五号宫室的正殿已判断为宗庙，而且还是"大宗"（大的宗庙），故其东西庑室

---

① 陈梦家：《殷虚卜辞综述》，中华书局1988年版，第479页。

② 中国社会科学院考古研究所编著：《小屯南地甲骨》下册，第一分册释文，中华书局1983年版，第920页。

③ 朱凤瀚：《殷墟卜辞所见商王室宗庙制度》，《历史研究》1990年第6期。

④ 也可称为"政教合一"或"神权政治"，参见王震中《中国文明起源的比较研究》第八章第三节"虞夏商周四代的政教合一"，陕西人民出版社1994年版，第267—283页。

很可能是作为"小宗"的"东室"、"西室",而不是"东寝"、"西寝"。

5. 二号、九号宫室的形制与明堂功用

偃师商城宫城内九号宫室基址(图1—4)和二号宫室基址(图1—11)的详细资料尚未发表,目前所能见到的只是基址平面图和示意图。仅从图上来看,二者有两个明显的共同点,一是在分布位置上,二者都位于三进院落的中间;二是在形制上,二者在大殿的南北两边都有连接庭院与殿堂的台阶。

九号宫室基址的台阶,南北两面都是5个台阶。二号宫室基址的台阶,朝南的也是5个,朝北的因后世破坏严重,只残留靠西侧的3个台阶,靠东侧的台阶已不存,从其分布的距离考虑,还应有2个台阶,亦即朝北的台阶原本也应是5个。

这两个基址大体分布于同一位置,是由于它们属于前后不同的时期,九号宫室的年代较早,是偃师商文化第一期修建的宫室,二号宫室是利用九号基址改扩建而成,时代晚于九号基址,它始建于偃师商文化第二期早段(3段),一直使用到第三期中段(6段)。其三进院落组成的情况是:在偃师商文化第一期时,九号宫室与其南面的七号宫室及北面的十号宫室构成一个三进院落(图1—4);在第二期时,二号宫室与其南面的七号宫室及北面的八号宫室构成一个三进院落(图1—5);到第三期时,二号宫室与其南面的三号宫室及北面的八号宫室构成一个三进院落(图1—6)。

九号宫室正殿东侧有北庑,也有东庑,东庑南端向西拐,呈"」"形。北庑东段设置有通往宫城北部的门道。南北向的东庑的中间设置有通往一号建筑基址的门道,一号建筑基址是附属于九号宫室的庖厨建筑。东庑南部与七号宫室建筑北庑东段间有宽约3米的东西向通道,在这个通道南边一点还有一个连接九号宫室庭院与七号宫室庭院的通道(图1—4)。在九号正殿西侧还有一附属建筑,该建筑与宫城西墙间可作为通往北部十号宫室的通道。二号宫室在东庑部位也有与九号宫室相似的作为东西连接的两个通道和连接三号宫室庭院的一个通道(图1—5,图1—11)。

与八号和十号寝室相比,二号和九号宫室的南北宽度要宽许多。据王学荣先生相告,二号宫室基址东西长50多米接近60米,南北宽13米多接近14米,九号宫室基址的面积与二号宫室基址相仿,这表明二号和九号宫室的面积规模比后院的八号和十号寝室要大许多。二号和九号基址的南北两侧都

留有连接殿堂与庭院的上下的台阶，这表明这两个宫室都是建在较高的台基
之上的，它现实显示了建筑物高大的气派，这一气派还应与商代高大建筑物
的"四阿重屋"的建筑风格相联系，所以笔者推测二号和九号的正殿是一种
"四阿重屋"式的殿堂。二号和九号基址正殿的台基上看不到将内部分隔成
一个个独立房间的隔墙，这表明二号和九号宫室的正殿有可能原本就没有分
间而整体为一个殿堂，二号和九号殿堂是非常宽敞明亮的。说到宽敞明亮，
笔者推测二号和九号正殿的四周虽有墙壁，但由基址的南北两侧都有供上下
的台阶来看，南北两边都应有门和窗，门的数量应与台阶数相对应，即正殿
南北两边都各有 5 个门。南北两侧都有门窗就决定了屋宇的采光和明亮程度
远非一般建筑物所能相比。这样，二号和九号正殿就是一个规格和规模高
大、内部宽敞明亮的殿堂。

作为高大、宽敞、明亮殿堂的二号和九号正殿，它正好大致位于"前朝
后寝"、"前堂后室"中"朝"和"堂"的位置，那么它究竟属于什么性质的
宫殿？笔者认为它有可能是早商时期的"明堂"。

谈到明堂，戴震《明堂考》曾说："王者而后有明堂，其制盖起于古远。
夏曰世室，殷曰重屋，周曰明堂。三代相因，异名同实。"所谓王者而后有
明堂，《孟子·梁惠王下》孟子曰："夫明堂者，王者之堂也。王欲行王政，
则勿毁之矣。"《礼记·明堂位》曰："朝诸侯于明堂。"《淮南子·本经训》
高诱注曰："明堂，王者布政之宫。"说的是明堂的政治功能。而夏曰世室，
殷曰重屋，周曰明堂的说法，则见于《周礼·考工记》。《考工记·匠人》
说："夏后氏世室，堂修二七，广四修一，五室三四步四三尺，九阶，四旁
两夹窗，白盛，门堂三之二，室三之一；殷人重屋，堂修七寻，堂崇三尺，
四阿重屋；周人明堂，度九尺之筵，东西九筵，南北七筵，堂崇一筵，五
室，凡室二筵。"《考工记》中所谓"夏后氏世室"之"世室"，实即"大
室"。《竹书纪年》："帝命夏后有事于太室。"《穀梁传》文公十三年："大室
屋坏……大室犹世室也。"《左传》亦作"大室"，而《公羊传》作"世室屋
坏"。所以"世室"即"大室"，这说的是明堂作为屋宇的规模是较大的。为
此，顾颉刚先生解释说："此类屋宇以容积言，谓之'大室'，以方向言，又
可谓之'明堂'。"[①] 也就是说，无论是夏代、商代还是周代，作为明堂的屋
宇，其面积或容积和规模都是较大的，都属于"大室"一类的屋宇，而自商

---

① 顾颉刚：《史林杂识》（初编），中华书局 1977 年版，第 148 页。

代以来，由于建筑技术的发展，作为"大室"的屋顶又建成了"重屋"的结构，再加上屋顶四坡向下流水，故称为"四阿重屋"，所以《逸周书·作雒解》说："乃位五宫：大庙、宗宫、考宫、路寝、明堂，咸有四阿。"至于"明堂"的称呼，与其说是因方向而言，不如说是因宽敞明亮而得名。《说文解字》："明，照也，从月囧。"段玉裁注："从月者，月以日之光为光也。从囧，取窗牖丽廔闿明之意也。"关于"囧"，《说文解字》："囧，窗牖丽廔闿明也，象形。"段注："丽廔，双声，读如离娄，谓交疋玲珑也，闿明谓开明也。"在"象形"下注曰："谓象窗牖玲珑形。"这是从月光和窗户的开启明亮来解释明字。《说文解字》又载："㫕，古文从日。"段注："云古文作明，则朙非古文也，盖籀作朙，而小篆隶从之。"在甲骨文中，明字即写作"㫕"，从日从月，明者明亮也。所以，明堂之"明"字，无论是取其作为引申意义的窗户开明之意，还是取其原始意义的日月之光之意，都有明亮的意思。这样，我们从明堂这类屋宇在建筑规模上属于高大宽敞的"大室"，在采光照明程度上属于明亮之堂这些特征来判断，无论是在七号、九号、十号的三进院落中，还是在三号、二号、八号的三进院落中，乃至在整个宫城内的宫室中，只有二号和九号宫室的正殿以及二号宫室正殿西侧楼阁式的建筑与明堂的特征相吻合。

　　在对明堂的研究和注释中，有一种观点是将明堂视为大庙。其主要依据，一是《孝经·圣治》说："昔者周公郊祀后稷以配天，宗祀文王于明堂以配上帝。"二是《礼记·月令》说：孟夏之月，"天子居明堂左个"；仲夏之月，"天子居明堂大庙"；季夏之月，"天子居明堂右个"。郑玄注曰："明堂左个，大寝南堂东偏也；明堂大庙，南堂当大室也；明堂右个，南堂西偏也。"还有《礼记·明堂位》既说"昔者周公朝诸侯于明堂之位"，"明堂也者，明诸侯之尊卑也"，又说"大庙，天子明堂"。这后一句是说鲁国的太庙，相当于天子的明堂。而《后汉书·显宗孝明帝纪》记载："二年春正月辛未，宗祀光武皇帝于明堂。"由于这些缘故，在某些经书的注释或研究中，有的将明堂视为大庙，有的认为明堂之制与宗庙之相同。在这里我们要说明的是在祭政合一的上古时代，作为"布政之宫"的明堂举行某种特殊的祭祀应该是有的，《孝经》所言"宗祀文王于明堂以配上帝"（即周公将自己的父亲文王和天帝一起在明堂举行祭祀）若果真是事实的话，就属于这种情况，这就像上面我们所谈到的在甲骨文中还可以看到在寝室也可以举行占卜和"㓁"祭于祖乙一样。然而，这种明堂之祭与祖宗的牌位常年立于宗庙之中的宗庙之祭显然是不同的，在明堂中举行的祭祀对象大多应该是天帝等上天之神，所以在周代以后明堂每每被视为"法天之宫"，而祖先也只是作为"配祀"被一同祭祀的。至于东汉时举行过一次"宗祀光武皇帝于明堂"，与先秦时期的情况是完全不同的，它应该是汉代"以孝治天下"大环境下的产物，甚至《孝经·圣治》所说"昔者周公郊祀后稷以配天，宗祀文王于明堂以配上帝"，也应该是为了推崇孝道思想而作的一种表述。此外，若周代的明堂与太庙连为一体的话，那么周代礼制所说的宗庙中的左昭右穆之昭穆制，在明堂之制中将作如何的安排呢？上引《逸周书·作雒解》所说的"五宫"，也是把大庙、宗宫、考宫、路寝、明堂相并列的，它也表明大庙是大庙，明堂是明堂。所以，明堂属于"大室"不假，这是因为它的面积或称容积比较大，台基也比较高，但它不是大庙，尽管大庙也是大室中的一种。

明堂的建制自古就是一个难解之谜。大概在西汉时已有"五室四堂"与"九室十二堂"的不同说法。"四堂"即《礼记·月令》所说的青阳、明堂、总章、玄堂四"太庙"。所谓十二堂，始见于《大戴礼记·明堂》，它是将《吕氏春秋·十二纪》天子按照季节所居住的四堂、八个合称为"十二堂"。所以，在"五室四堂"之说的基础上，再加上"堂"旁之"房"（或称"夹"，或称"个"），即成为"五室十二堂"。戴震对此的表述是："明堂法天之宫，五室十二堂，故曰明堂月令。中央大室，正室也，一室而四堂：其东堂曰青阳大庙，南堂曰明堂大庙，西堂曰总章大庙，北堂曰玄堂大庙。四隅之室，夹室也，四室而八堂：东北隅之室，玄堂之右夹，青阳之左夹也，其北堂曰玄堂右个，东堂曰青阳左个；东南隅之室，青阳之右夹，明堂之左夹也，其东堂曰青阳右个，南堂曰明堂左个；西南隅之室，明堂之右夹，总章之左夹也，其南堂曰明堂右个，西堂曰总章左个；西北隅之室，总章之右夹，玄堂之左夹也，其西堂曰总章右个，北堂曰玄堂左个。"[①]

明堂五室的说法有《考工记》的依据，《考工记·匠人》曰："周人明堂，度九尺之筵，东西九筵，南北七筵，堂崇一筵，五室，凡室二筵。"而《大戴礼记》所主张的"九室"之说[②]，郑玄驳之云："玄之闻也，《礼》所云

①　《戴震文集》卷第二《明堂考》，中华书局1980年版，第24页。

②　王聘珍：《大戴礼记解诂·明堂》："明堂者，古有之也。凡九室，一室而有四户、八牖，凡三十六户，七十二牖。"又曰："明堂月令……堂高三尺……上圆下方，九室，十二堂。"中华书局1983年版，第149—151页。

虽出《盛德记》，及其下，显与本章异。九室、三十六户、七十二牖，似秦相吕不韦作《春秋》时说者所益，非古制也。"①今人也有认为是"王莽出于政治目的的托古改制"的缘故。②王国维在《明堂庙寝通考》中，力主五室四堂八房八个之说，其核心还是五室四堂，并认为宗庙与之同制，宫寝也与之大同小异。他说："明堂之制既为古代宫室之通制，故宗庙之宫室亦如之……路寝无太室，自与明堂宗庙异。至于四屋相对，则为一切宫室之通制。……至燕寝……四宫相背于外，四室相对于内，与明堂宗庙同制，其所异者，唯无太室耳。"在他所描绘的"明堂图"（图1—30上）、"宗庙图"（图1—30下）、"大寝图"（图1—31上）"燕寝图"（图1—31下）中，明堂宗庙与大寝燕寝的主要区别是：在明堂宗庙中居中的大室，在大寝燕寝中为庭院。③

实际上，《考工记·匠人》所说的"周人明堂……五室"即使是真实的，其"五室"的排列布局究竟是一字排开的五室，还是像王国维所绘"明堂图"中一室居中四室相背？颇值得探讨。在战国、秦汉时期，由于五行观念的盛行，因而在《礼记·月令》和《吕氏春秋·十二纪》中，天子所居的明堂宗庙的布局方位当然要呈现出"东（春）、南（夏）、西（秋）、北（东）、中"这样的五行布局，以此体现明堂为法天之堂。王国维对明堂布局构想的蓝图，其受《礼记·月令》和《吕氏春秋·十二纪》的影响是明显的，尽管他也使用了西周铜器铭文等其他方面的资料，但这些资料与其说的是四室相背的格局，不如说的是四面相向的四合院式的格局，作为"堂"或"室"两旁的"房"、"夹"、"个"之类的建筑物，完全可以放在四合院中加以说明，上文所言的四合院中的"庑室"或"厢房"，有的就是正殿或主室两旁的"房"、"夹"、"个"之类。

现在看来，王国维所构想的明堂图与西汉的明堂建筑基本上吻合。1956—1957年在西安西郊大土门村即汉长安城安门外大道东，发掘出了王莽执政时所建的明堂（图1—32）④，杨鸿勋先生对此作了深入的研究和复原⑤（图1—33、图1—34、图1—35）。由于汉代的明堂是朝廷组织鸿儒重臣专门

---

① 孙诒让：《周礼正义》卷八十三，中华书局1987年版，第十四册，第3453页。

② 杨鸿勋：《宫殿考古学通论》，紫禁城出版社2001年版，第275页。

③ 王国维：《明堂庙寝通考》，《观堂集林》第一册，中华书局1959年版。

④ 唐金裕：《西安西郊汉代建筑遗址发掘报告》，《考古学报》1959年第2期。

⑤ 杨鸿勋：《宫殿考古通论》，紫禁城出版社2001年版，第262—273页。

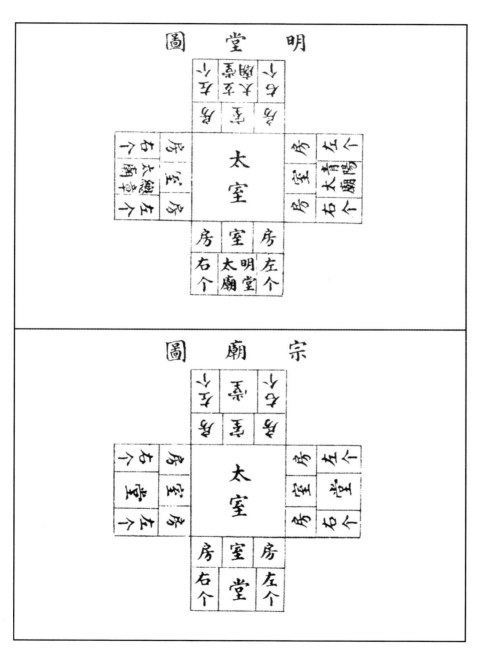

图 1—30　王国维所绘 "明堂图和宗庙图"

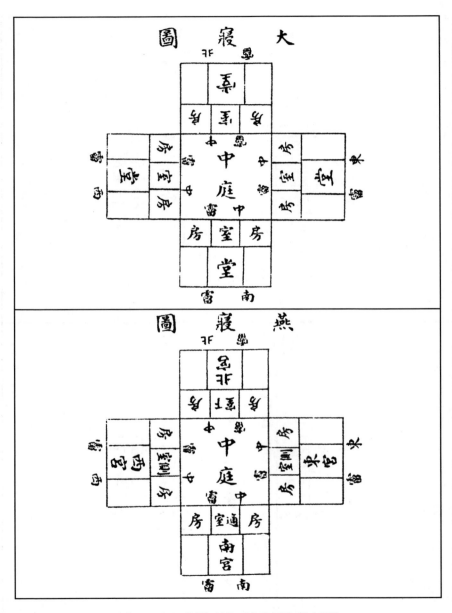

图1—31　王国维所绘"大寝图和燕寝图"

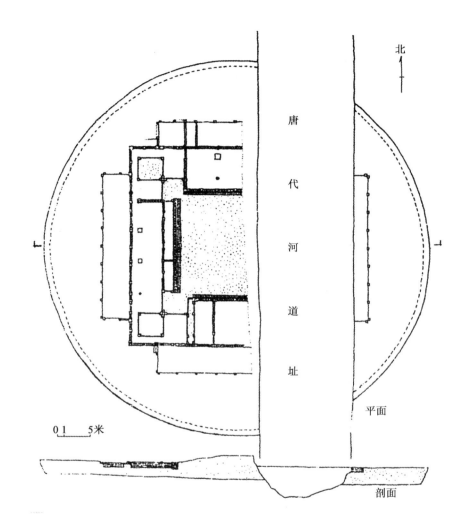

唐代河道址

北

平面

剖面

0 1 5米

图1—32　陕西西安汉代明堂辟雍遗址平面图

研究了汉代所能看到的有关周代以来明堂的资料后进行设计建造的，或许可以作为对西周明堂了解的参考①，所以王国维所描绘的"明堂图"也许对研究周代的明堂尚有参考价值，但它充其量说的也只是推测而得的周代以来的

---

① 杨鸿勋：《宫殿考古通论》，紫禁城出版社 2001 年版，第 264 页。

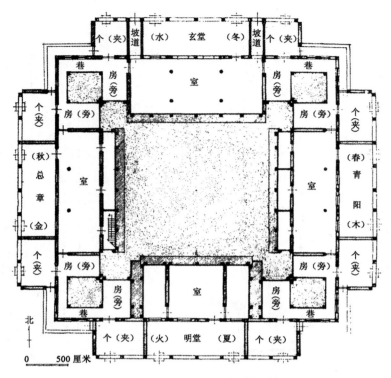

图1—33　陕西西安汉代明堂辟雍遗址复原底层平面图

（杨鸿勋：《宫殿考古通论》）

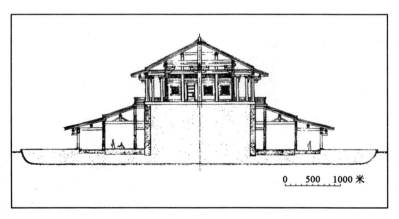

图1—34　陕西西安汉代明堂辟雍遗址复原剖面图

（杨鸿勋：《宫殿考古通论》）

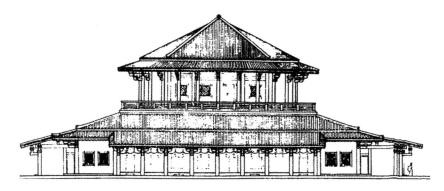

图1—35　陕西西安汉代明堂辟雍遗址复原南立面图
（杨鸿勋：《宫殿考古通论》）

明堂，而且截至目前还没有得到到考古学上的证明。由于考古所发现的周代的宫室或宗庙的建筑物的组合形式，每每是四合院式的布局，所以笔者认为《考工记》所说的周代的明堂之制更有可能是四面相向的四合院式的组合而不是一室居中四室相背式的组合。至于商代及其之前的明堂，由偃师商城的发掘来看，根本没有发现王国维所描绘的明堂图、宗庙图和宫寝图那样的建筑物，在偃师商城所发现的"四合院"式的建筑组合，与王国维所构想的明堂、宗庙、宫寝的建筑组合完全不是一回事。偃师商城之外，在郑州商城、安阳洹北商城、安阳小屯殷都、湖北盘龙城等地，都没有发现四堂或四室相背所组合的那种建筑物，所以王国维的《明堂庙寝通考》与偃师商城的实际情况不相符合，也与其他各地的商代的宫室建筑的情况不合，我们可以置之不顾。总之，商代的明堂在总体布局上，应放在四合院式的四面相向的殿堂结构中来理解。

　　关于早期明堂形制的演变，杨鸿勋先生曾认为最早的明堂是"社"的祖型，其形制应该是西汉时期济南人公玉带所献的"黄帝明堂图"，有"楼"——高架的"殿"，有上楼的"复道"——带顶的阶梯，还有围墙——"宫垣"，墙外有水沟环绕，其名称被称作"昆仑"[①]。他据此以及日本鸟取县羽合町长濑滨弥生时代聚落遗址所谓"社"遗迹和群马县前桥市鸟羽弥生晚期聚落遗址所谓

---

　　① 《史记·封禅书》、《汉书·郊祀志下》："初，天子封泰山，泰山东北址古时有明堂处，处险不敞。上欲治明堂奉高旁，未晓其制度。济南人公玉带上黄帝时明堂图。明堂图中有一殿，四面无壁，以茅盖。通水，圜宫垣。为复道，上有楼，从西南入。命曰'昆仑'。天子从之，以拜祠（祀）上帝焉。"

"社"遗迹等，设想复原了一幅我国远古时期"黄帝明堂图"（图 1—36）①。近来日本学者林克教授通过方技的视角对明堂演变的历程作了考察，其结论与杨鸿勋先生有近似之处。他认为最早的明堂是《荀子·强国》篇杨倞注所引的"土坛"，因而类似于"社"，其特征是与天直接相接，其机能是对天象、气象的观察和诸如《尚书·尧典》所载的原初的时令的发布；其后发展为《吕氏春秋·恃君览·召类》所说的"茅茨蒿柱、土阶三等"和《淮南子·主术训》所说的"有盖而无四方"的明堂，其特征是"方明"的扩大，即有屋顶、四方有柱子，但没有墙壁，其机能是风气的观测和原初的时令的发布；再其后是四方有墙壁有门窗的明堂，此时明堂的四周虽有墙垣和门窗，可是一度也有可能如《吕氏春秋·慎大》所言"外户不闭"；明堂的最后形态就是《吕氏春秋·十二纪》所载的明堂②。

图 1—36　杨鸿勋先生所绘"黄帝明堂"复原设想图
（杨鸿勋：《宫殿考古通论》）

---

① 杨鸿勋：《宫殿考古通论》，紫禁城出版社 2001 年版，第 6—18 页，图一二。
② 林克：《明堂新考——从方技的视角来看》，2007 年 9 月 日在中国社会科学院历史研究所的演讲。

　　笔者以为，明堂与社其机能、祭祀对象和建筑形制都完全不同，明堂是明堂，社是社，明堂与社不应混为一谈。《礼记·郊特牲》说："社祭土而主阴气也"，又说："天子大社，必受霜露风雨，以达天地之气也。"社祭祀的是土地之神，为了"受霜露风雨，以达天地之气"，社的建制是不能有屋顶的。而明堂，"王者之堂也"[1]，是天子布政、朝诸侯和发布时令之地；在明堂举行祭祀，所祭祀的也是上帝，王者之祖先有时以"配祀"的方式被一同祭祀；明堂作为"堂"这样的建筑物，它是有屋顶的。所以，最早的明堂是否只是一个土坛，尚可商榷。其实，《荀子·强国》篇杨倞注所引的"土坛"，其上是有被称作"方明"这样建筑物的，其文曰："或曰：塞外境外也，明堂坛也，谓巡狩至方岳之下，会诸侯，为宫方三百步，四门，坛十有二寻，深四尺，加方明于其上，左氏传为王宫于践土，亦其类也。"而关于"方明"，《仪礼·觐礼》说："方明者，木也，方四尺，设六色"。

　　最早的明堂不是社，也不只是一个土坛，但较早的明堂形制确实很可能是公玉带所献的"黄帝明堂图"上所说的"四面无壁，以茅盖"。《淮南子·主术训》说："昔者神农之治天下也……甘雨时降，五谷蕃植，春生夏长，秋收冬藏。月省时考，岁终献功，以时尝谷，祀于明堂。明堂之制，有盖而无四方，风雨不能袭，寒暑不能伤。迁延而入之，养民以公。"解读《淮南子·主术训》这段话，笔者认为，虽说神农时代不一定有明堂（我们无法确知神农时代是否有明堂），但它将"有盖而无四方"的"明堂之制"上溯到远古时期，至少告诉我们这是一种比较原始的明堂形制。"有盖而无四方"不正是"四面无壁，以茅盖"吗？林克教授提出的由"有屋顶、四方有柱子，但没有墙壁的明堂"演变为"四方有墙壁有门窗的明堂"，应该说是合乎逻辑的。

　　较为原始的明堂形制已作如上的论述，偃师商城二号和九号宫室的正殿若是明堂的话，那么它究竟是有屋顶、四方有柱子但没有墙壁的明堂，还是四方有墙壁有门窗的明堂？要回答这一问题，首先让我们考察一下二号宫室基址上柱洞情况。从二号宫室建筑基址平面图上（图1—11），我们可以看到二号宫室基址上残留有三排柱洞，据王学荣先生相告，这三排柱洞间距较近，排列比较密集，柱子的直径也较小，应该是墙内柱，在三排柱子的南北两边的外侧还应有挑檐柱，可能是挑檐柱埋得较浅，故在基址上没有挑檐柱

---

　　[1]　《孟子·梁惠王下》。

洞留存下来。既然宫室的四周有墙柱，当然其南北两边应该有墙壁有门窗。由于二号宫室基址的南北宽近 14 米，一个近 14 米进深房子的跨度是比较大的，所以二号宫室基址中间一排柱子可能起着支撑屋脊的作用，若它也是墙柱的话，则二号宫室内部就有可能被分隔为南北两部分，至于室内的这堵墙上是否有门，使室内南北两面相通，还有待于进一步研究。但从基址的南北两侧都有五个上下的台阶来看，南北两面的墙应该有五个与台阶相对应的门，每个门的两旁还应有窗子。这样说来，作为明堂的二号和九号宫室的正殿，是一种四方有墙壁有门窗的明堂，因而它已不是较原始的明堂。当然，二号宫室正殿西侧的楼阁则有可能属于只有屋顶和四方的柱子但没有墙壁的建筑物，若正殿西侧的楼阁也属于明堂的一部分，恰巧二号宫室基址又是偃师商城商文化第一期的建筑物，那么二号宫室的正殿及其西侧楼阁是否代表了由有屋顶、四方有柱子但没有墙壁的明堂向四方有墙壁有门窗的明堂的过渡形态？这是值得思考的。

6. 府库、池苑、祭祀场

在偃师商城还发现有不同于宫室的另一些夯土建筑群，这就是作为仓储之用的府库、作为商王游乐和蓄水之用的池苑，以及专门的大型祭祀场等。

所谓府库指的是发掘简报所称的Ⅱ号建筑群和Ⅲ号建筑群①。Ⅱ号建筑群和Ⅲ号建筑群都是由围墙围起来的排房式建筑群。Ⅱ号建筑群位于偃师商城西南隅，东北距宫城不足 100 米，南部被毁，仅存北半部，北墙长约 200 米，厚近 3 米，推测整体布局大致为方形，长、宽各 200 多米。围墙内残存东西向排房 3 排，每排有排房基址 16 座，大小基本相等，间距相同，排列十分整齐，其间有道路相通，并有排水沟道，属于一次性规划建成的建筑群体。（图 1—37）

Ⅱ号建筑群内各排中的每座房屋基址全部为长方形，南北长 25—26 米，东西宽 6.5—7.5 米，每座基址均分为下、中、上三层，为偃师商文化的一、二、三期所建。下层排房基址（图 1—38）中的每座房屋，地基座全部由夯土筑成，四边有一周木骨墙基，保存有内外两周柱洞，内周较细的立柱原为墙体中的木骨，外周较大的立柱用以支撑屋顶和保护墙体。在木骨墙外侧有

---

①　中国社会科学院考古所河南二队：《偃师商城第Ⅱ号建筑群遗址发掘简报》，《考古》1995 年第 11 期。

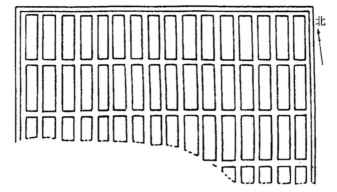

图 1—37　偃师商城西南隅府库平面示意图

（外围为围墙，内部为排房基址）

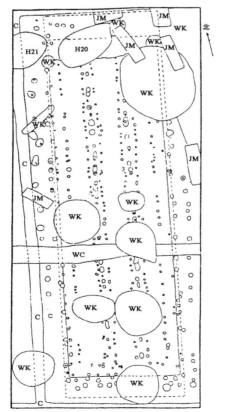

图 1—38　偃师商城西南隅府库 F2004 下层建筑基址平面图

G. 明水沟　WK. 晚期坑　WG. 晚期沟　JM. 近代墓

一周大柱洞，原为廊柱，与木骨墙相距 70—100 厘米。在木骨墙内有两道南北向的大柱洞，立柱原为负荷屋顶。这两排大柱洞的间距及各自与木骨墙的距离基本相等。在房内大柱洞的两侧和东、西木骨墙内侧各有一排小柱洞，共计 6 排，基本布满室内，是室内特有的设施，有可能是存放物件的支架，由此可对排房的性质和用途作出基本的判断[①]。

依据上述廊柱、墙柱、室内柱，以及室内 6 排小柱的情况，并参考已复原了的商代房屋建筑结构，王学荣先生对以 F2004 为代表的下层建筑进行了复原（图 1—39），他认为排房中每座房屋的屋顶很可能是"人"字形架构，通过四面坡顶出水的"重檐四阿式"。屋顶的重量主要由室内两排柱子、东西两侧的护墙柱承托，墙外四周的廊柱支撑伸出的屋檐，以廊的方式避免雨水对泥墙和台基造成冲刷伤害，从而起到保护的作用。屋内 6 排小柱洞是室内固定陈设遗迹的残留，它是依墙和依室内两排大柱子的两侧而架设的物架的支撑柱，这样，屋内就有 6 列可供陈放物品的架子[②]。

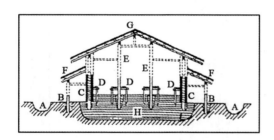

图 1—39 F2004 下层建筑复原构想示意（剖面简图）

（王学荣：《河南偃师商城第Ⅱ号建筑群遗址研究》）

A. 排水沟 B. 檐柱 C. 房屋外墙（木骨泥墙） D. 室内设施（架子）

E. 室内柱 F. 重檐 G. 屋顶 H. 夯土基础

中层排房覆盖在下层之上，面积大小与下层相仿，结构略有变化（图1—40），如基址四边也有一周木骨墙基，在木骨墙基的外侧也有大柱洞，为廊柱；室内有两道南北向的墙基槽，被认为是设置案类的设施。据此，王学

① 赵芝荃：《偃师商城建筑概论——1983—1999 年建筑遗迹考古》，《华夏考古》2001 年第 2 期。

② 王学荣：《河南偃师商城第Ⅱ号建筑群遗址研究》，《华夏考古》2000 年第 1 期。

荣先生也做了复原（图1—41）：房外四周有檐柱，形成回廊，室内的两道南北墙基为矮墙，其上有东西向的横铺木料，构成案类，以便陈放物品。

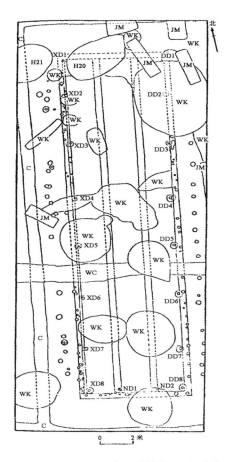

图1—40　F2004中层建筑基址平面图

DD1—DD8. 东排带础石柱洞　　ND1—ND2. 南排带础石柱洞

XD1—XD8. 西排带础石柱洞　　WK. 晚期坑　　WG. 晚期沟　　JM. 近代墓　　G. 明水沟

上层排房坐落于经整治后的中层建筑台基之上，面积稍小于中层建筑。结构上的变化是在室内两道南北向墙基之间有一排南北向的6个大柱洞（图1—42），是室内的顶梁柱即屋顶的承重柱，复原后可以看到（图1—43）。它是结合了下层依墙架设物架、中层在室内矮墙上架设案类两个特点而作的改进。

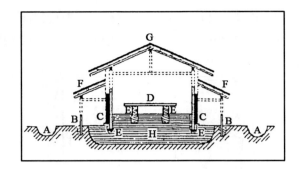

图1—41 F2004中层建筑复原构想示意（剖面简图）

（王学荣：《河南偃师商城第Ⅱ号建筑群遗址研究》）

A. 排水沟 B. 檐柱 C. 房屋外墙（木骨泥墙） D. 室内设施（案子）

E. 石头 F. 重檐 G. 屋顶 H. 夯土基础

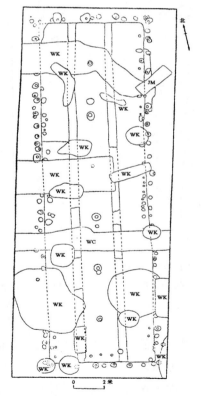

图1—42 F2005上层建筑基址平面图

WK. 晚期坑 WG. 晚期沟 JM. 近代墓

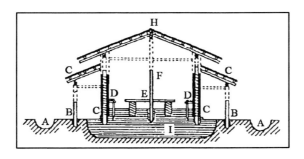

图1—43　F2005上层建筑复原构想示意（部面简图）

（王学荣：《河南偃师商城第Ⅱ号建筑群遗址研究》）

A. 排水沟　B. 檐柱　C. 房屋外墙（木骨泥墙）　D. 室内设施（架子）

E. 室内设施（案子）　　F. 室内柱　　G. 重檐　H. 屋顶　I. 夯土基础

偃师商城西南隅建筑群，以东西向的行为排，南北向的行为列划分，推测在围墙范围内有6排上述结构的排房，每排有16座夯土基址，则整个围墙内应有96座这样的房屋，其整体规模颇为壮观。这里的建筑分为上中下三层即三期，是伴随着偃师商城三次大规模的扩建而翻新重建的结果，不是被废弃过两次。其围墙较宫城的围墙厚近1米，可知对其的重视；其西、南两面紧贴商城的西城墙和南城墙，北部、东部面向宫殿区和官署区也有围墙相围，足见其封闭性之强；而距离宫殿区甚近，说明其与宫殿区关系之密切。围墙内的路土层极薄，没有零乱堆积，表明其内行人不多，活动很少。房屋内无炊具残片，也没有用火痕迹，而且房屋的结构也不适于人居住，不属于军队驻扎之所。又由于房屋缺乏防潮防湿措施，所以也不宜储存粮食。

依据这些情况，该遗址的考古发掘者认为，偃师商城的Ⅱ号建筑群是规模庞大的仓储库区——府库[①]，并指出其形制与汉魏洛阳城的武库相仿[②]，笔者以为是有道理的。

[①]　a. 王学荣：《河南偃师商城第Ⅱ号建筑群遗址研究》，《华夏考古》2000年第1期。

b. 赵芝荃：《偃师商城建筑概论——1983—1999年建筑遗迹考古》，《华夏考古》2001年第2期。

[②]　赵芝荃：《偃师商城建筑概论——1983—1999年建筑遗迹考古》，《华夏考古》2001年第2期。

　　在古代，库为存储物品的房舍，府库一词见于《周礼》[①]、《孟子》[②]、《左传》[③]、《礼记》[④] 等古籍，是国家储存物资的重要场所。《逸周书·祭匡解》和《礼记·月令》都有"五库"之说，蔡邕《月令章句》曰："五库者，一曰车库，二曰兵库，三曰祭器库，四曰乐器库，五曰宴器库。"统治者很重视自己的"仓廪实，府库充"[⑤]，《礼记·王制》曰："国无九年之蓄，曰不足；无六年之蓄，曰急；无三年之蓄，曰国非其国也。"史载商纣王曾在"鹿台"囤积大量财物[⑥]，以供自己享受而遭到非议，但是在商初，出于维持国家机构的正常运转、祭祀礼仪活动的正常行使，乃至以备"凶年饥岁"之用，修建大规模的仓储府库，应属一种长远的考虑。

　　偃师商城内的池苑，位于在祭祀场的北边、宫城内的北部中央，其主体是一个平面呈长方形的水池（彩图 6）[⑦]。水池东西长约 128 米，南北宽约 19—120 米，槽底中部一带现存深度约 1—1.5 米。以附近生土面复原，水池最深约 2 米。水池的四壁用自然石块垒砌而成，现已严重坍塌。池底弧凹，未见有石块铺垫。水池的东西两头各有一条石砌水渠与之相连，是铺设在地下的暗渠。其西边的是进水渠道（图 1—44），它从西城墙外的护城河引入河水，穿过西一城门和宫城的西墙，与水池的西端相通。东边的是排水渠道（图 1—45），它从水池的东头引出，穿过小城的东城墙，再穿过大城的东一城门，排入东边的护城河。对于偃师商城宫城内大型水池的功用，不外乎一是提供水源，二是供商王游乐。在提供水源方面，研究者认为它主要不是提供日常的生活用水，因为在宫城的宫室附近已多次发现水井，在石砌水池的近旁，也发现与水池年代相同的多口水井，这些水井已解决了就近解决生活用水问题。在水池的淤土中，出土有陶质和汉白玉的网坠，说明当时水池内有鱼，

---

　　① 《周礼·天官·大府》："凡邦国之贡以待弔用，凡万民之贡以充府库。"

　　② 《孟子·梁惠王下》："孟子对曰：'凶年饥岁，君之民，老弱转乎沟壑，壮者散而之四方者，几千人矣。而君之仓廪实，府库充，有司莫以告，是上慢而残下也。'"

　　③ 《左传》哀公三年："百官官备，府库慎守，官人肃给。"

　　④ 《礼记·月令》："是月也……天子布德行惠，命有司发仓廪，赐贫穷，振乏绝；开府库，出币帛，周天下；勉诸侯，聘名士，礼贤者。"

　　⑤ 《孟子·梁惠王下》。

　　⑥ 《史记·殷本纪》："厚赋税以实鹿台之钱，而盈钜桥之粟。"

　　⑦ 中国社会科学院考古研究所河南第二工作队：《河南偃师商城宫城池苑遗址》，《考古》2006年第 6 期。

曾有人在池中撒网捕鱼；在水池的南岸发现有临水建筑遗迹，这种池榭性质的遗迹，也为我们判断水池为商王游乐的池苑提供了依据①。

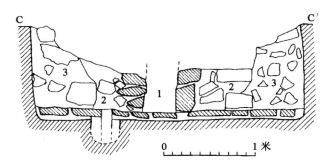

图 1—44　偃师商城宫城池苑西水道剖面图
1. 改建后水道　2. 改建部分　3. 早期水道石壁

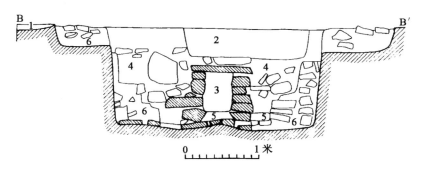

图 1—45　偃师商城宫城池苑西水道剖面图
1. 灰土层　2. 灰土层　3. 改建后水道　4. 改建部分
5. 早期水道内淤泥　6. 甲期水道石壁

　　早商时期修建有池苑，并非偃师商城一处，在郑州商城也发现过用石板砌筑的水池遗迹，水池平面也呈长方形，东西长约 100 米，南北宽 20 米，池深 1.5 米。池壁用也是石砌而成，池底铺有加工过的石板。② 郑州商城石

───────────────

　　①　杜金鹏：《偃师商城王宫池渠的发现及其源流》，载杜金鹏《偃师商城初探》，中国社会科学出版社 2003 年版。

　　②　河南省文物研究所：《1992 年度郑州商城宫殿区发掘收获》，曾晓敏：《郑州商代石板蓄水池及相关问题》，均载于《郑州商城考古新发现与研究》，中州古籍出版社 1993 年版。

砌水池的发掘者认为该水池是供宫殿区用水的大型蓄水池，偃师商城的考古学者则认为该水池也有供王室游乐的功能①。两座商城都发现供商王游乐的池苑，有助于说明两座商城都是王都的性质，只是郑州商城池苑的年代是二里岗上层第一期，是偃师商城作为都城被放弃后，商王完全移住于郑州商城后修建的②。

在宫殿区宫城内的北部、池苑之南设置专门的祭祀场，是偃师商城的又一特点（彩图7）。祭祀场东西长达200米，主体部分由东往西被分为A、B、C三个区域。其中，B区和C区使用时间为偃师商文化的第一期一段至第三期五段，A区使用时间为第二期三段至第三期六段。在第一期和第二期时，祭祀活动主要集中在B区和C区；第三期五段时，A、B、C三个区域内的祭祀遗迹分布都比较普遍；到第三期6段时，由于B区和C区的堆积已经饱和，故祭祀主要集中于A区。

B区和C区不但是最早使用的祭祀场，而且自成一体，规模庞大。B区总面积接近1100平方米，C区总面积约1200平方米。二者在布局、形制和结构等方面基本一致，位置东西并列，平面形状为长方形，四周有夯土围墙，门道位于南面夯土围墙中部，祭祀场主体部分为一沟状遗存，故最初的发掘简报称之为"大灰沟"。对于这一沟状的祭祀场主体部分，发掘者又将之由南往北分为三个不同功能的区域，即"观礼区"、"焚烧区"（燎祭区）和"献牲区"。焚烧区和献牲区从早期至晚期基本处于东西走向的大沟中，焚烧区位于沟的南坡，献牲区位于沟的北坡；观礼区位于南围墙和大沟之间，地面经过铺垫并夯打处理。B区和C区祭祀用的牺牲可分为两类，即单独埋猪和猪牛羊等多种动物共存的牺牲，但后者以用猪为主。猪是B区和C区的主要牺牲，猪牲总数不少于400头。这些猪牲祭祀后一般被掩埋，个别地点的情况表明，有的牺牲可能原本是放置在漆案（盘）之上。

A区的面积近800平方米，由若干祭祀场和祭祀坑组成，用作牺牲的有人、牛、羊、猪、犬、鱼以及水稻、小麦等农作物。祭祀场的规模比较大，延续使用的时间比较长。其中面积较大的一处以稻谷等农作物为主的祭祀

---

① 杜金鹏：《偃师商城王宫池渠的发现及其源流》，载杜金鹏《偃师商城初探》，中国社会科学出版社2003年版。

② 王学荣：《偃师商城废弃研究——兼论与偃师二里头、郑州商城和郑州小双桥遗址的关系》，《三代考古（二）》，科学出版社2006年版。

场，平面大体呈圆形，面积达130多平方米，主体部分深约1.4米。面积较小的，如H282祭祀场，形制呈斗状，平面为长方形，面积近30平方米，深达3米。祭祀坑的面积比较小，使用时间也较短，形状有圆筒状、长方形竖穴状和不规则形等。

对于祭祀区早期为何要分为B、C两区，它们的祭祀对象是什么？到二期以后新开辟A区，出现人牲，也出现谷物祭品，其意义何在？这些都是需要深入探索的问题。也许有学者推测，B、C两区东西并列，会否与后世所谓"左祖右社"有某种联系？A区出现后，是否成为新的专门的社祀场所，B区和C区则成为祭祖先及其他神祇的场所？[①] 笔者以为，至少目前证据尚嫌薄弱。第一，在偃师商文化第一期时，祭祀区被区分为B区和C区，两区用牲都是动物。我们很难说因为被区分为两区，所以两区的祭祀对象就一定是祖先神与社神。第二，到第二期时新增加了A区，A区中有的祭祀场的祭品以稻谷、小麦等农作物为主，若以此作为判断A区为社祀的场所的话，那么，第一期时尚未发现农作物之类祭品，是否那时即无社祀场所？根据西周和东周时期的情形，祭祀社是用动物牺牲的[②]，甚至还用人牲[③]，而祭祖中的"四时尝新之祭"却是韭、麦、黍、稻之类农作物，所以，从文献中是看不出祭社要以农作物为主要祭品的。还有，前面所引有关祀社卜辞中的祭品也是牛、豕之类的动物。卜辞中也有用麦、禾、黍、米等谷物祭祀祖先的"荐新之祭"[④]。这样，从文献和卜辞这两个方面来看，主张A区中因为有的祭祀场的主要祭品为农作物即以为A区是祀社的场所的判断，根据也是不足的，何况在A区的祭祀场所发现的以稻、麦等农作物为祭品的情况，还可以与春夏秋冬四季用新物荐享祖先的四时祭相联系。

四时祭的名称和祭品，按照《礼记·王制》的说法是："庶人春荐韭，夏荐麦，秋荐黍，冬荐稻。"董仲舒《春秋繁露·四时》曰："四祭者，因四时之所生熟而祭其先祖父母也。故春曰祠、夏曰礿、秋曰尝、冬曰蒸。祠者，以正月始食韭也；礿者，以四月食麦也；尝者，以七月尝黍稷也；蒸

① 宋镇豪：《夏商城邑的建制要素》，《商承祚教授百年诞辰纪念文集》，文物出版社2003年版。

② 《左传》闵公二年："帅师者，受命于庙，受脤于社。"脤为祭社之肉。

③ 《左传》僖公十九年："宋公使邾文公用鄫子于次睢之社。"《左传》昭公十年："平子伐莒取郠，献俘，始用人于亳社。"

④ 詹鄞鑫：《神灵与祭祀》，江苏古籍出版社1992年版，第339页。

者，以十月进初稻也。"诚然，"祠礿尝蒸"和"韭麦黍稻"作为四时祭的名称与祭品，是战国以后才逐渐被确定的，在这之前，由于各地的自然生态和经济类型不同，让祖先尝新的祭品也不可能完全相同。在商代，凡荐新于祖先之祭，卜辞中称为"登"或"禵"，像双手奉豆篮献神之形[①]。卜辞所"登"的物品有：

> 登艸："登艸至于南庚，王受有祐。"（《屯南》2360）
>
> "禵（登）新艸。"（《屯南》766、1088）
>
> 登麥："其登麥，重翌日乙，吉。"（《屯南》2715）
>
> 登禾："……卜贞：王……母癸登禾……"（《合集》899）
>
> 登黍："其登黍祖乙，重翌日乙酉酚，王受祐。"（《屯南》618、1221）
>
> 登米："辛亥贞：其登米于祖乙。"（《屯南》189）
>
> 登羌："庚辰卜：其禵方以羌，在升，王受祐。"（《屯南》606）

其中"登麦"相当于夏礿，"登黍"相当于秋尝，"登禾"或"登米"相当于冬蒸。为此，詹鄞鑫先生指出："卜辞中虽四祭之名不全，而四祭之实却早已有之。"[②] 甲骨刻辞所记载的用麦、禾、黍、米等谷物祭祀祖先，与偃师商城 A 区祭祀场有以稻、麦等农作物为祭品的情形是吻合的，所以，A 区祭祀的对象也应是祖先。从而，A、B、C 三个祭祀区域都应是为宗庙祭祀所设置的。

偃师商城在建城伊始就在宫城内宫室区的北部修筑专门的大规模的祭祀场，足以证明商初商王对于祭祀的重视。这与文献所载成汤对于祭祀的高度重视以及商所实行的神权政治都是一致的。如《孟子·滕文公下》说汤居亳时，邻国葛伯不祀，商汤为了让葛伯能祭祀，又是馈送牛羊，又是使亳众为之耕种，最后还为此出兵而征伐葛国。《墨子·兼爱》、《吕氏春秋·顺民》等典籍都讲到，汤灭夏后天下大旱，连年不收，为了求雨，"汤乃剪发断爪，自以为牲，而祷于桑林之社"。所以，《左传》成公十三年说："殷人尊神，率民以事神，先鬼而后礼。"商代的神权政治，在早商王都的建制上，特别是在偃师商城大规模祭祀场的设置上，得到了充分的说明。

---

① 詹鄞鑫：《神灵与祭祀》，江苏古籍出版社 1992 年版，第 339 页。

② 同上。

第三节　早商时郑州商都的建制与功用

一　郑州商城的选址、结构与布局

1. 选址

如果说成汤在偃师商城建都作为政治上的考虑，为的是使商王国取代夏王国的这种正统合法性在空间方位上也有其象征意义，那么，商王大庚时期在郑州又建一都，则为的是使商的政治中心东扩或略为东移。

作为地理环境，郑州一带也有建都的条件。位于河南省中部的郑州，坐落在其西部、南部为丘陵高地和东部、北部为平原相衔接的地带。在其西面和南面，是由豫西延伸而来的中岳嵩山余脉，郑州市区西部与南部的碧沙岗、岗杜、杜岭、二里岗和凤凰台等起伏的丘陵高地，就属于嵩山余脉丘陵高地的东端尽头。在其北面，由豫西沿黄河南岸延伸而来的邙山，到了郑州市区西北约 25 公里处即告终止；而市区的北郊与黄河南岸之间和市区东郊一带，则属于一望无际的黄淮平原或较低洼地带。在河流水系方面，发源于荥阳的索水与须水汇合而成的索河和发源于新密东北郊的贾鲁河，均分别环绕郑州市区西郊与北郊向东流去；发源于新郑北郊的七里河与潮河，皆绕郑州市东南郊东流注入贾鲁河。另有两条较小的金水河与熊耳河，则分别发源于市西南郊，均穿过市区内的中部与南部向东流去[①]。从而使郑州商城不但处于丘陵高地与平原相衔接和熊耳河与金水河相夹的险要处，而且这里的土地肥沃，河流密布，气候温和，物产丰富。

事实上，商推翻夏时，商人在来到偃师之前先来到的是郑州，所以，郑州商城留有先商的宫室，先商时郑州已是商的重要军事重镇。再往前追溯，早在距今五六千年前的仰韶文化时期，先民们就繁衍生息在这块土地上，创造有灿烂的大河村文化，无疑也是得益于这块土地的富饶肥沃。在早商初年，商汤出于当时政治和军事的需要，建都于偃师商城，郑州只能继续作为商朝的军事重镇而存在。但到了大庚时期，经过成汤以来几代人几十年的经营，商王朝的综合国力获得了极大的发展，有经济实力建造更大的城池；商取代夏已站稳了脚跟，商的正统地位已得到巩固，它需要把政治中心东扩，

---

① 河南省文物考古研究所：《郑州商城——1953—1985 年考古发掘报告》（上册），文物出版社 2001 年版，第 4 页。

以控制更大的范围。在这种情况下，商王把军事重镇提升为都城，在郑州大兴土木，修筑了周长约 7 公里的郑州商城的内城，其后不久又修筑了范围更大的外郭城墙，在内城城内陆续建设了各种宫室，以供商王居住和使用。从二里岗下层第一期末到第二期时期，郑州商城与偃师商城成为早商时期两座并存的王都。从二里岗上层第一期开始，由于偃师商城王都的废弃，商王离开偃师，完全居住于郑州商城，从而形成了历史上所说的仲丁迁隞。与早商时期商王既居住于偃师商城又居住于郑州商城相比，从中商时期开始，在二里岗上层第一期和第二期，商王只以郑州商城为王都，所以对于偃师商城被放弃来说是仲丁迁隞，而对于郑州商城本身来说，则属于早商王都与中商王都之间的差别。

2. 内城与外郭城

郑州商城由内城和外郭城所组成（图 1—46，图 1—47），其内城属早商时期修筑已成定论，其外城郭的修建，有人认为是在早商时期，也有认为是在二里岗上层第一期[①]即本书所说的中商初期。内城总体略呈长方形，其中东墙长约 1700 米，南墙长约 1700 米，西墙长约 1870 米，北墙长约 1690 米，总周长约 6960 米，近 7 公里。在四周城墙上共发现大小不同的缺口 11 处。这些缺口有的是商城废弃后被挖土损毁的，有的缺口可能与商城城门有关。内城城垣现在地面上残存的商代夯土城墙，多数仅有 1—2 米，极少部分城墙还有高出现今地面之上约 4—5 米的。残存的商代夯土城墙底宽一般为 20—30 米。

---

①　安金槐先生在《对于郑州商城"外夯土墙基"的看法》（载于《郑州商城考古新发现与研究》，中州古籍出版社 1993 年版）中，认为外郭城城墙的时代与内城城墙的时代相同，但是在《对于郑州商代城修建与使用时期的再探讨》（是 1997 年在郑州与偃师参加"夏、商前期考古年代学研讨会"上的发言，载于《安金槐考古文集》，中州古籍出版社 1999 年版）中提出，外郭城墙的夯土"基础槽的敞口斜壁平底形制结构和基础槽内的夯土层次结构与夯杵窝印痕看，都与郑州商城夯土城墙靠上部的商代二里岗上层一期夯土结构相同类，并且在外郭城的夯土层内，也发现夹杂有很少量的商代二里岗上层一期的碎陶片，而没有发现夹杂再晚的陶片遗物。依次说明在郑州商城外部发掘出的南部与西部的约半圈外郭城夯土城墙的时代，应属于郑州商代二里岗上层一期修筑的"。安金槐先生是《郑州商城——一九五三年——一九八五年考古发掘报告》的主要编著者，在《郑州商城》中则说"根据郑州商城外郭城墙基础槽的形制、夯土层筑法和夯土层内包含遗物特征来看，外郭城的兴建时代和郑州商城城墙的兴建时期相同"（《郑州商城》上册，文物出版社 2001 年版，第 303 页）。

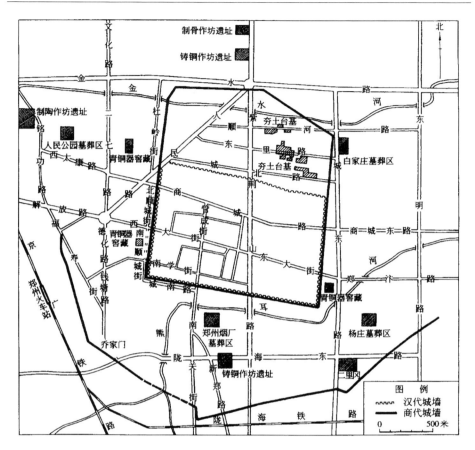

图 1—46　郑州商城平面图

　　内城城墙是用土分层夯筑而成，夯土层的厚度一般为 8—10 厘米，每层夯土的表面部分都分布有密集的圆形尖底或圆底的夯窝，夯窝口径多为 2—4 厘米，深约 1—2 厘米，也有个别长方形或三角形的夯窝，表明夯层是用成捆的圆木棍夯打而成。夯土的质地相当坚硬，一般城墙的中部夯层稍厚，夯打的质量较差，而靠边缘部分夯层较薄，夯打质量较好。从已发掘城墙的横剖面看，城墙分为"主城墙"和"护城坡"两部分；主城墙居中，护城坡位于两侧；主城墙的夯层呈水平分布，是用版筑法筑成的，护城坡的夯层是向两侧倾斜筑成的。在主城墙与两侧的护城坡接缝处有近乎垂直的壁面，壁面上留有木板痕迹，由此推测护城坡的斜夯土层，应是与版筑主城墙时支撑横的木板有关。

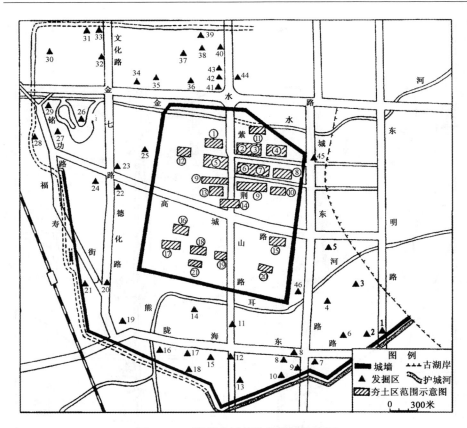

图1—47　郑州商城新发现遗迹分布图

①第1夯土区　②第2夯土区　③第3夯土区　④第4夯土区　⑤第5夯土区
⑥第6夯土区　⑦第7夯土区　⑧第8夯土区　⑨第9夯土区　⑩第10夯土区
⑪黄委会43号院夯土区　⑫河南油田驻郑办事处夯土区　⑬郑州民族小区夯土区
⑭紫荆山路中段夯土区　⑮郑州电力技校夯土区　⑯郑州万辉在楼夯土区
⑰郑州永恒房产夯土区　⑱中凯置业夯土区　⑲长江置业夯土区　⑳东大街中段夯土区
㉑管城房管局夯土区　（①—⑩夯土区为20世纪70年代探出，部分已经过考古发掘，
⑪—㉑夯土区均经发掘）　1.杨庄墓葬区　2.商代23号墓　3.郑州玻璃厂
4.郑州毛巾被鞋厂　5.郑州皮鞋厂　6.河南电机厂　7.二里岗遗址　8.南关外遗址
9.河南省商业储运公司　10.火车站　11.紫荆山路中南段　12.南关外铸铜遗址
13.郑州市木材公司　14.烟厂墓区　15.烟厂家属区　16.河南服装总厂　17.河南省客运公司
18.郑州五中　19.郑州十五中　20.德化街　21.银基商贸城　22."二七"路　23.黄泛区园艺场
24.郑州市金博大商场　25.杜岭街　26.人民公司青年湖　27.九州城　28.铭功路制陶作坊
29.大石桥　30.市儿童医院东部　31.省图书馆　32.省二轻厅　33.省豫剧团
34.省二附院　35.军区幼儿园　36.省委大院　37.省委家属院　38.省保险公司
39.郑州八中　40.河南省政协　41.紫荆山铸铜遗址　42.河南报业大厦　43.制骨作坊
44.省电信局　45.白家庄墓区　46.回族食品厂青铜器窖藏坑

　　内城城墙应该是在平地直接夯筑的。由于在主城墙靠内壁一侧的地面下，发现有一道与城墙平行的沟槽，沟槽口宽底窄，底部平坦，已发掘出的长 10.8 米（两端均未到头），口部宽 2.5 米，底部宽 2.3 米，深 0.55 米，所以，也有人认为城墙靠内侧挖有较窄的基槽，从槽底层层夯起，基槽以上部分用版筑。其实，在城墙的下面靠内侧的部分，预先挖一道与城墙走向平行的较窄的浅槽沟，并非作为城墙的基础槽，而是如同偃师商城那样，它是夯筑城墙前，以"水地"的方式做水平测量所致，亦即《考工记·匠人》所说的"匠人建国，水地以县（悬）"。如前所述，商代"水地以县"的方法应该是：在墙基一段范围内的两端立柱即立植，两柱间系以绳索拉直，然后在浅槽沟中注以水，依据水面来调节两柱所系绳索的高低，这样，水被渗漏而去，两柱间拉直的绳索面即为地基的水平面。在这里，在基槽或城墙下的小窄沟中注入水即为"以水平地"，它起着今日水平仪的作用；而两头立柱并系以绳索，则属于"水地以县"之县（悬）；水离去或干涸后，留下被调节好的拉直的绳索，即为城墙水平之准绳。技术的核心即在于"以水平地"。水平测量之后，这些沟槽当然被逐层夯筑，直至与沟槽口相平，然后在地面以上部分则把城墙夯土加宽，并在城墙两侧开始用横木板相堵，逐层版筑而成（图 1—48）[1]。

　　在内城墙的外侧本应有护城河即城壕，只是由于郑州商城的夯土城垣是处于市区内，城外附近多有新旧房屋建筑，使得给寻找城壕带来了很大的困难。此外，郑州商城内城城墙到了战国时期，又被修筑的战国夯土城墙所利用，战国时修筑城墙也是要在城墙外挖筑城壕设施，所以商代的城壕设施也可能被战国城墙外的城壕所利用或破坏。情况也正是如此，1989 年，在内城的东城墙外，配合许昌继电器研究所郑州分所建设工程的考古发掘中，就在战国与汉代的城壕下部或底部发现比较纯净的商代遗存，由此推断，这些商代遗存所在的城壕下部有可能就是商代的城壕[2]。

---

　　① 杨鸿勋：《宫殿考古学通论》，紫禁城出版社 2001 年版，第 96 页，图七八：商周至近代的版筑工艺。

　　② a. 宋国定：《1985—1992 年郑州商城考古发现综述》，《郑州商城考古发现与研究》，中州古籍出版社 1993 年版。

　　b. 河南省文物考古研究所：《郑州商城》（上册），文物出版社 2001 年版，第 227 页。

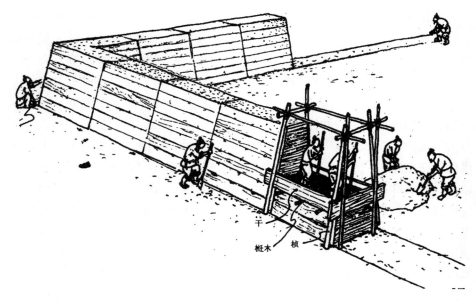

干

�木　桢

图1—48　周代至近代的版筑工艺

(杨鸿勋：《宫殿考古通论》)

郑州商城的外郭城墙，虽然在 20 世纪 50 年代即已发现，但真正认识和调查是从 80 年代中期开始的。现已基本探明，外郭城墙已将郑州商城内城的大部分围在其中，在外郭城墙之外十余米处还有护城河，外郭城是郑州商城的重要组成部分，它是由城墙、城河以及东部大面积的湖水所组成而包围商城内城一周的郭城（图 1—47）①。

外郭城墙，东由东明路东的凤凰台起，经二里岗和南关外之南，继续向西南延伸到紫荆山路南二轻局仓库处为其最南端，然后折而向北向西，经花园新村到三德里，这一大段可视为外郭墙的南墙；由三德里折而向北，经兴隆街、福寿街的北段、铭功路继续往北，为外郭城墙的西墙；外郭城的北城墙只是做了一些试掘，在纬三路北约 100 米即距内城约 900 米处有属于外郭城墙的夯土，依据花园路一带分布有较多的早商遗址，似乎可以判断外郭城墙北墙的东端至少能延伸到这一带。外郭城墙只存在南、

---

① 　a. 河南省文物考古研究所：《郑州商城外郭城的调查与试掘》，《考古》2004 年第 3 期。

　b. 袁广阔、曾晓敏：《论郑州商城内城和外郭城的关系》，《考古》2004 年第 3 期。

西、北三面，东面因在商代是大面积的水域湖泊而并未修筑城墙。外郭城墙的不规则走向是由于它是围绕内城依照地势而设计的缘故，其防御性质十分明显①。

外郭城墙由于被晚期破坏严重，目前发现的墙体，南墙残宽 12.5—14.4 米，残高 0.4—0.6 米；西墙宽度一般为 16 米，保存厚度最厚为 0.8 米。外郭城墙的筑法是，先挖基础槽，然后将基础槽分层夯实，再在其上夯筑外郭城墙。南城墙的基槽口宽 11.6—12.5 米，底宽 10.2—11.5 米，深 1.3—1.5 米。西城墙基槽口宽 14 米，底宽 11 米，深 1.1 米。外郭城墙的夯土质地坚硬，夯层明显，厚一般为 6—10 厘米，夯窝较密集，呈小圆形尖底状，与内城墙的夯窝基本一致。

外郭城之外是护城河，其走向与城墙平行，中间有 10 米的间隔地带。依据南城墙外的护城河看，在挖护城河前，先用土将过渡地带的低洼处进行了铺垫，垫土经过夯打。护城河断面呈倒梯形，内坡向下斜直，底部较平，坡面修筑平整。护城河口宽约 24 米，底宽 12 米，最深处距现代地表 7 米。

3. 布局

说到郑州商城的布局，目前只知道郑州商城有内城，有外郭城，是否有宫城还不得而知。以往在相当长的时间内，只在商城内城的东北隅发现有大面积的夯土基址，而对于内城的中部和南部，由于是郑州市旧城最繁华地区，房屋密集，街道纵横，在这里进行考古发掘甚为困难，即使进行发掘也是发掘面积过小，致使在郑州商城内城的中部和南部一直没有发现较大的夯土建筑基址，从而给人们的印象是郑州商城的宫殿区在商城内的东北隅（图 1—46）。然而，依据近年来的发掘，情况有所改观，内城的宫室基址不仅仅分布在东北部，而且在商城路、东西大街、红旗大楼、河南省电力技校等都发现有夯土基址（图 1—47）。这样，整个郑州商城内城布满了夯土基址，这说明内城内主要为宫殿区②。只是在内城城墙内侧发现一些小型房基，如在北墙东段有 7 座，北墙西段有 2 座，西墙有 1 座，东墙有 1 座，均位于内城的北半部。这些小型房基都建在叠压着城墙的文化层之上，表明它们是在城墙筑成之后修建的，但从它们嵌入城墙"护城坡"墙根的程度来看，它们不属于对城墙的毁坏。

---

① 袁广阔、曾晓敏：《论郑州商城内城和外郭城的关系》，《考古》2004 年第 3 期。

② 同上。

　　在内城里除发现有宫室、顺着城墙而建的小型房屋外，也有水井、水池等遗迹。只是其水池始建的年代是二里岗上层第一期，为此我们将它放在第三章中商部分加以叙述。

　　假若整个内城为宫殿区，那么内城也即起着宫城的作用。过去也有学者根据在内城东北隅发现两段夯土墙而认为它是郑州商城的宫城墙[1]。如本章第一节所述，夯土墙 W22 即为其中的一段，但 W22 墙基的中部被早于二里岗下层的 H114 所打破，从其所打破的地方是墙基的中部而并非边缘来看，在早商时期该夯土墙已被废弃；此外，在该夯土墙的东西两侧即内外两侧却均分布有早商的宫室建筑基址，也就是说，有一部分宫室建筑是在该夯土墙的西部外边，该夯土墙并未起到护卫早商时期宫室的宫城城墙的作用，这也说明它不可能是二里岗期的早商宫城，而是相当于二里头四期的商初乃至先商时期的城墙。郑州商城早商时期是否有宫城，还有待于今后发掘来证实，而整个内城都可视为宫殿区，则意味着所谓宫城、内城、外郭城这样的考虑不一定符合郑州商城的实际。

　　由于对于内城的发掘总是缺少大面积的揭露，所以对于内城中建筑物的分布与形制及其性质，所知有限。根据目前的情况，内城中有宫殿宗庙基址，有大型池苑，而且大型夯土基址并不仅仅分布于东北部，在内城的中部和南部都有分布，所以，内城是当时的王室和贵族生活的主要场所。只是内城中东北部地区作为宫室建筑的历史要较中部和南部更早一些。如前所述，它在先商时期就开始建有宫室和规模较小的城墙，进入早商后，在建筑约 7 公里周长的内城城墙之前，这一带作为军事重镇也居住有贵族，当周长 6960 米的内城城墙建成后，才在内城的中部和南部也建有宫室之类的建筑。然而内城的东北部，不仅有大型宫室建筑，到了二里岗上层第一期还出现大型的池苑，这说明作为王都此时虽然整个内城主要是统治阶级生活的场所，但其东北部在王室、贵族的生活中依然具有重要地位。

　　在内城城墙与外郭城墙之间，亦即外郭城内，则分布有属于普通民居的小型房屋、墓葬和重要的手工业作坊遗址。在手工业作坊遗址中，南关外铸铜作坊、铭功路制陶作坊、紫荆山北的制骨遗址，其兴建和使用开始于二里岗下层第二期，规模都不大，而其扩展和繁荣则在二里岗上层第一期；至于

---

① 　河南省文物考古研究所：《郑州商城》（上册），文物出版社 2001 年版，第 296 页。

紫荆山北铸铜作坊，它的兴建和繁荣都在二里岗上层第一期[①]。

南关外铸铜遗址（图1—49）位于内城南墙外侧约700米处，其面积约有2.5万平方米，由于破坏严重，发掘的重点主要集中在遗址中部的南北长约130米和东西宽约90米的约1.1万多平方米范围内进行的。遗址内发现有烘范窑、铸铜场地（内有白灰面地坪残片、铜锈地面残片、铸铜土台、窖穴和壕沟等）遗迹以及铜矿石、熔炉残块、炼渣、木炭屑、陶范和铜器、陶器、石器、骨器、蚌器等遗物。《郑州商城》依据地层和出土陶器的特征推断，南关外铸铜作坊建造和使用是在郑州二里岗下层第二期和二里岗上层第一期，并且是连续使用的，即基本与郑州商城相始终。

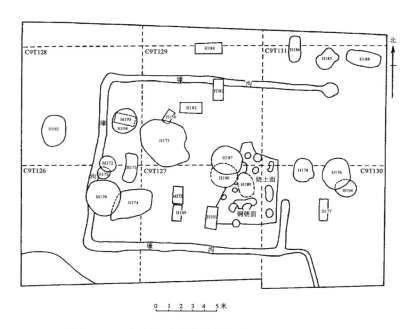

图1—49　郑州商城南关外铸铜遗址北区遗迹分布图

铭功路制陶作坊位于内城西城墙北段外侧约700米处的郑州市第十四中学院内，遗址面积约为南北长800米、东西宽150米，共约12万平方米

---

① 　a. 安金槐：《对于郑州商代城修建与使用时期的再探讨》，《安金槐考古文集》，中州古籍出版社1999年版。

b. 河南省文物考古研究所：《郑州商城》（上册），文物出版社2001年版，第307—482页。

（图1—50）。发掘出陶窑（图1—51）5座、房基9座，还有一些白灰地面、
储藏陶器坑、原料取土坑、灰坑与水井、墓葬等遗迹和大量的日用陶器、未
经烧制的陶器坯胎、烧坏的废品以及各种制陶工具。这处制陶作坊也是从二
里岗下层二期至二里岗上层一期连续使用的。

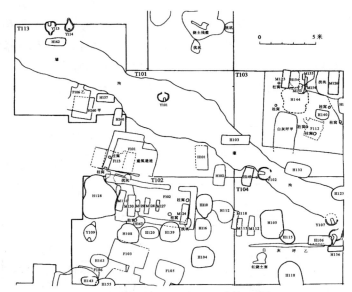

图1—50　郑州商城铭功路西制陶遗址部分遗迹分布图

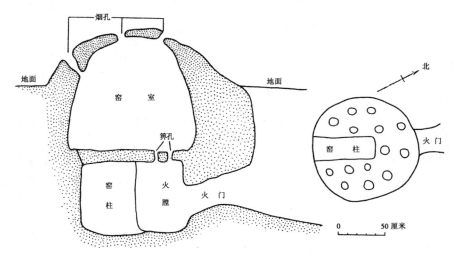

图1—51　铭功路西二里岗下层第二期C11Y110陶窑复原图

紫荆山北的制骨遗址位于内城北城墙中部外侧约 300 米处的铸铜作坊之北一带，即郑州市花园路南段以西、经五路南段以东、纬一路以北和纬三路以南的范围内，遗址的面积约有 5000 多平方米。经多年的发掘，发现有夯土遗存、壕沟、灰坑、墓葬等遗迹和骨器成品、半成品、骨料、废骨料以及磨制骨器的砺石、铜锥、铜镞、陶器、蚌器和玉器等遗物。依据地层堆积情况，发掘者认为该制骨遗址的东南部是以二里岗下层二期为主的制骨区，遗址的西北部是以二里岗上层一期为主的制骨区，也就是说该制骨遗址在二里岗下层和上层也是连续使用的，只是在下层和上层制骨场所在遗址内有所移动。

在外郭城内，除分布有手工业作坊外，在二里岗下层第二期，掷埋有人、兽骨架的祭祀遗迹相当普遍。例如，在二里岗的一条时令小河旁的台地上发现有 C5.1H171、C9.1H111、C9.1H110 三个相距较近的灰坑，灰坑内都掷埋有人骨架和兽骨架，有的坑内掷埋的人、兽骨架还相当多，C9.1H111 坑内埋有完整或比较完整的成年人骨架 2 具、小孩骨架 6 具、大猪骨架 5 具、小猪骨架 3 具、狗骨架一具和狗头 1 个（图 1—52）。再如位于郑州南关外的郑州卷烟厂院内的一个二里岗下层二期的长方竖井形坑内也埋有人骨和牛头等。还有在商城北城墙外的制骨作坊遗址东南部的二里岗下层二期的文化堆积层中，也曾发现掷埋有 5 具人骨架与 5 具猪骨架。[1]

对于上述郑州商城的内城与外郭城内各种遗迹的分布格局，当地的考古学者认为，内城与外郭城的商代文化层紧密相连，表明它们为一个整体，但两者的功用有所不同。内城保护的是宫殿，外郭城的防御性质也十分明显，两者唇齿相依，相辅相成[2]。内城与外郭城的功用上的不同，用《吴越春秋》的话来讲，就是所谓"筑城以卫君，造郭以守民"。可以说，郑州商城内、外城的布局，验证了早在商代即已出现的城与郭在功能与防卫对象上的区别和联系。在内城中居住的是王室、贵族及其附属族众，在外郭城中居住的则是各类手工业者和其他的一般的民众。

---

[1]　河南省文物考古研究所：《郑州商城》（上册），文物出版社 2001 年版，第 483—493 页。

[2]　袁广阔、曾晓敏：《论郑州商城内城和外郭城的关系》，《考古》2004 年第 3 期。

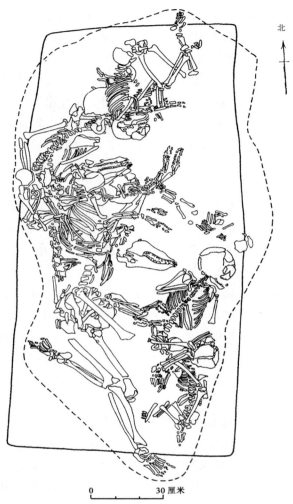

北

0 ——————— 30 厘米

图 1—52　二里岗遗址下层第二期祭祀遗迹

C9.1H111 内人、兽骨架堆积平面图

二　郑州商城宫室建筑的形制与功用

尽管在郑州商城发现有数十处夯土基址，而且对这些夯土基址的年代也作了相应的研究，但或者是由于被后代破坏较严重，或者是因受地上现代建筑所限而无法全面发掘，致使至今我们还看不到一处像偃师商城那样的带有庭院、廊庑的完整的一组建筑，这也就愈发显示出偃师商城所提供的一组组宫室建筑的面貌及其相互关系的珍贵。目前我们对郑州商城中宫室建筑形制

的了解，一般都以 C8G15 和 C8G16 为代表。

C8G15 在《郑州商城》中也称为 C8F15，它位于原称为宫殿区的西部、黄委会科研所内，其时代为二里岗下层第二期，是目前已发掘的较大规模的一座宫室基址（图 1—53）。基址距地表下约 4 米，东西长超过 65 米（东侧压于现路面以下），南北宽 13.6 米，基址残高 1—1.5 米。在夯土基址上清理出两排柱础槽，北排 27 个，南排残留东边的 10 个。南北两排柱础槽的间距约为 9 米，每排内柱础槽与柱础槽的间距一般为 1.2 米，但也有间距稍近或稍远的。柱础槽的大小多为南北长 1.5 米，东西宽 0.8 米，残深 0.5—1.2 米。柱槽底部一般放有 1 块或 2 块柱础石，有的柱础槽内保存有圆木柱痕迹，木柱的直径为 0.3—0.4 米。另外在北排偏西部的两个柱础槽（原编号为北柱 17 和北柱 22）的外侧约 0.5 米处，还发现各保留有两个相对称间距约 1 米的小柱窝，这可能是木立柱外侧擎檐柱遗迹。

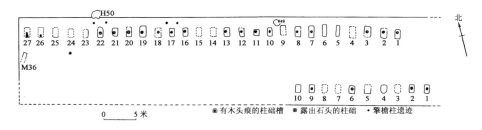

图 1—53　郑州商城 C8F15 宫室基址平面图

从这座 C8G15 夯土基址的残存结构看，应是在夯土台基的南北和东西靠边沿处竖立一周较大的木立柱，在每根木立柱的外侧又各立两根较细的擎檐柱，形成较大木柱与较细擎檐柱之间的回廊。一般认为这一周较大的木立柱为檐柱，檐柱以里是木骨泥墙围成的一列数室。整栋建筑可复原为"四阿重屋"式的宫室建筑（图 1—54）。大概发掘者考虑到此宫室东西较长，故认为其形制可能与《考工记》中描写的"内有九室，九嫔居之，外有九室，九卿朝焉"的建筑形制相似①。由于并未发现一列数室间的隔墙，所以檐柱以内的房舍究竟是几间，还很难说，但参照偃师商城、湖北黄陂盘龙城，以及洹北商城一号宫殿中正殿房间的隔间数目，各处各不相同。虽说洹北商城一号宫殿正殿房间的

---

① 河南省文物考古研究所：《郑州商城》（上册），文物出版社 2001 年版，第 248 页。

隔间已经清理出来的为九室（靠东边的夯土基址部分属安阳航空运动场范围，还未作发掘，故是否只有九室，尚不能完全肯定），与殿前的九个台阶相对应，但"九室"不成为普遍性的规制，特别是在偃师商城中，更是如此。因而应该说，至少在早商时期尚未形成"九室"的定制。在 C8G15 的南部约 10 处的 C8T60 和 C8T61 两条探沟内发现东西残长 26.4 米、南北残宽约 14 米（四边均不到边）、厚度 0.7—0.9 米的夯土基址，从夯土层中出土的陶器上看，这片夯土与 C8G15 为同一时期，而且两者相距仅 10 米，它们之间应有密切的关系。另外，在 C8T61 之南约 3 米处的 C8T55 内也发现一片西窄东宽、东西残长约 9 米（两端未到头），南北残宽 4—7 米，厚 1 米的夯土层。这片夯土的颜色、厚度及其包含物，都与 C8T61 内的夯土基址相似，二者年代相同，关系也应密切[①]。这样，自北而南，从 C8G15 到 C8T55 的这三块夯土基址，原本有可能是一组宫室基址，前后构成一个二进或三进的院落。

图 1—54　郑州商城 C8F15 宫室基址复原图

（《郑州商城》）

C8G16 在《郑州商城》中称作 C8F16，它是二里岗下层第二期中较为特殊的建筑基址。这座 C8G16 的现存部分，只是残存夯土基址的西南角一部分（图 1—55），南北残长 38.4 米，东西残宽 31.2 米，现存的夯土基址的厚度为 1.5 米。在残存的夯土基址上，残留有一片作拐角状的并排列有序的圆形柱础槽 52 个。其排列的方法，发掘者认为不论南面或西面都是内、中、外三行排列，无论南面的东西行排列的内、中、外三行柱础槽与西面的南北行排列的内、中、外柱础槽，纵横看去都是距离均等和排列有序的。

52 个柱础槽中有 26 个保存有木柱痕迹和柱础石。柱础槽（图 1—56）边框与边框的纵横间距一般为 1.2—1.6 米，柱础槽的直径一般为 0.95—1.6 米，

---

①　河南省文物考古研究所：《郑州商城》（上册），文物出版社 2001 年版，第 249 页。

柱础槽的残存深度，浅者为 0.5 米，深者为 1.5 米，也有少数仅剩柱础槽边线或已暴露出柱础石。柱础槽内的木柱与木柱的间距，以其中心点与中心点之间的距离计算，其纵横间距一般都在 2.05—2.5 米之间。木柱直径多为 0.3—0.4 米。柱础石直径一般为 0.34—0.54 米的红色砂石或青白色砾石。柱础槽和柱础石、木柱的筑法是，先在设计好的竖立木柱处，向下挖掘出圆形直（或斜直）壁平底的柱础槽，然后在柱础槽底部中间或稍偏处铺垫一块或两块柱础石，再在柱础石上竖立圆形木柱，并用较纯净的黄土在柱础槽内的木柱周围夯打坚实。

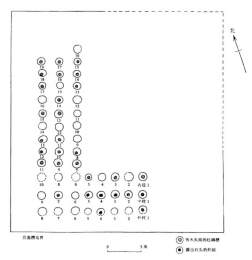

图 1—55　郑州商城 C8F16 宫室基址平面图

（内柱 1—16、中柱 1—17 和外柱 1—19 均为柱础槽）

　　从柱础槽的分布形状来看，C8G16 夯土基址的建筑有其独特性。对此，一种意见认为它是一座周围带有二周回廊的、属于"堂"一类的建筑。[①] 另一种意见认为它是一座干阑遗迹[②]，并对基址的平面图作了复原，把它复原成

① a. 河南省文物考古研究所：《郑州商城》（上册），文物出版社 2001 年版，第 283 页。

b. 中国社会科学院考古研究所：《中国考古学·夏商卷》，中国社会科学出版社 2003 年版，第 224 页。

c. 陈旭：《夏商考古》，文物出版社 2001 年版，第 85 页。

② a. 杨鸿勋：《宫殿考古通论》，紫禁城出版社 2001 年版，第 58—59 页。

b. 程平山：《郑州商城 C8G16 基址群略析》，《中国文物报》2000 年 3 月 1 日。

了南北 12 列、东西 8 排的柱网结构。在这里，有一个现象值得注意，即发掘报告说："C8F16 夯土基址的筑法是先在原来的地面向下挖掘出一个与夯土基址大小略同的直壁平底基础槽，然后在基础槽内底部向上分层夯实，并夯筑高出基础槽口之上，形成夯土台。现存的夯土基址的厚度为 1.5 米左右。"①也就是说，发掘者认为 C8G16 宫室基址是有高出地面的夯土台的，而主张它为干阑建筑的学者则"推测没有高起的台基"②。从干阑建筑的角度讲，它是不需要高起的台基的，但现存厚度为 1.5 米夯土基址在基础槽口之上却又有夯土台，这是否告诉我们 C8G16 宫室并非属于干阑式建筑？所以，关于 C8G16 宫室究竟是带有二周回廊的"堂"一类建筑，还是干阑式建筑，难以确定。

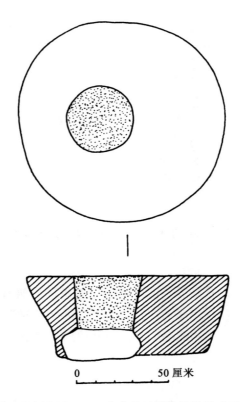

0   50 厘米

图 1—56　郑州商城 C8F16 宫室基址外柱柱础槽平面、剖面图

---

①   河南省文物考古研究所：《郑州商城》（上册），文物出版社 2001 年版，第 281—282 页。

②   杨鸿勋：《宫殿考古通论》，紫禁城出版社 2001 年版，第 59 页。

在 C8G16 宫室基址周围一带经钻探曾发现过一些二里岗期的夯土遗存，如在 C8G16 西南约十米余处，曾钻探出一片呈黄灰色的二里岗期夯土遗存（被暂编为 C8F16 附甲夯土基址），推测它可能是 C8G16 夯土基址南面的院落或场地遗址。又如在 C8G16 的东、北两面附近的密集现代建筑间，也曾钻探出一些大小不等的商代夯土基址遗存，因多未进行发掘，所以夯土基址的结构与用途都不清楚，但可以推测它们与 C8G16 夯土基址应是有密切关系的一组建筑群。特别是 C8G16 夯土基址之北，在属于回民中学所占用的区域分布有相当密集的商代夯土基址，两者有着密切的关系。[1] 这些关系也许可构成一组多进院落，只是目前尚不知道其总体的形制结构和具体的功用。

---

① 河南省文物考古研究所：《郑州商城》（上册），文物出版社 2001 年版，第 285 页。

第二章

早商时期的地方城邑

在早商时期，除郑州商城和偃师商城作为王都一级的都邑外，还存在诸如湖北黄陂盘龙城、山西垣曲商城、东下冯商城、河南焦作府城商城、辉县孟庄商城之类次一二级的城邑。这些次一二级的城邑，有的属于早商时期商的诸侯方国的都城，有的则有点像后世"畿内采邑"式的城邑，它们当与商王朝政治上的等级结构相联系而构成城邑上的等次差别。本章主要是对它们的城邑建制方面加以分析，至于城邑的分层结构与社会的政治结构的关系，将留待于其他章节进行。

第一节　湖北盘龙城

盘龙城位于湖北省黄陂县，今隶属于武汉市，遗址所在的黄陂区，地处鄂东北，境内既有起伏的丘陵山地，又有开阔平坦的平原，气候温和，水源充足，为发展农业、渔业，提供了十分优越的自然条件。特别是在水陆交通方面，滠水从北向南纵穿全境，至滠口以南汇入长江；府河（涢水下游）从西缘入境流向东南，至武汉市谌家矶处注入长江，盘龙城即位于府河北岸。这里自古以来，水陆交通便利，尤以水路为最。由府河经长江进入汉水，北上可达中原地区的河南南阳盆地。由府河进入长江，顺江而下，可直抵长江中、下游的江西九江、安徽芜湖等地（图 2—1）。

盘龙城城址的西面和西北面是一片连绵起伏的丘陵岗地，南面有府河流过，东面和东北面为盘龙湖，三面环水。现在一般所说的盘龙城，是指 1963 年开始发掘的城垣平面略呈平行四边形的、城内面积约为 75400 平方米的古

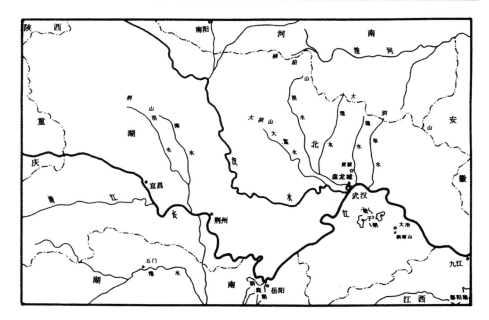

图 2—1　盘龙城遗址地理位置示意图

城（图 2—2）[1]。2001 年，经武汉市文物考古研究所与盘龙城博物馆、黄陂
区文馆所钻探调查，发现在原来的古城之外还存在宽 25 米左右的版筑外郭
城城墙（图 2—3）。这样黄陂盘龙城就类似于郑州商城，也是具有由内城与
外城相组成的结构[2]。对此，我们将原来所说的盘龙城称之为盘龙城的内城，
把后来发现的外郭城称之为盘龙城的外城。

一　内城城垣、城壕与城门

在 1954 年之前，盘龙城的内城还是一座高出四周地面约 6—7 米的土
城，四面城垣中部皆有一座城门豁口。1954 年夏因抗洪取土，内城的四周城
垣遭到了严重破坏。如今内城北垣仅残存基部，全长约 261 米，残基宽 21—
38 米；东垣墙体已毁，仅存城垣基底内坡边缘，全长约 287 米；西垣墙体残
存高度为 2—3 米，残宽 18—45 米，全长约 290 米；南垣墙体东段残存最高

---

①　湖北省文物考古研究所：《盘龙城》（上），文物出版社 2001 年版，第 4 页，图三。

②　刘森水：《盘龙城外缘带状夯土遗迹的初步认识》，《武汉城市之根——商代盘龙城与武汉城
市发展研讨会论文集》，武汉出版社 2002 年版。

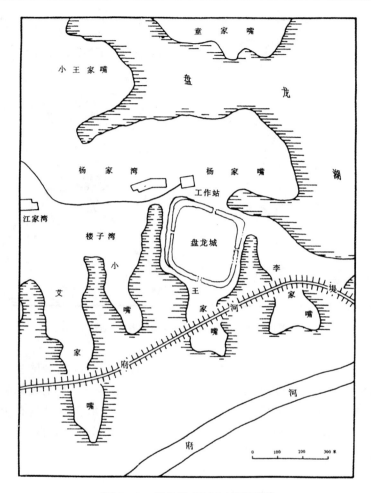

图2—2　盘龙城商城内城平面图

处约 4 米，残宽 21—28 米，全长约 262 米。城垣周长约 1100 米，面积为 75400 平方米。

内城城垣采用分段版筑法夯筑，墙体外坡陡，内坡缓，分主墙体和护坡两部分。城墙四周挖有城壕即护城河，城壕靠近城墙一侧的壕岸距离城墙一般为 10 米，城壕的宽度各处略有不同，北墙外的一处壕面宽约 11.6 米，最大深度距今地表 3.9 米，城壕圆底，内岸（靠近城墙一侧的壕岸）高于外岸，高差为 1.9 米（图2—4）。在城壕内发现有柱洞和木桩，如在南城壕中段的 76HP3TB'33、B'34 内发现有 16 个柱洞，分布于城壕底部与两坡。在

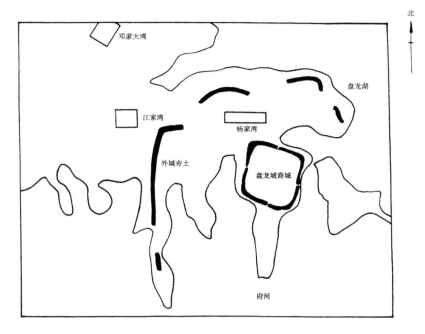

图 2—3　盘龙城商城外郭城城墙

南城壕东段 79HP3TU38、U39 内发现残木桩两根,在南岸 U39 的 4 层下发现柱洞 4 个,北岸(坡)发现柱洞 20 个,还发现有木构遗迹和残木板在柱洞周围散布有朽木残板,这些朽木板出土时呈块状叠压(图 2—5)。对于城壕的外坡(岸)稍低于内坡(岸),发掘者推测应与活动桥有关;而在城壕两岸一级土坡上栽设木桩,可能是船泊停靠两岸的设施,特别是南城壕之南面有府河,南城壕中的两岸的木构设施,显然是为水路交通运输而设置[①]。

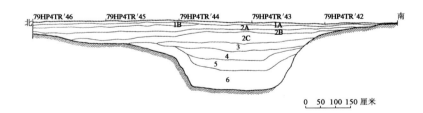

图 2—4　盘龙城商城内城护城河剖面图

————————

[①] 湖北省文物考古研究所:《盘龙城》(上),文物出版社 2001 年版,第 36—42 页。

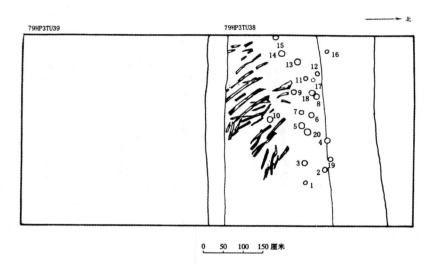

图 2—5　盘龙城内城南城壕东段底部遗迹平面图

(1—20. 柱洞)

盘龙城内城原设有四门，位于四面城墙的中部。现存南、北、西三面城墙的基部各见缺口一处，即为城门所在，其中现存南城门和北城门的豁口均宽约 3 米，西城门豁口（彩图 8）宽约 3.6 米，东城门因东城墙墙体已全毁，仅在基底中部留有依稀凹痕残迹。据说原来每个城门的两侧基部皆置有方石，今仅西城门外侧的石块尚存。1974 年冬，为在城外南面修筑防汛长堤，当地农民在城垣外取土时，发现在近城垣东南角处，从城脚坡直通城壕的线路上，有一条石铺路。石路宽约 1 米许，由大小不等的石块平铺而成，这条石路应是东城门进出的道路。

二　宫殿建筑

在盘龙城中最被人们所熟知的建筑物，就是在城内东北部发现的一组重要宫室建筑，被称为 F1 和 F2（图 2—6）[1]，它们坐落在一个大型的夯土台基之上，此外，还有被称作 F3 的廊庑相围绕，形成一个三进院落、"前堂后

---

① 湖北省文物考古研究所：《盘龙城》（上），文物出版社 2001 年版，第 43 页，图二三。

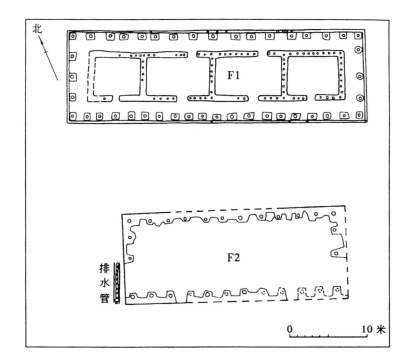

图 2—6　盘龙城 F1、F2 宫室基址平面图

室"或"前朝后寝"的结构（图 2—7，图 2—8）[1]。

其中，F1 也称作一号宫殿建筑基址，北距北城垣内基脚 36.6 米，东距东城垣内基脚 36.5 米，方位坐北朝南，方向 20°，与城垣走向一致。一号宫室基址的平面呈长方形，是建筑在夯土台基上的一座四周有回廊、中为四室并列的大型宫室建筑。用红土铺筑的台面东西长 39.8 米，南北宽 12.3 米。整个建筑以回廊外沿大檐柱柱中为计，总面阔 38.2 米，进深 11 米。台基高出当时地面 0.20 米。

位于一号基址中部的四室，东西向并列于一条直线上。四室以木骨泥墙相隔，也有说是以木骨版筑墙相隔[2]，其面积以中间两室较大，每室面

---

[1]　杨鸿勋：《宫殿考古通论》，紫禁城出版社 2001 年版，第 88、89 页，图七二、七三；又见杨鸿勋《盘龙城商方国宫殿建筑复原研究》，载《盘龙城》（上）"附录一一"，文物出版社 2001 年版。

[2]　杨鸿勋：《宫殿考古通论》，紫禁城出版社 2001 年版，第 78 页。

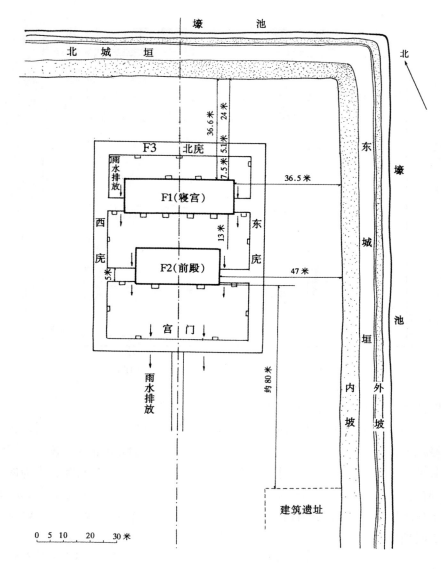

图 2—7 盘龙城"前朝后寝"三进院落结构图

(《盘龙城》)

阔 9.4 米，进深约 6 米，略呈长方形；两头的两室较小，每室面阔 7.55
米，进深约 6 米。每室四壁的墙基槽宽为 0.70—0.80 米，墙内均立有许
多直径约 0.20 米左右的小木柱，这就是所谓的木骨泥墙或木骨版筑墙。

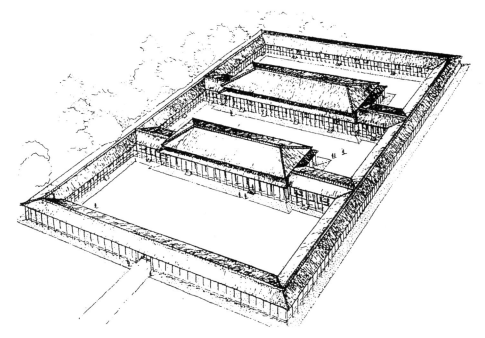

图2—8　盘龙城"前朝后寝"三进院落复原图

（杨鸿勋：《宫殿考古通论》）

四室朝南一面各开有一前门，中间两室朝北的那面墙的靠东处各开有一后门。

　　四室之外的一周回廊，由43个大檐柱组成，回廊与四室之间的宽度，以檐柱中心与四室墙中心为计，回廊的东、西、北三面均宽2.5米，南面宽2.4米。檐柱距夯土台基边缘0.60米，回廊之外围有擎檐柱和散水。擎檐柱穴既细小，又埋得浅，故较大檐柱更难以保存下来，从所清理出的11个擎檐柱穴来看，擎檐柱对称于大檐柱的左右外角，即一个大檐柱外配以两个擎檐柱作支撑。散水位于台基四周边缘向外延伸0.40—1米的斜坡地，是在倾斜1/10坡度的斜坡地上，铺以成层疏密不一的陶片。在F1散水（南）与F2散水（北）之间，发现很大一片灰白色含黑点的坚硬土层，应为两座宫殿之间活动场地的地坪。

　　依据以上建筑形制，杨鸿勋先生将F1复原为内有四室并列、外围以回廊的"四阿重屋"式宫室建筑，宫室台基的前边与四室的四门相对配置有四个台阶，宫室台基的后边与中间两室的后门相对配置有两个台阶，宫室的东

西两侧接有东庑和西庑（图2—9，图2—10，图2—11）①，应该说这个复原
是合理的。

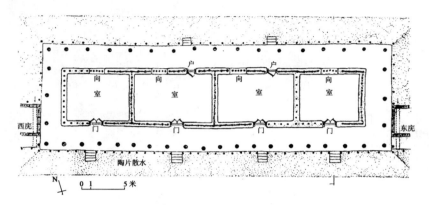

图2—9 盘龙城F1宫室基址复原平面图

（《盘龙城》）

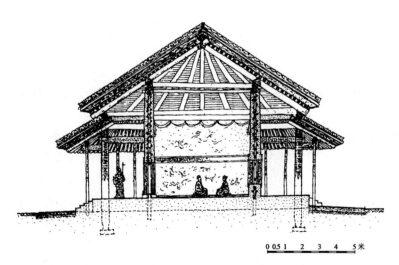

图2—10 盘龙城F1宫室基址复原剖面图

（《盘龙城》）

① 杨鸿勋：《宫殿考古通论》，紫禁城出版社2001年版，第81、83、84页，图六五、图六七、
图六八。

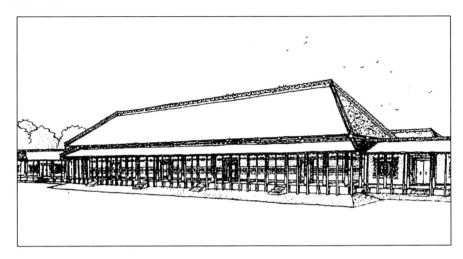

图 2—11　盘龙城 F1 宫室基址复原透视图
（《盘龙城》）

F2 也称作二号大型宫殿建筑基址，北距 F1 约 13 米，东距东城垣内基脚 47 米，方位坐北朝南，方向 20°，与 F1 方向相同。二号宫殿建筑在一个长 29.95 米、宽 12.7 米的长方形夯土台基上，台基也是用红土铺筑台面，这是一座四周有 28 个大檐柱，中部呈空间式的殿堂建筑。殿堂的面阔（以大檐柱中心计）27.25 米，进深 10.8 米。在大檐柱之外也有擎檐柱和散水，值得一提的是在台基的西侧还埋设有南北向的陶质排水管道（彩图 9）。排水管道铺设得北高南低，坡降为 1∶2.25，管道是排放地面雨水穿越台基的暗管，据此可知这里原有向西延伸的廊庑[1]，所排地面雨水应是二号宫室之北、F1 与 F2 之间庭院的雨水。

F2 这座殿堂式大型建筑，面阔 27.25 米，进深 10.8 米，这么大的空间跨度，中间不能没有支撑的明柱。然而，诚如发掘报告所言，由于台基面破坏太甚，先存基址居住面上，有不少大小凹坑，堂内中部的遗迹现象已无法辨识，殿堂建筑中部的支撑设施应已遭破坏[2]。为此，杨鸿勋先生在他的复原研究中分析说："按当时大叉手屋梁，F2 这样的大跨度，中间必定有支点，即在东西中轴线上，有一排高于檐柱，其顶端架设脊梁的柱子，它与檐柱顶端的檐檩，

---

① 杨鸿勋：《宫殿考古通论》，紫禁城出版社 2001 年版，第 85 页。

② 湖北省文物考古研究所：《盘龙城》（上），文物出版社 2001 年版，第 70 页。

共同起着大叉手高低支点的作用。"并认为,"F2作为上朝的'堂',按古辞书的解释为'当正向阳'的大空间敞厅,即前檐空敞,不设前檐装修,后檐也只是悬挂帘幕之类装饰,外围墙体可能仅有北墙及东、西墙的北半部。按……周代制度,堂上大空间的两旁分隔出小空间,称为'厢'、'旁'、'房'、'序'之类。作为大小贵族上朝活动中休息等需要","F2也应有小空间的划分,设定在东北、西北两角各有一个房间"(图2—12,图2—13,图2—14)①。

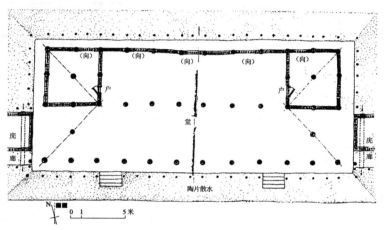

图2—12　盘龙城F2宫室基址复原平面图

(《盘龙城》)

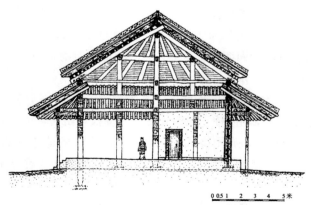

图2—13　盘龙城F2宫室基址复原剖面图

(《盘龙城》)

---

①　杨鸿勋:《宫殿考古通论》,紫禁城出版社2001年版,第86、87页,图六九、图七十、图七一。

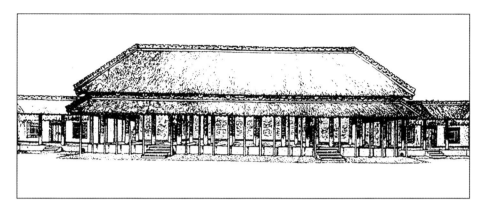

图 2—14　盘龙城 F2 宫室基址复原透视图

（《盘龙城》）

　　杨先生提出在殿堂东西中轴线上当有一排高于檐柱、其顶端架设脊梁的柱子的设想，应是合理的。但说殿堂的"墙体可能仅有北墙及东、西墙的北半部"以及在东北、西北各设定一个房间的设想，只能说是复原设计中的一种设想而已。在此之外，还可以提出其他一些设想。例如，按照陕西岐山凤雏甲组建筑基址的情况，作为堂的建筑，只是前檐空敞，不设墙体，北面和东面、西面都有完整的墙体，即东、西墙并非仅有北半部；还有，盘龙城 F2 若有东、西廊庑，廊庑中设有庑室的话，那么靠近殿堂的庑室自然可以作为大小贵族上朝活动中休息的场所，从而在殿堂的东北角和西北角各设一个房间就没有必要。这样，在杨先生原有设想的基础上，我们还可以增添另外两种设想。其一是由于在 F2 基址上尚无墙体遗迹的发现，这是否告诉我们该殿堂的四周原本就没有墙体，是四面敞开的厅堂？其二是 F2 殿堂只有向南的一面敞开，没有墙体，而北、东、西三面却有完整的墙，与凤雏岐山甲组建筑基址中的"堂"相似（图 2—15）。

　　F3 尚未全面发掘，其具体情况不能确认。杨鸿勋先生根据 F3 与 F1 北距北城垣内坡底边的距离以及 F3 南距 F1 台基的距离，推算出"F3 夯土台基的南北宽度为 5.10 米，这正是廊庑的宽度"[①]，应该说是有根据的，再结合偃师商城的宫室每每有廊庑相围，有的还组成两进院、三进院式的结构，推测盘龙城的 F1 和 F2 也是由廊庑围起来的一组建筑，当符合当时的实际。

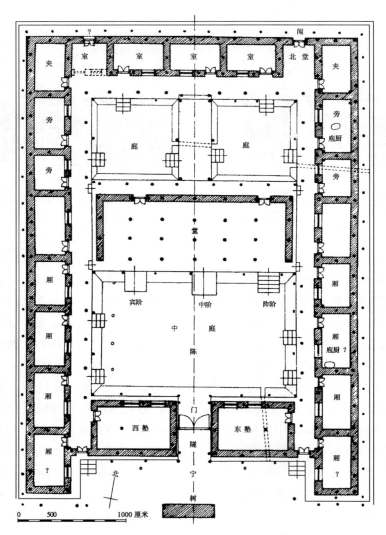

图2—15　陕西岐山凤雏甲组建筑遗址复原平面图

（杨鸿勋：《宫殿考古通论》）

诚然，这些都有待于今后的考古发掘加以验证。

三　外郭城及其相关遗址

早在盘龙城外城被发现之前，考古学者多年来对盘龙城内城四周的发掘和调查，即已确认在盘龙城四周的矮丘和湖汊相间的湖嘴（当地称湖汊间的陆地为嘴）地上，分布着许多商代遗址和墓地，其分布范围：东至李家嘴；西到江家湾，延至甲宝山东侧；南达王家嘴、艾家嘴；北抵杨家嘴、杨家湾延至盘龙湖北岸的童家嘴、邓家大湾一带（图 2—2），而作为遗址群的中心区则位于以盘龙城内城为中心的东西长约 1100 米、南北宽约 1000 米的范围内[1]。2001 年，又在内城的东北、北及西面约 250—500 米处，发现宽约 25 米的断续的版筑外城墙（图 2—3）[2]。这样，盘龙城的面积就不仅仅是约为 75400 平方米，而是一座东西 800 米宽，南北 800 米长，有内外两重城垣规模较大的城址。其最初发现的面积约为 75400 平方米的盘龙城，也即这里所称的内城，实即为宫城，外城也可以称为外郭城。而上述作为中心区域、分布在宫城外四周的李家嘴、杨家嘴、杨家湾、楼子湾、艾家嘴、王家嘴，基本上被外郭城所包括。

如果说内城是宫城，居住的是作为诸侯一级的当地最高统治阶层，那么外郭城内则为一般贵族、平民居住，分布有手工业作坊、墓地等。

位于盘龙城南部的王家嘴，其文化堆积包括了盘龙城一期至五期。在盘龙城兴建之前的二期、三期，这里已有制陶的手工业作坊；在盘龙城四期、五期时，由于内城的修建，王家嘴成为宫城外的平民居住地，发掘有小型建筑（F3、F5）、窖穴（H1、H2、H4）、水井（H3）和祭祀坑（H6、H7）等。到盘龙城六期时，王家嘴遗址虽仅发现一座铜器墓（PWZM1），出土有铜、陶、玉、石器共 19 件遗物，但由于当时的墓地与居住的相距并不远，所以，不能排除王家嘴依然有包括一般贵族在内的住所。此外，在王家嘴发现有一些长条状的黑灰烬带的凹槽遗迹，内含大量黑灰烬土及木炭屑，并分布一些石块（应为房基石础），还发现许多坑形遗迹，发掘者推断这片遗迹属于作坊遗迹。

位于盘龙城东部的李家嘴遗址出土有盘龙城二、四、五、六、七期的文化遗物，发掘遗迹虽仅有窖穴、墓葬和可能是水井的深阱，但窖穴和水井都是与人的生活联系在一起的，就是墓葬也与居所不会离得太远，所以，李家嘴遗址也是盘龙城人的一处居址。在李家嘴发现的 4 座墓葬出土的随葬品都有青铜器和玉器，属于贵族墓。特别是四期的 PLZM2 是盘龙城已发现的最

① 湖北省文物考古研究所：《盘龙城》（上），文物出版社 2001 年版，第 2 页。

② 刘森水：《盘龙城外缘带状夯土遗迹的初步认识》，《武汉城市之根——商代盘龙城与武汉城市发展研讨会论文集》，武汉出版社 2002 年版。

大的人殉墓（图2—16），墓室面积达12平方米，有棺有椁（图2—17），随
葬器物77件，其中铜器50件，玉器12件，陶器9件，木匣或箱子2件。人
殉骨架三具，狗骨架一具。发现在十多块椁板残片上一面雕刻着有精美的饕餮

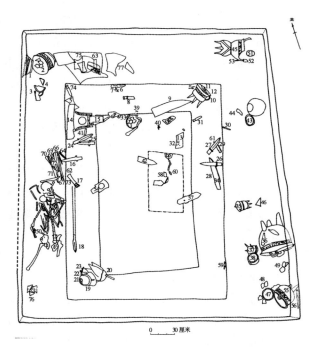

图2—16　李家嘴遗址盘龙城四期 PLZM2 平面图

纹和云雷纹等图案，一面涂朱，出土时色彩斑斓，被认为是我国现存最早的木
雕艺术品。随葬器物中的大型铜锥足鼎和爵、簋、盉、甗、盘、钺等皆为盘龙
城青铜器中的精品。五期的 PLZM1 出土青铜器22件、陶器7件、玉器6件。
5套酒器组合（斝3件、爵4件、觚5件）是盘龙城已发掘墓葬中最高级别的
器物组合。五期的 PLZM3 虽已遭毁，但其腰坑中放置的一件大玉戈（长达94
厘米）却是同时代最大的玉戈。所以，盘龙城的发掘者认为这"几座大墓的墓
主人身份，估计至少应是盘龙城最高统治集团成员"①。若为最高统治集团成
员，其住所似乎应在内城内，李家嘴岗地南坡则为其墓地。而从李家嘴发掘的

---

①　湖北省文物考古研究所：《盘龙城》（上），文物出版社2001年版，第217页。

30 个窖穴来看，它分属于盘龙城二、四、五、六、七各期，排列有序，相互之间没有打破关系，这似乎又告诉我们这里从盘龙城兴建到其废弃，一直有人居住。所以，李家嘴虽是贵族墓地，也至少有平民的住所。

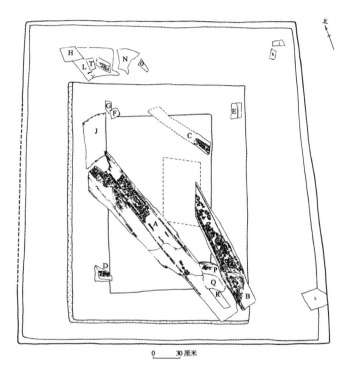

图 2—17　盘龙城 PLZM2 棺椁板痕位置图

位于盘龙城北部的杨家湾遗址（图 2—18）[①]，由发掘的房基、铸铜作坊遗迹、窖穴、墓葬、祭祀坑等可以判断出，这一带是盘龙城平民的住地、墓地和铸铜手工业作坊。杨家湾遗址的房子基本为长方形，面积不太大，建筑多为平地起建，应为梁架结构。第七期的两座房子（F2、F3，图 2—19、图 2—20）有平整坚实的黄色夯土台基，室内表面铺有一层白灰面。从杨家湾第六期的"灰烬沟"内堆积的黑灰土夹大量的木炭屑、沟内外出土有熔渣及零星铜片推断，灰烬沟一带应有铸铜作坊。而灰烬沟附近的祭祀坑（H6），

---

①　湖北省文物考古研究所：《盘龙城》（上），文物出版社 2001 年版，第 218 页，图一五五。

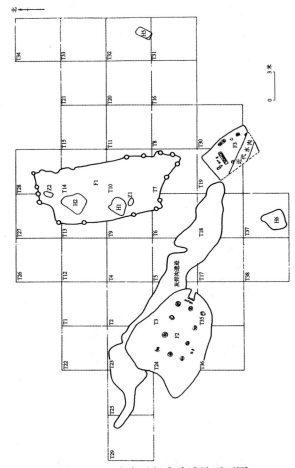

图 2—18　盘龙城杨家湾遗迹平面图

坑内分上下二层，放置一批铜、玉、陶和石器，这些器物中既有成组礼器，又有实用器，有的青铜器周围还铺有朱砂，坑内填有黑灰土，属于祭祀坑应该没有问题，其祭祀活动也许就与铜器铸造有关。在杨家湾遗址还发现 11 座墓葬，有 10 座分别属于盘龙城四期至七期，分布于灰烬沟与祭祀坑的南北不远的地方，其中与灰烬沟属于同一时期的有 8 座，这 8 座中有 6 座是随葬铜器的小墓，2 座是只随葬陶器的小墓；殉狗的有 3 座，有 2 座墓的随葬品中有坩埚。这些现象说明，杨家湾第六期的 8 座墓葬有可能就是冶铜家族的墓葬，房屋也是他们居所，6 座随葬青铜器的小墓的墓主人至少是平民中较富裕者。杨家湾第七期的 M11（图 2—21），有棺有椁，并在其上有雕花彩绘，随葬品达 57 件，其中铜器 35 件，玉器 4 件，殉狗 2 个，说明这座墓葬的墓主人地位比较显赫。只是依据发掘报告，到盘龙城第七期时内城已沦为废墟，所以杨家湾 M11 与盘龙城的关系还需进一步研究。

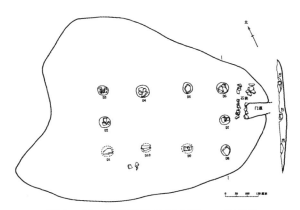

图 2—19　杨家湾盘龙城七期 F2 平面图

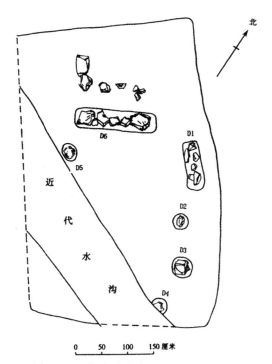

图 2—20　杨家湾盘龙城七期 F3 平面图

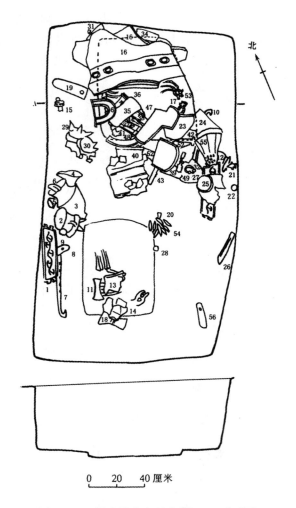

0　20　40 厘米

图 2—21　杨家湾盘龙城七期 M11 平面图

1. 铜饰件　2. 铜弧腹斝　3. 铜尊　4. 铜弧腹爵　5. 铜弧腹觚　6. 铜弧腹爵　7. 铜勾刀
8. 石铲　9. 陶饼　10. 铜勾刀　11. 铜细腰觚　12. 陶侈口簋　13. 铜簋　14. 陶罐　15. 铜镦
16. 铜鼎　17. 绿构石饰　18. 铜细腰觚　19. 石铲　20. 玉斜刃柄形器　21. 铜直内弋
22. 陶饼　23. 陶坩埚　24. 陶坩埚　25. 铜尊　26. 玉斜刃柄形器　27. 绿松石饰　28. 陶饼
29. 铜折腹斝　30. 铜弧腹斝　31. 铜弧腹斝　32. 铜钺　33. 铜饰件　34. 铜尊　35. 铜斫
36. 铜斧　37. 铜凿　38. 骨匕　39. 铜戣　40. 陶折肩瓮　41. 铜锛　42. 铜直内戈
43. 玉戈　44. 铜矛　45. 玉斜刃柄形器　46. 铜锛　47. 铜直背刀　48. 铜无翼镞
49. 绿松石饰　50. 铜折腹爵　51. 铜细腰觚　52. 石戈　53. 陶饼　54. 骨镞　55. 卜骨
56. 铜镈　57. 铜弧腹爵（5、33、46、50、51、57 压于其他遗物下）

位于盘龙城东北部的杨家嘴，其文化遗存为盘龙城二期至六期，其中四期发现房基1处，墓葬3座。五期发现属于铸铜遗迹的"灰烬沟"1处，窖穴1个，墓葬3座。第六期发现建筑遗迹1处，柱础遗迹1处，窖穴1个，墓葬2座。杨家嘴发现的四至六期的8座墓葬，皆为小型土坑竖穴墓，分布比较密集，墓葬面积一般在2—3平方米以下，墓室结构个别有熟土二层台和腰坑，葬具有棺无椁，随葬器物多为陶器，少数随葬有铜斝和玉柄形器，推测为平民墓地。杨家嘴灰烬沟内的灰烬层也为黑灰土，含有木炭屑，在沟内还发现有两个不规则的椭圆形坑，出土有较完整的坩埚及陶缸，坩锅放置有序，其底部均用大小不等的石头支垫，起稳定作用。坑内还出土有铜刀、残铜片、熔渣、孔雀石等。所以，杨家嘴的灰烬沟一带也是一处铸铜作坊，杨家嘴遗址主要是由平民住地、墓地和铸铜作坊所构成。

位于盘龙城西部的楼子湾，文化内涵主要有盘龙城四、五、六、七期的文化遗迹，以五期文化堆积最为丰富。在这里也发现与铸铜有关的遗迹。发现的10座墓葬，分布比较密集，推断是一处中小型墓地。墓葬面积均在4平方米以下，墓室结构一般有二层台与腰坑，葬具有棺有椁。随葬青铜礼器多为觚、爵、斝1—2套，也多随葬有硬（釉）陶和坩埚；几乎每座墓都随葬有青铜兵器，如戈、矛、镞等，有部分墓葬随葬有青铜生产工具。

通过以上对外郭城之内的王家嘴、李家嘴、杨家嘴、杨家湾、楼子湾诸遗址文化内涵的概括，可以看出外郭城内居住的主要是平民，也有一些一般贵族；在外郭城内除一般的居民外，也有平民墓地和贵族墓地。由于在上述诸遗址中几乎都有作坊遗迹的发现，所以，住在外郭城内的平民多从事铸铜、制陶等类的手工业生产。而从楼子湾的普通贵族墓都随葬有青铜兵器来看，这些贵族多从事军事和战争之类的兵戎活动。将盘龙城与郑州商城比较，两地城池的规模大小虽有差别，然而两地不但都由内城与外城构成，而且内城都属于宫城，外城都主要是由平民和手工业作坊、墓地所组成的城邑性格，是颇为相仿的，故盘龙城的内外城似乎就是郑州商城内外城的缩版。

四　盘龙城兴建的年代及在商王朝中的地位

关于盘龙城遗址的文化分期，该遗址的发掘者依据城址的地层叠压关系，并结合城外诸遗址的地层关系，将其分为七期：盘龙城一期相当于二里头文化二期或三期偏早；盘龙城二期相当于二里头文化三期；盘龙城三期相当于二里头文化四期偏晚或二里岗下层一期偏早；盘龙城四、五期相当于二里岗上层一期偏晚；盘龙城六期相当于二里岗上层二期偏早；盘龙城七期相当于二里岗上层二期偏晚。关于盘龙城内城城垣的营筑年代，发掘者依据"压在城垣夯土下的遗迹、遗物为盘龙城一、二、三期，说明城垣的营筑年代不会早于盘龙城三期，从城垣夯土有盘龙城四期的陶片推定，城垣的始建年代约在盘龙城四期偏晚，即相当于二里岗上层一期偏晚"。"盘龙城七期的墓葬打破城垣，说明此时宫城已经荒废，而在城址与遗址群范围内，未发现有商代后期的遗迹"，从而发掘者认为，"盘龙城城垣的营筑及使用年代，上限相当于二里岗上层一期偏晚……下限在二里岗上层二期晚段（即商代白家庄期），之后城址即已荒废"。至于盘龙城宫室的建造和使用年代，"盘龙城上层宫殿基址（F1、F2、F3）均始建于盘龙城四期偏晚（相当于二里岗上层一期偏晚），使用年代兴盛于五、六期，到盘龙城七期（二里岗上层二期晚段），城址已沦为废墟"①。也有研究者认为，盘龙城商城的始建年代可以"提前到早商二期"，"中商一期时，城址仍繁盛，曾发现李家嘴M1等重要墓葬可以为证。城址的废弃年代按已知其最晚的遗存可能到中商二期"②。这里所说的早商二期就是二里岗下层第二期，中商一期指的是二里岗上层第二期即白家庄期和小双桥一类的遗存，中商二期指的是安阳洹北商城内1997年发掘的早期遗存和河北藁城台西早期墓葬一类的遗存③。笔者以为把盘龙城商城的始建年代提早到二里岗下层二期或二期偏晚阶段是可以的，因为依据《盘龙城》发掘报告，盘龙城南北城垣夯土层中出土的最晚的陶片为盘龙城四期的陶片，而盘龙城四期以李家嘴2号墓（PLZM2）和王家嘴、楼子湾地层第6层为代表，在王家嘴的盘龙城四期遗存中出土的陶器有一些与郑州二里岗下层一期相类似，在李家嘴和楼子湾出土盘龙城四期的陶器中有一些与郑州二里岗下层二期相类似④，所以，把盘龙城商城的始建年代提前到二里岗下层二期应该是合理的。这样，盘龙城商城始建于二里岗下层二期，经二里岗上层一期，至少一直使用到二里岗上层二期（白家庄期或称小双桥期），换言之，盘龙城商城属于早商后期和中商时期的城邑。

---

① 湖北省文物考古研究所：《盘龙城》（上），文物出版社2001年版，第441—449页。

② 中国社会科学院考古研究所：《中国考古学·夏商卷》，中国社会科学出版社2003年版，第233—234页。

③ 同上书，第250页。

④ 湖北省文物考古研究所：《盘龙城》（上），文物出版社2001年版，第443—444页。

　　盘龙城的时代确定之后，那么它与中原商王朝的关系如何呢？20世纪70年代，李学勤先生曾根据盘龙城遗址的面貌与郑州商城等中原同时期遗迹十分相似以及殷墟卜辞中的"四土"等材料，认为盘龙城属于商王朝统治区域的"南土"范围①。也有学者认为盘龙城商城是商王朝势力向南推移的一支所建立的政治、军事、文化的中心。这一看法，一方面是鉴于盘龙城商文化与中原地区的二里岗商文化，在城墙、宫殿营造技术和手法，埋葬的习俗，青铜器、玉器的工艺风格，还有陶器的基本形制、特征等方面，存在着高度的统一性；另一方面则是出于把商文化划分为"商文化中心区"与"商文化亚区"的考虑，郑州商城、偃师商城属于中心区的商文化，盘龙城则属于亚区的商文化②。《盘龙城》报告的编写者则从盘龙城遗址与商文化的关系及盘龙城商城与商王朝的关系两个方面，对盘龙城与商的关系进行了更深入的探讨③。

　　比较盘龙城商文化与中原商文化的遗迹现象上的异同，可以看出，二者在城垣的夯筑方法与技术、城内大型宫室基址二进院落和三进院落式的格局、四阿重屋的建筑风格、木椁墓及埋葬习俗中的熟土二层台、殉人、腰坑内殉狗，以及葬式中的仰身葬和俯身葬等方面，都有着极大的共同性和一致性，就连盘龙城在宫室建筑中所采用的木骨泥墙技术，近年来在偃师商城中也有发现。

　　在青铜器方面，两者都有发达的青铜铸造业，出土大批的青铜礼器、兵器和工具。礼器中，盘龙城出土的觚、爵、斝、盉、卣、尊、罍、鼎、鬲、甗、簋和盘的形制与中原商文化的同类器近同；盘龙城出土的戈、矛、钺、刀、镞等兵器和镢、锛、斨、凿等工具，都是中原商文化中所具有的。铜器纹样中的饕餮纹、夔纹、联珠纹、涡纹和弦纹等都是两者相同的。虽说盘龙城出土的铜盂，铜器上的菱形纹，在郑州商文化中均未见，但总体上说，两者的共性远远大于差异性。

　　在陶器方面。《盘龙城》报告的编写者用文化因素分析法，将盘龙城遗址出土的四至六期陶器分为甲、乙、丙、丁四组即四类，其结论是：甲组陶器中的罐、鬲、甗、斝、爵、杯、盆、豆、壶、瓮、大口尊和罍等与郑州商

　　① 江鸿：《盘龙城与商城的南土》，《文物》1976年第2期。
　　② 宋新潮：《殷商文化区域研究》，陕西人民出版社1991年版，第64—69页。
　　③ 湖北省文物考古研究所：《盘龙城》（上），文物出版社2001年版，第493—504页。

代二里岗出土的同类器物十分类似，文化因素应来源于郑州商文化。乙组陶器中的大缸，在盘龙城出土遗物中列居首位，这种陶缸还发现于河南、湖南、江西等地，但以盘龙城出土的比例最大，乙组陶器是本地区土著文化的发展。丙组陶器中粗腰甗、带把鬲、带流斝、龟尾状纽的器盖等，与江西万年商代墓葬出土的双腹圜底无足甗形器、敞口杯形器、曲状器盖甚为接近，带把鬲与江苏湖熟文化中的带柄鬲相似。丁组陶器中的硬（釉）陶瓮、尊和罐等，与江西吴城出土的陶瓮及万年出土的 I 式罐近似，尤其器物肩部附有对称横鼻的风格，两地几乎一致，该组陶器纹样中的细密云雷纹、人字纹、叶脉纹、编织纹、方格纹、回字纹和弦纹等，以及两种纹样同饰一器的复合纹，均为吴城遗址的商代陶器所常见，特别是印纹硬陶显然是受江南印纹硬陶文化的影响。综观盘龙城遗址出土的商代陶器，以具有中原商文化特征的甲组陶器数量最多，具有江汉土著文化特征的乙组为次，具有江南商代文化及印纹硬（釉）陶文化因素的丁组陶器占少量，具有长江下游湖熟文化因素的丙组陶器，仅具微量[1]。

综合上述诸方面，盘龙城遗址的文化性格可以概括为：它是一支以南下的中原商文化为主体，融合本地域的文化，吸收了江南印纹陶及湖熟文化因素，而形成的一个商文化边缘地区新类型[2]，目前学术界一般称之为商文化盘龙城类型[3]。

盘龙城商文化既然是因中原商文化南下所致，而在殷墟卜辞中又有服属于商王之侯伯者分布于各地的情形[4]，那么盘龙城商城的主人就应该是商王朝在江汉平原东部的一个诸侯，盘龙城商城应是商的诸侯一级的都邑，盘龙城在商王朝中的地位，也就由它所在的地理位置以及它乃商诸侯的都邑这两者所决定。

盘龙城的地理位置之重要，主要是因为它是中原与江汉南北交通的咽

---

① 　湖北省文物考古研究所：《盘龙城》（上），文物出版社 2001 年版，第 493—498 页。

② 　同上书，第 498 页。

③ 　a. 邹衡：《夏商周考古学论文集》（第二版），科学出版社 2001 年版，第 117—119 页。

b. 中国社会科学院考古研究所：《中国考古学·夏商卷》，中国社会科学出版社 2003 年版，第 198—200 页。

④ 　a. 胡厚宣：《殷代封建制度考》，《甲骨学商史论丛初集》（上），河北教育出版社 2002 年版。

b. 李雪山：《商代分封制度研究》，中国社会科学出版社 2004 年版。

喉。在盘龙城周围，东南部有长江，西南部有汉江，东北部的滠水直接通向河南地区。其东南部的长江，往西，溯江而上，直抵荆沙，再转向三峡；往南，可通过洞庭湖，直达湘西北的澧水、沅水流域；往东，可顺江而下，由黄石，进入鄂东南，或经九江，进入鄱阳湖所属水系。因此，盘龙城的地理位置，是以长江、汉水和滠水为主要航线，连接江汉湖泊，构成四通八达的水运交通网，成为长江中游水路交通的中心枢纽，在南方有着举足轻重的地位[①]。

盘龙城的地理位置如此重要，商王朝为控制南土，也为掠取南方的财富和矿产资源，在这里建立自己的军事据点，并进而在早商的后段和中商的前段时期，形成商王朝在南方的一个政治中心，都是必要的。

在文献中，早在成汤时期，南方诸国即开始臣服于商。如《吕氏春秋·异用》说：“汉南之国闻之曰：‘汤之德及禽兽矣！’四十国归之。”《诗·商颂·殷武》曰：“维女（汝）荆楚，居国南乡，昔有成汤，自彼氐羌，莫敢不来享，莫敢不来王，曰商是常。”这些记载表明，在商代初年，南方诸国已开始向商王臣服朝见。但这些臣服于商的诸国，原本属于当地的土著，而不是由商王朝派遣出去的诸侯，商向南土派遣诸侯，建立直属于自己的军事据点，当在成汤之后。而盘龙城的兴建，恰恰晚于偃师商城，也晚于郑州商城。如前所述，郑州商城始建于二里岗下层一期晚段或一、二期之间，盘龙城商城则始建于二里岗下层二期或二期晚段。与偃师商城相比，郑州商城的兴建已是早商王朝实力充实、扩展之后的举动，而盘龙城商城的兴建则标志着商王朝巩固之后又在南方建立了较为稳定的为自己所统属的政治中心。

商王朝在盘龙城建设城邑和宫殿，一般认为与掌控南方的矿产资源有关（图2—22）[②]。从有关古铜矿的开采来看，在盘龙城东南的大冶铜绿山发现大批的古矿冶遗址，矿井开采的年代，可以早到二里岗时期，在遗址上发现

---

①　湖北省文物考古研究所：《盘龙城》（上），文物出版社2001年版，第502页。

②　a. 湖南省博物馆、北京大学考古专业盘龙城发掘队：《盘龙城一九七四年度田野考古纪要》，《文物》1976年第2期。

b. 刘诗中、卢本珊：《江西铜岭铜矿遗址的发掘与研究》，《考古学报》1998年第4期。

c. 湖北省文物考古研究所：《盘龙城》（上），文物出版社2001年版，第503页。

d. 刘莉、陈星灿：《中国早期国家的形成——从二里头和二里岗时期中心和边缘之间的关系谈起》，《古代文明》第1卷，文物出版社2002年版，第92页，图九。

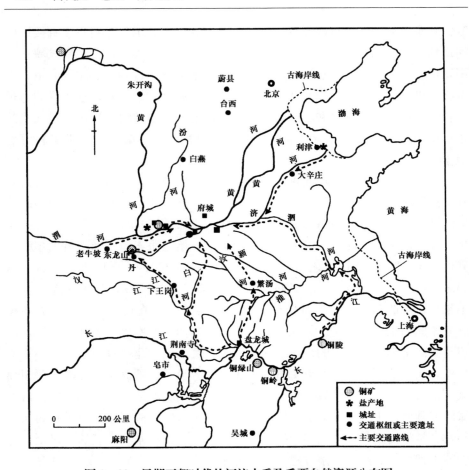

图 2—22　早期王朝时代的河流水系及重要自然资源分布图

（刘莉、陈星灿：《中国早期国家的形成——从二里头和二里岗时期的
中心和边缘之间关系谈起》）

有二里岗时期陶鬲足[①]。江西瑞昌铜岭的古矿井中，也发现有二里岗时期的
陶斝等商代遗物，证实了商已进入这一带进行采矿[②]。而关于盘龙城商代青
铜器铅同位素示踪研究也显示出，一是盘龙城的青铜器的某些样品落入大
冶、铜绿山古矿样品（孔雀石、铜锭、粗铜、炼渣）的分布区内，这说明制

---

① 黄石市博物馆：《铜绿山古矿冶遗址》，文物出版社 1999 年版。

② 江西省文物考古研究所铜岭遗址发掘队：《江西瑞昌铜岭商周矿冶遗址第一期发掘简报》，
《江西文物》1990 年第 3 期。

造盘龙城青铜器的部分原料即来自大冶、铜绿山；二是盘龙城的另外两件青铜样品测定的数值远离铜绿山矿料分布点，而与江西现代孔雀石样品相近，该孔雀石产自铜岭，这又说明盘龙城的部分青铜器矿料还有来自江西瑞昌的铜岭矿冶遗址；三是有一件盘龙城的鼎足样品的数值与郑州商城出土的古铜渣的数值几乎一样，该铜渣是从郑州市博物馆的展柜内取出的一部分，有可能是浇铸青铜器流出的残渣，这一方面说明盘龙城部分铜器的矿料与郑州商城部分铜器的矿料来自同一地方，同时还有可能盘龙城出土的这件青铜器是在郑州铸造，而运至盘龙城使用[①]。也就是说，盘龙城既自己铸造铜器（因盘龙城有铸铜遗迹发现），也接受来自商王朝的铜器（尤其是铜礼器），而后者也是商王维系或加强王与诸侯关系的一种手段。

商王朝在盘龙城设立诸侯，修筑城邑和宫殿，盘龙城成为商王朝掌控南方矿产资源的中转站和商王朝在南方的一个政治中心。无论是中转站还是政治中心，都是需要一定的军事力量做保障的。在当时政治、军事格局下，盘龙城的内城、城壕及外郭城建设对于商在南方的这个政治中心的自身的安全，有着积极的作用；而盘龙城墓地中每每有青铜武器出土，特别是楼子湾、李家嘴墓地大部分墓葬都有青铜武器随葬，种类计有：戈、矛、刀、钺和镞等，这也说明当时的盘龙城是有相当的军事力量的。

第二节　垣曲商城、东下冯商城和府城商城

一　垣曲商城的地理位置、形制、布局与年代

垣曲商城（彩图10）[②]位于晋南黄河北岸的垣曲县古城关镇南关。作为城址所在的垣曲县，北倚太行，南踞大河，西以中条山为屏，东连王屋为障，三面群山环绕，中部低凹，形成僻邑。境内层峦叠嶂，山峦与峡谷之间，河流如织。依山势走向，多由西北流向东南注入黄河。较大的河流有板涧河、亳清河、西河、西阳河（图2—23）[③]。而垣曲商城正处于亳清河入黄

① 彭子成、王兆荣、孙卫东等：《盘龙城商代青铜器铅同位素示踪研究》，《盘龙城》附录四，文物出版社2001年版。

② 中国历史博物馆考古部、山西省考古研究所、垣曲县博物馆：《垣曲商城》，科学出版社1996年版。

③ 中国历史博物馆考古部等：《垣曲商城》，科学出版社1996年版，第4—5页，图一。

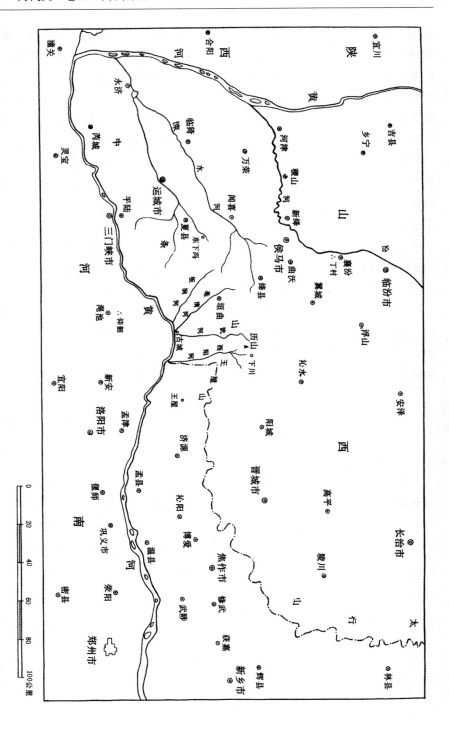

图2—23　山西省垣曲县位置图

河处，两河之间凸起的黄土台地上。台地高出亳清河河滩约 55 米，高出黄河河滩约 50 米，海拔高度 240—250 米。台地之上北高南低，西部略平坦，与鸡笼山等丘陵相连。其余三面环水，东北部有亳清河，东部有西河，南部紧濒黄河，在城址的南面即有东滩等黄河渡口。垣曲商城建在多条河流注入黄河之处和渡口的地方，显然有控制水路交通与要津的作用（图 2—24）[1]。

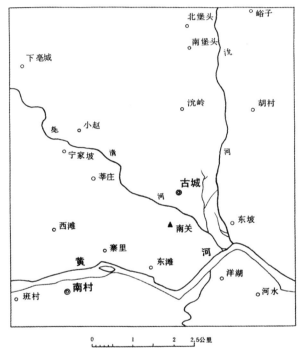

图 2—24　垣曲商城城址位置图

垣曲商城城址呈不规则的长方形，北城墙总长 338 米，西城墙内墙总长 395 米，东城墙复原长度约 336 米，南城墙内墙复原长度约 400 米，周长约 1470 米，城垣总面积 133000 平方米（图 2—25）[2]。由于其不规则，城垣的内侧角，东北角为 85°，西北角为 107°，西南角为 81°，东南角无存。北墙方

①　中国历史博物馆考古部等：《垣曲商城》，科学出版社 1996 年版，第 6 页，图二。

②　中国社会科学院考古研究所：《中国考古学·夏商卷》，中国社会科学出版社 2003 年版，第 234 页，图 4—12。

向 79°，现存宽度（包括地上及地下部分）7.5—15 米。西城墙由内外两道城
墙组成。西墙内墙方向 5°，南北宽度不一，缺口即城门以北较宽，现存宽度
2.5—12.5 米；缺口以南略窄，现存宽度 6.0—9.0 米。外墙总长 286 米，宽
4.0—6.0 米，北端始于内墙缺口以北，有一宽 8 米、长 12 米的东西向横墙
与内墙相接，西端成直角向南拐。内外两墙平行，相距 7.0—10.0 米，外墙
南端较内墙南端向南长处 25 米，与内墙不相连，形成一窄长的通道。南墙
也由内外两道墙组成。南墙内墙现存宽度 2.5—14 米，内墙西段保留 178 米
较为整齐，方向 80°。南墙外墙西端保留的长度为 164 米，宽度 2.5—5.0
米，与内墙平行，两墙相距 4—14 米。南墙的外墙西端始于城西南角，与西
墙外墙不相连，其间的缺口即门道宽 16 米。

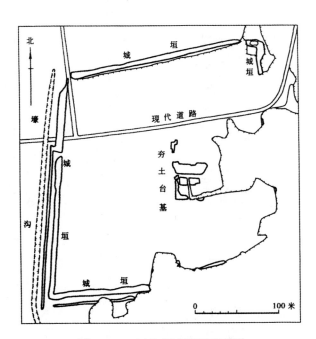

图 2—25　垣曲商城城址平面图

西城墙内外两道墙以外有护城壕一条，南北走向，较直，与西墙平行，
总长 446 米，宽度 8—9 米，与西墙外墙间隔 6—8 米，北端始于城址西北
角，南端止于台地南缘，在近城址西南角时略向东折，直通台地南缘的一条
冲沟中。

城址的各面城门未能充分确认，北、西、南三面城墙发现的缺口，目前只有西墙中段偏北的一个可以确定为城门。由此城门向东南方向延伸有一条通往中心建筑群的主干道。

城内中部偏东为中心建筑群，已发现夯土台基 6 座。其中北边的一座夯土台基①，是这组基址群中规模最大的一座，形状近长方形，东西长约 50 米，南北宽约 20 米，面积 1000 平方米。在这之南的一座夯土台基②，东西长约 30 米，南北宽约 12.5 米，面积 375 米。其余的面积较小，形状也更不规整，有的略呈曲尺形。这 6 座夯土基址是否可以构成一个三进院落，也很难说。由于目前所获资料有限，对于这组建筑的形制特征、功用等都无法判断。

城内东南部为一般居住区，文化层堆积较厚，分布有窖穴、房址、沟壕等，其西发现数座陶窑，当为制陶作坊区。西南部发现少量窖穴，分布稀疏，但近南城墙处分布密集。城内其他地方虽然普遍分布有早商文化时期的文化层，但地层堆积比较简单③。

目前我们对垣曲商城的了解，主要是依据 1985—1986 年的发掘资料，可以说知之不多。垣曲商城始建于二里岗下层时期，并延续使用到二里岗上层时期，它的主要使用时期与郑州商城和偃师商城的年代大体相当④，它的废弃也许在白家庄期⑤，这与郑州西北 20 公里也属于都邑的小双桥遗址的年代是一致的。在文化面貌上，垣曲商城的二里岗下层文化也与以郑州商城和

---

①　在《垣曲商城》发掘报告的文字内容中称之为 2 号夯土台基（第 11 页），但在其城址平面图中却标为"夯 3"即 3 号夯土台基。

②　中国历史博物馆考古部等：《垣曲商城》发掘报告的文字内容中称之为 4 号夯土台基，城址平面图标为"夯 2"即 2 号夯土台基。

③　以上有关城墙、城壕、城门以及城内遗迹的布局与形状，主要依据：

a. 中国历史博物馆考古部等：《垣曲商城》，科学出版社 1996 年版，第 10—15 页。

b. 佟伟华：《商代前期垣曲盆地的统治中心——垣曲商城》，《中国历史博物馆馆刊》1998 年第 1 期。

c. 程书林：《垣曲黄河小浪底水库区文物抢救发掘有重要收获》，《中国文物报》1997 年 7 月 13 日。

④　中国历史博物馆考古部等：《垣曲商城》，科学出版社 1996 年版，第 274 页。

⑤　中国社会科学院考古研究所：《中国考古学·夏商卷》，中国社会科学出版社 2003 年版，第 185 页。

偃师商城为代表的豫西地区早商文化遗存十分接近，与夏县东下冯的早商文化的总体面貌也十分相像，当然，它们之间也有一些区别，但属于次要的因素。因此，垣曲商城的发掘者把垣曲和东下冯的这一期文化都归属于豫西的二里岗下层文化，并指出商代前期以豫中和豫西为中心分布的二里岗下层文化向西北方向的分布已到达晋南地区。到二里岗上层时期，垣曲的文化面貌与豫西更趋接近，两地表现出了极大的一致性，这说明垣曲商文化的发展与豫西是同步进行的①。

二　垣曲商城的性质与地位

联系垣曲商城早商文化与豫西豫中的一致性及其同步发展的现象，我们对垣曲商城的性质应如何看待呢？目前，关于垣曲商城的性质，至少有两种观点。一种认为商族起源地在晋南，垣曲商城为"汤始居亳"的最早亳都②；另一种认为垣曲商城或者为商王朝建置于晋南黄河以北的军事重镇，或者为商王朝的方国之都③。

若认为是"汤始居亳"的最早亳都，那么垣曲商城就应该始建于先商时期。然而，依据《垣曲商城》发掘报告，城址内二里岗下层之下虽有二里头晚期的遗存，也有仰韶晚期的遗存，但南城墙墙体和基槽叠压或打破二里头晚期的文化层及部分灰坑、房址等，西城墙夯土中还夹杂有二里头晚期的陶片，所以垣曲商城的上限不会早于二里头晚期。也就是说，在仰韶晚期和二里头晚期的时候，这里虽然有人居住，但并未建筑城邑，而所谓"汤始居亳"是始于灭夏之前，在考古学文化上属于先商的范畴④，垣曲商城不是先商之城，只是早商之城，这在年代上与"汤始居亳"是联系不上的。此外，如笔者在《商族起源与先商社会变迁》一书所述，若作为成汤灭夏之前的亳邑，垣曲商城的地理位置与"韦顾既伐，昆吾夏桀"的作战路线是不合的。而若作为早商之都邑，它在规模上与同时期的郑州商城和偃师商城是无法比拟的，郑州商城的内城即比垣曲商城大 23 倍，偃师商城也比

①　中国历史博物馆考古部等：《垣曲商城》，科学出版社 1996 年版，第 288—298 页。
②　陈昌远：《商族起源地望发微——兼论山西垣曲商城发现的意义》，《历史研究》1987 年第 1 期。
③　中国历史博物馆考古部等：《垣曲商城》，科学出版社 1996 年版，第 276 页。
④　关于先商文化，请参考《商代史》卷三《商族起源与先商社会变迁》第四章。

垣曲商城大 14 倍，若垣曲商城为早商王都，那么郑州商城与偃师商城又将置于何种地位？再从文献依据上讲，诚如学者们所指出，有关垣曲与亳的关系的传说，成书的年代较晚，记载甚为零星，并被明清以来的不少考证所否定①。所以，无论从哪方面讲，说垣曲商城是"汤始居亳"之亳都，都是缺乏根据的。

说垣曲商城或为商王朝的一座军事重镇或为一侯伯之都，应该说是有根据的，而且这两种说法还可以统一起来。垣曲商城在建筑形制上有其独特之处，它的东、南二面面临断崖，只是西面是宽阔、平坦的黄土塬，而恰恰是西城墙和南城墙西段均筑出具有双道城垣的夹墙，大大增强了城邑的防卫性能，显示了十分浓厚的军事色彩②。这种军事色彩颇为浓厚的城邑，并非属于早商之前当地原有文化的城邑，而是进入商代之后所建，其文化面貌又与豫西豫中王畿之地的早商至中商一期的文化相一致，可见垣曲商城的出现，是商王朝为了控制黄河以北而派人驻守在这里所建。在这个意义上，说垣曲商城是商王朝据守黄河天险的一座军事重镇，是不为过分的，因为它具有这样的军事作用。

垣曲商城为商所直接控制，但商王并不住在这里，它只能由商王所派遣的人驻守，这种驻守之人，随着时间的推移，自然就会形成商的侯伯方国，所以，我们说垣曲商城作为商的军事重镇与作为侯伯方国之都是可以统一起来的，只是它不能称为早商的畿内诸侯而已。

说到商的诸侯方国，垣曲商城是否与甲骨文中的"亘方"有关系呢③？陈梦家先生曾依据垣曲在战国时即名"垣"，而在武丁时期的甲骨卜辞中，就有作为方国的"亘"或"亘方"，他认为卜辞的"亘"即《汉书·地理志》之垣，在今垣曲县西二十里④。在卜辞中，除了作为方国的亘，也有作为地名的亘和作为人名的亘以及作为商王朝贞人的亘。卜辞中的这些亘是可以统一起来的，即人名之亘实为亘方首领，而贞人亘也是由亘方派遣到商王朝担任贞人的。在卜辞中，亘与商王朝的关系密切，有卜问亘是否有祸的"亘亡

---

① 中国历史博物馆考古部等：《垣曲商城》，科学出版社 1996 年版，第 275 页。

② a. 董琦：《瓮城溯源——垣曲商城研究之一》，《文物季刊》1994 年第 4 期。

　　b. 中国历史博物馆考古部等：《垣曲商城》，科学出版社 1996 年版，第 275 页。

③ 中国历史博物馆考古部等：《垣曲商城》，科学出版社 1996 年版，第 276 页。

④ 陈梦家：《殷虚卜辞综述》，中华书局 1988 年版，第 276 页。

祸"(《合集》10184）卜辞，也有记录亘贡纳的"亘入一……"(《合集》13625
反)、"亘入二……"(《合集》13645 反）之类卜辞；但亘也曾兴兵反商，同时
亘与周围邻近的雀、戈、犬、戈等方国之间也曾频繁征战①。卜辞中的亘是
否就在垣曲商城？这是学界所关心的。然而，诚如《垣曲商城》报告的编写
者所指出，卜辞中的亘属商代晚期，"垣曲商城并不是商代晚期的城址而属
商代前期，城址中又恰恰缺少殷墟时期的文化遗存，因此，在商代二里岗时
期这里是否称'亘'还难以确知，而只能推测垣曲商城也可能是商王朝前期
的某侯伯之都"②。

从军事上讲，商王朝修筑垣曲商城固然有控制黄河以北的这片辖地，以
抵御西北方向外来势力侵犯的作用，但近来的研究还指出，垣曲商城的修筑
更主要是为了控制和转运晋南的铜矿和盐这些重要资源③。根据矿产地质学
研究，在晋南的中条山地区分布有铜矿，在运城盆地有河东盐池（图 2—22）。
中条山的铜矿产地，包括垣曲境内的铜矿峪、小西沟、南河沟、落家河等，
所以，以垣曲商城及其南边的东滩一带的渡口为其转运站，是不难理解的。
河东盐池的运输，在东路的路线方面，也可以通过垣曲县东滩渡口运输出
去。在垣曲县东滩村曾出土一个刻有"垣曲县店下样"的宋代石秤砣④，这
个 140 公斤重的盐样，是专门称量从河东盐池运来的盐袋的。根据石刻文
字，当时共制作有三个类似的盐样，并且分别分配到盐路上的三个驿站：
安邑、含口和垣曲。此路从盐池经北路过安邑、含口，然后折向东南方向，
穿越中条山的横岭关到达垣曲县的东滩。东滩靠近古代黄河的济民渡口，盐
袋就是在这里装运上船，输往京畿所在的东南部的伊洛河和郑州地区，而早
商时期这条路线大概即已存在，它对偃师商城和郑州商城有着重要的作用
（图 2—26）⑤。

---

　　①　陈梦家：《殷虚卜辞综述》，中华书局 1988 年版，第 276 页。

　　②　中国历史博物馆考古部等：《垣曲商城》，科学出版社 1996 年版，第 276 页。

　　③　刘莉、陈星灿：《中国早期国家的形成——从二里头和二里岗时期的中心和边缘之间的关系
谈起》，《古代文明》第 1 卷，文物出版社 2002 年版。

　　④　a. 郭正忠：《关于宋代"垣曲县店下样"的几点考释》，《文物》1987 年第 9 期。

　　　　b. 王泽庆、吕辑书：《"垣曲县店下样"简述》，《文物》1986 年第 1 期。

　　⑤　刘莉、陈星灿：《中国早期国家的形成——从二里头和二里岗时期的中心和边缘之间的关系
谈起》，《古代文明》第 1 卷，文物出版社 2002 年版，第 93、94 页，图一〇。

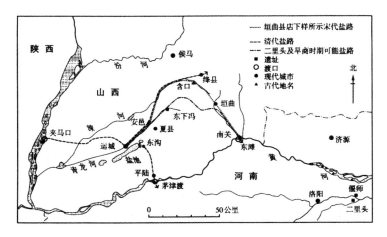

图 2—26 山西南部的古代盐路示意图

（刘莉、陈星灿：《中国早期国家的形成》）

垣曲商城是早商王朝在黄河北岸重要的军事重镇，这一军事重镇应该由商的侯伯所驻守，所以它也是商的诸侯一级的都邑，它既发挥着控制黄河北岸、保卫黄河以南商王朝中心区域的作用，也因其水路交通的缘故而成为把晋南地区的铜矿、盐等重要资源输往偃师、郑州一带的转运站。正因为此，垣曲商城对于作为王都的偃师商城、郑州商城和小双桥来说，是极为重要的，它的兴建和使用也是与偃师商城、郑州商城和小双桥的兴衰连在一起的，所以后来随着商的王都也即商的政治中心从豫西与豫中移往他处，垣曲商城也即被放弃。

三 东下冯商城的位置、形制与年代和性质

东下冯商城所处的夏县地处运城盆地的东缘，汉为安邑地，北魏分安邑为二，直南安邑于今县，后周始改为夏县。东下冯村位于涑水支流青龙河的上游。河北岸地势开阔，河南岸往东约 3 公里是有名的中条山。山、河之间原是一片东北高、西南低的缓坡，遗址位于东下冯村东北的青龙河南、北岸台地上。遗址的西北约 5 公里处有蜿蜒绵亘直达闻喜县境内的鸣条岗，西南约 14 公里是战国至汉代的安邑城——禹王城，再西南一点就是著名的盐池（图 2—27）[①]。

---

① 中国社会科学院考古研究所、中国历史博物馆、山西省考古研究所：《夏县东下冯》，文物出版社 1988 年版，第 2 页，图二。

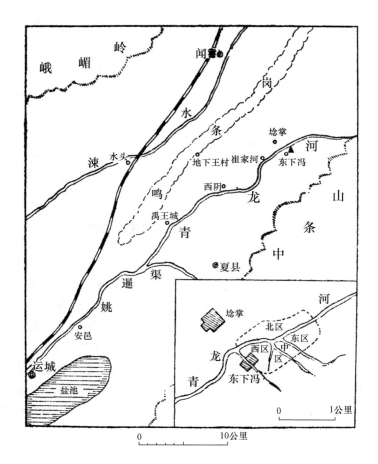

图 2—27 夏县东下冯遗址位置图

东下冯遗址的发掘工作始于 20 世纪 70 年代，因发掘工作有限，对于城邑的全貌不是很清楚。四面城墙中仅南墙全部探清，东墙和西墙只探出南段，其中段毁于冲沟。北墙尚未发现。东城墙南段长 52 米。西城墙南段长 140 米，另在其北向延长线上发现有城墙残迹，已探出的部分较直，未发现转折的迹象。南城墙中部有一转折，南城墙总长为 440 米，东城墙与西城墙之间的相距大约为 370 米。已探出的三个城角均比较圆转。城墙为平地起建，中间是夯筑的墙体，底宽约 8 米，两侧为护城坡。墙体系用红色土羼紫褐色土、料石碎块夯筑而成，夯土质量较高，相当坚硬，夯层整齐平直，一般厚 8—10 厘米，夯窝比较密集，清晰可辨，皆半球形，直径 7 厘米，深 3 厘米。城墙外侧发现有城壕，城壕口宽 5.5 米，底宽 4 米，深 7 米，距城墙外侧 1.8—3 米（图 2—28）①。

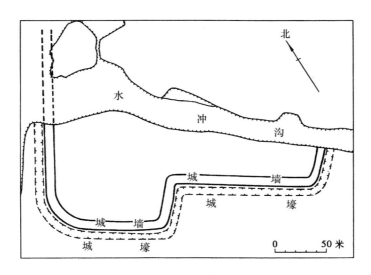

图 2—28　东下冯商城平面图

城内西南角有一群圆形建筑基址，形制较为特殊，很值得注意。这些圆形建筑基址（代号 F）横成列，纵成行（图 2—29），与城墙的层位完全一致，是城内建筑的一个组成部分。已确知的有 20 座，另由钻探可知这群建筑至少有 7 排，每排 6 座或 7 座，总数大概有 40—50 座。

这些圆形建筑直径在 8.5—9.5 米之间，高出当时地面约 30—50 厘米。以每座基址的中心点计算，其间距为 13—17 米。每座基址的中心，都有一个直径 1.2 米左右的柱坑，坑的中央有一个直径 0.2—0.3 米，深约 0.8 米的柱洞。基址面上有"十"字形的埋柱沟槽，槽宽 50—60 厘米，深 20 厘米左右。"十"字形柱槽的交叉点，即大柱子的所在。以大柱子洞为中心，"十"字形柱槽将基址面也分成了四等份。"十"字形的每条柱槽现存柱洞数目多少不等，最多的 4 个，最少的 1 个，没有柱洞的极少。每座基址的周边都有一周密集的小柱洞，一般有 30—40 个，洞径 9—15 厘米，间距 50—110

---

①　中国社会科学院考古研究所：《中国考古学·夏商卷》，中国社会科学出版社 2003 年版，第 235 页，图 4—13。

厘米。每座基址的门道究竟开设在哪里，至今是个谜。发掘者在发掘时对基址都进行了细心清理和认真观察，但始终都没有找到门道的任何迹象。基址的建造过程是：平整地面后，铺垫一层黄色花土，作为地基，再夯筑台基。台基分为三至五层，每层厚 10 厘米左右，然后挖槽（或坑）埋柱，填平夯实（图 2—30）①。

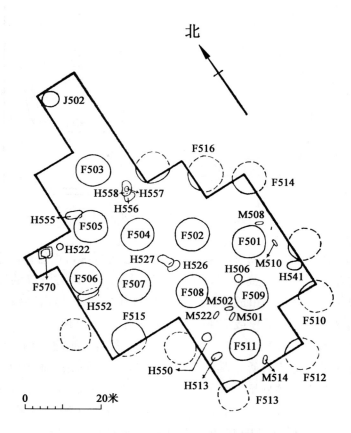

图 2—29   东下冯商城圆形建筑基址平面分布图

对于这些圆形建筑基址，有学者推测它是一处干栏式仓储设施②，也有

①   中国社会科学院考古研究所等：《夏县东下冯》，文物出版社 1988 年版，第 152 页，图一三九。

②   杭侃：《夏县东下冯的圆形建筑浅析》，《中国文物报》1996 年 6 月 2 日。

人明确指出应为粮仓①，还有认为这些圆形建筑"可能用作储盐的盐仓。东下冯可能是古代把盐池之盐运至东部和北部地区的一条盐道上的重要据点"②。若考虑到东下冯商城恰处于盐道上的这一地理位置，判断这些圆形建筑物为储盐的盐仓，应更为合理，由此也涉及东下冯商城的性质问题。

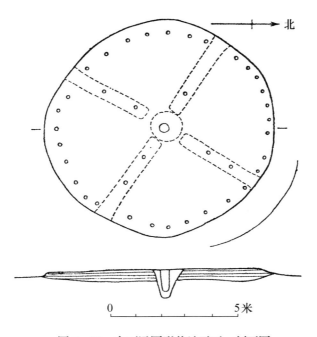

图 2—30　东下冯圆形基址平面、剖面图

东下冯遗址的文化遗存在《夏县东下冯》发掘报告中被分为六期，其中Ⅰ至Ⅳ期属于二里头文化东下冯类型，Ⅴ、Ⅵ期分别相当于二里岗下层和二里岗上层③。对此，也有将东下冯遗址的二里岗上下层遗存又细分为四期，其第一期至第三期分别与郑州商城的第一期偏晚、第二期、第三期相当，属

①　程平山、周军：《东下冯商城内圆形建筑基址性质略析》，《中原文物》1998 年第 1 期。

②　刘莉、陈星灿：《中国早期国家的形成——从二里头和二里岗时期的中心和边缘之间的关系谈起》，《古代文明》第 1 卷，文物出版社 2002 年版，第 111 页。

③　中国社会科学院考古研究所等：《夏县东下冯》，文物出版社 1988 年版，第 148—150、208—214 页。

于早商文化；第四期与郑州商城的第四期相当，属中商文化一期①。东下冯城址建于郑州商城第一期偏晚阶段，它和垣曲商城一样，也是随着偃师商城和郑州商城的兴建而出现的。东下冯商城的废弃大概是在白家庄期，这也与小双桥遗址的年代是一致的。也就是说，东下冯商城的兴衰是与商王朝的政治中心在豫西和豫中的时期相吻合的。

在文化面貌上，东下冯商文化与豫西豫中的商文化也甚为接近，所以，与垣曲商城一样，东下冯商城也是商王朝在晋南的一个重要据点，这一据点除在军事上对控守晋南地区发挥着作用外，笔者也赞成它还肩负着将盐池之盐和中条山的铜矿运往垣曲商城附近的黄河渡口的重任，它是早商乃至中商一期时商王朝掌控晋南地区重要自然资源的一个据点，这个据点实际上也是商王朝又一个诸侯一级的都邑。

四　府城商城的形制、年代与性质

府城商城②位于河南省焦作市西南郊距市中心约 10 公里的府城村西北部台地之上，北距太行山约 15 公里，南距沁河约 20 公里。城址平面呈方形，面积约 8 万平方米（图 2—31）。其中西墙、北墙保存较好。西墙压在一条南北向的小路下，现存高度约 2—3 米，长约 280 米，宽约 4—8 米。北墙保存长度约 284 米，高约 2—3 米，西部保存较好，宽约 6 米，东部宽约 0.5—3 米。北墙中部有一缺口长约 10 余米，该缺口是 20 世纪六七十年代取土所致。东城墙北部一段和南部均遭破坏，东墙复原长度约 280 米。南墙仅有地下部分的基槽，其宽度约为 15 米，与东城墙基槽的宽度基本上一致。保存较好的西北角拐角内外均呈圆弧状，拐角顶部宽 9 米，高 2 米，底部宽约 16 米。③

---

① 中国社会科学院考古研究所：《中国考古学·夏商卷》，中国社会科学出版社 2003 年版，第184—185 页。

② a. 杨贵金、张立东：《焦作市府城古城遗址调查报告》，《华夏考古》1994 年第 1 期。

b.《焦作府城发现商代早期城址》，《中国文物报》1999 年 12 月 19 日。

c. 袁广阔、秦小丽、杨贵金：《河南焦作市府城遗址发掘简报》，《华夏考古》2000 年第 2 期。

d. 袁广阔、秦小丽：《河南焦作府城遗址发掘简报》，《考古学报》2000 年第 4 期。

③ 袁广阔、秦小丽：《河南焦作府城遗址发掘简报》，《考古学报》2000 年第 4 期。

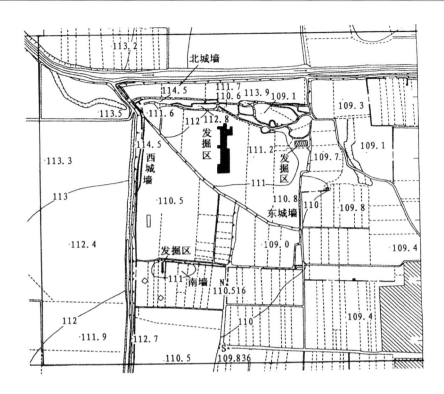

图 2—31　河南焦作市政府商城平面示意图

（《考古学报》2000 年第 4 期）

在府城商城的版筑城墙中，发掘者发现夯打的夯窝可分为大、中、小三种。大夯窝是用比较粗的单个木棍夯打而成，大夯窝为座底夯，间有少量小夯窝，直接夯打在黄沙土上，夯窝稀疏，均为圆形圜底状，直径为 11—14厘米，窝深 3—5 厘米。中型夯窝在城墙下部靠近座底夯之上，厚约 20 厘米，以圆形圜底为主，有少量的椭圆形夯窝。圆形夯窝的直径一般为 3—5厘米或 4—7 厘米，夯窝深 1—2.5 厘米或 2—3 厘米。椭圆形夯窝长约 5—7厘米或 3—8 厘米。主体夯层均为小夯窝，直径 3—4 厘米或 1—4 厘米，深1—2.5 厘米或 2—3 厘米。这些夯窝均系比较小的木束夯砸而成，一般每捆约有 15—20 个木棍为一组。大、中、小三种夯窝的发现，是发掘工作细致的一种收获，从中我们也可以看到府城商城的建造者在夯筑城墙时，对于不同层位采用了不同的夯具，这大概是基于经验上的考虑。其建筑的方法是先挖基槽，基槽宽约 15 米，深约 0.9 米，然后加板进行夯筑。夯筑时，座底夯采用的是较粗的单个木棍夯打；在其之上，采用细一点的集束木棍夯打；到主体夯层时，采用更细的集束木棍进行夯打。发掘者根据北城墙和西城墙保存较好，东城墙中部也保存一定的高度，以及对南城墙和东城墙基槽的发掘和钻探，对城址的平面作了复原（图 2—32）[①]，至于城门有几处？在什么地方？还有待今后进一步的发掘来解决。

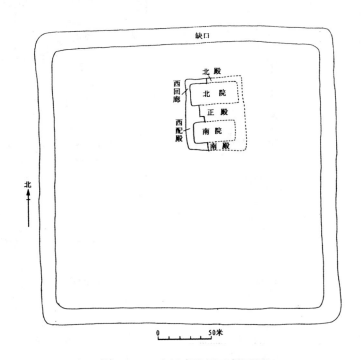

图 2—32　府城商城平面复原图

（《考古学报》2000 年第 4 期）

目前在府城商城内发现四处夯土基址，因它们之间有叠压打破关系，如一号夯土基址的东部被二号基址打破，三号基址被一号基址的北殿基址打破，二号基址大部分又叠压在三号基址之上，五号基址也被一号基址打破，所以这四处夯土基址不属于同一时期同时使用的夯土建筑物。据发掘报告，二号基址早于或相当于商代白家庄期，一号基址为二里岗下层一期，三号和

① 袁广阔、秦小丽：《河南焦作府城遗址发掘简报》，《考古学报》2000 年第 4 期。

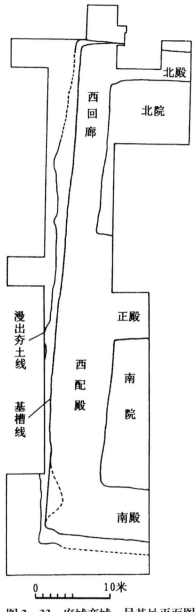

图2—33　府城商城一号基址平面图

五号基址又早于一号基址。这四处夯土基址中，一、二号基址保存较好。一号基址位于城址内的东北部，平面形状为长方形，南北长 70 米，东西宽钻探约 55 米。北部已发掘的宽度为 14.75 米，南部已发掘的宽度为 14 米。从已发掘的情况看，一号基址是由前后三个殿堂和二进院落组成。位于北院和南院之间的被称为"正殿"，位于南院南部的被称为"前殿"（或称南殿），位于北院之北的被称为"北殿"，北院西侧的被称为"西回廊"，南院西侧的被称为"西配殿"（图 2—33）。

"前殿"基址南北进深 7.5 米，基址厚 1.75—2.30 米，和两边的"配殿"连为一体。参照偃师商城宫殿基址的形制，这里所谓"前殿"是否属于一号基址中南庑性质的基址，还有待于今后的发掘加以解决。西侧的配殿东西宽为 7.75 米，南北长 20 米。位于前后院之间的"正殿"，南北进深 14.8 米，基址厚度为 1.9 米。在初步的发掘中，发现有零星的柱础石和柱洞，整体情况还不太清楚。南院南北宽为 20 米，在东西长度方面，目前只发掘了 6 米左右。北院发掘出的有西回廊和北殿（后殿），西回廊基槽宽 4.1 米，北殿基址也只做了部分发掘。

一号基址的建筑方法是先在地上挖一基槽，若有早期灰坑，把早期灰坑填土清理干净，然后夯砸，所以基槽底部全是生土，虽然有的地方不平整，但大体深度一致。基槽壁为斜坡状，基址夯土也呈上宽下窄的梯形状，上部宽 4.4 米，底宽 3.65 米，厚 1.8 米。夯层平整清晰，厚 5—10 厘米，共有 20 多层夯层，每层夯窝为较粗的木棍集束夯砸而成。

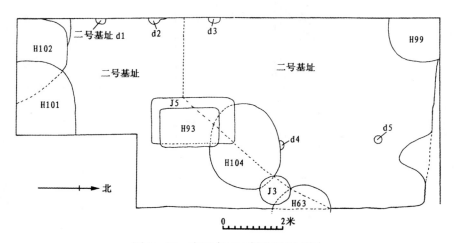

图 2—34　府城商城二号基址平面图

　　二号基址叠压着一号基址北殿，又被白家庄期灰坑打破，所以二号基址有可能早于白家庄期，或因打破它的灰坑与它不具有分期上的意义而使二号基址也为白家庄期。二号基址为长方形（图2—34），坐北朝南，已发掘部分长12.5米，宽6.5米，为地面式建筑。三号基址也为长方形（图2—35），坐南朝北，因被一号基址的北殿基址所打破，故早于一号基址，已发掘部分居住面长8.2米，宽6.15米。五号基址也被一号基址打破，由于发掘面积有限，基址形状不详。

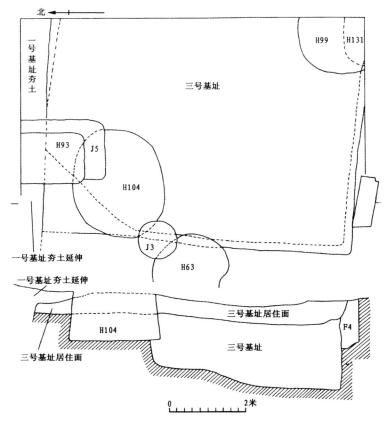

图2—35　府城商城三号基址平面图

　　关于府城商城的年代，依据目前的发掘资料，发掘者认为，在这四处夯土基址中，城址的年代最迟与一号基址同时修建，年代为二里岗下层，城址的废弃年代应为白家庄期晚段[①]，也就是说，府城商城的主要使用期为早商，并延续到中商时期。在文化特征上，府城商城虽也有一些自身的特点，但它的二里岗期遗存整体上属于二里岗文化系统，它的白家庄期遗存也与郑州白家庄期一致，所以，府城商城的文化面貌与同时期商王朝中心地区的文化面貌基本是一样的。为此，我们可以判断出府城商城可能是早商至中商时期商的诸侯一级的都邑。

---

① 袁广阔、秦小丽：《河南焦作府城遗址发掘简报》，《考古学报》2000 年第 4 期。

第 三 章

中商时期的王都与迁徙

第一节 "中商文化"概念的意义及其相关问题

一 中商文化概念的几经变化

所谓中商文化就是商代中期的考古学文化,将商代的考古学文化划分为早、中、晚三个时期,早在 20 世纪 50 年代末至 60 年代就已开始,但那个时候所讨论的早商文化是洛达庙期(即二里头期)文化,中商文化是二里岗期文化,晚商文化是殷墟期文化。当时还将成汤居亳到盘庚迁殷的五次迁都,也按商代的早、中、晚三期进行了划分:"汤居亳应属于商代早期,盘庚迁殷应属商代晚期,而仲丁迁隞,河亶甲迁相和祖乙迁耿,都应该是属于商代中期。"[①] 到 20 世纪 70 年代末 80 年代初,邹衡先生在探讨夏文化时,对商文化也作了新的分期,他把原认为是早商的二里头文化作为夏文化,把原认为是中商的二里岗商文化作为商代前期文化,并提出了著名的"郑州商城为汤都亳说",把殷墟商文化作为商代后期文化,从而把以往商代文化三期的三分法变为前后两期的二分法,其具体的划分是,商代前期:南关外期—二里岗下层—二里岗上层—河北藁城的遗存—殷墟一期的遗存,商代后期:殷墟二至四期的遗存[②]。邹衡先生二分法的这种新的编年体系在学术界产生了广泛的影响,可以说在总体上被越来越多的学者所接受,只是在某些细节上与即使采用二分法的学者也有一些差异。例如,在邹衡先

---

① 安金槐:《试论郑州商代城址——隞都》,《文物》1961 年第 4、5 期。

② a. 邹衡:《郑州商城即汤都亳说》,《文物》1978 年第 2 期。

b. 邹衡:《试论夏文化》,载邹衡《夏商周考古学论文集》,文物出版社 1980 年版,第 95—182 页。

生的分期中，他把南关外下层与南关外中层合并，并与以 H9 为代表的二里岗下层偏早阶段的遗存放在一起，共同作为先商文化南关外型，即在他的分期中以第 II 组来对待。但后来相当多的学者依然把南关外下层与二里岗下层的 H9 一类遗存区分开来，将前者作为商代之前（夏商之际或先商阶段）的较特别的一种遗存，将后者称之为二里岗下层第一期，并认为二里岗下层第一期属于商代前期而不是先商时期。至于南关外中层，如我们在第一章所叙述的那样，有学者把它作为介于二里岗下层 H9 与 H17 之间即二里岗下层第一期与第二期之间的遗存①，显然不失为一种新的研究。再如，邹衡先生二分法的分期，把殷墟一期的遗存看做商代前期文化，而许多学者则依然把殷墟一至四期都看做商代后期文化。此外，也有一些学者或者把二里头三、四期②或者把二里头晚期③依然作为早商文化来对待。与此相关，在如何确认夏与商的文化分界问题上，还不能说就已成定论。

这些一切都处于探讨之中的过程中，新的中商文化的概念也在孕育之中。这一方面表现为学者们渐渐感觉到二里岗商文化遗存与殷墟一期文化之间尚有缺环，还不是十分衔接（或者说藁城台西一类遗存还不能包括在二里岗期商文化之中，或者还可以说在商代文化的编年中用二个阶段的分期法来表述、囊括藁城台西一类遗存尚有不方便之处）；另一方面表现为学者们对殷墟一期遗存有更深入的研究。实际上，诚如唐际根先生所指出，邹衡先生在他的编年体系中，已经意识到郑州二里岗阶段与安阳殷墟之间很可能还有一段时间缺环。但由于缺乏资料，他对该阶段未作深入讨论，因此在很长的时间内，人们仍然习惯于将商文化大体视为早商（以二里岗文化为代表）和晚商（以安阳殷墟文化为代表）两大阶段④。中国社会科学院考古研究所安阳工作队的考古学家们对殷墟文化一、二两期的深入研究，可以视为新的中商概念提出的前奏。首先，他们根据 20 世纪 70 年代以来小屯南地两次甲骨的发掘以及妇好墓、三家庄墓葬等发掘资料，把殷墟文化第一、二期分别细

---

①   杜金鹏：《郑州南关外中层文化遗存再认识》，《考古》2001 年第 6 期。

②   殷玮璋：《早商文化的推定与相关问题》，《中国商文化国际学术讨论会论文集》，中国大百科全书出版社 1998 年版。

③   如《郑州商城》发掘报告的编写者即主张"洛达庙文化晚期"为"商代前期的早段"，这里所谓"洛达庙文化晚期"即"二里头文化四期"。见《郑州商城》第 1011—1012、86 页。

④   唐际根：《商王朝考古学编年的建立》，《中原文物》2002 年第 6 期。

分为偏早、偏晚两个阶段①，实为殷墟文化分期研究中一个明显的推进。其次，1993 年，唐际根先生通过对殷墟一期早、晚两段的对比，提出殷墟一期晚段与殷墟二、三、四期之间有强烈的共性和自然递嬗关系，殷墟小屯的主体堆积亦即殷墟小屯辟为王都，应始自殷墟文化一期晚段（即所谓"大司空村一期"），也即始于武丁时期，而殷墟一期早段（即洹水北岸的三家庄墓葬等遗存）则与邢台曹演庄、藁城台西、辉县琉璃阁等商代遗存联系更紧密，这类遗存实可构成"偃师商城或郑州商城作为王都被废弃之后，殷墟辟为都城之前"一个"相当长一段时间的商文化"，这一时间段可与相、邢、奄等几次王都的迁徙相对应②。在这里，按照唐际根后来的商文化分期，一个新的中商文化的概念眼看就要呼之欲出了。1997 年，孙华、孙庆伟两位先生明确提出，二里岗晚期与殷墟早期之间有一个文化风格自有特色的时期，因此商史编年可能采用三个阶段的分期法更为合适③。1998 年，董琦先生撰文，以郑州小双桥遗址为线索，对中商文化的概念、上下年限（始于仲丁迁隞，终于武丁之前的小乙）、分期（分为三期：中商早期，以白家庄上层和小双桥为代表；中商中期，以藁城台西 M14 为代表；中商晚期，以"殷墟文化第一期"为代表）、中商时期的重大事件和中商文化的时代特征等方面给予了简要论述④。1998 年，在河北邢台中国商周文明国际学术研讨会上，杨锡璋、唐际根两位先生撰文对豫北冀南地区早于殷墟、晚于二里岗期商文化的几个典型遗址进行梳理后明确指出，以"中商"指代早、晚商文化间的缺环，可以完善商文化序列⑤。接着唐际根又发表论文，从十几个典型遗址分析入手，对中商文化的分期序列、分布与类型以及中商文化与早、晚商文化

---

①　郑振香：《论殷墟文化分期及其相关问题》，《中国考古学研究》，文物出版社 1986 年版，第116—124 页。

②　唐际根：《殷墟一期文化及其相关问题》，《考古》1993 年第 10 期。

③　孙华、孙庆伟：《夏商周考古》，《中国考古学年鉴（1997 年）》，文物出版社 1999 年版，第31—32 页。

④　董琦：《关于中商文化研究的几个问题》，《中国文物报》1998 年 7 月 29 日、8 月 5 日、8 月12 日。

⑤　杨锡璋、唐际根：《豫北冀南地区的中商遗存与殷庚以前的商都迁徙》，载《三代文明研究（一）——1998 年河北邢台中国商周文明国际学术研讨会论文集》，科学出版社 1999 年版，第 248—256 页。

的关系及其分布格局的演变等，进行了全方位的论述①。至此有人评论说，"具有历史学、考古学双重意义的中商时期、中商文化已经可以站立起来了"②。

中商这一时段概念若能建立，它不仅仅在考古学上解决了早商文化与晚商文化之间的所谓"缺环"问题，也使得商代考古学文化的编年序列变得更加阶段分明，更加容易表述，此外，它在历史学上也有其重要意义。我们说在商朝的历史中有两个相对稳定的时期，即商汤至仲丁时期和盘庚至商纣时期，而这两个时期正好一个处于早商阶段，另一个处于晚商阶段。在这两个阶段之间，是所谓"九世五迁"的时期。《史记·殷本纪》曰："自仲丁以来，废适而更立诸弟子，弟子或争相代立，比九世乱，于是诸侯莫朝。"所以，若从历史学着眼，商代的历史显然应该划分为三个大的阶段，即仲丁之前时期，仲丁至盘庚时期和盘庚至商纣时期。三个时期有三个时期的历史特点，有三个时期的王都所在地，考古学上的中商文化恰巧大体上可以与历史上的中商历史阶段对应起来，这对于将考古资料与历史文献相结合来研究商代的历史与文化，意义是重大的。这也再一次说明，在商代考古学文化的编年体系中，采用早商、中商、晚商这三个阶段的三期分法显然比采用早商与晚商这两个阶段的二期分法更合适。

然而，上述中商文化大体上与历史上的商代中期相对应，并不表示目前的中商文化的概念在一些具体问题上，与传统的历史学划分完全吻合，也就是说，即使是最新的中商文化的提法，其开始和结束时的考古学文化类型究竟是什么，也还是值得推敲的。在这里笔者认为，作为考古学的中商文化的时段，应该严格地以史学上的中商历史时期为划分时段的标准，即它开始于仲丁迁隞而结束于盘庚迁殷之前，否则所谓中商文化，其划分历史时代的意义也就不大了。然而，目前的情况恰恰是，第一，历史上的仲丁迁隞究竟对应于二里岗文化的什么时期，究竟应以什么样的考古学现象为标志？尚在探讨之中；第二，在 20 世纪 90 年代提出的中商文化概念中是把盘庚迁殷及其之后的小辛小乙时期也放在中商的时段，这显然与史学界有关中商的概念是不一样的。为此，下面我们将对考古学上早商与中商以及中商与晚的划界重新加以讨论。

----

① 　唐际根：《中商文化研究》，《考古学报》1999 年第 4 期。

② 　徐基：《由山东地区商遗存考察中商文化分期》，载《夏商周文明研究·六——2004 年安阳殷商文明国际学术研讨会论文集》，中国社会科学文献出版社 2004 年版，第 510 页。

二 早商与中商的划界

从中商文化本身的分期来看，目前有分为两期的[1]，也有分为三期的[2]，现一般以分为三期者居多。无论是分为三期还是两期，把郑州白家庄遗址上层及小双桥遗址作为中商早期，都是一致的，笔者最初也是这样认为的。然而，近来王学荣先生明确提出"偃师商城的废弃是中商文化开始的标志"[3]，笔者以为将偃师商城的废弃与仲丁迁隞相关联，并以此作为划分中商文化开始的标准，是合乎逻辑的。据王学荣的研究，偃师商城的废弃是在偃师商文化第三期中段（偃师商文化第6段），它相当于郑州二里岗上层第一期。在偃师商文化第6段，始建于第一期的一号宫室、始建于第二期早段（3段）的二号宫室、始建于第三期初的三号宫室、始建于第一期初始的四号宫室、始建于第三期早段（5段）的第五号宫室、始建于第二期早段（3段）的八号宫室，都已废弃，也就是说，在偃师商文化第三期中段（偃师商文化第6段），偃师商城宫城中的宫室全部毁坏废弃不用，池苑区的废弃时间也是在偃师商文化第6段，祭祀区没有发现年代晚于第三期中段的祭祀遗迹，所以偃师商城的整个宫城在偃师商文化第6段即二里岗上层第一期被废弃[4]，此时商王及其王室离开了偃师商城是不言而喻的。而此时的郑州商城却进入了繁荣期。

关于郑州商城的繁荣期，长期主持郑州商城考古发掘研究的安金槐和杨育彬两位先生都认为是在二里岗上层第一期，对此安金槐先生曾论证说：第

① 杨锡璋、唐际根：《豫北冀南地区的中商遗存与盘庚以前的商都迁徙》，载《三代文明研究》（一），科学出版社1999年版。

② a. 唐际根：《中商文化研究》，《考古学报》1999年第4期。

b. 唐际根、难波纯子：《中商文化の認識とその意義》，［日］《考古学雑誌》第84卷第4号（1999年）。

c. 中国社会科学院考古研究所：《中国考古学·夏商卷》，中国社会科学出版社2003年版，第250—253页。

d. 董琦：《关于中商文化研究的几个问题》，《中国文物报》1998年7月29日、8月5日、8月12日。

③ 王学荣：《偃师商城废弃研究——兼论与二里头、郑州商城和郑州小双桥遗址的关系》，《三代研究（二）》，科学出版社2006年版。

④ 同上。

一，在宫室建筑方面，在二里岗上层第一期，修建有 C8G10 等多处宫室建筑。第二，在手工业作坊方面，虽然在二里岗下层第二期，南关外铸铜作坊、铭功路西的制陶作坊以及紫荆山北的制骨作坊，都已建成，但它们的规模不大，而到了二里岗上层第一期，这些作坊的规模都获得了扩大。特别值得强调是在二里岗上层第一期新建了紫荆山北的铸铜手工业作坊。第三，在郑州商城发现的三个青铜器的窖藏坑（一个位于杜岭街，一个位于南顺城街，一个位于向阳食品厂），都属于二里岗上层时期，坑内出土的青铜礼器，其形体之大和制作之精与装饰之华丽，当属商王所使用的"重器"，"从而也说明郑州商城在商代二里岗上层一期时，应是商王作为都城的所在地"[1]。杨育彬先生认为，"约在二里岗下层一期时，即距今 3500 年左右，就在郑州修建城池"。"又经过长期的经营，到了二里岗上层第一期时，郑州商城发展到最繁荣时期，商代统治中心由偃师商城迁至此，郑州商城遂由军事重镇又成为一代王都"[2]。

当然，关于郑州商城铸铜作坊的使用时间和窖藏青铜器的埋藏时间，也有一些不同的看法。如陈旭先生认为"郑州商代铸铜遗址的使用年代是从南关外期开始，一直延续到白家庄期。其中南关外铸铜遗址兴建和使用年代早，它始建和使用于南关外期，经历二里岗下层和上层，延续使用到白家庄期。紫荆山北铸铜遗址始建使用年代较晚，是从二里岗上层开始，延续到白家庄期为止"[3]；"郑州张寨南街和商城东南角回民食品厂的窖藏坑时间为白家庄期"[4]。杨育彬先生认为，"这三座窖藏坑的时代都属于二里岗上层晚期的范畴"[5]。宋定国先生认为三个青铜器窖藏坑的年代略晚于白家庄期，属"时间扩展后的白家庄期"[6]。尽管看法有别，但都未否认二里岗上层是郑州商城的

---

①　安金槐：《对于郑州商代城修建与使用时期的再探讨》，《安金槐考古文集》，中州古籍出版社 1999 年版。

②　杨育彬：《偃师商城——夏商文化分界的唯一界标》，《偃师商城遗址研究》，科学出版社 2004 年版；《再论郑州商城的年代、性质及相关问题》，《华夏考古》2004 年第 3 期。

③　陈旭：《郑州商代铸铜遗址的年代及相关问题》，《中原文物》1992 年第 3 期。

④　陈旭：《郑州商代王都的兴与废》，《中原文物》1987 年第 2 期。

⑤　河南省文物考古研究所、郑州市文物考古研究所编著：《郑州商代铜器窖藏》之序，科学出版社 1999 年版。

⑥　河南省文物考古研究所、郑州市文物考古研究所编著：《郑州商代铜器窖藏》，科学出版社 1999 年版。

繁荣期，最大的不同是将郑州商城的往后延至了白家庄期（二里岗上层第二期）①。

说到偃师商城废弃后，商王室率领大批民众离开偃师，来到郑州商城，王学荣先生还提出在二里岗上层第一期郑州商城日用陶器组合中出现了大量圜底深腹罐（报道中常称为"夹砂罐"）等新的因素，是来自偃师商城的文化因素大量涌入的结果；并认为郑州商城始建于二里岗上层第一期的宫殿区蓄水池，从其形状、结构、建筑技术和工艺等明显是仿照偃师商城宫城北部水池设计和修建的，只是工艺更加精湛，郑州商城与偃师商城两地蓄水池一兴一废的关系，也应该解释为商王仲丁将都城由偃师商城迁移到了郑州商城。"从目前的考古发现看，中商文化初期的两个特性即扩张性和文化面貌较强的共性都出现于二里岗上层一期晚段即偃师商文化第三期中段（6段），而非二里岗上层二期即白家庄期，故将中商文化开始的时间前提也比较符合考古学实际。那么，无论从古文献，还是从考古学上界定中商文化开始的最直接、最重要的标志应是偃师商城的废弃，即偃师商城的废弃是考古学上中商文化开始的标志。"②

应该说，把二里岗上层第一期作为初始的中商文化并与仲丁迁隞相联系，这与历史上把商王仲丁作为商代中期的开始，是一致的。最早的三期分法中把二里岗期文化作为中商文化，就是与主张郑州商城为隞都说互为表里的。这二者的共同点，显然是都看到仲丁时的商文化与隞都是密不可分的。以前，我们根据郑州商城内商代文化的丰富堆积所反映出的积年，以及参考碳十四所测的年代，判断郑州商城的使用期达百年以上，而仲丁（第六代第九位商王）迁隞后，经历了同代的外壬（第十位商王）之后，到了河亶甲时都城已迁往"相"，史书上说仲丁在位 11 年③，外壬在位 15 年④，若这些记载有参考价值的话，隞地作为都城的时间不外乎 30 年上下，这与郑州商城的使用期达百年以上显然是不符合的，为此笔者曾认为，主张郑州商城仅仅

---

① 王学荣：《偃师商城废弃研究——兼论与二里头、郑州商城和郑州小双桥遗址的关系》，《三代研究（二）》，科学出版社 2006 年版。

② 同上。

③ 《太平御览》八十三引《竹书纪年》："帝仲丁在位十一年。"

④ 《太平御览》八十三引《史记》："帝外壬在位一十五年。"

是隞都说和主张二里岗期商文化仅仅是中商文化都是不妥的①。然而，现在我们若以偃师商城的废弃即二里岗上层第一期为中商的开始，这样作为二里岗下层时期的郑州商城就属于早商的范畴②，而作为二里岗期上层的郑州商城则属于中商早期的范畴，从而使得属于中商的郑州商城的积年与商王仲丁和外壬的在位年数也可大体对应起来。

三 中商与晚商的划界

关于中商与晚商的界限划分，亦即在中商晚期的问题上，即使同样分为三期者，有的依旧按照邹衡先生当年两期分法中将殷墟一期从晚商文化中划分出去的做法，把殷墟文化第一期作为中商晚期来对待③；有的则以安阳洹北花园庄晚期即殷墟文化第一期早段作为中商晚期④。按照后者的三期分法，中商第一期以郑州白家庄遗址上层及小双桥遗址为代表，以往也称为白家庄期或二里岗上层第二期；中商第二期以安阳洹北花园庄早期及河北藁城台西早期墓葬为代表；中商第三期以安阳洹北花园庄晚期及河北藁城台西晚期居址与晚期墓葬为代表。这是目前影响比较大的一个三期分法。在这里需要说明的是，即使在这一分法中，所谓中商第三期，实际上包含有原被称之为"殷墟文化第一期第一组"或被称为"殷墟一期偏早阶段"的一些遗存。为此，主张这一分法的学者强调目前所说的晚商是从大司空村一期开始的，在大司空村一期中不包括郑振香等先生所划分的"殷墟一期早段"，也不包括邹衡先生所划分出的"殷墟文化第一期第1组"，这二者被从大司空村一期中分了出去，这等于说作为晚商的殷墟文化第一期是从原来所说的"殷墟一期晚段"开始，又因为"殷墟第一期早段"早于大司空村一期⑤，所以从逻

---

① 王震中：《早商王都研究》，《中国社会科学院历史研究所学刊》第四集，商务印书馆 2007 年版。

② 如前第一章所述，郑州商城以周长近 7 公里的内城城墙的建成作为形成王都标志，其城墙修建的时间大概是商王大庚时期。

③ 董琦：《关于中商文化研究的几个问题》，《中国文物报》1998 年 7 月 29 日、8 月 5 日、8 月 12 日。

④ 唐际根：《中商文化研究》，《考古学报》1999 年第 4 期。

⑤ 有关的研究可参见：

a. 杨锡璋、杨宝成：《殷代青铜礼器的分期与组合》，《殷墟青铜器》，文物出版社 1985 年版。

b. 唐际根：《殷墟一期文化及其相关问题》，《考古》1993 年第 10 期。

c. 唐际根：《商王朝考古学编年的建立》，《中原文物》2002 年第 6 期。

辑上讲，这等于说现在所谓"中商第三期"实际上就是原来所说的"殷墟第一期早段"或者至少是"殷墟第一期早段"中的许多遗存被包含在"中商第三期"之中了①。依据这样的划分，再参照在殷墟从事多年考古工作的学者们曾把殷墟一期早段与盘庚、小辛、小乙时期相对应，把殷墟一期晚段与武丁早期相对应，把殷墟二期早段与武丁晚期相对应的情况②，那么，目前所说的中商第三期的时段，岂不就是盘庚、小辛、小乙时期，也就是说，按照目前提出中商文化概念的学者的意见，晚商文化是从武丁开始而不是从盘庚开始的。

　　与盘庚、小辛、小乙相联系的原称为"殷墟第一期早段"文化，究竟应放在中商晚期的范畴，还是应置于晚商第一期的范围？换言之，中商与晚商的分界究竟在洹北花园庄晚期与"殷墟一期晚段"之间，还是在洹北花园庄早期与晚期之间？笔者以为这些都还需要进一步的研究和讨论。而在探讨这一问题时，我们还可以分成两步来进行，即其一是目前称为中商第三期的文化遗存在时代上是否属于盘庚、小辛、小乙时期的文化？其二，如果是，那么就有一个历史上的盘庚、小辛、小乙三王是属于晚商时期还是属于中商时期的问题。

　　关于所谓"中商第三期"即原称为"殷墟第一期早段"是否属于盘庚、小辛、小乙时期文化的问题，还得从"殷墟第一期晚段"即大司空村一期说起。如前所述，这也是在殷墟从事考古工作的学者们多年来将考古学分期与甲骨文研究相结合的一个重要成果，其结论是：1973 年在小屯南地发现与大司空村一期陶器共存的甲骨卜辞有"自组卜辞"、"午组卜辞"，证明大司空村一期即殷墟一期晚段相当于武丁时期；1991 年在小屯南边花园庄东地 H3 出土的甲骨和共存的陶器的年代，再次证明大司空村一期相当于武丁早期；而

---

　　①　我们是否还可以这样说：原来划定"殷墟一期早段"时由于资料零散，内涵不丰富，也不是很清晰，现在通过对洹北花园庄晚期遗存的发掘和研究，才使得这一阶段这类遗存变得丰富和清晰起来，但在分期上一些提出新的中商概念的学者主要还是把它们划入了中商第三期。

　　②　a. 郑振香、陈志达：《论妇好墓对殷墟文化和卜辞断代的意义》，《考古》1981 年第 6 期。

　　b. 郑振香：《论殷墟文化分期及其相关问题》，《中国考古学研究》，文物出版社 1986 年版，第116—124 页。

　　c. 中国社会科学院考古研究所：《殷墟的发现与研究》，科学出版社 2001 年版，第 26 页。

　　d. 杨宝成：《殷墟文化研究》，武汉大学出版社 2002 年版，第 22 页。

作为武丁三个法定的配偶之一的妇好墓和有"子渔"铭文的铜器的小屯十八号墓都出土了殷墟文化第二期的陶器，从而说明享国 59 年的武丁一代跨殷墟文化第一、二两期，即殷墟一期晚段相当于武丁早期，殷墟二期早段相当于武丁晚期，殷墟二期晚段相当于祖庚、祖甲时期[1]。

既然殷墟一期晚段相当于武丁早期，那么，早于它，且与它紧密衔接的殷墟一期早段相当于盘庚、小辛、小乙时期，当然是一种合理的推定。而殷墟一期早段就是洹北花园庄晚期，这样，洹北花园庄晚期大致相当于盘庚、小辛、小乙阶段。又据岳洪彬、何毓灵的研究，"洹北商城的城墙应是在洹北花园庄晚期始建的"，"一号宫殿使用时期的下限亦应为洹北花园庄晚期"，也就是说，当年盘庚所迁之殷即为洹北商城[2]。

明确了洹北花园庄晚期属于盘庚、小辛、小乙时期以及洹北商城为盘庚所迁之殷的都城，那么，这一时期的考古学文化遗存究竟应划归为中商的范畴还是应划归为晚商的范畴呢？在这里，若从历史学的视角看问题，笔者以为考虑到人们在叙述晚商的历史文化时，总是从"自盘庚迁殷……"云云说起，可见盘庚、小辛、小乙原本是划在晚商历史范畴的，当年，安金槐等先生在提出那时的三期分法时，晚商也是从盘庚以来算起的，既然人们习惯上已经把盘庚以来归属为晚商，我们何不把所谓"中商第三期"的遗存，特别是洹北花园庄晚期遗存，直接划归为晚商呢？其实，因为这类遗存与殷墟一期晚段遗存前后是衔接的，所以晚商与中商究竟在何处断开，也主要是研究者的一种主观认为，遗存本身并没有说自己是中商还是晚商。只是由于我们若从历史学的角度着眼，商王盘庚习惯上是与晚商联系在一起的，因而主张

---

[1]　a. 中国社会科学院考古研究所编：《小屯南地甲骨》上册，第一分册，中华书局 1980 年版，第 3—27 页。

b. 中国社会科学院考古研究所编著：《殷墟花园庄东地甲骨》（一）："花园庄 H3 坑的时代当属殷墟文化一期晚段"，云南人民出版社 2003 年版，第 17 页。

c. 郑振香、陈志达：《论妇好墓对殷墟文化和卜辞断代的意义》，《考古》1981 年第 6 期。

d. 郑振香：《论殷墟文化分期及其相关问题》，《中国考古学研究》，文物出版社 1986 年版。

e. 中国社会科学院考古研究所编著：《殷墟的发现与研究》，科学出版社 2001 年版，第 25—39 页。

[2]　岳洪彬、何毓灵：《洹北商城花园庄东地商代遗存的认识》，《2004 年安阳殷商文明国际学术研讨会论文集》，社会科学文献出版社 2004 年版。关于洹北商城与盘庚迁殷的关系，在本书第四章中再作详细论述。

中商与晚商的分界应在洹北花园庄早期与晚期之间，盘庚、小辛、小乙三王时期的遗存应属于晚商文化。

总之，新的中商文化概念的提出是必要的，也是很有意义的，它在总的时间框架上与商代的中期历史是可以对应起来的，但中商文化与早商文化的分界究竟是在二里岗上层的第一期还是在第二期？中商文化与晚商文化的分界，究竟划在洹北花园庄晚期与"殷墟一期晚段"之间，还是划在洹北花园庄早期与晚期之间更为合适？笔者认为尚有进一步斟酌和研究的必要。在笔者看来，新的中商文化的概念应该是它的上限开始于二里岗上层第一期，它的下限结束于花园庄早期，也就是说它始于仲丁迁隞，结束于盘庚迁殷之前。有鉴于此，本书对郑州商城是分为早商时期的郑州商城与中商时期的郑州商城加以叙述的，而对于洹北商城的论述也将放在晚商都邑的章节中进行。

第二节　典籍所见中商时期王都的迁徙

按照东汉张衡《东京赋》的说法，商人先后有过"前八后五"的迁徙。前八次迁徙，就是《史记·殷本纪》所说的"自契至成汤八迁"，属于先商时期，我们在《商族起源与先商社会变迁》一书中已作论述。后五次迁徙，即《尚书·盘庚》篇所讲"先王有服，恪谨天命，兹犹不常宁，不常厥邑，于今五邦"，说的是自成汤建立商王朝后至盘庚时有五次迁徙，这与古本《竹书纪年》"自盘庚徙殷，至纣之灭，七（二）百七十三年，更不徙都"说法是一致的。后五次的徙都为：仲丁迁都于隞，河亶甲迁都于相，祖乙迁都于邢，南庚迁都于奄，盘庚迁都于殷。这后五次的迁都集中于中商时期，它给中商时期的历史与文化带来了不同于早商和晚商的一些特点，这就是中商时期政治中心的游移和不稳定性。本节中，关于这五次的徙都，我们在做文献梳理的同时，也尽可能地和一些考古发现相结合来加以说明。

一　仲丁迁隞

古本《竹书纪年》曰："仲丁即位，元年，自亳迁于嚣。"[①] 《书·商书序》也说："仲丁迁于嚣。"《史记·殷本纪》写作"帝仲丁迁于隞"。古音

---

① 《太平御览》卷八三引。

嚣、隞相通①，故嚣即隞。关于隞（嚣）的地望，古今有三说。一为郑州荥阳的敖山，或敖仓城，或敖山南的隞地；一为陈留浚仪县；一为山东蒙阴西北的敖山。

陈留浚仪之隞的说法，出自东晋李颙②，其地在今河南开封。此地古有鸿沟。诚如曲英杰先生所指出："所谓隞在陈留浚仪说，很可能是将秦末楚汉二军在古荥阳西北隞山筑东、西广武城对垒以为界的鸿沟与这里的鸿沟相混，而比附隞地当在此。"③

山东之敖山与仲丁的关系是丁山先生首先提出，他认为仲丁迁隞与征蓝夷有关，故寻找出蒙阴西北的敖山，并与甲骨卜辞中的夌地相联系④。对此，我们说山东鲁地固然有敖山，仲丁也确实对蓝夷有征伐，然而，仲丁征伐蓝夷何以要把自己的王都迁到夷人的腹地？这是不可理解的。大概受王国维的影响，过去有一种说法是商族起源于东方，东部夷人之地是商族的老家，如果这样来理解仲丁所迁隞都在山东，似乎也在情理之中。但是，如笔者在《商族起源与先商社会》一书中所述，商族发祥于战国时的番吾、今冀南磁县一带的漳河流域，并长期移转于冀南豫北地区，冀南豫北才是商族的老家，豫东地区只是在成汤时才将势力扩展于此，并于一些东夷族结成了反夏联盟而已。仲丁时已属中商之初期，在鲁西地区至今尚未发现早商遗址，可知当时这一带不属于商直接控掌之地。到中商初期时，蒙阴敖山一带也无规模较大、够得上王都规格的遗址。所以，仲丁所迁隞都在鲁地的敖山之说，不足为据。

关于荥阳隞地之说，应该说是有根据的，但也需要作一番辨析。因为自皇甫谧以来，多以为仲丁的隞都在荥阳的敖山或敖仓。如《帝王世纪》说："仲丁徙嚣或敖，今河南之敖仓是也。"《水经注·济水》云："济水又东迳西广武城北。《郡国志》：'荥阳县有广武城。'城在山上，汉所城也。高祖与项羽临绝涧对语，责羽十罪，羽射汉祖中胸处也。山下有水，北流入济，世谓之柳泉也。济水又东迳东广武城北，楚项羽城之。……济水又东迳敖山北，《诗》所谓'薄狩于敖'者也。其山上有城，即殷帝仲丁之所迁也。皇甫谧

---

① 邹衡：《夏商周考古学论文集》（第二版），科学出版社2001年版，第178页，注释③。

② 孔颖达《尚书正义》疏引："嚣在陈留浚仪县。"

③ 曲英杰：《先秦都城复原研究》，黑龙江人民出版社1991年版，第73页。

④ 丁山：《商周史料考证》，中华书局1988年版，第29—30页。

《帝王世纪》曰'仲丁自亳徙嚣于河上'者也。或曰敖也。秦置仓于其中，故亦曰敖仓城也。"《水经注》所引的"薄狩于敖"即《诗经·小雅·车攻》"建旐设旄，搏兽于敖"。郑玄注："兽，田猎搏兽也。敖，郑地，今近荥阳。"《括地志》："荥阳古城，在郑州荥泽西南十七里，殷时敖地也。"又说："东广武、西广武在郑州荥阳县西二十里。戴延之《西征记》云：'三皇山上有二城，东曰东广武，西曰西广武，各在一山头，相去二百步。汴水从广武涧中东南流，今涸无水。城各有三面，在敖仓西。'"《太平寰宇记》卷九郑州荥泽县条亦曰："敖仓城在县西十五里。北临汴水，南带三皇山。殷仲丁迁于嚣，《诗》曰'搏兽于敖'，皆此地。秦置城以屯粟。《汉书》曰：'郦生说高祖曰：东据敖仓'，即此也。"这样，从《水经注》到《太平寰宇记》的记载可知，三皇山也叫广武山，它与敖山相连。山上有三城：一为汉城即西广武城；一为楚城即东广武城；另一为秦置敖仓城，也就是皇甫谧、郦道元等人所说的仲丁迁隞的隞都。

由于古无建都于山上的例子，所以，隞都位于敖山之上，颇受人怀疑[1]。从范围较大的地望上来看，《水经注》的济水即今黄河水道，敖山在济水以南，即在黄河南岸，但《括地志》所说的"殷时敖地"应既包括敖山，亦包括敖山之阳即敖山之南的地方。隞都不应建在敖山上而应建在敖山之南的隞地上。对于产生这个错误的原因，杨升南先生分析说："因为秦时在敖山上建立一座城，以积粮食，称为敖仓城，而与敖山相连的广武山（或称三皇山）上，秦末楚汉相争时，又筑城对峙达一年多。汉末晋初上距仲丁迁敖已近两千年，距秦汉城却只有四百余年的历史。此时商代的敖都旧迹多已埋入黄土，而秦汉城仍可历历在目，故被后人误以为商王仲丁所迁的敖。"[2] 我们以为杨先生的看法是有道理的，古敖山即今之邙山，敖地、隞都从敖山之名而来，但不能说敖地只是指敖山，它还应包括敖山之南附近的地方，"在敖地之内建都，就会被称之为隞都"[3]。现在，郑州商城以及郑州商城西北 20 公里处的石佛乡小双桥发现的大型中商初期遗址，都在敖地的范围内，将两地的考古发现与上述隞都的地望相联系，荥阳隞都说应该可以成立。关于郑州商城和小双桥遗址与隞都关系的论述，还可参见下一节。

---

① 邹衡：《夏商周考古学论文集》（第二版），科学出版社 2001 年版，第 181 页。

② 杨升南：《"殷人屡迁"辨析》，《甲骨文与殷商史》第二辑，上海古籍出版社 1986 年版。

③ 陈旭：《商代隞都探寻》，《郑州大学学报》1991 年第 5 期。

二 河亶甲迁相

商王仲丁之后，经历了其弟外壬，到河亶甲时，徙都于相。其记载见于古本《竹书纪年》，"河亶甲整即位，自嚣迁于相"；也见于《尚书序》与《史记·殷本纪》。相的地望较早的说法有三说[1]，但一般多主张在内黄。如《史记·殷本纪》集解引孔安国曰：相"地名，在河北"。《帝王世纪》说："河亶甲徙相，在河北。"《括地志》云："故殷城在相州内黄县东南十三里，即河亶甲所筑都之，故名殷城也。"《元和郡县图志》卷十六相州内黄条曰："故殷城在县东南十里，殷王河亶甲居相，因筑此城。"丁山先生早年在其《由三代都邑论其民族文化》中主张此说，邹衡先生也主此说[2]。曲英杰先生指出，春秋以前黄河河道迳内黄西侧，"商人自隞地循河水北迁至此是完全有可能的。今内黄南12公里刘次范村东立有宋开宝七年商中宗庙碑，记有商王河亶甲事迹，附近发现有商代遗物[3]，或可为寻找商都相提供线索"[4]。

内黄说之外，另一说是相州安阳说。《通典》卷一七八相州条载："殷王河亶甲居相，即其地也。"《通鉴地理通释》说："《类要》安阳县本殷虚，所谓北冢者，亶甲城在西北五里四十步，洹水南岸。"相州安阳说近世罗振玉已辨其非[5]，今人一般也多不主张此说。张之先生则认为安阳说较其他诸说为长，并提出安阳县西北五里四十步、洹水南岸的地方就是安阳后岗，后岗发掘出的带两条墓道的"后岗大墓"，与"《路史》'亶甲冢在城外西北隅'者合"[6]。带两条墓道的大墓在后岗共发现四座（其中一座未发掘），因都遭到严重盗掘而难以确定其年代，很难说其中的一座就是属于中商时期的河亶甲之冢，而依据同一墓地的其他墓葬，特别是出有《戍嗣子鼎铭》铜器的圆

---

[1] 三说之外，尚有"临漳说"，最早见于《古今图书集成·坤舆典》卷109引《彰德府志》："河亶甲故城在临彰县西南五十里，今孙陶集即其故址。"因这一说法晚出，不言所据，故难以凭信。

[2] 邹衡：《夏商周考古学论文集》（第二版），科学出版社2001年版，第190—191页。

[3] 杨育彬：《河南考古》附《河南古代遗迹、城址、窑址、墓葬统计表》，中州古籍出版社1985年版。

[4] 曲英杰：《先秦都城复原研究》，黑龙江出版社1991年版，第76页。

[5] 罗振玉：《殷商贞卜文字考》，玉简斋本。

[6] 张之：《河亶甲居"相"地望考》，载《安阳史志通讯》1986年第2期，收入张之《安阳考释》，新华出版社1997年版。

形祭祀坑（59AHGH10）等遗迹的年代均为晚商时期来考虑，四座带两条墓道的大墓是很难将其判定为中商前期的，因而张之先生以后岗大墓来定河亶甲之家在安阳后岗的说法，难以成立。近年在洹北的韩王度、董王度、花园庄一带发现中商至晚商早段的遗存和洹北商城，也有学者主张此城为河亶甲所迁之相①。但是，洹北商城不在洹水南岸而在洹水北岸，也不是位于安阳县西北五里四十步，所以，与《类要》等书所说的亶甲城的位置方位并不合。此外，若洹北商城为河亶甲所建，那么，它的始建年代就应靠近中商的前期即靠近二里岗上层二期（也称白家庄期），而不应靠近殷墟一期，可是现在一些初步的证据表明，"洹北商城的城墙应是在洹北花园庄晚期始建的"，"洹北花园庄晚期则应大致相当于盘庚、小辛、小乙阶段"②。所以，近年发现的洹北商城也还不能证明河亶甲所居的相就是安阳。

关于河亶甲居相的第三说是沛郡相县说。孙星衍《尚书今古文注疏》卷三十注《尚书序》"河亶甲居相"云："相者，《地理志》相县属沛郡。"近世陈梦家③、丁山先生晚年④都主此说，其地在今安徽宿县之北符离集。《元和郡县图志》卷九，宿州符离县条云："故相城在县西北九十里，盖相土旧都也。"邹衡先生认为沛郡相县说的产生大概是因为符离县有相山而附会，至于"丁山乃以古本《竹书纪年》河亶甲也有征兰夷事，与仲丁迁沂蒙地区一并考虑而有此说"⑤。

在上述三说之外，《吕氏春秋·音初》说："殷整甲徙宅西河，犹思故处，实始作为西音。"毕沅按："《竹书纪年》河亶甲名整，元年，自嚣迁于相，即其事也。"此西河地望，邹衡先生引《史记·孔子世家》索隐解"妇人有保西河之志"条所说："此西河在卫地，非魏之西河也"，以及《太平寰宇记》卷五十五相州安阳县西河条："按《隋图经》云：'卜商子夏，'田子方、段干木所游之地，以魏、赵多儒学，齐、鲁及邹，皆谓此为西河，非龙门之西河也"，认为指内黄一带，并以此证明河亶甲所迁应该是内黄之相，

---

① 文雨：《洹北花园庄遗址与河亶甲居相》，《中国文物报》1998 年 11 月 25 日。

② 岳洪彬、何毓灵：《洹北商城花园庄东地商代遗存的认识》，《2004 年安阳殷商文明国际学术研讨会论文集》，社会科学文献出版社 2004 年版。

③ 陈梦家：《殷虚卜辞综述》，中华书局 1988 年版，第 251 页。

④ 丁山：《商周史料考证》，中华书局 1988 年版，第 30 页。

⑤ 邹衡：《夏商周考古学论文集》（第二版），科学出版社 2001 年版，第 191 页。

而非沛郡之相①。也有学者指出《吕氏春秋·音初》的说法可疑，引清徐文靖《竹书纪年统笺》："据《竹书》，河亶甲无宅西河作西音之事，惟夏后胤甲元年居西河，四年作西音。《吕氏》误记殷整甲也"，认为是《吕氏春秋·音初》把夏胤甲曾都西河误说成了商河亶甲宅西河②。这样一来，《音初》的这条史料似乎就与河亶甲没有关系了。笔者以为，学者们的这一怀疑是有道理的，它大大降低了这条史料与河亶甲徙都关系的价值，但也仅仅是一种可能，还不能说就是定论。

在梳理了有关河亶甲所迁之相在何地的诸说后，笔者以为内黄说相对较优一些，而且还可以把内黄说与安阳说一并加以考虑，似乎位于内黄与安阳之间的可能性更大一些。诚如曲英杰先生所指出，沛郡相县说，除地名相同外，似别无所据。此相地近淮水，商时为东夷和淮夷所居，由晚商"纣克东夷"③，商代中期前段不可能把自己的都城迁到自己势力范围的边缘地带，故河亶甲之都不可能在此④。至于安阳说，是否由于安阳与内黄紧邻而产生的？是值得推敲的。在安阳说中，《通典》仅指在"相州"，说的是比较宽泛的。《禹贡锥指》引《书序》"河亶甲居相"，谓"相城在安阳、内黄二县界"，说的也比较宽泛，但这种宽泛是否恰恰符合历史实际？即河亶甲所居之相，本来即在内黄与安阳之间或接壤地带，或者说在内黄之西、安阳之东，因而产生了内黄与安阳相邻的两说。在商代时，黄河是穿越安阳与内黄之间，由南向北流过的，如果说《吕氏春秋·音初》所载"殷整甲徙宅西河"尚有参考价值的话，从内黄的角度来看，此西河即穿越于内黄与安阳之间的黄河，它位于内黄之西。此外，河亶甲冠以"河"字，是否即因其都城紧邻于大河（即黄河）的缘故，似也应作为一种考虑。需要强调的是，这种位于内黄与安阳之间的看法，即使从安阳的角度着眼，也不是指洹北商城或安阳后岗一带。当然，这一问题的最终解决，还有待于将来的考古发掘。

---

① 邹衡：《夏商周考古学论文集》（第二版），科学出版社 2001 年版，第 191 页。

② a. 张之：《河亶甲居"相"地望考》，载《安阳史志通讯》1986 年第 2 期。

b. 曲英杰：《先秦都城复原研究》，黑龙江出版社 1991 年版，第 76—77 页。

③ 《左传》昭公十一年。

④ 曲英杰：《先秦都城复原研究》，黑龙江出版社 1991 年版，第 76 页。

三　祖乙迁邢

河亶甲之后的商王为祖乙，《史记·殷本纪》说："祖乙迁于邢。"《尚书序》写作："祖乙圮于耿"，古本《竹书纪年》说："祖乙滕即位，是为中宗，居庇。"① 在这里，邢、耿、庇应为一地。首先，邢与耿为一地。顾颉刚、刘起釪《〈盘庚〉三篇校释译论（下）》一文指出："《史记·索隐》云：'邢音耿，近代本亦作耿。今河东皮氏县有耿乡'。《太平御览》卷八十三引《史记》正作'耿'。《集韵》'三十九耿'韵部有'邢'字云：'地名，通耿'。《路史·国名纪》亦说'耿'即'邢'。这都说'邢'、'耿'为一地。"② 关于邢、耿与庇，耿字与庇字音形相距较远，难以直接论定。丁山先生认为邢当是耿的音讹，邢亦为庇字形讹，所谓迁耿与迁庇当为一事③。诚如曲英杰先生所言，丁山的说法很有启发性，至于其所迁之地在今山东定陶、鱼台一带，证据并不充分④。其实，丁山所言还可以倒过来说，即邢与耿字音相通，而庇则为邢字形讹，邢、耿、庇三者为一地，即邢地。说邢、耿、庇为一地而非三地或两地，也就等于说祖乙时只有一次迁都而非两次或三次迁都。对此，秦文生先生曾指出，历史上还没有发现哪一位国王在短短的几年或数十年执政期间多次迁都，据今本《竹书纪年》载，祖乙在位仅十九年，他迁都一次已属不易，要两次或三次迁都，可以说是根本不可能的⑤。

关于"邢"的地望，还应从邢国谈起。商代就有邢国，《括地志》引阚骃《十三州志》提到"殷时邢国"。《帝王世纪》亦载邢侯事，"邢侯为纣三公，以忠谏被诛"。有学者进而指出，商时的邢国、邢侯可上推到武丁时期。武丁时有"妇井"其人，胡厚宣先生考证她是武丁之妻⑥，以卜辞中的"妇周"是周国之女入为王妻，"妇竹"是竹侯之女入为王妻例之，

---

① 《太平御览》卷八十三引。《路史·国名纪》丁引"滕"作"胜"。

② 刘起釪：《〈盘庚〉三篇校释译论（下）》，《历史学》第二期，1979 年。

③ 丁山：《商周史料考证》，中华书局 1988 年版，第 33 页。

④ 曲英杰：《先秦都城复原研究》，黑龙江出版社 1991 年版，第 77 页。

⑤ 秦文生：《祖乙迁邢考》，《三代文明研究（一）——1998 年河北邢台中国商周文明国际学术研讨会论文集》，科学出版社 1999 年版。

⑥ 胡厚宣：《殷代婚姻家族宗法生育制度考》，《甲骨学商史论丛·初集》，河北教育出版社 2002 年版。

"妇井"亦当是井国之女入为武丁之妻。金文中的"井"即古文献的"邢"，妇井即妇邢，井国、井侯即邢国、邢侯①。周代的邢侯、邢国之封是沿商代邢国、邢侯的旧地而得名。因而若能确定周时邢国的始封地，商时的邢地也即可确定。

关于周时的邢地、邢国，文献和金文中有多种不同的说法。这里我们在列举文献中的说法时，联系金文加以说明，问题应该更清楚一些。

（1）山西河津耿乡说

《史记·殷本纪》索隐："邢音耿，近代本亦作耿，今河东皮氏县有耿乡。"《汉书·地理志》河东郡皮氏县条下班固注："耿乡，故耿国。"《后汉书·郡国志》河东郡皮氏县条下："有耿乡。注：'《尚书》：祖乙徙耿'。《左传》闵元年晋灭耿，杜预注：'县东南有耿乡'。《博物记》曰：'有耿城'"。《帝王世纪》："殷祖乙徙耿，为河所毁，今河东皮氏耿乡是也。"这些是以邢为耿。邢、耿字音相通，故《尚书序》说"祖乙圮于耿"。但耿乡之耿国与邢国并非为一，所以《括地志》在泰州龙门县条下载有："故耿城今名耿仓城，在（绛）〔泰〕州龙门县东南十二里故耿国也"；在邢州龙岗县条下载有："邢国故城在邢州外城内西南角。《十三州志》云：'殷时邢国，周封周公旦子为邢侯，都此'。"据《左传》闵公元年所载，耿国在春秋时被晋所灭。考虑到与邢有关的铜器、墓地、居址等均未在耿乡发现，可见河东皮氏县的说法是把邢国混同于耿国，是一种讹传。

（2）河内之邢丘说

《韩诗外传》："武王伐纣，到于邢丘，轭折为三……更名邢丘曰怀，宁曰修武。"（卷三一三章）许慎《说文解字》邢字下云："邢，周公子所封，地近河内怀。"王国维《观堂集林》卷十二《说耿》："《说文》邢字下云：'邢，周公子所封，地近河内怀。'其云周公子所封，则指邢、茅、胙、祭之邢（杜注：在广平襄国县）。然又云：'地近河内怀'，则又指《左传》（宣六年）、《战国策》（《魏策》'秦国有怀地邢邱'、《史记·魏世家》作'怀地邢邱'）之邢邱（杜注：'在河内平皋县'）也。邢邱即邢虚，犹言商邱、殷虚。祖乙所迁，当即此地。"河内邢丘说虽然有一些影响，然而与河津耿乡说一样，属于邢、邢侯的铜器皆不出土在这里，河南温县、武陟一带不是西周邢侯的封地。

---

① 杨升南：《"殷人屡迁"辨析》，《甲骨文与殷商史》第二辑，上海古籍出版社1986年版。

（3）郑地之邢说

许慎《说文解字》："邢，郑地邢亭。"陈彭年《广韵》："邢，地名，在郑。亦州名，古邢侯国也。"在金文中有在"井叔"前冠以"奠"，称"奠井"者，如奠井叔钟（《三代》1.3.3）、奠井叔蓝父鬲（《三代》5.22.1）等铜器铭文。此"奠"即郑，"井"即邢。此金文中的"郑"本于郑地。西周时期有两个郑地，一为东土之郑，地在河南新郑、成皋一带；一为西土之郑，地在今陕西凤翔一带。据研究，奠井之郑为西郑，是井叔的后代，食邑于郑附近，故称郑井叔[①]。关于郑井与邢侯的关系，陈梦家先生指出：奠井"是先有井氏而食邑于郑而改称奠井"[②]。唐兰先生也曾说："无论在古文献里或金文里，穆王、共王时代，'井'上还没有加上'郑'字，金文郑井叔里的郑井叔康、康鼎铭文最后签署的氏族名称'奠井'以及郑井叔编钟，无论从器形或铭文来说，都比较晚，应该列在夷王、厉王时期，显然是穆王共王时代井叔的后人，为了避免与邢叔的邢（古代也写作井）混淆，所以加上一个'郑'字来作为区别了。"[③]这也是元子大宗与次子们的一种关系，"邢侯大宗出坯就封于邢，其次子仍留居王朝，作为王朝大臣，并食采邑于畿内的井邑"[④]。还有学者进一步将铜器铭文中井氏侯伯叔季出现的顺序加以排列："先有井侯，然后才有井伯、井叔二支。其中井叔一支又分出井季、奠井叔和丰井叔三支来。……井伯井叔是由于初期井侯的后代分支留在王室为王卿士而形成的。正如《毛诗正义》录郑玄《诗谱·周南·召南谱》曰'元子世之，其次子亦世守采地，在王官。'井伯井叔之'井'当来自于井国井侯之'井'，即'邢'，这在彼此间的时间顺序是相符而不矛盾的。'井'之由来是先由周公子封于井地而得名的，是沿用了商时期旧地名而来"[⑤]。根据以上这些论述，可知所谓郑地之邢，并非邢侯的始封地，所以它对于探讨祖乙迁邢没有意义。

---

① 徐良高：《邢、郑井、丰井刍议》，《三代文明研究（一）——1998年河北邢台中国商周文明国际学术研讨会论文集》，科学出版社1999年版。

② 陈梦家：《西周铜器断代（六）》，《考古学报》1956年第4期。

③ 唐兰：《西周铜器断代中的"康宫"问题》，《考古学报》1962年第1期。

④ 王培真：《金文中所见西周世族的产生和世袭》，《西周史研究》，《人文杂志》增刊第二辑，1984年8月。

⑤ 徐良高：《邢、郑井、丰井刍议》，《三代文明研究（一）——1998年河北邢台中国商周文明国际学术研讨会论文集》，科学出版社1999年版。

（4）河北邢台说

祖乙迁于襄国邢地即今河北邢台之说，见于《汉书·地理志》襄国县下班固自注、《左传》隐公五年杜预注、唐《括地志》和《通典》（卷一七八巨鹿郡邢州条）。《元和郡县志》说的较为详细：“邢州，亦古邢侯之国，邢侯为纣之三公，以忠谏被诛。周成王封周公旦子为邢侯，后为狄所灭，齐桓公迁邢于夷仪。按故邢国在今州城西南隅小城是也。”

河北邢台说可与考古发现结合起来。20世纪90年代，在邢台市区西边葛家庄发掘西周墓葬230座，车马坑28座，其中有大型墓葬5座，中型墓葬31座，其余为小型墓葬。大型墓葬和部分中型墓葬有陪葬车马坑。大型墓葬多为带一个墓道的甲字形，有一座为带两个墓道的中字形。这些大墓虽然全部被盗，但从墓葬的规模、形制、三椁一棺的葬具和随葬车马的数量以及出土的一些饰件及铜器遗迹的尺寸大小来分析，五座大墓是王侯之墓，发掘者认为该墓地为邢侯墓地，解决了学术界争论多年的邢国地望问题[1]。在这之前，1978年3月，在河北省元氏县西张村发现西周墓葬，出土的铜器中有一件《臣谏簋》铭文说：“隹（唯）戎大出（于）軧，井（邢）侯尃（搏）伐，延（诞）令臣谏旨（以）□□亚旅处于軧……”[2]铭文中的“谏”是邢侯之臣。軧即氐之繁文，亦即《汉书·地理志》元氏县“泜水”之泜，地在今河北省元氏县。此铭文说戎人大举出于軧地，邢侯对戎作战，命臣谏率领……亚旅驻居于軧。邢侯出兵，在今元氏县的泜水流域与戎人搏战，有力地证明邢侯的初封地就在今河北邢台。而且，在更早的北齐武平初年，今河北邢台地区就曾出土过五件邢侯夫人姜氏鼎，此五鼎虽已亡佚，但邢器不断出于此，也证明这里是邢国故地[3]。

元氏县西张村《臣谏簋》等铜器铭文和邢台葛家庄西周邢侯墓地的发现，解决了学术界争论多年的西周邢国地望问题，西周邢侯的初封地就在今河北邢台已无大的疑问。如前所述，周时邢国之得名，是本于商时的旧地名。《麦尊》铭云：“王令辟井（邢）侯出坉，侯于井（邢）。”其所称“侯于

---

① 任亚珊、郭瑞海、贾金标：《1993—1997年邢台葛家庄先商遗址、两周贵族墓地考古工作的主要收获》，《三代文明研究（一）——1998年河北邢台中国商周文明国际学术研讨会论文集》，科学出版社1999年版。

② 河北省文物管理处：《河北元氏县西张村的西周遗址和墓葬》，《考古》1979年第1期。

③ 李学勤、唐云明：《元氏铜器与西周的邢国》，《考古》1979年第1期。

邢"即是封于邢地，这和《宜侯矢簋》封矢侯于宜而称为宜侯是一样的，是封国因地而名，不是地因封国而得名①。因而，西周邢侯初封地确定于今河北邢台，祖乙迁邢之地亦即随之而得以确立，其地就在今天的邢台市。

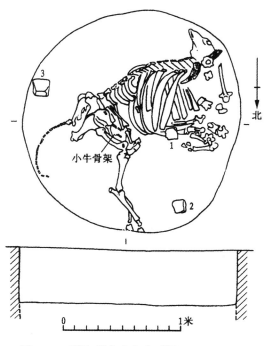

图 3—1　邢台葛家庄中商时期 H118 兽祭坑

　　祖乙迁邢属于中商时期，而近年来在邢台的葛家庄、曹演庄、东先贤、贾村、南大郭、尹郭村等遗址，恰巧发现有丰富的中商文化遗存②。以邢台市葛家庄遗址 1999 年的发掘为例，发掘者将该遗址北区发掘所获得的遗存分为四期，第一期是龙山文化晚期，第二期相当于漳河型先商文化的中、晚期，第三期是中商期，其遗存的年代整体上要晚于二里岗上层第二期的白家

---

　　①　杨升南：《"殷人屡迁"辨析》，《甲骨文与殷商史》第二辑，上海古籍出版社 1986 年版。

　　②　a. 东先贤考古队：《河北邢台市东先贤遗址 1998 年的发掘》，《考古》2003 年第 11 期，第39 页。

　　b. 河北省文物研究所、吉林大学边疆考古研究中心、邢台市文物管理处：《河北邢台市葛家庄遗址 1999 年发掘简报》，《考古》2005 年第 2 期，第 26 页。

庄期，而早于殷墟文化一期，第四期约相当于殷墟文化一至四期。在这四期文化中，又以属于中商的第三期文化遗存最为丰富，出土有大型仿铜陶礼器、冶铜器皿、卜骨、卜甲等遗物，揭露出一批与祭祀有关的兽祭坑（图3—1）、人祭坑（图3—2）、燎祭坑等遗迹，另外，在发掘区西部还勘探出大面积的夯土遗迹。发掘者也认为上述发现为探讨史书所载的商代中期祖乙迁邢提供了重要线索①。笔者相信，随着今后在邢台有关中商文化的田野发掘和研究工作的进一步展开，祖乙迁邢的问题将有望解决。

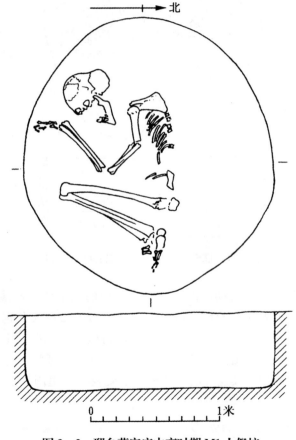

图3—2　邢台葛家庄中商时期 M1 人祭坑

---

① 河北省文物研究所等：《河北邢台市葛家庄遗址 1999 年发掘简报》，《考古》2005 年第 2 期。

四　南庚迁奄

祖乙迁邢之后，经历祖辛、羌甲（沃甲）、祖丁两代三王，到了商王南庚时，古本《竹书纪年》说："南庚自庇迁于奄。阳甲即位，居奄。"关于奄的地望，文献记载较为明确。如《左传》定公四年："因商奄之名，命以伯禽而封于少皞之虚。"杜预注："商奄，国名也。少皞虚，曲阜也，在鲁城内。"《说文解字》："郍，周公所诛郍国，在鲁。"《续汉书·郡国志》："鲁国，（古）奄国。"《括地志》："兖州曲阜县奄里，即奄国之地也。"

与仲丁迁隞、河亶甲迁相、祖乙迁邢，都是沿着当时的黄河、在中原地区迁徙相比，南庚迁奄按照传统的说法，迁徙距离是相当远的。对于传统上所说的鲁都之奄，邹衡先生在联系考古发现时曾指出，从考古材料上看，虽然在山东兖州、曲阜、泗水等地发现有早商文化遗址，有的陶片和陶器还属于早商文化第三、四段①，不过，这些遗址的规模都不大，其非商都可知。最近在曲阜发现了西周鲁城，但未见商代早期遗物，商奄的遗迹尚无线索②。

也正因为目前在考古学上还无法证实南庚所迁的奄都遗址，因而一些学者对这一传统的说法已提出质疑。曲英杰先生认为《左传》定公四年所谓"因商奄之民"，是指鲁国兼领有原奄国之地，而不是以原奄都为都。根据"商奄"即"商盖"，他认为奄都所在，当在今山东沂水县西北一带③。少皞之虚亦不在曲阜，而是在鲁北穷桑之地，伯禽初就封之地亦在此。伯禽卒后四年，《世本》说"炀公徙鲁"，鲁都城才由穷桑迁于曲阜④。至于南庚所迁之奄，他认为从商人迁徙不离河水来看，此奄地当在近河之地求之。他根据王国维指出的"鄘与奄声相近"⑤，提出奄既可通鄘，则当即为周灭商后分其

①　即中商时期。
②　邹衡：《夏商周考古学论文集》（第二版），科学出版社 2001 年版，第 193 页。
③　曲英杰：《先秦都城复原研究》，黑龙江出版社 1991 年版，第 79、262 页。
④　同上书，第 263 页。
⑤　王国维：《观堂集林》卷十八《北伯鼎跋》云："余谓鄘与奄，声相近。《书·雒诰》'无若火始焰焰'，《汉书·梅福传》引作'毋若火始庸庸'。《左传·文十八年传》'阎职'，《史记·齐太公世家》、《说苑·复恩》篇均作'庸职'。阎之为鄘，犹焰、阎之为庸矣。"王国维的立论是以鄘与奄声相近，来推指作为邶、鄘、卫三监之一的鄘当在奄，亦即鲁。

畿内为邶、鄘、卫三地中之鄘，地在今河南新乡市西南，今新乡北站区火电厂附近潞王坟遗址已发现商代早、中期文化遗存，马小营村和台头村等地亦发现有商代遗迹①，或可为寻找商都奄提供线索②。

　　山东滕州市前掌大村发现有晚商大、中型墓葬以及墓地③，有学者认为其有可能便是奄都之所在④；也有学者依据对曲阜鲁城文化的分期，指出鲁城内迄今未见可确认属西周初年的遗存，鲁城城垣的始建更晚，甚至于两周之交，这样似乎表明伯禽率周人东来，最先并未居住于现今鲁城范围内，而目前在鲁南地区最引人注目的晚商大、中型墓集中的墓地发现于滕州前掌大村，并已确知在其周围尚有密集的晚商至周初的遗址群，这些极有可能为寻找早期鲁都提供了一定的线索⑤。日本学者黄川田修先生也通过对前掌大遗址年代和曲阜鲁城遗址年代的分期，以及将前掌大遗址出土的器物群划分为"殷系"、"周系"、"当地系"、"江南系"的分类与分析而得出：（1）薛城遗址及前掌大遗址附近是居住于包括前掌大在内的薛城遗址群的集团的政治中心。（2）前掌大遗址的遗存可分为前掌大一期至三期三个时期，前掌大一期相当于花园庄期至大司空三期，前掌大二期相当于大司空四期至西周前期，前掌大三期相当于西周中期；而且前掌大二期的上限年代为"克殷"以后的可能性很大。（3）从出土的随葬品中含有在周系的周王朝中心地多见的玉器、灰釉陶可以推测，形成前掌大二期至三期遗存的集团的统治层与西周王朝具有很强的关系。（4）前掌大二期至三期的遗存中尽管是殷系、周系、当地系、江南系这四个类别的混合，但其比率最大的却是殷系遗物群。这些不同类别遗物的存在，说明形成前掌大二期至三期遗存的集团是由墨守殷系、周系、当地系、江南系文化传统的四个系统的人们所构成。（5）曲阜鲁城及兖州西吴寺遗迹的上限年代为西周中期，恰与前掌大遗迹的下限年代相衔接。这样他提出：前掌大的主要遗迹是"克殷"后周王朝的贵族或王族从周的中心地来到前掌大附近、作为

---

① 杨育彬：《河南考古》附《河南古代遗址、城址、窑址、墓葬统计表》。

② 曲英杰：《先秦都城复原研究》，黑龙江出版社1991年版，第79页。

③ 中国社会科学院考古研究所：《滕州前掌大墓地》，文物出版社2005年版。

④ 胡秉华：《奄国史初探》，《东夷古国史研究》第二辑，三秦出版社1990年版。

⑤ 许宏：《曲阜鲁国故城之再研究》，载许宏《先秦城市考古学研究》，北京燕山出版社2000年版。

周王朝经营东方的一环所经营的邑的遗迹；而且位于前掌大遗迹西边的薛国故城，依据该遗址发掘者其城墙建造于"殷末—西周前期"的意见，前掌大集团首领所居住的邑在薛国故城，前掌大遗迹只是作为其邑所附属的墓地而形成的，其集团的首领以历史学语言讲，相当于"封建诸侯"；从而，薛国故城即为西周时代诸侯国的一个国都，其周围广泛分布的包括前掌大在内的薛城遗迹群的西周时期遗存，亦即可以作为附属于国都的聚落、墓地等遗迹来把握；再结合"炀公徙鲁"的文献记载，他也主张伯禽所就封的鲁国的始封地不在曲阜，而在前掌大附近，因而《左传》定公四年所说的"商奄"和"少皞之虚"也不在曲阜而在前掌大附近[①]。李学勤先生根据 1973 年在兖州的李宫村出土的铜器铭文中有"剩"，认为这是分封伯禽时封给他的殷民六族中的索氏，并进一步说索氏应该是奄民遗留下的一部分，奄国也应该在这一带，他也认为在兖州之南的滕州前掌大商代墓葬群的发现，为寻找奄国提供了重要的线索[②]。

这样，最初看起来文献记载比较明确的南庚迁奄，实际上问题也是相当复杂的。说南庚所迁之奄为曲阜，是基于《左传》定公四年"因商奄之名，命以伯禽而封于少皞之虚"的记载。在这里本身就有两个问题，一是诚如曲英杰先生所言，"因商奄之民"，是指鲁国兼领有原奄国之地，而不是以原奄都为都，伯禽所就封之地应落实到"少皞之墟"。二是伯禽最初来到鲁地的地方有可能不是曲阜，曲阜鲁都为炀公时所徙。支持这第二个问题的是曲阜鲁城的文化遗存的上限到不了西周早期而仅能到西周中期。至于滕州前掌大遗址及其附近是否就是伯禽来到鲁地时最初就封之地，也是很难说的。因为前掌大及其附近的遗迹虽然时代上为晚商至西周中期，规模和规格也比较大，就其西周早期的文化遗存而言，可视为西周诸侯国的遗存，但将前掌大与其西边不远的薛国故城联系起来考虑，这个诸侯国更有可能是薛国。

周武王灭商后，既分封有同姓诸侯国，也分封有异姓诸侯国。薛为任姓国，始祖为奚仲，是夏代以来的诸侯小国，春秋时称为薛侯，在鲁隐公十一

---

① 黄川田修：《曲阜以前の鲁国の所在に对する一试论——中国山东省前掌大遗跡の诸问题》，[日]《考古学杂志》第 86 卷第 3 号，2001 年 3 月。

② 李学勤：《夏商周与山东》，《烟台大学学报》第 15 卷第 3 期，2002 年 7 月。

年春还曾朝鲁①。武王灭商后在大封诸侯国时，对于包括薛国在内的一些原有的诸侯小国，只要它们承认周的天子地位即周的中央王国地位，它们也就会得到周的"褒封"，与之同时，它们也开始接受周文化的影响，从而在这些被"褒封"的小国中，其统治阶层具有一些所谓"周系"遗物，是很自然的。杨伯峻《春秋左传注》指出："薛国本居薛城，今滕州南四十里；后迁邳，亦曰下邳，在今江苏邳县东北，旋又迁上邳，即仲虺城，在薛城西。春秋以后又迁下邳。阎若璩《四书释地》谓'齐湣王三年，封田文于薛，即薛亡之岁。'传世铜器有薛侯匜、薛侯鼎，1973年藤县官桥公社狄庄大队在薛城遗址又发现薛仲铜簠四件。"② 所以，滕州前掌大墓地遗址不应是奄国遗址或伯禽最初就封之地，而更可能是商代和西周中期前的薛国墓地，薛国故城则是其都邑遗址。

前掌大遗址不可能是伯禽率周人东来最初就封之地的第二个原因是，《左传》定公四年"命以伯禽而封于少皞之虚"，这个"少皞之墟"在鲁北而不在鲁南。《左传》昭公二十九年载晋大史蔡墨曰："少皞氏有四叔，曰重，曰该，曰修，曰熙，实能金木及水。使重为句芒，该为蓐收，修及熙为玄冥。世不失职，遂济穷桑，此其三祀也。"杜预注："穷桑，少皞之号也。穷桑地在鲁北。"《尸子·仁意篇》曰："少昊金天氏，邑于穷桑。"若少皞之墟在鲁北，它与位于鲁南的滕州前掌大遗址在地望上是不相符的。

如此说来，南庚所迁之奄究竟在何地，尚难以确定。伯禽是否就封于曲阜，已属可疑；曲阜鲁都城的年代上限到不了西周早期，也能证明曲阜鲁都为炀公时所徙。若伯禽所封的"少皞之墟"即穷桑，地在鲁北，那么南庚所迁之奄是否也在鲁北，是值得探究的。至于究竟在鲁北的何处，目前也还是不得而知。此外，鲁北距离邢台毕竟太远，曲英杰先生提出的南庚所迁之奄为晚商王畿内的鄘，地在今河南新乡市西南的意见，也很值得考虑。鄘在商代甲骨文中写作✿，象城墙四边有望楼之状，后又简化作✿，郭沫若《卜辞通纂》释此字为"墉"，说"字亦地名，盖即邶、鄘之鄘"③。《大清一统志·河南·卫辉府》古迹条引杜佑《通典》："鄘城在新乡县西南三十二里。"唐代新乡县即今河南省新乡市，可知古鄘地当在今新乡市

---

① 《春秋》经传隐公十一年："十有一年春，滕侯、薛侯来朝。"

② 杨伯峻：《春秋左传注》第一册，中华书局1981年版，第70页。

③ 郭沫若：《卜辞通纂》，《郭沫若全集·考古编》第二卷，科学出版社1983年版，第538页。

西南 16 公里处，它应该就是卜辞中的鄘地[①]。总之，南庚所迁的奄都，究竟是在曲阜鲁都还是在鲁北抑或在新乡鄘地，目前还难以肯定，只有期待于将来的考古发现。

五 盘庚迁殷

南庚迁奄之后，经过商王阳甲，到阳甲之弟盘庚时，迁都于殷。盘庚迁殷屡见于古代文献，如《尚书·盘庚上》首句即言："盘庚迁于殷。"《太平御览》卷八三引《竹书纪年》曰："盘庚旬自奄迁于北蒙，曰殷。"《史记·殷本纪》正义引《竹书纪年》曰："自盘庚徙殷，至纣之灭，二百五（七）十三年，更不徙都。"《尚书·商书序》说："盘庚五迁，将治亳殷。"依据这些记载，盘庚曾迁都于殷，已为一般史学家所接受。

上述之外，《史记·殷本纪》曰："帝盘庚之时，殷已都河北，盘庚渡河南，复居成汤之故居……治亳，行汤之政"，至帝武乙之时，"去亳，徙河北"。《帝王世纪》曰："殷汤都亳，在梁，又都偃师。至盘庚徙河北，又徙偃师也。"《括地志》曰："河南偃师为西亳，帝喾及汤所都，盘庚亦徙都之。"按照这些说法，一些学者主张盘庚曾有两次迁徙，先迁殷，后又迁至亳[②]，至于所迁之殷在何处，所迁之亳在何地，主张两次迁徙者之间也是各不相同的。

看来商人在盘庚时究竟是迁都一次还是两次，尚需作一些辨析。上引《殷本纪》的说法与《竹书纪年》所载完全不同，与《尚书·盘庚》也不同[③]，因而，有学者发出疑问，不知史迁何所本[④]。至于《帝王世纪》和《括地志》，一方面是承袭《殷本纪》的说法；另一方面则与皇甫谧创"三亳说"有关。由《商代史》卷三《商族起源与先商社会变迁》的第三章可知，商代（至少在甲骨文时期）并不存在三亳，偃师也不称为亳，所以，《帝王

---

① 郑杰祥：《商代地理概论》，中州古籍出版社 1994 年版，第 3、27 页。

② a. 曲英杰：《先秦都城复原研究》，黑龙江出版社 1991 年版，第 80—90 页。

b. 朱光华：《"盘庚迁殷"与"盘庚治亳"考辨》，《2004 年安阳殷商文明国际学术研讨会论文集》，社会科学文献出版社 2004 年版。

③ 《尚书·盘庚》上中下三篇虽然都讲到迁徙之事，但所提到的迁徙的地点，只说到"殷"而并未提到"亳"，所以，《史记·殷本纪》的说法与《尚书·盘庚》也是不同的。

④ 邹衡：《夏商周考古学论文集》（第二版），科学出版社 2001 年版，第 193 页。

世纪》和《括地志》的说法实不可据。

前面在谈到祖乙迁邢时，已说到一王徙都两三次，实属不可能。而且，在商人的迁徙史上，《尚书正义》说："班固云：'殷人屡迁，前八后五。'"东汉张衡《东京赋》也有"前八后五"的概括。这种概括在总体上对我们认识商代王都的迁徙是有帮助的，应值得重视。其前八次迁徙，可与《史记·殷本纪》及《尚书序》所说的"自契至成汤八迁"，对应起来；后五次迁徙，可与《尚书·盘庚》所讲"先王有服，恪谨天命，兹犹不常宁，不常厥邑，于今五邦"相一致。商汤以后的迁徙既然只有五次，那么，仲丁迁隞为一，河亶甲迁相为二，祖乙迁邢为三，南庚迁奄为四，盘庚迁殷为五。这五次之外，无法插入盘庚还有所谓的第二次迁徙。

盘庚迁殷又迁亳，实属讹误，若以《尚书序》"盘庚五迁，将治亳殷"的记载为线索，尚可寻出讹误的原因。所谓"亳殷"就是其殷靠近亳，故称为"亳殷"。在《殷本纪》盘庚"复居成汤之故居……治亳"之下，《集解》引郑玄曰："治于亳之殷地，商家自此徙，而改号曰殷亳。"这是郑玄解释《尚书序》之文。体会郑玄之意，与史迁稍有不同，这里的"殷亳"或"亳殷"连言，有可能是当时已经流行的一个熟语，它反映出殷与亳比邻，此"殷"为靠近亳之殷，此"亳"亦为靠近殷之亳。在《商族起源与先商社会变迁》一书的第三章中，我们通过对甲骨文中"商"与"亳"的考辨，得出甲骨文中的亳就在商都安阳东边的内黄或其附近，特别是内黄靠近濮阳的地方，此甲骨文中的亳也就是《吕氏春秋》所说的"郼薄（亳）"，而郼亳之郼也读为殷，所以《吕氏春秋》的郼亳也就是殷亳，是殷地之亳或靠近殷都之亳。这不与《尚书序》的说法完全一样？至于《史记·殷本纪》所说"盘庚之时，殷已都河北，盘庚渡河南，复居成汤之故居"云云，这里的"河北"与"河南"是汉代时的概念。司马迁是把春秋以前黄河流经安阳与内黄之间的作为南北走向的"河西"与"河东"的方位，置换为黄河改道后在今河南省境内主要呈现出的东西走向的"河北"与"河南"的方位了。这正像司马迁把《战国策·魏策》吴起所说的"殷纣之国，左孟门，而右漳滏，前带河，后被山"的方位，置换成"殷纣之国，左孟门，右太行，常山在其北，大河经其南"（《史记·吴起列传》）一样，都是因黄河改道的缘故，是用汉代时的方位来说明殷代时的情况。对此，我们在本书第七章第一节"商代的王畿与四土"有具体的分析，这里不再赘述。

由于殷与亳比邻，所以，其造成盘庚两次迁都的讹误，有点类似于以往误解武丁也有两次迁都的说法。《国语·楚语上》说武丁"以入于河，自河徂亳，于是乎三年，默以思道"。韦昭在"以入于河"下注说："迁于河内"；在"自河徂亳"下注说："从河内往都亳也"，这也是说武丁有两次迁都。而我们在《商族起源与先商社会变迁》第三章已分析指出，所谓"以入于河"，不是迁都于河内，而是指从久劳于外的民间回来，入主河内，继承了王位。所谓"自河徂亳，于是乎三年，默以思道"，也不是由河内迁都于亳，而是说他曾从河内商都安阳，渡河前往亳邑，三年中还时常住在亳邑。殷、亳既然相邻，大概盘庚在迁殷之后，有时也来往于殷与亳之间，结果造成了先迁殷后又迁亳的误解。

关于盘庚迁殷之所在，自王国维《说殷》论证洹水南岸今安阳市西北五里的小屯一带的殷墟为盘庚所迁之殷以来[1]，一般多主张在安阳小屯。文献上，《史记·项羽本纪》提到殷墟的具体位置："项羽乃与（章邯）期洹水南殷虚上。"《括地志》说的更具体，"相州安阳本盘庚所都，即北蒙殷墟，南去朝歌城百四十六里。……（邺）城西南三十里有洹水，南岸三里有安阳城，西有城名殷墟，所谓北蒙者也"。七十多年来的安阳考古发掘表明，在这里发现大量的从武丁一直到帝辛的甲骨卜辞，有晚商的宫殿宗庙基址和王陵，所以，这里为晚商的王都之所在，在相当长一段时间已为多数考古学家所赞同[2]。

然而，几十年以来，也存在一些不同的看法。如丁山先生即根据《竹书纪年》"盘庚旬自奄迁于北蒙，曰殷"中的北蒙，认为盘庚所迁为蒙泽，在今河南商丘北的大蒙城，武丁始居小屯，可与小屯出土的卜辞互证[3]。20世纪80年代初，杨锡璋先生依据殷墟文化分期的一些新进展和殷墟所发现的卜辞自武丁开始，以及他分析西北岗殷墟王陵可能没有盘庚、小辛、小乙三王的陵墓，他提出盘庚、小辛、小乙三王建都的地点可能并不在安阳殷墟[4]。80年代末和90年代初，彭金章、晓田、郑光等先生也认为殷墟为武丁以来殷都，并进而提出盘庚所迁为偃师商城即所谓"盘庚

① 王国维：《观堂集林》卷二。

② 邹衡：《夏商周考古学论文集》（第二版），科学出版社 2001 年版，第 193—194 页。

③ 丁山：《商周史料考证》，中华书局 1988 年版，第 35—37 页。

④ 杨锡璋：《安阳殷墟西北冈大墓的分期及有关问题》，《中原文物》1981 年第 3 期。

亳殷"①。曲英杰先生在《先秦都城复原研究》一书中提出盘庚先迁殷在今
河南沁阳市一带；后又迁亳，地在今河南偃师，即偃师商城二里岗期上层
建筑基址为盘庚和武丁时的遗存②。1996 年以后，为配合夏商周断代工
程，中国社会科学院考古所安阳队即发现洹北商城一带是一处大型遗址，
其上部堆积的年代略早于大司空村一期，因而当时提出盘庚所迁之殷有可
能即在这里③。当然，也有认为这一带可能是"河亶甲居相"之所④。到
1999 年秋洹北商城被发现后⑤，学界对盘庚迁殷的讨论，又推向高潮，已有
多篇论文提出洹北商城为盘庚所迁之殷，小屯一带为武丁以来的宫殿区⑥；
也有人认为盘庚先迁殷在洹北商城，后又治亳在郑州，郑州人民公园期的遗
存可与"盘庚治亳"相联系，至商王小乙时殷王室又复迁居于洹水南岸的小
屯殷墟⑦；还有认为洹北商城既不能排除盘庚迁殷的可能，也不可忽视"河
亶甲居相"的可能性，甚至可能是"先后相继"地发生过⑧。

　　由上述可以看出，洹北商城究竟是盘庚迁殷之所在，还是河亶甲居相之
所，已成为讨论的焦点。正如我们在前一节所述那样，根据中国社会科学院

---

　　① 　a. 彭金章、晓田：《殷墟为武丁以来殷之旧都说》，《中国考古学会第五次年会论文集》，文
物出版社 1988 年版。

　　b. 郑光：《试论偃师商城即盘庚之亳殷》，台北《故宫学术季刊》第 8 卷第 4 期，1991 年。

　　② 　曲英杰：《先秦都城复原研究》，黑龙江出版社 1991 年版，第 69、80—90 页。

　　③ 　a. 唐际根、刘忠伏：《洹北花园庄遗址与盘庚迁殷问题》，《中国文物报》1999 年 4 月 14 日。

　　b. 杨锡璋、徐广德、高炜：《盘庚迁殷地点蠡测》，《中原文物》2000 年第 1 期。

　　④ 　文雨：《洹北花园庄遗址与河亶甲居相》，《中国文物报》1998 年 11 月 25 日。

　　⑤ 　唐际根、刘忠伏：《安阳殷墟保护区外缘发现大型商代城址》，《中国文物报》2000 年 2 月
20 日。

　　⑥ 　a. 岳洪彬、何毓灵：《洹北商城花园庄东地商代遗存的认识》，《2004 年安阳殷商文明国际学
术研讨会论文集》，社会科学文献出版社 2004 年版。

　　b. 张国硕：《论殷都的变迁》，《2004 年安阳殷商文明国际学术研讨会论文集》，社会科学文献出
版社 2004 年版。

　　c. 王震中：《"中商文化"概念的意义及其相关问题》，《考古与文物》2006 年第 1 期。

　　⑦ 　朱光华：《"盘庚迁殷"与"盘庚治亳"考辨》，《2004 年安阳殷商文明国际学术研讨会论文
集》，社会科学文献出版社 2004 年版。

　　⑧ 　唐际根、刘忠伏：《安阳殷墟保护区外缘发现大型商代城址》，《中国文物报》2000 年 2 月
20 日。

考古研究所安阳队多年来的研究[①]，殷墟一期早段遗存可与盘庚、小辛、小乙时期相对应，殷墟一期晚段可与武丁早期相对应，殷墟二期早段可与武丁晚期相对应，殷墟二期晚段可与祖庚、祖甲时期相对应，而洹北花园庄遗址被分为早晚两大期，其晚期有些学者虽然把它划分在"中商第三期"的范畴内，其实它也就是以往所说的殷墟一期早段的遗存，即属于盘庚、小辛、小乙时期的遗存，中国社会科学院考古研究所安阳队的岳洪彬、何毓灵两位先生依据洹北商城城墙基槽夯土中的出土物及洹北商城宫殿区 1 号基址所发现的其使用的数件陶器，判断洹北商城的城墙应是在洹北花园庄晚期始建，为盘庚所迁之殷，而且认为即使洹北花园庄早期的遗存也难以上溯到河亶甲时期，无论从哪个方面考虑，洹北商城都不会是河亶甲所居之相[②]。应该说，以目前的资料而言，这一观点是合理的。

若洹北商城是盘庚所迁之殷，属于盘庚、小辛、小乙时期的殷都，小屯一带属于武丁至帝辛时期的殷都。那么，我们对于殷地和殷墟的概念也应略为扩大，即《史记·项羽本纪》"项羽乃与（章邯）期洹水南殷虚上"的"殷墟"，只不过是武丁以来的殷都被毁弃后所形成的殷墟，而武丁之前盘庚、小辛、小乙时期的洹北商城，不但属于殷地，而且也就是盘庚迁殷之所在，它因毁于火灾所形成的废墟，当然也可称之为殷墟，从而殷墟的范围至少应包括洹北商城在内。

六　迁都原因的考察

从仲丁至盘庚，商王迁都达五次之多，再加上先商时期的八次迁徙，被史书称为"殷人屡迁"。如果说先商时期的迁徙与商人寻求发展有关系的话，那么取代夏以后，商已成为中央王国，何以在中商时期商王频繁地屡迁其都？由于这种屡次迁都给中商时期的历史与文化带来了不同于早商和晚商的

①　a. 郑振香、陈志达：《论妇好墓对殷墟文化和卜辞断代的意义》，《考古》1981 年第 6 期。

b. 郑振香：《论殷墟文化分期及其相关问题》，《中国考古学研究》，文物出版社 1986 年版，第 116—124 页。

c. 中国社会科学院考古研究所：《殷墟的发现与研究》，科学出版社 2001 年版，第 26 页。

d. 杨宝成：《殷墟文化研究》，武汉大学出版社 2002 年版，第 22 页。

②　岳洪彬、何毓灵：《洹北商城花园庄东地商代遗存的认识》，《2004 年安阳殷商文明国际学术研讨会论文集》，社会科学文献出版社 2004 年版。

一些特点，故有必要对迁都的原因，做一些探讨。

关于殷人屡迁的原因，古代主要提出的是"去奢行俭"说和"水患"说。如东汉的郎顗说，"昔盘庚迁殷，去奢行俭"①。《后汉书·文苑传》引杜笃奏《论都赋》曰："盘庚去奢，行俭于亳。"在宋代时有人用水患来解释殷的迁都，清人马骕在其《绎史》中对这两说有所综合，如曰，"祖乙圮耿，至阳甲，君民奢侈，邑居垫隘，水泉潟卤，不可以行政化"，又曰，成汤"子孙无远虑，往往轻徙，若嚣、若相、若耿、若邢，皆际河，数遭水患，为政者以厚利夺其避患之心"②。近世学者有的进一步发挥水患说，如顾颉刚、刘起釪两位先生认为："殷人惯于选择定都居住的地方在河滨，是为了用水的便利。但由于生产水平低下，可能还没有沟洫排灌等水利设施，而黄河这条河又是这样地常常出问题的一条河，居住在它身边，确不是容易得到安宁的。……造成广大人民无法安居生活，因而不能继续在原地住下的事实，应当是促动迁徙的主要原因。"③ 近世也有学者新提出了游牧、游农说，如傅筑夫先生认为商人"前后十六次的大迁徙，不是为了政治原因去迁都，也不是为了河患的原因去逃难，而是为了经济的原因，是改换牧场，改换耕地"④。岑仲勉先生认为这种"屡迁"是"行国"的必然现象，"行国的习俗跟住国不同，最要紧的是逐水草而居，无一定住处"⑤。还有用军事作战方便来解释殷人的屡次迁都，可称为军事说。如邹衡先生在论述了"奴隶社会的存在与发展，在很大程度上依附于战争的胜败"后，接着提出"在当时的交通、运输等条件下，战争固然可以通过'衰田'的方式进行，但是，要跋涉远征毕竟是比较困难的。因此，当时选择王都的地点，不能不考虑到作战的方便，就是说，不能不从军事的角度上考虑迁都的问题"⑥。当年，丁山先生在把仲丁迁隞论证为鲁地的敖山、把河亶甲迁相论证在沛郡相县时，也是认

---

① 《后汉书·郎顗传》。

② 马骕：《绎史》卷一六《太戊盘庚之贤》，齐鲁书社 2001 年点校本。

③ a. 王国维：《观堂集林》卷十二《说耿》。

　　b. 顾颉刚、刘起釪：《〈盘庚〉三篇校释译论》，《历史学》1979 年第 2 期。

④ 傅筑夫：《关于殷人不常厥邑的一个经济解释》，载《文史杂志》第 4 卷第 5、6 期，又见《中国经济史论丛》上册，第 47 页。

⑤ 岑仲勉：《黄河变迁史》，人民出版社 1957 年版，第 84、121 页。

⑥ 邹衡：《夏商周考古学论文集》（第二版），科学出版社 2001 年版，第 194—195 页。

为这两次迁都与征兰夷事件有关①。除上述之外，也有学者主要是从商王室的政治动乱上寻找原因，可称为政治说。如杨升南先生指出："自仲丁以来的'比九世乱'，是由仲丁争夺王位，破坏了原有的继承制度引起的。商代的王位继承制虽有兄终弟及的现象，但仍是以长子继承制为常而以弟及为变。长子和长子之子是商代王位继统的主干。"按照卜辞中的周祭祀谱，商王大庚三子的即位次序是：小甲、大戊、雍己，照上述传长子之子的"商代继承制度，雍己死后，其王位应传给小甲子，大戊排行第二，其子绝无继位的可能。仲丁之上台，显然是经过一番内部争夺。从仲丁开始的这场争权斗争，在南庚时又激烈地进行了一次。从上世系表看出，羌甲死后已将王位传给祖乙的'嫡长孙'祖丁，按照商继承制度祖丁死后该传位其子阳甲，因阳甲是祖辛的'嫡长孙'，但阳甲并未直接继其父祖丁为王，而是羌甲子南庚继祖丁后做了王。南庚之为王是不合继承制度的，因此，他也同仲丁一样，是夺得的。若照仲丁的先例，南庚死应由其子继位，但却是祖丁子阳甲当上了王。阳甲当然也是从南庚系中夺回王位的。……从仲丁起，开始了王位争夺，到阳甲正是九个王，在这期间由于内部争夺王位，演出一幕幕互相残杀的惨剧，致使国家元气大伤导致诸侯离异，四夷来攻，不得不屡迁王都以避敌人的攻击"②。伊藤道治先生也指出："相传到盘庚时曾五次迁都，这曾被认为是显示了殷的不定居性，并说它提供了殷的游牧性要素。然而，迁都最初是在中丁时进行的，这与本书所说的王位继承法的变化，以及与之相伴随的兄终弟及的问题，在时期上是相关联而发生于殷王室的，是有关联的事件。还有，中丁之弟河亶甲和继承河亶甲的中丁之子祖乙时期，也都进行过迁都。这是在王位继承上问题最多的时代反复多次发生的迁都。"③

对于上述诸说，笔者赞成盘庚之前的四次迁都是因王室内部王位继承的政治斗争的缘故，而盘庚迁殷则主要是为了回到商的老根据地，寻求更大的发展。在商王国，畜牧业确实很发达，但商王国绝不是一个游牧国家，它的农业也同样是很发达的。至于所谓"游农"，它主要是与"刀耕火种"式的农业生产技术水平相联系的，商王国的农业生产技术水平已远远地高于"刀耕火种"。何况早商和晚商都未发生频繁迁都，总不能说只有中商时期商王

① 丁山：《商周史料考证》，中华书局 1988 年版，第 29—30 页。

② 杨升南：《"殷人屡迁"辨析》，《甲骨文与殷商史》第二辑，上海古籍出版社 1986 年版。

③ ［日］伊藤道治：《中国古代王朝の形成》，日本创文社 1975 年版，第 113 页。

国处于游牧、游农或"行国"状态。持水患（河患）说者也与实际情况不合。中商时殷人有几次迁徙不是避开"河"（即古黄河）而是一直不离开"河"。如作为隞都的郑州商城和小双桥遗址，距离黄河很近；从隞都郑州商城迁往内黄（或内黄与安阳相接壤的地方）之相都，也在当时黄河之近旁；即使祖乙所迁之邢和盘庚所迁之殷也都位于"河"西不远的地方。所以，河患说难以解释殷人何以一次次迁都均迁往"河"的近旁。便于军事作战的军事说的漏洞也是显而易见的。包括商代在内的上古社会，固然是"国之大事，在祀与戎"，但对于商王朝来说，其来自敌对或异己的力量不应是一个方向，也不会因为要征伐某方就把王都迁往那个地方。一个最明显的例子是商末帝辛征夷方。通过甲骨文和商代铜器铭文，我们至少可以看到帝辛十年和十五年对人方即夷方有过大的征战，《左传》和《吕氏春秋》记有"纣克东夷"，李学勤先生认为卜辞中的人方即文献中纣所克之东夷[1]，然而我们并没有看到商纣王帝辛把其王都迁到东方或东南方。王都的迁徙确实意味着王对那个地方的重视，但迁都绝非就是为了与某方进行征战，何况迁都时是需要建设都城的，在新迁之地建好都邑后再征战，岂不延误战机？还有，假若在商王武丁时，商的北土或西北的战事刚一结束，商的南土又发生战事[2]，武丁是否要把王都从安阳迁往南方某地？而南土战事结束后，北土、西土或别的什么地方又需要征战，是否又要把王都迁到这些地方？如此一来，商王朝岂不是年年都要迁都？

《史记·殷本纪》说："自仲丁以来，废嫡而更立诸弟子，弟子或争相代立，比九世乱，于是诸侯莫朝。"上引伊藤道治和杨升南两先生通过对甲骨文的研究，也证明这一时期在王位继承上确实发生了问题，特别是杨升南先生指出"仲丁之上台"和"南庚之为王"都是不合继承制度的，是经过一番内部斗争的结果，而仲丁与南庚又都是有迁都之举的，所以，中商时期的"屡迁"与此时因王位争夺而发生的"比九世乱"应该有着因果关系。而在迁都时所作的具体抉择，则又显示出两个特点。其一是大多选择了不离开黄河或者说离"河"不远；其二是大多选择了在商的传统根据地的范围内迁徙。所迁之地离黄河不远，主要是出于水路交通运输的方便。如偃师商城本来距离黄河就不远，郑州商城及其西北 20 公里的小双桥，它距离黄河更近。

---

① 李学勤：《重论夷方》，《民大史学》（1），中央民族大学出版社 1996 年版。

② 《甲编》2902 和 2907 就是卜问雀和多霯在南土征战时是否安全无祸，以及商王要不要亲征。

在二里岗上层第一期和第二期即郑州商城作为中商王都的时期和小双桥作为郑州商城王都的离宫别馆的使用时期，晋南的垣曲商城和夏县东下冯商城也还都在使用，如前章所述，晋南的这两座商城都有肩负将晋南的铜矿和盐等资源转运输往商都偃师和郑州的重任，在更靠近黄河的小双桥修建离宫别馆，在利用黄河的水路交通上显然是更方便了。河亶甲所迁的相都在内黄或内黄与安阳之间，当时的黄河也是从内黄与安阳之间由南向北流过。祖乙所迁之邢台也位于黄河西岸不远，当时黄河水道是从今河南省的浚县到今河北省的隆尧、巨鹿之间南北流动的。此外，不论是盘庚所迁的洹北商城殷都还是武丁以后的洹南小屯殷都，黄河都在其东边近旁。对于这些不离开黄河的迁都，我们将其解释为历代商王大都比较重视黄河的水路交通的作用，应该是一种合理的解释。

从《商族起源与先商社会变迁》一书有关商族的起源及其早期迁徙的论述中我们可以看到，冀南和豫北是先商时期商族的发祥地与迁徙往来的传统根据地；从本书的第一章可以知道，由豫西的偃师商城至豫中的郑州商城一带，是早商的王畿之地，所以，中商的几次迁都，除南庚迁奄尚难确定外[①]，无论是小双桥的隞都、内黄的相都、邢台的邢都，还是安阳的殷都（包括洹北与洹南），都是在殷人的老根据地迁来迁去，不出商的传统范围。特别是殷地，夏帝芒三十三年时"商侯"迁于此；"死于河"的商侯冥活动于这一带；上甲微居邺也是迁于这一带。在甲骨文中因晚商王都的所在，殷地被称为"商"，但这种称呼是否也与先商时这里已是商族的根据地有关系？据《尚书·盘庚》，盘庚迁殷是为了"绍复先王之大业，底绥四方"，是要"复我高祖之德"以"安定厥邦"，也就是说，商王盘庚是为了振兴商王室，恢复先王之业绩，为了寻求一个大的发展，才将王都迁到了殷地安阳。这一带，在地理上是南北进退的形胜之地，在政治上是殷商的传统根据地。

第三节　考古所见中商时期的王都遗址

一　中商时的郑州商城——隞都

依据郑州商城所在的位置和它在二里岗上层第一期时的繁荣情况，我们

---

① 南庚所迁之奄究竟是在曲阜，还是在鲁北的少皞之墟穷桑之地，或者是在河南新乡西南16公里处的鄘地，目前尚难以定论。

赞成安金槐①、杨育彬②、李锋③、王学荣④等学者所主张的二里岗上层第一期时的郑州商城是仲丁所居之隞都。那么，在二里岗上层第一期郑州商城有哪些重要遗迹呢？下面我们分宫室、池苑、手工业工房、祭祀遗迹和青铜器窖藏等方面加以叙述。

1. 宫室建筑

在《郑州商城》发掘报告中，明确确认为时代属于二里岗上层第一期的宫殿建筑基址有十七八处之多，其中有省戏校东院内的上层夯土基址、黄委会邮电所门前 C8T53 探方内的夯土基址、黄委会 62 号楼基下的 90C8ⅡF1 夯土基址、郑州商城工作站院内的 C8F8、C8F10、C8F13 三座夯土基址、黄委会中心医院内的夯土基址和水池遗迹、省中医学院家属院内东片夯土基址、省中医学院家属院西南部一代的 92ZSC8ⅡF1—F3 三座夯土基址、省中医药研究院家属院内夯土基址、郑州医疗器械厂内的 88C8F101、F102 两座夯土基址、水电部十一工程局郑州办事处院内 1991 年发掘的夯土基址和水井、郑州丝钉厂院内的夯土基址等⑤。这些夯土基址的发掘面积都有限，从中很难看到组合性的布局结构，现以省中医学院家属院和郑州医疗器械厂内的夯土基址为例来加以说明。

省中医学院家属院西南部的 92ZSC8ⅡF1—F3 三座夯土基址（图 3—3），是 1992—1993 年发掘的，同时还发掘了一些灰坑和水井等。F1 方向 105°，近东西向，东西残长 30 米，南北宽度为 13 米，平面呈长方形。在 F1 的南

---

① 河南省文物考古研究所编著：《郑州商城——一九五三年——一九八五年考古发掘报告》（中册），文物出版社 2001 年版，第 1042 页；安金槐：《对于郑州商代城修建与使用时期的再探讨》，《安金槐考古文集》，中州古籍出版社 1999 年版。

② 杨育彬：《郑州商城的考古学研究》（摘自《夏商周断代工程·商前期年代学研究课题·郑州商城专题结题报告》1999 年 3 月，与曾晓敏先生合写），载于杨育彬、孙广清《河南考古探索》，中州古籍出版社 2002 年版。杨育彬：《偃师商城——夏商文化分界的唯一界标》，《偃师商城遗址研究》，科学出版社 2004 年版。

③ 李锋：《试论偃师商城商汤亳都和二里岗上层一期郑州商城仲丁隞都》，《河南文物考古论集》，河南人民出版社 1996 年版。

④ 王学荣：《偃师商城废弃研究——兼论与偃师二里头、郑州商城和郑州小双桥遗址的关系》，《三代考古》（二），科学出版社 2006 年版。

⑤ 河南省文物考古研究所：《郑州商城》（上册），文物出版社 2001 年版，第 254、256—257、263、265—266、276—279、286—287 页。

侧和西部共发现排列有序的柱础坑 21 个，位于 F1 南部边缘的一排为 11 个，
西部发现的柱础坑近南北向排列，共 3 排，保留有 10 个柱础。柱础坑间距
为 2.3 米。F2 位于 F1 西侧，相距为 3 米，方向 25°，与 F1 呈垂直状。从平
面关系分析，F1 与 F2 应为同组建筑。F2 残长 20 米，东西宽 8 米。柱础东
西三排，基本呈南北向排列，共发现 12 个柱础。F3 位于 F1 南侧，被 F1 打
破，大部分被探方南壁所压。

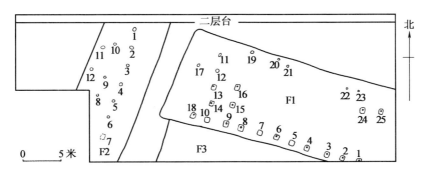

图 3—3 郑州商城 92ZSC8ⅡF1－F3 夯土基址平面分布图

省中医学院家属院发掘出的这三座商代夯土基址，在 F1 的下面叠压着
一个二里岗下层二期的灰坑，三座夯土基址内夹杂的陶片多是二里岗下层二
期，故发掘报告的编写者认为三座夯土基址应属于二里岗下层二期所筑，并
延续使用到二里岗上层一期。

郑州医疗器械厂内发掘出的三座二里岗上层一期的夯土基址（图 3—4），
编号为 88C8F101、88C8F102、88C8F103，其中以 88C8F101 保存较好。
88C8F101 呈东西长方形，东西长约 31.2 米，南北宽 11 米。在夯土基址面
上的靠南部边沿处，发现残存有 7 个东西排列有序的圆形柱础石，就保存较
好的柱础石与柱础石的间距看，一般为 2.5—3 米。按此距离排列推算，南
部边沿处的柱础石尚缺 4 个，共计应有 11 个。在夯土基址北部边沿西段处，
残存有和南部边沿柱础石相对应的 4 个柱础石，柱础石与柱础石的间距，也
是 2.5—3 米。按此距离推算，北部边沿的中段和东段尚缺柱础石 7 个，共
计也应有 11 个柱础石。也就是说，如果复原 88C8F101 夯土基址面上的柱础
石布局，就应该是南北两侧边沿处各有一排东西向的 11 个相对称的柱础石，
可见 88C8F101 应是一座规模虽不是特别大但又较为规整的商代二里岗上层

一期宫室基址。88C8F102 夯土基址，位于 F101 夯土基址西面，相距仅 0.3 米。这处基址呈南北长方形，南北残长 9.7 米，东西残宽 4.7 米。基址夯土厚度的最厚处达 1.7 米。夯土面损毁严重，仅残存有一个柱础石。88C8F103 夯土基址，位于 88C8F101 的北面，并被 88C8F101 所叠压与打破。但基址的西北角保存尚好，呈东西向的长方形夯土基址，夯土基址顶面损毁也很严重。

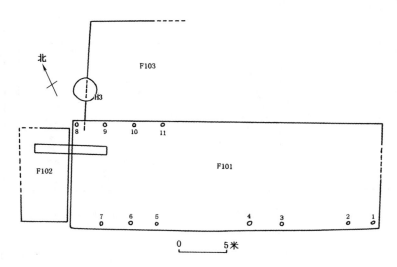

图 3—4　郑州商城 88C8F101—F103 平面图

（1—11 为柱础石）

关于这三座基址的年代，88C8F101 夯土基址直接叠压有二里岗上层一期文化层，在 88C8F101 夯土基址下面，又直接叠压有二里岗下层二期的部分文化层，夯土层内包含有很少的二里岗下层二期的短颈大口尊和陶罐等陶片，所以 88C8F101 夯土基址的时代应属二里岗上层第一期。88C8F102 夯土基址的夯土层内包含有很少的折沿鬲残片，基址下面叠压有二里岗下层二期夯土层，故而 88C8F102 夯土基址的时代应属二里岗上层第一期。由于 88C8F103 夯土基址被 88C8F101 夯土基址所叠压与打破，在 88C8F103 夯土基址夯土层中包含的很少的陶片，基本属于二里岗下层二期，因而 88C8F103 夯土基址的时代有可能属于二里岗下层第二期。[①]

---

① 河南省文物考古研究所：《郑州商城》（上册），文物出版社 2001 年版，第 277—279 页。

2. 池苑建筑

郑州商城的池苑在商城内东北部的黄河中心医院家属楼处，是用石板砌筑的蓄水池（图3—5，彩图11），平面为长方形，略呈东南—西北向，东西约长100米，南北宽约20米。水池的底部用石板平铺，四壁用圆形卵石垒砌加固。在水池东南约70米处的同一直线上，发现一条石筑水管道（彩图12），管道残长30多米（两端均未到头）。水管道埋在地下，底部用青石板材平铺，两侧墙壁用青石板材重叠铺砌，顶部用大石板材覆盖。石筑水管道涵洞宽约1.5米，高约1.5米。

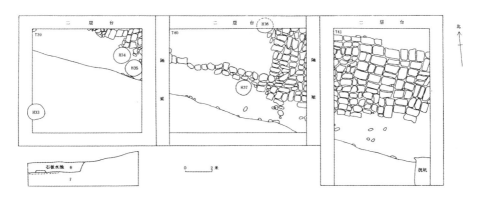

图3—5　郑州商城池苑（局部）平面图

在1992年的发掘中，发现石筑水池的上面有二里岗上层第一期的文化堆积，在其下面又有被叠压打破的二里岗上层一期的文化堆积，因而其修筑和使用的时间是在二里岗上层第一期。石筑水管道基槽内填土中的包含物，最晚的也是属于二里岗上层一期的没有再晚的，从而证明这条石筑水管道的时代也是二里岗上层第一期。根据郑州商城池苑的年代和修建技术，如前所述，王学荣认为是商的王室在放弃和离开偃师商城、迁都到郑州商城后，把偃师商城池苑的修筑技术用到了郑州商城，只是工艺更加精湛，郑州商城与偃师商城两地蓄水池一兴一废的关系，也应该解释为商王仲丁将都城由偃师商城迁移到了郑州商城。

3. 手工业工房建筑

在郑州商城的各种手工业作坊中，诸如南关外铸铜作坊、铭功路西的制陶作坊以及紫荆山北的制骨作坊，都是兴建于二里岗下层时期，到二里岗上层第一期获得扩展，规模变大，有的甚至延续到了二里岗上层第二期。而紫荆山北的铸铜作坊则是始建于二里岗上层第一期，并有可能一直延续到白家庄期，所以它可以作为二里岗上层时期典型的手工业作坊遗址。

在紫荆山北的铸铜作坊遗址发现有属于二里岗上层一期的 6 座房基（图3—6），其中 F1（C15F1）报道较为详细，它为我们提供了了解当时铸铜作坊工房的形制和功用方面的一些基本情况。

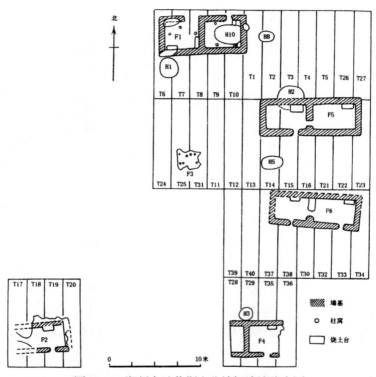

图 3—6　郑州商城紫荆山北铸铜遗迹分布图

F1 位于这处铸铜遗址偏北部的中间（图 3—7），保存较好，东西两间并列。房屋的四壁保存有高低不等的土墙，中间筑有一道隔墙，把房屋分为东西两间。两间房门均向北，是一座从地面上建筑起来的房屋基础。墙壁的筑法采用的是版筑法，属于夯打的版筑土墙，南墙残高 1.47—1.7 米，墙壁宽0.6 米左右，隔墙残高 2 米，宽 0.55 米左右，北墙和西墙残高 0.2—0.5 米左右，北墙和西墙残高 0.2—0.5 米左右。

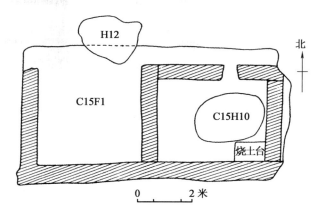

图 3—7　紫荆山北二里岗上层第一期 C15F1 平面图

F1 既保留有原筑的遗迹，也可以看出有过两次改建。原筑的情况是靠下部的原来房屋为东西长 9.7 米，南北宽 4.4 米。由隔墙把房屋分为东西两间。在东间北墙的近东端有一门，在东间的东南隅筑有一个长方形土台。西间没有修筑北墙，似为敞棚性质。东西两间屋内曾用火烘烤过，并在地坪面和台面上，都涂抹了一层白灰面，有的将白灰面由地面拐抹到周围墙壁之上，高约 0.3 米。在北墙之外的紧靠北墙处，铺筑有长约与东西两间房屋等长、宽 0.6 米、高 0.65 米的硬土场地，这片硬土场地的地面也曾经过火烧和涂抹了一层白灰面。另外在房基的南墙外、东墙外和西墙外的墙根处，皆铺设有内高外低的散水坡。

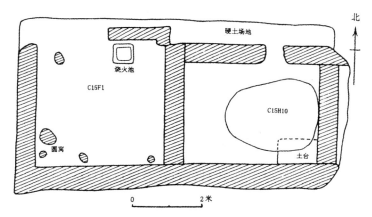

图 3—8　紫荆山北二里岗上层第一期 C15F1 第一次改建平面图

　　F1 的第一次改造（图 3—8）是对东间的地坪进行了铺垫和加高，对西间的敞棚北面又加筑起了一道北墙，这道北墙向北也即向外扩出了一墙宽，在这道北墙的西头留出一个 2 米宽的缺口作为西间北门。西间房内的地坪也进行了新的铺设，并涂抹"白灰面"，房门内东侧加筑一个 0.6 米见方的烧火池，池沿凸起，沿宽 0.1 米。另在西间房内西和南一侧挖有大小不同的 5 个圆窝，窝径 0.2—0.5 米，深 0.07—0.4 米。

　　F1 的第二次改建（图 3—9）是把东间的东墙向内收缩 0.85 米，并在东间的东南隅新筑一个长方土台。台东西长 0.7 米，南北残宽 0.4 米，高 0.12 米。在东间靠近南墙和北墙中部的地坪上，挖有 2 个对称的柱窝，窝径为 0.22 米，深 0.21 米，窝内周壁糊有草拌泥，底部垫有商代碎陶片。西间的北墙建在靠西的一边，靠东的一边留作了房门。在西间的中间挖有一个长 0.3 米、深 0.12 米的坑，坑内埋一狗头，似与改建地坪时的奠基有关。在西间南墙的东西两端，分别修筑两个长方形土台，东台南北长 1.5 米，东西宽 0.7 米，高约 0.09 米；西台东西长 1.2 米，南北宽 0.55 米，台上也有火烧痕迹。两台的内侧留存有柱窝、烧土台及铜锈面。

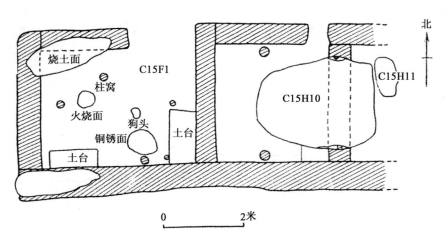

图 3—9　紫荆山北二里岗上层第一期 C15F1 第二次改建平面图

　　紫荆山北铸铜作坊遗址中的这 6 座房子是作为铸铜的工房使用的，在这里，除 F1 内残留有铜锈面外，F5 的东西两间保留有较普遍的铜炼渣和小块铜，还有大量绿色细沙土，特别是在东西两间的隔墙过门处，还重叠堆放着一些排列整齐而又较为完整的铸造铜刀的陶范，其中有的刀范还是上下两扇范扣合在一起。F2、F4、F6 的地坪上，也都发现残存有铜锈面。由这 5 座房基内的地坪上都残存有铜锈面来看，这些房子的用途应是铸造铜器的工房[①]。而从以上房基的建造情况来看，这些工房的建筑还是比较讲究的。土墙是用版筑法筑成，房内地面经过夯打和火烤，并涂有一层白灰面，在房屋内的角隅或墙边修筑一些长方形的土台，在墙外的四边都铺有内高外低的散水坡，房子的方位已接近正南北、正东西。这些情况大概属于中商时期铸铜作坊里工房建筑的较高水准。

4. 祭祀遗迹与青铜器窖藏坑

郑州商城二里岗上层第一期的祭祀遗迹，大体可区分为用人和用牛、猪、狗祭祀以及用青铜器祭祀等三大类。其中位于商城内东北部的一处遗弃锯制的人头骨的场地（图 3—10）和一处祭祀场显得较为特殊。

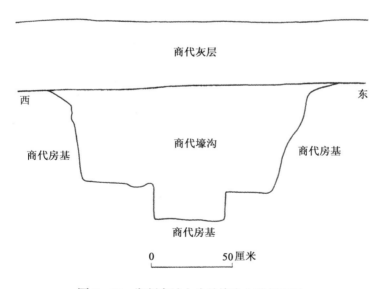

图 3—10　郑州商城人头骨壕沟北壁剖面图

锯制的人头骨（图 3—11）发现于郑州商城内东北部原被称为宫殿区遗址的中部，即现今的河南省文物考古研究所郑州商城工作站院内。在这里的一条

---

① 河南省文物考古研究所：《郑州商城》（上册），文物出版社 2001 年版，第 376 页。

　　商代二里岗上层一期的南北向人工挖筑的壕沟中，除出土了大量二里岗上层一期的陶器、石器和骨器等遗物外，还出土了百余个人的头盖骨，绝大多数的人头盖骨的边沿处，都带有明显的锯痕，说明是锯作器皿使用的废弃物。

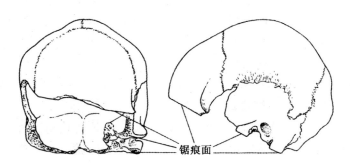

锯痕面

图3—11　人头骨壕沟内带有锯齿痕的人头骨

　　这条堆填有人头骨的壕沟（彩图13），是直接挖破一座二里岗上层一期的南北长方形夯土基址 C8F10 构筑而成的（图3—10）。壕沟的北部打破了二里岗上层一期的夯土基址 C8F10；壕沟的南部因被近代取土坑破坏情况不详；壕沟的西部是地面低下的二里岗下层二期与一期的残破基址 C8F8 和二里岗下层二期夯土基址 C8F9、C8F11、C8F12、C8F14 等；壕沟的东部，经过钻探虽然也发现地下有二里岗期的夯土基址，但好像在二里岗上层一期时进行过平整，从而使壕沟的东部约 20 米的地带比较平坦，并堆积有厚约 1 米的二里岗上层一期的文化堆积层。在这片文化堆积层中，除包含有大量二里岗上层一期常见的鬲、斝、爵、大口尊、豆、小口尊、罐、小口瓮、盆、壶、钵、澄滤器和缸等陶器外，还出土有骨镞、骨簪、骨锥、加工骨、石镰、铜镞、陶纺轮和砺石等，还出土有郑州商城遗址中很少见的较多铜簪、玉簪和玉铲等遗物。这条灰沟内的二里岗上层一期文化堆积层都是从壕沟东部向壕沟内填入的，因此沟内填埋的带有锯痕的人头骨，也都是从壕沟东侧向壕沟内倾倒的。为此，《郑州商城》报告的编写者认为，壕沟内带有锯痕的人头骨，都应是在壕沟东侧的平坦地带锯制的，并把这里称为锯制人头骨的场地。① 而郝本性先生则认为，"如为制骨作坊，必有大量的骨料或半成品

①　河南省文物考古研究所：《郑州商城》（上册），文物出版社 2001 年版，第 479—480 页。

或成品，而此处没有这些遗物。本处不是一处商代制骨手工业作坊的废料堆，而是被遗弃的废物"。①

　　需要指出的是，郝本性先生在对这些人头骨的身份、人头骨器具的用途研究的同时，也将人头骨与周围遗迹的性质进行了分析和推定，认为在人头骨沟东北方向大约几十米的地方有商代社的遗迹，他称之为亳社，说"商城人头骨饮器与附近的建筑基址，与亳社应有联系"②。

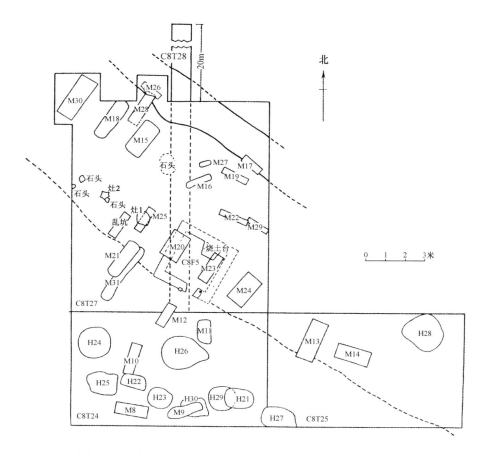

图3—12　郑州商城内东北部二里岗上层第一期祭祀遗迹平面图

　　①　郝本性：《试论郑州出土商代人头骨饮器》，《华夏考古》1992年第2期。

　　②　同上。

　　在填埋人头骨的壕沟的东面有一建筑基址，因未全面揭露，规模不清楚，内涵不详。在其东北方向几十米的地方，曾发掘出土过战国时期的陶豆或陶盆内几十个有"亳"字的陶文和三个有"亳丘"的陶文。这也是过去有关汤都亳的讨论中"郑亳说"的重要依据之一。在这不远处，即商城东北角内，靠近北墙的东端，有一处被视为祭祀的遗迹，[①] 也有些较特殊的现象。在这里发掘的四个探方（C8T24、T25、T26、T27）约 100 余平方米范围内，共发掘出埋在地下的石头 6 块（暂称为"埋石"）、烧土坑 1 个、烧土面 1 片、殉狗坑 8 个、无随葬器物的单人坑 12 座、随葬很少陶器与其他遗物的小墓 2 座，另有被殉狗坑打破的商代方形房基 1 座（图 3—12）[②]。

　　6 块"埋石"均为不甚规整的扁平状红色砂石块。其中有 3 块红砂石埋于这片祭祀场地的靠西南部空地中间，其中较大的一块高约 30 厘米，宽约 45 厘米，厚约 25 厘米。石的上面较平滑，略朝西南方向，石的下部埋入地下，另有 3 块较小的红色砂石块散布在祭祀场的东南部。已发掘出的埋狗坑、单人墓与烧土痕等遗迹，似乎都是围绕着中间较大的埋石而进行布局的。

　　烧土坑在遗迹平面图中原称为灶，坑的中部下凹，坑壁和坑底均被烧成坚硬的红色。其中靠东南的那个烧土坑，即"灶 1"，坑内堆积有深灰色油腻灰烬，坑壁上存留有灰黄色的薄层，手触异常光滑。偏西北部的那个烧土面，即"灶 2"，紧临一个"埋石"，边烧土似筑有短墙，此烧土坑打破殉狗坑 M25 的中部。

　　8 座殉狗坑（编号为 C8M15、M18、M20、M21、M23、M24、M25、M30）中的 M15、M18、M30 三座殉狗坑，位于"埋石"东北部作西北—东南向横行排列，坑与坑的间距为 0.15—0.18 米，发掘时称为第一行殉狗坑。另 5 个位于"埋石"的东南方，其中 M20、M23、M24、M25 四座殉狗坑，也作西北—东南向排列，但与前面的三座殉狗坑略向南错开，坑与坑的间距也为 0.15—0.18 米，发掘时称为第二行殉狗坑。M21 殉狗坑位于第二行殉狗坑 M25 之南约 0.8 米处，这座殉狗坑被称为第三行殉狗坑。这三行殉狗坑似乎是以三块"埋石"为中心而布局的。八个殉狗坑的形制虽可分为长方形竖穴坑和长椭圆形竖穴坑两种，但坑的方向是一致的，坑的大小一般是长

---

　　①　裴明相：《略谈郑州商代祭祀遗迹》，《中原文物》1987 年第 2 期。

　　②　河南省文物考古研究所：《郑州商城》（上册），文物出版社 2001 年版，第 493—505 页。

1.66—2.46 米，宽 0.5—1.17 米。八座殉狗坑内殉狗的数量不等，而且各坑内的殉狗情况多是上下重叠，已清理出的殉狗数量最多的是 M30，内殉 23个狗头骨（图 3—13）；数量最少的 M15 和 M25 各殉 6 只狗。八座殉狗坑内已清理出的狗头总数为 92 个，因有些坑尚未清理到底，估计八座殉狗坑内共殉狗在 100 只以上。

14 座单人坑（C8M4、M9、 M10、 M11、 M12、M13、 M14、 M16、 M17、M19、 M22、 M26、 M27、M29）都分布在殉狗坑的周围，坑室较小，仅能容身，除M10、M13 二座坑内有一两件残破陶器可能是随葬器物外，其他 12 座坑内均无任何随葬品。这些单人坑被埋置于殉狗祭祀坑之间，其时代应相同，其身份应与祭祀杀殉有关。如M9 位于这些祭祀场偏南部，是一座椭圆形竖穴坑，方向108 度，坑长 1.47 米，宽 0.34米，残深 0.47 米，坑室中间下凹，死者葬式为俯身直肢，坑仅能容下人身，从死者双手与双足看，似被捆缚着埋入的（图 3—14）。

上述这处祭祀场位于郑州商城内城东北部的北城墙东段内侧地势较高而又比较平坦的地带，其西南面约 150 米即是原称为宫殿区的范围，发掘者和研究者多认为在这片祭祀场

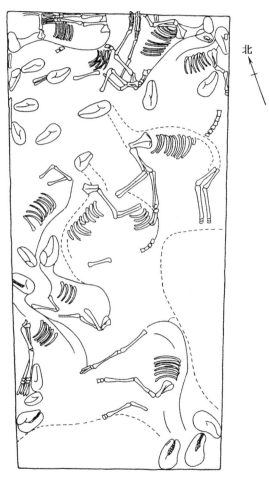

北

0　　　30厘米

图 3—13　郑州商城内东北部二里岗上层第一期祭祀场地内殉狗坑 C8M30 平面图

残存的遗迹中，是以"埋石"为中心而进行祭祀的，其周围的烧土坑与祭祀

有关，殉狗坑、单人坑埋葬于此，也与祭祀时的杀殉有关①，特别是有两个殉狗坑内还埋有三具人骨架，也是祭祀时使用的人牲。那么，这些"埋石"若为被祭祀的对象的话，它属于什么样的神灵呢？

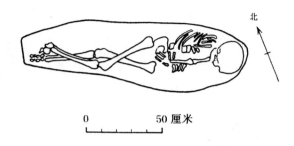

北

0　　　　　　50 厘米

**图 3—14　郑州商城内东北部二里岗上层第一期
祭祀场地内单人坑 C8M9 平面图**

如前所述，郝本性先生提出它是商代的石社，即"社之主用石为之"，并引《淮南子·齐俗训》"殷人之礼，其社用石"的文献和江苏铜山丘湾所发现的商代石社的祭祀遗址来加以说明。郝先生的推定是有道理，但若为石社，其石头的形制，理应像红山文化东山嘴社坛②或江苏铜山丘湾社祀遗址③那样，应该是能竖立的长条状的石头（图 3—15）。然而，郑州商城的这六块"埋石"却是不甚规整的扁平状石头，其中较大的一块高约 30 厘米，宽约 45 厘米，厚约 25 厘米，很难看出它是立着的社主。从上面的叙述中可以看出，六块"埋石"有三块分布在祭祀场的西南部，有三块散布在祭祀场的东南部，所谓以"埋石"为中心，主要是指以西南部的三块"埋石"为中心。若西南部的这三块石头是被祭祀的石社，那么，并非处于中心的东南部的那三块石头，是否也为社主？若也为社主，它们为何不与西南部的那三块放在一起、一同被祭祀呢？由于有这些疑虑的存在，笔者认为，将这片祭祀场中的"埋石"视为石社，可备一说，但尚需斟酌，说不定在这片祭祀场中，原本并非把这些"埋石"作为祭祀对象，也不是以它们为中心而分

---

① 河南省文物考古研究所：《郑州商城》（上册），文物出版社 2001 年版，第 505 页。

② 王震中：《东山嘴原始祭坛与中国古代的社崇拜》，《世界宗教研究》1988 年第 4 期。

③ a. 南京博物院：《江苏铜山丘湾遗址的发掘》，《考古》1973 年第 2 期。

b. 王宇信、陈绍棣：《关于江苏铜山丘湾商代祭祀遗迹》，《文物》1973 年第 12 期。

布的。

图 3—15　江苏铜山县丘湾商代"石社"遗迹

　　在郑州商城发现的祭祀遗迹远不止靠近商城北城墙东段这一处。在郑州商城的二里岗下层和上层一期的文化堆积中，曾发现掷埋一些零散的人骨与猪、狗、牛等兽骨架的现象；在一些所谓的灰坑中，也发现有掷埋一些较完整的人骨架与猪、狗、牛等兽骨架的现象，甚至一个坑内埋有多具人骨与兽骨架；还有，在一些埋有人骨架和兽骨架的坑的附近，发现有一些仅能容下人身而又无任何随葬器物的所谓"小墓"，这些都应是与祭祀有关的一些遗迹①。只是，对于这些祭祀遗迹现象的研究，若能结合周边的其他遗迹，进行综合分析，才更能说明问题，为此，只能留待日后各种遗迹之间的关系更加清楚时，再作研究。

　　祭祀遗迹现象之外，在郑州商城的张寨南街、向阳回民食品厂和南顺城街等窖藏里发现有大批铜器②。

　　南顺城街窖藏青铜器是 1996 年发现的，位于郑州市西大街以南，南顺城街以西，在郑州商城西墙南段外侧约 50 余米。坑口距地表深约 4.9 米，坑深 4.26 米（图 3—16）。坑内出土鼎、斝、爵、簋、戈等青铜器 12 件（彩图 14），坑的下层还出土有陶鬲、陶罍、陶尊等器物。

---

① 河南省文物考古研究所：《郑州商城》（上册），文物出版社 2001 年版，第 483—511 页。

② 河南省文物考古研究所、郑州市文物考古研究所：《郑州商城铜器窖藏》，科学出版社 1999 年版。

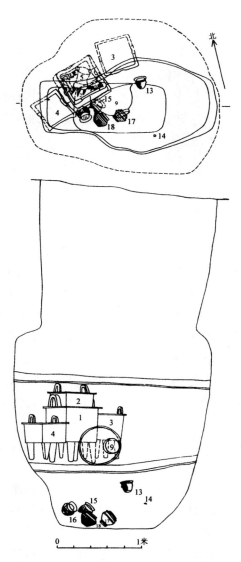

图 3—16　郑州南顺城街青铜器窖藏 H1 平、剖面图

1.2.3.4. 铜方鼎　5.6. 铜斝　7.8. 铜爵　9. 铜簋　10.11. 铜戈

12. 铜钺　13. 印纹硬陶尊　14. 铜泡　15. 隔鬲　16. 陶捏口罐　17. 陶罍

18. 陶尊　（其中 7、11、12 号器物被压于其他器物下）

　　张寨南街的窖藏青铜器是 1974 年发现的，它位于商城内城西墙外约 300 米"杜岭"的土岗上，地势较周围高起 4 米左右。大鼎出土在地下深约 6 米处，两鼎均为方形，青铜质。出土时两鼎东西并列，口沿平齐，端正地放置在一起（图 3—17）。根据鼎的边沿测知，方向为北偏西 20 度。西边一鼎较大，称为"杜岭一号铜鼎"（图 3—18，彩图 15），东边一鼎略小，称为"杜岭二号铜鼎"。鼎足皆放置在经过平整的生土地面上，由于一号铜鼎较高，为了使两鼎口沿平齐，把一号鼎下面的生土地面挖低了一些，说明两鼎的放置是有意布置的。两鼎的形制和纹饰基本相同，器表饰饕餮纹和乳钉纹。铜鼎出土时在鼎腹内和周围的灰土中，还出土有商代前期的一些陶器碎片、石器、人骨和兽骨，在二号鼎内还有一件铜鬲。

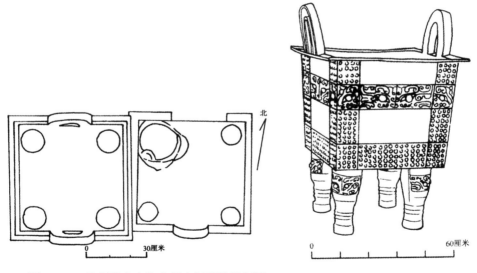

图 3—17　郑州张寨南街窖藏青铜器坑俯视图　图 3—18　郑州张寨南街窖藏坑铜方鼎

（杜岭一号）

　　向阳回族食品厂窖藏青铜器是 1982 年发现的，它位于郑州商城内城东城墙南端外侧约 54 米处的郑州向阳回族食品厂院内。在地下约 5 米深处发现 13 件商代青铜器（图 3—19），包括饕餮纹大鼎、饕餮纹大圆鼎、羊首罍、涡纹中柱盉、素面纹盘，牛首尊等。当时放置时，大方鼎在东，

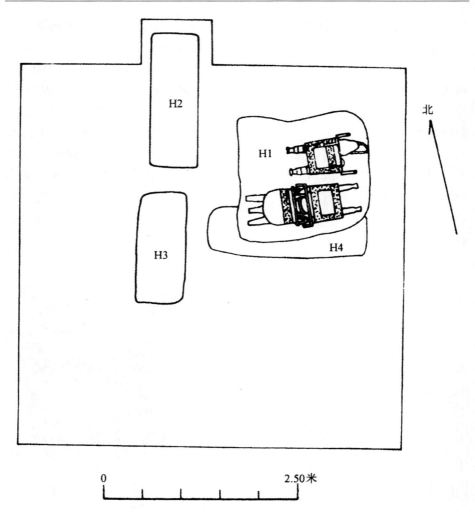

图 3—19   郑州向阳回族食品厂窖藏坑 H1 及灰坑 H2、H3、H4 平面图

大圆鼎在西，两鼎鼎口相对，平放在南部坑底，其余铜器放在鼎内及两鼎之间。

关于这些窖藏青铜器的年代，安金槐先生认为，"张寨南街窖藏坑的窖藏时间可能在商代二里岗上层一期；食品厂窖藏坑和南顺城街窖藏坑内的青铜器有早有晚，早的可能到商代二里岗上层一期，晚的可能到商代二里岗上层二期，所以这两个窖藏坑的窖藏时间可能在商代二里岗上层二期（即白家庄期)"①。杨育彬先生认为,"三座窖藏坑的时代都属于二里岗上层晚期的范畴",其中"张寨南街窖藏坑为二里岗上层晚期偏早一些,向阳回族食品厂窖藏坑属二里岗上层晚期偏晚一些,南顺城街窖藏坑则是二里岗上层晚期最晚段,甚至还要再晚些"②。而窖藏坑发掘报告的编写者则认为三个窖藏坑的铜器埋藏年代都晚于白家庄期,"即介于郑州白家庄期和殷墟一期之间"③。

这三个窖藏坑的性质,安金槐和杨育彬两位先生都认为可能与商代二里岗期上层时期贵族的祭祀活动有关,在举行大型祭祀之后,把祭祀中用过的青铜礼器埋藏于地下土坑内的遗存。三座青铜器窖藏坑放置井然有序,十分从容,有的在坑的底部和青铜器上部有木板痕和一层朱砂,且有一些反映祭祀活动的遗迹存在,看不出是什么重大政治动乱中仓皇逃跑所为④。

这三座青铜器窖藏坑至少有两座埋藏的年代是在二里岗上层第二期,而这些青铜器又都是商王室所用的重器,诚如杨育彬先生所言,这"证明在这些时候,郑州商城仍有商王室存在。这样,郑州商城就和与之相距20公里的郑州小双桥商代遗址有相当长的一段并存时间,直到小双桥遗址废弃之后,郑州商城还有商王室活动。如果再联系到郑州商城在二里岗上层晚期一些手工作坊还在继续使用,特别是近些年在郑州商城宫殿区内,多次有二里岗上层晚期绳纹板瓦的发现,这是目前我国所见最早的板瓦,它应是宫殿建筑草瓦混合屋顶的构件。这显示当时还会有宫殿存在,就更表明郑州商城衰落的时间比人们原来推断的要长得多"⑤。

①　安金槐:《再论郑州商代青铜器窖藏坑的性质与年代》,《华夏考古》1997年第一期。

②　河南省文物考古研究所、郑州市文物考古研究所:《郑州商城铜器窖藏·序》,科学出版社1999年版。

③　河南省文物考古研究所、郑州市文物考古研究所:《郑州商城铜器窖藏》,科学出版社1999年版,第101页。

④　a. 安金槐:《再论郑州商代青铜器窖藏坑的性质与年代》,《华夏考古》1997年第一期。

b. 河南省文物考古研究所:《郑州商城》(上册),文物出版社2001年版,第511—519页。

c. 杨育彬:《郑州商城铜器窖藏·序》,科学出版社1999年版。

⑤　杨育彬:《郑州商城铜器窖藏·序》,科学出版社1999年版。

二　郑州小双桥遗址的考古发现

　　小双桥遗址（图 3—20）[①] 位于河南省郑州市西北约 20 公里的石佛乡小双桥村西南部，因邻近小双桥村而得名。遗址分布于小双桥、岳岗、于庄三个自然村之间，处于索须河转弯处东南侧的河旁台地之上。遗址北部地势较高，西北与石河故城址隔河相望。遗址附近为相对平缓的冲积平原，土壤以褐色黏土为主。遗址西北有索须河水系自西向东北流过。

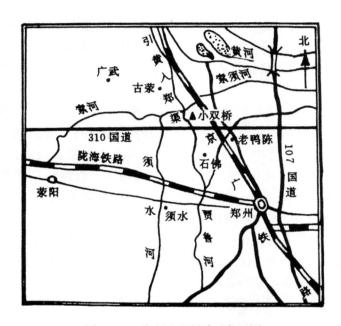

图 3—20　郑州小双桥遗址位置图

　　小双桥遗址所处的自然环境十分优越，它处于邙山以南的平原地带，地势高亢开阔，交通便利，水源充足，土地肥沃，适宜人类聚居，周围地区古文化遗址很多，仅商周遗址就达十余处。小双桥遗址发现于 1989 年，次年

---

　　① 　a. 河南省文物研究所：《郑州小双桥遗址的调查与试掘》，《郑州商城考古新发现与研究》，中州古籍出版社 1993 年版。

　　b. 河南省文物考古研究所等：《1995 年郑州小双桥遗址的发掘》，《华夏考古》1996 年第 3 期。

　　c. 宋国定、李素婷：《郑州小双桥遗址又有新发现》，《中国文物报》2000 年 11 月 1 日。

即进行了调查和试掘，1995 年又进行了全面细致的调查和大规模的发掘。根据 1995 年的调查和发掘，小双桥遗址南北长 1800 米，东西宽 800 米，总面积达 144 万平方米。在这一范围内，出土的商代陶片均较单纯，特征基本一致，基本上不存在不连片现象，属于一个遗址。1990 年试掘时所划定的 15 万平方米的范围，实为该遗址的中心区。1999 年冬至 2000 年夏在 1995 年发掘时所划分的第 V 区北部又发现一段夯土墙，并在夯土墙南发现两座夯土建筑基址、两处丛葬坑等。

依据小双桥遗址先后几次的发掘和试掘，在小双桥遗址发现有夯土围墙、夯土建筑基址、祭祀坑、丛葬坑，与冶铸青铜器有关的遗存、灰坑、灰沟等文化遗迹及陶器、青铜礼器残片，石器、原始瓷器、绿松石及玉饰品、骨饰、牙饰、海贝币、孔雀石等，并发现有朱书文字。小双桥作为商文化的二里岗上层时期的一处颇为重要的遗址，已受到学术界的普遍关注。

1. 夯土建筑基址

小双桥遗址目前公布的夯土基址有 9 处，其中 Ⅳ 区 2 处：95ZXⅣHJ1 为 1 处，Ⅳ T152 内也有 1 处夯土；V 区 7 处：95ZXⅤHJ1、HJ2 为 2 处，此外 V T44 内还标有 HJ3 夯土、1990 年试掘的 90T187 第三层下叠压着夯土堆积 4A 和 4B 层、T164 第四层内也有夯土，1999 年冬至 2000 年夏发掘的 2000 V HJ5 和 2000 V HJ6 属于另外的 2 处。对于这 9 处夯土基址，1995 年所发掘的 3 处报道的较为详细，其中 1 处分布在探方的 Ⅳ 区，2 处分布在 V 区。

位于 Ⅳ 区（图 3—21）的夯土基址被称为 Ⅳ 区一号夯土建筑基址（编号为 95ZXⅣHJ1），由于后期破坏严重，残留部分已支离破碎，无法复原。种种迹象表明，HJ1 是一处大型夯土建筑基址。在发掘区的西侧断崖上可以看到属于 HJ1 的夯土和打破夯土层的文化堆积，也可以清晰地观察到夯基的北部边缘。在 Ⅳ 区 TG1 的西剖面上，可以看到位于 T156 内的夯土北边缘，在 T94、T95、T114、T115、T116、T134、T135、T136、T155、T156、T175、T176、T195、T196、T215 等探方内，发现有夯窝十分明显的夯土堆积，在 T75、T95 两个探方内，发现有保存完好的柱础坑和柱础石。联系到当地群众 1994 年、1995 年在发掘区东部取土时发现大量大型柱础石的情形，发掘者认为可以肯定此处夯土基址规模宏大建筑规格较高。

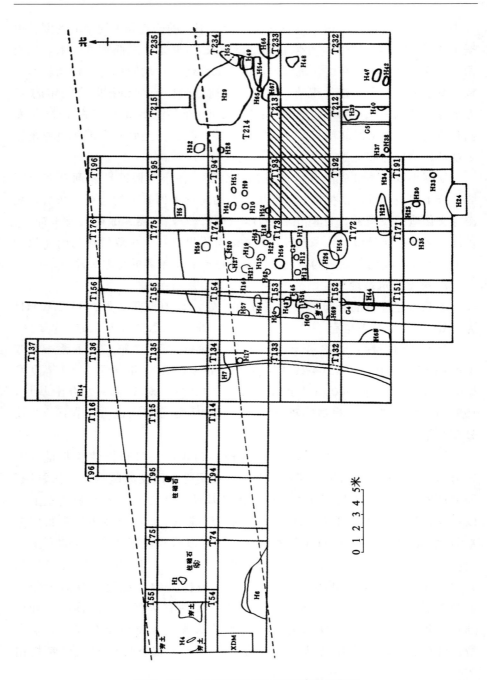

图3—21　小双桥遗址Ⅳ区商代遗迹分布图

夯土基址 HJ1 除北部部分边缘较清楚外，其他三面范围均不详，目前只能说它东西现存长度 50 米以上，南北残宽 10 米左右。夯基系用褐色黏土逐层铺垫并夯打而成，夯层厚薄不一，厚度为 0.06—0.13 米，一般厚 0.07—0.10 米。夯窝呈圆形，直径 0.03—0.05 米，深 0.01—0.03 米。在夯基表面发现有柱础坑，坑内置暗础。已发现的两个柱础坑皆近方形，长宽在 0.5 米左右，深 0.3 米，柱础坑内底部置柱础石。柱础石多为方形或长方形平板状，有的呈不规则形状，长宽约在 0.20—0.40 米之间，厚一般在 0.05—0.10 米左右。从几个剖面看，夯基总厚度约在 1.5 米左右。

夯土基址 HJ1 位于第四层之下，叠压第五至九层，即介于地层第四、第五层之间，因第五、第四层的年代都属于商文化白家庄期，所以，夯土基址 HJ1 的年代与白家庄遗址第二层的年代相当，也属于白家庄期[①]。又由于夯土基址 HJ1 不但建在地层第五层之上，而且被属于本期的第四层的地层、灰坑、祭祀坑所叠压或打破，说明夯基之上的建筑使用期较短[②]。

Ⅴ区（图 3—22）已报道的两处夯土基址分别被称为Ⅴ区一号夯土建筑基址（编号 95ZXⅤHJ1）和Ⅴ区二号夯土建筑基址（编号 95ZXⅤHJ2）。Ⅴ区一号夯土建筑基址位于 T84—T86、T104—T106、T124—T126、T144、T145 等探方内，叠压于第六层之下。从现存范围来看，基址基本呈正方形，东西长 17 米，南北宽 14 米，高 1.30—1.40 米，夯基建造的方法与Ⅳ区 HJ1 比较接近，但夯窝较稀疏，夯痕浅且不明显。在现存台基北部（T106）发现一柱础石，在夯基北部发现有商代灰坑和灰沟打破夯基的现象。

Ⅴ区二号夯土建筑基址，位于 HJ1 西侧，与 HJ1 隔壕沟相邻。由于现代水渠和道路阻隔，加之后期破坏严重，HJ2 的分布范围、平面形状均不详，现存部分东西 9.75 米，南北 10.5 米，夯土厚 1.2 米，中间被一条商代沟打破，北侧也被商代沟（G3）打破。该基址夯层夯窝皆不明显。在基址东北部发现柱础坑一个，内置一块不规则形暗础石。

1999—2000 年发现的编号为 2000Ⅴ区 HJ5 和 2000Ⅴ区 HJ6 两座夯土建

① 　a. 河南省文物考古研究所等：《1995 年郑州小双桥遗址的发掘》，《华夏考古》1996 年第 3 期。

　　b. 李维明：《小双桥商文化遗存分析》，《殷都学刊》1998 年第 2 期。

② 　河南省文物考古研究所等：《1995 年郑州小双桥遗址的发掘》，《华夏考古》1996 年第 3 期。

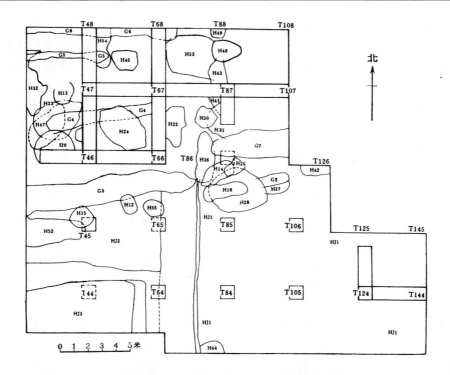

图 3—22　小双桥遗址Ⅴ区商代遗迹分布图

筑基址位于一段夯土墙之南。这段商代的夯土墙只遗存下墙的基槽，其位置在遗址的中心区，即 1995 年发掘时所划分的第Ⅴ区的北部。2000Ⅴ区 HJ5 的夯土建筑基址紧邻夯土墙，北部距夯土墙基槽约 0.50 米。现南北残长 24 米，东西残宽约 12 米，残存面积 288 平方米。另一座 2000Ⅴ区 HJ6 的夯土建筑基址位于 HJ5 的南部，其北部似被叠压在 HJ5 之下。南北残长 25 米，东西残宽 22 米，残存的面积为 550 平方米。两个建筑基址上面，都发现成排的柱洞。柱洞直径约在 25—32 厘米之间。关于这段夯土墙与这两座建筑物的关系，发掘者认为夯土墙是其南面建筑的围墙，这一判断应该是合理的。

　　在上述夯土基址之外，1990 年对相传为"周勃墓"的大土堆进行了钻探，得知是一大面积夯土台基，从土堆下一侧试掘看来，其上有商代白家庄期文化堆积，从而得知土堆并非汉墓，而是商代夯土台基（图 3—23）。夯土台基打破生土，平面为长方形，四角已被破坏，但四边的界限十分清楚，台基东西长 50 米，南北宽 40 米，面积 2000 平方米，从现存保留高度看，夯土台基的高度至少应在 9 米以上。发掘者初步推测它为白家庄期的一个高台形建筑的基础，"土冢"顶部即夯土台基上部厚度达 0.80 米的红烧土是高台建筑废弃后被火焚烧的产物，倒塌的墙体形成了烧土中的夯土块和木骨泥墙的墙皮，未发现建筑材料的现象也正好符合商代宫殿建筑顶部覆盖柴草的实际情况[1]。

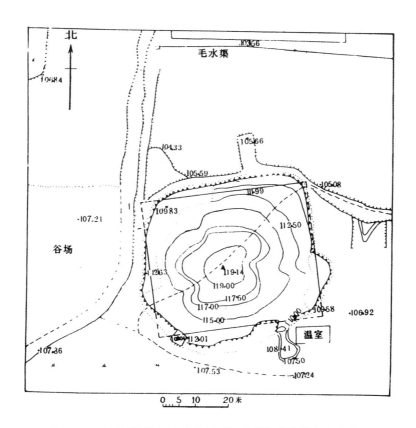

图 3—23　小双桥遗址中被称作"周勃墓"的商代夯土台基

上述几处夯土建筑基址，由于遭受后期严重破坏等原因而难以知晓其建

① 河南省文物研究所：《郑州小双桥遗址的调查与试掘》，《郑州商城考古新发现与研究》，中州古籍出版社 1993 年版。

筑形制，然而，仅从Ⅳ区一号夯土建筑基址现存东西长 50 米以上，南北残宽 10 米左右即可判断出它是一处大型的夯土建筑基址。原称为"周勃墓"的高达 9 米以上、面积为 2000 平方米的高台夯土台基，也不是一处普通的夯土建筑。再联系 1985 年和 1989 年发现的两件建筑物装饰性的青铜构件，小双桥遗址商代夯土建筑物的规格和性质是可以得到说明的。

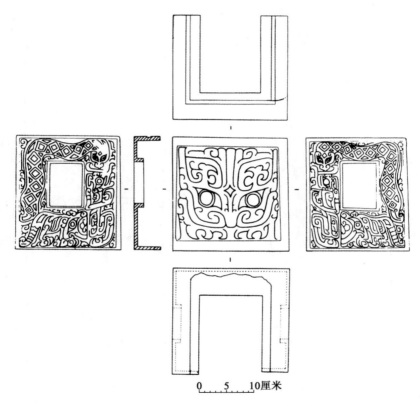

0　　5　　10厘米

图 3—24　小双桥商代青铜饰件

（省博馆藏铅 0003 号）

　　这两件青铜建筑饰件，一件标号为省博物馆藏铅 0003，另一件标号为89ZSX 采：1。铅 0003 号（图 3—24，图 3—25：1）是 1985 年一位农民在小双桥西北农田中取土时，在距地表 1.5 米左右的地方发现，随即上交河南省博物馆收藏。该器物整体略呈方形，表面呈灰白色，器体及两侧已变形，估计与火烧有关。顶视呈"凹"字形，高 21.5 厘米，正面宽 21 厘米，侧面宽 18 厘米，上下面和两侧面均内折呈一个小平沿，沿面宽 5 厘米，上沿中间有一宽度为 0.6 厘米的"U"形沟槽，两侧面中间各有一个 8.5×6 厘米的长方孔，器物胎厚 0.6 厘米，重 8.5 公斤。器物正面饰单线阳文装饰的兽面纹（即所谓饕餮纹），两侧面在长方孔的四周各装饰一组龙、虎等图，又称为龙、虎搏象图。

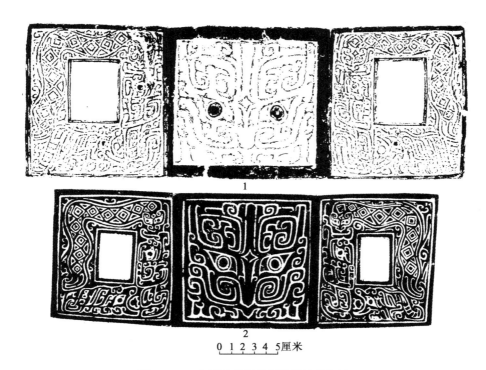

图 3—25　小双桥商代青铜饰件纹饰拓片

89ZSX 采：1（图 3—26，图 3—25：2）是 1989 年 12 月小双桥村农民王铁奎在村西麦场边取土时发现后上交文物部门的青铜建筑饰件。整体形状与上一件相同，平面为"凹"字形，高 18.5 厘米，正面宽 18.8 厘米，侧面宽 16.5 厘米，上部沿面微鼓，也铸有一道宽 0.6 厘米的"U"形浅沟槽，两侧面各有一个 6×4.2 厘米的长方孔，器物胎厚 0.6 厘米，重量为 6公斤。饰件正面为单线阴文兽面纹，侧面也在长方孔周围各装饰一组龙、虎等纹。龙、虎纹饰的动感强烈，形象逼真；而被称为象的纹样则有些艺术变形。

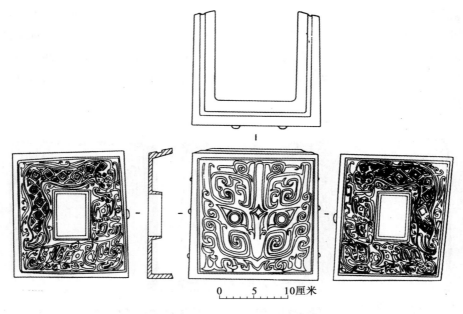

0　　5　　10厘米

图3—26　小双桥商代青铜饰件

(89ZSX：1)

由于这两件青铜建筑饰件的正面、两侧面有装饰性花纹，上面也有意作出沟槽，并让沿面上鼓，只有底面加工比较粗糙，不具备装饰的意义，所以，杨鸿勋先生认为，它们是作为宫殿建筑物的装饰构件使用的，但完全可以排除其作为梁头饰的可能性，应安装在人的视平线以下的建筑部位。宋国定先生进而指出，既然必须安装在人的视平线以下才有意义，那么它就有可能安装在正门两侧门枕的前端，还有可能安装在室内或廊内的壁柱上，作为壁柱的底座饰，但因壁柱的柱体大部分位于墙体内，若安装在壁柱上，饰件三面花纹中的两个侧面的花纹和长方孔就不能暴露在墙壁以外，起不到应有的效果和作用，因而，他认为将饰件的安装部位设想在建筑物正门两侧门枕的前端，是比较切合实际的[①]。张锴生先生在赞成宋国定看法的同时，又补充说，"小双桥商代建筑饰件的安装部位，应在门柱（或门侧框）的下部，兽面朝外；或者在廊庑檐柱的下部；阶梯栏杆的

[①]　宋国定：《商代前期青铜建筑饰件及相关问题》，《郑州商城考古新发现与研究》，中州古籍出版社1993年版。

首柱下部"①。

　　像小双桥这两件青铜建筑饰件，在商代考古学上还属首次发现。配有青铜饰件的建筑物已非同一般，其青铜饰件上兽面、龙虎等组合纹样所充满的神秘宗教气氛，也说明其建筑物为商王所用。所以，小双桥遗址的宫殿宗庙建筑物为中商时期商王所有，应不成什么问题。

　　2. 祭祀坑

　　由于商代是"国之大事，在祀与戎"的社会，所以，祭祀遗迹在小双桥的大量发现，对判断其近旁的夯土建筑基址乃至整个遗址的性质，都是很能说明问题的。

　　在小双桥遗址发现的祭祀坑分"人祭坑"与"牲祭坑"两种。人祭坑1995 年发现一个，1999 年冬至 2000 年夏发现两个，因这两个坑内的人骨甚多，被称为"丛葬坑"。

　　1995 年发现的人祭坑（图 3—27），位于Ⅴ区 T68 中部，编号 95ZXⅤH45，开口于第四层下，打破第五层，即与Ⅳ区一号夯土建筑基址属于同一时期。ⅤH45 人祭坑，坑口近椭圆形，坑壁近直，坑底近平，长 1.85 米，宽约 1.40 米，深 0.66 米。坑内埋 4 人，分两层：上层有三个个体，其中两个个体仅存头盖骨的顶骨部分，另一个体侧身屈肢，头向东南，面向西南，右上肢尺骨、桡骨约 1/2 处以下缺失，右下肢不见；下层一个个体，葬式为俯身屈肢葬，头略向西北，下肢微屈。经鉴定，保存较好的两具人骨架均为年轻女性，年龄在 14—20 岁之间。从骨架的排列、埋葬方法和葬式分析，坑内的四个个体皆为非正常埋葬，发掘者推测这种做法可能与夯土建筑基址的奠基或某种祭祀仪式有关。

　　1999—2000 年发现的两个丛葬坑，一个位于一段夯土墙的南部，平面略呈南北向长方形，长约 1.8 米，宽约 0.6 米，坑内共埋葬人骨个体 31 个（以头骨计算）。另一个丛葬坑位于这段夯土墙的北部，呈不规则形。坑内的上部堆积杂乱，多灰土，其内发现有零乱的肢骨和比较集中的头骨；其下部堆积少灰土，多为褐色黏土和黄色沙掺和而成的花土；坑底部发现集中放置的人头骨和零星的肢骨、较完整的人骨架等。该坑内的人骨架个体近60 人。

---

　　①　张锴生：《郑州小双桥商代青铜器建筑饰件初识》，《中原文物考古研究》，大象出版社 2003年版。

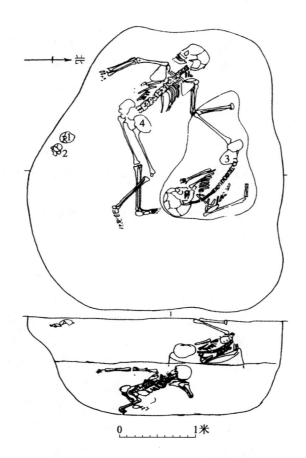

图 3—27　小双桥遗址人祭坑（VH45）平、剖面图
1、2. 头盖骨　3. 侧身屈肢葬　4. 俯身屈肢葬

　　牲祭坑中被分为大型牲祭坑、牛头牛角坑和狗祭坑几种。其中大型祭祀坑 2 个，一个是 H6，另一个是 H29。H6（图 3—28）位于Ⅳ区 T54 东南部和 T74 西南部，开口于第三层下，打破第四层。坑口形状呈不规则椭圆形，东西长 5.80 米，南北残宽 2.10 米。坑内出土物包括牛头骨、牛角、原始瓷尊片、陶缸片、玉片、骨器、铜器、蚌壳、孔雀石块以及牛、猪、鹤、鸡等动物骨骼和石镰、绿松等石装饰品。其中牛角 7 个，至少包括 6 个个体；陶器中数量最多的是夹粗砂厚胎陶缸片，其他器类还有鬲、尊、斝等。

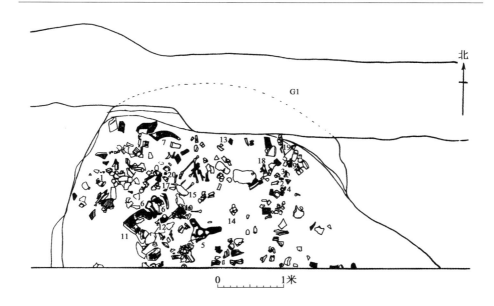

图 3—28　小双桥遗址大型牲祭坑（Ⅳ H6）平面图

1、3. 玉片　2、4. 骨器　5—7、10. 牛角　8. 骨锥　9. 蚌壳

11、12. 陶缸片　13. 原始瓷片　14. 铜炼渣　15. 石器　16、17. 牛牙

18. 鸡爪　19. 陶缸口沿　20. 绿松石饰

大型牲祭坑 H29（图 3—29），位于Ⅳ区 T214、T215、T234、T235 四个探方之间，坑口开于第三层下，打破第四层。坑口略呈椭圆形，东西长 4.92 米，南北宽 4.30 米。坑内包含物十分丰富，有陶缸残片及其他陶器残片、铜片、铜泡、铜镞、铜条、铜器残片、铜炼炉、铜炼渣、孔雀石、长方形穿孔石器、石刀、骨饰、圆形蚌壳堆积、原始瓷器残片、绿松石饰、牙饰、骨镞等，坑内出土的动物骨骼有猪、牛、象、鹿、狗等数种。蚌壳呈圆形摆放在坑内中间部位；蚌壳堆积的一侧有一个倒扣在坑内的泥皮铜炼炉，从形制看呈圆形，有浇铸痕迹；坑内发现牛角近 40 只，可计算出个体应不少于 30 头。

牛头牛角坑有 13 个，其中Ⅴ区 1 个，Ⅳ区 12 个。在我们所分类的牛头牛角坑中，有的是一个完整的牛头规整地摆放在坑中的底部，如位于Ⅴ区 T86 北部和 T87 南部的 H36。有的是数个乃至数十个牛头骨和牛角放在一个坑内，如位于Ⅳ区 T191 南部的 H24 就是近 20 个个体的牛头骨和牛角放在一个坑内（图 3—30）。有的是一个至数个牛角置于祭祀坑中。在这些牛头牛

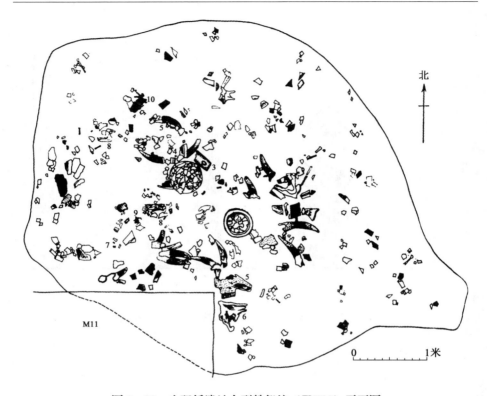

图 3—29　小双桥遗址大型牲祭坑（Ⅳ H29）平面图

1. 圆形蚌塑　2. 铜炼炉　3. 长方形穿孔石器　4. 牛头骨　5. 象牙
6. 象头骨　7. 绿松石饰　8. 猪下颌骨　9. 原始瓷片　10. 陶缸片

角坑中，除摆放有牛头牛角外，每每还含有少量陶片、石器、孔雀石等，有的在牛头骨附近近还放置有两块涂朱石块（Ⅴ H36），有的在牛头骨上贴附一片卜骨（Ⅳ H19）。经鉴定，在这些牛头牛角坑中发现的牛头骨或牛角的种属均为黄牛，合计牛的数量在 60 头以上。

狗祭坑发现 1 个（图 3—31），编号 95ZXⅣ H59，位于 T174 和 T175 之间偏东部。坑内底部摆放一只幼狗骨架，呈南北向，狗头向南，骨架西侧放置一件残破的长方形穿孔石器。

对于上述祭祀遗迹中的"人祭"遗迹，有研究者分析指出，那些将牲品埋在夯土基址下面的，属于奠基祭祀所为；而埋葬在夯土基址近旁的丛葬坑，则属于在该建筑内举行祭祀时用牲后的埋葬，是庙祭先祖时的杀牲，因而，小双桥商代"人祭"遗存是"庙祭"。小双桥与两个夯土基址有关的人

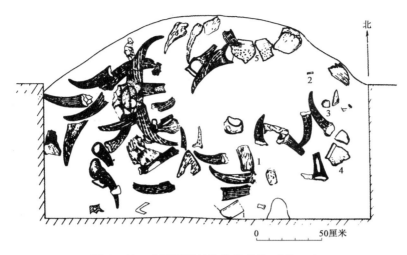

图 3—30　小双桥遗址牛头牛角坑（ⅣH24）

1. 石铲　2. 残青铜器　3. 石器　4. 陶鬲片　5. 陶瓮片

骨埋葬，目前已发现超过 160 多具，这说明曾被认为盛行于商代晚期即殷墟时期的"人祭"制度，已可以上溯到商代中期，并结合甲骨文中人祭时处死人牲的诸种方式，分析了小双桥"庙祭"杀用人牲的具体方式①。这些分析显然是有说服力的。

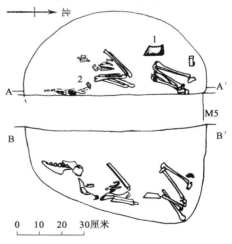

图 3—31　小双桥遗址狗祭坑

1. 长方形穿孔石器　2. 狗骨架

在人祭之外，上述用牛头牛角、猪、狗、鸡等动物为祭品的"大型牲祭坑"、"牛头牛角坑"、"狗祭坑"等祭祀遗迹，也多在夯土建筑基址的近旁。如Ⅳ区的大型牲祭坑 H6 就位于Ⅳ区那座东西长达 50 米以上的一号夯土建筑基址南边靠西头的地方，而 H29 号大型牲祭坑则位于一号夯土建筑基址南边靠东头的地方；H19 号牛

---

①　马季凡：《商代中期的人祭制度研究——以郑州小双桥商代遗址的人祭遗存为例》，《中原文物》2004 年第 3 期。

头牛角坑位于Ⅳ区一号夯土建筑基址南边的中部靠东一点；H59 号狗祭坑也位于一号夯土建筑基址南边的中部靠东一点。Ⅴ区 H36 号牛头牛角坑也位于Ⅴ区一号夯土建筑基址的西北角。所以，小双桥的这些"牲祭"遗存也是"庙祭"所致，它也说明小双桥商代夯土建筑基址中有些是商王室的宗庙建筑。

3. 青铜冶铸遗存

小双桥遗址中的青铜冶铸遗存以冶炼遗存发现的较多，铸造遗存发现的很少。冶炼遗存主要是大量的铜矿石——孔雀石、炼渣、烧土颗粒和较多与冶炼有关的灰坑。

1995 年发掘所获的泥皮铜炼炉是重要收获之一。在 H6 和 H57 中，均发现有橘红色的炉壁残块，炉壁块的内面往往呈青灰色，并粘连有冶铜时铜汁液黏附在炉壁内侧而形成的铜汁残液层，有的竟达四层之多。在 H29 发现的铜炼炉形制比较完整，因未清理，无法复原该炉的全貌，初步推测该炼炉口部直径在 30 厘米左右，深度应在 20 厘米以上。这些炼炉，发掘者认为是熔化铜矿用的，而与铸造有关的遗存仅在Ⅳ区 T54H6 附近发现有铸造铜器的陶外范残块。

孔雀石的数量十分丰富，表面呈青绿色，经分析含铜达 20％以上。在一次发掘中出土近 5 公斤重的孔雀石，这在商代其他冶铜遗址中是十分罕见的。

与冶铜有关的灰坑均发现在Ⅳ区，包括泥料堆积坑和冶铜废弃堆积坑两种。前者主要用于堆放制作大型陶缸的泥料，也可用于堆放废弃泥料，包括 H51、H52、H61—H64 共 6 个坑；后者的坑内出土有红烧土颗粒和烧土块、炭粒、炼渣、炼炉壁、铜矿石、铜片、铜器及陶缸片等，包括 H9—H16、H18、H20—H23、H25、H28、H34、H36—H40、H43—H45、H49、H53、H54、H56—H58、H60、H65、H66、H69 共 33 个。如 H62 为泥料坑，位于 T174 西南部，开口于第三层下，打破第四层。坑口平面呈圆形，坑壁内斜，圜底。坑内包含物皆为纯净的夹粗砂红黏土，这种土多作为制作炼炉或厚胎缸的原料。

4. 其他出土物

从小双桥出土的商代铜器，除前述两件商周时期罕见的大型青铜建筑饰件外，另有铜镞、簪、圆形铜泡等，还有铜斝、铜爵的流及其他铜容器残片。玉器有小玉片、穿孔玉管等。绿松石制成的小型饰件，色彩鲜艳，制作精美。原始瓷片发现较多，釉色、纹饰多有不同，有的瓷尊片内壁涂有朱砂。这些遗物均系商代遗物中的珍品。以往商代考古发现的青铜器，属于完整器者，或出于墓葬，或为窖藏品，在遗址中很少发现完整的青铜器或容器残片，与之相比，小双桥遗址不仅出土完整的大型青铜建筑饰件，而且还出土有青铜容器残片。将这里的青铜遗物与冶铜遗存联系起来看，诚如发掘者所言，小双桥遗址是中商前期青铜器的一个重要集中地[①]。

三 小双桥遗址的离宫别馆性质

面对上述小双桥遗址这些重要发现，关于小双桥遗址的性质，目前有"隞都"说[②]、"离宫别馆"说[③]、"宗庙"说[④]、"祭祀遗址"说[⑤]四种不同观点。这四种观点都涉及小双桥遗址与郑州商城的关系问题，而在二者的关系中，首先是二者的年代关系。

持"离宫别馆"说、"宗庙"说等观点者，主张小双桥商代遗址与郑州商城曾一度同时并存，只有这样，小双桥才能成为郑州商城王都的离宫别馆或宗庙。持"隞都"说者，主张郑州商城与小双桥在年代上是一废一兴或一衰一兴，也只有这样才能与仲丁迁都相合。

如本书第一章和本章所述，郑州商城周长近7公里的内城城墙始建于二里岗下层第一、二期之间或第一期晚段，在二里岗下层第二期时它与偃师商城并列为早商时期的都城，到二里岗上层第一期偏晚时，商王放弃了偃师商

① 河南省文物考古研究所等：《1995年郑州小双桥遗址的发掘》，《华夏考古》1996年第3期。

② a. 陈旭：《商代隞都探寻》，《郑州大学学报》1991年第5期；陈旭：《郑州小双桥商代遗址的年代和性质》，《中原文物》1995年第1期；陈旭：《郑州小双桥商代遗址即隞都说》，《中原文物》1997年第2期。

b. 邹衡：《郑州小双桥商代遗址隞（嚣）都说辑补》，《考古与文物》1998年第4期。

c. 李维明：《小双桥商文化遗存分析》，《殷都学刊》1998年第2期。

③ 张国硕：《小双桥遗址的性质》，《殷都学刊》1992年第4期。

④ a. 宋国定等：《郑州小双桥遗址的调查与试掘》，《郑州商城考古新发现与研究》，中州古籍出版社1993年版。

b. 杨育彬、孙广清：《郑州小双桥商代遗址的发掘及其相关问题》，《殷都学刊》1998年第2期。杨育彬：《郑州商城考古新发现与研究》序言，中州古籍出版社1993年版。

⑤ a. 宋国定等：《郑州小双桥遗址发掘获重大成果》，《中国文物报》1995年8月13日。

b. 裴明相：《论郑州市小双桥商代前期祭祀遗址》，《中原文物》1996年第2期。

城，完全居住于郑州商城，史称"仲丁迁隞"，这也使得郑州商城达到了繁荣期，在二里岗上层第二期亦即白家庄期，因在郑州商城出土窖藏的大型铜器等遗物，一些手工业作坊也在继续使用等，所以此时不但不能说郑州商城即已废弃，而且还应该说郑州商城在白家庄期即二里岗上层第二期与二里岗上层第一期一样是连续使用的①，只是它的繁荣程度不如二里岗上层第一期而已。

小双桥遗址，因其文化内涵中的时间因素要比郑州商城单纯，所以，它主要遗存的年代也比郑州商城稍短一些，但它至少在二里岗上层第二期与郑州商城是并存的，应该是没有问题的。从小双桥遗址发现至今，学者们都认为该遗址最丰富的遗存是白家庄期，其中，有的认为尽管该遗址的遗迹中存在一些叠压打破关系，但从出土器物看没有分期的意义，所以只将它们称为白家庄期；有的强调的是它与郑州商城并存的情况②；也有的将小双桥商代陶器群区分为相对早晚的三个组，认为小双桥商文化遗存本身经历的年代虽不算太长，但也非很短，其年代接近商代中期③。这后一种意见可以视为对小双桥遗址的年代进一步分析所得，但因三个组中属于第一组的遗存较少，所以说小双桥商文化中的主体遗存为白家庄期即二里岗上层第二期，是双方都能接受的，也是学术界的共识。

在郑州地区的商文化中，二里岗上层第一期与第二期即白家庄期是前后衔接的，就郑州商城与小双桥二者的主体遗存而言，因在二里岗上层第二期二者是并存的关系，这是支持"离宫别馆"说的。就像晚商时的安阳殷都与朝歌的关系，古本《竹书纪年》说"自盘庚徙殷至纣之灭，二百七十三年，更不徙都，纣时稍大其邑，南距朝歌，北据邯郸及沙丘，皆为离宫别馆"。所以，小双桥遗址应是郑州商城在白家庄期时的离宫别馆。

在小双桥遗址中确实有大型的宗庙，也有丰富的祭祀遗迹，在其"庙祭"中，杀祭所用的人牲，已发现的就达160人以上，还有数量众多的动物牺牲，所以，宗庙说与祭祀遗址说所依据的事实是清楚的。但如本书第一章"何谓王都"一节所述，在夏商周三代，建国营都，宗庙为其建筑物的核心，

---

① 杨育彬、孙广清：《郑州小双桥商代遗址的发掘及其相关问题》，《殷都学刊》1998年第2期；杨育彬：《郑州商城铜器窖藏·序》，科学出版社1999年版。

② 杨育彬：《郑州商城铜器窖藏·序》，科学出版社1999年版。

③ 李维明：《小双桥商文化遗存分析》，《殷都学刊》1998年第2期。

王都是围绕王室宗庙和宫殿建设起来的，如《墨子·明鬼篇》曰："昔者虞夏商周，三代之圣王，其始建国营都，曰必择国之正坛，置以为宗庙。"《吕氏春秋·慎势篇》说："古之王者，择天下之中而立国，择国之中者而立宫，择宫中之中而立庙。"这是夏商周的传统，作为商代的王都，宗庙和宫殿是其必须具备的最重要的建筑物。在夏商周三代我们还看不到哪一个大规模遗址只是建王的宗庙而不建供居住的宫室的。所以，小双桥遗址中有大型宗庙，发现丰富的祭祀遗迹，不但与其作为王都的离宫别馆不矛盾，而且其宗庙建筑物的规模越大、规格越高、"庙祭"杀用的人与动物牺牲数量越多，反而越能说明其与郑州商城的王都是互为关联的。为此，笔者认为小双桥遗址与郑州商城的关系就像晚商时期安阳殷都与朝歌的关系一样，《竹书纪年》就是将朝歌称之为殷都的离宫别馆的。小双桥遗址是在中商早期特别是在二里岗上层第二期即白家庄期郑州商城还在作为王都使用的情况下，作为郑州商城王都的离宫别馆而出现的。

还有，在小双桥遗址中发现许多与冶铜有关的遗存，说明遗址中应有冶铜手工业作坊，发掘者认为该遗址是白家庄期青铜器的一个重要集中地，这些与其作为王都的离宫别馆的性质也是相一致的。作为早商王都的郑州商城、偃师商城与作为晚商王都的安阳殷墟，都有手工业作坊，小双桥冶铜遗存的发现也说明小双桥遗址不只是作为单纯的宗庙或祭祀遗址而存在，它也有商王室所需要的其他方面的文化内涵和经济技术方面的功能。

这样，根据小双桥遗址 144 万平方米的规模、它所拥有的宫室围墙和大型夯土建筑基址、大型青铜建筑饰件、大型祭祀遗迹、大量冶铜遗存，以及它的年代上限有可能达到二里岗上层第一期而主要为二里岗上层第二期等因素，笔者认为小双桥遗址为商王仲丁迁隞之后商王外壬所建的离宫别馆。

史书说仲丁即位，元年迁于隞。居于隞都的有仲丁和外壬两王。《太平御览》卷八十三引《竹书纪年》说："帝仲丁在位十一年。"今本《竹书纪年》说外壬在位十年，《太平御览》卷八十三引《史记》说："帝外壬在位一十五年。"不管两说孰更有根据，仲丁与外壬两王在位年数可能不会超过三十年。小双桥遗址的主要遗存属于白家庄期即二里岗上层第二期，时间不是很长，在这点上它与仲丁、外壬的积年大体吻合。尽管如此，诚如李维明先生所言：该遗址的年代可能略长于仲丁迁隞至河亶甲迁离这段时间[①]，也就

---

①　李维明：《小双桥商文化遗存分析》，《殷都学刊》1998 年第 2 期。

是说在二里岗上层第二期之前，这里就有了商文化存在，如小双桥遗址中尚有（7）（8）（9）文化层时代未定，而调查材料中有的鬲片特征稍早。据有关考古调查，在郑州西北郊区商文化遗址分布较多①，文化编年完备。此外在小双桥遗址中也有一部分遗存当属于外壬之后的遗存。这样解释符合作为一代王都附近的离宫别馆兴建时应具备的基础和废弃后延续使用的规律。也就是说，在仲丁迁隞之前以及迁隞的一段时间，小双桥一带作为商的一般邑落已经存在，但它还没有形成今天所发掘出的小双桥遗址的主要遗存，仲丁离开偃师商城，完全居住在郑州商城之后，到了商王外壬时期，才在小双桥形成了丰富的白家庄期遗存，亦即形成了小双桥商文化中的主要遗存，而根据郑州商城发现的窖藏铜器中的"重器"和铸铜作坊遗址等一直到二里岗上层第二期还在使用，则说明此时的郑州商城与小双桥是并存的，前者仍为王都，后者为王都的离宫别馆，到河亶甲时，商的王都又迁至内黄一带的相，小双桥一带则降为一般贵族邑落，也延续使用了一段时间。

依据本书第一章的研究，灭夏后，成汤至大庚时期，商的王都在偃师商城；大庚至大戊、雍己②时期，商王朝是偃师商城与郑州商城两个王都并存。仲丁迁隞是从二里岗上层第一期晚段时离开偃师商城这个意义上而言的。从郑州商城的角度来看，商王何以要在小双桥修建离宫别馆？笔者认为一方面是小双桥有优越的地理条件。这一带属于邙山脚下平原地带，地势开阔，水源充足，土地肥沃，特别是距离黄河更近，交通便利，有充分利用黄河水路交通的意图。另一方面也许是外壬即位后有离开王族中不属于自己的那些异己势力的意思，是王室内部的政治争斗的一个举措。

诚然，与郑州商城、偃师商城长达几十年的发掘相比，考古学家对小双桥遗址的发掘就显得是刚刚开始，所获得的成果是重要的，但也很有限。所以，目前我们对小双桥遗址的认识都只是初步的，今后随着发掘工作的进一步展开，资料的积累，认识将会深入，一些疑团也许能逐渐得到解决。

---

①　张松林：《郑州市西北郊区考古调查简报》，《中原文物》1986年第4期。

②　依据《史记·殷本纪》中的商王世次，雍己继位在前，大戊继位在后；而据卜辞中周祭谱系，则是大戊在雍己之前。这里以卜辞中的周祭谱系为准。

第四章

晚商初期的王都与地方族邑

第一节　洹北商城与盘庚迁殷

一　洹北商城遗迹的年代分析

1999 年秋在安阳市北郊洹河北岸发现的洹北商城，其意义是十分重大的。商代在安阳建都之说，一是有《尚书·盘庚》以来的文献所说的"盘庚迁殷"说；另一是有唐《通典》、宋《类要》所说的河亶甲所居之相在安阳说。因而，对于新发现的洹北商城也就产生了三种不同的说法：有人认为是盘庚的殷都[①]，有人认为是河亶甲的相都[②]，也有认为河亶甲的相都与盘庚的殷都有可能都在洹北商城"先后相继"地发生过[③]。这三种观点究竟孰是孰非，以目前考古发掘所得的资料，一时虽难以作出定论，但也可以进行一些分析，以得出一个较为合理的推断。

我们知道，商王河亶甲与盘庚之间相隔四代七个王，河亶甲迁相后，继承其位的祖乙随即迁于邢，然后历经祖辛、沃甲、祖丁、南庚（南庚迁于奄）、阳甲，到了盘庚时才从奄迁至殷，因此要想证明洹北商城既曾经是河

[①]　a. 唐际根、徐广德：《洹北花园庄遗址与盘庚迁殷问题》，《中国文物报》1999 年 4 月 14 日。

　b. 杨锡璋、徐广德、高炜：《盘庚迁殷地点蠡测》，《中原文物》2000 年第 1 期。

　c. 岳洪彬、何毓灵：《洹北商城花园庄东地商代遗存的认识》，《2004 年安阳殷商文明国际学术研讨会论文集》，社会科学文献出版社 2004 年版。

[②]　文雨：《洹北花园庄遗址与河亶甲居相》，《中国文物报》1998 年 11 月 25 日。

[③]　唐际根、刘忠伏：《安阳殷墟保护区外缘发现大型商代城址》，《中国文物报》2000 年 2 月 20 日。

亶甲所都之相又曾是盘庚所迁之殷，除了需要在文献上考订《通典》^①、《类要》^②的说法为不误外，还需要在考古学上确认：（1）在洹北商城既存在属于中商前期即白家庄期偏晚或接近白家庄期的宫殿宗庙或城墙之类的夯土建筑遗存，亦存在属于"殷墟一期早段"或接近殷墟大司空村一期的宫殿宗庙或城墙之类的夯土建筑遗存；（2）要证明这些白家庄期偏晚或接近白家庄期的宫殿宗庙或城墙之类的夯土建筑在被废弃了相当长一段时期后，才有新建的"殷墟一期早段"或接近殷墟大司空村一期的宫殿宗庙或城墙之类的夯土建筑遗存，因为从河亶甲到盘庚中间有四代七个王的都城并不在安阳，也就是说，这需要在洹北商城的发掘中看到有"兴建—废弃相当长时期—再兴建"这样的迹象。

欲在洹北商城的考古学发掘中寻找可能属于河亶甲时期的夯土建筑基址，以目前已公布的资料而论^③，可以对1998—1999年洹北商城花园庄东地的F1和F2夯土基址（F1又晚于F2）进行一些分析。因为F1和F2夯土基址已明确地属于洹北花园庄早期，在中商文化被分为三期的三分法中，洹北花园庄早期处于中商二期^④，比较靠近属于中商一期的二里岗上层第一期和白家庄期。但是，F1和F2虽属于洹北花园庄早期，又因在它之下还有被基址打破或叠压的H24、H25、J4、H17等遗迹（图4—1），所以，F1和F2只能是早期晚段^⑤。还有，依据岳洪彬、何毓灵的分析，洹北花园庄早期与郑州二里岗上层第二期即白家庄期之间的差别还是比较大，这种差别不完全是地域因素造成的，时间因素也可能起着重要作用，两者之间可能还存在着相当一段时间缺环^⑥。这样，虽能确认为洹北花园庄早期的F1、F2夯土基址尚处于早期晚段，但在时间上与河亶甲所处的中商前期尚不吻合。

---

① 《通典》卷一七八相州载："殷王河亶甲居相，即其地也。"

② 《通鉴地理通释》说："《类要》安阳县本殷墟，所谓北冢者，亶甲城在西北五里四十步，洹水南岸。"这里说河亶甲城在"洹水南岸"，而洹北商城却在洹水北岸，在这点上，二者是矛盾的。

③ 中国社会科学院考古研究所安阳工作队：《1998—1999年安阳洹北商城花园庄东地发掘报告》，《考古学集刊》第15集，文物出版社2004年版。

④ 唐际根：《中商文化研究》，《考古学报》1999年第4期。

⑤ 岳洪彬、何灵毓：《洹北商城花园庄东地商代遗存的认识》，《2004年安阳殷商文明国际学术研讨会论文集》，社会科学文献出版社2004年版。

⑥ 同上。

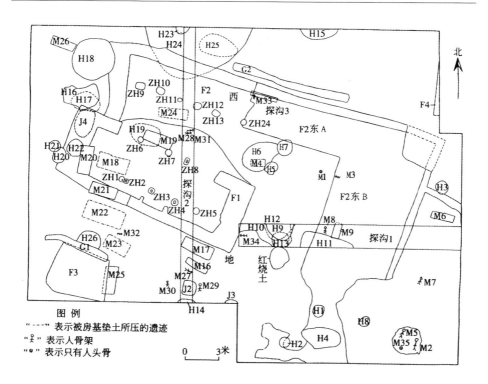

图 4—1　洹北商城花园庄东地发掘点总平面图

在洹北花园庄之外，在安阳市航空运动学校机场围沟剖面清理出的一批夯土基址（主要是北段的基址）直接叠压在所谓"中商三期"即洹北花园庄晚期地层下或被"中商三期"灰坑打破，而沿沟清理出的其他位于夯土基址之间的灰坑（如 H7、H8），年代多属于"中商二期"即洹北花园庄早期，位于一号基址以北约 160 米处的大型灰坑 H2 所出的一批陶器，也属于典型的"中商二期"①；这些资料说明在洹北商城的宫殿区也存在早于洹北花园庄晚期的夯土建筑基址，只是它们究竟属于洹北花园庄早期中的晚段还是早段，尚不明确。若以此来说明洹北商城始建于商王河亶甲，证据显然不足，从而，上述第二、三种观点要证明起来，目前还是相当困难的。

诚然，在洹北商城的花园庄东地 F1、F2 之下还存在洹北花园庄早期早

_____

①　中国社会科学院考古研究所安阳工作队：《河南安阳市洹北商城的勘察与试掘》，《考古》2003 年第 5 期。

段的遗迹和遗物，在洹北商城的宫殿区的范围内也发现属于洹北花园庄早期的遗存，而且不排除今后还能发现更早的中商遗存，这些都说明早在洹北花园庄早期早段，这里就有人居住，但是否建为都城，这些洹北花园庄早期早段的遗存是否可以上溯到河亶甲时期，都还很难说。

洹北商城属于花园庄早期的夯土基址难以确定为河亶甲时期，但洹北商城及其一号夯土基址的废弃是在花园庄晚期即"大司空村一期"之前，却是明确的[①]，也就是说，在花园庄晚期，洹北商城及其一号基址是使用着的。据岳洪彬、何毓灵的研究，"洹北商城的城墙应是在洹北花园庄晚期始建的"，"一号宫殿使用时期的下限亦应为洹北花园庄晚期"[②]。鉴于一号基址和洹北商城的城墙在被毁弃之后并无重新再建的痕迹，亦即并不存在"兴建—废弃相当长时期—再兴建"这样的痕迹，所以，一号基址和洹北商城的城墙的使用时期只能在盘庚（包括小辛、小乙）与河亶甲两者之间作出抉择，而不可能是兴建于河亶甲时期并一直使用到盘庚、小辛、小乙时期。既然洹北商城的城墙和一号基址使用的下限均为洹北花园庄晚期，洹北花园庄晚期又不能横跨河亶甲至盘庚四代七王这样的时段，而洹北花园庄晚期又与殷墟大司空村一期即"殷墟一期晚段"前后衔接、紧密相连，殷墟一期晚段被认为相当于武丁早期，这样，判断洹北花园庄晚期即"殷墟一期早段"大致相当于盘庚、小辛、小乙时期，洹北商城为盘庚所迁之殷都，都应该说是合理的[③]。

二 洹北花园庄晚期即盘庚至小乙时期

关于洹北花园庄晚期即"殷墟一期早段"大致相当于盘庚、小辛、小乙时期，这是考古学界几代人、几十年研究的成果，它涉及殷墟晚商文化的分期及其与晚商诸王年代对应关系方面的问题。最早对殷墟文化明确加以分期

---

①   a. 中国社会科学院考古研究所安阳工作队：《河南安阳市洹北商城的勘察与试掘》，《考古》2003 年第 5 期。

　　b. 中国社会科学院考古研究所安阳工作队：《河南安阳市洹北商城宫殿区 1 号基址发掘简报》，《考古》2003 年第 5 期。

②   岳洪彬、何灵毓：《洹北商城花园庄东地商代遗存的认识》，《2004 年安阳殷商文明国际学术研讨会论文集》，社会科学文献出版社 2004 年版。

③   同上。

的，是考古研究所安阳工作队根据 1959 年在大司空村遗址发掘到的文化地层叠压关系，以及出土陶器的不同特点，将殷墟文化初步分为两期：即"大司空村一期"，"大司空村二期"①。1962 年秋，又一次在大司空村遗址进行发掘，这次发掘发现了晚于大司空村一期，早于大司空村二期的灰坑，并将这一阶段列为第二期，又根据层位关系将原来所分的大司空村第二期分成两期，列为大司空村第三期、第四期，从而在原分两期的基础上将整个殷墟文化划分为四期，并根据与陶器共存的甲骨卜辞和铜器铭文，提出大司空村一期的年代大约相当于武丁前后，大司空村第三期、第四期分别属于廪辛、康丁、武乙、文丁和帝乙、帝辛时期②。大约与之同时，邹衡先生根据 30 年代和 50 年代的考古资料，对殷墟文化进行了比较全面的分期，他将殷墟文化分为四期七组，并对各期的具体年代进行了分析推断：殷墟文化第一期，约相当于甲骨第一期以前，或属盘庚、小辛、小乙时代；殷墟文化第二期，约相当于甲骨第一、二期，即武丁、祖庚、祖甲时代；殷墟文化第三期，约相当于甲骨第三、四期，即廪辛、康丁、武乙、文丁时代；殷墟文化第四期，约相当于甲骨第五期，即帝乙、帝辛时代③。这样，关于殷墟文化的分期就形成了考古所安阳工作队与邹衡先生的两种大同小异的分期，其差异仅在于殷墟一期是否包括武丁在内。在邹衡先生的上述文章中还确定甲骨文的"自组卜辞"属于五期卜辞中的早期卜辞，其具体年代大体相当于武丁时代，也是对甲骨学研究的重要贡献。到 20 世纪 70 年代，继小屯发现相当于大司空村一期的陶器与"自组卜辞"共存之后，又发现属于殷墟二期的妇好墓和十八号墓，从而证明武丁一代跨殷墟文化第一、二两期④。此外，有关殷墟文化分期的另一重要进展是将殷墟文化第一、二期分别细分为偏早、偏晚两个阶段，并认为殷墟一期早段相当于盘庚、小辛、小乙时期，殷墟一期晚段相当于武丁早期，殷墟二期早段相当于武丁晚期，殷墟二期晚段

①　中国科学院考古研究所安阳发掘队：《1958—1959 年殷墟发掘简报》，《考古》1961 年第 2 期。

②　中国科学院考古研究所安阳发掘队：《1962 年安阳大司空村发掘简报》，《考古》1964 年第 8 期。

③　邹衡：《试论殷墟文化分期》，《北京大学学报（人文科学）》，1964 年第 4、5 期。

④　郑振香、陈志达：《论妇好墓对殷墟文化和卜辞断代的意义》，《考古》1981 年第 6 期。

相当于祖庚、祖甲时期①。在这里，殷墟一期早段也可以称之为"三家庄期"②，也有的称之为"洹北花园庄晚期"，或称之为"中商三期"。称之为三家庄期是因为 1964 年在洹水北岸三家庄发现一青铜窖藏坑，所出铜器的形制早于大司空村一期③；1980 年又在三家庄发掘一批墓葬，从墓内随葬的陶器、铜器观察，较大司空村一期类型要早，并有地层上的依据④；依据这些发现，中国社会科学院考古研究所安阳工作队的学者们对其殷墟文化四期说有所补正，把大司空村一期称为殷墟一期晚段，把类似于三家庄的这些遗存称为殷墟一期早段⑤，所以，后来在说到大司空村一期时，是仅指殷墟一期晚段而不包括殷墟一期早段的。这些三家庄期即殷墟一期早段的遗存与 20 世纪 90 年代末在洹北商城花园庄发掘的花园庄晚期遗存的特征是相同的，所以也可以称之为洹北花园庄晚期，而在提出中商文化三期分法的学者中，又每每将之称为中商文化第三期⑥。由于笔者认为，从史学的角度看，盘庚、小辛、小乙应放在晚商的范畴内，故主张考古学上中商与晚商的分界应在洹北花园庄早期与晚期之间划开，洹北花园庄早期属于中商，洹北花园庄晚期属于晚商。既然属于晚商的范畴，依旧称之为殷墟一期早段也是比较合适的⑦。

判断洹北花园庄晚期即殷墟一期早段大体相当于盘庚、小辛、小乙时期，主要是依据殷墟一期晚段即大司空村一期相当于武丁早期推断出来的。1973 年，在小屯南地发掘获得一批十分珍贵的甲骨，其中在 T53 （4A），发现"自组卜辞"；在 H102，发现"午组卜辞"；在 H107，"自组"与"午组卜辞"共出；H102 还打破 T53 （ 4A ）层。T53 （4A）、H102、

① a. 郑振香：《论殷墟文化分期及其相关问题》，《中国考古学研究》，文物出版社 1986 年版。

b. 中国社会科学院考古研究所编著：《殷墟的发现与研究》，科学出版社 2001 年版，第 25—39页。

② 谷飞：《试论殷墟文化分期与殷墟青铜器分期的关系》，《中原文物》2002 年第 3 期。

③ 安阳市博物馆：《安阳三家庄发现商代窖藏青铜器》，《考古》1985 年第 12 期。

④ 中国社会科学院考古研究所安阳工作队：《安阳殷墟三家庄东的发掘》，《考古》1983 年第 2 期。

⑤ 郑振香、陈志达：《殷墟青铜器的分期与年代》；杨锡璋、杨宝成：《殷代青铜礼器的分期与组合》。均见《殷墟青铜器》，文物出版社 1985 年版。

⑥ 唐际根：《中商文化研究》，《考古学报》1999 年第 4 期。

⑦ 参见本书第三章第一节。

H107，从地层叠压关系和同出的陶器形式都是比较早的，属于小屯南地早期，相当于大司空村一期，亦即殷墟一期晚段。小屯南地的发掘可证实自组、午组卜辞都是武丁时代的卜辞，解决了对自组、午组卜辞年代的争议①。由于武丁享国59年，时间较长，所以，殷墟一期晚段的年代约相当于武丁早期②。1991年，在小屯南边的花园庄东地H3出土的甲骨和共存陶器的年代，再一次证明大司空村一期即殷墟一期晚段相当于武丁早期③。而属于武丁三个法定配偶之一的妇好墓和小屯十七号、十八号墓都出土有殷墟文化第二期的陶器，妇好墓及十八号墓所出的铜器铭文上的"子渔"都是"宾组卜辞"中常见的人物，宾组卜辞为武丁时代，这已得到甲骨学界的公认；又据考证，妇好死于武丁晚期，这些都说明殷墟文化第二期的上限可到武丁晚期，即武丁一代跨殷墟文化第一、二两期，从而也就得出：殷墟一期晚段相当于武丁早期，殷墟二期早段相当于武丁晚期，殷墟二期晚段相当于祖庚、祖甲时期④。

既然殷墟一期晚段相当于武丁早期，那么，早于它，且与它紧密衔接的殷墟一期早段相当于盘庚、小辛、小乙时期，当然是一种合理的推定。而殷墟一期早段就是洹北花园庄晚期，亦即所谓三家庄期。洹北花园庄晚期大致相当于盘庚、小辛、小乙阶段，洹北商城城墙和一号宫室基址使用年代的下限也恰好是洹北花园庄晚期，因而洹北商城为盘庚所迁之殷的说法，应该可以成立。

洹北商城为盘庚所迁之殷，它还解决了为何在小屯一带出土的数以万计

---

① 中国社会科学院考古研究所编：《小屯南地甲骨》上册，第一分册，中华书局1980年版，第3—27页。

② a. 郑振香、陈志达：《论妇好墓对殷墟文化和卜辞断代的意义》，《考古》1981年第6期。

b. 中国社会科学院考古研究所编著：《殷墟的发现与研究》，科学出版社2001年版，第38、170页。

③ 中国社会科学院考古研究所编著：《殷墟花园庄东地甲骨》（一）："花园庄H3坑的时代当属殷墟文化一期晚段。"云南人民出版社2003年版，第17页。

④ a. 郑振香：《论殷墟文化分期及其相关问题》，《中国考古学研究》，文物出版社1986年版。

b. 中国社会科学院考古研究所编著：《殷墟的发现与研究》，科学出版社2001年版，第25—39页。

的甲骨没有可以确认的早于武丁时期的卜辞的谜团①和小屯一带殷墟一期早
段遗存不丰富的问题。面对这些疑团，学者们曾提出过小屯殷墟是武丁以来
的殷都，武丁之前的盘庚、小辛、小乙时的王都地点不在小屯②。由于那时
还没有发现洹北商城，所以，一些学者在解释这些疑团时，有的学者把盘庚
所迁之殷都说成是在偃师商城③。当然也有学者在洹北商城被发现之前，就
提出过盘庚所迁之殷有可能在洹北花园庄一带的观点。当时主要是因配合夏
商周断代工程，在洹北花园庄一带发现较丰富的早于大司空村一期的遗存，
随即他们联想到 20 世纪 60 年代以来在洹北的三家庄、郭王度、韩王度、董
王度、花园庄等地所发现的早于和接近大司空村一期的铜器、墓葬、遗址等
现象，于是敏锐地提出盘庚所迁之殷可能就在这里，并以此作为对小屯一带
不见武丁之前的甲骨卜辞等疑团的解释④。现在，洹北商城的发现解开了这
些谜团，洹北商城为盘庚所迁之殷都，以小屯一带为中心的晚商宫殿区为武
丁以来之殷都⑤。

　　洹北商城既然是盘庚所迁之殷，那么，我们对于所谓"殷墟"的概念也
需要略加说明，即过去以小屯为中心的通过考古发掘所划定的殷墟范围，应
该扩大到新发现的洹北商城一带，只是洹北商城一带的殷墟指的是晚商一期
早段时期的殷墟（并非说洹北商城一带只存在盘庚、小辛、小乙时期的遗
存，它也存在盘庚之前的遗存，但这并不影响它也是殷墟）；包括小屯在内

---

① 在杨锡璋《关于殷墟初期王陵问题》（《华夏考古》1988 年第 1 期）与《殷墟的年代和性质
问题》（《中原文物》1991 年第 1 期）两文中，不但论述了何以小屯出土的数以万计的甲骨卜辞没有
早于武丁时代的卜辞的问题，还指出了西北岗王陵中没有殷墟文化第一期的王陵，小屯宫殿区内没
有早于武丁时期的宫殿基址。

② a. 杨锡璋：《安阳殷墟西北冈大墓的分期及有关问题》，《中原文物》1981 年第 3 期。

b. 彭金章、晓田：《殷墟为武丁以来殷之旧都说》，《中国考古学会第五次年会论文集》，文物出
版社 1988 年版。

c. 郑光：《试论偃师商城即盘庚之亳殷》，（台北）《故宫学术季刊》第 8 卷第 4 期，1991 年。

③ a. 彭金章、晓田：《殷墟为武丁以来殷之旧都说》，《中国考古学会第五次年会论文集》，文
物出版社 1988 年版。

b. 郑光：《试论偃师商城即盘庚之亳殷》，（台北）《故宫学术季刊》第 8 卷第 4 期，1991 年。

④ 杨锡璋、徐广德、高炜：《盘庚迁殷地点蠡测》，《中原文物》2000 年第 1 期。

⑤ 张国硕：《论殷都的变迁》，《2004 年安阳殷商文明国际学术研讨会论文集》，社会科学文献
出版社 2004 年版。

的过去所划定的殷墟，主要是晚商一期晚段以来的殷墟（并非说小屯一带不存在洹北花园庄晚期的遗存，只是不以它为主而已）。作了如上的说明后，可以得出这样的判断：即盘庚迁殷所迁至的是洹北商城，在洹北商城经历了盘庚、小辛、小乙后，大概由于一场大火灾的缘故①，武丁时将自己的宫殿区由洹北商城移到了小屯一带，这样，在小屯宫殿区的考古学文化的堆积自然主要是晚商一期晚段以来（即武丁以来）的堆积，在小屯宫殿区发现的甲骨卜辞也自然是武丁以来的甲骨卜辞。由于文献所载的"盘庚迁殷"已足以说明盘庚与殷的关系，所以，殷墟理应包括洹北商城一带，晚商文化也应包括洹北花园庄晚期遗存。

第二节　洹北商城王都的建制与功用

一　洹北商城的选址、布局与城墙

洹北商城位于河南省安阳市北郊（图4—2），往西约19公里即进入太行山东麓，北面为低丘，东面和南面是开阔的平原。地势总体平坦，略呈西北高、东南低走势。发源于太行山区的洹河在其南自西向东蜿蜒流过；漳河②在其北约20公里处自西向东流，这两条河流在先商时期就与商族密切相关，在商代时依然都注入安阳东部自南向北流的黄河之中③。

殷代安阳地区的气候，与现在相比较温暖和湿润。据研究，当时大部分时间的年平均气温比现在约高2℃，1月份气温比现在高3℃—5℃④。因洹北商城的时代是武丁之前盘庚、小辛、小乙时期，它距离武丁以来的甲骨卜辞的时代甚近，因而出自殷墟的大量有关求雨卜辞，以及动、植物标本，都可以作为反映当时气候的直接证据。殷墟的甲骨文，有数千片与卜雨有关，卜

---

① 根据《河南安阳市洹北商城宫殿区1号基址发掘简报》（《考古》2003年第5期），1号宫殿遗址被大火焚烧的痕迹十分明显。在属于商文化的第4—6层的地层中，均出土经火焚烧过的红烧土块，尤其是第5层，红烧土块较大，红烧土块在倒塌后未被扰动过，其种类有各类墙体和房顶的倒塌物，最厚者达70厘米。在庭院的南大门到处可见红烧土块，从已清理的2号门道看，门槛由于遭受大火，现仅存埋门槛的沟槽。

② 原漳河在河北临漳县之北，近代漳河南移，临漳隔在了漳河之北。

③ 参阅《商代史》卷三《商族起源与先商社会变迁》第一至第三章。

④ 竺可桢：《中国近五千年来气候变迁的初步研究》，《考古学报》1972年第1期。

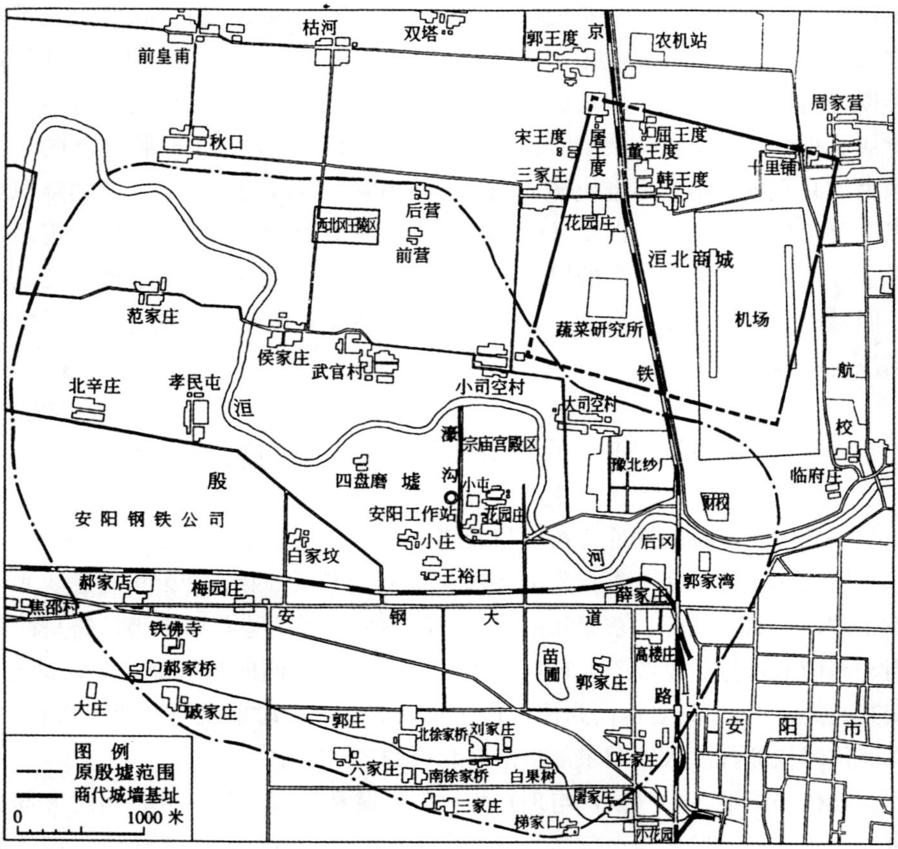

图 4—2　洹北商城与原殷墟范围

雨用语有延雨（连绵雨）、大雨、多雨、兹雨不佳祸、其雨不佳若等，很多是卜问下雨会不会酿成灾害，反映了商代安阳地区雨量充沛。《吕氏春秋·古乐篇》有"商人服象，为虐于东夷"的记载，殷墟甲骨文中也有猎获象的记录，如"丁未卜，象来涉其乎"（《屯南》2539）、"今夕其雨，获象"（《合集》10222），在殷墟的发掘中，也多次发现象骨和象牙制品，特别是 1934、1935 和 1978 年，在西北冈王陵区先后三次发现完整的象骨架。象属热带动物，这些有关象的记载及象骨的考古发现，说明今豫北地区在商代很可能有野生象存在。在殷墟历年发现的丰富的哺乳类动物骨骼中，已辨出圣水牛个体 1000 头以上，此外还有獐和竹鼠等生活于温暖的水网、沼泽、灌木地带的动物，说明晚商时期安阳地区的气候，颇似于今天的长江流域。此外，殷墟出土的鱼骨，经鉴定有五类是产于当地的：鲤鱼、青鱼、草鱼、黄颡鱼、赤眼鳟。另有一种经鉴定为鲻鱼的鱼骨，也出自殷墟，但鲻鱼属咸水鱼类，多见于亚热带沿海或江河入海口，而鱼作为食物，通长是不宜长途携运的，因此鲻鱼在安阳的出现，也说明当时安阳地区的气候和自然环境，接近于今长江中下游地带[1]。

　　安阳地区在商代不但有着优越的地理环境和气候，而且还是南北进退的形胜地[2]。明嘉靖《彰德府志》分析此地的形势说："彰德，天文室壁之分野也。大抵土地平广阔野，挟上党抚襄国，蹠澶掖卫。"[3] 早在先商时期，商族即发祥于安阳北不远的古漳水流域，商契所居之"蕃"即战国时的番吾，在今河北省磁县境，商侯冥时期商族活动的中心是在豫北冀南的古黄河中游，王亥居于安阳之殷，上甲微也居于邺，灭夏前商汤所居之亳也在安阳之东的内黄或其附近，特别是在内黄靠近濮阳一带。这些地方或者就是后来的殷墟地区，或者距离其不远，所以安阳地区是商族早期活动的重要根据地[4]。到商王盘庚时，据《尚书·盘庚篇》，盘庚是要"复先王之大业，底绥四方"，"复我高祖之德"，才迁至殷地的"兹新邑"。可见，盘庚非常清楚，安阳殷地是先王、高祖曾经建大功立大业之地，它既有优越的地理条件，也有商族优良的人文传统因素，盘庚迁殷的择都条件亦即洹北商城的选址条件，是十分明确的。

　　位于洹河北岸不远的洹北商城，平面略呈方形，方向13度，其南北向城墙基槽长约2200米，东西向城墙基槽长约2150米，占地约4.7平方公里[5]。

　　洹北商城的发掘者曾对城址的东、西、南、北四面城墙墙基挖了七条探沟进行解剖，解剖表明，洹北商城四周城墙基槽大部分地段宽7—11米，深约4米。其中，东墙既可以看到完全夯筑填实的基槽，也可以在剖面观察到

---

　　① 中国社会科学院考古研究所编著：《中国考古学·夏商卷》，中国社会科学出版社2003年版，第287—289页。

　　② 杨升南：《"殷人屡迁"辨析》，《甲骨文与殷商史》第2辑，上海古籍出版社1986年版。

　　③ 明嘉靖《彰德府志》卷二《地理志》。

　　④ 参阅《商代史》卷三《商族起源与先商社会变迁》第一、二、三章。

　　⑤ 中国社会科学院考古研究所安阳工作队：《河南安阳市洹北商城的勘察与试掘》，《考古》2003年第5期。

高于当时地面0.3米左右的墙体。北墙基槽、西墙基槽也夯实至当时地面，
不过，均未见夯起的墙体。通过解剖沟的剖面可以看到城墙基槽有"内、外
双槽相叠"的现象（图4—3），即城墙基槽分两次垫起：先垫内侧（即城内
一侧），垫土未经夯打，垫至当时地面后，形成宽约1.5米的一道"内槽"；
"外槽"叠靠于"内槽"，用不同于"内槽"的黑土夯筑而成。外槽的夯层厚
10—15厘米，似以成束小棍为工具夯成。

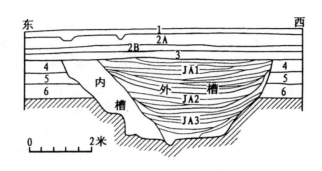

图4—3　洹北商城西墙基槽南壁剖面图

1. 耕土　2A、2B. 黄土　3、4、5. 黄褐土　6. 深褐土

　　在西墙基槽外槽的一处夯土中，发现比较集中地出土有较为完整的狗架
和猪的头骨（图4—4）、卜骨（图4—5）等，发掘者判断其为与基槽填夯时
的祭祀活动有关的遗物，应该是正确的。说的再具体一点，这应该是修筑城

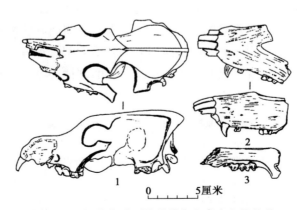

图4—4　洹北商城西墙基槽夯土中出土的兽骨

1. WWT1JA：12　2. WWT1JA：14　3. WWT1JA：13

墙时的"奠基"祭祀的遗迹。《尚书·盘庚》
云："盘庚既迁，奠厥攸居，乃正厥位。"说的
就是盘庚迁殷后，在建设新都时的头一件大事
乃为奠居正位。奠居是用人兽奠基，正位是测
定建筑物方位。西周成王时的《新邑鼎》铭
"王来奠新邑"，讲的也是建设新的都邑时，需
要王亲自举行奠基祭礼。洹北商城西墙基槽中
较集中放置的完整的狗架、猪的头骨及卜骨等，
就是商王修筑殷都城墙时举行奠基祭礼的遗迹。

　　文献上奠居与正位是相连而举行的。根据
发掘简报，洹北商城平面略呈方形，方向 13
度；城内宫殿区，不但近 1.6 万平方米的一号
宫室基址的方向为 13 度，与城墙基槽的方向一
致，而且宫殿区内已发现的 30 余处夯土基址的
方向都是 13 度左右，也都与城墙基槽的方向一
致，这说明修建城墙与修建宫殿宗庙是经过统
一的规划和正位的。据研究，殷人对于建筑物

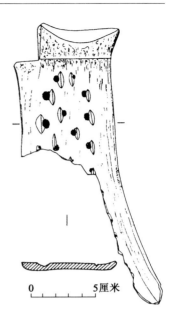

**图 4—5　洹北商城西墙基槽
夯土中出土的卜骨**

通过测度日影的方法以正其位，由来已久，运用自如，例如甲骨文中有一字
作'𤔔'（《合集》30365），象手持立臬于土上，日影投之于地，本义是揆日
度影以定方位[1]。这种测定方位的方法，也就是《诗·鄘风·定》所说的
"定之方中，作于楚宫；揆之以日，作于楚室"的方法。有一条卜辞云："方
𤰔，惟牛。"（《安明》1786）许进雄先生谓"𤰔象手持才，才疑为坐标之形"[2]。
宋镇豪先生认为，"此辞'方𤰔'指测定建筑物的具体方向标位，当与'奠厥
攸居，乃正厥位'的建筑仪式有关，用牛牲作祭"。[3] 总之，奠居时需要用牲
作祭，正位时也需要用牲作祭。然而，尚需指出的是，根据日影测定出的方
位，原本应该是正东西与正南北方位，而洹北商城的城墙与城内宫室建筑物
的方位均为 13 度左右，这一方面说明当时有方位的统一测定；另一方面又

　　① 宋镇豪：《释督昼》，《甲骨文与殷商史》第 3 辑，上海古籍出版社 1991 年版。又见宋镇豪
《夏商社会生活史》，中国社会科学出版社 1994 年版，第 76 页。
　　② 许进雄：《明义士收藏甲骨释文篇》，加拿大多伦多皇家安大略博物馆，1977 年，第 133 页。
　　③ 宋镇豪：《中国风俗通史·夏商卷》，上海文艺出版社 2001 年版，第 96 页。

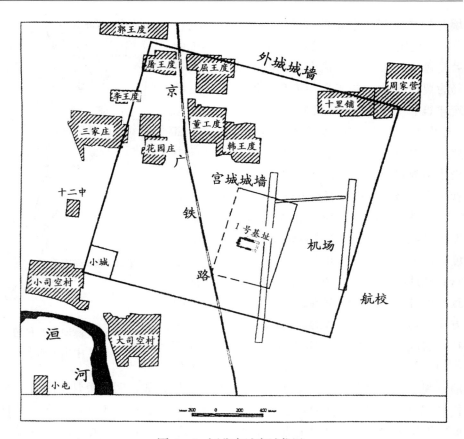

图 4—6　洹北商城宫城位置

说明在正东西正南北的方向之外，商人还有自己特殊的考虑。这是耐人寻味的。

　　洹北商城城内最主要的区域是宫殿宗庙区。宫殿宗庙区位于商城南部略偏东的位置。2007 年以来的钻探和试掘发现，宫殿宗庙区由一周夯土城垣围起来，构成了宫城。宫城平面呈长方形，方向北偏东 13 度，南北长 795 米，东西宽 515 米，宫城面积约 41 万平方米。宫城城垣的基槽宽 7—8 米，墙体宽 5—6 米。基槽内和基槽之上的城墙墙体都留有夯土层，夯打较硬，夯窝明显，夯层内出有陶片。夯土城墙墙体的两侧有护坡土，呈坡状堆积。除宫城外，在洹北商城的西南隅还发现一座方形小城，东西长约 240 米，南北长约 255 米，其东墙南端与大城南墙衔接，北墙西端与大城西墙衔接，即小城的西墙和南墙都是利用大城的墙体而成（图4—6）①。

　　在宫城靠东一侧，安阳市航空运动学校机场的西围沟在韩王度村东沿南北方向穿过宫城，其沟的南段还纵贯一号基址东部。考古所安阳工作队曾对这条机场的人工围沟进行了清理解剖，在被清理的南北长606米的范围内，共发现商代夯土基址25处，灰坑7个。除机场围沟剖面发现夯土基址外，机场围沟以西地带通过局部钻探也发现数处夯土基址。这样，宫城内已发现的夯土基址有30余处。这些夯土基址无论规模、建筑用材，还是平面布局，都与普通居民点内发现的基址有明显区别，属于洹北商城宫殿建筑群的一部分。

　　发现于宫城内的30余处基址都是坐南朝北，东西长，南北宽，南北成排，方向皆13度左右，相互间没有叠压或打破关系，显示出严整有序的布局。如简报公布的钻探所得的一号和二号基址平面示意图（图4—7），二号基址东西长90余米，南北宽约70米，总面积6300平方米。该基址位于一号基址北27米处，与一号基址南北相应，显然是有意识的布局。

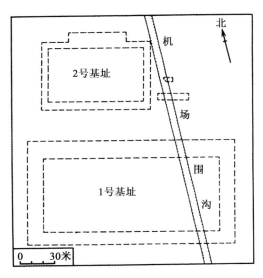

图4—7　洹北商城宫殿区内一、
二号基址平面示意图

二　一号基址的形制与功用

　　洹北商城的一号基址（图4—8）②，在2001年10月至2002年8月曾进行

---

　　①　唐际根、荆志淳、刘忠伏：《近年来洹北商城遗址的考古工作及其成果——兼论洹北商城的布局与主要遗迹的年代》，"纪念世界文化遗产殷墟科学发掘80周年考古与文化遗产论坛"会议论文，中国·安阳，2008年10月。

　　②　中国社会科学院考古研究所安阳工作队：《河南安阳市洹北商城宫殿区1号基址发掘简报》，《考古》2003年第5期。

了大面积的发掘，揭露总面积达8000余平方米，除基址东部因属安阳航校机场范围，未作发掘外，一号基址约2/3的主体建筑部分已被清理完毕，是洹北商城发掘工作中的重要成果。一号基址平面呈"回"字形，四周是夯土建筑主体，中间为庭院。东西长约173米（东部未发掘，测量数据依钻探资料），南北宽85—91.5米（南部门塾和北部主殿宽于其他部分），总面积（包括庭院面积）近1.6万平方米，方向13度，与城墙墙基的方向一致。整个基址的建筑物部分由南面的门塾、位于北部的主殿、主殿两旁的走廊、所谓"西配殿"、门塾两旁的长廊组成，估计尚未发掘的基址东部也应有相应的建筑。

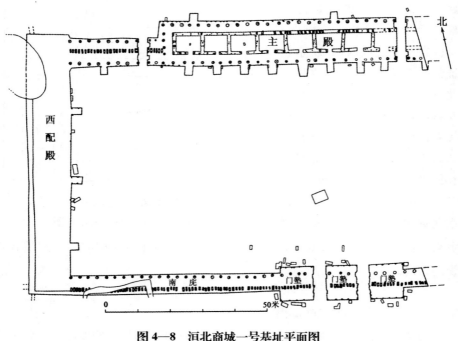

图4—8　洹北商城一号基址平面图
（不含东部未清理部分；主殿、西配殿及门塾两侧方坑均为祭祀坑）

1. 主殿

主殿位于基址北部正中，其夯土台基平面为长方形，南北宽14.4米，东西长不少于90米。台基上部已遭破坏，现存台基高于当时地面约0.6米。主殿建筑为平均分隔的一列数室建筑物，目前已经发掘出9间，依次推算大概总共应有 11 间。房间的面积为面阔 7.6—8.4 米，进深 4.9—5.4 米左右。每室均开设有大致居中的南门，门前各有对应的台阶。每室的墙体采用木骨墙，墙槽内置双排或单排木柱。由于在倒塌的墙体堆积中，既有版筑夯土，也有大量土坯，故发掘者认为每室的墙体，可能为土坯垒砌，也可能为版筑。在这列数室的四周有回廊相围，廊柱（也有人称之为檐柱）排列在夯土台基边缘部位，间距一般在 2.5—3 米左右。回廊宽（廊柱与房间木骨墙的距离）约 3 米。从廊柱和房间的木骨墙布列情况来看，主殿屋顶当为四面坡式，而且很可能是双檐，即木骨墙支撑上檐，廊柱支撑下檐，这样即构成"四阿重屋"式建筑。

杜金鹏先生指出："主殿台基上一字排开的房间，应该叫做'室'"[①]，因为甲骨文、金文把寝宫、朝堂、宗庙的房间都称作"室"，所以，叫做室是对的。只是笔者认为，若考虑到一号基址的性质为宗庙的话，主殿台基上一字排开的房间实际上就是甲骨文中被称为"某某宗"的一个个"宗"，可以称之为"宗室"。由于主殿之外，在基址的西、南台基上都未发现有房间相列（东面因未发掘，不得而知），所以，洹北商城一号基址不像偃师商城四号宫室那样，除主殿作为北室外，在庭院的其他三面也还有室，即由西室、东室、南室构成三面的庑室，可与甲骨文中的东室（《合集》13556 反）、西室（《合集》30372）、南室（《合集》557、13557 等）相联系，而洹北商城一号基址则并无西室、南室之类。这种没有西室、南室等庑室配置，是否与笔者下文将要谈到的所谓"西配殿"实为"社坛"所在有关系呢？是值得考虑的。此外，从建筑面积的大小看，甲骨文中室有大室、中室、小室之分，一号基址主殿诸室的面积大体均等，反映了诸室间的地位和功用也应相同。

在主殿夯体台基的南北两侧均发现有夯土台阶，南侧清理出台阶 9 个，分别与各室南门相对应，一室一阶，加上尚未发掘的东头那部分，总共可能有 11 个台阶，对应于 11 个房间；北侧已清理出 2 个台阶，分别对应于殿堂西起第一、第六室，从对称上讲，北侧东头还应有一阶，总共可能有 3 个台阶。这些台阶各自的宽度为 2—2.2 米，通长 3 米左右。台阶有垫土，也有木构设施，其做法是底部先竖铺两根直径约 0.2 米的原木（彩图 16），其上再固定 3—4 根横木，形成木质踏步。台阶两旁紧贴台阶的立壁，常常可见若干个小柱洞，发掘者推测它可能是用来支撑顶棚的木质支护的柱洞，也有

---

① 杜金鹏：《洹北商城一号宫殿基址初步研究》，《文物》2004 年第 5 期。

研究者结合殷墟乙组等建筑基址的夯土台阶两侧都有密集的柱洞，认为若只是支撑顶棚，不必如此密集，再考虑到偃师商城宫殿前面的夯土台阶两侧是用石板来保护的情况，提出洹北商城一号基址主殿夯土台阶两侧的木柱，应有护坡作用①，也可备一说。

据研究，连接庭院与殿堂的这种台阶在甲骨文中叫做"阜"，在甲骨文中即有"庭阜"一词，有一条武丁时的卜辞说，王宾祭仲丁时绊倒在"庭阜"即绊倒在连接庭院与庙堂的台阶上②。如本书第一章所述，周代以来这种登上殿堂的台阶叫做"阶"，并把西阶称为宾阶，把东阶称为阼阶。《说文》："阼，主阶也。"段注："阶之在东者。"东阶谓之阼阶，西阶谓之宾阶，有主宾相酢之义，这是礼仪繁缛化的表现，但在商代还不至于这样。《考工记》所说的"九阶"，在商代也还不成为定制。洹北商城一号基址主殿南侧已发掘出 9 个台阶，北侧已发掘出 2 个台阶，加上东部尚未发掘的部分，大概南侧共有 11 个台阶，北侧共有 3 个台阶。偃师商城四号、五号基址的主殿都是 4 个房间南侧对应于 4 个台阶，二号基址主殿的南北各有 5 个台阶，三号基址主殿的南侧为 6 个台阶。可见商代房屋之类建筑物前的台阶是根据需要而设立，尚未形成一定的制度。

2. 走廊与门塾

在主殿的东西两侧连接着走廊，有的研究者称之为"耳庑"。东边的走廊尚未发掘。西边的走廊是一条长达 30 米的内外双面廊，即正中是以双木柱为骨的东西向墙，墙体与主殿房间的南墙在一条直线上，墙的南、北两侧分别立有廊柱，形成中间有墙，南北两面可以东西通行的双面长廊。每侧的廊宽 3 米左右，加上墙的宽度，主殿西边走廊的总宽度约 9 米。杜金鹏先生认为，走廊中东西向的这道木骨墙，既是内外廊道的隔墙，也是廊顶脊檩的支撑墙，而台基南、北两侧的廊柱即檐柱，这样走廊的顶部应是两面坡式的单檐结构③，其说可信。

在主殿西边走廊的南侧，发现一个夯土台阶，位于西起第 4、5 号廊柱之间，这是供从走廊下到庭院之用。

---

①　杜金鹏：《洹北商城一号宫殿基址初步研究》，《文物》2004 年第 5 期。

②　a. 朱凤瀚：《殷墟卜辞所见商王室宗庙制度》，《历史研究》1990 年第 6 期。

　　b. 杜金鹏：《洹北商城一号宫殿基址初步研究》，《文物》2004 年第 5 期。

③　杜金鹏：《洹北商城一号宫殿基址初步研究》，《文物》2004 年第 5 期。

在主殿西边走廊的东端（距主殿台基约 5 米处），有一条南北向通道，编号为三号门道。门道宽 4 米，两侧立木柱，中间有 3.8 米长的木质门槛。门道两侧对应廊道的地方，有四个踏步可供上下。门道以西的走廊部分与当时地面的相对高度明显低于主殿与当时地面的相对高度，表现出主殿在布局上比走廊更受重视。

除主殿的东西两侧有走廊外，与主殿相对，在庭院的南面，与南门在同一条直线上也是一道长长的走廊，发掘简报和一些研究者称之为"南庑"，我们在这里称之为南墙走廊，简称南廊。南廊夯土台基南北宽约 6 米，与北边主殿两侧走廊不同的是它为单面廊结构，其南部是以双木柱为骨的一道长墙，走廊设在北侧，面向庭院，廊柱与木骨墙之间的宽度约 3 米。南廊的西端连接庭院西边的夯土基址，东面穿过门塾一直向东延伸。南廊在门塾以西部分长约 65 米，门塾以东部分尚未完全发掘，长度不详。南廊北侧的廊柱与南侧的木骨泥墙在两条相平行的直线上，设计甚为规整。根据南侧为墙、北侧为廊柱的现象，笔者赞成南廊的顶部属于一面坡式单檐结构，即木骨泥墙支撑脊梁，廊柱支撑檐梁，房顶外高内低，这道以双木柱为骨的长墙也是整个基址庭院南部的外墙。

一号基址的正门位于南墙走廊中部，由 2 条门道和 3 个门塾组成。门塾夯土基址的南北宽度宽于东西两侧的南墙走廊，其门塾南北宽约 11 米，3 个门塾东西通长约 38.5 米。在门塾基址中部偏南处，是与走廊的南墙在一条直线上的木骨泥墙；在门塾基址的北部，是与走廊的廊柱在一条直线上的廊柱。

纵贯门塾有 2 条门道，其中东门道（编号为 2 号门道）南北长 11.4 米，南部宽 4 米，门槛处宽 3.1 米。西门道（编号为 1 号门道）长、宽与此大致相等。门槛位于整个门道的中部，由于遭受大火，现仅存埋门槛的沟槽。门道两侧的墙壁立有半明柱式的方木柱，墙面抹有白灰，相当光滑，但开设有 4 个台阶通往两侧的长廊或中间的门塾。门道的地面比东西两侧的台阶低于 54 厘米，其表面经过抹平和硬化处理。

除南面正门的 2 个门道、主殿西侧走廊的 1 个门道之外，在主殿西起第 8、9 号台阶之间，发现一个贯穿主殿的通道（编号为 4 号门道），宽约 3 米，在对应于主殿回廊的部位均有外扩的缺口，应是由门道上下主殿回廊台基的台阶。鉴于该门道两侧的第八、九室，在邻近门道的地方没有发现南北向的隔墙，第八室的面阔明显小于其他室，第 8 号台阶与第 7 号台阶的距离也小于其他台阶之间的平均距离，因而，这个门道不是在主殿建造过程中根据事先的设计而建设的，而很可能是在主殿建成，甚至是主殿使用了一段时间以后才开辟的①。

根据主殿西侧走廊3号门道、主殿东部4号门道的开设，以及主殿东西两侧走廊为南北双面廊的情况，我们判断在一号基址主殿的北面还应有一个后院，或者可以说一号基址只是一组建筑群中最南面的一个建筑单元。

门在甲骨文中有多种表现，如乙门、丁门、丁宗门、父甲宗门、父甲升门、尹门、亦门、门、门、宗门、南门，等等。联系洹北商城一号宫室基址的情形，笔者认为，如果一号宫室基址是宗庙的话，由于主殿上一字排开的房间有可能是祭祀已故祖先的一个个具体的宗室，因而这些诸室之门就应该是类似于"丁宗门"、"父甲宗门"之类的"某某宗"之门。而在甲骨文中被统称为"宗门"的，则应是位于庭院南墙中部的正门，它是作为这组宗庙建筑的"宗门"。至于甲骨文中的"南门"所指，有人以为就是"王于宗门逆羌"之宗门②，而笔者则认为它或者是指宫城的南门，或者是指都城的南门。作为宗庙的正门固然在南面，也可以称为南门，但宗庙建筑不止一处，对于本处其为南门，对于它处则不一定处于南面的位置，而宫城的南门或王都的南门，就一般而言总是处于南面的位置，更应称为南门。卜辞"王于南门逆羌"（《合集》32036）与"王于宗门逆羌"（《合集》32035），笔者理解正因为南门与宗门不同，才会有这种不同的卜问（尽管这两条卜辞不是同版卜问）。由于目前在洹北商城及其宫城尚未发现城门，所以关于其都城和宫城的南门也不便讨论。洹北商城城门的问题还需在今后的发掘中进一步加以解决。

此外，一号基址中的3号门（主殿西侧走廊上的门道）和4号门（主殿东侧两个房间之间的门道），在商代亦即在甲骨文中应称之为什么门，目前还难以考订。杜金鹏认为，"按文献记载，此类连通两个宫殿院落的小门可以叫做'闱'或'闼'"③，可备一说。《尔雅·释宫室》曰："宫中门谓之闱，其小者谓之闺，小闱谓之阁。"《说文》："闱，宫中之门也。"《三辅黄图》："闱闼，宫中小门也。"宫庙中的闱门小于庙门，如《周礼·考工记·匠人》

---

① 杜金鹏：《洹北商城一号宫殿基址初步研究》，《文物》2004年第5期。
② 陈梦家：《殷虚卜辞综述》，中华书局1988年版，第478页。
③ 杜金鹏：《洹北商城一号宫殿基址初步研究》，《文物》2004年第5期。

云：“庙门容大扃七个，闱门容小扃三个。”郑注：“大扃，牛鼎之扃，长三尺。每扃为一个，七个二丈一尺。庙中之门曰闱。小扃，膷鼎之扃，长二尺，三个，六尺。”这种宫庙之闱，似乎还是侧门或旁门，如《礼记·杂记》记奔丧云：“夫人至，入自闱门，升自侧阶。”闱门与侧阶相关联，则闱门在侧。因在两侧，所以《仪礼·士虞礼》注云：“闱门，如今东西掖门。”由这些记载可知，闱门不但是宫庙中的小门，而且还位于东西两侧，这正与一号基址中的 3 号门及 4 号门的大小以及所处于东西两侧的位置是一致的。只是，文献中也有非宫中之闱，如《左传》哀公十四年云：“子我归，属徒攻闱，及大门。”先言闱，后言大门，可知闱在大门之外，此为非宫中之闱。《周礼·保氏》：“使其属守王闱。”郑注：“闱，宫中之巷门。”这种需要人员守卫之闱，也应属于宫庙外墙之闱。总之，闱门是一种小门，既指宫庙之内连接前后院的侧旁小门，也可指宫庙外墙的巷门。此外，宫中小门也称为闺，如《公羊传》宣公六年说，赵盾“与诸大夫立于朝，有人荷畚自闺而出者”。何休注：“宫中之门谓之闱，其小者谓之闺，从内朝出，立于外朝见出闺者，知外朝在闺外，内朝在闺内可知。”《公羊传》接着讲到灵公使人杀赵盾时又云：“勇士其入大门，则无人门焉者。入其闺，则无人闺焉者。其上堂，则无人焉。俯而窥其户，方食鱼飧。”这里明确地说闺门是宫庙大门之内的小门，上堂入户都需先入大门，再入闺门。为此，《尔雅·释宫室》说闱之小者谓之闺。这样，洹北商城一号基址中的 3 号乃至 4 号小门，究竟应称为闱门还是应称为闺门，一时还难以定夺。

一号基址南面正门 1、2 号门道之间及其东西两侧的夯土基址，发掘简报及研究者都称其为门塾。甲骨文中有“庭门塾”（《合集》30284、30285）一语，庭指庭院，庭门当指庭院出入口，亦即“宗门”。“塾”是门两侧的建筑物，一般说来，门塾应该是有房间的，但洹北商城一号基址的门塾看不到有封闭的房间，其内侧即北侧与南墙走廊连为一体，只是南北较东西两侧的走廊稍宽一些；其外侧即南侧可能也是无墙的敞棚。这样，若以一号基址南大门的北侧门塾而言，似乎适合《尔雅·释宫室》“门侧之堂谓之塾”的说法，即与东西两侧走廊相连的南大门的北侧门塾，因其更宽敞明亮并向北凸出，可以称之为“门侧之堂”；至于南大门的南侧门塾，因其既难以称为“堂”亦不能称为“舍”，也许如杜金鹏先生所言，“很可能是门卫的岗位”[1]。

---

① 杜金鹏：《洹北商城一号宫殿基址初步研究》，《文物》2004 年第 5 期。

3. "西配殿"（"社坛"）

在庭院的西侧是被发掘简报称为"西配殿"的夯土台基，南北长 85.6 米，东西宽 13.6 米。与正殿及其廊庑不同的是，"西配殿"平面上没有发现柱洞，从该殿周围倒塌的大量土坯残块看，该殿原来可能建有较矮的土坯墙。"西配殿"的最西边沿有一道宽约 1.8 米的夯土墙基，其南部向东拐，与南庑的木骨泥墙相接，可以说，"西配殿"最西边沿的这堵墙也就是一号宫室庭院的西墙。"西配殿"朝向庭院方向的长度为 68 米，共设有 3 个台阶，在这 3 个台阶前部发现有祭祀遗存，与正殿前部台阶的情况类似，所埋均为动物的零碎骨头。经鉴定，北部台阶埋的是猪，中部台阶埋的是羊，南部台阶埋的是个体较大的哺乳动物，只是因其标本尚不足以鉴定种属。在"西配殿"内侧庭院内有 7 个规模不等的祭祀坑，与南部门塾部分的祭祀坑一样，是"空坑"[1]。我们推测，这些空的祭祀坑，也许是当时只用酒作祭品的缘故。

"西配殿"台基上没有发现柱洞，发掘者曾经反反复复地寻找，终无任何柱洞迹象，所以，所谓"西配殿"是没有房顶的建筑。除了西部台基本身的遗迹现象外，这种没有房顶的证据还包括：与西部台基相连接的主殿西侧走廊和庭院南墙走廊上，都发现清晰的以双木柱为骨的墙和廊柱即檐柱之柱坑、柱洞，如果西部台基有同类遗迹，必当留存下来而绝不会踪迹全无。所以，研究者认为西部台基上没有房顶当是事实[2]。

对于一个没有房顶的台基遗迹，究竟是什么性质的建筑？杜金鹏先生认为它是作为仓储的"廪台"[3]。然而，储藏物资的仓廪，是否要建造成露天的，是值得推敲的。露天的东西，作为田地间或"打谷场"之类临时的堆放是可以的，但它难以作为长期的储藏之用。在甲骨文中，廪字写作"peace"，其上部的"亠"，甲骨文的原形作"人"，这表示廪是有顶盖的。而洹北商城一号宫室的"西配殿"，恰恰没有屋盖，呈露天的状态，这正与《礼记·郊特牲》所说的"社祭土而主阴气"，"必受霜露风雨，以达天地之气"，是相符的。如本书第一章所述，从周代到汉代，社坛的建筑形制，恪守传统，并

---

① 中国社会科学院考古所安阳工作队：《河南安阳市洹北商城宫殿区 1 号基址发掘简报》，《考古》2003 年第 5 期。

② 杜金鹏：《洹北商城一号宫殿基址初步研究》，《文物》2004 年第 5 期

③ 同上。

无多大的变化，大体是：中间设有方坛，四周砌有垣墙，不设屋顶，"受霜露风雨，以达天地之气"①，而"西配殿"除有后墙和山墙即西部边沿的墙和南北两侧的墙外，从其周围有倒塌的大量土坯残块看，也许在其东侧还应有较矮的墙，这也不正与"有垣（墉）无屋"相吻合吗？依据这些，笔者认为所谓"西配殿"，不是仓廪，而很可能是祭社的大型社坛台基。该台基前的 7 个祭祀坑和 3 个台阶前的祭祀坑，其祭祀的对象应是社神。至于在社坛台基上没有发现社主，这大概或者是因社主有可能是土堆（如《诗经·大雅·绵》所说的"冢土"）或者是木质，不易保存而已毁坏的缘故；或者是一号宫殿在遭遇大火时②，其社主被抢救出去的缘故。

4. 庭院

在一号基址中，由北部的主殿及其两侧的走廊，西部的台基即社坛，南部的南墙走廊、门塾，以及东部尚未发掘的部分围成的中部院落，我们称之为庭院。它东西长 140 余米，南北宽 68 米，其面积达 9520 多平方米。由前一节我们知道，一号基址是盘庚、小辛、小乙时期的宫室基址，而《尚书·盘庚》三篇中的上篇与下篇都属于盘庚迁殷以后的谈话③，那么，上篇中的"王命众，悉至于庭"之"庭"，当然是指"新邑"殷都中的王庭，说不定就是一号基址的庭院。如第一章所述，商代王都宫殿宗庙遗址中的庭院，就是甲骨文与金文中的"𤔲"与"廊"，商王及其王室成员时常在庭举行飨食和祭祀活动，如"王其飨在庭"（《合集》31672），说的是商王宴飨于庭；"辛巳，王饮多亚庭"（《邐簋》，《殷周金文集成》3975），说的是王在庭宴请多位任亚职的多亚，这次人数较多；"王其侑祖乙，王飨食于庭"（《屯南》2471），说王先举行侑祭祖乙，然后飨于庭；而《四祀𠨕其卣》铭文则记商王帝辛在召大庭主持烹饪、祭飨父王帝乙的礼典，同时进行了赏赐𠨕其贝的活动。所以，庭是商王祭政活动的重要场所，体现了当时祭政合一的政治特点。洹北商城一号宫室基址中面积达 9520 多平方米庭院的发现，使得当年商王盘庚的王庭有可能再现于世。

---

①　另可参见王震中《东山嘴原始祭坛与中国古代的社崇拜》，《世界宗教研究》1988 年第 4 期。

②　在一号宫殿大门的门塾等地，到处可以见到大片的被火烧的红烧土块等，表明洹北商城是遭遇了大的火灾而废弃的。

③　例如上篇"盘庚迁于殷，民不适有居"和下篇"盘庚既迁"的话语，即已表明《盘庚》的上篇和下篇属于盘庚迁殷以后的谈话。

5. 祭祀遗迹

截至目前的发掘和报道，在洹北商城一号宫室基址发现的祭祀遗迹达 40 余处。这些祭祀遗迹主要分布在主殿、门塾、"西配殿"即社坛台基（也可称之为西部台基）附近。

主殿的祭祀遗存发现于台阶附近和各房间内的中部。台阶附近的祭祀遗存分为两类：一类为零碎的动物骨骼，分布于每个台阶的前部，应是肉食祭祀的遗存，经鉴定主要是羊骨；另一类是小型祭祀坑，主殿前台阶自西向东数第 1、6、8 号台阶除外，其余各台阶的东侧均有发现。这种小型祭祀坑被第 6 层叠压，打破基址的基槽或夹在基槽的夯土中间。坑内普遍埋人，一坑一人，其中的 4 个坑内还出土有玉柄形饰（图 4—9）。

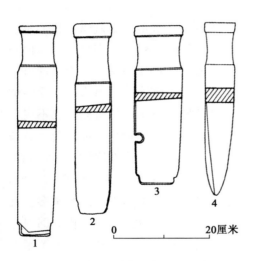

**图 4—9　一号基址主殿前祭祀坑
出土的玉柄形饰**

主殿一字排开的九室中，现已在西起第一、三室中央各发现一个祭祀坑，祭祀坑夯打在台基中，坑为南北向长方形，长约 0.5 米，宽 0.3 米，每坑埋一狗。其余各房间因发掘至现存台基面后没有进一步下挖，推测也存在同样的祭祀狗坑。

根据主殿前台阶东侧的祭祀坑被第 6 层叠压，打破基址的基槽或夹在基槽的夯土中间，以及主殿房间内的埋狗坑也是被夯打在台基中这些情况来看，这些祭祀坑应属于主殿建筑物在营造过程中的"奠基坑"。《尚书·盘庚》说："盘庚既迁，奠厥攸居"，奠居就是房屋建造过程中举行奠基祭仪。成王时的《新邑鼎》铭"王来奠新邑"，也说到建筑祭仪中的这种奠基礼仪。从一号宫室基址主殿的情况看，这种奠基祭仪中的牺牲，在房间内为狗，在殿前台阶东侧的则为人，似乎尚有一定的讲究。也许房内奠基用犬，有安宅厌胜的意思；而殿前台阶东侧奠基用人，含有守卫之意。

在所谓"西配殿"即笔者所说的"社坛"台基前发现的祭祀遗迹，也分为两类。一类是在西部台基的台阶前面，埋一些零碎动物骨头。经鉴定，北边台阶前埋的是猪，中间台阶前埋的是羊，南边台阶前埋的是个体较大的哺乳动物，其标本尚不足以鉴定种属。另一类是在庭院内紧靠西部台基的地方，有7个规模不等的祭祀坑，只是这些祭祀坑与南部门塾附近祭祀坑一样，都属于空坑，即坑内没有留下祭品之类的痕迹。

对于"西配殿"台基前发现的这两类祭祀遗迹，发掘简报中没有说它们埋藏的地层等关系，从其平面分布情况来看，有两个坑之间是相互打破关系，所以，这里的两类祭祀遗迹不像是奠基祭仪时留下的遗迹，而应属于在社坛前祭祀社神时遗留的痕迹，所谓"空坑"应该是祭祀时用酒或血作祭品所致，而"空坑"方式与用动物或人进行奠基祭仪也是不相同的。

在门塾附近发现的祭祀遗存最丰富，只是编号为SJK14的长方形人葬坑，距离门塾其他祭祀坑较远，不应归属于门塾而应属于庭院。此坑内发现被砍去半个头颅的人骨1具，其上刀钺留下的痕迹清晰可辨。由于庭院大部分没有发掘，所以庭院内祭祀坑的整体分布情况并不清楚。在门塾附近已发现20余处祭祀遗存，几乎都属于方形（或不规则形）"空坑"，这也是用酒祭或血祭的方式所进行的祭祀遗迹。这些"空坑"分布于门塾内、外5米的范围内，叠压在路土面（第6层）下，打破基址的基槽，所以这些祭祀遗迹中至少有一部分可能是举行安门或落成祭仪时留下的遗存，而叠压在其上的路土面则属于举行完这类祭仪之后，人们的长期活动或踩踏所形成的路土面。

在甲骨文中有一些即属于祭祀门神或在庭院举行酒祭，如"于庭门靯酓（饮），王弗每"（《合集》30284），说的就是在庭院之门举行享饮之类的酒祭；再如"宾门于乡"（《合集》30282），这是用"乡"的祭祀及"宾"的礼仪来祭祀门神。这些祭祀活动虽不能说就是安门、落成之类的祭仪，但它们是在庭门举行的，由此可以推知在建造宫室的过程中，也以类似的祭祀进行安门、落成之类的典礼是完全可能的。还有，"其工丁宗门，惟咸协"（《屯南》737），这个"丁宗门"当然不是庭院的南门，而是庭院中作为诸宗之一的丁宗之室的门。至于卜辞中的"工"字的含义，有人认为当作为贡献、进献之义[1]；也有人认为这里的"工为营造，指安门"[2]。此外，也有在门的地方举行燎祭的，如"己巳卜，王于征辟门燎"（《合集》21085），但举行燎祭

---

[1]　于省吾：《甲骨文字释林》，中华书局1979年版，第72页。
[2]　宋镇豪：《中国风俗通史·夏商卷》，上海文艺出版社2001年版，第104页。

是不需要挖筑方形坑而形成"空坑"的，所以，在一号宫室基址南门附近发现的 20 余处"空坑"，还难以用燎祭来解释。

6. 一号宫室基址的功用性质

所谓一号宫室基址的功用性质，是指它究竟是宫殿、寝室，还是宗庙。在已有的研究中，多主张其为宗庙。其中，有的认为甲骨文中的"□"字就是后世的"庙"字初形，是对四合院式宗庙建筑的概括描绘，它与洹北商城一号宫室基址"回"字形四合院式结构相一致，结合一号基址中的祭祀遗存，故判断其为宗庙基址[①]。有的认为，从一号基址的位置看，它位于宫殿区东南，与偃师商城四号、五号宫殿在宫殿区的位置相同；从建筑结构论，一号宫殿主殿的空间分隔基本上是平均的，即所有的房间没有主次之分，这与朝堂的结构和需要不符，而很可能在一个先王神主集合的宗庙建筑中，一室一主，如甲骨文所提到的"大甲室"（《合集》38222）、"祖丁室"（《合集》30369）、"祖戊室"（《合集》34069），以及"父甲门"（《合集》30283）、"父甲宗门"（《屯南》2334）等，就是在特定的宗庙中每王神主各据一室；而在一号宫室基址发现的祭祀遗迹也有利于说明它是宗庙建筑[②]。也有主要是从一号宫室基址发现的祭祀遗迹的角度认为它是宗庙建筑基址[③]。

笔者也主张一号宫室基址中的主殿属于宗庙，其理由如下：一是从主殿的形制结构看，主殿被一字排开的至少九间房间平均分隔，诚如杜金鹏先生所言，它不属于"明堂""大室"之类的殿堂建筑。二是一号宫室的主殿也不属于寝室，因从一号宫室南北的布局考虑，若以寝室为主殿，也与"前朝后寝"的文化传统不符。三是主殿的西侧即庭院的西边的台基，经笔者研究认为是社坛遗迹，而在甲骨文中，无论从祭品的种类和数量，还是从受祭的频繁程度等来看，社神的地位远低于祖神的地位[④]，也正因为如此，社坛在一号基址中才处于"西配殿"的地位，而在主殿位置上建立宗庙宗室，安置祖先神主，与商代的宗教体系及诸神所处的地位、位置结构都是吻合、协调一致的。

---

① 李立新：《甲骨文"□"字考释与洹北商城 1 号宫殿基址性质探讨》，《中国历史文物》2004 年第 1 期。

② 杜金鹏：《洹北商城一号宫殿基址初步研究》，《文物》2004 年第 5 期。

③ 高江涛、谢肃：《从卜辞看洹北商城一号宫殿的性质》，《中原文物》2004 年第 5 期。

④ 参见本书第一章第二节。

　　由于一号宫室基址在主殿的东西两侧有通向后院的门道（三号、四号门道），而且主殿西侧的东西向走廊也是南北双面廊，这表明在主殿的后面（即北面）还应有后院，后院内若有房屋建筑，是可以作为宫寝、寝室之用的。但作为主体建筑而言，现已发掘出来的一号基址主殿，显然是该组建筑物中的核心建筑物，所以，一号宫室建筑基址主要还是宗庙建筑，但它同时附有社坛，这是它与其他宗庙建筑不同的地方。

　　一号宫室基址的主殿诸室属于宗庙，那么，在主殿上一字排开的房间内应该是每室立有一位神主，构成一室一宗，相当于甲骨文中的"大乙宗"（《合集》33058）、"文武宗"（《合集》36149）、"祖乙宗"（《合集》33108）之类的一个个具体祖先神的"某某宗"及"大甲室"、"祖丁室"等具体祖先神的"某某室"。这种一个庭院内拥有数宗的格局，与偃师商城四号、五号宗庙基址是一样的。但是，洹北商城一号基址既无西庑室，也没有南庑室（东边因尚未发掘，不得而知），亦即在洹北商城一号基址中并无西室、南室；却与偃师商城四号、五号宗庙基址中既有北室（主殿上的诸室），也有西室、东室和南室，又是不相同的。特别是在被称为"西配殿"的地方，即庭院西边，却发现有笔者所认为是社坛的台基，这与偃师商城四号、五号宗庙基址是很不相同的。或许还可以这样说，洹北商城一号宗庙基址之所以不存在西室、南室等房室，恰是因为在院内西边设有社坛的缘故。洹北商城一号基址是以位于正殿诸室的各个祖先的宗室为主体，以位于庭院西侧的社坛为辅助而设计建设的；它的功用性质也应该是以宗庙为主，以社坛为次。

7. 一号基址的建筑材料与毁弃原因

　　洹北商城一号宫室基址的发掘还在建筑材料方面获得了以往不多见的一些成果。例如，在庭院一、二号门道门槛南边两旁的墙壁上发现方木立柱，一般为一部分埋在墙里一部分露在外面的半明柱。以往发现的墙柱、廊柱、檐柱等立柱，都为圆木立柱，像这次发现的方木立柱是不多见的。这种方木立柱与郑州小双桥遗址发现的两件青铜建筑饰件可以相互印证。小双桥遗址的青铜建筑饰件是安装在门柱或廊檐柱的下部[①]，从其结构，特别是从其两

---

　　①　a. 宋国定：《商代前期青铜建筑饰件及相关问题》，《郑州商城考古新发现与研究》，中州古籍出版社 1993 年版。

　　b. 张锴生：《郑州小双桥商代青铜器建筑饰件初始》，《中原文物考古研究》大象出版社版 2003 年版。

面俯视均呈"凹"字形来看，被其套饰的立柱，也要求是方形的。再如，从一些带苇束痕迹的泥块上，可以观察到捆苇束的绳痕（彩图 17）和夹苇束的木板痕；还发现有截面呈半圆形的草拌泥柱，整体如同劈开的半根圆木，其背部呈弧形，前部则常常能见小棍痕。这两种都是屋顶的残块，从中可以具体了解到商代房顶建筑用材。作为墙壁，有用夯筑的夯土墙，也发现有使用土坯的情况。完整的土坯长约 27 厘米，宽 18 厘米，厚 6 厘米。此外，还发现有带白灰墙皮的草拌泥块。这种白灰墙皮，可与《考工记》中的相关记载相联系。《周礼·考工记》曰："夏后氏世室，堂修二七，广四修一，五室，三四步，四三尺，九阶，四旁两夹窗，白盛。"关于"白盛"，郑玄注："蜃灰也。盛之言成也，以蜃灰垩墙，所以饰成宫室。"《尔雅·释宫》："墙谓之垩。"《释名·释宫室》："垩，亚也，次也，先泥之，次以白灰饰之。"也就是说，当时是在木骨泥墙上，先以泥抹墙，而后加以涂白灰，此为夏商周三代之通制，洹北商城一号宫室基址中白灰面墙皮的发现，有力证实了这一点，而且当时的白灰面墙皮还是多层加工。

从一号宫室基址遭受大火焚烧来看，洹北商城是因火灾而毁弃的（彩图 18）。据发掘简报，一号基址发掘区的地层可分为 7 层，其中 1、2 层为耕土、扰土，第 3 层为战国层，第 4—6 层为商文化的洹北花园庄期，均出土有烧土块。第 4 层的烧土呈颗粒状，直径 3—4 厘米，发掘者认为此层可能是建筑倒塌烧土块的风化层。第 5 层的烧土块较大，从堆积状况来看，烧土块在倒塌后未被扰动过，其种类有各类墙体和房顶的倒塌物，最厚者达 70 厘米。第 6 层为黑灰土，被第 5 层的大块烧土直接叠压，似为一号宫室基址使用过程中形成的堆积。在一号宫室基址南墙走廊上的门塾基址到处可见红烧土块，被火焚烧迹象更加明显，其中二号门道门、槛由于遭受大火，现仅存埋门槛的沟槽。根据这些现象，已有研究者指出，在安阳，殷人由"盘庚之殷"的洹北商城变迁为"武丁之殷"的小屯一带，其政治中心变迁的原因，可能与商王小乙之末或武丁初年的一场毁灭性的火灾有关[①]。对于这一结论，笔者认为是符合实际的。

殷人十分迷信，当洹北商城遭受大火后，大概出于忌讳或其他考虑，殷人并未在其上重新修建宫殿宗庙等，所以，一号宫室基址的各类墙体及房顶

---

① 张国硕：《论殷都的变迁》，《2004 年安阳殷商文明国际学术研讨会论文集》，社会科学文献出版社 2004 年版。

在烧毁倒塌后，再未被扰动过，更没有新的宫殿建筑叠压其上，而是将宫殿区即政治中心从洹北迁移至洹南的小屯一带，并紧邻洹水。武丁以来的商文化遗迹在洹北商城以外的殷墟其他地方，发现甚丰，唯独洹北商城一带较少，这也说明当时殷人对洹北商城遭受大火颇为忌讳，不愿意在这里再大兴土木。

第三节　藁城台西的邑落居址

一　台西晚期居址的年代

河北省石家庄市东侧、滹沱河畔的藁城台西村（图 4—10）商文化遗址中的房屋居址，因其十分难得的保存状况（图 4—11）和房屋间独特的组合结构，使得这批资料颇为珍贵①。在台西遗址的"西台"共发现房址十四座，其中两座早期房子的年代相当于郑州二里岗上层，属于早商文化晚期，因其数量较少，本书未特意加以提出；另有十二座晚期房子，构成了一座有合有分的大型宅院，因其年代与洹北花园庄晚期相当，故而放在本节加以叙述。

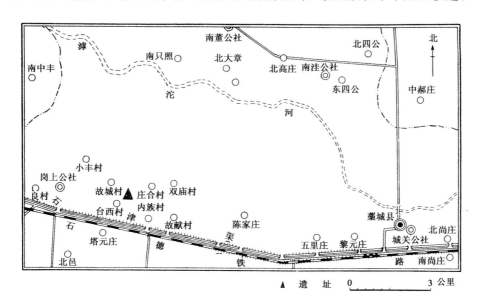

图 4—10　河北藁城台西遗址位置图

① 河北省文物研究所编：《藁城台西商代遗址》，文物出版社 1985 年版。

图4—11   藁城台西遗址发掘工作情况示意图

藁城台西商文化遗址，发掘者将其时代划分为四期：即早期居址—早期墓葬—晚期墓葬—晚期居址，同时认为其中早期居址的年代相当于二里岗上层，晚期居址略晚于邹衡先生所论商文化分期系统的"殷墟文化第一期第一组"①，而早于殷墟大司空村一期②，墓葬的年代介于早晚居址之间。在新的中商文化的概念提出之后，一些学者认为原台西发掘报告的后三期相当于中商时期，并将台西的中商遗存具体分为早晚两期，即原台西发掘报告的"早期墓葬"为早期，相当于中商第二期；原发掘报告的晚期墓葬与晚期居址为晚期，相当于中商第三期③。由于笔者主张相当于盘庚、小辛、小乙的洹北花园庄晚期，亦即"三家庄期"或称"殷墟一期早段"，应划分在晚商的范

---

①　邹衡：《试论殷墟文化分期》，《夏商周考古学论文集》，文物出版社1980年版。

②　中国社会科学院考古研究所安阳发掘队：《1962年安阳大司空村发掘简报》，《考古》1964年8期。

③　a. 唐际根：《中商文化研究》，《考古学报》1999年第4期。

　　b. 中国社会科学院考古研究所编著：《中国考古学·夏商卷》，中国社会科学出版社2003年版，第250、263页。

畴中，而不应划分在中商的范畴中，因而台西遗址的晚期墓葬和晚期居址也应放在晚商的范畴来论述，特别是在台西晚期墓葬与晚期居址之间有一层淤土层，内含有许多田螺和蛤壳，表明时常泛滥的滹沱河一度淹没了墓地（T1M9 与 M10 两墓葬的上口为第三层淤土所掩盖），河水退后，人们才在第三层淤土上又重新建立起房舍，所以，如发掘报告所述，晚期居址相对于晚期墓葬要晚一些，台西晚期居址相当于"殷墟一期早段"亦即盘庚、小辛、小乙时期，应该是合理的。据此，我们这里所叙述的台西晚期居址的建制特点、技术水准、布局组合与房舍功用等，就应代表了商代盘庚、小辛、小乙时期北方邑落的一些情况，在这方面其资料的典型性是不言而喻的。

二　台西晚期居址房舍的形制与建筑技术

台西晚期十二座房子中，有一座（F10）是半地穴式房子，十一座是地上建筑。这座半地穴式房子位于探方 T7 中偏南处，平面略呈圆角长方形，浅穴，四壁垂直，东西长 2.6 米，南北宽 1.6 米，深 0.5 米。坑口和室内地面没有发现柱洞痕迹。室内东南隅有一直径 50 厘米、深 50 厘米的近似圆形灰坑，出有陶鬲和残石器，应是屋内储藏用的窖穴。靠近这个窖穴东北角有一个浅凹形的灶坑，灶坑内遗留有灰烬。这座房子的顶部结构，无从判断，有可能是一座两坡出水屋顶的半地穴式窝棚。室内面积总共 4.16 平方米，除去窖穴和灶坑以外，仅能容两人栖息。这种简陋的房屋，自然与居住者社会地位的低下有关。

台西晚期居址中的地上类型的房屋，按其平面形状又可分为长方形和曲尺形两种，按其屋顶结构可分为为两面坡式与一面坡式两种。作为长方形房屋，可举二号、四号、五号、十二号房子为例；作为曲尺形房屋，以六号房子最具特征。此外，还有一座建于台基之上较为特殊的房子（F14）。

位于探方 T2 正中的二号房子（图 4—12），编号为 F2，是一座平面为长方形，南北双室的建筑。南北全长 10.35 米，东西宽 3.8 米。四周墙壁的上半部坍塌，残存的夯土墙最高处 1.2 米，最低处 0.55 米，厚 0.55—0.7 米。中间由一道厚 0.45 米的隔墙将一房分为两室。北室是一间朝东的一面敞开式的建筑，内长 4.35 米，宽 3.25 米，无东墙，但在相应的地面线上，于北端发现了两个并列的柱洞。最北的一个柱洞直径 18 厘米，深 1 米，一半嵌入北墙东端，一半露于墙外；偏南的一个直径 20 厘米，深也为 1 米。这两个柱洞的内壁还粘有树皮，说明原有的柱子是未经去皮的原木。从其所在的位置来看，当为代替墙壁支撑梁架的檐柱。北室西墙偏南的位置上开一门，门宽 55 厘米，门道内侧有装置门槛的凹槽，可能原来安有木门。南室稍小于北室，内长 4.2 米，宽 2.3 米。室内中部偏北的地方发现一巢状柱洞，可能是当时柱子的下端未经细致加工，仍保留有树根所致，柱洞口径 20 厘米，深 15 厘米，内垫破碎陶片，此柱起部分支撑脊檩的作用，但承担的重量并不大。南室的门开在东墙偏南处，宽 60 厘米，仅能容一人出入。两室门外均有散乱的路土。

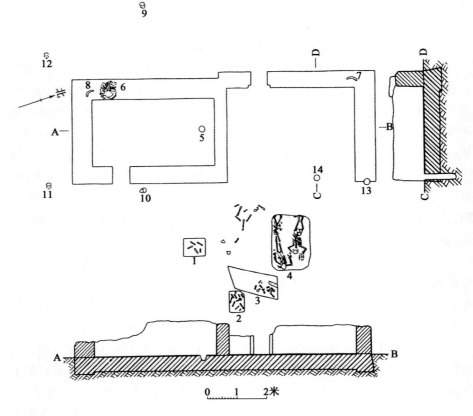

图 4—12　藁城台西第二号房屋平、剖面图及祭祀坑、人牲遗骨分布图

1. H82　2. H83　3. H76　4. H104　5. 巢状柱础　6. 奠基的"瓮棺"

7、8. 水牛角　9—12. 奴隶头骨　13、14. 柱洞

由于这座房子是建在早期文化层之上，因此在建房过程中，首先是平整地基，挖去原来地面下 50 厘米厚的灰土，然后填打夯实。因为在墙基底部沟槽的两侧发现有云母粉画成的线，线条笔直，转角处棱角规整，说明在地基夯成后，是按照事先设计好的尺寸大小，在地面上画线，然后沿线挖筑墙基的沟槽，再立柱筑墙。其墙壁的筑法，视不同部位而不同。如两室之间的隔墙，是用草泥直接垛成，因此壁面显得不太规整。而四周墙壁则是下半部夯筑，上半部用土坯垒砌。虽然在残墙上没有发现土坯痕迹，但在两室内外地面上都发现不少土坯残段，尤其是在北室西、北二墙的转角处更是清晰可辨，这应该是墙壁坍塌后的迹象。从房内柱子的数量、粗细和分布情况判断，屋顶和梁架主要是由墙壁承托，故南室仅有直径 20 厘米的巢状柱洞，北室因无东墙，故在其相应的位置上置两根立柱，以代替东墙支托屋顶。

根据柱洞的布局，并参照 F6 完整的山墙来判断，二号房子应是硬山顶式的建筑（图 4—13）。在清理室内地面时发现不少木椽痕迹和大量草拌泥土块。从一件完整的椽痕看，长 1.6 米，方形，面宽 6 厘米；草泥厚 20—25 厘米，由泥土羼入麦稭之类植物合成。对比 F6 的山墙，二号房子原来的高度，当在 3 米以上。

图 4—13　藁城台西二号房屋复原示意图

　　二号房子在营建过程中，使用了人和牲畜作为祭祀牺牲。在南北两室的西墙内各发现一支水牛角；在南室西墙基槽内埋一陶罐，内装一具不满三岁的幼儿尸骨。这些因都埋在墙基之内，可以视为是修建房屋时奠基祭礼的遗迹。

　　在北室的东边发现灰坑四个，其中 H82 坑为长方形，坑内埋入牛、羊、猪三牲。H104 坑为圆角长方形（图 4—14），坑内埋有人骨架三具，从骨架

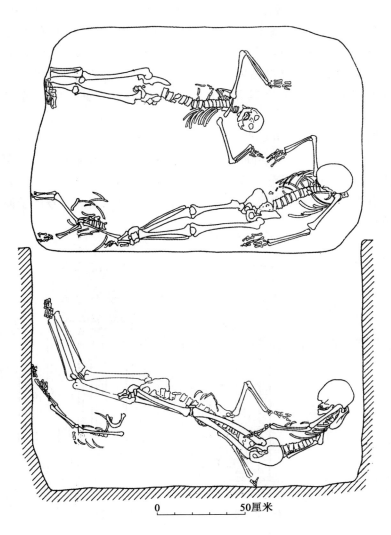

0　　　　　　　　　　50厘米

图 4—14　藁城台西 H104 祭祀坑平面及剖面图

姿势看，都是捆绑后背朝下推入坑内活埋的。南侧一成年男性，35 岁左右，两脚被捆，两手撑地，头仰起，作挣扎反抗状；北侧人骨架系满 25 岁的成年男子，两脚亦被捆，仰面，头朝下，两臂张开，像在挣扎反抗。这两具人骨架几乎是平行的，他们是同时被推下坑的。在南侧骨架的脚下还有一个 14 岁左右的男性少年，上身在坑底，下身倚在坑壁上，尸骨散乱。北室的东侧门前所发现的这四个埋人或动物的祭祀坑，应该是房子建成后举行落成祭礼的遗存。

　　此外，在二号房子南室的东、西、南三面墙外不远处，分别发现四个人头骨，皆为 30 岁左右的男性，有的面朝下，有的面朝上。从出土情况判断，发掘者认为可能原来都是悬挂在屋檐下，当房子坍毁后散落在地面的，联系民族学材料，这些人头骨当属于"猎头"习俗所致①

　　编号为 F4 的四号房子（图 4—15），位于二号房子之北，也是一座长方

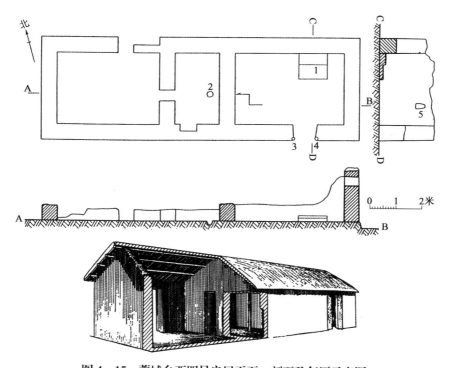

图 4—15　藁城台西四号房屋平面、剖面及复原示意图
1. 阶梯形夯土台　2. 巢状柱洞　3. 4. 柱洞　5. 东墙上部的风窗

① 河北省文物研究所编：《藁城台西商代遗址》，文物出版社 1985 年版，第 20、171 页。

形两间式建筑，但其内部结构却与 F2 有别。房子东西全长 12.25 米，南北宽 4 米，中间一道厚 60 厘米的隔墙，将一房分为东西两室。东室较小，内长 4.20 米，宽 2.75 米。东室在南墙稍偏东的地方开一小门，门道前窄后宽，宽度分别为 0.9 米和 1 米。在门道两侧的前端各有一个东西对应的柱洞，是用来装置立颊的。正对东室房门的室内北墙下，有一前低后高的两级夯土台，平面近方形，东西长 1.1 米，南北宽 1 米。西室平面布局与东室不同，为一明一暗两套间。西侧的外间，长 6.25 米，宽与东室同，门道宽 60 厘米，门开在北墙偏东处。暗间居东侧，内长 1.7 米，中间隔墙厚 0.6 米，有门道与明间通连，门道极窄，仅 40 厘米。暗间南墙偏西处有一长方形缺口，可能属于壁龛之类的设置。在套间正对门道的东壁不远处的地面上，有一形制与 F2 内室所见相同的巢状柱洞，直径 20 厘米，深 15 厘米，可能也是支撑脊檩的柱子，但仍不起主要作用。另外，在 F2 东墙壁偏南部距地面 1.35 米的墙面上，有一略呈三角形的"风窗"，起通风作用。房子四壁夯土墙厚均为 60 厘米，内外均抹草拌泥。室内有散乱的土坯，估计原墙也是夯土与土坯混筑。根据室内柱础、草泥土块和朽木痕迹看，四号房子的屋顶和梁架与 F2 基本相同。

编号为 F3 的三号房子（图 4—16），也是长方形，与二号、四号房子不同的是它为单室，而且发掘者认为它是平顶式房子。F3 是保存比较好的房子。房屋内南北长 4.08 米，东西宽 2.7 米。室内地面中部偏东北处有一个直径 25 厘米、深 30 厘米的巢状柱洞，结构与 F2 南室者同。西南角有一夯土台，长 83 厘米，宽 55 厘米，高出地面 10 厘米。门开在东墙偏南处，高 0.95 米，宽 0.45 米，进深 0.6 米。门道底部有一条用活土垫起来的小土坎，高出地面仅 5 厘米。在门的左上方墙壁上有一缺口，而且还有窗槛的痕迹，从残痕可测知原来窗子宽度为 1.9 米，高 1 米。窗下有一长 1.56 米、高 0.4 米的壁龛。北墙下部靠西亦有一长方形壁龛，高 1.1 米，外口宽 0.63 米，内宽 0.55 米，进深 0.50 米。此龛的右上方墙壁上，还有两个并列的小型壁龛，一为长方形，长 0.80 米，高 0.25 米；另一略似椭圆形，直径 0.11—0.16 米。在西墙南端亦有一壁龛，长 0.6 米，高 0.25 米，进深 0.37 米。房屋四周的墙壁是用夯土和土坯筑起，上部厚 0.35 米，下部厚 0.6 米，内外均涂草拌泥。现存最低处残高 1.15 米，保存最好的北墙和东墙北端，高达 3.27 米。从墙的顶部看，上涂草泥，并有隐约可辨的木檩痕迹，说明这堵墙尚保留原来高度。房内地面上有大量草泥和横七竖八的木椽痕迹。

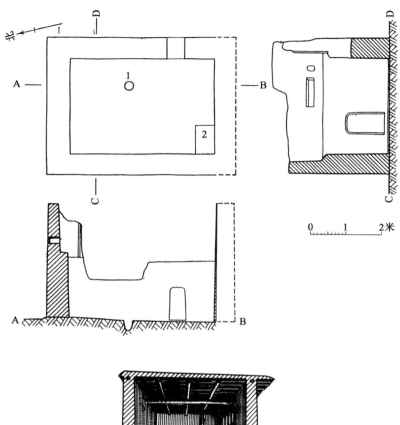

图 4—16　藁城台西三号房屋平面、剖面及复原示意图
1. 巢状柱洞　2. 夯土台

　　编号为 F6 的六号房子（图 4—17），是目前台西遗址所见最大的一座，平面呈"曲尺形"，其结构由六个长方形单室组成：北房两室，东西全长12.9 米，宽 4.85 米；西房四室，南北全长 20 米，宽 4.35 米。每室各开有门，有的为一门，有的为前后两门，西方北起第一室的门两柱之间，还发现有已朽的木质门槛痕迹。室与室之间以土墙相隔，并不通连。西房四间每室都有一柱洞，并且在南北一条直线上；北房两间每室也都有一柱洞，它们与西房最北房间的柱洞也在东西一条直线上，这些柱洞都可支撑房屋的脊檩，是与房屋山墙共同发挥作用的。

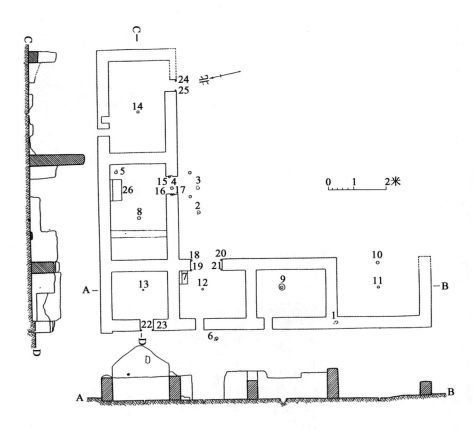

图4—17　藁城台西六号房屋平面及剖面图

1. 奠基奴隶头骨　2—6. 奴隶头骨　7.26. 夯土台　9、11—14. 巢状柱础

8. 石柱础　10、15—25. 柱洞

　　F6西方最南边的一室没有东墙，在其位置上也有一柱洞，直径20厘米，深90厘米，属于檐柱，起着支撑屋顶的作用。西房北起第二室的东北角有一个阶梯式的夯土台，高15—25厘米，长80厘米，宽50厘米。西方北起第三室的东墙壁上有一宽1.3米的缺口，似为原来的窗子位置。北房西室的西端有一道宽40厘米、高10厘米的土坎，坎内有植物腐朽痕；在该室

内的北壁下与门相对的地方，有一阶梯形的夯土台，台高 10—15 厘米，长 130 厘米，宽 70 厘米。北房东室的北墙靠近北门处，有一个小壁龛，宽 40 厘米，进深 45 厘米，因上部坍毁，无法测其高度。

F6 四周墙壁发现时有的向外倾斜，有的保存如初，壁面光滑而垂直，宽度无论是外墙还是隔墙，均厚为 70 厘米。残存的墙壁，最低处只有 5 厘米，但北房东西室间的隔墙还很完整，高 3.38 米，顶呈 "∧" 形，该墙上部偏南处有一长 45 厘米，宽 23 厘米的 "风窗"。据此判断，这座房子也是硬山顶式的建筑（图 4—18）。

图 4—18 藁城台西六号房屋复原示意图

F6 房子是经火焚烧后废弃的，因此在各室内都堆有大量烧土和炭屑，不少残檩断椽已被烧成灰烬。此外，在北房西室内的东北角和门道内外，以及西房北起第二室门外和第三室西南拐角处，共发现五具人头骨，发掘者判断说，大部分可能是悬挂在屋檐下或室内墙壁、柱子上的，当房子被火烧毁后落于地面上，或房子的积土中。至于埋在西房三室西南拐角处的一颗人头骨，应为奠基的人牲，经鉴定为女性，年龄十八岁左右[①]。

编号为 F14 的十四号房子（图 4—19），结构比较特殊，一是它建在高出地面的台基上，这种现象是台西发掘的这一群房子中所仅见；二是房屋的正面全为敞开式，没有墙，也无须设门；三是房顶为一面坡的斜坡顶。

F14 由两个单室组成，北室东南角与南室西北角连接相通，呈 "𝌆" 形，坐东向西。南北全长 14.35 米，宽 3.4—3.75 米。南室内长 7.35 米，宽 2.75 米，室内东墙下稍偏南处有一两层阶梯形的夯土台，高 0.1—0.34

---

① 河北省文物研究所编：《藁城台西商代遗址》，文物出版社 1985 年版，第 25 页。

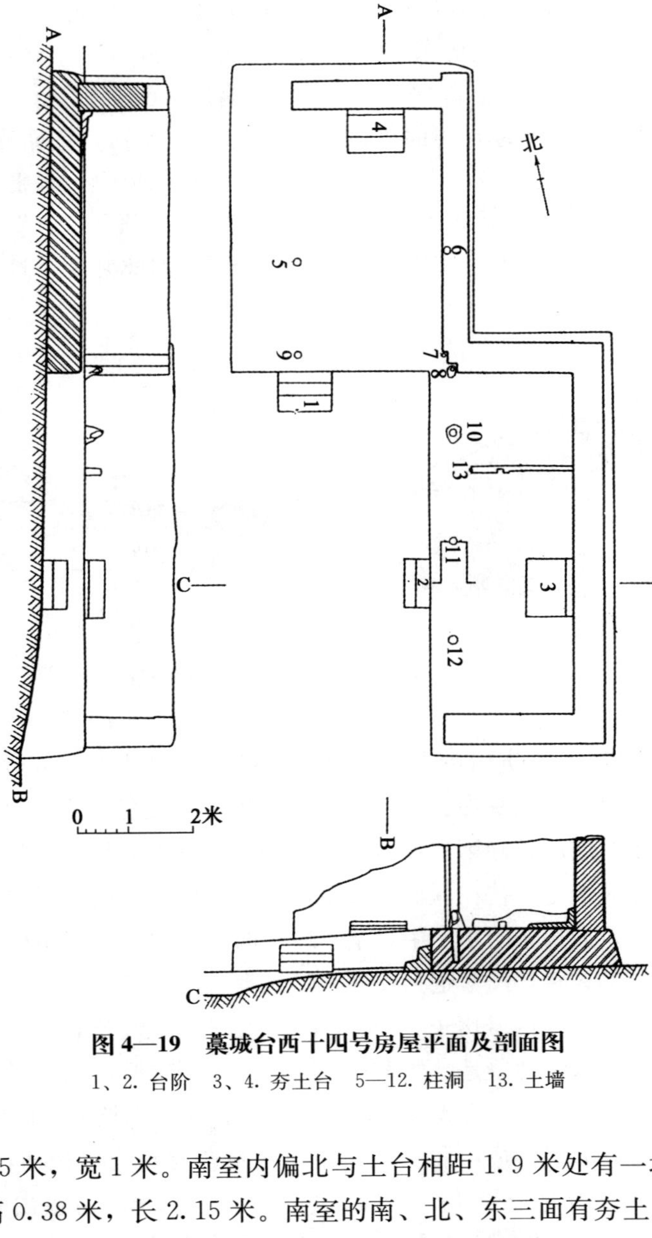

图 4—19　藁城台西十四号房屋平面及剖面图

1、2. 台阶　3、4. 夯土台　5—12. 柱洞　13. 土墙

米，长 1.25 米，宽 1 米。南室内偏北与土台相距 1.9 米处有一堵东西向的矮墙，残高 0.38 米，长 2.15 米。南室的南、北、东三面有夯土和土坯混筑的墙壁，残高 1.8—1.95 米，宽均 0.65 米；内外均抹一层厚 3 厘米的草泥，发现时已剥落。南室西面没有发现墙的痕迹，但在相应的位置上分布着四个柱洞一字排开，其中三个平列在正中，间距 1.96—2.17 米，属于檐柱；另

一个位在与北室相接的转角凹槽内，当属角柱，它和檐柱一样，起着支撑屋檐的作用。在这四个柱洞中，靠北的两个上口还残存有泥圈，大概其作用除了加固柱基外，更主要的是保护木柱，使其不致被火烧烤损坏。在这两个带泥圈柱子以东，矮墙以北的空间，发现大量炭屑，发掘者认为可能是蒸煮酿酒的所在。在室外台基中部偏南处有两层土台阶，恰与室内夯土台相对，宽1.05 米，每层高 0.2—0.3 米，这是专供上下出入的台阶。因这座房子是建在夯土台基上，故地面未加任何修饰，仅在夯土面上稍加平整。

北室小于南室，内长 5.65 米，宽 3.2 米，只有北墙和东墙，厚 0.55—0.6 米，残高 0.58—1.9 米。内外抹厚约 3 厘米的草泥，已剥落。东墙南端与南室北墙拐角处相接。室内北壁下也有一阶梯形的夯土台，共分三层，高7—25 厘米，宽 1.2 米。共发现 4 个柱洞，都分布在室内南部，南北并列，东西对应。其中两个并列在相当于"西墙"位置的南半部；另两个则在东墙的南半部，一个嵌在拐角凹槽内，一个置于墙壁内，外抹草泥，使之成为暗柱。室内地面与南室同。台基南侧有土台阶，共三级，宽 1.15 米，每级高17—22 厘米。

F14 的台基是夯土筑成，与房子的平面布局大致相同，只是稍大，每边宽出墙外 0.1—1.3 米，自北而南略呈缓坡降低，高出当时地面 0.62—1.34米，断面略呈圆角梯形。

F14 房顶因坍塌无法辨清，从南北两室柱洞布局来看，应是一面坡斜顶式（棚子式）的建筑，发掘者对这座房子也做了很好的复原（图 4—20）。在

图 4—20　藁城台西十四号房屋复原示意图

清理这座房子坍塌堆积过程中，没有发现木椽痕迹，而在一块草泥土块上发现有三束苇把残迹，每束的间距约 2.5—4.8 厘米，苇把也用压扁了的芦苇捆扎，其所附草泥厚 16.7 厘米，这说明房顶是用苇把覆盖，上面再抹草泥。

F14 房内出土物以陶器为主（图 4—21），其中以瓮和大口罐最多，次有罍、尊、豆、壶、"将军盔"和漏斗形器。此外还有极少量的石器、骨器、蚌器、卜骨等。值得指出的是，在一个大陶瓮内发现了 8.5 公斤的灰白色水锈状沉淀物，经分析鉴定，认为是人工培殖的酵母。由于年代久远，酵母已死亡，仅存部分酵母残壳。这是我国最早酿酒实物资料的首次发现。另外，在四件大口罐内发现李的果实、桃仁、枣子、草木樨、大麻子等植物种仁。发掘者推测其中大部分可能是专做酿酒用的原料，并认为这里很可能是一座专门酿酒的手工作坊，应该说是可信的。

0 _ _ _ _ _ 25厘米

图 4—21　藁城台西十四号房屋里部分陶器图

在房屋之外，水井也是居址设施的组成部分，有关它的发现，对于了解和复原当时的生活与生产都是不可缺少的。在藁城台西商代遗址中，共发现两眼水井，保存都比较好。它们的位置都在房子附近，按其所在的层位，这两眼水井也分属早、晚两期。编号 J1 的一号水井（图 4—22），属于晚期，它位于 F2 的山墙旁边，距离 F14 也不远。井为圆形，上口直径 2.95 米，深6.02 米，井壁上粗下细，比较光滑平匀。自井口至 4 米深处向内收缩成一个小平台。井底直径 1.70 米。井盘结构为"井"字形，每边都用四或五层圆木搭起，相互叠压。圆木两端紧靠井壁，两端也经过削平。为使井盘不致移动，井盘外插有大小木桩 30 根，由于年深日久，发掘时木桩都已倾斜。盘内堆满大量陶罐，完整和能复原的达 19 件之多。此外还发现骨锥、骨匕、骨笄和卜骨等。有的罐颈仍可看到绳索痕迹，以此可以推想出当时汲水的方法与情景。

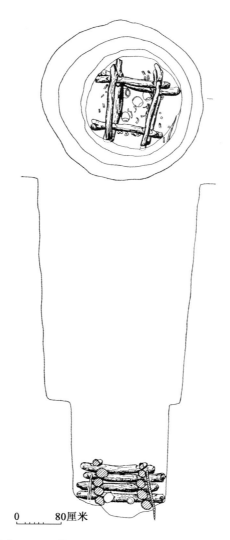

0 ─── 80厘米

图 4—22　藁城台西一号水井平面及剖面图

三　台西晚期居址的布局与功用

　　藁城台西所发现的晚期十二座房子，从布局上看（图4—23），它们既可以组成单独几个小的单元，又相互之间有着联系。作为相互之间的联系或整体性来讲，这几组建筑位于晚期文化层内，直接建造在当时的地面上，其大

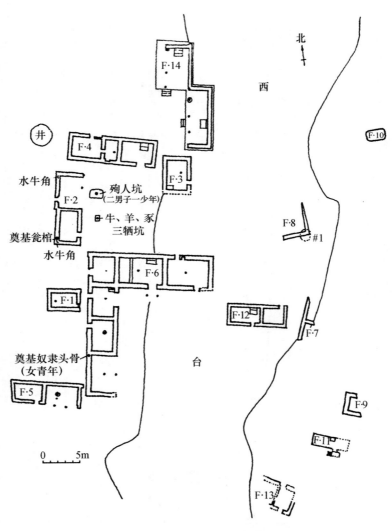

图4—23　藁城台西遗址房屋遗迹分布图

小结构除 F6 外，基本相同，而且室内和室外的地面，都在一个水平上。房子的方向也完全一致。墙壁都是下部夯土，上层用土坯垒砌。这些房子应该是在同时期，经过统一规划、设计而施工建造的。作为单元划分来讲，F2、F3、F4 和 F6 的北房中间可以构成一个三合院；F6 的北房两室与西房四室所构成的曲尺形之间，也可构成另一单元；F1、F5 和 F6 的西房中间，也可构成一个院落，只是 F1 的门向东，F5 的门朝南，这个小院只能看成是 F6 的侧院。此外，这几个较小的单元不但不封闭，而且相互之间都有门道相通，如 F6 北房北墙开设的门，就可以通向它与北边 F2、F4、F3 所组成的院落；F6 西房西墙开的门可以通向 F1 南边的院落；F4 北墙开的门以及 F4 与 F3 之间的夹道都可以通向 F14 房前空地，因此，这几组房子又构成一个整体，属于一个大型宅院群落（图 4—24）。

图 4—24　藁城台西晚期居址布局复原图

那么，在这所大型宅院群落中居住的是些什么样的人，这些房屋建筑的功用性质有何特点，从已公布的资料我们可以试做一些分析。首先，如发掘者所述，F14 是一座专门酿酒的手工作坊。这从 F14 出土的大陶瓮中保留有人工培殖的酵母，出土的陶器以可以盛酒的瓮和大口罐最多，还出有漏斗形器、"将军盔"等酿酒时所使用的工具，以及这座房子建成前面敞开的建筑形式，便于酿酒作业，也便于搬运酒缸酒瓮酒罐等，都可以得到说明。在这座房子出的四件大口罐内发现的李的果实、桃仁、枣子、草木樨、大麻子等植物种仁，也都是专做酿酒的原料，有的可能还兼有调味、加味的作用。位于 F4 山墙旁、距离 F14 不远的一号水井，既可以供这组大型宅院内各个单元的居民饮水之用，也可以供 F14 工房酿酒时用水。

F14 既然是酿酒的工房，那么，F2 的北室、F6 的西房南室、F5 的东室，在建筑形制上，也都是房屋的前部敞开，它们与 F14 房屋前部敞开是一样的。据此，笔者推论它们也是酿酒的工房，与 F14 不同的是它们分属于各个较小的单元，是各个单元所附属的工房。由于发掘报告未列各个房子以及各房的各室所出器物统计表，我们无法得知 F2 的北室、F6 的西房南室、F5 的东室内都出土有哪些陶器，也无法得知在这些房子中出土的器物哪些与酿酒有关。但从发掘报告所列举的三件陶瓮图中，可以看到一件出于 F14，另两件出于 F6。发掘报告列举的四件体形较大的大口罐中，一件出于 F14，一件出于灰坑 H39，一件出于 F2，一件出于 F4。这些出土物也有助于说明 F2 的北室、F6 的西房南室、F5 的东室属于其各住宅所附属的工房。

既然这所大型宅院群落有 F14 这样的专门酿酒的手工作坊，也有服属于各个房舍的小的酿酒工房，那么，这所大型宅院群落的居民就应该是一个专门从事造酒的家族或宗族。F14 手工作坊是供全家族或全宗族使用的；而诸如 F2 的北室、F6 的西房南室、F5 的东室之类的工房，则是供家族内或宗族内各个家庭使用的。其中 F6 又是这个家族或宗族中的“大家庭”或可称为核心家庭，有可能是家族或宗族的族长所居地。许多房屋既开有前门，又开有后门，大概是既便于酿酒生产，也便于家族或宗族内各个家庭之间的往来联系。藁城台西晚期居址的这十二座房子，在考古学上给我们提供了商代以家族或宗族为单位的手工业——具体说来就是酿酒业——专门化生产的十分难得的实例。

在专门化的酿酒生产之外，这个家族或宗族也还兼营农业、渔猎和家庭纺织等生产。例如，从遗址中出土的 482 件石器来看，有作为砍伐、切削、敲砸用的斧、锛、凿；作为农业生产挖土、收割、谷物加工等用的铲、镰、刀、研磨器；作为制骨和打磨金属工具、武器的砺石；作为纺织用的纺轮；作为兵器和狩猎用的戈、秋、族、弹丸；作为乐器的磬；装饰品璧、环；生活用具杯和建筑用的轴石等 18 种。其中，石镰最多，达 336 件；石铲 65 件，石斧 54 件，石刀 44 件，这些农业生产的工具，占有很大比例。而石镞、石球、石弹丸、骨矛、铜镞、箭、铜鱼钩、陶网坠等，则反映出这里的人也从事着渔猎生产。而陶制和石制的纺轮、锭轮，特别是陶纺轮出土有162 件，说明该家族用的织物也是自给自足的。作为纺织物的出土品，台西晚期墓葬 M38：4 铜瓿上的丝织品，经科学分析，计有平纹的纨、平纹纱类、平纹绉丝的縠、绞纱类的纱罗等。此外，在第 10 号探方内还出土有麻布，属于平纹组织，原料是大麻纤维。在分析麻布的过程中，还意外地在麻布内发现一根羊毛，是很细的山羊绒毛，这也是在商代遗址中第一次出土羊毛实物标本①。这种在从事某种专门化手工业生产的同时，也因家族内口粮、日用品的需求而兼营农业、渔猎、纺织等生产，当属于商代以家族或宗族为单位的手工业专门化生产的一般形态，《左传》定公四年所说的殷遗民中的条氏、索氏、长勺氏、尾勺氏、陶氏、施氏、繁氏、锜氏、樊氏、终葵氏等，也应该属于这种情形。

---

① 河北省文物研究所编：《藁城台西商代遗址》，文物出版社 1985 年版，第 173—174 页。

第 五 章

武丁以来的晚商殷都

第一节 小屯殷都的范围及其形成过程

一 武丁和祖庚、祖甲时期的殷都范围

鉴于本书把盘庚、小辛、小乙三王所都的洹北商城也视为殷墟的范围，这样殷墟就有两个王都，一个位于洹水北岸花园庄一带；另一个位于洹水南岸小屯一带。洹北的盘庚至小乙的都城，是 1999 年秋考古重大发现，其发掘工作属于刚开始不久；洹南的武丁至殷纣之都邑，则是经历了 1928 年以来的 70 多年的考古发掘，其发掘收获硕果累累，从中我们可以看到洹南殷王都的中心区域及其所属遗迹分布的形成过程。

由于洹南殷都至今尚未发现城墙，因而关于洹南殷都的范围目前只能以殷墟遗址发现的范围加以论定。其范围以小屯宫殿区为中心，东起安阳市北的郭家湾，向西经高楼庄、薛家庄、王裕口、白家坟、梅园庄，一直到西边的孝民屯、北辛庄、西北的范家庄、西南的戚家庄等村，东西长 6.5 公里；南边由梯家口村西至东八里庄一带起，向北经徐家桥、刘家庄、苗圃北地、花园庄，到小屯村；由小屯村向西北到四磨盘过洹河至武官村、侯家庄南地、侯家庄西北岗、同乐寨、秋口村一带；由小屯村东北跨过洹河，经大司空村、小司空村，至前营，南北长达 5.5 公里，总面积已达 36 平方公里（图 5—1）[①]。这一范围与原定的殷墟保护区相比，有所扩大，特别是殷墟南部边界向外扩展较多，笔者相信，根据武丁以后殷墟布

---

① a. 岳洪彬、何毓灵：《新世纪殷墟考古的新进展》，《中国文物报》2004 年 10 月 15 日。

b. 中国社会科学院考古研究所编著：《殷墟的发现与研究》，科学出版社 1994 年版，第 40 页。

局不同于偃师商城、郑州商城、洹北商城的特点以及"大邑商"的记载，随着以后殷墟考古的新发现，现在所圈定的殷墟范围，今后还将会进一步扩大。

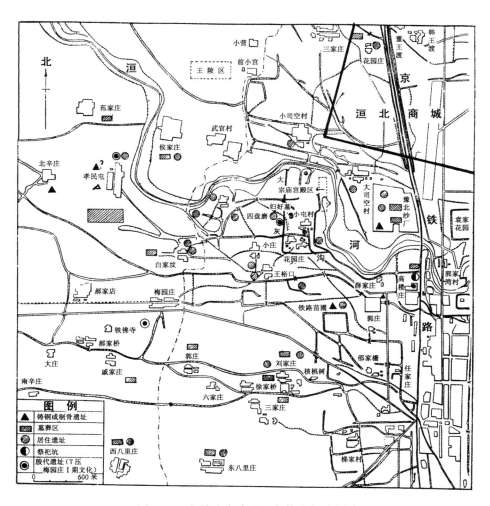

图5—1　殷墟晚商遗址、墓葬分布示意图

在上述范围内，作为武丁以来的殷都，其分布范围是逐步扩大的。在武丁之前的洹北花园庄晚期，亦即洹北商城时期或称之为殷墟文化第一期早段时期，商人的文化遗存在洹南是不丰富的，只有一些零星的发现，主要是在小屯村东北发现一些居住遗存和数座较大的长方形竖穴墓，在郭家村西南也发现有这一时期的遗迹，当时这里尚不具备都城的规模①。到殷墟文化第一期晚段亦即一般所说的大司空村一期，属于商王武丁早期，由于商王将其都邑或者称为政治中心由洹北移到了洹南，洹南的商文化这才变得丰富起来了。此时小屯作为王都的中心，已经建起若干宫殿和宗庙。现可确认的宫殿宗庙基址有 20 世纪 30 年代发掘的乙五基址、乙七基址、乙十一基址前期②，以及 80 年代末在乙组基址南 80 余米处发现的大型夯土建筑基址③，此外，30 年代发掘的甲组基址中有些也属于这一时期的遗存。今小屯村西北、小屯南地等，这一时期已辟出居地。其余同期的遗存有小屯西面的四磨盘、小屯以南的花园庄、苗圃北地、小屯东南的后岗、洹河北的大司空村、武官村等。其范围东西长约 3 公里，南北长约 4 公里，面积约有 12 平方公里。

在上述殷墟一期晚段的遗址中，有宫殿遗迹，也有铸铜和制骨作坊，还有附属于各居民点的墓葬。铸铜遗迹在小屯宫殿区即有发现，如乙五基址下压的灰坑中曾出土陶范 2506 块，在甲一、甲二基址下层也有陶范出土，在甲七、甲十两基址下有大量的铜炼渣④，这些遗迹说明在殷墟一期晚段时期，在这些宫室未建成之前，这里曾是铸铜作坊。此外，苗圃北地的铸铜作坊是非常有名的，但属于殷墟一期晚段的遗迹不如殷墟二、三、四期的那么多，一期晚段发现的主要是一些灰坑，内有木炭、大量的陶范残块、熔炉残片、陶制熔铜器皿残块、陶器及残片、卜骨卜甲、磨石，以及残铜块等。还发现一个编号为 PNⅣH29 的窖穴，有以供上下的台阶，窖穴底在水中，故未挖到底，出土有大量的烧土块、木炭粒、碎陶范 375 块、磨石 18 块、熔炉及陶制熔铜器皿残块 34 块、兽骨 104 块，以及一些盆、罐、鬲、豆等器形的

---

①　a. 唐际根：《殷墟一期文化及其相关问题》，《考古》1993 年第 10 期。

b. 中国社会科学院考古研究所编著：《殷墟的发现与研究》，科学出版社 2001 年版，第 40 页。

②　a. 唐际根：《殷墟一期文化及其相关问题》，《考古》1993 年第 10 期。

b. 中国社会科学院考古研究所编著：《中国考古学·夏商卷》，中国社会科学出版社 2003 年版，第 295 页。

③　中国社会科学院考古研究所安阳队：《河南安阳殷墟大型建筑基址的发掘》，《考古》2001 年第 5 期。

④　石璋如：《小屯·第一本·遗址的发现与发掘乙编·殷墟建筑遗存》，台北"中研院"史语所 1959 年版，第 329—330 页。

陶片。也发现一些呈不规则形的"烧土硬面"，上有柱洞，应为房屋建筑之
类的屋内地面的残面，出土有成堆的碎陶范①。在这些铸铜遗迹之外，苗圃
北地还发掘出属于殷墟一期晚段的一些墓葬②。在苗圃北地往西不远，今安
钢大道与中州路交叉处附近，有殷墟一期晚段即已出现的制陶作坊遗迹③。
作为殷墟一期晚段的墓葬，除苗圃北地之外，后岗在 1971 年和 1972 年发掘
的墓葬中有一小部分属于殷墟一期晚段④，大司空村、武官村发现这一时期
的墓葬也较多，其中武官村的 78HBM1⑤ 以及 59WGM1⑥ 被认为是迄今可以
确认的殷墟文化第一期晚段规格最高的墓葬⑦。59WGM1 墓室长 3.75 米，
宽 2.00 米，深 5.40 米，有椁有棺，两具殉葬人骨，四个人头，墓内随葬
鼎、甗、斝、瓿、觚、爵、锛、刀和戈等 16 件青铜器及鬲、簋、罐等 8 件
陶器。此墓虽然处于南北两排祭祀坑的中间，但根据墓内埋葬的情况，此墓
不是祭祀某一大墓的人牲，而应是某座大墓的陪葬者，墓主本人还有 2 个殉
葬人和 4 个人牲的头骨，其身份应属于贵族阶层⑧。上述在以小屯为中心的
范围内，大司空村一期与洹北花园庄晚期即殷墟文化一期晚段与早段之间，
其商文化遗存的丰富程度，前后判然有别，形成巨大反差，显然是晚商政治
的核心由洹北商城移向洹南小屯一带的缘故，但因大司空村一期即殷墟一期

---

①　中国社会科学院考古研究所编著：《殷墟发掘报告（1958—1961）》，文物出版社 1987 年版，
第 24—25、234、287 页 "附表三·苗圃北地烧土硬面简表"，第 288—299 页 "附表六·苗圃北地殷
代灰坑统计表"。

②　a. 中国社会科学院考古研究所编著：《殷墟发掘报告（1958—1961）》，文物出版社 1987 年
版，第 59 页。

b. 中国社会科学院考古研究所安阳队：《1980—1982 年安阳苗圃北地遗址发掘简报》，《考古》
1986 年第 2 期。

③　中国社会科学院考古研究所编著：《中国考古学·夏商卷》，中国社会科学出版社 2003 年版，
第 295 页。

④　中国社会科学院考古研究所安阳队：《1971 年安阳后冈发掘简报》，《考古》1972 年第 3 期。

⑤　中国社会科学院考古研究所安阳队：《安阳侯家庄北地一号墓发掘简报》，《考古学集刊》第
2 集，中国社会科学出版社 1982 年版。

⑥　中国社会科学院考古研究所安阳队：《安阳武官村北的一座墓葬》，《考古》1979 年第 3 期。

⑦　中国社会科学院考古研究所编著：《中国考古学·夏商卷》，科学出版社 2003 年版，第 295
页。

⑧　中国社会科学院考古研究所编著：《殷墟的发现与研究》，科学出版社 2001 年版，第 120 页。

晚段属于武丁早期，武丁在这里的经营还只是初步的，所以殷墟一期晚段与殷墟二期相比，后者的发展更是十分显著的。

殷墟文化第二期偏早、偏晚两个阶段，从布局观察可作为一个大的发展阶段，其年代约相当于武丁晚期至祖庚、祖甲。第二期遗迹的分布范围较第一期偏晚阶段略有扩大，20 世纪 50 年代，在孝民屯村西就发现属于二期的铸铜作坊遗址，在村南分布有偏晚阶段的小型墓葬①。2003 年 3 月—2004 年 6 月，中国社会科学院考古研究所和河南省文物考古研究所共同参与发掘了位于孝民屯村的河南安阳钢铁股份有限公司扩建工程的考古发掘项目，发掘出村落遗址、一批殷代墓葬和一个铸铜遗址。村落遗址分为三片，究竟是一个村落还是三个村落，现在还不太好说，所发现的半地穴式房屋近百座，形制有单间、两间、三间、四间、五间等几种形式，房屋内发现的灶较多，也有高等陶器，但不见生产工具。从房屋的建筑规格、形制和出土物来看，这是一个平民村落，使用年代为殷墟文化第二期，因而它与 50 年代在孝民屯村西发现的属于二期的铸铜作坊遗址，可联系起来考虑。而此次发现的铸铜遗址主要为殷墟文化第三、四期；清理的墓葬 1177 座，绝大多数也属于殷墟三、四期，个别为殷墟一、二期②。除孝民屯村近年的发现外，殷墟西区的族墓地，绝大多数也是从第二期开始的③。在殷墟的南面，苗圃北地的铸铜作坊此时继续沿用。刘家庄④和梅园庄的戚家庄⑤都发现有第二期的居址和墓葬。在小屯的东边被洹河相隔的大司空村，村东南发现有此期的制骨作坊⑥。小屯东北地的宫殿宗庙群中有一些夯土建筑基址是属于这一时期的。侯家庄西北岗一带的王陵区也已在此时建起。在小屯村西发现了属于殷王武

① 中国社会科学院考古研究所编著：《殷墟发掘报告（1958—1961）》，文物出版社 1987 年版，第 65—69 页。

② 中国社会科学院考古研究所资料。中国社会科学院考古研究所主持这项发掘的队长为王学荣先生。另参见岳洪彬、何毓灵：《新世纪殷墟考古的新进展》，《中国文物报》2004 年 10 月 15 日。

③ 中国社会科学院考古研究所安阳队：《1969—1977 年殷墟西区墓葬发掘报告》，《考古学报》1979 年第 1 期。

④ a. 安阳市博物馆：《安阳铁西刘家庄南殷代墓葬发掘简报》，《中原文物》1986 年第 3 期。

b. 孟宪武：《殷墟南区墓葬发掘综述》，《中原文物》1986 年第 3 期。

⑤ 孟宪武：《殷墟南区墓葬发掘综述》，《中原文物》1986 年第 3 期。

⑥ 中国社会科学院考古研究所编著：《殷墟发掘报告（1958—1961）》，文物出版社 1987 年版，第 70—85 页。

丁配偶"妇好"之墓[①]和 出有"子渔"等铭文铜器的贵族墓葬[②]。妇好墓和含有子渔铭文铜器的贵族墓反映了此时王室贵族文化的灿烂辉煌。

二　廪辛至帝辛时期的殷都范围

到了殷墟文化第三、四期，约相当于廪辛、康丁至帝乙、帝辛时代，随着经济的发展，人口的增加，殷王都的范围进一步扩大。2003 年开始在孝民屯村发掘的铸铜作坊遗址，有可能是与 1960 年在孝民屯村西发掘的铸铜作坊遗址为一处的大规模铸铜作坊遗址，即二期的铸铜作坊到三、四期时规模更加扩大。在 2003 年的发掘中，发现有一个用于浇铸铜器口部直径达 1 米左右的浇铸遗迹，由此可见其所铸造铜器的规模，而传统上这一带是被视为殷都的边缘地带，在殷墟三、四期竟有这样大规模的铸铜作坊的出现，这说明此时殷都的西部边缘应在更西的地方。在殷墟西区发掘的近 2000 座殷代墓葬中，也能反映这一问题。我们知道，殷墟西区的墓葬虽说从殷墟文化二至四期的都有，但它呈现的是逐期增加的态势。以 1969—1977 年发掘的 939 座墓为例，在能分期的 697 座中，属于二期的 74 座，三期的 189 座，四期的 434 座[③]，每期的墓数都是后一期比前一期增加一倍，这表明殷墟人口的增加速度是极快的，它与殷墟范围的不断扩大相适应[④]。位于殷墟西南面的戚家庄墓地，也是以殷墟文化第三、四期为主。

再如苗圃北地的铸铜作坊遗址，第一、二期时主要分布在东北部，到第三、四期不断向西向北扩展，遗址范围扩大一倍。大司空村遗址的情况也是这样，在殷墟文化第一、二期时其居址仅分布于大司空村东南的近洹河地段，到第三、四期时，明显向西向北拓展，居住遗存也十分密集。侯家庄西北岗、武官村北地到了此时，其王陵规模气势更加宏大，占地也相当广阔，陵区范围东西长约 450 米，南北宽约 250 米。王陵区的大墓又呈东、西两区

---

① 中国社会科学院考古研究所：《殷虚妇好墓》，文物出版社 1980 年版。

② 中国社会科学院考古研究所安阳队：《安阳小屯村北的两座殷代墓》，《考古学报》1981 年第 4 期。

③ 中国社会科学院考古研究所安阳队：《1969—1977 年殷墟西区墓葬发掘报告》，《考古学报》1979 年第 1 期。

④ 中国社会科学院考古研究所编著：《殷墟的发现与研究》，科学出版社 2001 年版，第 128 页。

分布①，由于王陵区的大墓全部遭到多次盗掘，墓内遗下的材料太少，致使各个陵墓的墓主人为商的何王乃至这处王陵区的启用时间究竟始自盘庚还是武丁，一直都在争论之中。但王陵的气势和占地面积到殷末为顶点，却是不言而喻的。

总之，经过武丁以来历时 200 多年的经营和不断扩充，殷墟晚期的王都，目前已发现的总面积约有 36 平方公里，较殷墟一期扩大有两倍，较殷墟二期扩大也有一倍以上，成为被文献和甲骨文所证实的、商代史上占地面积最大的王都遗址。

在文献中，《竹书纪年》说："自盘庚迁殷至纣之灭，二百七十三年更不徙都。纣时稍大其邑，南距朝歌，北距邯郸及沙丘，皆为离宫别馆。"所谓"纣时稍大其邑"之邑，也可以理解为就是甲骨文、金文和文献中的"大邑商"或"天邑商"。在甲骨文的征人方卜辞中，商王在出发前，要告庙于大邑商。周初的《何尊》铭文也说到"唯武王既克大邑商"。《尚书·周书·多士》也有"肆予敢求尔于天邑商"之语。如笔者在《商族起源与先商社会变迁》第三章所述，这个"大邑商"有两层含义，其一表示的是安阳殷都，其二表示的是商的王畿，而从周武王与商纣王决战之地是在朝歌的牧野来看，在帝辛时期"大邑商"概念包括朝歌在内，从这个意义上讲，目前发现的面积约有 36 平方公里的殷都范围，应该只是"大邑商"的核心区即王都区，亦即甲骨文所谓的"中商"而已，而且这个核心区在今后的考古发现中还将会进一步扩大。

第二节　殷墟布局的族居特点

一　宫殿区与王陵区

1. 宫殿区遗迹分布及其范围的新认识

洹河南岸的小屯村、花园庄一带是武丁以来殷王朝的宫殿宗庙区（彩图19），它与洹河北岸侯家庄西北岗、武官村北地的殷王陵所在地，构成殷墟最重要的地方。20 世纪 30 年代在小屯村东北地进行了大规模的考古发掘工作，共发现基址 53 座，占地面积约 3.5 万平方米，经整理后归并为甲、乙、

①　中国社会科学院考古研究所编著：《中国考古学·夏商卷》，中国社会科学出版社 2003 年版，第 301 页，图 6—6。

丙三组（图5—2）①。甲组基址 15 座，分布在北部，其东、北两面濒临洹
河。这组基址以南北较长的东西向房基为主，石璋如先生认为此组基址可能

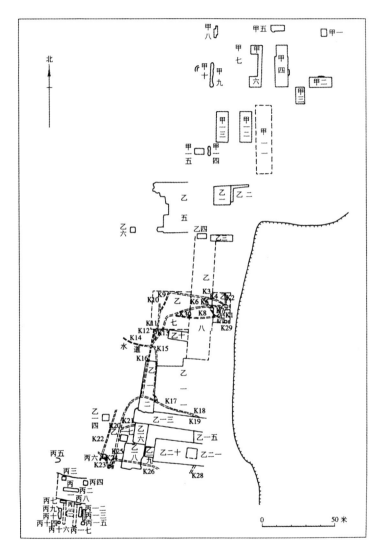

图5—2　安阳小屯殷代甲、乙、丙三组基址分布图

---

① 石璋如：《小屯·第一本·遗址的发现与发掘·乙编·殷墟建筑遗存》，台北"中研院"史语所 1959 年版，第 20—22 页。

是住人的。乙组基址 21 座，位于甲组基址之南，以东西较长的长方形房基为主，也有南北较长的房基，由后面的叙述可知，二者实际组成一种四合院式的形制。在乙组基址的基下、基旁、基上有各种遗迹，葬坑相互叠压打破，关系相当复杂，表明这些基址是先后不同时期建成的。

乙组基址中，在乙七基址之南、乙十二基址的北面和西面，分布着排列有序的大量祭祀坑和 5 座车马坑，报告编写者将其称为北组墓、中组墓和南组墓（图 5—3）。这些祭祀坑内多数埋的是砍了头的人骨架，人数不等，少数为全躯，大部分无随葬品，少数随葬铜礼器和武器等。此外还有羊坑、牛坑和犬羊合葬坑①。这些人、畜葬坑和车马坑大概都是祭祀性的，为此，有的学者认为乙七、乙十二等大概是宗庙性建筑②。

1981 年，在乙组基址东南 80 余米的地方发掘出一座大型夯土建筑基址和灰坑多座③，从基址分布和规模看，它属于宫殿宗庙区的一个组成部分，应该是没有什么问题的。

丙组基址在乙组之南偏西部位，与甲、乙两组基址不在一条中线上，地势也较低，共发掘基址 17 座。各基址面积都较小，丙一是最大的一座，东西长 20 米，南北长 17 米以上，被称为丙二、丙三、丙四的基址分布于其上，位于丙一南部边缘的丙七、丙八也应与其有关系。在丙组基址特别是丙一基址上，有一些打破基址和分布在基址左近的祭祀坑，石璋如先生认为丙组基址中有些基址"颇似坛的形式"④。

关于甲、乙、丙三组基址的年代，发掘报告的编写者认为，甲组最早，乙组次之，丙组最晚⑤。但实际上在乙组基址中就有始建于武丁早期的基址，而且各基址内部也有相对的早晚关系，所以从总体上讲，三个建筑群前后大体上是共存的。对此，我们将在本章第三节详加论述。

---

① 石璋如：《小屯·遗址的发现与发掘·殷墟建筑遗存》自序，台北"中研院"史语所 1959 年版，第 9、85 页。

② 中国社会科学院考古研究所编著：《殷墟的发现与研究》，科学出版社 2001 年版，第 43 页。

③ 中国社会科学院考古研究所安阳队：《河南安阳殷墟大型建筑基址的发掘》，《考古》2001 年第 5 期。

④ 石璋如：《小屯·遗址的发现与发掘·殷墟建筑遗存》自序，台北"中研院"史语所 1959 年版，第 10、315 页。

⑤ 石璋如：《小屯·第一本·遗址的发现与发掘·乙编·殷墟建筑遗存》，第 326 页。

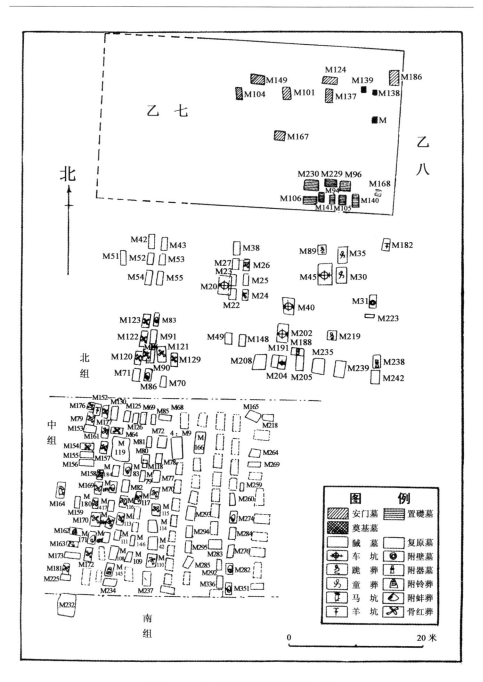

图 5—3　小屯乙七基址南的祭祀坑

　　上述甲、乙、丙三组 53 处建筑基址，占地面积大，规模宏伟壮观，是宫殿区的主要建筑群。在此之外，20 世纪 70 年代末至 80 年代中期，考古学者又在这原有的 53 处基址的西南处发掘了另外一片被称为小屯西北地的基址群（图 5—4）[1]，面积约有 3 万平方米，它距离丙组基址向西约 130 米，是一片高起的岗地，这片岗地与水渠东边的场院是连成一片的，著名的妇好墓即 5 号墓就在其中。1976 年以来曾在这一带进行过数次发掘，得知这一带在

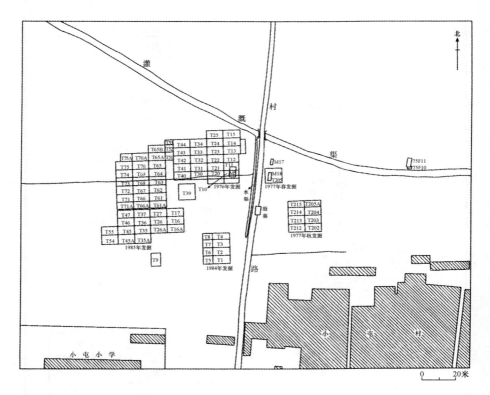

图 5—4　小屯西北地遗址探方分布总平面图

殷墟文化第一期晚段已有人居住，只是居住遗存还不是很多，曾发现 7 座中小型夯土房屋基址，房基的面积有的约 40 多平方米，多数为 20 平方米左右，另有少数长方形窖穴，分布稀疏，未发现同时期的墓葬，这一时期该处

---

　　① 中国社会科学院考古研究所编著：《安阳小屯》，世界图书出版公司 2004 年版。

大概是小贵族和较富有的平民居住地。到了二期范围扩大，遗址性质也发生了变化，成为王室成员和贵族的墓地与祭祀这些贵族的单独的宗庙所在地和居所。著名的妇好墓在岗地东北部，在妇好墓的东南和西南方向发现了数座长方形竖穴墓[①]，墓口长约 4—6 米。其中位于妇好墓之东约 22 米的 17 号墓和 18 号墓[②]，保存较好。18 号墓的墓圹内有二层台和腰坑，葬具为一棺一椁，内殉五人和两只狗，随葬品有 90 件，其中铜器 43 件，在一件玉戈的援上有用毛笔书写的朱色文字七个，在铜器铭文中有"子渔"、"𢀽"（征）、"𢀽侯"（征侯）等五种，其"子渔"之名屡见于武丁时宾组卜辞，多认为是武丁之子；征侯的地位也较高，在侯家庄 1004 号大墓内出有"征"字铭文的头盔，可见其与殷王室关系密切。由此可见 18 号墓的主人或者是王室成员，或者是与殷王室有密切关系的人物，否则无论在其生前死后，都不可能得到王室成员和其他贵族的馈赠和礼遇[③]。17 号墓的墓圹较小，主要用陶器随葬，但也有铜鼎和瓬、爵。爵上铸"韦"字铭文，而在武丁"宾组卜辞"中有贞人即卜人"韦"，在晚商铜器铭文中有"子韦"、"韦弓"、"韦册"等，这正如本书第七章中所要谈到那样，17 号墓很可能是韦族中在殷王朝任官或服务的人的墓葬。在妇好墓南面和西南面还发现 M34 和 M43 两座与妇好墓同期的墓葬[④]，这两座墓均被盗掘。在 43 号墓的盗坑内发现铜鼎残片、残铜刀等，还有玉鱼、玉鸟、玉笄各 1 件和 150 多枚海贝。34 号墓发掘至深 12 米，出现流沙，未能挖到底，此墓虽也被盗，但出土有青铜建筑构件，纹饰精美，也是一座贵族墓葬。小屯西北地的这一墓群大体是武丁晚期至祖庚、祖甲时代的。在墓葬周围分布有大体同时的建筑基址，除建在妇好墓之上被视为享堂的一号房基（F1，图 5—5、图 5—6）和其西边的七号房基（F7）之外，1985 年在妇好墓西北和西南方向，也曾发现与妇好墓年代接近、面积约 100 平方米的夯土基址 F29（图 5—7）和其所附属的祭祀坑，这座夯土建筑修建的也较讲究，但无明显的居住痕迹，再加上其南 5 米处分布的童墓和

①　中国社会科学院考古研究所安阳队：《1976 年安阳小屯西北地发掘简报》，《考古》1987 年第 4 期。

②　中国社会科学院考古研究所安阳队：《安阳小屯村北的两座殷代墓》，《考古学报》1981 年第 4 期。

③　中国社会科学院考古研究所编著：《安阳小屯》，世界图书出版公司 2004 年版，第 174 页。

④　同上书，第 152—153 页。

北

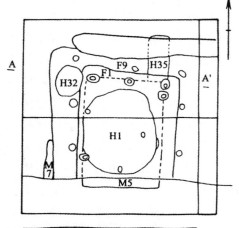

图5—5　妇好墓平面及地层关系图

图5—6　妇好墓上享堂复原图

祭祀坑，F29应是这一墓地中祭祀某人的宗庙。在这一带基址西南，距离妇好墓约50余米处，在东西长约25米，南北宽约10米范围内也分布有祭祀坑和孩童墓，从层位关系可知大多属于殷墟二期，与墓群和建筑基址年代接近。到殷墟二期晚段（约当祖庚、祖甲时期），这一带的贵族墓地衰落，大型建筑（墓葬附近专祭某人的宗庙）开始废弃，出现破坏大型基址的小型房基和窖穴，窖穴、灰坑有50余座。进入殷墟四期，窖穴、灰坑更为密集，并新建了一些面积较小的房子，但房基分布较为分散，北部、南部、西部均有发现。在其中的一些窖穴中，发现腐朽的谷物痕迹，可能是储存的粮食。由此可见，大概从殷墟第三期开始，这里又逐渐成了一处较为普通的居住址；到第四期时，这一带可能还兼作为王室谷物的贮存地①。

1975年冬，在妇好墓之东约100米处，曾发掘到地穴式、半地穴式房基各1座（图5—8）②，出土有玉、石雕刻艺术品，石料与磨石等遗物，说明这里是宫殿区内磨制玉器的一处作坊，其年代属殷墟四期。尚需注意的

---

① a. 中国社会科学院考古研究所编著：《殷墟的发现与研究》，科学出版社2001年版，第43—44、70页。

　b. 中国社会科学院考古研究所编著：《安阳小屯》，世界图书出版公司2004年版，第171—175页。

② 中国社会科学院考古研究所安阳队：《1975年安阳殷墟的新发现》，《考古》1976年第4期。

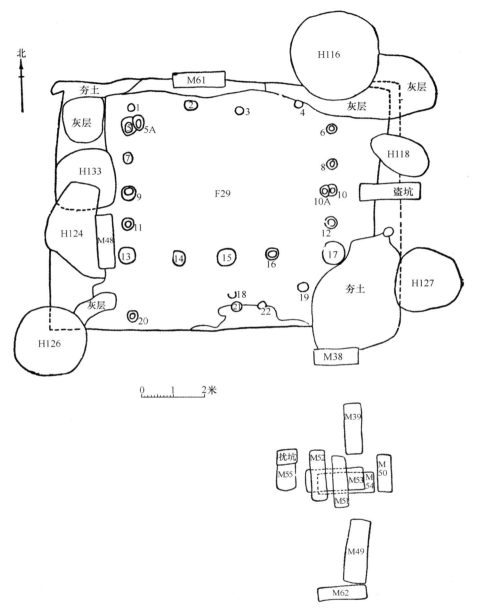

图5—7　小屯西北地F29基址与祭祀坑

是，这两座房屋遗存是建在比较早的夯土基址之上的，基址南北长约8米，东西未作勘察，由此证明，这一带也分布有建筑基址，处于丙组基址与小屯

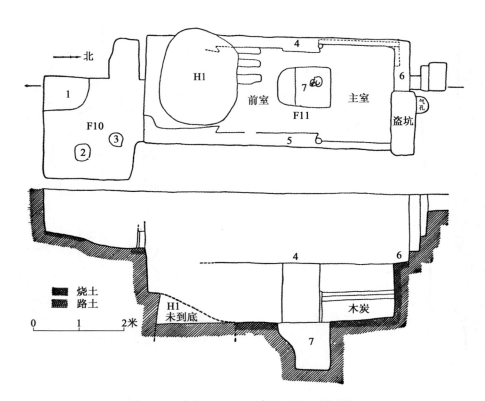

图5—8　小屯 F10、F11 房屋平面、剖面图

村西北的两处建筑群之间，其内涵还需通过进一步的发掘来了解①。

　　由上述岗地和场院以南即进入小屯村中，此处地势低平，30 年代在小屯村庙西、庙南曾进行过小规模发掘，出土有甲骨文，农民也曾挖到刻字甲骨。1973 年，在小屯村南大道上进行发掘，发掘出窖穴、灰坑、小型夯土基址和 5000 多片甲骨文②。2003—2004 年，为了配合修路工程，在小屯南路又进行了发掘，穿过 1973 年小屯南地出土甲骨的地方，发现了含有甲骨的灰坑，在 H9 灰坑内出土甲骨 600 片左右，其中有字的甲骨 200 片③。这一

---

①　中国社会科学院考古研究所编著：《殷墟的发现与研究》，科学出版社 2001 年版，第 44 页。

②　中国社会科学院考古研究所编：《小屯南地甲骨》上册"前言"，中华书局 1980 年版。

③　参见岳洪彬 2005 年 1 月 19 日在中国社会科学院考古研究所"2004 年度田野发掘成果汇报会"的报告。

带大量甲骨文的出土，表明这里也是商王室的重要居址，也许所谓宫殿区，其范围还应包括小屯村中和村西这一带。

2000 年 12 月考古所安阳工作队在小屯村南的花园庄村东进行钻探，发现商代夯土基址和灰坑多处以及十余座商代墓葬，并发掘了其中一座编号为 54 号的墓葬。第 54 号墓位于花园庄村东约 100 米处，东距洹河约100 米，东南 50 米处是 1991 年发掘的甲骨坑（H3），现被称为殷墟花园庄东地甲骨[①]，向北约 390 米是大型的所谓"凹"字形建筑，西北约 500 米是妇好墓。54 号墓为长方形竖穴土坑墓，墓口长 5.04 米，宽 3.23—3.3 米，墓底长 6.03 米，宽 4.15—4.4 米，方向 0 度。墓底四周有经夯打的熟土二层台，墓底中央有一处长方形腰坑。墓内有一椁一棺，椁盖髹漆，以黑漆为主，兼有红漆和黄漆。棺盖髹红漆，并绘有夔龙纹和鱼纹等。墓主人为一男性。墓内殉人 15 具，殉犬 15 条。第 54 号墓出土随葬器物极为丰富，包括青铜器、玉器、陶器、石器、骨器、蚌器、竹器、象牙器、金箔、贝等各类遗物共 570 余件（铜泡与铜镞以及贝大部分尚未统计在内）。在所出青铜器中，除了几件鼎等所谓"重器"和 9 套觚、爵外，出土铜钺 7 件，这在殷墟是罕见的，其中 1 件大铜钺仅次于妇好墓所出的大铜钺。同时，墓中还出有大型卷头刀以及大量青铜戈、矛等兵器。这些都反映出墓主人可能是一位高级军事将领，墓内所出青铜礼器上大多有"亚长"徽铭的现象也说明了这一点。"亚长"是一复合型徽铭，"亚"来源于商代武职官名[②]；"长"即甲骨文中"长"族之长。第 54 号墓的"亚长"与甲骨文中的"长"族以及河南鹿邑县太清宫长子口墓出土的铭文"长子口"[③]之长，都应为同一大族。为此，第 54 号墓墓主是长族中一位兵权在握的显赫贵族[④]。

20 世纪 50 年代在小屯村西，大沟之西，今中国社会科学院考古研究所安阳工作站内曾进行过发掘，勘探出这处遗址约有 1 万平方米，发掘面积约

---

① 中国社会科学院考古研究所：《殷墟花园庄东地甲骨》，云南人民出版社 2004 年版。

② "亚"在商代是武职官名，但在当时也有"以官为氏"的情况下，"亚"也被转换为族氏徽铭的组成部分，对此在第六章将详加论述。

③ 河南省文物考古研究所、周口市文化局：《鹿邑太清宫长子口墓》，中州古籍出版社 2000 年版。

④ 中国社会科学院考古研究所安阳工作队：《河南安阳市花园庄 54 号商代墓葬》，《考古》2004 年第 1 期。

有 1500 平方米①。遗址中分布有灰坑、窖穴、长方形竖穴墓和房屋遗存，房屋分为半地穴式和地面上建筑两类。文化遗存的年代从殷墟二期至四期，而以三、四期的为主。GF201 是三、四期的一座地上房址（图 5—9），平面呈

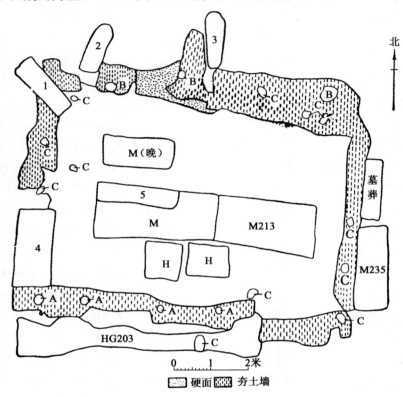

图5—9   小屯村西 GF201 平面图

A. 有础石的柱洞   B. 无础石的柱洞   C. 础石   1—5. 盗坑

长方形，东西长 9.5 米，南北宽 8.1 米，四周筑有土墙，门道设在北墙偏西处。在 GF201 南面约 40 米处，还有一座只残存一少部分的房基，在残房基正南 10 米处，有一个形制较大的居住或储藏窖穴（GH405，图 5—10），它的平面呈椭圆形，南端有一条窄长带台阶的通道，坑口南北长 10.5 米（包

---

① 中国社会科学院考古研究所：《殷墟发掘报告（1958—1961）》，文物出版社 1987 年版，第 89—102 页。

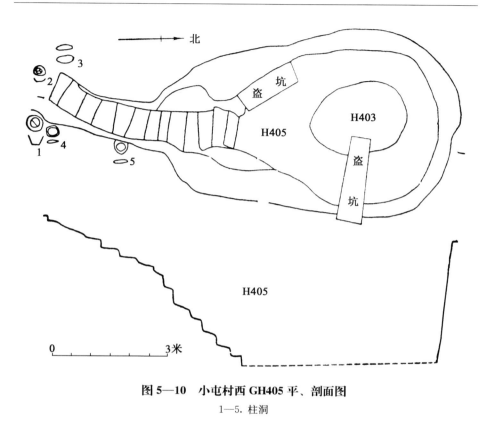

图5—10　小屯村西 GH405 平、剖面图

1—5. 柱洞

括通道），东西宽 4.8 米，台阶共 13 级，在通道的两侧地面上，有支撑棚顶的柱子洞五个，窖底已深入现代水面，情况不清。这一带还发现为数较多的长方形竖穴小墓。1982 年，发掘到一座保存较好的第四期贵族墓葬（82AXTM1），出土有较多的铜礼器，其中有些铸有铭文[1]。2004 年，考古研究所安阳工作站因工作站内的北楼改造工程而对 1958 年作过发掘的地方又进行了发掘（1958 年未发掘到底），共发掘墓葬 30 余座，其中有一座是带两条墓道的大墓，发掘了十余个商代灰坑，还发现多座规模不小的夯土建筑基址[2]。综合历年的发掘情况，在墓葬方面，这里既有小型普通墓葬，也有

---

① 中国社会科学院考古研究所编著：《殷墟青铜器》，文物出版社 1985 年版，第 455—456 页。

② 岳洪彬 2005 年 1 月 19 日在中国社会科学院考古研究所"2004 年度田野发掘成果汇报会"的报告。

小型贵族墓葬和带两条墓道的大型贵族墓葬；在居址方面，既有普通的地上房屋建筑、半地穴式建筑，也有规模可观的夯土建筑。这里在原划定的所谓宫殿区"大沟"西侧的近旁，尚未被包括在宫殿区的范围内，然而，若将这些发现与下面我们将要叙述的对宫殿区"大沟"的新认识联系，笔者认为这里也是一处与王室关系密切的贵族的居所及其墓地，或许宫殿区的范围本来就应该包括这一带。

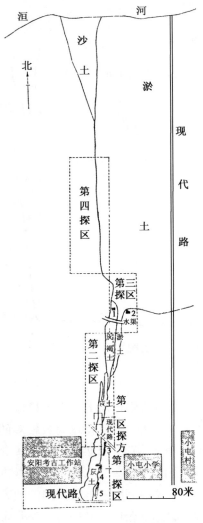

图5—11　小屯村西大灰沟示意图

1、2.夯土台　3—5.道路

说到"大沟"，依据最近新发掘，考古学者对其又有新的认识①。20世纪50年代在小屯村西，距上述岗地西边缘约60余米处发现一条巨大的灰沟②。据钻探，灰沟从西南曲折蜿蜒地伸向东北，北端一直伸到洹河南岸（图5—11），向南至花园庄村北停止钻探，当时所探出的长度南北长约800米，沟的宽度不等，最宽的地方达21米，最窄处7米左右；沟的深度也不相等，最深处达10米上下，最浅处有3米左右。当时在第一区发掘了长20米的一段，灰沟的西壁大段作斜坡状，由西向东倾下，沟的东壁因压在探方外，未予清理；在灰沟的北段第四探区的范围内，灰沟东面的蔓延范围极大，当时没能找出它的东边。另外，在第三探区中部偏南即中段灰褐土与北段

---

① 岳洪彬、何毓灵：《新世纪殷墟考古的新进展》，《中国文物报》2004年10月15日。

② 中国社会科学院考古研究所：《殷墟发掘报告（1958—1961）》，文物出版社1987年版，第94—96页。

淤土连接处，还探出东西对称的夯土台各一个，两夯土台相距约 7.2 米，夯土台是用五花黄土夯筑，质地极坚硬。东侧的夯土台平面呈形，东西长 6.22 米，南北宽约 7.2 米；西侧的夯土台平面呈长方形，东西长 4.20 米，南北宽 3.30 米。这两个东西对称的夯土台是否为两岸的水榭建筑，值得考虑。另一值得注意的是，在 50 年代钻探中，在第一探区即 800 米长的靠南段的 200 余米的范围内，探出的是灰土而不见淤土，这段灰土的东侧还探出断断续续的道路一条，已探出的长度约 90 余米，宽约 2.30—5.20 米，由碎陶片和砾石铺成，路面上距地表约 1.20—2.10 米，由北向南坡下，厚约 0.10—0.30 米。在路面上有一层极薄的灰土。发掘者认为这条道路与灰沟有密切的关系。

　　50 年代探出这条大灰沟以后，有学者即"推测这条灰沟有可能是当时统治阶级用来护卫殷王宫的一条防御性沟壕"①。1986 年，在配合农村盖房时再次对这条大灰沟的走向进行了钻探，认为在南北走向上接着 50 年代探出的部分继续向南，由花园庄村西直达村南大道，至此大沟向东拐去，东端与洹河西岸相接。大沟南北全长约 1100 米，东西长约 650 米。这样，大沟恰好环绕在宫殿宗庙遗址的西、南两面，而其东、北两面是洹河，由此人们推测此沟是人工挖成的防御性壕沟②。从而，自 1986 年以来，此沟与洹河所圈定的范围即被认为是殷都的宫殿区的范围。

　　然而，在 2002 年和 2004 年，考古研究所安阳工作站为配合小屯南路基建而进行了考古发掘，他们横跨原大灰沟做了东西约 400 米的解剖沟，并没有发现大灰沟的痕迹，却有一条东西向的道路。如此，大灰沟则成为间断性的沟状遗迹。再联系 50 年代钻探时，就发现大灰沟南段东侧有用碎陶片和砾石铺成的道路等现象，他们提出对原大灰沟的用途和性质有必要作新的探索③，从而一度认为宫殿区是由这条大壕沟围起来的说法就受到了怀疑④。如此说来，笔者以为有两个问题需要重新审视：一是宫殿区的范围将需重新划定，在原大灰沟外侧（西侧）即今考古研究所安阳工作站院内发现的带两条墓道的大墓和十余座规模不小的夯土建筑基址，也应考

---

① 中国社会科学院考古研究所：《殷墟发掘报告（1958—1961）》，文物出版社 1987 年版，第 96 页。

② 中国社会科学院考古研究所编著：《殷墟的发现与研究》，科学出版社 2001 年版，第 44 页。

③ 岳洪彬、何毓灵：《新世纪殷墟考古的新进展》，《中国文物报》2004 年 10 月 15 日。

④ 岳洪彬 2005 年 1 月 24 日在中国社会科学院历史研究所的报告。

虑为宫殿区内的遗迹；二是此大灰沟若不属于宫殿区防御性壕沟，那么在更大范围内作为宫殿区有无防御性设施，也将成为今后殷墟考古发掘的新课题。

此外，近年来，考古研究所安阳工作站的考古学者在甲组、乙组基址的西侧、丙组与妇好墓一线的北面，发现了一处池苑遗迹，此池苑水系的水源是北面的洹河，向南引水的水渠为一条宽沟，称为马家沟，大约到了乙组基址西侧的范围，水渠向西转为宽阔的池苑。20 世纪 30 年代在乙组基址下发现的那些小水沟，实为乙组建筑物的排水系统，其水大多排向了西侧的池苑。池苑的南边，在妇好墓与丙组基址之间，发现有一片夯土基址，属于宫殿区内另一群夯土建筑[1]。显然，对所谓"大壕沟"的重新解剖以及宫殿区内池苑水系的发现，大大改变我们对宫殿区范围及其内涵的认识，也为殷墟考古提出了一些新课题。

2. 王陵区的布局

殷墟的王陵区是商代考古发现中截至目前唯一的王陵遗址，它距离宫殿区并不远，所以，在晚商殷都的布局中，王陵区是其重要的组成部分，从中也反映出晚商时期殷人在都邑布局的观念上有不同于以前的新的考虑。

殷墟王陵区位于洹河北的武官村北，早年称为侯家庄西北岗的一片高地上。东南距宗庙宫殿区约 2.5 公里。陵区范围东西长约 450 米，南北宽约 250 米。王陵区的墓葬大部分是 1934 年秋和 1935 年间发掘出来的，加上 1950 年以后的工作，共发掘带墓道的大墓 13 座、祭祀坑近 1500 座和一些陪葬墓（图 5—12）。

王陵区的大墓分东、西两区分布，两区中间相距约 100 米。在西区发掘带四条墓道的大墓 7 座，带一条墓道的甲字形墓 1 座，未完成的大墓 1 座；东区发掘带四条墓道的大墓 1 座，带两条墓道的中字形大墓 3 座，带一条墓道的甲字形大墓 1 座。大墓旁的陪葬墓通常有棺有椁，随葬有铜礼器，有的还殉人（图 5—13），但规模远逊于大墓。陪葬墓墓主人的身份有别于祭祀坑中的人牲，应与大墓墓主有较密切的从属关系[2]。

---

① 岳洪彬 2005 年 1 月 24 日在中国社会科学院历史研究所的报告。

② 中国社会科学院考古研究所编著：《中国考古学·夏商卷》，中国社会科学出版社 2003 年版，第 302 页。

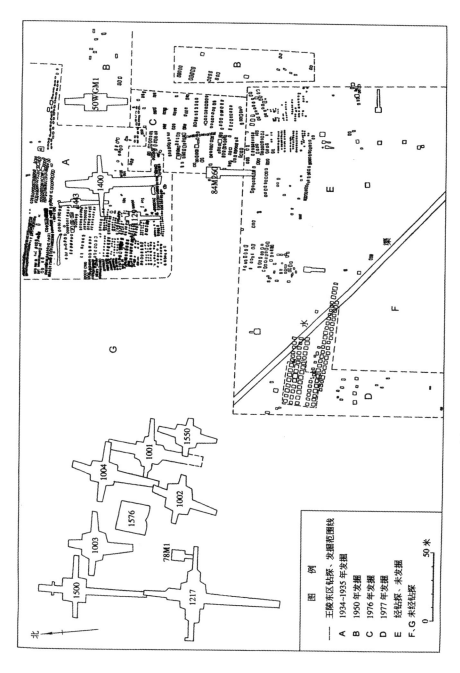

图5—12　殷墟区王陵区大墓及祭祀坑

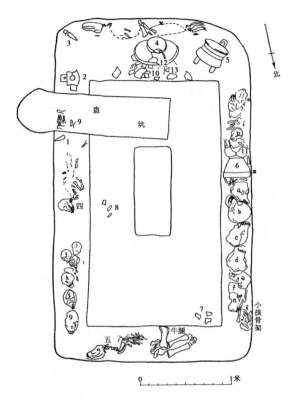

图 5—13　殷墟王陵区陪葬墓 84AWBM259 平面图

a—n. 人头骨　——五. 狗骨架　1—13. 器物

　　王陵区的祭祀坑主要分布在东区，1976 年在西区大墓东南约 80 米处也钻探出 120 座祭祀坑，已发掘 40 座[①]。祭祀坑排列密集而整齐，有的一排一组，有的数排一组。同一组坑可能属于同一次祭祀活动。祭祀坑以人祭坑为主，也有少数兽祭坑和器物坑。最多时一组坑埋人数百，通常为几十人或百人左右。坑内被埋的人牲多数是被砍头的人架，少数为全躯。这些祭祀坑分排分组表明它们是不同时期的祭祀遗留，有些祭祀坑可能是某个大墓举行安葬仪式时或祭祀某座大墓时形成的，而大多数祭祀坑则并不属于某些大墓。

----

　　① 中国社会科学院考古研究所安阳队：《安阳武官村北地商代祭祀坑的发掘》，《考古》1987 年第 12 期。

因此，就这些祭祀坑整体而言，说明王陵区也是商王室祭祀先祖的公共祭祀场所，这些数量庞大的祭祀坑是经长时期频繁使用形成的①。

二　手工业作坊与族居

宫殿区和王陵区之外，在殷墟也分布有许多手工业作坊遗址。我们固然可以从手工业作坊在殷墟的分布位置的角度，对它们进行一些概括和叙述，但它们又每每是与族居形态联系在一起的，为此我们的着眼点应该对这两个方面都有所兼顾。

位于小屯村南约 1 公里的苗圃北地是一处规模较大的手工业作坊遗址，总面积约有 2 万多平方米，经多次发掘在遗址中发现的遗迹有居住遗存、铸铜作坊、骨料坑、陶窑、墓葬等，所以是集居址与墓地及铸铜、制骨、制陶作坊于一体的遗址②。居址方面，在 2002 年秋的发掘中，发现有夯土建筑基址③。而其最有特色的是铸铜作坊。遗址又可分东、西两区，东区为生产区，西区为生活区。在东区发现多座用以铸铜生产的工棚，出土大量的铸铜遗物。在出土的铸铜遗迹中，发现熔铜的熔炉残壁约 5000 块，坩埚残片约 90 多块，铸铜的陶范与陶模约 20000 多块，此外还有修饰工具如磨石、铜刀、铜锥和尖状器等④。遗址内还发现大量的熔铜燃料木炭和 30 多件陶制鼓风嘴⑤。在陶范中以礼器范数量居多，也有少量镞范和戈范。在房子的形制方面，苗圃北地发现的建筑分为地上建筑和地下建筑两类，地上建筑又分其墙壁为夯土围墙和无夯土围墙等不同形式，这种墙壁为夯土围墙的

① 中国社会科学院考古研究所编著：《殷墟的发现与研究》，科学出版社 2001 年版，第 121 页。

② a. 中国社会科学院考古研究所：《殷墟发掘报告（1958—1961）》，文物出版社 1987 年版，第 11—60 页。

b. 中国社会科学院考古研究所安阳队：《1980—1982 年安阳苗圃北地遗址发掘简报》，《考古》1986 年第 2 期。

c. 中国社会科学院考古研究所安阳队：《1982—1984 年安阳苗圃北地殷代遗址的发掘》，《考古学报》1991 年第 1 期。

③ 孟宪武：《安阳殷墟考古研究》，中州古籍出版社 2003 年版，第 67 页。

④ 中国社会科学院考古研究所编著：《殷墟的发现与研究》，科学出版社 2001 年版，第 87 页。

⑤ 杨宝成：《殷墟文化研究》，武汉大学出版社 2002 年版，第 11 页及该页注释 3。

房子，均是殷墟文化二、三、四期，没有发掘到一期的①。发掘报告所举例的属于第三、四期的 F6 房子（图 5—14），保存较完整，房子的平面呈长方形，东西长 8.2 米，南北宽 4 米。中间有道隔墙，把房子里面分成东西两间，东大西小。东间南墙留有门，门口宽约 2 米。西边的南边没有墙，

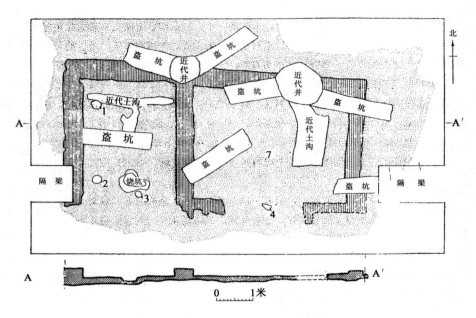

图 5—14　殷墟苗圃北地 6 号房址平、剖面图

1—4. 石础　7. 居住面

敞开着。这种两间中有一间的一面无墙、敞开的形制，与本书第四章所述河北藁城台西遗址的房址有一致的地方，藁城台西每组房子中敞开的那间，是各住宅所附属的工房；苗圃北地也是手工业作坊遗址，其双间房子中敞开的那间，很有可能也是住宅所附属的工房。在居住遗迹和生产遗迹的周围都分布有长方形竖穴墓，墓内多以鬲或甗、觚、爵随葬，也有的墓内随葬陶范，颇具特色。在苗圃北地的铸铜作坊遗址一带发现"亚鬲"、

---

①　1959—1961 年苗圃北地遗址的发掘，将该遗址划分为三期，称为苗圃一、二、三期，其所分的第一、二期与大司空村一、二期基本相同，即与殷墟文化第一期晚段和第二期相同，其第三期相当于大司空村的第三、四两期，即与殷墟文化第三、四期相当。

"宁趾""鼎"等族氏徽铭多达四五种之多，说明这里的族居是由多个家族所构成的，所以这种拥有大规模铸铜作坊的遗址，有可能主要是为殷王室直接生产青铜器的专业族居遗址[①]。从遗址的年代始建于殷墟一期晚段，其后规模不断扩大，一直延续到殷代末年的情况来看，其族居中从事铸铜生产应是世工世袭的。

在苗圃北地东北的薛家庄遗址[②]，曾出土陶范、坩埚残片和铜渣等遗物，其陶范有数千块，器类有鼎、甗、簋、觯、瓯、矛、戈等，外范上的花纹有饕餮纹、夔纹、云雷纹、圆涡纹和三角纹等。这里也是一处铸铜作坊遗址，其年代不晚于殷墟文化第二期，延续到三、四期。2003 年春在薛家庄村南，发现有夯土建筑基址，居址的规格反映了其族居的规格。

在小屯村西北约 2.5 公里的孝民屯，也有铸铜作坊遗址。1958—1960年，仅在村西和村南做过小规模的发掘，发现夯土、灰坑等遗迹和簋、瓯、爵、戈、矛、锛、铲等类的陶范以及炉壁、铜渣等遗物，被认为是小规模的铸铜作坊遗址[③]。2003 年 3 月—2004 年 6 月的发掘面积则达 5000 平方米，除发掘 1177 座墓葬、近百座半地穴式房屋基址外，还发掘出大量的铸铜遗迹，其中既有范土坑、陶洗坑、醒泥坑、存范坑等与制范有关的遗迹现象，在一定程度上可复原当时的制范工艺流程；也发现了外范、内范、陶模、作坊址和大型铜器浇铸现场等与铸造有关的遗存，基本反映出铸铜的浇铸过程。此次发掘到的浇铸场，为以前殷墟发掘所少见，它十分清楚地反映出当时的合范、浇铸等制作技术，对于研究当时的铸铜工艺提供了翔实可靠的实物资料[④]。所以，综合孝民屯历年发掘所获，可以看做这里是殷墟另一处规模较大的铸铜作坊遗址。

作为铸铜作坊，除上述之外，在宫殿区的小屯村东北地也有过发现。20世纪 30 年代在发掘小屯甲组、乙组、丙组宫殿宗庙基址时，曾在甲组基址的较早地层中即发现有陶范、铜锈块和铜炼渣等；在乙组的乙五基址下层等

---

① 郑若葵：《殷墟"大邑商"族邑布局初探》，《中原文物》1995 年第 3 期。

② 周到、刘东亚：《1957 年秋安阳高楼庄殷代遗址发掘》，《考古》1963 年第 4 期。

③ 中国社会科学院考古研究所：《殷墟发掘报告（1958—1961）》，文物出版社 1987 年版，第60—69 页。

④ 岳洪彬、何毓灵：《新世纪殷墟考古的新进展》，《中国文物报》2004 年 10 月 15 日。

灰坑中出土有大量陶范等遗存①。陶范的形制有觚、爵、簋、盉、鼎、卣、壶、戈、镞、矛、车饰等，并有一些陶模和内范。还曾发现一块重 18.8 公斤的孔雀石和一块重 21.8 公斤的炼渣。所以，在殷墟早期宫殿区内存在着由王室或王族成员直接组织生产的铸铜作坊。

殷墟的制骨作坊发现有三处，一处在殷墟西北的北辛庄南地，一处在洹河东岸的大司空村东南，另一处在洹河南的薛家庄。北辛庄遗址在 20 世纪 50 年代末和 70 年代进行过发掘，发掘到房屋居址、窖穴、骨料坑和墓葬等，出土大量骨料和半成品，以及小铜锯、铜钻、磨石等制骨工具，产品有骨锥、骨笄帽、骨镞等②。1974 年、1975 年、1978 年、1981 年先后发掘的殷墟西区孝民屯西南的第八墓区，被认为在地望上与北辛庄村南紧相衔接，属于同一族邑范围。第八墓区出土的铜器族氏徽铭有一种作一人一手执戈形（M271），有一种作一人一手执戈另一手执盾形（M284、M1125），有的学者将二者都隶定为"犾"，说后者是前者的变体，有的隶定为"戎"③。为了与一人一手持戈的"犾"徽铭相区别，这里采用将后者隶定为"戎"的做法。第八墓区除"戎"、"犾"外，还出有另一种族氏徽铭是"束乙"④。所以，北辛庄南地和第八墓区作为族居族葬之地至少有"戎"、"犾"与"束"两三个家族所构成⑤。可见北辛庄村南的制骨遗址有可能是殷都又一处由多个家族组成的世工世袭的手工业专业族居遗址。

大司空村制骨作坊遗址位于洹河北岸的大司空村东南地，作坊的范围有 1380 平方米，在作坊的中心区分布有地穴式房子一座、骨料坑 2 个以及灰坑

①　石璋如：《小屯·遗址的发现与发掘·殷墟建筑遗存》，台北"中研院"史语所 1959 年版，第 73、75、329—331 页。

②　a. 中国社会科学院考古研究所：《殷墟发掘报告（1958—1961）》，文物出版社 1987 年版，第 85—89 页。

b. 中国社会科学院考古研究所编著：《殷墟的发现与研究》，科学出版社 2001 年版，第 46、95—96 页。

③　a. 丁山：《甲骨文所见氏族及其制度》，中华书局 1988 年版，第 96 页。

b. 严志斌：《商代青铜器铭文研究》，中国社会科学院研究生院博士学位论文，2006 年 4 月，第 183 页。

④　中国社会科学院考古研究所安阳工作队：《1969—1977 年殷墟西区墓葬发掘报告》，《考古学报》1979 年第 1 期。

⑤　郑若葵：《殷墟"大邑商"族邑布局初探》，《中原文物》1995 年第 3 期。

3 个。房内遗留有大量骨料和一些制骨工具，应当是当时生产骨器的工房。作坊内出土有极丰富的骨料、骨半成品、废料等 3.5 万余块，还有 250 多块角料。出土的工具有青铜锯 3 件、青铜钻 4 件和 10 多块磨石①。所以，大司空村遗址有一处制骨作坊是无可怀疑的。

然而，在大司空村东南的豫北纱厂及其附近还发掘有 900 座分区成组分布的殷代墓葬②，属于又一处聚族而葬的"族墓地"，另有 1 座带两条墓道的大墓、3 座一条墓道的大墓、4 座车马坑、1 座圆形祭祀坑等。此墓地的墓葬中出土有"洋"、"古"、"何"、"见"等十多种不同种类的族氏徽铭③。最近中国社会科学院考古研究所安阳工作队又在豫北纱厂内发掘出一组贵族的宫殿宗庙夯土建筑基址群，属于四合院式，一处南北前后 6 排，为五进院落；一处位于西侧为南北两进院落。其中，居中的 F22 作为中心建筑，基址宽于其他基址，夯土台较高，前面的庭院也非常开阔，而且在北护坡土层表面，发现用大量穿孔田螺、蜗牛摆成的雁、凤、夔龙等图案，据此发掘者认为这是一处贵族的宗庙遗址④。将大司空村东南地的制骨作坊与这里的贵族宗庙建筑群和带墓道的大墓、数百座"族墓地"以及十多种不同种类的族氏徽铭综合考虑，似乎可以得出：大司空村、豫北纱厂这一带族居族葬有"洋"、"古"、"见"等十多个贵族家族，大司空村的制骨作坊只是居住在这里的某一贵族家族中的一种手工业生产而已。

薛家庄遗址中含有制骨遗迹，但它还有更丰富的铸铜遗迹，还发现 1 座陶窑和 9 座墓葬，所以，薛家庄遗址有着多种手工业的生产，其中制骨也许不是主要的。此外，1986—1987 年，在小屯村南的花园庄南地发现一个东西长 39 米、南北宽 14 米、面积约 500 多平方米的椭圆形大灰坑，坑内出土兽骨数十万块，其绝大多数都是废弃的牛骨，堆积时间在殷墟文化第三至第四期，发掘者推测，当时在花园庄附近，可能有屠宰牲畜或收取

---

① 中国社会科学院考古研究所：《殷墟发掘报告（1958—1961）》，文物出版社 1987 年版，第 79—85 页。

② 中国社会科学院考古研究所编著：《殷墟的发现与研究》，科学出版社 2001 年版，第 133 页。

③ 郑若葵：《殷墟"大邑商"族邑布局初探》，《中原文物》1995 年第 3 期。

④ 岳洪彬 2005 年 1 月 19 日在中国社会科学院考古研究所"2004 年度田野发掘成果汇报会"的报告岳及 2005 年 1 月 24 日在中国社会科学院历史研究所的报告。又见岳洪彬、何毓灵《新世纪殷墟考古的新进展》，《中国文物报》2004 年 10 月 15 日。

骨料的场所①。

在商代，玉器为王室和贵族生活所需求，但目前只在宫殿区内发现两处出土玉料等遗物，一处是小屯西北地 F10 和 F11 两座房址内出土有一批石料、磨石残块和部分玉石雕刻品，这里应是一处受王室直接掌控的制玉场所②。另一处是近年在甲组基址内的甲五西北不远的地方，发现一个玉料坑③，说明这里也有由王室直接掌控的制玉场所。在殷墟的其他地方，还未发现制作玉器的遗迹，从而对玉器的生产与社会组织结构的关系，也就无从进一步深论。陶器更是当时社会所必需，但殷墟多年来一直没有发现较集中的或大规模的陶器作坊，仅在苗圃北地发现 2 座陶窑、小屯南地发现 1 座陶窑、薛家庄发现 1 座陶窑。而苗圃北地和薛家庄两地的手工业生产，还不是以陶器为特色，而是以铸铜为主，这或许说明当时殷墟的陶器是分散在各居址中小规模生产的。

上述各类手工业作坊遗址，多数存续的时间都较长，如苗圃北地的手工业作坊遗址的年代始建于殷墟一期晚段，其后规模不断扩大，一直延续到殷代末年的殷墟四期。薛家庄手工业作坊遗址，也是从殷墟文化第二期延续到三、四期。孝民屯村发现的由近百座半地穴式房子组成的平民村落，使用年代为殷墟二期；2003—2004 年发现的铸铜遗址主要为殷墟文化第三、四期；清理的 1177 座墓葬，绝大多数也属于殷墟三、四期，个别为殷墟一、二期④。既然存续的时间长，而又以族居的形式居住，那么，它们显然属于世工世族。

三　其他族居遗址

白家坟遗址是殷墟中一个重要的族居遗址，它东距小屯村约 2 公里，在

①　中国社会科学院考古研究所安阳队：《1986—1987 年安阳花园庄南地发掘报告》，《考古学报》1992 年第 1 期。

②　中国科学院考古研究所安阳发掘队：《1975 年安阳殷墟的新发现》，《考古》1976 年第 4 期。

③　岳洪彬 2005 年 1 月 24 日在中国社会科学院历史研究所的报告。

④　中国社会科学院考古研究所资料。中国社会科学院考古研究所主持这项发掘的队长为王学荣先生。另参见岳洪彬、何毓灵：《新世纪殷墟考古的新进展》，《中国文物报》2004 年 10 月 15 日。

这里 1960 年曾发现一群殷代墓葬①，被分为 A、B 两区，A 区墓葬比较集中，年代以殷墟第三、四期为主，未发现居住遗迹；B 区的墓葬与夯土基址和灰坑并存，墓葬分布稀疏，可能是墓葬就居址而埋②。90 年代，在白家坟又发现夯土房基多座，以及数十个窖穴、灰坑和水井，在一处夯土建筑基址下发现长约 16 米的陶排水管道③。有学者认为殷墟西区第七区、第一区的墓葬靠近白家坟遗址，它们与白家坟遗址属于一个族邑，其墓葬中出土的"共"、"告宁"等族氏徽号和带墓道的大墓、车马葬等表明这是殷墟中一些重要的望族④。对于这些族氏标志徽号的具体分析可以作为今后的一个专门课题，而在包括殷墟西区第七、第一区墓地在内的白家坟遗址中，已发现的夯土房基、陶排水管道、窖穴、灰坑、小墓、带墓道大墓、车马葬等，足以说明这里是一处集居住、生产、和丧葬于一地的一个较大的居址，其中有贵族，也有平民，只是其族属可能包含有"共"、"告宁"、"子韦"、"克"多个家族。

位于殷墟西南的郭庄村北，1986—1987 年发掘殷代墓葬 167 座⑤，有 9 座墓出土青铜礼器，其中 1 座墓随葬品达 185 件，包括铜礼器 17 件，有铭文的 5 件，另有 2 套铜马器，显然是一座贵族墓。这片墓地中出土的铜器上有族氏徽铭七种，有"羊"、"单"、"光"等⑥。"羊"族氏徽铭铜器在梯家口村西殷代墓地中曾有发现⑦，"光"族氏徽铭铜器在范家庄村南殷代墓地也有发现⑧，以前著录也有记载⑨。"羊"、"单"、"光"等多种族氏徽铭铜器在郭

①　中国社会科学院考古研究所：《殷墟发掘报告（1958—1961）》，文物出版社 1987 年版，第 116—120 页。

②　中国社会科学院考古研究所编著：《殷墟的发现与研究》，科学出版社 2001 年版，第 46 页。

③　中国社会科学院考古研究所安阳工作队：《殷墟考古又有重大突破》，《中国文物报》1997 年 8 月 31 日。

④　郑若葵：《殷墟"大邑商"族邑布局初探》，《中原文物》1995 年第 3 期。

⑤　安阳市文物工作队：《河南安阳郭庄村北发现一座殷墓》，《考古》1991 年第 10 期；中国社会科学院考古所安阳工作队：《1987 年安阳梅园庄南地殷墓的发掘》，《考古》1991 年第 10 期。

⑥　孟宪武：《安阳殷墟考古研究》，中州古籍出版社 2003 年版，第 4 页。

⑦　安阳市文物工作队、安阳博物馆：《安阳市梯家口村殷墓的发掘》，《华夏考古》1992 年第 1 期。

⑧　孟宪武：《安阳殷墟考古研究》，中州古籍出版社 2003 年版，第 4 页。

⑨　安阳市文物工作队、安阳市博物馆：《安阳殷墟青铜器》，中州古籍出版社 1993 年版。

庄村北的发现，说明这一带至少是几个不同家族的族葬地。

位于殷墟西北边缘的范家庄村南，1997 年发现殷墓 11 座，分布比较集中。还发现商代灰土层、灰坑、窖穴等遗迹。墓中出土的铜器上有"光"字族氏徽铭①。范家庄村南的"光"族墓地，属于殷墟文化第二期，郭家村北"光"族墓地属殷墟文化第四期。这两处家族墓地的族属被认为是有联系的，仅就范家庄村南遗址而言，它也是一个家族的族居族葬之地。

位于小屯之南的苗圃南地，曾发现分布有商代灰土层、灰坑和 50 余座墓葬。在其中的 M47、M58 和 M67 墓葬中都出土"宀"这样的族氏徽铭铜器②。这群墓葬既然仅出这一种徽铭，说明苗圃南地这片墓地是"宀"族的墓地，特别是苗南 M47 出土一件大鼎，上铸"宀己"二字，此鼎浑厚，造型美观，纹饰极华丽，重达 13000 克，这不仅说明拥有此鼎的墓主人有高贵的身份，也反映"宀"族在当时社会中有较高的地位③。

位于苗圃之东的郭家庄，1982—1992 年发掘出 191 座商代墓葬，出土有"亚址"、"亚胡址"、"亚胡止"、"中"、"䤿"、"兄册"、"作册兄"、"鄉宁"等族氏徽铭铜器④，可见郭家庄村属于多个家族的族葬之地。

近年来在距离小屯村南约 2 公里处的北徐家桥村北和刘家庄北有许多重要发现，首先是 1992 年和 1996 年，在北徐家桥村北发掘出殷代墓葬 70 余座，发现殷代夯土房基 3 座，其中 F1 和 F2 夯土建筑面积均在 30 平方米以上，为殷墟四期晚段的夯土建筑基址。F1 平面呈长方形，基面南北长约 7.7 米，东西宽约 4 米；F2 基面南北长 8 米，东西宽 4 米⑤。2001—2002 年，在北徐家桥村北又发掘出一处规模宏大、分布密集、建筑形式独特的四合院式建筑基址群（图 5—15）⑥，其占地面积南北长 170 米，东西宽约 160 米，其

---

① 孟宪武：《安阳殷墟考古研究》，中州古籍出版社 2003 年版，第 9 页。

② 安阳市文物工作队、安阳市博物馆：《安阳殷墟青铜器》，中州古籍出版社 1993 年版，第 18—19 页。

③ a. 安阳市文物工作队、安阳市博物馆：《安阳殷墟青铜器》，中州古籍出版社 1993 年版，第 19 页。

b. 孟宪武：《安阳殷墟考古研究》，中州古籍出版社 2003 年版，第 7 页。

④ 中国社会科学院考古研究所：《安阳殷墟郭家庄商代墓葬》，中国大百科全书出版社 1998 年 8 月。

⑤ 安阳市文物工作队：《安阳徐家村殷代遗址发掘报告》，《华夏考古》1997 年第 2 期。

⑥ 孟宪武：《安阳殷墟考古研究》，中州古籍出版社 2003 年版，第 66—77 页。

中心部位南北纵向排列，每排 4—5 组，约近 20 组，每组略呈方形，如编号
为 4 号的这组四合院式建筑（图 5—16），东、西、南、北四房基址相连，东
西长 25 米，南北宽 20 米。在此之外，刘家庄遗址发现有灰坑、窖穴、房
基、水井、道路、墓葬①。这些发现表明，这一带又是一处贵族聚居的族居
遗址，其族众的人口数量也当不少。

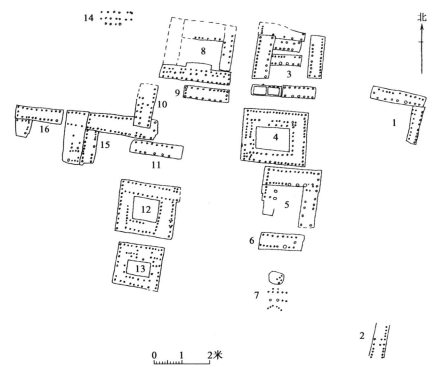

图 5—15　殷墟北徐家桥村北建筑基址分布图

1—16 号四合院式建筑基址

　　2001 年春，在北徐家桥村西南的八里庄村北发掘了 1 处晚商遗址，发现
有商代大型灰坑、20 余座商代墓葬（其中有 4 座保存完好的商代贵族墓葬），
还有 1 座较大型的夯土建筑基址。它们比较集中地聚合在一处。编号为 F1

①　安阳市文物工作队：《1995—1996 年安阳刘家庄殷代遗址发掘报告》，《华夏考古》1997 年
第 2 期。

的夯土建筑基址，基面东西长约 20 余米，南北宽约 5 米①。这一地点在小屯村西南约 4 公里，已远离宫殿区。这也是一处有居址、有墓地，有贵族、有平民的族居遗址。

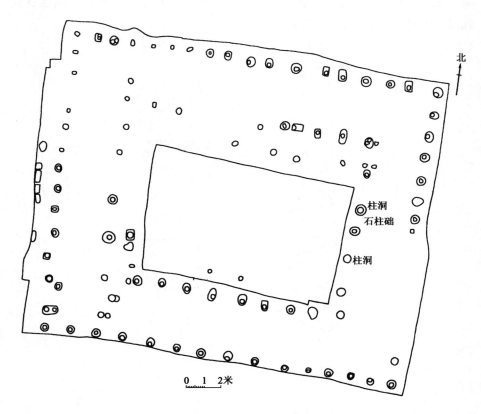

图 5—16　殷墟北徐家桥村北 4 号建筑基址平面图

（仅就 2 个柱洞作说明，其他柱洞皆同址）

20 世纪 80 年代，在刘家庄村南发现有殷代墓葬 62 座②，有殷代夯土基址 1 处。刘家庄村南的这批墓均为较大型的竖穴土坑墓，多数有棺，有 21 座既有棺也有椁，其中 14 座墓中有殉人；出铜容器的墓 5 座，出铜兵器的

---

① 孟宪武：《安阳殷墟考古研究》，中州古籍出版社 2003 年版，第 67 页。

② 安阳市博物馆：《安阳铁西刘家庄南殷代墓葬发掘简报》，《中原文物》1986 年第 3 期。

墓21座；还出土了一批朱书文字。这片墓地出土的铜器中有"息"①、"史"、"夕"三个族氏徽铭，说明刘家庄村南的这片墓地可能是这三个族的家族墓地。

刘家庄村北遗址发现有灰坑、窖穴、房基、水井、道路、墓葬，其中发掘的殷代墓葬达195座②。只是80%为小型墓，有4座墓有殉人，有少数墓随葬有铜器，其中M9是这批墓中最大的一座墓，时代属于殷墟文化四期，出土铜礼器16件，有4件铸有"举父癸"三字，"举"③是族氏徽铭，"举"字在过去的著录中记载颇多，说明"举"在当时是一个大族，在殷墟晚期，刘家庄村北地一带应有"举"族的墓地④。而这里发现的灰坑、窖穴、房基、水井、道路，则表明这一带也是"举"族聚居的族居地之一。

在刘家庄、徐家桥东南方向的梯家口村西，1985年以来发掘殷代墓葬近30座⑤，这处墓地中的M3所出铜鼎内有族氏徽铭"羊箙"，这一带殷代文化遗迹分布有灰层、灰坑、窖穴等，表明梯家口村西是"羊箙"之家族族居族葬之地。

在殷墟小屯村西南约4公里的东八里庄村东，1991年以来发现有商代道路、灰坑和5座殷墓，墓中出土的一件铜爵上铸有"六己"。"六"是族氏徽铭，过去著录中也很多，近年在殷墟苗圃南地、戚家庄村东地等墓地中，均发现有"六"族氏徽铭铜器，这一方面说明"六"族在殷墟的居地不止一处，另一方面说明东八里庄村东的这片墓地只是居住在这里的"六"的一个家族的墓地。2001年春，八里庄村北发掘了一处晚商遗址，发现有商代大型灰坑以及20余座商代墓葬（其中有4座保存完好的商代贵族墓葬），还有1座较大型的夯土建筑基址。它们比较集中地聚合在一处。编号为F1的夯土

---

① 发掘者将此字释为"享"。这里从严志斌博士释为"息"，参见严志斌博士学位论文《商代青铜器铭文研究》，第169页，中国社会科学院研究生院博士学位论文，2006年4月。

② 安阳市文物工作队：《1995—1996年安阳刘家庄殷代遗址发掘报告》，《华夏考古》1997年第2期。

③ "举"字较复杂，最初孙诒让将其隶定为"析子孙"，罗振玉从此说，也有人将其隶定为"冀"，于省吾先生将其隶定为"举"，这里从于说。

④ 孟宪武：《安阳殷墟考古研究》，中州古籍出版社2003年版，第6页。

⑤ 安阳市文物工作队、安阳市博物馆：《安阳市梯家口村殷墓的发掘》，《华夏考古》1992年第1期。

建筑基址，基面东西长约 20 余米，南北宽约 5 米，是西南边缘发现的一处较大型的夯土建筑遗存①，应为当地贵族的居所。与东八里庄村东的墓地联系在一起，这一带的居址与墓地，很可能即为"六"族中一个家族的族居族葬之地，其族人中有贵族、亦有平民。

在八里庄之北、位于殷墟西南的戚家庄村东遗址，1982—1984 年发现殷代墓葬 197 座，墓地中出土的铜器有 43 件带有铭文，分属于 9 种不同的铭文，包括"爰"、"宁簌"、"钺簌"等。其中，M269 墓葬出土带有"爰"徽铭的铜器 25 件，M63 出土带有"宁簌"徽铭的铜器 7 件，M235 出土带有"钺簌"徽铭的铜器 3 件。这一带除分布较密集的墓葬外，还有殷代的灰土层、灰坑窖穴等遗迹，说明这一带在殷商晚期，人口比较稠密，所发现的"宁簌"、"钺簌"、"爰"等族氏徽铭可以判断，戚家庄村东这一带是"宁簌"、"钺簌"、"爰"等家族族居族葬之地②。

侯家庄南地是一处值得重视的遗址，20 世纪 30 年代曾进行过发掘，分东西两区，东部发现夯土基址 1 座，呈长方形，东西长 14 米，宽 7 米，基面上有排列成行的础石。在此基址西北约 17 米处，有一座灰坑，坑内出土著名的"大龟七版"；西部遗址在东部基址西南，距东区夯土基址约 74 米处也发现夯土基址 1 座，东西长 11 米，宽 4 米，基面上有排列整齐的础石。基址西北部有灰坑 2 座，出入口均有台阶。此遗址出土廪辛、康丁和帝乙、帝辛时代的刻字甲骨，而且其北面就是殷的王陵区，所以，这里大概是晚商殷王室的一处重要活动场所③，或者是殷王族一部分人的居址。

位于洹河南岸、高楼庄村北的后冈遗址④，虽然发现的主要是墓葬，但

---

① 孟宪武：《安阳殷墟考古研究》，中州古籍出版社 2003 年版，第 67 页。

② 同上书，第 9 页。

③ 中国社会科学院考古研究所编著：《殷墟的发现与研究》，科学出版社 2001 年版，第 47 页。

④ a. 梁思永：《后冈发掘小记》，《安阳发掘报告》第 4 期，1933 年。

b. 石璋如：《河南安阳后冈的殷墓》，《历史语言研究所集刊》第十三本，1948 年。

c. 河南省文化局文物工作队：《河南安阳薛家庄殷代遗址墓葬和唐墓发掘简报》，《考古通讯》1958 年第 8 期。

d. 中国社会科学院考古研究所：《殷墟发掘报告（1958—1961）》，文物出版社 1987 年版。

e. 中国社会科学院考古研究所安阳队：《1971 年安阳后冈发掘简报》，《考古》1972 年第 3 期。

f. 中国社会科学院考古研究所安阳队：《1972 春年安阳后冈发掘简报》，《考古》1972 年第 5 期。

g. 中国社会科学院考古研究所安阳队：《1991 年安阳后冈殷墓的发掘》，《考古》1993 年第 10 期。

经多年的发掘，可以看出 100 余座殷墓，也是按照"族葬"的形式，分片分
群作有序的分布（图 5—17），亦即也是按照族的形态出现的。其中带墓道的

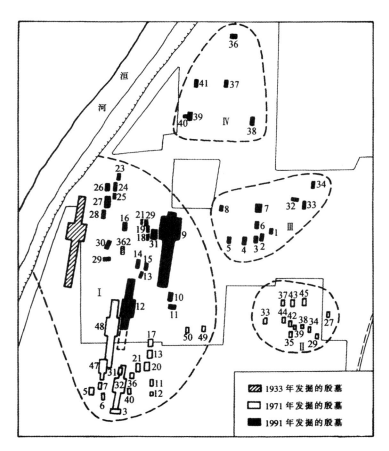

图 5—17　后岗殷墓第 1—4 组分布示意图
（刘一曼、徐广德：《论安阳后冈殷墓》）

大墓 6 座，还有 2 座人祭坑，尽管盗掘严重，还出土铜礼器 36 件、铜兵器
86 件、铜工具 6 件、陶器 130 件，还有一些玉、石器和数百件小饰物。依据
几座带墓道大墓的形制和规模、戍嗣子鼎铭文的内容等现象，研究者认为大
墓的墓主是王室贵族，圆坑的主祭者可能是这几座带墓道的大墓墓主的后
代，是该家族（或宗族）的族长或该族的上层显贵，很可能属于王室成员，
而被祭祀的对象，不是某一位祖先，而是该族的历代祖先，即以后冈一组大

墓墓主为代表的该族的一群祖先①。这些分析应该说是合理的，若这里的墓葬属于王族中的一部分，那么，它反映了王族也会逐渐产生一些小的分支。

四　殷墟布局的特点

关于武丁以来殷墟布局的特点，上述在讲布局状况时即已涉及。虽说曾一度认为把宫殿区圈起来的"大壕沟"的防御性作用，已受到质疑，从而宫殿区的范围也需作调整，原大壕沟西侧（原所说的外侧），即小屯村西，亦即今中国社会科学院考古研究所安阳工作站一带，也许会包括于宫殿区内，然而小屯一带作为宫殿区的核心地带，武官村北作为王陵区，其在殷墟布局中处于中心的地位，并没有改变。在宫殿区内新发现的池苑水系部分，说明殷都除宗庙宫殿之外，也有池苑水榭，这是为满足王室生活多方面需求所致。这里的池苑水榭的布局之所以不像偃师商城那样很规整地分布在宫室的北边，显然是为了适应近旁的洹河及其蜿蜒流淌的地理环境，它反映出殷人因地制宜的规划意识。

在宫殿区和其附近安排有王室和贵族墓葬，是殷墟布局的另一特点。例如，在小屯村西北分布有妇好墓和出土有"子渔"等铭文的18号贵族墓等；在小屯村西、今考古研究所安阳工作站内也发现有带两条墓道的大墓；在小屯东南边的后冈墓葬群中，其最高身份者也应是王室贵族。宫殿区既有宫室又有墓葬的这种布局也影响到殷墟其他地方的贵族和族众，所以，我们看到在殷墟凡是有墓葬集聚的地方，每每即有居址发现（见图5—1），有的还是居址、墓葬和手工业作坊集于一个遗址之中。例如，苗圃北地遗址中有居址、墓葬、铸铜、制骨、制陶作坊；薛家庄遗址有居址、墓葬、铸铜、制骨、制陶作坊；王裕口遗址有居址，有墓葬；白家坟遗址有居址，有墓葬；梅园庄遗址有居址，有墓葬；孝民屯遗址有居址、墓葬与铸铜作坊；北辛庄遗址有居址，有墓葬；刘家庄遗址有居址，有墓葬；北徐家桥村遗址有居址，有墓葬；戚家庄遗址有居址，有墓葬；考古所安阳工作站遗址有居址，有墓葬；大司空村遗址有居址，有墓葬；侯家庄南地遗址有居址，有墓葬。所以，除了王陵因在国人中有其特殊的政治、宗教意义而单独辟为王陵区外，上至王室贵族，下到其他贵族和普通族众，就一般而言，都是墓葬就居

---

① 刘一曼、徐广德：《论安阳后冈殷墓》，《中国商文化国际学术讨论会论文集》，中国大百科全书出版社1998年版。

所而埋。由于是某种程度的聚族而居，故墓葬也处于不同层次的聚族而葬。
对于这种聚族而居，有学者称之为"殷墟'大邑商'"中的"族邑"，并绘出
了一幅"殷墟'大邑商'族邑分布示意图"（图5—18）[1]。笔者以为其主导思

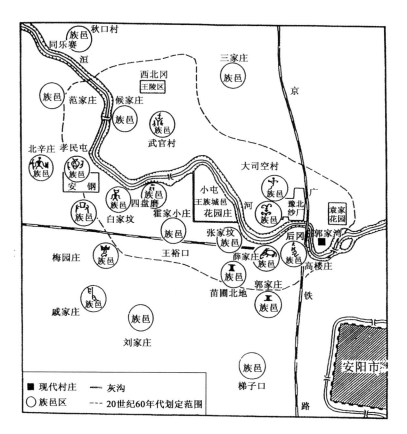

图5—18　殷墟"大邑商"族邑分布示意图

（郑若葵：《殷墟"大邑商"族邑布局初探》）

想是对的，但鉴于这些聚族而居的族与族的居地之间并没有明显的沟壑或其
他区划的标志，所以，是否将之称之为一个个"族邑"，还可进一步斟酌。
实际上，殷墟的族居形态属于在王权支配下的大杂居中的小族居，即就整个

① 郑若葵：《殷墟"大邑商"族邑布局初探》，《中原文物》1995年第3期，第86页，图二。

殷墟这个大单元而言，各个族是混杂的，而就各个族这种小单元而言，是以族聚居的。依据甲骨文，殷人自己将殷都称之为"大邑商"或"王邑"或"兹邑"，等等，但对于"王邑"即"大邑商"中的小族居，可否再称为"邑"，在甲骨文中还得不到证明。自殷墟西区族墓地的发掘报告发表以来①，学者们在发掘报告所揭示的现象及其对"族墓地"研究的基础上，对殷墟聚族而葬及其所反映的血缘组织的状况，陆续发表了许多见解②，从而也就推进了有关商代社会族群的形态及其组织结构研究的深入，这样，指出殷墟布局上的族居特点，并把这一特点与聚族而葬联系起来，应该说是敏锐的，也是很有见地的。但族居与族邑还是有区别的，对于"大邑商"中的各个族居点，笔者以为不称其为"族邑"而仅称之为"族居"，将更有利于说明这种大杂居中小族居的性质与特点。

在商代，社会分工存在一种世官世工世族的情况，其各类手工业生产都是以家族或宗族为单位进行的，这就是《左传》定公四年所说的殷遗民中的条氏、索氏、长勺氏、尾勺氏、陶氏、施氏、繁氏、锜氏、樊氏、终葵氏等等。而这种世工世族又是按照大杂居小族居分布的，所以，各族的手工业作坊是不能像宫殿区王陵区那样集中在某一片区域的。只是，有的家族或宗族只从事某一种手工业，也有的则在主要从事某一手工业的同时，也兼营其他种类的手工业。这种大杂居小族居决定了殷都手工业作坊分布的分散性。

由于武丁移都于洹南时是紧临小屯一带的洹水而建③，受这一自然地理的地形条件的影响，再加上殷人聚族而居的特点，致使小屯宫殿区亦即晚商

①　中国社会科学院考古研究所安阳工作队：《1969—1977年殷墟西区墓葬发掘报告》，《考古学报》1979年第1期。

②　a. 葛英会：《殷墟墓葬的区与组》，《考古学文化论集》，文物出版社1989年版。

b. 朱凤瀚：《商周家族形态研究》，天津古籍出版社1990年版，第104—129页。

c. 韩建业：《殷墟西区墓地分析》，《考古》1997年第1期。

d. 唐际根：《殷墟家族墓地初探》，《中国商文化国际学术讨论会论文集》，中国大百科全书出版社1998年版。

e. 杨锡璋、高炜：《殷商与龙山时代墓地制度的比较》，《中国商文化国际学术讨论会论文集》，中国大百科全书出版社1998年版。

③　在殷墟宫殿区的范围内，甲、乙、丙三组基址的一些基址以及1989年发掘的位于乙组基址南约80米的大型建筑基址的始建年代，应该较早；诸如小屯村西即今考古所安阳工作站一带的大型夯土建筑应该是宫殿区在向西扩展的过程中，逐渐扩展出来的。

王都中心区的布局与偃师商城、郑州商城以及洹北商城不同。长期以来，我们在小屯一带，看不到宫殿区内的中轴线在何处，或者说这里的中轴线不那么明显；也看不到以纵横大道来区划城市的规划设计。然而，2008 年春夏之交，中国社会科学院考古研究所安阳工作队在殷墟南部的刘家庄北地的基建发掘中，发现一条南北向的宽阔大道，该路向北直通殷墟小屯宫殿宗庙区，构成殷墟宫殿宗庙区向南的主干道之一。2008 年 9 月在安钢大道污水处理管网基建设中，在与殷墟博物苑南北对应的位置又发现一条南北向的大道，向北通向小屯宫殿宗庙区，该道路位于刘家庄北地的那条南北大道之东，与它平行，其宽度也是巍巍壮观，构成了小屯宫殿宗庙区向南贯穿殷墟王都的又一主干道。在刘家庄北地的南北大道的发掘中，还发现一条东西向的道路。这条东西向的道路，向西与刘家庄北地发现的南北大道相遇后，形成"丁"字路口；向东与安钢大道发现的南北大道相交会后，形成十字路口。

刘家庄北地通向小屯宫殿宗庙区的南北大道，使用时期较长，约从殷墟一期一直使用到殷墟四期偏晚阶段。早期道路两侧有排水沟，路宽约 10 米，其上有十多条车辙，使用非常频繁；中期道路加宽，两侧排水沟被挤占填平，道路最宽约 20 余米，其上车辙众多，且相互碾压套接；晚期时道路变窄，局部仅余一组车辙。刘家庄北地与南北大道构成"丁"字路口的东西向道路，是用直径约 2 厘米左右的鹅卵石、小砾石块、残陶片和碎骨头铺成的南北宽约 8 米左右的道路，道路南侧有宽约 1.1 米的排水沟。在其路面上因有硬物铺设，车辙不太明显，但局部仍可看出四道或六道车辙的痕迹。在上述南北向道路的东、西两侧和东西向道路的南、北两侧，都分布着规模较大且布局严谨的夯土建筑基址。这些夯土建筑基址是否为官署一类的建筑物，从而使这一带构成殷都的官署区，都是很值得研究的。

安钢大道一带发现的通向小屯宫殿宗庙区的南北大道，路宽约 15—20 米，全部用鹅卵石、小砾石块、残陶片和碎骨头铺成。从已发掘的部分看，该大道中部约 10 米左右宽的路面均直接叠压在生土层上，东、西两侧均有约 3—5 米宽的路面叠压在灰土层上。发掘者推测，叠压在生土层上的路面可能很早就开始使用，不排除小屯宫殿宗庙区始建之初该路即已规划、铺设并使用，而叠压在灰土层上的路面有可能是道路使用过程中向东、西两侧拓宽而成的[①]。

---

①　岳洪彬、何毓灵、岳占伟：《殷墟都邑布局研究中的几个问题》，"纪念世界文化遗产殷墟科学发掘 80 周年考古与文化遗产论坛"会议论文，中国·安阳，2008 年 10 月。

　　上述通向小屯宫殿宗庙区的这两条南北向大道的发现，是殷墟考古发掘工作中又一项重大突破，它与其北部的宫殿宗庙区一起，实可构成安阳殷都的中轴线，而大道两侧的大型夯土建筑基址，又似乎有作为官署建筑物的可能性，至此安阳殷都的布局特点就可以做出这样的概括：尽管安阳殷都是聚族而居、聚族而葬，呈现出大杂居小族居的特点；也尽管小屯宫殿宗庙区紧邻洹水而建，致使其宫殿和宗庙建筑物以及池苑的分布呈现出因地制宜的情形，但直通宫殿区的南部大道的发现，使得殷都的中轴线和王都的气魄依然显现了出来。

　　在这两条可视为殷都中轴线的大道之外，殷墟各族内部和各个族居点之间无疑存在着供人行走和马车驰骋的大小道路，它们很可能是依据需要，照顾当时的地形地貌修筑或形成的。例如，1958 年秋，在殷墟小屯宫室区西，曾探出一条残长 90 多米的道路，用碎陶片和砾石铺成，路宽 2.3—5.2 米，若按晚商马车轴长在 2.7—3.1 米计，相当一车行驶的单车道[①]。1986—1987 年，在花园庄西南（宫殿宗庙区壕沟西南角内侧）发现一条东西向道路，清理出车辙 14 条，车的轴距为 1.5 米[②]。2002 年，在中国社会科学院考古研究所安阳工作站的东墙外，发现一条方向为东偏南 20 度左右的道路。这样的一些道路就应当属于各个族居点之间供车马和人行的道路。此外，由于对原认为是起防御和区划作用的"大壕沟"产生了怀疑，因而宫殿区的范围将会有一些新的认识，也就是说宫殿宗庙区的范围将会进一步扩大。至于扩大了的宫殿区，有无类似于宫城一类的设施以及在宫殿区之外有无外郭城设施，也只能期待于日后的考古发掘来解决。

　　殷都有专门的王陵区，但诸如妇好等王室成员却不埋在王陵区，而埋在宫殿区，可见殷墟的王陵区在埋殷王这个问题上，是有其特殊意义的。对于这一点，郑若葵先生有一个很好的观点：在西北冈开辟作为专门埋葬和祭祀的王陵区，是因为王陵区属于当时都城内唯一的最重要的集聚臣民参与国家祀典的公共场所，王陵区平时管辖属于小屯王族的管理，但每当生产成功、战争胜利和王族权贵人物驾崩，西北冈便成为王室召集各族邑成员参与国家庆典、王室葬礼并例行祭祖祭王祭天祭地程序的公共祝捷祭祀场所；这种公共场所的设立，

---

　　① 中国社会科学院考古研究所编著：《殷墟发掘报告（1958—1961）》，文物出版社 1987 年版，第 96 页。

　　② 中国社会科学院考古研究所安阳工作队：《1986—1987 年安阳花园庄南地发掘报告》，《考古学报》1992 年第 1 期。

无疑是一种王权意识的强化与灌输和国力国威的炫耀，同时也是宣扬神明意志和王权至高无上、赢取王畿内诸侯凝聚力和臣民向心力的重要手段[①]。而尚需补充的是，商王与王室的其他成员，无论是活着还是死后，在国家中的作用与地位是有本质差别的。无论是在甲骨文中，还是在文献中，商王都有"余一人"的称呼，卜辞"癸丑卜，王曰贞，翌甲寅乞酻魯自上甲衣至于后，余一人亡祸？兹一品祀。在九月。……"（《英藏》1923），说其祸被认为是集于余一人即王之身上的，这正说明殷王统治的世界是由王一人来体现的[②]。王活着的时候，既是世俗王权的执掌者，也是神与人之间的中介；王死成为神灵，他既是商的王室王族的祖先神，也是整个商族的祖先神，还是整个王国的帝之外的最高神[③]，而且在卜辞中，是看不到对帝举行祭祀的，从接受祭祀的角度来讲，殷人所祀的最高神就是死后的商王。由于殷王所统治的世界是由王一人来体现的，对先王的祭祀也就绝非仅仅是商王室的事情，而是整个王国的大事。这样，王陵当然就会成为集聚臣民参与国家祀典的公共场所，从而在王陵使用大量的人牲举行祭祀时，也绝不能看成这是所谓专制君主的残暴所致，而是一种宗教需求所驱使，在当时人来看，通过大规模的祭祀，使先王的神力得到加强，使祖神的需求得到满足，这对整个王国都是一种福音，所以，将死去的王集中埋在一处——我们今天称之为王陵区的地方，并经常举行国家级别的、由众多族氏乃至四方侯伯参加的祭典，是当时政教合一的神权政治所使然。而王室的其他成员因不具备像王那样的特殊作用，故按照当时族居族葬的习俗，可以埋葬在宫殿区内或其附近。

五　殷都的族氏结构

殷墟的居址、作坊和墓地每每反映出聚族而居、聚族而葬的特点，那么，其族居族葬的形态主要是"宗族"式还是"家族"式？也就是说，其族居族葬的族氏结构遵循的是由若干个同宗的诸家族组成一个个宗族？还是一

①　郑若葵：《殷墟"大邑商"族邑布局初探》，《中原文物》1995 年第 3 期。

②　［日］伊藤道治：《王权与祭祀》，载中国社会科学院历史研究所编《华夏文明与传世藏书——中国国际汉学研讨会论文集》，中国社会科学出版社 1996 年版。

③　学术界一般多认为卜辞中的"帝"是商代的最高神或至上神，笔者认为卜辞中的帝比较特殊，说它是殷人的至上神，有些特征又不太完整，它处于正在走向至上神的发展途中。参见王震中《帝喾并非商之始祖》，《殷都学刊》2004 年第 3 期。

些并不同宗的家族也可以聚集在一地？

　　1979年，考古所安阳工作队将殷墟西区已发掘的939座集中分片分布的墓葬资料发表后①，包括发掘报告的撰写者在内，许多学者试图通过对于殷墟墓地的分区分群与分组，来说明当时的亲族组织结构。例如，发掘报告根据墓葬的分片集中以及墓向、葬式、陶器组合等情况，将殷墟西区墓葬划分为八个墓区，并在"结语"中提出，"这八个不同墓区就是八个不同'族'的墓地"，这种以族为单位的公共墓地，就是《周礼·地官·司徒》所说的"族坟墓"；八个墓区中的小墓群就是《周礼·春官·宗伯》所说的"私地域"，即"一个氏族中的家族'私地域'"；这样，"殷墟西区这片大墓地的各个墓区可能是属于宗氏一级组织，而每个墓区中的各个墓群可能是属于分族的"，也就是说殷墟西区墓地中的"墓区"与"墓群"的关系即是《左传》定公四年所说的殷遗民中"宗氏"与"分族"的关系②。

　　在上述殷墟西区墓葬分区的基础上，葛英会先生撰文对包括殷墟西区在内，含有大司空村南地、后岗南地的墓葬都进一步作了具体的分区与分组的划分，例如它将殷墟西区第3墓区中的墓葬就具体划分为东1组、2组、3组、4组、5组、6组和西1组、2组、3组、4组、5组、6组、7组，认为"墓区之间、组群之间在器物组合上的显著差异，说明各区、各组群所代表的是不同族团，区与组的划分似应反映着族团的不同等级"③。此后，朱凤瀚④、唐际根⑤、韩建业⑥诸位，也根据墓地内墓葬之间的疏密程度和随葬器物的组合情况，或者是对殷墟西区各区墓地或者是对八区中的某一区墓地，作过具体的分群或分组的划分。然而现在的问题是：第一，虽然每一位划分者在进行划分时都考虑了墓葬分布相互间的距离远近疏密和葬俗特征，但诸位所划分出的组群都由哪些墓组成，却互有差异，难以取得一致。第二，对于所划分出的墓区、墓群、墓组与族组织级别层次如何对应，亦是诸说互有

---

　　① 中国社会科学院考古研究所安阳工作队：《1969—1977年殷墟西区墓葬发掘报告》，《考古学报》1979年第1期。

　　② 同上。

　　③ 葛英会：《殷墟墓地的区与组》，《考古学文化论集》（2），文物出版社1987年版。

　　④ 朱凤瀚：《商周家族形态研究》，天津古籍出版社1990年版。

　　⑤ 唐际根：《殷墟家族墓地初探》，《中国商文化国际学术讨论会论文集》，中国大百科全书出版社1998年版。

　　⑥ 韩建业：《殷墟西区墓地分析》，《考古》1997年第1期。

不同。如殷墟西区墓葬的发掘报告提出"八个不同的墓区就是八个不同'族'的墓地"，"各个墓区可能是属于宗氏一级组织，而每个墓区中的各个墓群可能是属于分族的"。朱凤瀚先生则认为殷墟西区的"一个墓地内并不仅是单纯的一个族的墓地"，并说这种"宗氏"（八大墓区）与"分族"（各墓区中的墓群）的二级亲族组织的划分过于简单，而提出墓区三级亲属组织即"大群"、"群"（宗族）、"组"（主干或直系家族）的划分①。其他学者也都有自己的不同级别的亲族组织的划分。

对于墓群与墓组所对应的亲族组织可以有不同的理解和不同级别的划分，但大多数论者想说明的还是由若干个同宗的家族构成某一宗族的问题。然而，我们若将墓区的分群、分组与出土的族氏徽铭对照起来看，很难得出同一墓区或某一"大群"即为同一宗氏（宗族）的结论，而同一宗族之人却可以葬在不同的居址不同的墓地之中。例如，殷墟西区第三墓区出土的族氏徽铭达 15 种之多，其中位于东南角的一组 11 座墓（M674、675、676、677、687、688、689、690、694、695、697）中的 M697 出土了一件带有"丙"这样的族氏徽铭的铜器。然而考察"丙"这一族氏徽铭，我们说出土这一族氏徽记铭文最多的是在山西灵石旌介的商墓。山西灵石旌介商墓的出土物中，在铸有族氏徽记铭文的 42 件铜器中，"丙"形徽铭竟有 34 件②，所以"丙"这一国族的本家即宗族在山西灵石旌介，而居住在殷墟，死后葬于殷墟西区墓地者则是丙国在商王朝为官者及其家族。换言之，我们很难说 M697 出土的"丙"这个徽铭与该墓区出土的其他 14 个族氏徽铭属于同一个宗族，也就是说，我们可以将位于第三墓区东南角的 M674—M697 这 11 座墓看成族氏徽铭为"丙"的一个家族墓地，但这一家族与同一墓区（第三墓区）乃至邻近的第二墓区的其他家族不属于同一宗族。

"丙"的本家即宗族不在殷墟，还可以从甲骨文中得到证明。甲骨刻辞中有"丙邑"（《合集》4475），可能即为丙国之都邑③。在卜辞中，我们不但

---

① 朱凤瀚：《商周家族形态研究》，天津古籍出版社 1990 年版，第 105—123 页。

② a. 李伯谦：《从灵石旌介商墓的发现看晋陕高原青铜文化的归属》，《北京大学学报》（哲学社会科学版）1988 年第 2 期。

b. 殷玮璋、曹淑琴：《灵石商墓与丙国铜器》，《考古》1990 年第 7 期。

③ 宋镇豪：《夏商社会生活史》，中国社会科学出版社 1994 年版，第 39 页。

可以看到"王令丙"（《合集》2478），而且也有"妇丙来"（《合集》18911反）的记录。妇丙之称已表明丙族与商王朝有婚姻关系，而"妇丙来"则进一步说明，从殷都的角度讲，妇丙之丙族是外来者。至于丙国丙族在王朝为官的情形，我们在第七章再作进一步的论述。

再如，位于第三墓区西北方向的 M699 出土有"中"族氏徽铭，而第六墓区的 M1080 也出土有"大中"族氏徽铭，"大中"是"大"与"中"相组合的复合型徽铭，这种复合型徽铭，有的反映了家族与宗族之间的衍生、分支之类的关系①，有的反映的可能是短暂的联合关系②，但这里一个位于第三墓区，另一个位于第六墓区，第三墓区与第六墓区之间还相隔第四墓区，如果说"中"与"大中"属于同一个宗族的两个家族的话，那么它们是被分隔在两个墓区的。

还有，第四墓区 M1116 出土有"束"族氏徽铭，第八墓区 M271 也出土有"束乙"族氏徽铭，这也是同一宗族的两个家族被分隔在不同的墓区中。同样是"告宁"族氏徽铭，在第四墓区的 M1118 出土有两例，在第七墓区的 M907 出土有一例。位于第七墓区南区西部的 M907 墓葬除出土"告宁"外，又出土有"共"、"曰辛共"和"亚共"；而位于第七墓区北区的 M93 墓葬也出土有"共"和"亚共"，第七墓区的南北两区相距 100 余米。

与"宁"相关联的族氏徽铭，除殷墟西区外，殷墟南区的刘家庄北的 M2 墓葬出土有"宁"字族氏徽铭的瓬 1 件、有"宁父乙"族氏徽铭的爵 1 件，刘家庄北 M1 墓葬出土有"宁"字族氏徽铭的瓬 1 件③；在殷墟西南方向的戚家庄东 M63 墓葬出土有带有"宁箙"的铜簋 1 件、铜斝 1 件、铜瓬 2 件、铜爵 2 件、铜卣 1 件，达 7 件之多④。这里，"箙"原本是官名，因为在甲骨文中即有"多箙"和"左多箙"，研究者将之列入商代的武官之一种⑤。"宁箙"族氏徽铭的出现，是由于"宁"族中某一家族长期担任"箙"的官

① 朱凤瀚：《商周青铜器铭文中的复合氏名》，《南开大学学报》1983 年第 3 期。
② 严志斌：《商代青铜器铭文研究》，中国社会科学院研究生院博士学位论文，2006 年 4 月，第 142、155 页。
③ 安阳市文物工作队、安阳市博物馆：《安阳殷墟青铜器》，中州古籍出版社 1993 年版，第 1—21 页。
④ 同上。
⑤ 陈梦家：《殷虚卜辞研究》，中华书局 1988 年版，第 511 页。

职，因"以官为氏"，故署名为"宁簸"，"宁簸"即成为这一家族的徽铭，但它与单书为"宁"者属于同一宗族是没有问题的①。而殷墟南区的刘家庄与殷墟西南区的戚家庄相距有 2.5 公里，与殷墟西区的第四墓区相距有 3 公里，这也属于同一宗族的不同家族可以族居族葬在殷墟的不同地方的又一事例。

　　位于殷墟刘家庄南的 M63 出土有两件"息"铭铜器，而息族铜器集中发现的地方是河南罗山县蟒张乡天湖村的晚商墓地②。在前后三次发掘的 20 座晚商墓葬中，出土有铜器铭文的铜器共 40 件，其中有"息"字铭文的共 26 件，占全部有铭文铜器的 65％。出"息"铭文铜器墓有 9 座，占全部商代墓的 41％，特别是 10 座中型墓中有 8 座出土"息"铭铜器，占 80％③。学者多认为罗山县天湖墓地为息族墓地④，应该没有什么疑问。在甲骨刻辞中有"妇息"（《合集》2354 臼），也有"息伯"（《合集》20086）。息族伯称，表明其有一定的势力；息妇的存在，表明息与商王朝存在婚姻关系，而刘家庄南 M63 出土的"息"族铜器表明，息族人有在商王都为官者⑤，所以，息族的本家在罗山天湖一带，在殷都充其量只是其一个家族而已。

---

　　①　作为族氏名称的"宁"，是否最初也是因"以官为氏"而得名，还需进一步研究。在甲骨文中，"宁"有被用为人名、族氏或地名者，如"宁入"（《合集》6647 反）；也有用为职官者，如"乙亥卜，其呼多宁见丁。永。（《花东》275）。但作为族氏徽铭的"宁簸"，应当是"宁"宗族中又因担任"簸"的官职并衍生一个新的"分族"（一个新的家族）而形成的。

　　②　a. 信阳地区文管会、罗山县文化馆：《河南罗山县蟒张商代墓地第一次发掘简报》，《考古》1981 年第 2 期。

　　b. 信阳地区文管会、罗山县文化馆：《罗山县蟒张后李商周墓地第二次发掘简报》，《中原文物》1981 年第 4 期。

　　c. 河南省信阳地区文管会、河南省罗山县文化馆：《罗山天湖商周墓地》，《考古学报》1986 年第 2 期。

　　d. 信阳地区文管会、罗山县文化馆：《罗山县蟒张后李商周墓地第三次发掘简报》，《中原文物》1988 年第 1 期。

　　③　河南省信阳地区文管会、河南省罗山县文化馆：《罗山天湖商周墓地》，《考古学报》1986 年第 2 期。

　　④　李伯谦、郑杰祥：《后李商代墓葬族属试析》，《中原文物》1981 年第 4 期。

　　⑤　严治斌：《商代青铜器铭文研究》，中国社会科学院研究生院博士学位论文，2006 年 4 月，第 169 页。

此外，作为"韋"（韦）族的族氏徽铭，在小屯村北 M17 墓葬出土的 1 件青铜瓿上，铸有"韦"徽记铭文①；在殷墟西区墓地第一墓区 M2508 墓葬出土的 1 件铜鼎、1 件爵和 1 件铜瓿上，都铸有"子韦"徽记铭文②；在梅园庄南地 M92 墓葬出土的青铜瓿上，铸有"册韦"徽记铭文③；在苗圃北地 M54 墓葬出土的青铜瓿上，铸有"弓韦"徽记铭文④。在这些徽铭中，"子韦"表明殷墟西区墓地第一墓区附近有被封为子爵的韦族家族，"册韦"表明梅园庄南地有被任命为"册"即"作册"之职官的韦族家族，"弓韦"表明在苗圃北地有以管理弓箭为官职的韦族家族。这些都属于韦宗族中在朝廷任官者，他们为官于朝，自然也就居住在殷墟，但这也说明虽为同一宗族，并都在朝廷为官，却可以居住在殷墟的不同地方。

有了上述的例证和分析，那么，我们对于前面曾举出的诸如苗圃北地遗址出土有"亚禼"、"宁趾"、"鬻"等徽铭；大司空村遗址出土有"洋"、"古"、"见"等徽铭；郭庄村北遗址出土有"羊"、"单"、"光"等徽铭；刘家庄村南遗址出土有"息"、"史"、"夕"徽铭；郭家庄遗址出土有"亚址"、"亚胡址"、"中"、"鈦"、"兄册"、"作册兄"、"鄉宁"等徽铭；戚家庄村东遗址出土有"爱"、"宁箙"、"钺箙"等族氏徽铭，就可以作出进一步的推论：即首先它们反映出每一地都是由多个家族所族居；其次，对于每一地的这些家族所构成的关系，目前尚无法确定它们就一定是"宗氏"与"分族"的这种结构关系，从而不能排除有些遗址中的诸家族虽聚为一地，相互之间实属不同的宗族。

这样，尽管由《左传》定公四年等文献材料，我们可以看到商代应该存在"宗氏"与"分族"这样的二级亲族组织结构；也尽管由殷墟各处墓地材料中诸墓葬的空间分布与排列组合，我们可以划分出墓群与墓组，但上述诸多例子说明，在殷都中，同一宗族的诸家族是可以族居族葬在殷墟

---

① 中国社会科学院考古研究所安阳工作队：《安阳小屯村北的两座殷代墓》，《考古学报》1981 年第 4 期。

② 参见《殷墟青铜器》六四、六五、六六诸器说明辞，第 449—450 页。

③ 中国社会科学院考古研究所安阳工作队：《1987 年秋安阳梅园庄南地殷墓的发掘》，《考古》1986 年第 2 期。

④ 中国社会科学院考古研究所安阳工作队：《1980—1982 年安阳苗圃北地遗址发掘简报》，《考古》1986 年第 2 期。

的不同的地方，它反映出殷都许多贵族和族尹有可能仅仅是以家族的形式聚族而居。若将这一现象与《左传》定公四年"宗氏"与"分族"的说法加以综合考虑后，笔者认为，在理论上商代存在着"宗氏"与"分族"这样的宗族组织结构，但在晚商的殷都，实际的情况应该是既不排除有以宗族的形式进行族居族葬者，也大量存在着仅仅以家族的形式进行族居族葬者，这说明晚商王都族居族葬的基本单元是家族而非家族之上的宗族，也就是说，在晚商王都，商的王族和一些强宗大族虽有可能是以宗族与家族相结合的结构而组织起来的，但王都内其他不同族属的族人们，特别是那些在朝为官的外来的族氏，最初每每都是以家族的形式出现的现象，以及晚商王都族居的特点主要是以家族为单元而呈现出的大杂居小族居等现象，它反映出王都内的地缘性即亲族组织的政治性要较其他地方发达一些。而王都的这种族居特点，与商代的都鄙结构一样，都是与商王的统治方式联系在一起的。

第三节　小屯宫殿宗庙的形制与年代

一　甲组基址

1928—1937 年，历史语言研究所考古组在殷墟进行了 15 次发掘，其中在小屯村东北共发掘出殷代建筑基址 53 座、墓葬 264 座（包括与基址有关的祭祀坑）、窖穴 296 个（包括灰坑在内）、础石 703 个（多数附属于基址）以及 31 条水沟（大多数被压在乙组基址下）[①]。多次参加这一遗址的发掘及报告编写者石璋如先生认为，此处当系殷代的宫殿宗庙遗址。他的论断，为国内外多数学者所认同。从 20 世纪 50 年代起，石璋如先生全力以赴，对这一遗址所发现的各种现象，作了全面精细的整理，先后编写出了《小屯·第一本·遗址的发现与发掘·乙编·殷墟建筑遗存》一册以及墓葬的正式报告四集[②]，陆续在台湾出版，为我们提供了详尽的研究资料[③]。

---

① 石璋如：《小屯·遗址的发现与发掘·殷墟建筑遗存》，台北"中研院"史语所 1959 年版。

② 《殷墟墓葬之一·北组墓葬》，台北"中研院"史语所 1970 年版；《殷墟墓葬之二·中组墓葬》，台北"中研院"史语所 1972 年版；《殷墟墓葬之三·南组墓葬附北组墓葬补遗》，台北"中研院"史语所 1973 年版；《殷墟墓葬之四·乙区基址上下的墓葬》，台北"中研院"史语所 1976 年版。

③ 中国社会科学院考古研究所编著：《殷墟的发现与研究》，科学出版社 2001 年版，第 55 页。

53 座基址，由北往南排列，石璋如先生将它们划分为甲、乙、丙三组（见图 5—2），其范围南北长约 350 米，东西宽约 100 米，占地面积共约35000 平方米。

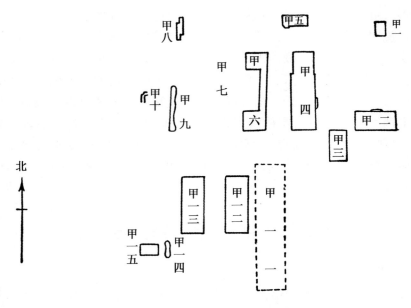

图 5—19　殷墟甲组基址分布图

甲组基址(图 5—19)在遗址的北部，正当洹河转弯处，属于当年小屯发掘区的 E 区和 D 区，其范围南北约 100 米，东西约 9000 米。20 世纪 30 年代发现的是 15 座，根据近年来安阳工作站的岳洪彬等先生新的钻探①，数目略有调整。其甲组各基址的朝向布局，确实是多为南北长于东西，因而有的面向西，例如甲六基址；有的则面向东，如甲四基址以及甲四东边新钻探出的一座形制与甲四相仿的基址，朝向东边的洹河。此外，就局部而言，也讲

---

① 2004 年考古所安阳工作站为了配合安阳市申报世界文化遗产工作，在甲、乙、丙组基址范围作了大量的钻探，据该工作站的岳洪彬博士介绍，依据钻探的结果，原甲 14、甲 15 基址实为一个夯土建筑，其长度和形状与甲 11 相仿，似乎略宽于甲 11；在甲 4 的东边，新发现一座夯土基址，其形状和方向与甲 4 相仿，面朝向东。在甲 5 西北不远的地方，还发现一个玉料坑。此资料均来自主持钻探工作的岳洪彬博士 2005 年 1 月 24 日在中国社会科学院历史研究所作的学术报告。

究对称性，如在甲十三的西边，原为甲十四和甲十五两个很小的基址，然而新钻探却发现所谓甲十四、甲十五实为一个基址，其形状大小与东边的甲十一相仿，呈东西对称的布局。

在甲组基址中，甲十一（图5—20）是最宏伟的基址之一，据础石排列假定，得知南北长约46.7米，东西宽约10.7米，面积约500平方米。基面上有铜础、石础、夯墩、灰烬（炭化的柱烬）共34个。这些柱础大部分在东面，西面较少，北面只有一个。在十个铜础中（图5—21），有的呈圆形，有的呈锅形，大多则为铜片。以铜为础，在殷墟乃至整个商代建筑中都极少见。此基址建于坚硬的褐色土和灰褐土上。基址由灰土构成，厚度1—1.5米左右，质坚硬，但无夯窝。在它的下面，压有两个大坑，石璋如先生认为"这两个大穴都是先殷朝的遗存"①。

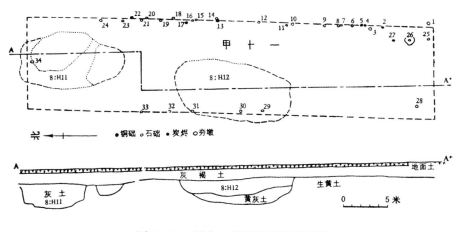

图5—20　甲十一基址平面及剖面图

甲十二基址也很值得注意，因为它在30年代发掘后，1987年春又被重新揭露了一次（图5—22）。甲十二东边与甲十一相邻，相距约2米。呈长方形，南北长约20.5米，东西宽约8.2米，围绕基址有8个础石、9个黄夯土墩，除三个础石排列在基址中部外，其余础石和黄夯土墩都在基址范围之外。基址由灰褐土夯筑构成，厚约1.15米。基址南端有一墓葬（M6），内

———————————

①　石璋如：《小屯·第一本·遗址的发现与发掘·乙编·殷墟建筑遗存》，台北"中研院"史语所1959年版，第50页。

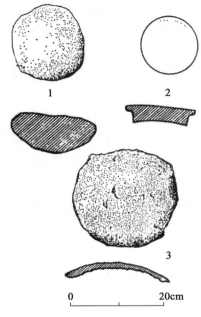

图5—21　甲十一基址的铜柱础

埋一人一兽，人北兽南，人为俯身葬，无随葬品，石璋如先生认为是殷代的遗迹。1987年春季，为配合安阳市"殷墟博物苑"的修建工程，需要找出30年代发掘的53座基址的准确位置，经专家们研究决定，安阳工作队对甲十二基址加以揭露。发掘结果证明，此房基的轮廓与原报告发表的平面图无多大出入，只是南北长出50厘米。值得注意的是，在基址东缘新发现南北向排列的柱洞6个，西缘外侧发现擎檐柱一排，共4个；弄清了以往发现的基址东面的4个柱基，当是基址东面的擎檐柱。据此，古建筑学家杨鸿勋作了复原设计，并由安阳某建筑工程队仿建了一座殷代宫廷式建筑（彩图20）[①]。

甲四基址（图5—23）保存较好，也甚为著名。基址南北总长28.4米，东西宽7.3—8米。在基址南段的东侧有一条向东伸出的舌状夯土，当为上下台基的台阶。房基四周有排列整齐的础石，室内也有一排南北排列的础石。此房子的建筑程序当为先挖基槽，然后夯筑台基，并在台基上筑墙立柱。石璋如先生根据该基址的形状与础石排列情况，结合《周礼·考工记》的记载，对甲四基址进行了复原。复原后的房子，周围为版筑墙，基面上立柱架梁，人字形屋顶，覆以茅草。南段与北段各设一夯土台阶，设想南段五阶，北段四阶，以拟合《考工记》的"九阶"之数。屋内结构则有"堂"，有"室"，有"房"，有"夹"，认为"南段的中三间前面没有檐墙故堂内光线强亮，当为'明堂'，而两夹各有一窗。北段的一大间门窗俱全，唯堂内光线较暗，当为'玄堂'。内部的组织，则是二堂五室，四旁两夹……"[②]。

---

① 中国社会科学院考古研究所编著：《殷墟的发现与研究》，科学出版社2001年版，第54—55页，图一七。

② 石璋如：《殷代地上建筑复原之一例》，台北"中研院"院刊第一辑，1954年版。

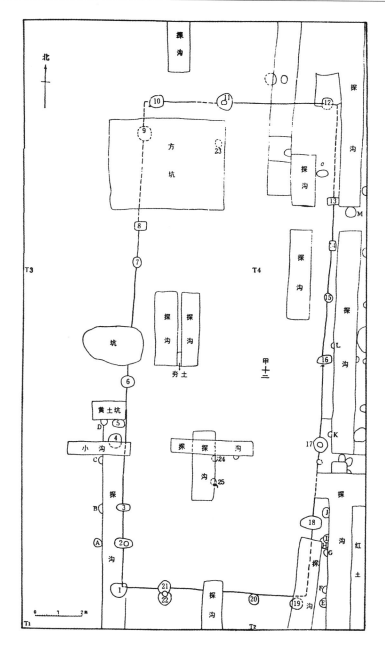

图 5—22　重揭后甲十二基址平面图

探沟系 20 世纪 30 年代发掘。1—25. 柱洞和柱基　A—M. 擎檐柱柱基

未编号的柱洞与甲十二基址无关

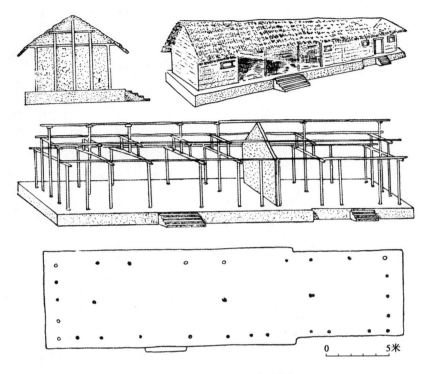

图 5—23　甲四基址及复原图

（《殷墟的发现与研究》）

上左：山墙的结构　上右：复原　中：间架结构　下：基址平面

　　石璋如先生对甲四基址作了如上的复原后，1964 年日本学者三上顺先生在题为《文献上的宫室制度与殷墟基址》一文中，一方面对石璋如先生通过甲四基址的复原研究把发掘资料与文献相对比，给予了高度的评价；另一方面又分析指出，有关中国古代宫室制度的文献上的争论异常复杂，将其与甲四基址联系对比时的解释不必只限于一种，即使将有关宫室制度的文献上的诸问题与发掘资料加以联系和比较，对于当时建筑物的建制、结构等争论的问题，依然难定是非①。1980 年，田中淡先生在《先秦时代宫室建筑序说》巨作中，一是对石璋如运用《考工记》"夏后氏世室……"那段话时采用了与传统不同的断句，提出疑义，这一点与三上顺先生的疑义是一样的；二是

---

① ［日］三上顺：《文献上の宫室制度と殷墟基址》，《日本中国学会报》第十六集，1964 年。

指出复原图中南北方向上的三道横断墙壁虽然是依据柱子的位置设想的，但"堂"及其背后的五室的区划，却缺乏明确的遗迹可依据，只不过是推测；三是把整齐的网状式柱梁推想为殷代的建筑结构，这也缺乏资料的信赖度，留有很大的疑义，另外山墙结构的复原图大概也属于汉代以后的技法。总之，田中先生认为，对于石璋如先生的解释，使人感到是结论先行，然后附会经文的断句，其所推想的复原图，作为例证的资料是及其薄弱的①。确实，上述质疑是客观的，主要是因甲四基址所能提供的信息有限，现在我们也只能将这一复原图作为一种参考而已。

　　关于甲组基址的年代，石璋如先生的结论是："甲组基址的年代最早，可能与第一期甲骨相当，它的使用时间最长，一直到第五期。"② 这只是一个笼统的说法。从此组基址所在探沟和有关遗迹内出土的甲骨文来考察，虽然石璋如先生在报告中列有"表一二七：与基址有关的甲骨之时期"③，但由于在其所依据的董作宾的甲骨分期中是将自组、子组之类卜辞定为第四期的文武丁时期的卜辞，而这些卜辞实为第一期的武丁时期的卜辞④，所以，

---

①　［日］田中淡：《先秦时代宫室建筑序说》，《東方学報》（京都）第 52 册，1980 年。

②　石璋如：《小屯·第一本·遗址的发现与发掘·乙编·殷墟建筑遗存》，台北"中研院"史语所 1959 年版，第 326 页。

③　同上书，第 320—323 页。

④　我们现在称之为自组的卜辞，早年在日本的贝冢茂树、伊藤道治等学者中，称之为"王族卜辞"；子组卜辞他们称之为"多子族卜辞"。所谓"王族卜辞"与"多子族卜辞"，伊藤先生解释说：它们都不是殷王朝政治机关所占卜的"公家"性的卜辞，"王族卜辞"是指包括王在内的、王族私属性的小集团的卜辞（其贞人集团服属于王族，但并不等于说王族本身只是一个贞人集团）；"多子族卜辞"是指以殷王的太子为首长，以殷及联合诸国的王子们为中心的、较为特殊集团的卜辞（参见伊藤道治《古代殷王朝之谜》第 25 页，角川书店 1967 年版）。对于"王族卜辞"和"多子族卜辞"即自组卜辞和子组卜辞的年代，贝冢茂树先生在 20 世纪 30、40 年代即将其时代初步判定为甲骨分期中第一期的武丁时期，到 50 年代，当贝冢茂树先生和伊藤道治先生一起整理京都大学人文科学研究所所藏的甲骨时，依然有一个如何处理自组卜辞与子组卜辞的年代问题，为此，两人合作，在 1953 年的《东方学报》（京都）第 23 册上，发表了题为《甲骨文断代研究的再探讨——以董氏的文武丁时代卜辞为中心》的论文，文中不同意董作宾先生将这两组卜辞总括为一，也不同意董先生把它们定为文武丁时代，而将其论证为甲骨文第一期即武丁时期。1956 年，陈梦家先生出版《殷虚卜辞综述》一书，也把董作宾先生所说的第四期晚段的文武丁卜辞划定为第一期。1973 年，小屯南地甲骨出土，在早期的坑位中与殷墟早期的陶器等器物一起，发现了这类卜辞，从而证实了当年贝冢茂树、伊藤道治、陈梦家诸先生对这类卜辞时代判定的正确。

在根据这些刻字甲骨考察基址的年代，由于甲骨分期上观点的不同，对基址年代的看法也就极不相同。在甲十三基址的夯土中出甲骨文 4 片，其中 2 片（甲，3693、3691）属宾组；1 片（甲，3692）字体近𠂤组；一片不明。这些甲骨片出于夯土中，甲十三夯土基址的年代晚于这些甲骨，即其上限晚于武丁或同于武丁时期（即上限早不过武丁），下限当晚于武丁。而甲十二与甲十三东西对称，大小形制如一，当是同一时期的建筑。

早年伊藤道治先生对甲、乙、丙三组基址的年代也做过研究[①]，关于甲组基址的年代，他认为以大连坑为中心的 D 区的南边出土的甲骨，含有第一、二、三期，其中大连坑出土的甲骨，第三期占大半。还有，就第八、九次发掘的 D 区出土的甲骨来看，除被认为是第五期的 5 片外，其他同样都是第一、二、三期，因此，在这里第一期的很多。把第八、九次发掘所出甲骨的窖穴与大连坑一并考虑后，可以推想与基址相比其地层应在下层，从而可以推定这个区的版筑基址的年代和乙一一样，属于后期，即第三、四期[②]。在当年的发掘编号中，D 区包括有后来称之为甲十一、甲十二、甲十三、甲十四、甲十五等基址。按照伊藤先生的意见，这些基址属于第三、四期。

甲一至甲九等基址属于 E 区。在 E 区有关版筑夯土与窖穴之间层位或重叠关系的例子没有报道过，从而直接判定版筑夯土年代的关系并不清楚。比较各窖穴开口与版筑夯土距地表的深度，伊藤先生认为，出土第一期甲骨的 E16 坑，比甲四基址年代要早，它与 E178、E166 几乎平行，从而甲四基址为第二期以后的可能性较大。关于甲六基址，从紧靠它西边的窖穴 5H20 出土的甲骨被认为是第一、二期[③]，伊藤先生认为甲六基址大概也是后期的建筑。甲七、甲九两基址的年代，因其夯土版筑面是从地下0.1 米开始，大体与甲四、甲六同时，而且甲七基址的夯土非常薄，或许其时代也靠后。还有，位于甲八与甲九附近的 E5、E21、E23、E10、E181 都出土有甲骨文字等，伊藤先生分析说，E10 是第四次发掘时发现

---

① ［日］伊藤道治：《安陽小屯殷代遺跡の分布復原とその問題》，《東方学報》（京都）第 29册，1959 年。

② 同上书，第 350—351 页。

③ 董作宾：《甲骨文断代研究例》，《中研院史语所集刊外编第 1 种·庆祝蔡元培先生六十五岁论文集上册》，1933 年版，第 360 页。

的，出土刻有文字的鹿头骨，其鹿头骨上的刻文有征伐人方时祭祀文丁的记录，它属于帝辛时代的可能性很大。E5、E21、E23 是三个连接的探沟，据董作宾先生讲，从 E21 探沟也出有在征人方进行中的卜旬卜辞，所以，是与 E10 同一时代的。这样看来，E 区基址的年代比较晚，有些很接近第五期的年代[①]。

显然，伊藤先生与石璋如先生两位关于甲组基址年代的看法，有同有异，这一带有晚期基址，在这一点上两人有相同之处，但伊藤先生更多的是强调了 E 区多为晚期基址。陈梦家先生曾指出出土有 300 片甲骨的 E16 坑是有意储积的[②]，陈志达先生据此进一步分析说："既然武丁时代已在此储积甲骨，完全有可能与此同时或更早就在此修建一些房子。但整组房子的建成年代，因限于资料，难以确定。"[③] 洹北商城发现后，考古所安阳工作站的同志，有的将甲组基址范围出的一些陶器与洹北商城的陶器相比较后，认为甲组基址中有的基址的年代有可能早到洹北商城时期[④]；而有的同样对甲组基址范围内出土的器物作了分析对比，认为早不过武丁时期[⑤]。可见，关于甲组基址的年代，一时还难以形成共识，笼统地讲，大概从武丁至帝辛时期都应在这里建有宫殿，只是哪些是何王所建，又在何时被毁弃，现已很难具体讲清楚。

二 乙组基址

乙组基址（图 5—24）在甲组基址之南，属小屯发掘区的 B 区和 C 区。20 世纪 30 年代得知基址范围南北长约 200 米，东西宽约 100 米，共有基址 21 座，多数基址东西向排列，呈横长方形，门向南；少数基址南北向排列，呈竖长方形，门向东或西。因东边是洹河河岸，多数基址面貌不全，有的没有挖至生土，基址与基址间有叠压，多数基址下面压有排水沟，水多排向基址西边的池苑，有的基址下压有灰坑，也有的压有墓葬，情况比较复杂。

---

① ［日］伊藤道治：《安陽小屯殷代遺跡の分布復原とその問題》，《東方学報》（京都）第 29 册，第 352—358 页。

② 陈梦家：《殷虚卜辞综述》，科学出版社 1956 年版，第 154 页。

③ 中国社会科学院考古研究所编著：《殷墟的发现与研究》，科学出版社 2001 年版，第 57 页。

④ 此为安阳考古工作队唐际根队长的观点。

⑤ 此为安阳考古工作队岳宏斌副队长的观点。

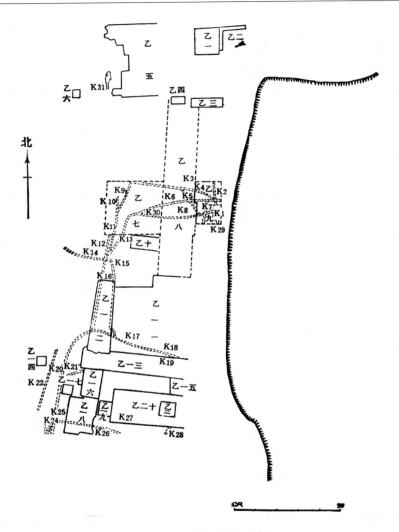

图 5—24　乙组基址分布图

　　乙组基址是小屯宫殿宗庙建筑遗迹的主要部分，但由于河岸的侵蚀等原因，对原来东边夯土所达的范围和形制，不得而知。20 世纪 70 年代，李济先生根据这些建筑的安排可能近似对称的想法，曾设想了一个基址范围复原图（图 5—25）①。

---

　　①　李济：《安阳》，河北教育出版社 2000 年版，第 164 页。

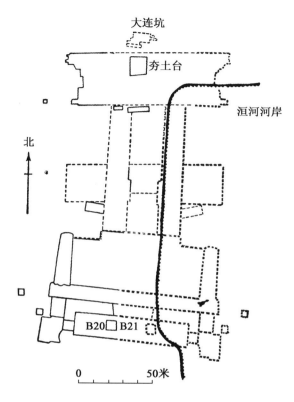

大连坑

夯土台

洹河河岸

北

B20 B21

0 ____ 50米

图5—25 李济乙组基址范围复原图

(李济：《安阳》)

近来，中国社会科学院考古研究所商周研究室主任杜金鹏先生根据偃师商城的宫室基址、洹北商城的宫室基址以及其他商代的建筑基址多呈四合院式的布局，猜想小屯宫殿区建筑基址的布局也应为四合院式布局，适逢为配合安阳市申报世界文化遗产的工作而需要在小屯宫殿区做一些钻探，他请求考古所安阳工作站的岳洪彬博士在钻探中能检验、验证他的这一设想。经过安阳工作站的岳洪彬等考古学者仔细钻探，虽在一些具体的细节上与杜金鹏先生的猜想有所出入，但乙组基址为四合院式的这一主导思想，两人基本上是一致的①。根据岳洪彬博士的介绍，原有的乙十一后期基址、乙十二、乙

① 杜金鹏先生关于殷墟宫殿区乙组基址为四合院式建筑的思想，还可参见他所发表的《殷墟宫殿区建筑布局和性质简论》一文（《中国文物报》2005年3月4日）。

十八、乙十九、乙二十，加上新钻探出的位于东边与乙十二相对称的一处南北长东西窄的夯土基址、位于东边与乙十九相对称的一处夯土、更东侧与乙十八相对称的一处南北长东西窄的夯土，以及在乙二十正南不远地方、东西长南北窄的一处夯土，恰可组成一组三进或两进院落的四合院。对此，我们暂称之为南组四合院落。

在这个南组四合院的北部，还可以构成另一个北组四合院，即原有的乙八作为该院中面朝东的建筑；原有的乙四实际上与乙八是一个基址；乙三基址向东延伸，并南北加宽，可成为该院中面朝南的建筑；设想在东边有一座与乙八形制相仿、相对称的建筑基址，可构成该院面朝西的建筑基址；南部则与乙十一相接；原乙九基址若与上述这些基址为同时，则向东延伸，可将这一院落分隔成南北两进院落；若乙九基址早于乙八基址，则上述基址所围起来的只是一个院落（图5—26）①。

有了上述四合院落的框架结构，再来分析30年代发掘出的夯土基址，一些过去难以理解的现象变得很好解释了；几十年来积压在考古学者心中的种种疑团，也逐渐释然。所以，可以毫不夸张地说，安阳工作站这次大面积、仔细的钻探工作，是殷墟考古中又一重大突破，其重要的学术意义及其深远的影响，在不远的将来就会凸显出来。

结合新钻探的成果，分析原有的资料，我们可以看到，在南组院落中，乙二十是前院内一座坐北朝南的正殿或称主殿；主殿的前面是庭院；乙二十西边的乙十九是其西侧附属的庑室或过道；乙十八及南边新探出的夯土，是前院的西配殿或可称为西室、西厢房、西庑室之类。在原乙十八基址的南端与新探出的夯土之间，有一个东西出入通道，是前院向西开设的门。乙二十与乙十三之间的原乙十五实为前院与后院之间的过道。乙十三为南组院落中后院的南室或可称为南庑室、南部廊庑之类；原乙十一分为两部分，靠北的部分为宫室夯土建筑基址，是后院的正殿；靠南的部分为后院的庭院；乙十二为后院的西配殿或可称为西室、西厢房、西庑室之类。因这两组四合院均采用的是东西对称，所以，东侧探出的夯土建筑基址的形制、名称，完全可

---

① 南组四合院的形制，基本为钻探所得。北组四合院还探得不是那么清楚。这个图有笔者猜想的成分。资料来源于岳洪彬博士2005年1月24日在中国社会科学院历史研究所作的《近年来小屯宫殿宗庙区的考古工作及思考》的学术报告。这个示意图是根据岳洪彬的报告内容，笔者所绘，并非依据钻探数据实测，因而是一个仅供参考的、仅起示意作用的图。

以依西侧而定（图 5—26）。

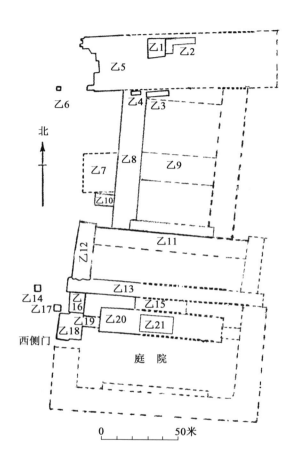

图 5—26　乙组基址新的钻探与四合院构想示意图

乙二十基址（图 5—27）作为南组院落中前院的正殿或主殿，原报告发表的资料也是很能说明问题的。30 年代发掘的面积，东西长 31 米，南北宽约 15 米（西端宽 15 米，东端宽约 14.5 米）。1987 年经钻探得知其长度向东还有约 21 米，东西总长约 52 米[①]，坐北朝南。在 30 年代发掘的范围内，基址

---

①　中国社会科学院考古研究所安阳队：《河南安阳殷墟大型建筑基址的发掘》，《考古》2001 年第 5 期。

的南北两边各有一排东西排列的础石，南排发现 13 个，北排发现 7 个。原报告说在南排础石外侧发现三个门道（E、F、G），门道两侧有排列密集的河卵石。现参照偃师商城和洹北商城宫室基址的发掘情况，乙二十基址中所谓 E、F、G 这三个门道，应该是基址夯土台基前的台阶的遗迹，两侧排列密集的河卵石，是加固台阶所用，在河卵石之上甚至还可能有矮短的木柱，都起加固台阶的作用。在台阶 E 之南埋有一具跪着的人骨（M389）。在 E 与 F 两个台阶之间的台基边缘处，有墓葬 1 座（M414），打破台基边线，内埋有人骨 1 具、犬骨 1 具；人骨呈跪状，面向北，身上佩带贝约 144 枚；犬在东边，头向南；还殉有石戈 1 件。在 F 与 G 两台阶之间的台基边缘处，也有墓葬 1 座（M355），内埋人骨 1 具，跪状面向南，随葬石戚、石刀各 1 件。在

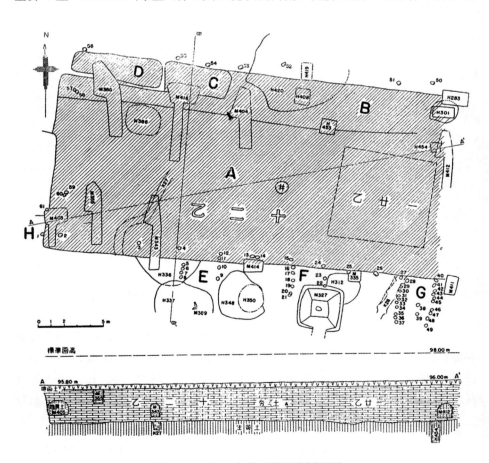

图 5—27　乙二十基址平面及剖面图

台阶 G 的东侧有 M411，墓坑呈南北向，内埋人骨、犬骨各 1 具，人骨作跪状，面南，犬在东边。台基前台阶与台阶之间的这些墓坑，坑内人骨皆作跪状，随葬武器兼或有犬，这些人似为武士，与那些砍头墓或称为斩首墓不同，他们是全身葬，大概是用来为祖灵守卫正殿的；在台阶 E 前跪着的人骨（M389），没有随葬武器，大概是伺候祖先上殿的。乙二十基址的规模、位置方位，以及台基前的这些墓坑，都有助于说明乙二十基址是这组宗庙建筑的主殿。

对于乙二十基址和乙二十一基址，石璋如先生也曾作了大胆的复原，他认为"乙二十一基址地上建筑部分是一座两层楼房，下部四周有走廊，面东，五间，并有向东的门；上部向北，有楼梯可攀登"[1]。并推测在乙二十一的西边，还有一座与之对称的同样建筑物。他说"这两座建筑可能相当于后世的塾、观、阙之类。下面以便稽查，上面以便瞭望之用"（图 5—28）[2]。然而，乙二十与乙二十一究竟是什么样的关系，乙二十一究竟应作如何的复原，石璋如先生想象的成分显然太多，还难以令人相信。显然，只要复原的立意不同，乙二十的建筑形制和功用也即完全不同。

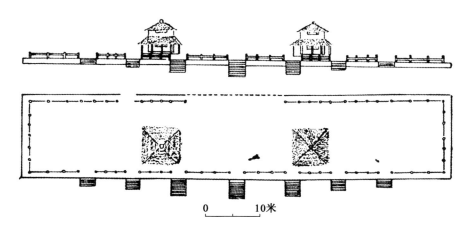

0　　　10米

图 5—28　石璋如乙二十及乙二十一两座基址上层建筑复原图

（石璋如：《殷代地上建筑复原的第二例》）

乙八基址（图 5—29）是北组四合院中坐西面东的建筑，基址南北长约 85

---

①　石璋如：《殷代地上建筑复原的第二例》，《民族学研究集刊》第 29 期，1970 年。

②　同上。

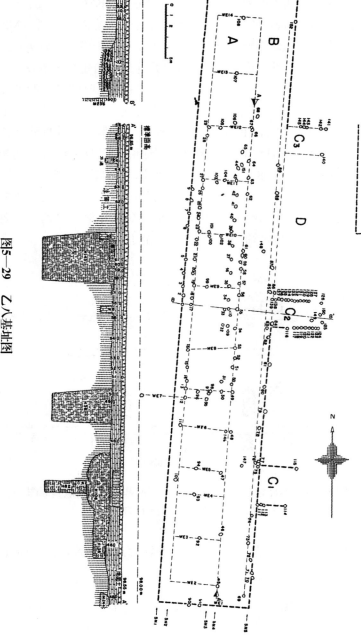

图5—29 乙八基址图

米，东西宽约14.5米。有五行南北向的础石，最东一行础石外侧已发掘出C1、C2、C3三个台阶，原报告称之为门，并说按基址的长度推算，应有五处。由C2来看，台阶的两侧原有密集的础石，也是用来加固台阶的。从图中还可以看出，台基上A部分为房间，由东西向排列的础石可分隔出12个房间，我们可以称之为西配殿中的西室或四合院内的西室、西厢房。B的部分是西室前的走廊。C1、C2、C3则是走廊前连接台基与庭院的台阶。乙八基址中分隔房间的础石的发现，说明此四合院的西边是由室和室前走廊这样的结构组成的，按照东西对称的原则，庭院的东边也应有相仿的建筑。

将原有的发掘与新钻探的成果联系起来，还有助于结合甲骨文所反映的宫室形制结构做一些说明。目前殷墟出土的主要是商王武丁以来的甲骨文，而小屯的这些夯土建筑也是武丁以来的宫殿宗庙，所以，能将二者联系起来予以说明，无论对于考古学还是对于甲骨学，都是一件幸事。

在殷墟卜辞中称之为"室"者有："大室"、"南室"、"东室"、"西室"、"中室"、"小室""后室"、"新室"、"盟室"、"大甲室"、"祖丁室"、"祖丁西室"、"妣庚室"、"寝小室"，等等。其中，"大室"应当就是正殿或主殿，由"大室"与"南室"、"东室"、"西室"即可组成一个四合院式建筑群体。卜辞中有商王在大室举行祭祀活动的记录，如：

(1) 庚辰卜，大贞：来丁亥其桒丁于大室，𠂤丁西飨……（《合集》23340）

(2) 己丑卜，扶贞：其禖告于大室。（《英藏》2082）

(3) 司（后）母大室。（《合集》30370）

卜辞（1）是祖庚时期的卜辞，说将于庚辰日的下一旬丁亥日，在大室桒祭称为丁的祖先，在其西（大概是其西室）举行祭祀时的飨食活动。桒祭之桒，于省吾先生释为塞，说是冬塞报祠之塞，报塞鬼神，使之赐福，其祭礼中用牢、宰、牛者习见[①]。卜辞（2）是祖甲时期的卜辞，说在大室举行禖告的祭祀活动。卜辞（3）是廪辛康丁时卜辞，从辞中可以看出有的大室属于后母大室。

关于东室、西室、南室的卜辞：

① 于省吾：《甲骨文释林》，中华书局1979年版，第35—37页。

　　（1）戊戌卜，宕贞：其爱东室？小告

　　　　　贞：弗其爱东室？二告

　　　　　贞：克？二告

　　　　　贞：侑？二告

　　　　　贞：燎？二告

　　　　　燎牛？

　　　　　燎五牛？

　　　　　勿十牛？（《合集》13555 正）

　　（2）……东室……（《合集》13556 反）

　　（3）……丁西室……（《合集》30372）

　　（4）庚子卜贞：侑亡（报）于南室。（《合集》557）

　　（5）贞：告执于南室三宰。（《合集》806）

　　（6）□子卜，于南室酌亡。（《合集》13557）

　　（7）乙酉卜，祝贞：甫今夕告于南室。（《合集》24939）

　　（8）□寅卜，大［贞］：其侑……丁三十牛……南室。（《合集》
24941）

以上东室、西室、南室都有祭祀活动被记录，因而被认为"都是祭祀所在的
宗庙"①。正如我们在前面章节中所强调的那样，自早商以来，在四合院中，
每每是一院数宗，即在一个院落中有数个先王的宗室②。所以，大室、东室、
西室、南室也可以与卜辞中的各种"宗"室联系起来考虑。

　　卜辞中的宗庙名称，按照大小，有的称为"大宗"（《合集》34044）、有
的称为"小宗"（《合集》34045）③；按照方位，有的称为"北宗"（《合集》
38231），有的称为"西宗"（《合集》36482），有的称为"右宗"（《合集》
28252）；也有的是按照某一先王、先妣的庙号来称呼，如"大乙宗"（《合

---

　　①　陈梦家：《殷虚卜辞综述》，中华书局 1988 年版，第 477 页。

　　②　这里的"宗室"即宗庙，是立有祖先牌位（即"示"亦即神主）、祖先接受祭祀的房子，而
不是春秋时期所说的"公室"、宗法意义上的"宗室"。

　　③　"大宗"、"小宗"指的是宗庙的大小，由胡厚宣先生提出。参见《殷代婚姻家族宗法生育制
度考》，载胡厚宣《甲骨学商史论丛初集》（上），河北教育出版社 2002 年版。

集》33058)、"文武宗"(《合集》36149)、"祖乙宗"(《合集》33108)、"妣庚宗"(《合集》23372)等等；还有诸如"岳宗"(《合集》30298)、"河宗"(《合集》13532)、"唐宗"(《合集》1339)、"秦宗"(《合集》27315)、"戠岳宗"(《合集》30299)之类，也是依受祭者而给予的一个个专有宗庙的称呼。这些"宗"与"室"之间，有些相互是重叠的。也就是说，这些诸种宗庙之"宗"，有的与所谓大室、东室、西室、南室实为一物两名，放在一个四合院中，从室的方位的角度而言，可称之为大室、东室、西室、南室，而若从一个个受祭者的角度讲，则可直接称之为"大乙宗"、"祖乙宗"、"妣庚宗"等。所以，每个受祭者都有一个专有的宗室名称，与宗庙的形制结构为四合院式结构，以及在四合院中的房屋分为大室、东室、西室、南室，是一点也不矛盾的。

在殷墟卜辞中明确作为居所的应该是"寝"，这类卜辞有：

　　……王寝于𪊨……受年　(《合集》9815)
　　甲午贞：其令多尹作王寝。(《合集》32980)
　　贞：今二月宅东寝。(《合集》13569)
　　癸巳卜，宁[贞]：叀今二月宅东寝。(《合集》13570)
　　三妇宅新寝。(《合集》24951)
　　□□卜，于东寝……
　　辛丑卜，于西寝……　(《合集》34067)
　　辛巳贞：其刚于祖乙寝。(《屯南》1050)

由这些卜辞看，商王及其王室成员是宅于寝的，寝还划分为王寝、大寝(《骨文化》65页)、新寝、东寝、西寝、祖乙寝、寝小室等。如第一章所述，我们虽然可以依据小屯南地出土的1050号甲骨记有"其刚于祖乙寝"而认为在寝内也可以举行祭祀活动，但寝的主要功能还是作为居所使用的。此外，文献中每每庙寝连文，如《诗·小雅·巧言》："奕奕庙寝。"《礼记·月令》："寝庙毕备。"注曰："凡庙，前曰庙，后曰寝。"疏云："庙是接神之处，其处尊，故在前；寝，衣冠所藏之处，对庙为卑，故在后。"在建筑方位上，庙在前，寝在后，是可能的，但说寝只是衣冠所藏之处，与商代的情况不合，因卜辞中明明记有"宅东寝"、"宅新寝"。庙与寝在方位上，有前后之布局，它们可以是在一处，也可以是一前一后的两处，如《左传》昭公十八年，郑灾，"简兵大蒐，将为蒐除，子大叔之庙在道南，其寝在道北"。

小屯的乙组基址一般判断其为宗庙，而寝庙连言，那么卜辞的寝即寝室在小屯已发现的宫室基址中有无线索可寻？首先，在上引卜辞中，寝分东寝、西寝，这似乎透露出寝也在四合院之中，或者是寝也可以组成四合院式的结构。再结合文献所说的庙在前，寝在后的方位，笔者判断乙组基址的两组四合院中，假若南组院落的第一进院即由乙二十、乙十九、乙十八等组成的前院为宗庙建筑的话，那么，其后面即北面的第二进院亦即由乙十一的北半部、乙十二、乙十三等围起来的后院，很有可能就是商王居住之所的寝室即宫寝。

在乙组建筑基址中，另一项能与甲骨和文献结合起来的就是庭院，如乙二十基址的南面即为一个较大的庭院。如本书第一章和第四章在谈到偃师商城与洹北商城的宫室庭院时所述，依据甲骨文、金文和文献资料，商王时常在庭院举行施政、议政、飨食和祭祀活动，参与的人员，除商王之外，有王室成员、贵族官尹、地方族邑之族长，以及方国君长或来使等，据《尚书·盘庚》"王命众，悉至于庭"，必要的时候，来到王庭的还有普通的族众。后来所谓的"朝廷"即起源于这种"庭"。乙组基址中四合院的钻探发现，使得从早商到晚商，作为祭政合一的"庭"即"王庭"的发展，得以连贯，其学术价值也是明显的。

在第一章中笔者曾指出，卜辞中有"庭西户"（《合集》30294），指的是庭院西边有单开的门。偃师商城四号宫室的庭院，除位于南庑的正门外，也有位于西庑的西侧门，西侧门是一个小门，与甲骨文中"户"字属于单开门的造型一致。甲骨文中"庭西户"说的是安阳殷都晚商时某一宫室庭院西开门的情形。如前所述，岳宏斌博士最新的钻探表明，在以乙二十为正殿的庭院中，原乙十八夯土基址的南缘也有一个向西开的小门，为该庭院的西侧门，其位置其形制与卜辞中的"庭西户"完全吻合，或许卜辞中的"庭西户"，指的就是由乙二十、乙十九、乙十八等围起来的庭院的西侧小门。

关于乙组基址的年代，情况比较复杂。石璋如先生认为："乙组基址有早有晚，形式不一，如乙五、乙七、乙十一前期三基址，可能为祖甲时的建筑物，至于改造划一而完成大规模设计，可能是文武帝乙时代的作品。"[1] 乙

---

① 石璋如：《小屯·第一本·遗址的发现与发掘·乙编·殷墟建筑遗存》，台北"中研院"史语所1959年版，第332页。

五、乙七和乙十一前期基址，确实是比较早的遗存，而且乙五基址可能还要早于石璋如所说的祖甲时期。安阳考古队队长唐际根先生曾指出，乙五基址含一组重要的地层关系：YH093→乙五基址→YH006。此外，压在基址之下的墓葬 3M14 据认为与乙五基址的建造仪式有关，也可作为判断其年代的标准。从李济先生编著的《殷墟陶器图录》中可以查到 YH093 出土有较丰富的陶器，经比较研究后，唐际根认为 YH093 出土的陶器都是殷墟一期晚段的，YH006 出土的陶器应早于殷墟一期晚段，因而，"将乙五基址的年代定在殷墟一期晚段是适宜的"。乙七基址中有 2 组地层关系有助于判断该基址的年代，一组是基下单位，包括水沟和灰坑 YH059；另一组是与基址属同一时期的葬坑，即 YM101、YM167、YM137、YM414、YM186。后一组出土了一批青铜武器，其特征为殷墟一期晚段。乙十一前期基址有一组重要的地层关系：灰坑 YH158 打破了乙十一前期基址，乙十一前期基址又分别叠压水沟和墓葬 YM222。据认为，YM222 与前期基址建造仪式有关。由于YM222 为殷墟一期晚段的墓葬或奠基坑，则乙十一前期基址应为同一时期遗迹。水沟的年代也支持这一结论。发掘者说 YH158 灰坑打破了乙十一基址，唐际根认为应是地层搞错了。因 YH158 所出器物均不见于殷墟一期晚段及以后殷墟文化各期，相反却与殷墟一期早段的同类器形制相同，如此灰坑在地层关系上明显不可能晚于 YM222 和水沟[1]。陈志达先生也认为，乙五、乙十一前期基址修建的时间，不会晚于殷墟第二期或更早（相当于殷墟第一期），如乙五被 3：M14、M66 和 H93 打破，3：M14 出土陶器均接近殷墟第一期同类器物；M66 出土"司母"铭文的铜盖和残陶罍，均属殷墟第二期的形式；H93 出土的陶器形制接近殷墟第二期或更早的陶器。乙十一夯土内出有字体近宾组卜辞的卜甲一片（乙，8690），基下压有 H228、H244，两坑分别出宾组卜辞（乙，8689）与字体近自组的卜骨（乙，9057）[2]。

关于乙七基址的年代，伊藤道治先生曾指出，与乙七基址有地层关系的灰坑 H36、7H23、H17 都出土有刻字甲骨，H36 在乙七基址的下层，出土的甲骨属于王族卜辞即自组卜辞，由此可知乙七基址的上限为甲骨文第一期。H17 为上层灰坑，从 H17 出土了 6 片甲骨的时代为第五期，这说

---

①　唐际根：《殷墟一期文化及其相关问题》，《考古》1993 年第 10 期。

②　中国社会科学院考古研究所编著：《殷墟的发现与研究》，科学出版社 2001 年版，第 59 页。

明乙七基址到第五期时已不使用了。成为问题的是 7H23 的层位问题。根据石璋如的报告，7H23 灰坑的上口与乙七基址上面在同一平面，如果是这样的话，这个灰坑当然要比乙七晚。该灰坑的发掘是十五次发掘中第七次时发掘的，当时只发掘到刻有文字的骨版 6 片，据石氏说，从 7H23 出土有第四期的甲骨文，从而显示出乙七基址到第四期时就不再被使用了。可是因为石氏后来又说 7H23 是乙七的下层灰坑。这样，乙七的建造就变成从第四期或其之后开始建筑，而从上层的 H17 灰坑出土的甲骨文的时代为第五期，乙七的使用时期也就成了从第四期的某个时期开始到第五期的某个时期。然而，7H23 若在基址的下层，而且又和其上乙七基面等高的话，那么，一般来说这个灰坑就应和基址同样，用夯筑的夯土来埋，但该灰坑却是用灰土埋的，所以，伊藤先生总觉得说这个灰坑在基址的下层似乎有误。而且，石氏所说从这个灰坑出土的编号为 7·2·0003 的甲骨，是《殷墟文字》（甲编）的 3689 号甲骨。这是第五期的骨版，这个灰坑大概应该与 H17 一样，都属于上层的灰坑。当然，甲骨文和所出灰坑的编号之间也许有误。如果是甲骨文的编号有误。那么，因该灰坑是第七次发掘时发现的，在第七次发掘到的 6 片骨版中，第一期的 1 片，第五期的 3 片，第三期的 1 片，还有 1 片字体颓靡，应是第三期的，所以，不见石氏所说的第四期的骨版。如果是第五期的甲骨，这个建筑物就是第五期的某个时期被建，不久就不再使用了。第二种设想可能性也是存在的。但如果把 7H23 考虑为上层的话，即使是第五期，它与 H17 的关系也不矛盾。再从这个地域出土甲骨的整体情况来看，因为从该地域出土第四期甲骨的可能性很小，可见石氏说法大概有误。①

乙十一基址的年代。伊藤先生说在前期基址之下的下层，有出甲骨的 H228、H244 两个灰坑，H228 出土第一期的甲骨文，H244 出的甲骨，文字不太明了，像是王族卜辞即自组卜辞。但是，在这些灰坑群和基址之间还有一层，这一层有 H161 等六个灰坑和水沟。从而，在前期基址与 H228 等遗迹之间有某种程度的年代距离，当然，其年差的幅度是多少，尚不能具体确定。这样，基址建成之后，其前期基址被 H250 等五个灰坑破坏，进而在其上建了墓，其后不久，又建了后期基址；从而在前期与后期之间的某个期间，这个地方有一个不作为基址使用的时期，发掘者把这个不作为基址使用

---

① ［日］伊藤道治：《古代殷王朝の謎》，日本講談社学術文庫 2002 年版，第 181—182 页。

的时期称之为"前期间期"。伊藤先生认为，这个"间期"出现的墓葬就是使用该"间期"的灰坑的人们的墓葬，这些人不是具有王那样地位的人，而是前期基址不被使用之后住到这里的人们，如果这些基址视为王宫宗庙的话，在这个"间期"，王住在别的地方了，经过这个"间期"之后，重新建造了后期基址，王又回到了这里。在后期基址与前期间期的中间，有一个被认为是属于乙七基址的庞大的墓葬群（现也称之为祭祀坑或密集小葬坑）的地层，该墓葬群被认为是战争凯旋所举行祭仪的牺牲的墓葬，大概其仪式当时是在乙七、乙八建筑的前庭这种地方举行的，而乙十一的前期基址已经不使用了，那里也就有了几个灰坑和墓葬（与墓葬群不同的墓葬）。这些墓葬多数只是挖个竖穴而已，可以看成把这里的住民杀后埋了，在乙十一的前期基址不被使用之后，到乙七、乙八基址被建成之前，就形成了某种程度的期间。因为乙十一后期基址是在那个大的墓葬群的上层，所以很可能后期基址的使用期比乙七、乙八基址晚，还有一个因素是，诚如石璋如先生所考虑的那样，这个庞大的墓葬群并非落成式祭仪的牺牲墓群。大概乙七、乙八在某种程度的使用后被废弃，其后，建筑了乙十一后期基址。[1]

从乙十三基址的下层的灰坑 H244 和 H371 出土有甲骨，H244 出土的是自组卜辞，从 H371 出土的现在还不能确定其时代，陈梦家先生认为其为第一期，石璋如先生认为其为第四期，也有人认为其为第五期，伊藤先生认为其有近似于王族卜辞和多子族卜辞即自组卜辞与子组卜辞的要素。因为甲骨的时代尚不能确定，所以不能由此断定乙十三的年代，但从各种层位关系上看，伊藤先生认为乙十三基址与乙十一后期基址大致为同一时期，与乙十五、乙十六、乙二十也大致同时，是一组建筑[2]。依据新钻探的结果，伊藤先生所认为的乙十一后期基址与乙十三、乙十五、乙十六、乙二十属于同时的一组建筑的观点，以及石璋如先生在报告中也认为乙十八、乙十九、乙二十等基址为同时的意见，显然都是正确的，因为它们属于四合院中的一部分。这组建筑当建于武丁之后，其使用下限目前依然还很难确定。

在乙组基址的范围内，发现有两种葬坑，一种是与建筑有关，它们直接

---

① ［日］伊藤道治：《古代殷王朝の謎》，講談社学術文庫 2002 年版，第 283—185 页。
② 同上书，第 286 页。

埋在夯土基址下或打破夯土基址，发掘者称之为"基上墓"和"基下墓"，它们或为建筑房屋时的奠基，或为其与建筑有关的其他目的的埋葬，如前述乙二十台基前携带武器和犬、守卫祖先庙堂的葬坑，就是区别于奠基的葬坑；另一种则是在殿前或殿旁空地大批成群埋葬的祭祀坑，如乙七南边被称为"北组"、"中组"之类的墓葬。

乙七基址南部所发现的大片成排分布的葬坑（见图5—3），发掘者曾将其分为北、中、南三组。北组墓54座，中组墓80座，南组墓1座。据研究，南组墓M232，应属殷墟一期偏早阶段，其年代早于乙七、乙十一、乙十二等基址，属于武丁以前的贵族墓，与这片成排的墓葬无关①。这样，乙七基址南部的墓坑共为两组134座。中组墓坑的东部被乙十二基址破坏，现存墓坑数并非实际的中组墓数量②。

北组墓从西往东又分为四个小组，第一小组是最西的一墓，是一个普通的小型墓。第二小组27座墓，都是斩首墓，躯骨与头骨埋在同一坑中。这27座墓中在东边的9座墓都是每3人一坑。第三小组位于中央，有5座战车坑和在其南边并列的5座坑。这5座战车坑是北组的中心，而且5座战车坑又以M40为中心，按照前卫和左右后卫的形制配置。在战车坑中，每3人一辆车，和马一起埋入，都随葬有弓形器、刀、镞，属于全副武装。在其前面的5座墓，每墓埋有5人，可以认为是战车队的前卫。战车坑和其前面的5人墓中的人骨全为俯身葬。第四小组在最东边，分多种类型，有的墓埋入七八个儿童；有2座墓与数件青铜器一起分别埋入5人和2人；有2座墓各埋入一个跪着姿态的人；还有1座墓带有腰坑，内埋俯身葬1人，并随葬有石制的璧、戈和陶壶各1件；在东南角的1座墓，俯身葬有7人，其中3人的头部戴有骨笄，中有1人的骨笄带有绿松石，4人口中含有贝。这第四小组的墓都是没有斩首的全躯葬。

中组墓可分为两部分，最西端的M164为一部分，其余的79座墓为另

---

① a. 陈志达：《安阳小屯殷代宫殿宗庙遗址探讨》，《文物资料丛刊》（10），文物出版社1987年版。

b. 中国社会科学院考古研究所编著：《殷墟的发现与研究》，科学出版社2001年版，第62页。

② a.［日］伊藤道治：《古代殷王朝の謎》，講談社学術文庫2002年版，第248页。

b. 中国社会科学院考古研究所编著：《中国考古学·夏商卷》，中国社会科学出版社2003年，第353页。

一部分。M164 被称为骑马墓，墓内有 1 人全副武装，为全躯俯身葬，并有马 1 匹、犬 2 只和较多的随葬品。其他的 79 座墓共计 377 人，除 11 人仰身外，其余全是斩首俯身葬。在中组墓中，埋葬情况和北组墓一样，但也有些差异，最上一级的是骑马墓的墓主人；第二级是佩戴小铜铃的三人；第三级是系戴 2 枚贝饰的二十一人；第四级是约百余人，人骨架上着红色；最下一级是什么也没有的、被斩首的 210 人[①]。

关于上述北、中、南三组墓葬的性质，石璋如先生最初认为："这三组墓葬也可以说是一个较大的结构，很可能代表着军事的组织。……推测它们埋入的时间可能在建筑物落成之后。如果是在落成之后埋入的，则这些墓葬可能是落成典礼中的牺牲品。也可以说为'落成牲'。这个用意固然在庆祝房屋的落成，同时，也希望这些武装的灵魂保护着住在宗庙内的祖宗们的灵魂的安全。"[②] 后来在 1970 年编写的报告中认为北组"墓葬群是一个以车为中心的完整组织，其他墓葬都是配合着车墓先后五次而埋入的。……这可能是一个告庙献车的典礼"[③]。陈志达先生则认为，在分析这三组墓葬的性质时，应首先弄清它们的年代以及各组墓葬与基址的年代关系，然后分析墓葬的内涵，以确定其性质。

关于这三组墓葬的年代，陈先生指出，第一，南组墓之 M232 的年代早于乙 7 等基址，属于殷墟第一期偏早阶段，与这片属于祭祀性质的墓坑没有关系，从它的内涵看，M232 墓主人可能是殷王室成员或贵族。第二，北组墓中的 5 座车马坑，其中 2 座打破 2 座斩首墓（鹹墓），其他各墓坑之间也有打破关系，说明北组墓有早晚之别。另外，这组墓葬中还有两个童墓（M35、M30），这说明此组墓葬不可能是以车队为中心的一个军事组织。他推测，北组墓葬中的小葬坑可能都是祭祀性质的坑，坑内砍头人骨架，当系人牲。从各坑的排列情况与打破关系看，其祭祀用牲至少在两次或两次以上。至于 5 座车马坑，它们之间无打破关系，且排列有序，可能是同时埋入的，也可能是一次祭祖献车的遗留。根据北组墓中的 M238、M188 和 M197

---

① ［日］伊藤道治：《古代殷王朝の謎》，講談社学術文庫 2002 年版，第 244—248 页。

② 石璋如：《小屯·第一本·遗址的发现与发掘·乙编·殷墟建筑遗存》，台北"中研院"史语所 1959 年版，第 299—300 页。

③ 石璋如：《小屯·遗址的·发现与·发掘·丙编·殷墟墓葬之北组墓葬（上）》，台北"中研院"史语所 1970 年版，第 414 页。

的出土器物判断，其年代都属殷墟第二期（M197、M188 属第二期早段）。此处可能是宗庙区最早出现的祭祀场地。中组墓也都属于人牲，其中最西边的 M164 可能是这批人牲的"首领"。中组墓中大部分无随葬品，根据属于南北向墓的 M164 出土的陶器和铜戈考察，其年代属殷墟第二期。又从三座横向墓（M154、M155、M156）压于 H117、H121、H127 等坑之上的地层关系看，其年代应晚于 H127。在 H127 中出土甲骨文 17000 余片，陈梦家先生认为，H127 的甲骨文是子组与宾组的混合，同出于此坑的子组、午组及其他少数卜辞也是属于同一时代的，即武丁时代[1]。由此来看，M164 似早于 M154 等三墓，也就是说南北向坑早于东西向坑。由此得知，这批人牲的杀祭至少在两次或两次以上。由于中组墓晚于北组墓中较早的坑，有可能这片祭祀场地是继北组墓之后而形成。但中组墓的下限，目前仍难弄清。[2]

　　这三组墓葬笼统地说作为祭祀的性质应该是没有什么问题的，但究竟出于何种目的，反映了什么样的宗教意识，却是耐人寻味的。20 世纪 60 年代伊藤道治先生即曾对石璋如先生的宗庙建筑落成典礼说提出了质疑，并作了精彩的分析。伊藤先生指出，如果认为这批墓葬是落成典礼中希望这些武装的灵魂保护着住在宗庙内的祖宗们的灵魂的安全，即为了守卫建筑群的话，那么，一多半人骨架被斩首，显然与其目的是相反的。在王墓等墓葬所见到的斩首，为的是通过贡献其头骨，把其人所具有的灵的力量加在王的灵上，从而使王的灵魂更强更有力；在祭祀时的斩首，也可以认为是为了使所祭祀的神灵喜悦，得到强化神灵的目的，从而可以认为，使其人的灵魂离开肉体是斩首的第一目的。还有，我们在王墓的腰坑、墓道等场合所见的被武装了的士兵的埋葬，或者在宫殿基址所谓奠基、置础、安门的过程中所见的埋葬，都是全身葬，这是因为希望这里被埋的人，在其死后也和生前一样能够担任警备任务的缘故。从而如果认为这片墓群是以警卫为目的的话，当然应该是全身葬。为此，伊藤先生举出《双剑誃殷契骈枝》所藏甲骨的第 212 号甲骨文（图 5—30），根据在残存的第一行写有小臣牆讨伐危、犬等国；第二行写有捕获𢃻族一千五百七十人、𡆥族百余人；第三行写有获得车二辆以上、

　　①　陈梦家：《殷虚卜辞综述》，中华书局 1988 年，第 158 页。

　　②　中国社会科学院考古研究所编著：《殷墟的发现与研究》，科学出版社 2001 年版，第 62—64页。

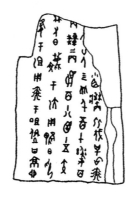

图 5—30　双剑誃所藏甲骨（《续存》915）

盾一百八十、箙五十等；第四行写有把白㺇献给大乙、把黿白献给某祖先；第五行写有把降献给祖乙，把枀献给祖丁，认为这版甲骨所记录的祭祀祖先的事情，可以与这片墓葬相互诠释，也就是说乙七基址南部的这片墓葬是把战争捕获的俘虏，也含有车之类，作为献给祖先神的牺牲而埋葬的。只是在这片墓葬群中有的并未砍头。这些全身葬者或许是像上举甲骨文所见的白㺇、黿白之类，即作为部族长那样身份比较高的人。一般而言，在甲骨文中斩首而作为牺牲者，最多的是被称为"羌"的族民。可是据善斋所藏的第1443甲骨，记有"把羌的二方白用于祖丁和父甲"。羌作为国族被称为羌方，在其内部进而可分为几支，其中有两个首领大概被捕获，并被用在殷王武丁（祖丁）和祖甲（父甲）的祭祀上了。这个时候，大多没有使用"伐"（斩首之意的动词）字，这大概是表示没有斩首。在战国时代所整理的《礼记》中，有"刑不上大夫"之语，这里的大夫可以认为主要是与诸侯同族的贵人，这在殷代也是一样，以王室为首，各国族都有阶级分化，其阶级间的差别，应该说在各国族间都是共同被认可的。在这种情况下，地位为上一阶级的人免于刑，下一阶级的人却因刑而被砍头，而在被作为牺牲的情况下，大概也有这样的区别。此外，还有俯身葬的问题。小屯宫殿基址这片墓葬群中的全身葬，都是俯身葬。对于当时人来说，估计一般是把意外死亡者，或者说是凶死者采用了俯身葬，至于乙七这片墓群的全身葬实行俯身葬，也可以理解为是作为牺牲而被杀者。按照以上的考虑，这片墓葬群的地点显然是非常重要的场所，之所以这样说，是因为根据西周小盂鼎和敔簋铭文，俘虏和割下了的头，是献给宗庙的，亦即可以认为祭祀祖先是在这个地方进行的①。

乙 7 基址南部这一大片祭祀坑的性质及其各种葬式的含义，一直为学术界所关注，也一直缺乏比较具体的说明，伊藤先生的上述解释不但对于这片祭祀坑来说，是别开生面的，同时它也引申出这片祭祀坑所在的地方应该是祭祀祖先的宗庙所在地的问题；这些对于开阔我们的思路，应该是有帮助的。

三 丙组基址

丙组基址（图 5—31）在乙组基址西南，已知范围南北长约 50 米，东西宽约 35 米，共发掘 17 座。这些基址的面积都较小，其中丙三与丙四、丙五与丙六、丙十四与丙十五等六座皆为小而方的基址，基址上也未发现柱洞和墙基，石璋如认为是祭坛之类的建筑；丙九、丙十、丙十二、丙十三等四基址，均为长方形，东西相对，可能为居住址；石璋如认为"丙一、丙二、丙三、丙四、丙七、丙八、丙十一等基址的一带，为祭祀区域"；"南段的丙十六、丙十七两基址，窄而长，可能为路或廊"②。

在丙组基址中，丙一、丙二（图 5—32）、丙三、丙四、丙七、丙八实为一组互有关系的祭祀基址，其中丙二、丙三、丙四、丙七、丙八都应该是建在丙一基址之上或者是与丙一基址为一体，从而形成以丙一为大的台基，在丙一基址上，以丙二为中心，在西北（丙三）、东北（丙四）、西南（丙七）、东南（丙八）四个方位配置有四个台基（见图 5—31），构成一个具有象征意义的空间分布。

丙二、丙三、丙四是建在丙一基址之上，原报告已作说明。丙七和丙八基址的北缘也就是丙一基址的南缘，这似乎已说明丙七、丙八原来与丙一是很有关系的，只是当年发掘时受经验和技术所限，搞得不是很清楚。推测殷人在建筑这组基址时，首先夯打的是丙一，使之形成一个南北宽约 17 米、东西已知部分长约 20 米左右（东边有尚未发掘出来的部分）的台基，据报告说该台基的南北两边似为三层台阶。在丙一台基之中，丙三、丙四分别位

---

① ［日］伊藤道治：《古代殷王朝の谜》，讲谈社学术文库 2002 年版，第 251—256 页。

② 石璋如：《小屯·第一本·遗址的发现与发掘·乙编·殷墟建筑遗存·自序》，台北"中研院"史语所 1959 年版，第 10 页。石璋如：《小屯丙组基址及有关的现象》，《历史语言研究所集刊外编第四种》下册，1961 年。

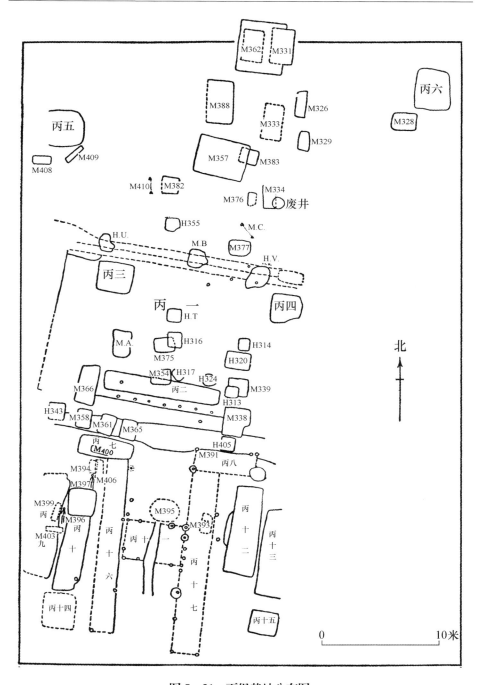

图 5—31　丙组基址分布图

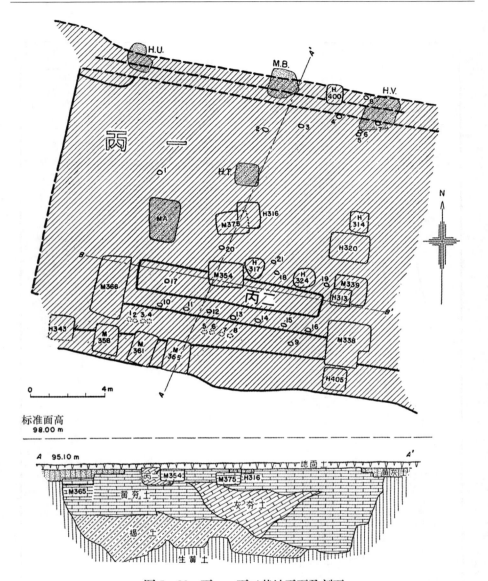

图 5—32　丙一、丙二基址平面及剖面

于丙一大基址的西北隅和东北隅，东西相对。丙三（图 5—33）的面积为东
西长 3 米，南北宽 2.5 米，其上没有础石。丙三基址的基面与丙一等平，同
在现地面下 0.4 米露出。它的建造是把丙一基址挖出了一块，然后用黄灰土
一层一层夯打筑成，夯窝及其清楚，夯打得非常坚硬。方向与丙一基址基本

一致。丙四基址（图5—34）西距丙三
基址12米，形状也略近正方形，面积
东西长约2.7米，南北宽约2.5米，基
面没有础石。它的建造也是先挖后建，
夯层也是黄灰土，没有什么杂物，方向
也与丙一基址基本一直。在丙一基址的
南部边缘的西南角外是丙七基址（图
5—35），面积东西长4.8米，南北宽约
1.8米。基面上没有础石。其建造程序
也是先挖后建，基坑内填的为褐色夯土，
杂有少数灰色绳纹陶片及兽骨，底部直
接黄沙土，呈西浅东深的微坡。丙八基
址（图5—36）位于丙一的东南外，丙
一的南边就是丙八的北边。发掘报告说：
"除了北边外，其余的三边是没有清楚的

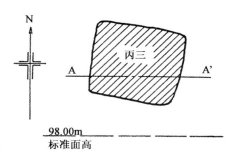

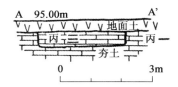

图5—33 丙三基址平面及剖面

界限的"①，只是根据几个可能是原存础石把它连接出一个轮廓线。然而，从
断面图上看，这几个所谓的础石和夯墩是否与该基址有关系，还很难说。

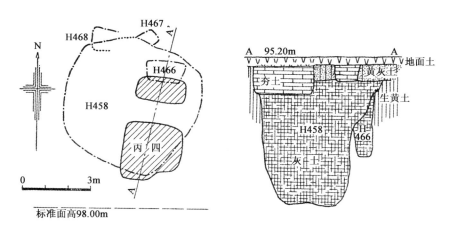

图5—34 丙四基址平面及剖面

① 石璋如：《小屯·第一本·遗址的发现与发掘·乙编·殷墟建筑遗存》，台北"中研院"史语所1959年版，第183页。

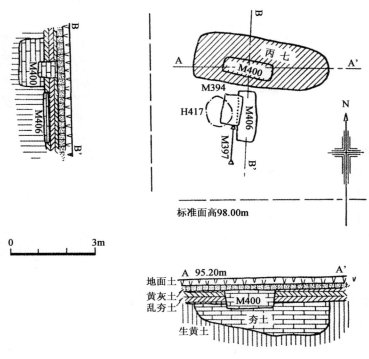

图5—35　丙七基址平面及剖面

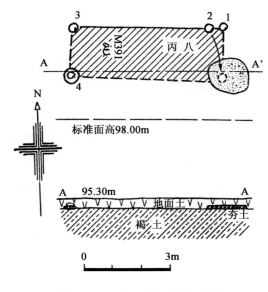

图5—36　丙八基址平面及剖面

　　丙二基址位于丙三、丙四、丙七、丙八四个基址之中，建在丙一基址之上，丙二基址的形制以及它周围所散布的诸多特殊祭祀遗迹，都说明它在这组基址中的重要。从形制上看，丙二基址的轮廓非常清楚（见图5—32），其周围是丙一的黄夯土，本身则为灰夯土，东西长10.2米，南北宽1.7米。丙二基址是在丙一基址上下挖的，但又高出丙一基址，原报告说由丙一基址的南边，走向丙二基址的南边，要上三个台阶，或者是长3米，高0.8米的斜坡。在丙二基址的南北排列有础石，还留有木质的柱窝。大致南北各有两排，最南的一排，现存柱窝和础石的编号为1—9；第二排的编号为10—16；北排中靠近丙二基址的一排，只残存两个础石，编号为18、19；更北的一排，也只残存两个，编号为20、21。还有一个编号为17的础石，在丙二基址之上。南排中靠近丙二基址的那排础石（10—16）的间距均为1.4米，其最西的10号础石，距离丙二基址的西端尚有1.5米，发掘者怀疑在10号础石的西边还有一个础石。笔者认为，第10—16号础石与第18—19号础石，应该是围绕丙二基址的一周廊柱；第1—9号与第20—21号，应该是廊柱之外的擎檐柱；丙二的建筑形制是：中间用夯土筑起一个平面呈长方形的台基，此台基在丙一基址之上，并高出丙一基址约0.15米（应该属于残高），此长方形台基实为摆放祭品和礼器的祭坛或称为祭台，然后围绕着祭台，立有一周廊柱，在廊柱上盖有顶棚，在廊柱之外又有一圈擎檐柱，形成一个在祭台上盖有亭子的建筑形制。

　　在丙一基址上，围绕丙二祭台和亭子，分布有一系列属于祭祀的遗迹（见图5—32）。如在丙二的西边有M366，内有20具被砍头的成人骨架。在西南有M358、M361、M365。M358内有3具被砍头的成人骨；M361内有3具被砍头的成人骨架；M365内有3具儿童的全躯骨架。位于丙二西北的M.A是火烧过的牛骨。位于丙二之北的M375，内有3具被砍头的成人骨架。打破M375的H316，内有黑柴灰、羊头和陶片。位于丙二东北的H314，内有黑柴灰、羊骨和陶片。H314之南的H320，是内有黑土和绿土夯筑过的空坑，可能是用酒水之类的液体作祭品所致。H320之南，位于丙二东北的M339，内有3具羊骨架。打破M339的H313，内有黑柴灰和羊骨。位于丙二东南的M338，内有7具羊骨、3具犬骨和1件陶盆。位于M338之南的H405，内有柴灰和羊骨。这些祭祀遗迹的分布似乎很有规律，位于丙二之西及西南边的M366、M358、M361、M365均为人牲，其中位于正西的一坑为 20 具人牲，位于西南的三坑各为 3 具人牲，除 M365 因是儿童，为全躯外，其余均被砍头；而位于丙二之东及东南的 M339、H313、M338、H405 均为兽骨，其中除 M338 是羊骨加犬骨外，其余都是羊骨。这些之外，位于丙一基址中部偏北的 H.T 方形坑内埋的是被烧过的黑灰土；位于丙一北边缘中部的 M.B 坑内是黑灰土与烧过的牛角；位于 M.B 东西两侧的 H.U 和 H.V 均为一片烧过的黑灰土。此外，在丙二南边的中部和偏西南处的夯土层中，出土两件石质近乎玉的璧，一件是白璧，一件是苍璧。苍璧放置在丙二南边居中的第 5—8 柱洞之南的夯土层中；白璧放置其在西南 M365 儿童墓的上口与苍璧为同一层位的夯土层中。

以上在丙一台基上，围绕着丙二祭台及其亭子，可以看到有大量以人和羊、牛等动物为牺牲的祭祀坑，还有用酒祭祀的"空坑"，以及属于燎祭遗迹（其中黑柴灰与羊骨、陶片在一起的为一种；仅遗留有烧过的黑灰土的为另一种）和埋置的白璧、苍璧等。在人牲中，因大多为斩首，所以采用的是甲骨文中称之为"伐"的用牲法。在动物的牺牲中，有羊、牛、犬等。现在的问题是在丙一大台基上建了丙二这个祭台，留下大量祭祀活动的遗迹，其祭祀的对象是什么？联系丙三、丙四、丙七、丙八与丙二的布局关系，这四处基址恰是以丙二为中心，位于四方的四个角隅，使得丙三与丙四之间构成了北方，丙七与丙八之间构成了南方，丙三与丙七之间构成了西方，丙四与丙八之间构成了东方，为此，笔者认为丙二祭台祭祀的对象是"四土"与"四方"。

在殷墟卜辞中，对于四土与四方的称谓和祭祀，分为两类。一类带有抽象性，即笼统地称为"四土"和"四方"；另一类是具体地将四土四方分别称为东土、西土、南土、北土和东方、西方、南方、北方。笼统地称为四土四方并加以祭祀的卜辞有：

(1) 壬申卜，奏四土于𤔌……（《合集》21091）

(2) ……申卜……四土……宗（《合集》33272）

(3) 其𤎫……四方惟……豚（《合集》28239）

(3) 辛卯卜，𠂤𢽳酚其侑于四方（《合集》30394）

(4) 庚戌卜，宁于四方，其五犬（《合集》34144）

(5) ……宁疾于四方（《屯南》493）

(6) 壬辰卜，其宁疾于四方，三羌又九犬（《屯南》1059）

(7) ……卜，侑四方……（《屯南》3661）

上述祭祀四方卜辞中，有人牲，如用羌人；有动物牺牲；也有用酒祭祀，如彭祭。其动物牺牲中，使用犬的就有两例。这些都与丙一基址之上的丙二祭台周围的祭祀遗迹甚为吻合。甲骨文中关于具体称呼东、西、南、北四土四方并加以祭祀的卜辞可以举出：

(1) 己巳王卜，贞：□岁商受［年］？王占曰：吉。
东土受年？
南土受年？吉。
西土受年？吉。
北土受年？吉。（《合集》36975）

(2) 南方，西方，北方，东方，商。（《屯南》1126）

(3) 癸卯卜，大贞：南土受年（《合集》24429）

(4) 南土受年，吉。（《合集》36975）

(5) ……贞：西土不其受年？二告。（《合集》9741 正）

(6) 己未贞：王令宰……于西土无灾。（《屯南》1049）

(7) 北土受年。吉。（《合集》36975）

(8) 西方受年。（《屯南》2377）

(9) 西方受禾。（《合集》33244）

(10) 甲申卜，㝱贞：燎于东，三豕三羊囝犬卯黄牛。（《合集》14314）

(11) 贞：燎东西南，卯黄牛。

(12) 燎于东西有伐卯南黄牛。小告。（《合集》14315 正）

卜辞中无论是抽象的四土四方还是四土四方中具体的某一方，当对它们卜问并举行祭祀时，总是需要在某一个场所进行这些祭祀活动。如果说对四土四方中的某一方进行祭祀时，尚可以临时选择殷都的某个地方，只要朝着那个方向进行即可；然而，对四土四方进行抽象笼统的祭祀，或者是对东、西、南、北的四土四方一并祭祀时，就需要选择一个有象征意义的地方进行，这应当是一个固定的地方。反过来讲，若在殷都有一个固定的场所对四土四方举行一并的祭祀的话，那么，对四土四方中的某一方所举行的祭祀，也不应临时选择一个地方，它也应在笔者所说的一并祭祀四土四方的那个场所进行。具备这样的象征意义的场所，笔者认为就应是在丙一台基之上、以丙二祭台为中心、以丙三、丙四、丙七、丙八所标明的四个方位为象征，由此而构成的场所。在这里，丙三、丙四、丙七、丙八分别位于西北、东北、西南、东南；由丙三与丙四之间构成北，由丙七与丙八之间构成南，由丙三与丙七之间构成西，由丙四与丙八之间构成东。之所以这样，笔者以为这是因为对四土四方进行的是"望祀"，若把这四个夯土基址放置在正北正南正东正西，祭祀时将会挡住人们的视线，或者说有碍于人们望祀于四方。

总之，丙组基址中许多基址的面积都较小，形制和布局组合都不同于乙组基址和甲组基址，多数基址没有柱础石和柱洞，是比较特殊的一群基址。因丙一和丙二基址不是宗庙，围绕丙二基址的众多祭祀遗迹，其祭祀的对象绝非祖先神，联系丙三、丙四、丙七、丙八与丙二的方位关系，推测它们是一组祭祀四土四方神的祭台祭坛，应该是很有可能的。

关于丙组基址的建筑年代，石璋如先生依据丙组基址探方、窖穴所出的甲骨文，认为"不能早于甲骨文第四期……也可能为第五期的建筑物"[1]。石先生所说的第四期卜辞，采用的是董作宾先生对自组卜辞的看法。伊藤道治先生指出，从丙九、丙十三、丙十五、丙十七基址下层窖穴出土的，是称作"𡀾"这样卜师的甲骨文，这个卜师是被称作王族卜辞即自组卜辞中一群卜师中的一位，从这个地点出土的有卜师署名的只限于一人，这大概显示出这个地方在这些基址的下层的某个时期，是由这位卜师所在的一族来使用的，从而丙组基址也即为甲骨文第一期以后的建筑，至于其使用结束在什么时候，还不清楚[2]。陈志达先生也说："据查，压在丙九之下的 H427，出土甲骨文三片（乙，9096—9098），均属自组卜辞；压在丙十三下的 H423、丙十五下的 H364，也出自组卜辞；压于丙十七下的 H344，出土甲骨文五十余片，均系自组卜辞。关于自组卜辞的年代，甲骨学者之间早就存在分歧意见。从近年

---

① 石璋如：《小屯·第一本·遗址的发现与发掘·乙编·殷墟建筑遗存》，台北"中研院"史语所 1959 年版，第 326 页。

② ［日］伊藤道治：《古代殷王朝の謎》，日本讲谈社 2002 年版，第 192 页。

考古学地层关系看，我们认为将自组卜辞的年代定为武丁早期较妥。"① 根据这些情况，目前只能把丙组基址的年代定在甲骨文第一期之后，至于其使用期的下限，还难以作出肯定的回答。

四　宫殿区其他建筑基址

1. 1981 年发现的大型建筑基址

1981 年春，在乙二十基址南约 80 余米的地方，又发现一处大型夯土建筑基址，安阳工作站的同志暂未把它划归为哪一组，为了行文上的方便，这里暂且把它单独加以叙述。

这处大型夯土基址(图 5—37)，1981 年发现，1989 年开始发掘，1990—1991 年继续发掘，所获成果甚为显著。在一度的报道和介绍中，将这处基址的整体形制称为向东有一处开口的三合院式的凹字形基址。但依据正式的发掘简报②，由于南排房基 F2 与北边房基 F1，并非同时，南排房子修建较早，北边的 F1 和西边的 F3，"是在南边 5 座小型房基废弃之后先后修建的"，F1 的 "南边缘略压较早的残房基上"③，而且 F1 与 F2 之间也构不成一个院落；

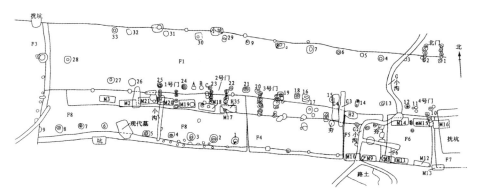

图 5—37　乙组基址南部新发现的建筑基址平面图

1—33. 柱洞

---

① 中国社会科学院考古研究所编著：《殷墟的发现与研究》，文物出版社 2001 年版，第 66 页。

② 中国社会科学院考古研究所安阳队：《河南安阳殷墟大型建筑基址的发掘》，《考古》2001 年第 5 期。

③ 同上。

所以，笔者以为，不能以凹字形来称呼这次发掘出来的 F1 与 F2、F3。F1 和 F3 可能与更南边的尚未发现的同时期的某个基址组成一个院落，它不应该与不属于同期的 F2 组成一个院落。

新发现的这三排房基的编号是，北边房基编号为 F1；南边一排房基总编号为 F2，内又由方向基本一致的 5 座基址构成，这 5 座基址的编号为 F4—F8；西侧一边的基址编号为 F3。

F1 是一座东西较长的大型排房式建筑，方向 185°。初建时全长 61—62 米，其西边长约 8 米被西排房基 F3 所利用，F1 东端有长约 4 米部分在殷墟博物苑东面围墙之外，东边缘夯土已被破坏，残存厚度约 0.5 米。房基宽 7.5—8 米，南北有两排墙柱，以柱础石中心计算，南北两排柱洞之间的距离为 6.2—6.3 米，建成后进深约有 6 米。

房基内南北两排的柱洞，大概因为是墙内柱，所以排列得不太笔直，南排房基上为前墙柱洞，共 18 个，编号 10—27 号，多数础石间距为 3—3.1 米，有少数距离很近，似为根据需要增补的，有 2 个柱洞是并列的，大概也是为加固补加的。南排柱洞距房基南边缘一般为 0.8—1 米。北排房基上面为后墙柱洞，共 14 个，编号为 1—9 号和 29—33 号。这排柱洞距房基北边线 0.5—0.6 米，大多数柱洞间距 3.1—3.5 米，东边的 1—4 号柱洞间距 2—2.2 米。在南北两排柱洞的外侧，发现一些小柱洞，发掘者称之为擎檐柱，为数不多，排列也不甚规则，推测大概是由于檐柱柱坑一般小而浅，多数已被破坏。

在房基南边线外，垫有一层夯土，经夯打，土质与房基很接近，西段保存较好，宽 2—2.5 米，厚 0.08—0.17 米。发掘者认为在这层垫土之上修有门道，然而，参照洹北商城一号宫室基址和偃师商城宫室基址的情况，这些所谓的门道似为宫室台基前的台阶，在其两侧排列的较为密集的河卵石，也是出于加固和护卫台阶的考虑。根据洹北商城一号宫室基址和偃师商城的宫室基址，每每是几个台阶对应于几个房间，但小屯新发现的 F1 基址，因未发现隔墙的痕迹，而且台基前台阶的数目似乎也不全，所以，F1 基址南北两排柱洞之间的结构，究竟是什么形制？若为一个个房间的话，究竟有多少间？目前都还不清楚。

在 F1 基址之外南面垫土下发现祭祀坑 10 座，大多数祭祀坑位于台阶两侧的础石（河卵石）之外，少数压在台阶两侧的础石之下。其分布状况是东部 3 座（M14、M15、M16），西部 7 座（M2、M3、M17—M21）。在

这些祭祀坑内均埋砍头人骨三至四具，人头扔在坑内（图 5—38）。东边的
3 座祭祀坑人架头皆向西，西边已发掘的 6 座祭祀坑内所埋的砍头人架头
皆向东。在已发掘的 9 座祭祀坑中，埋有人骨架三具的 7 座，埋人骨架四
具的 2 座，共计被杀死的人牲有 29 人。这些祭祀坑的大小形制接近，各
坑所出陶器都是被砸碎后扔入坑内的，有两座坑内人骨架头前堆有很厚的
绿灰土，内有谷壳碎末，经作硅酸体分析，鉴定为粟类。另外，在 1 号与
2 号台阶之间、柱洞 23 与 24 之间的夯土基址中，放有 1 件内装铜盉的陶
罐，铜盉上铸有"武父乙"铭文，铜盉通高 34 厘米，重 4.4 公斤（图 5—
39）。

北

0　　　　　　50厘米

图 5—38　F1 基址祭祀坑 M2 平面图

1—2. 骨镞　3. 陶罍　4—6. 人头骨

铜盉铭文拓本
（7／10）

图5—39　F1基址夯土中出土的铜盉及其铭文拓本

　　据发掘者分析，这10座祭祀坑大概是在修建过程中埋入的，从祭祀坑的层位、位置分析，可能是在F1的主体建筑完成之后挖的。在基址台基前的台阶两侧或台阶下发现这么多人牲祭祀坑，并发现铸有"武父乙"的铜器，基址上又无居住痕迹，发掘者认为这座基址大概是用于祭祀的宗庙性建筑，应该是有道理的。

　　关于F1基址的年代，发掘者认为祭祀坑内所出的陶器与殷墟第一期的同类器接近，铜盉的纹饰属于殷墟第一期晚段的纹饰，故主张此房基的修建年代约相当于殷墟第一期晚段，属于武丁早期，铜盉上"武父乙"铭文中的"父乙"是当时武丁对小乙的称谓①。如此说来，这处基址的发现。不但将已

---

　　①　中国社会科学院考古研究所安阳队：《河南安阳殷墟大型建筑基址的发掘》，《考古》2001年第5期。

知的宫殿基址的范围向南延伸了 130 米，而且发掘出了一座可以明确为武丁早期的宗庙基址，这既使我们对小屯东北地宫殿区布局有了一些新的考虑，也使我们确信在小乙、武丁之际将政治中心由洹北商城移向洹南的时候，小屯东北地是最早修建宫殿宗庙的区域。

2. 小屯西北地建筑基址

小屯西北地在 3 万平方米的范围内，自 1975—1985 年的八次发掘（见图 5—4，彩图 21），揭露面积约 4000 多平方米，共揭露晚商房基 52 座，窖穴、灰坑 181 座以及小灰沟、石子路等，并发掘殷代长方竖穴墓 26 座，祭祀坑 17 座，陶棺葬 4 座。其中，属于殷墟一期的房基 7 座，灰坑和窖穴 9 个；属于殷墟二期的房基 22 座，灰坑和窖穴 22 个，墓葬 11 座；属于殷墟三期的房基 10 座，灰坑或窖穴 53 个，墓葬 3 座；属于殷墟四期的房基 6 座，灰坑和窖穴 77 个，墓葬 3 座[①]。

殷墟第一期的房基分布在发掘范围的东北部，大致在妇好墓的北部和西部。在东西长约 34 米，南北长约 28 米，面积约 900 平方米范围内，共发现房基 7 座。其中两座（F15、F18）未揭出全貌，2 座（F8、F9）残破，但这两座残房基内部保存有大片烧土面，当为居住房屋。保存较好的两座为F14、F17。另有一座（F20）面积较小，为 23 平方米，多处被打破，但轮廓清楚。

从房基形制上看，保存较好的 F14，呈长方形（图 5—40），东西长约8.5—8.7 米，南北长约 4.9 米，面积约有 40 多平方米。房基上保存柱洞和夯打柱基共 10 个。房基无明显的门道，但在柱洞 5 之西边缘有一小儿陶棺葬（M10），发掘者推测门道在北边柱洞 5、6 之间。据东边线，方向为355°。房基是挖槽而建，基槽深约 50 厘米，用夯土填建。该房屋修建于第一期，到第二期或许仍在延续使用，大约到第二期晚段已被废弃。

F15 的形制，已知的部分为一座南北较长的长方形房基（图 5—41），揭露南北长 7.5 米，东西长 6.4 米，揭露部分面积约 48 平方米。东西边线都较直，房基面上保存柱洞 8 个，其中 5 个分布在东西两侧，距边线 30—40厘米。房基东西两侧的柱洞 1、2、3、5、6 应属于墙柱柱洞，而西侧较小的7、8 号柱洞大概是为了支撑屋顶，根据需要补入的。在房基西侧残留夯土台，不知何用。房基边缘多处被破坏，无门道痕迹。从形制观测，门向西或

---

①　中国社会科学院考古研究所：《安阳小屯》，世界图书出版公司 2004 年版，第 179—207 页。

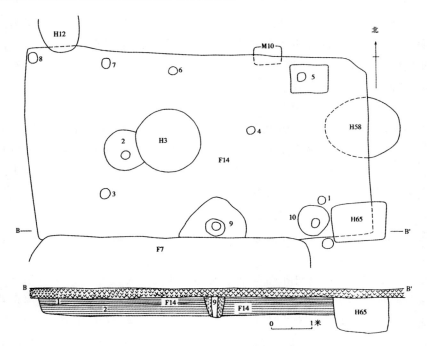

图 5—40　小屯西北地第一期房基 F14 平面、剖面图

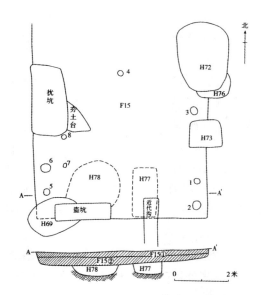

图 5—41　小屯西北地第一期房基 F15 平面图

1—8. 柱洞

东。南边线东偏南 2°。此房基结构也是挖槽夯打而建，建于第一期，至第三期被废弃，是这一带第一期房基中比较大的一座。

在这七座房基中有四座建在生土上（F8、F9、F18、F20），相互间无打破关系，可称为 A 组。余三座（F14、F15、F17）其下压有第一期灰坑或房基，称之为 B 组。B 组的 F17 其东边线略压 F18 西边线；F14 的东南角下压 F20 的东北角，七座房基修建略有早晚。但从房基修建与布局观测，略有早晚的房基多数可同时并存，如 F17 虽略压 F18 之西边线，但未破坏房基，两座房基似大体同时修建。F14 与 F17 的情况也是这样。故这七座房基虽分为修建略有早晚的两组基址，大体属于同一时期。

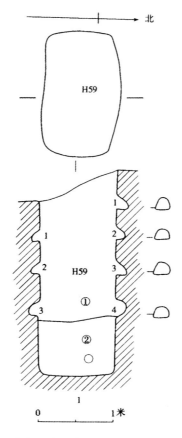

图 5—42　小屯西北地第一期窖穴 H59 平面、剖面图

在上述房基分布范围内，发现灰坑、窖穴 9 个，约占总数 5.4%，其中有 7 座（H35、H50、H58、H59、H67、H77、H78）窖穴、灰坑含有较多同时期的陶片，H58、H59 都有供上下的脚窝，在 H59 近底部有较厚的绿灰土（图 5—42），大概是贮存谷物的窖穴。

第一期的七座房基排列虽不甚规整，但其间多保持一定的距离，室外有活动空间，房基附近有供贮存谷物的窖穴和灰坑，未发现与祭祀相关的现象，因而发掘者推测在殷墟第一期时这一带大概是小贵族或较富有平民的居住区。

殷墟第二期的房基共 22 座，保存比较好的 10 座，分布面较广，在妇好墓西部和南部均有发现。其中有数座面积较大，修建也较讲究，延续使用时间一般比较长，个别的上限可能早到第一期，但无确证。

F7 基址（图 5—43），位于妇好墓之上的享堂（F1）之西，相距约 4.5 米。F7 的形制为南北较长的长方形，南北长 15—15.4 米，东西最宽处 9 米，东边线向西拐进部分宽 7 米，面积约 120 平方米。房基是挖槽夯打而建，基槽深约 70—90 厘米，填土为灰土，夯打结实。房基土为比较纯净的黄土，夯窝密集，夯打坚实。

F7 房基上有大而深的柱洞 12 个，在东边线南段有小而浅的柱洞 5 个。东边这排应该是擎檐柱。在东边缘柱洞 14、15 之间，房基土中埋有一小儿瓮棺葬（M9），墓口距基面约 35 厘米。在房基外东边有路土，结合擎檐柱与陶棺葬的位置分析，门道应在东边。房基面东，方向 95°，即面向妇好墓上享堂 F1。在 F7 房基西北角有 M16，其南约 4.5 米有 M15，均埋幼儿。M16 为陶棺葬，M15 无葬具，头向北。墓内填土与 F7 的房基土相似，应与修建房基进行祭祀有关。

F7 房基下所压的 H59 为第一期窖穴，其西边北部下压的 F20 亦属于第一期，房基土内陶片也属第一期。破坏房基的窖穴、灰坑较多，西北部有 H36、H37，东南部有 H53、H33、H18、H68 等，还有墓葬 M8、M11，其中 M11 打破房基西边缘，年代属第二期。破坏房基的窖穴、灰坑多是第四期，仅 H18、H36 属第三期。西边被第三期房基 F2 所压。根据上述资料分析，此房修建于第二期，到第三期时废弃。

F7 紧邻妇好墓之上的享堂 F1 而建，门向也一致，它们在修建时都破坏了第一期的房基和窖穴，层位接近，因此修建时间应大体同时。两座房基为第二期共存的重要建筑，F7 面积较大，无居住迹象，发掘者认为它是一座祭祀性建筑。F7 废弃较早，而 F1 的废弃时间较晚。

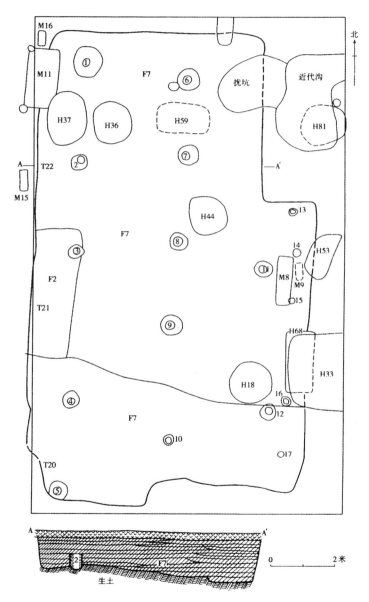

图 5—43 小屯西北地第二期房基 F7 平面、剖面图

1—17. 柱洞

　　F41 房基（图 5—44），在 F7 之西 25 米处，略呈方形，南北长约 10 米，东西长约 9.2—10.5 米，面积约 100 平方米。F41 也是挖槽而建，房基南北西三面保存墙基，东墙基大部被取土坑破坏，仅存东南角。三面墙基填土质地色泽有所不同，大概是由于分别取土所致，但夯打坚硬；房基中部的夯土，为土质纯净的黄土。在房基面东部有一片红烧硬面。墙基上的柱洞应为墙内柱，西墙外的编号 31、32 的小柱洞，应为残存的擎檐柱。房基中部的两排南北向柱洞相距 1.5 米，靠东一排有可能是廊柱，房基无明显的出入口，推测门似乎在东边，此房为面向东的建筑基址。房基西边线 10°。

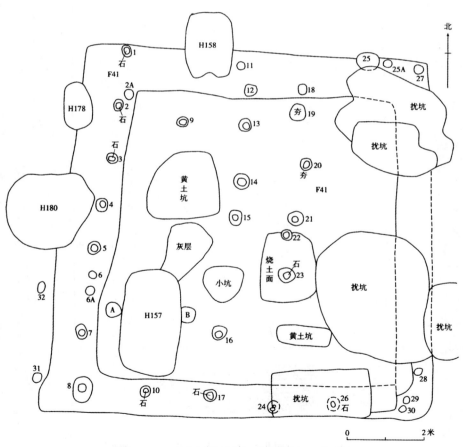

图 5—44　小屯西北地第二期房基 F41 平面图

1—32. 柱洞与柱基

　　F41 是建在较早的一座房基夯土之上，F41 上层的夯土已被取土挖掉约 40—50 厘米，故现存的柱洞已接近底部。破坏 F41 房基的殷代灰坑有 H157、H158、H180 等。H178、H158 出土陶片属于第二期晚段，H157、H180 分属于第四期和第三期，故此房基修建于第二期早段，与东边 F7、F1 大体同时，废弃于第二期晚段。此房基面积较大，室内有烧土面，有较大的空间以供生活和活动。

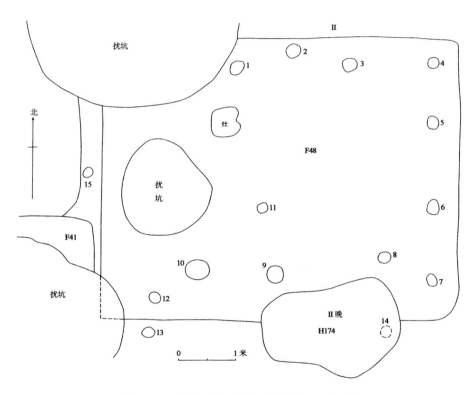

图 5—45　小屯西北地第二期房基 F48 平面图

1—15. 柱基

　　F48 基址（图 5—45），位于 T51、T52、T53 三个探方内，呈长方形，东西长 6.4 米，南北长 5.2 米，面积约 33 平方米。房基面为比较纯净的红色硬土。基面上共发现柱基（柱洞）12 个，编号为 1—12，分布在房基四周，排列整齐，应是墙柱之柱基。西南部的 12 号柱基，可能是为支撑屋顶增补的。基面西北部有一小灶，但仅存灶底部。南边线外，西端有 13 号柱基，东端有压在 H174 之下的 14 号柱基。西边线之外的 15 号柱基，因柱基填土不同，发掘者判断说它似不属此房基。据柱基 13、14 观察，南边似有廊庑，当是面向南。东边线近正南北，方向 180°。

F48 房基是挖槽后夯打而建，F48 房基下压殷墟第一期文化层，东南部被属于二期的 H174 打破，此房基大约建于第二期。

F29 房基（见图 5—7），其形制呈长方形，保存的房基东西长 9.2 米，经复原东西长约 11.4 米，南北长 8.4 米，基址面积约有 96 平方米。房基四边各有柱洞或夯打柱基一排，编号为 1—17。其中东西两边的柱洞排列较密，并大体对应，西边一排柱洞间距约 80—90 厘米，个别的相距约 70 厘米，东边一排间距约 80—100 厘米。南北两排柱洞分布较稀，南边一排柱洞间距约 1.7—1.9 米，北边一排柱基间距约 1.5—1.7 米。在南排柱基之外约 1 米许，有柱基 20、21、22、18、19 和东边一个未编号的残柱，对于这些柱基，发掘者判断说柱洞 20 与 21、22 和残柱基可能是廊庑的柱基，其他可能是根据需要增补的。房基门向当为向南，方向 185°。

F29 房基也是挖槽经夯打而建，破坏 F29 北边房基槽的 M61 出土陶鬲 1 件，属第二期。此墓可能与修建房基时的祭祀有关。破坏房基的灰坑 H116、H118、H124、H127 都是第四期，这座房基夯打坚实，修建比较考究，使用时间也比较长，大概到第四期才废弃。

在 F29 南边有一座被称为 F31 夯土台基，在 F31 之东约 50 厘米有 F30，也是一座夯土台。值得注意的是这两座夯土台基上不见柱洞或夯土柱基，它们是有意识地沿着 F29 的南边线挖槽而建，与 F29 连接，却未破坏 F29 南边外面的白灰面。在 F31 夯土台的基面上有两小片烧土。F31 这处夯土台基，大概是 F29 南面的活动场地。

F30 是用掺有大量料的黄土夯打而建成，夯土厚约 80 厘米，在夯土台面的西边自北而南发现多座小葬坑。东西向的葬坑 3 座，内埋砍头人骨 2—3 具不等，南北向的葬坑 6 座，多为孩葬，全躯，具有少量佩带的装饰品。但有的二人合葬，如 M51、M52，也应是祭祀坑。有两座南北向的孩童墓打破东西向的祭祀坑（M53、M54），孩童墓应稍晚，但其下限不晚于第三期。发掘者推测，F29 是第二期修建的祭祀性建筑，大概是甲骨文卜辞中所见的"宗"，而在其南部大约东西长 10 米、宽约 8 米的范围内有祭祀坑和孩童墓，因此 F29 基址、祭祀坑与周围的王室成员或贵族墓葬大体同时，密切相关，

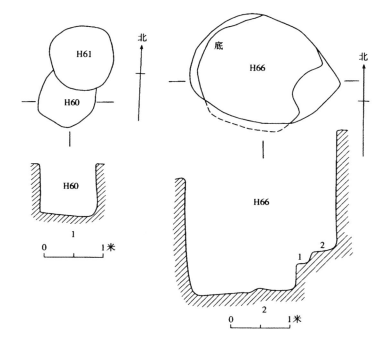

图5—46　小屯西北地第二期窖穴 H60 和 H66

从打破关系看，祭祀的人牲是分数次埋入的①。

　　第二期共有灰坑、窖穴 22 个，约占总数的 13％，这些坑、窖分布在遗址的北部、南部和西南部，较分散。有的坑形制较规整，推测当时是作储藏用的，如 H60（图5—46：1），口部呈圆形，直径 0.95 米，坑壁较直，坑深 0.85 米；再如 H66（图5—46：2），口部近椭圆形，东高西底，东西径长约 2.5 米，南北径 1.9 米，东壁靠近坑底处有两级黄土台阶。有的筑有上下出入的台阶，该坑究竟是作储藏用还是作居室用，还很难说。如 H70，口部平面呈椭圆形，西窄东宽，东西长 3.2 米，南北长 1.2—1.9 米，西壁向下呈斜坡状，有台阶四级，此台阶当是出入口，东南部坑底处向外掏出一小龛。此坑挖有出入口，可能是简陋的居室或作储藏用。H136，坑口也近椭圆形，东西长 4.6 米，南北长 1.2—2.2 米，出入口向东，方向 110°。东南部坑口向下 40 厘米出现台阶，台阶沿坑之南壁成斜坡状，共九级，直达坑底。台

---

　　①　中国社会科学院考古研究所：《安阳小屯》，世界图书出版公司 2004 年版，第 41 页。

阶用黄灰土筑成，较硬。坑底西壁也向外掏出一小坑。坑内出土陶片极丰富，经复原后可知有第二期陶鬲、簋、罍、盂、盆、器盖等 30 多件，另有陶范、骨器等。此坑有供上下的通道，且有较多的日用陶器。由此推测，H136 可能是一座地下式居址。

小屯西北地第三期、第四期发现的房基都较少，墓葬也不多，但窖穴、灰坑却显著增加，属于第三期的坑、窖共有 53 个，约占总数的 32%，属于第四期坑、窖共有 77 个，约占总数的 47%。

三、四期的房基面积一般较小，15—25 平方米的占多数，50 平方米以上的很少，一般保存灶坑或烧土面。如第三期的 F23（图 5—47），形制近方形，南北长 4.2 米，东西长 3.9 米，面积约 16 平方米，房基为红褐色夯土，东北角有一烧灶。第四期的 F10，呈长方形，东西长 5.9 米，南北长 3.8—4 米，面积约 23 平方米。在基面上保留有 10 个柱基。在居住面西北部有一方形台，上面涂一层极薄的白灰，其上有近似橄榄形的灶坑。在房基南壁上也有一层白灰皮，大概墙面上也涂有白灰。

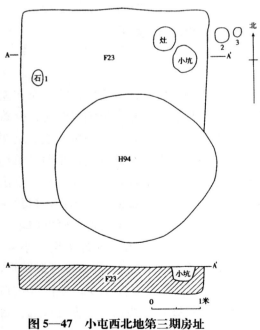

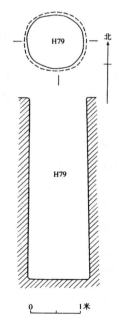

图 5—47　小屯西北地第三期房址
F23 平面、剖面图
1. 础石　2—3. 柱洞

图 5—48　小屯西北地第三期窖穴
H79 平面、剖面图

53 个三期的坑、窖，分布较广，在小屯西北地遗址的北、南和西南部都有发现。53 个灰坑和窖穴中，可直接判断为窖穴的有 11 个，其余为灰坑，但其原来最初是否也是窖穴，废弃后才变为灰坑，都是很难说的。这些坑、窖有深有浅，如 H79（图 5—48），口部呈圆形，东西径 1.15 米，南北径 1.2 米，坑口距地表深 0.35 米，坑底距地表 4.15 米，生土底，较平坦，坑壁直，很规整。再如 H18，圆形，口小底大，口径 1.4 米，底径 1.7 米，坑深 2.1 米。也有较深的方形坑，如 H160，口部呈方形，东西长 1.24 米，南北长 1.18 米，坑深 2 米。这些原本都是作为储藏之用的窖穴。而 H49，坑挖得较浅，坑口呈圆形，四期的坑、窖，比三期增加 24 个，为 77 个，但两者的分布范围基本相同，也是在小屯西北地遗址的北、南和西南部都有。在四期的坑、窖中，H8（图 5—49）较为别致，口部呈圆形，自口向下约 1 米处，坑体变成长方形，在长方形坑体的东、西两壁上，各发现脚窝一行。圆形的口部，东西径 1.42 米，南北径 1.3 米。长方形的坑体，北端稍大于南端，南北长 1.42 米，东西最大宽 0.92 米，坑的四壁光滑规整，似经拍打。此坑深达 7 米多，并挖有供人上下的脚窝，其形制、结构与第一期 H58 相似，发掘者判断说，"是否作储藏之用，或为'水井'，待研究"[1]。H81 和

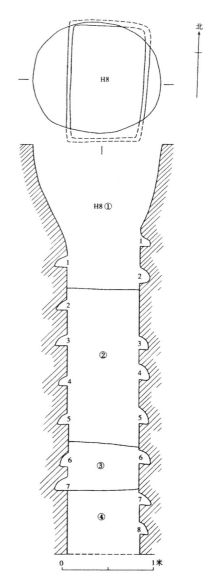

图 5—49　小屯西北地第四期窖穴 H8 平面、剖面图

---

[1]　中国社会科学院考古研究所：《安阳小屯》，世界图书出版公司 2004 年版，第 73 页。

H116，也是带有脚窝的坑、窖。H81 坑口呈圆形，口径 1.3—1.4 米，底径 1.3—1.55 米，坑深 4.2 米，在南北两壁各有一排上下的脚窝，但数量不对称。H116 口大底小，口底均呈圆形。口径 2.8—2.9 米，底经 1.9 米，坑深 5.2 米，在口下 2 米余的东壁上发现两排并列的脚窝南北相对，相隔约 15—30 厘米。此外，也有没有脚窝而较深的坑、窖，如 H3，口部呈圆形，直径 1.7 米，坑体近直筒状，周壁较规整、光滑，似经拍打。此坑的坑口距地表为 0.28 米，从坑口向下挖，挖至距地表深 5.3 米时，因出水，未往下挖，据钻探，再往下 2 米仍未到底。发掘者从坑的形制、深度考察，认为此坑有可能是水井。H22 则属于口底均呈长方形的深坑。口略大于底，口径南北长 1.8 米，东西宽 1.15 米，坑深 4.65 米，四壁光滑规整。

小屯西北地一至四期的建筑基址和坑、窖等情况，已如上所述。笔者认为这一带也属于宫殿区的范围，这些发现不但有助于说明小屯西北地遗址的性质以及一至四期的演变，而且对于我们全面了解宫殿区的形成过程，也是有益的。第一期的房基、窖穴、灰坑大多分布在发掘范围的东北部，这是一片较周围突起的高坡地，根据房基的面积、形制和规格来看，殷墟第一期时居住在这里的只是一些小贵族或较富有平民，还不能说商的王室也在这里居住。

到殷墟第二期即到武丁晚期至祖庚祖甲时期，有四个现象是值得注意。其一是这里出现了妇好墓（M5）和 M17、M18、M34、M43 之类的贵族墓；在妇好墓之上有墓上建筑即享堂（F1）。其二是有与妇好墓一同出现的 F7、F29 等属于宗庙之类的建筑。其三是出现了作为居室使用的较大的建筑居址，如 F41、F48。F41 室内有烧土面，F48 室内有灶塘，室外有廊庑，这样的建筑或许可以称之为宫殿建筑。其四是还发现用作储藏的窖穴和地下式居址。这些现象说明：一、作为武丁三个法定配偶之一的妇好，在她死后，由于她被埋在这里，故而一些与她有关系的贵族也被埋在这里。二、不但在妇好墓之上建有享堂，紧邻妇好墓而建的 F7，也应该是与妇好有关的建筑。F7 建在妇好墓之西，与妇好墓相距约仅有 4.5 米，门向朝东，与妇好墓上的享堂的方向一致，也就是说，若从东往西看，享堂 F1 在前，F7 在其后，F7 很有可能就是妇好的宗庙。三、F29 作为祭祀性建筑，也应该是宗庙，只是它有可能是另一些人的宗庙。四、F41 的面积有 100 平方米，室内有红烧土硬面，发掘者判断它是供人们集体活动的场所。若果真是供集体活动的屋子，那也应该属于妇好这一族或这一支人们所有。F48 的面积虽然不如 F41

那么大，但室内有火塘，室外门的一侧设有廊庑，属于宫殿规格的建筑，应该是与妇好有关的王室成员的住处。五、二期发现的那些作储藏之用的窖穴，也应该是供应妇好一族生活使用的，至于 H136 之类地下式居址，则有可能是妇好一族内的奴隶所居住。六、在南边的探方 T1、T2 内曾发现一条殷代东西向的石子路，这应该是连接小屯西北地与其东部的小屯甲组、乙组等宫殿宗庙的道路之一。总之，在殷墟第二期时期，妇好死后，王室中妇好一族的人们当居住于小屯西北地，小屯西北地也应该是商王宫殿区的组成部分。

　　到第三期、第四期即廪辛康丁至帝乙帝辛时期，妇好一族的势力在这一带大大减弱，甚至有可能已消失，已不见大型的房屋，所发现的房基面积不大，修建的比较简陋，数量也不多，而且分布较为分散，窖穴、灰坑的数量却大增。发掘者说这是遗址的性质发生了变化，由于"这一带地势高，宜于贮存谷物和其他用品，有可能在墓地停止埋葬后，殷王室在这一带修筑了为数相当多的窖穴，供贮存谷物和其他用品。分散居住在这里的人们，大概是为殷王室和贵族守护墓地、看管窖藏等服役人员"[①]。应该说这种分析是有道理的，小屯西北地作为宫殿区范围内的一部分，在不同的时期它所担当的功能是不相同的，它从一个侧面说明宫殿区的组成是复杂的，前后也是有变化的。

---

　　① 　中国社会科学院考古研究所：《安阳小屯》，世界图书出版公司 2004 年版，第 172 页。

第 六 章

晚商方国都邑

  如果说早商和中商的早段是商文化大力扩张时期的话，那么到了晚商时期，除了山东境内的商文化向东保持着微弱的进取势头外，商文化在西、南两面大大收缩，今湖北、陕西、山西、江苏境内许多原早商和中商文化分布带，至晚商时期不复为商文化的滞留地，而被性质不同的其他考古学文化所取代①。商的扩张势力的减弱乃至停顿，同时也就为地方诸侯与方国的发展提供了极好的机会。

  在晚商地方诸侯或方国的文化中，苏埠屯遗址是引人注目的。它位于山东省青州市东北 20 公里的苏埠屯村的埠岭上，早在 20 世纪 60 年代就发掘了商代墓葬 4 座、车马坑 1 座，其中一座为四条墓道的大墓。1986 年，对埠岭进行了全面勘探，除发现大量商代长方形竖穴墓外，还发现带两条墓道和一条墓道的大墓各 1 座，说明这里是一处大型商代墓地。而从已发掘的四条墓道大墓的形制、规模以及随葬的精美青铜器等器物来看，这里当为商代的一个诸侯贵族所在地②。

  陕西省西安市东郊 21 公里的老牛坡遗址，面积达 50 万平方米。从 1985 年至 1988 年发掘出商墓 58 座，灰坑 139 个，马坑和车马坑各 1 座，出土了一

---

  ① 中国社会科学院考古研究所编著：《中国考古学·夏商卷》，中国社会科学出版社 2003 年版，第 305 页。

  ② a. 山东省博物馆：《山东益都苏埠屯第一号奴隶殉葬墓》，《文物》1972 年第 8 期。

  b. 山东省文物考古研究所、青州市博物馆：《青州市苏埠屯商代墓地发掘报告》，《海岱考古》第一辑，山东大学出版社 1989 年版。

  c. 祁延霈：《山东益都苏埠屯出土铜器调查记》，《中国考古学报》第二册，1947 年。

  d. 齐文涛：《概述近年来山东出土的商周青铜器》，《文物》1972 年第 5 期。

批与殷墟铜器形制相同的青铜器，还发现大面积的夯土基址和红烧土堆积。在老牛坡遗址发现的数座夯土建筑基址中，以 1987 年发现的 1 号大型夯土基址为代表，1 号基址东西长 30 米，南北宽 15 米多。另外 2 号基址南北长 23 米，东西宽 12 米，夯土厚达 1.2—1.9 米，基址面分布有 5 行 8 排立柱；能够复原为面阔 7 间、进深 4 间的建筑。老牛坡遗址似乎也是商代的一个诸侯所在地①。

上述之外，从一些其他遗址的墓地，从墓葬的规格和随葬的青铜器来看，也都可能是商的地方诸侯或方国的所在地。但由于包括苏埠屯、老牛坡在内的这些遗址或墓地，尚未发现城垣之类的建筑设施，故这里就不从都邑的角度加以论述。在本章，我们仅就发现有城垣的四川广汉三星堆和江西樟树吴城的方国都邑遗址予以叙述。

第一节　三星堆方国都邑

一　三星堆文化的分期与城址的年代

三星堆遗址位于四川省广汉市西约 10 公里的南兴镇三星村，1929 年因出土玉器而引人关注，20 世纪 30 年代以来，华西大学、四川大学和四川省博物馆、四川省文物考古研究所等曾多次对遗址进行发掘，其中，80 年代以前，学者们对三星堆遗址出土的玉器研究，推定其年代为西周后期至春秋前期②；80 年代后，依据 80 年代初对三星堆遗址的发掘资料，将其划分为前后相连的三期，判定其年代是从新石器时代晚期至夏商时期，并提出了三星堆文化的命名③。1986 年三星堆两座器物坑的发现④，1985—

---

① a. 刘士莪编著：《老牛坡》，陕西人民出版社 2002 年版。

b. 李学勤先生曾指出，老牛坡遗址"就历史地理说，很可能属于崇国"。见李学勤《海外访古记（四）》，《文博》1987 年第 3 期。

② 冯汉骥、童恩正：《记广汉出土的玉石器》，《文物》1979 年第 2 期。

③ 四川省文物管理委员会、四川省博物馆、广汉县文化馆：《广汉三星堆遗址》，《考古学报》1987 年第 2 期。

④ a. 四川省文物管理委员会、四川省文物考古研究所、四川省广汉县文化局：《广汉三星堆遗址一号祭祀坑发掘简报》，《文物》1987 年第 10 期。

b. 四川省文物管理委员会、四川省文物考古研究所、四川省广汉县文化局：《广汉三星堆遗址二号祭祀坑发掘简报》，《文物》1989 年第 5 期。

c. 四川省文物考古研究所：《三星堆祭祀坑》，文物出版社 1999 年版。

1987年成都十二桥遗址的发掘①，使人们对成都平原三星堆文化遗存的时空范围、分期等都有了全新的认识，现在一般主张把三星堆遗址一期从三星堆文化中剔除出去，另命名为宝墩文化，至于三星堆文化的下限，还有较大的分歧。如孙华先生曾将三星堆遗址的文化遗存分为三期六段，认为其中的第二期约当二里头文化晚期至二里岗文化时期，其下限可至殷墟一期前段，称之为"三星堆文化"；第一期属边堆山文化，第三期的年代属十二桥文化②。他将十二桥遗址群称为"十二桥文化"，并分其为三段，年代约当殷墟时期③。李伯谦先生也将三星堆遗址的第一期排除在三星堆文化之外，但认为其年代下限延续到约当春秋前期的以成都指挥街第5层为代表的遗存④。宋治民先生则将三星堆遗址二、三、四期命名为三星堆文化⑤。张立东先生在《中国考古学·夏商卷》中由他所撰写的章节里也同意将三星堆遗址第一期归属于宝墩文化，并认为与三星堆遗址一、二号器物坑年代相当的十二桥遗址10—13层应归入三星堆文化范畴⑥。这里，我们采用《中国考古学·夏商卷》中的分期意见，赞成将三星堆文化从三星堆遗址第二期算起，其下限包括十二桥遗址的10—13层，与中原地区的文化序列相参照，三星堆文化大致从二里头文化二期一直延续到商代末年或西周初年⑦。

三星堆文化的年代跨度较长，三星堆城址的使用期也较长。关于三星堆城址的时代，首先，在城墙内侧发现较为丰富的龙山文化期（即三星堆遗址第一期，亦即宝墩文化）至西周早期的文化堆积和房屋遗迹，东、南城墙下压有三星堆遗址一期的遗存即宝墩文化的文化层，同时又被"三星堆二期偏晚"的文化层叠压。其次，城墙的夯土层内所发现的陶片均属于三星堆遗址

① 四川省文物管理委员会、四川省文物考古研究所、成都市博物馆：《成都十二桥商代建筑遗址第一期发掘简报》，《文物》1987年第12期。

② 孙华：《三星堆遗址分期研究》，《南方民族考古》第五辑，四川大学出版社1992年版。

③ 孙华：《成都十二桥遗址群分期初论》，《四川考古论文集》，文物出版社1996年版。

④ 李伯谦：《对三星堆文化若干问题的认识》，《考古学研究》（三），科学出版社1997年版。

⑤ 宋治民：《论三星堆遗址及相关问题》，《三星堆与巴蜀文化》，巴蜀书社1993年版。

⑥ 中国社会科学院考古研究所编著：《中国考古学·夏商卷》，中国社会科学出版社2003年版，第492—493页。

⑦ 同上书，第501—506页。

一期。第三，西城壕内最底层的堆积为"商代晚期至西周早期，其中的高柄豆、尖底罐等器物很具时代特征"[1]。依据这些现象可推断，城墙的建筑年代在二期，使用年代在二期之晚段至商末或周初，三星堆城址的时代约与该遗址的三星堆文化相始终。

二　三星堆城址的布局与文化遗迹

位于广汉市西约 10 公里的三星堆古城址[2]，北倚鸭子河，南有马牧河。马牧河南岸原有三座黄土堆，故称三星堆；马牧河北岸有月亮湾（今真武村），早在 1929 年就因出土玉器而闻名。三星堆城址的城墙，1988—1989 年发掘的是东城墙，1991—1992 年发掘了西城墙，1995 年发掘了南城墙。东、西、南三段城墙的发掘，使得城垣的轮廓得以揭示（图 6—1）。

城址所在地势平坦，北高南低。据调查和发掘得知，其东、西、南三面城墙均遭受不同程度的破坏，但基础仍大多保存，东垣残长 1000 余米，估计原长度应在 1800 米左右，走向为北偏东 12°；西垣被鸭子河与马牧河冲毁较多，残长 800 余米，走向为北偏东 25°；南垣长约 1100 米，地表残高 2 米以上。在鸭子河北岸新平乡（太平场）古城村原残存有城墙遗迹，因河床南移，城墙已被冲毁淹没，但也有认为由此一段河面较宽来看，其

① a. 陈德安、罗亚平：《广汉三星堆遗址发掘获重大成果》，《中国文物报》1989 年 9 月 15 日。

b. 陈德安：《三星堆遗址》，《四川文物》1991 年第 1 期；《广汉三星堆早期蜀国城墙》，《中国考古学年鉴（1990 年）》，文物出版社 1991 年版。《广汉三星堆遗址西城墙》，《中国考古学年鉴（1993 年）》，文物出版社 1995 年版。

② a. 四川省文物管理委员会、四川省博物馆、广汉县文化馆：《广汉三星堆遗址》，《考古学报》1987 年第 2 期。

b. 赵殿增：《近年巴蜀文化考古综述》，《四川文物》1989 年广汉三星堆遗址研究专辑。

c. 陈德安、罗亚平：《广汉三星堆遗址发掘获重大成果》，《中国文物报》1989 年 9 月 15 日。

陈德安：《广汉三星堆早期蜀国城墙》，《中国考古学年鉴（1990 年）》，文物出版社 1991 年版。

陈德安：《广汉三星堆遗址西城墙》，《中国考古学年鉴（1993 年）》，文物出版社 1995 年版。

陈德安：《三星堆遗址的发现与研究》，《中华文化论坛》1998 年第 2 期。

陈德安：《三星堆——古蜀王国的圣地》，四川人民出版社 2000 年版。

d. 曲英杰：《蜀都考》，《中国社会科学院历史研究所学刊》第二集，商务印书馆 2004 年版。

曲英杰：《长江古城址》，湖北教育出版社 2004 年版，第 20—27 页。

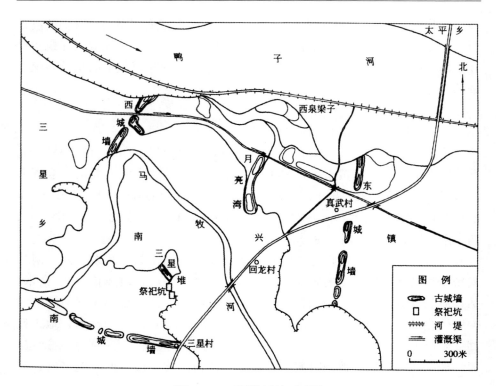

图6—1　三星堆城址平面图

很可能不属于此座城①。这些断断续续的城墙围成的古城，呈北窄南宽布局，东西长 1600—2000 米，南北长 2000 米左右，面积 3.5—3.6 平方公里。在东城墙的回龙寺燕家梁子地段，城墙露出地表部分一段高 3—5 米，地表以下深 2—3 米，厚 40 米左右，由墙体（主城墙）和内、外护坡三部分组成，墙体断面为梯形，采用平行夯筑，内、外护坡为斜行夯层，中部发现土坯砌墙。东、西、南三面城墙的外侧均发现有城壕，东、西城壕的南、北两端分别与马牧河、鸭子河相通，南城壕的两端则分别与马牧河的上、下游相接。

在城址的中轴线上，分布着三星堆、月亮湾、真武宫和西泉坎四处台地。三星堆是三个起伏相连的土堆，1956 年调查时纵长大约 400 米②，隆起

---

①　曲英杰：《长江古城址》，湖北教育出版社 2004 年版，第 20 页。

②　王家祐、江甸潮：《四川新繁、广汉古遗址调查记》，《考古通讯》1958 年第 8 期。

的顶部为椭圆形，最高处高出周围地面约 10 米，1984—1985 年解剖土堆时，发现是人工堆筑而成，土堆内仅见三星堆文化早期陶片①。因三星堆 1、2 号坑的位置紧靠土堆的西南外侧，故而被认为这三个土堆为祭社或封禅用的祭坛②。

在三星堆遗址曾发现 7 座器物坑③，三星堆人工堆筑的三个土堆西南侧的 1、2 号坑，只是其中的两个。1 号坑呈长方形，带有三条坑道，依据其上叠压遗址四期的文化层，故可将其定为三期，发掘者在正式报告中推测埋藏年代相当于殷墟一、二期之交，也有人依据坑内出土的许多青铜礼器的形制，说它们分别相当于商代二里岗上层到洹北花园庄晚期。2 号坑在 1 号坑东南 30 米，亦呈长方形，无坑道。年代晚于 1 号坑，发掘者推定约当殷墟二期偏晚至三、四期之间。两座坑出土有金杖、金面罩、金虎形饰、青铜立人像、人头像、人面像、神树、尊、罍、玉牙璋、玉琮、玉瑗、象牙、海贝等大量精美器物④。

1929 年，在三星堆遗址月亮湾燕家院子附近出土玉器的地方也是一个器物坑，坑长 7 尺，宽约 3 尺，深 3 尺，出土有玉石璧、琮、璋、圭、斧等，共三四百件⑤。

1988 年，在三星堆遗址真武村"仓包包"也发现一个器物坑，长约 2 米，宽约 1 米，内出铜牌饰 3 件、玉瑗 8 件、箍形器 1 件、凿 1 件、石璧两组 21 件、斧 3 件⑥。

1984 年在三星堆遗址内的西泉坎、1986 年在第Ⅲ区各发现一处石璧成

①　屈小强、李殿元、段渝主编：《三星堆文化》，四川人民出版社 1993 年版，第 226 页。

②　a. 陈显丹：《三星堆一、二号坑几个问题的研究》，《四川文物》三星堆遗址研究专辑，1989 年版。

b. 屈小强、李殿元、段渝主编：《三星堆文化》，四川人民出版社，1993 年，第 226 页。

c. 樊一、陈煦：《封禅考——兼论三星堆两坑性质》，《四川文物》1998 年第 1 期。

③　中国社会科学院考古研究所编著：《中国考古学·夏商卷》，中国社会科学出版社 2003 年版，第 497 页。

④　四川省文物考古研究所：《三星堆祭祀坑》，文物出版社 1999 年版。

⑤　冯汉骥、童恩正：《记广汉出土的玉石器》，《文物》1979 年第 2 期。

⑥　四川省文物考古研究所三星堆工作站、广汉市文物管理所：《三星堆遗址真武仓包包祭祀坑调查简报》，《四川考古报告集》，文物出版社 1998 年版。

品、半成品和废件集中的处所，应该与制作玉器的作坊有关①。1983 年在第Ⅰ区发现有陶窑，似乎这一带有陶器作坊②。

20 世纪 80 年代初，在三星堆遗址发掘了 18 座房基③，房屋建筑均为地面木构建筑，基本特征大多一致，多数为长方形和方形，圆形者很少。面积一般在 10—25 平方米之间，门向不一，多在一侧开门，少数内有"屏风"式的隔墙。居住面是由生土踩踏或拍打而成，有的加一层白膏泥。四周的墙基多挖沟槽，沟底再挖柱洞或小沟槽，小沟槽是为在木柱间立小木棍或竹棍而作，由此可见墙体应是木骨泥墙。（图 6—2）

对于这 18 座房基，发掘者将其分为早、晚两期，早期房址共 3 座，平面呈圆形的 2 座（F16、F18），呈方形的一座（F17）。晚期房址 15 座，又分为甲、乙两组，乙组略晚于甲组。早期房址的建筑技术比晚期的差，其时代属于第一期文化；晚期房址的甲、乙两组均属第二期文化。

甲组房址建在较平整的黄色生土层上，四周墙基均挖沟槽，沟槽内立有柱洞，形成木骨泥墙。墙壁可能经火烧烤过，表面平整而坚硬。在房内发现有成团的草木灰烬和竹片、木棍等碳化物。结合木骨泥墙的支撑力和柱洞底未见任何基石等情况来考虑，发掘者认为房顶很可能是斜坡状以草覆盖，这也和川西地区历来多雨有关。以 F1 为例，平面呈长方形（图 6—3），方向东南，约 45°，门开在前壁右侧，进深 2.5、宽 4.5 米。四周墙基的沟槽宽 20—30 厘米，深 20 厘米。沟槽中的柱洞直径一般在 10—20 厘米、深 14—40 厘米之间；柱间距离多在 60—90 厘米之间。在沟槽及房内共发现柱洞 17 个，编号为 D1—17。

乙组房址以 F5、F6 为例（图 6—4），这两座房址实为一套，中间以一隔墙分为两间，各自开门。F5 平面呈长方形，方向西南，门宽约 110 厘米，开在前壁左侧，进深 4.75 米，宽 3.8 米，面积约 18 平方米。F6 平面呈长方形，方向西北，门宽约 1 米，开在前壁右侧，进深 5.7 米，宽 4.75 米，面积约 26 平方米。房屋四壁墙基均挖有沟槽，内有柱洞，两房的隔

① 陈显丹：《三星堆文化玉石器研究》，《四川文物》1992 年《三星堆古蜀文化研究专辑》。
② 赵殿增：《三星堆考古发现与巴蜀古史研究》，《四川文物》1992 年《三星堆古蜀文化研究专辑》。
③ 四川省文物管理委员会、四川省博物馆、广汉县文化馆：《广汉三星堆遗址》，《考古学报》1987 年第 2 期。

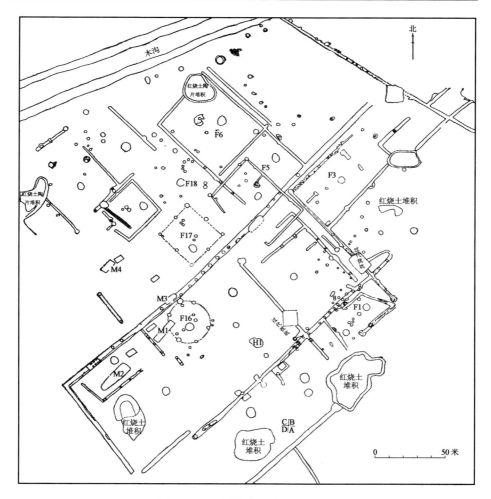

图 6—2　三星堆房屋遗迹平面图

墙未见柱洞。两房内的居住面都有一层厚约 3 厘米的白膏泥，较平整坚硬。

三星堆遗址发现有 4 座墓葬，多为长方形竖穴坑，一为成年女性，三为儿童。葬式有仰身直肢、仰身屈肢两种，均无葬具和随葬品。

三　三星堆的文化特色与中原文化的关系

三星堆遗址所表现出的文化特色集中体现在 1、2 号坑出土的器物上。

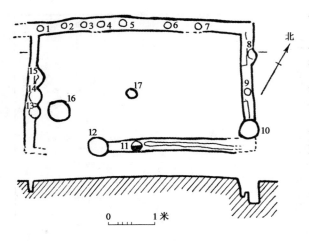

图 6—3 三星堆房址 F1 平面、剖面图

两坑出土的青铜器有大型立人像、跪坐人像、小人像、持璋小人像、人头像、人面具、兽面具、眼形器、眼泡、爬龙柱形器、虎形器、罍、尊、盘、器盖、铃、瑗、小型凤鸟饰、鸟形饰、蛇形饰、夔龙形饰、神殿和神坛的模型、神树、各种形制的青铜牌饰、戈、戈形器、钺、凿、镞等（图 6—5）[1]。两坑中还出土海贝

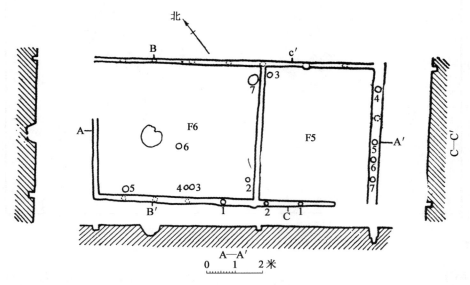

图 6—4 三星堆房址 F5 和 F6 平面、剖面图

4700 余枚，一部分堆放在坑底，一部分盛放在青铜尊、罍等容器和铜人面

---

[1] 中国社会科学院考古研究所编著：《中国考古学·夏商卷》，中国社会科学出版社 2003 年版，第 499 页，图 8—16（之一）。

中。此外，还出土有玉璋、玉戈等玉器（图 6—6）①。

这些器物大体可分为两类，一类是三星堆自有的、在中原地区不见其特征的器物；另一类是受到中原文化影响的或与中原文化有交流关系的器物。关于前者，最有代表性的有：大型站立人铜像（图 6—5：1，彩图 22），头戴花冠，身着鸡心领左衽长襟衣，双手一上一下呈圆形，手中原似握有某种器物，足下有双层方座，通高 2.60 米；眼珠异常凸出的人面与兽面结合的铜面具（图 6—5：2，彩图 23）和眼球微鼓的铜人面具（图 6—5：3）；各类铜人头像——有的平顶无冠，有的平顶戴冠，有的圆顶饰蝴蝶结（图 6—5：4），有的鼓顶盘发（图 6—5：5），有的圆顶双角；还有神树、神坛等。关于后者，青铜器有罍、尊、鼎、斝、戈等；玉石器有璋（图 6—6：9—12）、戈（图 6—6：13）、琮、璧、瑗等。青铜礼器的组合以罍、尊为主。玉石器出土时多盛放在罍、尊之内，其中以数量众多的玉璋最具特色，1 号坑出土 40件，2 号坑出土 17 件。中原地区的玉璋主要流行在二里头文化时期，进入商代以后仅有个别孑遗，而相当于晚商时期的三星堆文化中晚期，玉璋仍大量存在。玉戈均直内无胡，形制与铜戈相同（图 6—6：13）。

对于三星堆文化所具有的这两类因素，诚如有学者分析指出，迄今为止，中原地区的夏商文化中尚未发现典型的三星堆文化因素，这说明当时的文化交流主要是中原地区对三星堆文化施加影响，相反方向的文化传播则发生得很少。三星堆文化中的夏商文化因素主要是礼器，如陶盉、陶鬶、陶豆、陶觚、铜尊、铜罍、玉璋、玉璜、玉璧、玉琮等都是礼器，玉戈也是礼器。这种现象表明中原文化对三星堆文化的影响主要是礼制观念，属于上层社会之间的影响，这与夏商文化对其他地区的影响是基本相同的。不过，在这种影响中，三星堆文化中商的青铜容器主要是尊、罍，不见中原地区盛行的觚、爵、斝、鼎、簋等，而商代中原地区已基本不用的璋等因素在三星堆文化中仍盛行不衰，这说明二里头文化时期的中原礼制文化在巴蜀地区已经扎根，并与当地传统文化相融合，构成了其自身文化的组成部分②。

---

① 中国社会科学院考古研究所编著：《中国考古学·夏商卷》，中国社会科学出版社 2003 年版，第 500 页，图 8—16（之二）。

② 同上书，第 507—508 页。

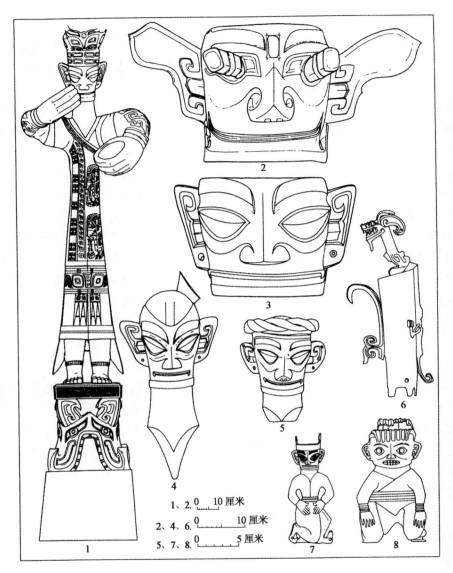

图6—5　三星堆遗址出土青铜器和玉器（之一）

（《中国考古学·夏商卷》）

1. 大型铜立人像（K2②：149、150）　2. 铜人面具（K2②：148）

3. 铜人面具（K2②：153）　4. 铜人头像（K2②：58）　5. 铜人头像（K2②：83）

6. 铜龙柱形器（K1：36）　7. 铜跪坐人（K2③：04）　8. 铜跪坐人像（K1：293）

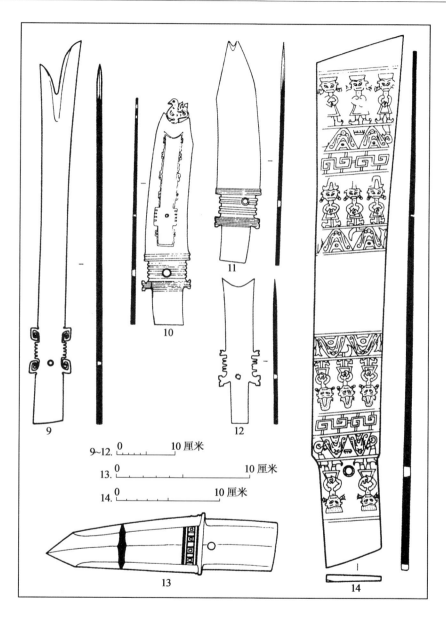

图6—6　三星堆遗址出土青铜器和玉器（之二）

（《中国考古学·夏商卷》）

9. 玉璋（K2③：324）　10. 玉璋（K1：235：5）　11. 玉璋（K1：146）

12. 玉璋（K1：01）　13. 玉戈（K2③：314：6）　14. 玉璋（K2③：201：4）

图6—7　三星堆一号坑出土的
龙虎尊及纹饰

图6—8　安徽阜南出土的
龙虎尊及纹饰

　　在三星堆文化与商或商的其他方国的文化交流中，有一个现象是十分有趣的。在三星堆1号坑出土的龙虎尊（图6—7，彩图24）① 与安徽阜南朱砦润河出土的龙虎尊（图6—8）②，无论是尊的整体造型、龙虎的纹样结构，还是虎口下屈臂蹲踞的人的造型，都有着惊人的相似，甚至可以说是出自同一匠人之手。其中，人蹲踞在虎口下的这一题材又与相传出土于湖南安化、现藏于日本京都泉屋博古馆的"虎食人卣"（图6—9：1）③ 和现藏于法国巴黎塞努斯基博物馆的"虎食人卣"（图6—9：2）④，以及殷墟妇好墓出土的

　　① 四川省文物考古研究所：《三星堆祭祀坑》，文物出版社1999年版，第35—36页插图，彩图9。

　　② 葛介屏：《安徽阜南发现殷商时代的青铜器》，《文物》1959年第1期，封面。

　　③ 李学勤主编：《中国美术全集·青铜器》（上），文物出版社1985年版，图版109。

　　④ 李学勤、艾兰：《欧洲所藏中国青铜器遗珠》，文物出版社1995年版，单色图版40。

1　　　　　　　　　　　　2

图 6—9　　"虎食人卣"

1. 日本京都泉屋博古馆藏品，传湖南安化出土　2. 法国巴黎塞努斯基博物馆藏品

图 6—10　　妇好墓铜钺和司母戊鼎耳上的纹样

铜钺（图 6—10：1)[1] 和司母戊鼎耳上的纹样（图 6—10：2)[2] 乃至郑州商城二里岗下层时期陶簋残片上的所谓"虎噬人"图案（彩图 25)[3] 等所表现的含义是一样的。对于这几个地方都出土的这一题材的含义，学术界有许多不同的说法，笔者经过与中美洲奥尔梅克等文化中的同类题材的比较研究认

---

[1]　中国社会科学院考古研究所安阳队：《安阳殷墟五号墓的发掘》，《考古学报》1977 年第 2 期，图版Ⅷ：2。

[2]　陈梦家：《殷代铜器》，《考古学报》第 7 期，1954 年，图 64 乙、64 丙，图版肆拾壹、肆拾贰。

[3]　河南省文物考古研究所：《郑州商城——一九五三年——一九八五年考古发掘报告》（上册），文物出版社 2001 年版，第 270 页，图一六三；《郑州商城》（下册），彩版六。

为，这种人在虎嘴之中的含义并非表示人被虎吞食，而是来源于商代甲骨文中号称为"虎方"的方国的部族诞生神话，虎口中的人表示的是该族的人来源于虎，即虎生人，因而该族被殷人称之为"虎方"或"虎"。虎方或说在江汉及其以南一带，或说在江淮流域，目前还不能确指，但大体上属于南方的方国部族，在北方的殷墟和西南的广汉三星堆也都出有这一题材的青铜器，可用这一纹饰题材起源于虎方并在虎方之外得到传播来解释。也就是说，三星堆和殷墟宫殿宗庙区出土的这一纹饰题材，是虎方与商时的蜀国以及商王室交往的结果。具体说来，司母戊铜鼎和妇好铜钺，是在殷都所铸，为殷王室成员所使用，其上的人在两虎口中的组合纹饰题材和寓意，是表示殷王朝认同虎方的部族诞生神话，承认虎方的族神——虎，并以此作为在精神和宗教上维系对虎方支配的一种方式，即通过这种宗教上的认同，以达到在军事上驾驭和控制虎方乃至驾驭和控制与虎方有联盟关系的南方诸族；三星堆出土的这一纹饰题材，则因蜀地与虎方不存在统属与被统属的关系，不能解释为殷时的蜀国要在精神领域支配当时的虎方，而只能解释为两地的两个方国有过亲密的交往，即商时蜀国对虎方的族神、对虎方来源于虎的部族诞生神话是认同的，两个方国的统治阶层在精神领域有过很好的沟通[1]。

通过上述对三星堆与湖南安化、安徽阜南、殷墟诸地人虎组合纹饰题材的研究，特别是三星堆与安徽阜南龙虎尊的比较，可以看出三星堆的方国或称为古蜀国与殷王朝交往的一个重要途径，很有可能是沿着长江东下至江汉乃至江淮流域，是经过江汉、江淮地区与殷王朝交往的。当然，通过与陕西省汉中地区的城固、洋县出土的多批青铜器比较[2]，还可以看出三星堆方国

---

① 王震中：《试论商代"虎食人卣"类铜器题材的含义》，《商承祚教授百年诞辰纪念论文集》，文物出版社 2003 年版。

② a. 唐金裕、王寿芝、郭长江：《陕西省城固县出土殷商铜器整理简报》，《考古》1980 年第 3 期。

b. 王寿芝：《陕西城固出土的商代青铜器》，《文博》1988 年第 6 期。

c. 苟宝平：《陕西城固县征集的商代铜戈》，《考古》1996 年第 5 期。

d. 李烨、张历文：《洋县出土殷商铜器简报》，《文博》1996 年第 6 期。

e. 赵丛苍：《城固洋县铜器群综合研究》，《文博》1996 年第 4 期。

f. 李伯谦：《城固铜器群与早期蜀文化》，《考古与文物》1983 年第 2 期。

g. 尹盛平：《巴文化与巴族的迁徙》，《巴蜀历史·民族·考古·文化》，巴蜀书社 1991 年版。

h. 刘士莪等：《论陕南城、洋地区青铜器及其与早期蜀文化的关系》，《三星堆与巴蜀文化》，巴蜀书社 1993 年版。

与汉中地区并通过汉中地区与中原的王朝以及陕西宝鸡地区也有着交往。

　　说到商代蜀地与中原的交往，殷墟卜辞中有一地名的"罒"字，孙诒让释为"蜀"字而省虫①。学者们多从其说。也有释为后世的荀国之荀或郇②。卜辞中有贞问"蜀受年"（《合集》9774 正）、"蜀不其受年"（《合集》9774 正、9775 正）、"王敦缶于蜀"（《合集》6860—6863）、"至蜀无祸"（《合集》21723—21731）、"在蜀"（《合集》33141、33142）等。对于卜辞中的蜀地，以前有殷西北说③、鲁地泰安南至汶上说④、新绛西荀国说⑤、商州——洛南一带说⑥、汉水上游说⑦、成都平原说⑧，等等。三星堆遗址 1、2 号器物坑等一系列重大发现公布后，有多位学者主张卜辞中的蜀国就在川西平原，三星堆文化就是古蜀文化⑨。

　　关于三星堆文化的族属，有的学者依据三星堆 1 号器物坑中出土的三件凸眼铜面具，认为可能就是蜀人的祖神蚕丛⑩，或者认为它们象征的是天神烛龙和蜀人的祖神蚕丛⑪；又依据三星堆 1 号器物坑出土金杖上由鱼、鸟、

---

①　孙诒让：《契文举例》下·九，1904 年。

②　a. 陈梦家：《殷虚卜辞综述》，中华书局 1988 年版，第 295 页。

　　b. 饶宗颐：《殷代贞卜人物通考》，香港大学出版社 1959 年版，第 189 页。

③　郭沫若：《卜辞通纂》，《郭沫若全集·考古编》第二卷，科学出版社 1982 年版，第 453 页。

④　胡厚宣：《卜辞所见之殷代农业》，《甲骨学商史论丛初集》（下），河北教育出版社 2002 年版，第 665—666 页。

⑤　陈梦家：《殷虚卜辞综述》，中华书局 1988 年版，第 295 页。

⑥　［日］岛邦男：《殷墟卜辞研究》，东京汲古书院 1975 年版，第 378—383 页。

⑦　李伯谦：《城固铜器群与早期蜀文化》，《考古与文物》1983 年第 2 期。

⑧　童恩正：《古代的巴蜀》，四川人民出版社 1979 年版，第 58—60 页。

⑨　a. 林向：《三星堆文化与殷商的西土——兼释殷墟卜辞中的"蜀"的地理位置》，《四川文物》广汉三星堆遗址研究专辑，1989 年。

　　b. 四川省文物考古研究所：《三星堆祭祀坑》，文物出版社 1999 年版，第 438—440 页。

　　c. 邹衡：《三星堆祭祀坑》序，《三星堆祭祀坑》，文物出版社 1995 年版，第 7—8 页。

⑩　a. 范小平：《从"纵目"谈起——兼论广汉三星堆遗址的发现及其发掘》，《中国文物报》1988 年第 2 期第 3 版。

　　b. 范小平：《广汉商代纵目青铜面像研究》，《四川文物》广汉三星堆遗址研究特辑，1991 年。

⑪　孙华：《凸眼铜面像——蜀人的尊神烛龙和蚕丛》，《中国文物报》1992 年 5 月 24 日。又见孙华《四川盆地的青铜时代》，科学出版社 2000 年版，176 页。

箭组成的图案，认为应是"鱼凫"之意①；还有认为在鱼凫王之前，蜀王为柏灌，也表现出对鸟的崇拜，并说这与三星堆文化中鸟的形象最多相吻合，三星堆古城有相当长的时期是柏灌氏统治蜀国时期的都城，后来被鱼凫氏所取代②。也有学者从蜀都的地理沿革的角度，认为今广汉三星堆城址当为早期蜀都所在，而称蜀城，其最后废弃很可能与鱼凫王出行有关；杜宇所都郫邑当在今郫县北杜鹃城址，后为秦汉时期郫县城沿用；今成都市区及西郊在商周时期很有可能曾为鳖国之都所在，至战国初期有开明氏来迁，修筑"成都郭"，秦灭蜀后，又相继于郭内兴筑"大城"与"少城"③。总之，由于史书记载多有缺略，而三星堆遗址和三星堆文化的年代跨度又较长，目前关于三星堆城址和三星堆文化的族属研究，还只能看做是各有所据的推定。当然，也有学者并不主张把三星堆的遗物与《华阳国志》等相关古史的资料及"羌戈大战"等口头传说直接加以比较对照，如伊藤道治先生认为，这些古史传说和口头传说都有今后各自整理研究的必要，若在现阶段就把它们与考古资料随意连到一块，未必会产生好的结果。为此，他将三星堆1号坑和2号坑出土的各种青铜制品相互对照，试着从这样的资料中来展现它描绘出的是一个什么样的世界。诚然，伊藤先生自己也说他的这一研究是假说中叠加了假说，该稿只不过是一个假说而已④。

第二节　吴城方国都邑

一　吴城文化的分期分类与吴城城址的年代

吴城商代遗址（彩图26），位于江西省樟树市（原清江县）吴城乡吴城

---

① a. 胡昌钰、蔡革：《鱼凫考——也谈三星堆遗址》，《四川文物》三星堆古蜀文化专辑，1992年。

b. 孙华：《四川盆地的青铜器时代》，科学出版社2000年版，第176—177页。

c. 高大伦：《三星堆器物坑饰"鱼凫"纹金杖国墓地"鸭首"形铜戗》，《中国文物报》1997年10月12日。

② 孙华：《四川盆地的青铜器时代》，科学出版社2002年版，第177—178页。

③ 曲英杰：《蜀都考》，《中国社会科学院历史研究所学刊》第二集，商务印书馆2004年版。

④ ［日］伊藤道治著，常耀华译，王震中校：《三星堆出土青铜器管见》（上）（下），《殷都学刊》2005年第1期、第2期。

村（图6—11），自1973年8月发现以来，30余年考古工作者对吴城遗址先后进行了十次发掘，取得了一系列丰硕成果①。吴城文化的得名来源于吴城遗址的发现和发掘，它由李伯谦先生在20世纪80年代初首先提出②，很快得到了学术界普遍认同和使用，吴城文化所包括的遗址目前已发现有200多处③，主要分布于赣江流域，以江西新干、樟树以北的赣江中下游和鄱阳湖地区最为集中。

对于吴城文化的类型划分，宋新潮博士曾在《殷商文化区域研究》一书中，将吴城文化划分为三个类型：1. 主要分布在鄱阳湖以西修水下游和长江沿岸的、以九江神墩和德安石灰山为代表的"神墩类型"；2. 主要分布在赣江中下游地区的，以樟树吴城、筑卫城遗址为代表的"吴城类型"；3. 主要分布在鄱阳湖东、南到武夷山南麓至闽江上游，东及浙江江山，东北与皖南相接的，以万年肖家山和鹰潭角山等遗址为代表的"万年——角山类型"④（简称为"万年类型"）。但近来的研究中，有一种意见认为，分布于赣东北地区的万年、贵溪、鹰潭、乐平、婺源、抚州、弋阳、横峰、上饶、玉山、

① ａ. 江西省博物馆、北京大学历史系考古专业、清江县博物馆：《江西清江吴城遗址发掘简报》，《文物》1975年第7期。

ｂ. 江西省博物馆、清江县博物馆：《江西清江吴城商代遗址第四次发掘的主要收获》，《文物资料丛刊》2，文物出版社1978年版。

ｃ. 江西省文物工作队、清江县博物馆：《清江吴城遗址第六次发掘的主要收获》，《江西历史文物》1987年第2期。

ｄ. 江西省文物考古研究所、中山大学人类学系、樟树市博物馆：《樟树吴城遗址第七次发掘简报》，《文物》1993年第7期。

ｅ. 江西省文物考古研究所、樟树市博物馆：《江西樟树吴城商代遗址第八次发掘简报》，《南方文物》1995年。

ｆ. 江西省文物考古研究所、樟树市博物馆：《江西樟树吴城商代遗址西城墙解剖的主要收获》，《南方文物》2003年第3期。

ｇ. 黄水根、李昆：《略论吴城遗址商代城墙的性质》，《2004年安阳殷商文明国际学术研讨会论文集》，社会科学文献出版社2004年版。

ｈ. 江西省文物考古研究所、樟树市博物馆：《吴城——1973—2002年考古发掘报告》，科学出版社2005年版。

② 李伯谦：《试论吴城文化》，《文物集刊》3，文物出版社1981年版。

③ 彭明瀚：《吴城文化研究》，文物出版社2005年版，第21页。

④ 宋新潮：《殷商文化区域研究》，陕西人民出版社1991年版，第171—172页。

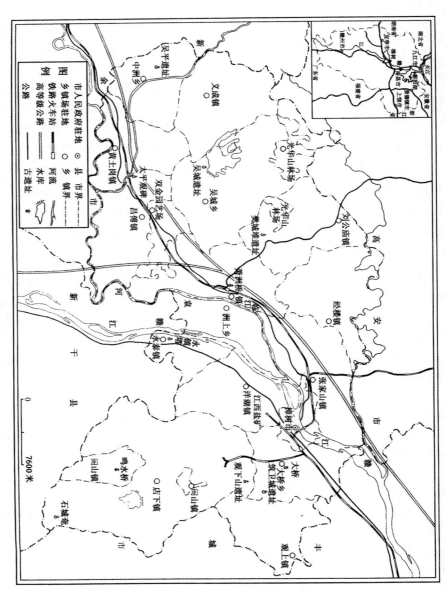

图6—11　吴城遗址地理位置图

德兴等县的"万年类型"文化遗存，与"吴城类型"和"神墩类型"之间存在较大的差异，并不属于同一种考古学文化，而是与吴城文化大致同时的另外一支考古学文化遗存①；还有一种意见认为，"如果整个江西境内商代文化以吴城文化命名，则应分为赣北的石灰山类型、赣南的竹园下类型、赣西的吴城类型、赣东北的万年类型。如果各个区域独自命名，则可划分为石灰山文化、吴城文化、万年文化和竹园下文化"②。这里的"石灰山类型"亦即"神墩类型"③。目前两种意见中的最大区别在于"万年类型"可否划入吴城文化之内。这里笔者赞成将原称之为"万年类型"的文化遗存作为另一支考古学文化来对待，并倾向于吴城文化暂可分为两个类型：即赣江下游、鄱阳湖西岸的石灰山类型与赣江中游、袁水流域的吴城类型④。

在赣境内诸多商代遗址中，若将吴城类型与石灰山类型相比较，由于石灰山类型与商文化的盘龙城类型隔江相望，因而受商文化影响的陶器的数量明显比吴城类型的要多。然而若论文明化发展的程度，诚如学者们所指出，只有吴城遗址的等级最高，文化内涵最为丰富，是具有国家文明形态的都邑遗址⑤。在包括新干大洋洲大墓在内的吴城类型中，出现了城墙（吴城）、成套青铜器礼器（大洋洲）、大型祭祀广场和文字（吴城），等作为进入文明社

---

① 　a. 中国社会科学院考古研究所：《中国考古学·夏商卷》，中国社会科学出版社2003年版，第487页。

　　b. 彭明瀚：《赣江、鄱阳湖区商代文化的区系类型研究——为樟树吴城遗址发掘三十周年而作》，《考古》2004年第3期。

　　c. 彭明瀚：《吴城文化研究》，文物出版社2005年版，第65—67页。

② 　江西省文物考古研究所、樟树市博物馆：《吴城——1973—2002年考古发掘报告》，科学出版社2005年版，第419页。

③ 　关于改名的理由，彭明瀚认为："在赣北地区最早经过正式考古发掘的遗址是德安石灰山遗址，该遗址现存面积大，地层堆积最为完好，遗物最为丰富，演变规律清晰，按照考古学文化命名的一般原则，在这一地区发现的此类遗存均可命名为'石灰山类型'。而神墩遗址，发现时间比石灰山晚，主要堆积为新石器时代晚期和西周，属商时期的仅有水井及少量残存地层，出土文物标本也很少，用该遗址来命名这一地区的吴城文化类型，我们认为有失公允。"（见彭明瀚《吴城文化研究》第71页注释70）

④ 　彭明瀚：《吴城文化研究》，文物出版社2005年版，第65—67页。

⑤ 　江西省文物考古研究所、樟树市博物馆：《吴城——1973—2002年考古发掘报告》，科学出版社2005年版，第419页。

会的诸现象或标志物，而石灰山类型截至目前还没有发现城址，青铜器、文字也只有零星发现，为此，这两个类型的差异"是中心聚落与次级中心聚落间的差异，吴城遗址是赣江、鄱阳湖地区的中心城邑"①。

　　吴城文化的分期，以往以吴城遗址的文化层和遗迹的叠压打破关系以及器物的演变规律，一般分为三期②。其第一期相当于中原二里岗上层，第二期相当于殷墟早期，第三期相当于殷墟晚期；可以说这个分期确立了南方地区青铜器时代考古年代学的分期标尺，既是南方考古的一次重大突破，又为考古学界所普遍接受。吴城遗址经过十次发掘以后，发掘者在其所整理的《吴城——1973—2002年考古发掘报告》中将整个吴城遗址的发展过程划分为三期七个阶段：第一期包括一（早）、二（中）段，第二期包括三（早）、四（中）、五（晚）段，第三期包括六（早）、七（晚）段。其中把吴城一期早段定为二里岗上层一期，并说根据夏商周断代工程，其绝对年代应在公元前1427—前1384年；把吴城一期晚段定为二里岗上层二期，并说根据夏商周断代工程，其绝对年代应在公元前1380—前1330年；把吴城二期早段定为殷墟一期，并说根据夏商周断代工程，其绝对年代应在公元前1370—前1239年，约为盘庚、小辛、小乙和武丁早期；把吴城二期中段定为殷墟二期早段，相当于武丁晚期，并说根据夏商周断代工程，其绝对年代应在公元前1255—前1195年；把吴城二期晚段定为殷墟文化二期晚段，与祖庚祖甲时代相当；把吴城三期早段定为殷墟文化三期，约为廪辛、康丁、武乙、文丁时代，并说根据夏商周断代工程，其绝对年代应在公元前1205—前1070年；把吴城三期晚段定在殷墟四期早段，其年代属帝乙、帝辛时代，并说根据夏商周断代工程，其绝对年代应为公元前1087—前1038年③。这个三期七段的划分，显然较以前的三期分法更为完整、细致，应该说是对吴城遗址分期和年代研究的进一步推进。近来，彭明瀚在《吴城文化研究》一书提出吴城文化可分为四期五段新的分期意见，其分期的特点是在学者们对原吴城遗址分期的基础上，又加上了早于吴城一期

----

① 彭明瀚：《吴城文化研究》，文物出版社2005年版，第66页。

② a. 江西省博物馆、北京大学历史系考古专业、清江县博物馆：《江西清江吴城遗址发掘简报》，《文物》1975年第7期。

　　b. 李伯谦：《试论吴城文化》，《文物集刊》3，文物出版社1981年版。

③ 江西省文物考古研究所、樟树市博物馆：《吴城——1973—2002年考古发掘报告》，科学出版社2005年版，第407—410页。

早段的龙王岭一期，从而使整个江西的吴城文化最早的年代提前到了二里岗下层二期。诚如李伯谦先生在该书的《序》中所言，这一新的分期，"补充了原来分期的缺环，使得吴城文化的年代分期标尺更加细密，更加精细"。该书还列表将吴城文化典型遗址进行了分期对应（见表6—1）[1]。

表6—1

期第	龙王岭	石灰山	吴城	大洋洲	与中原商文化对照
一期	第一期				二里岗下层二期
二期	第二期	第一期	一期早段		二里岗上层一期
		第二期	一期晚段		二里岗上层二期
三期	第三期		二期	殷墟一、二期	
四期			三期	△	殷墟三、四期

从表6—1中可以看出，与中原商文化相对照，吴城文化的起止年代约相当于早商的二里岗下层第二期至晚商末。其实，在原有的吴城一期之前再加一期已不是某一位学者的观点，这在学界中已可以找到类似的看法[2]，对此，本书将吴城文化的这种四期分法称之为"新编吴城文化分期"。

依据目前新的分期，吴城文化可分为四期，作为吴城文化中重要遗址之一的吴城遗址，其三个时期的时段即吴城遗址的一、二、三期，在整个吴城文化中则位于吴城文化第二、三、四期的位置，那么，近年发现的吴城城墙的修建和使用年代，又属于何时？

早在1974年秋季对吴城遗址第三次考古发掘期间，曾开三条探沟，对吴城城墙进行过解剖，由于在解剖过程中，城墙堆积中未有包含物出土，且城墙的构筑方式与中国北方城墙夯筑的方式不同，未发现夯窝，因此有关吴城城墙的年代和性质未能得到肯定的结论。到1995年，对吴城遗址进行第九次发掘时，对吴城城址西城墙进行了解剖，当时，江西省文物考古研究所、樟树市博物馆为了搞清楚吴城遗址城墙的年代、性质等问题，在西城墙段西门南侧进行了发掘，获取了大量考古信息，首次肯定吴城遗址的土城墙

---

① 彭明瀚：《吴城文化研究》，文物出版社2005年版，第40页。

② 中国社会科学院考古研究所：《中国考古学·夏商卷》，中国社会科学出版社2003年版，第486页。

是商代所筑，整个城墙由墙体城垣和壕沟等组成，并在不足 2 平方米的壕底发现有 4 个商代人类头骨和牙齿。到 2001 年年底至 2002 年年初，吴城遗址考古发掘报告编写组的同志根据报告内容的需要，为进一步解决吴城遗址城墙的相关问题，又对西城墙进行了解剖发掘，这是吴城遗址的第十次发掘[①]。通过这第十次的发掘，发掘者认为吴城城垣的修筑先于城壕：吴城城垣修建分为两个阶段，始建于吴城一期，二期进行了重修；吴城城壕始建于吴城二期早段，使用时期为吴城二期早段至三期早段。在吴城遗址第一期晚段时，修建了吴城一期的城垣，到吴城遗址二期早段时，该垣体在第一期城垣的基础上加宽加高，形成宽且高的二期垣体，并采取了挖基槽、开挖护城壕的筑城方法，提高了城垣的牢固度和防御能力，根据第二期城垣的规模以及叠压关系，基槽和城壕与第二期城垣同时挖建，属于同时期遗存[②]。

如前所述，吴城遗址第一期晚段约相当于郑州二里岗上层第二期，中商文化开始于二里岗上层第一期，二里岗上层第二期属于中商早期晚段，所以，吴城遗址的城垣的始建年代约在中商早期晚段；吴城遗址的二至三期，约相当于殷墟文化的一至四期，所以，吴城遗址城墙的重建和主要的使用期，是在晚商时期。为此，我们在这里也是把吴城城邑主要放在晚商方国都邑来叙述。

二　吴城城邑的布局及其重要遗迹

吴城遗址经过十次的发掘，不但发现有土城城墙、城壕，在城内，还发现有大型祭祀广场、祭台、长廊式道路、烧制几何印纹陶和原始瓷器的陶窑、铸造青铜武器、工具和礼器的作坊、水井、墓葬等。

（一）城垣、城壕与城门

吴城遗址的土城平面近似圆角方形（图 6—12），其北城垣长约 1000 米，

---

① 江西省文物考古研究所、樟树市博物馆：《江西樟树吴城商代遗址西城墙解剖的主要收获》，《南方文物》2003 年第 3 期。

② a. 江西省文物考古研究所、樟树市博物馆：《江西樟树吴城商代遗址西城墙解剖的主要收获》，《南方文物》2003 年第 3 期。

b. 黄水根、李昆：《略论吴城遗址商代城墙的性质》，《2004 年安阳殷商文明国际学术研讨会论文集》，社会科学文献出版社 2004 年版。

c. 江西省文物考古研究所、樟树市博物馆：《吴城——1973—2002 年考古发掘报告》，科学出版社 2005 年版，第 38—46 页。

南城垣长约 740 米，东城垣长约 666 米，西城垣（彩图 27）长约 554 米，城内南北最宽处约 800 米，城垣周长约 2960 米。城内面积 61.3 万平方米，由四个连绵不断的山丘组成，地势高程相近。城垣一周有 11 个缺口，其中 5 个缺口两侧有墙垛，根据缺口现存形状、结构、布局以及宽窄度，发掘者推定北缺口、东北缺口、东缺口、南缺口、西缺口应与城门有关。当地群众也一直叫这五个缺口为北门、东北门、东门、南门、西门。这 5 个城门，东门宽约 15 米，南门宽约 26 米，西门宽约 15 米，北门宽约 15 米，东北门宽约 26 米。其余 6 个缺口应当是当地居民几千年来便于劳作、行走而开辟的缺口或水门，当地称这些缺口为豁口。清朝同治九年《清江县志》记载："吴城，又名铜城，有城垣、城门和敌楼。"至于该城始建年代、建造方式和性质只字未及，只有在 1995 年和 2001 年的两次发掘后，该城才被确定为商代方国的城邑。

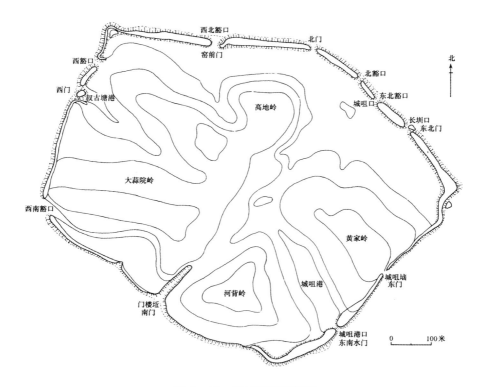

图 6—12　吴城城坦形制图

　　第九、第十次发掘解剖了西城墙一段（2001ZWY1），呈上窄下宽的梯形，残高 3.3 米，顶面宽 8 米，底宽 21 米。城外有一条与城墙走向一致的护城壕（2001ZWH1），呈口大底小的斗状，口径 6.5 米，底宽 1.3 米，壕深 3.1 米，壕底距地表 4.2 米。吴城城垣是依自然山势和地势，填低补高，垒筑的方法是先在主墙体相应的地面处，向下挖斗状基槽，然后用纯净生土一层层堆垒，当土层筑到与沟槽口部相平时，则把城墙加宽，再逐层堆垒，泼水踏实，直至设计高度。同时，为了进一步加强城墙的防御能力，也为了便于就近筑城取土，在城垣外取土区顺着城墙挖筑了护城壕，在城垣内挖了连成排的蓄水塘①。（图 6—13）

图 6—13　吴城遗址西城墙剖面示意图

　　第十次发掘时，在吴城西城壕的第 10 层堆积底部不足 4 平方米范围内出土 21 个人头颅骨，时代为吴城遗址三期早段。根据对出土的部分颅骨的形态特征鉴定结果，其中可能是男性的 5 具，性别不详的 11 具。结合牙齿齿冠磨损状况和颅骨缝愈合度判断，年龄大约为 20—40 岁的青壮年，特别引人注意的是，编号为 No：9（2001ZWH⑩：9）的左侧顶骨前部有锐器所致伤痕，呈三角形，约 3.5×5 厘米；No：16（2001ZWH⑩：15），双下颌角及颌体底部有明显刀切或砍伤痕迹，方向从左上向右下斜向切或砍，切痕明显、整齐，长约 10 厘米。No：9 性别不明，No：16 为男性，年龄在 20—30 岁之间，可能与战争或俘虏有一定关系。因此发掘者分析当时曾发生过较大规模的攻守战，吴城城址的废弃应和这次战争有关。这也说明，商代的吴城城垣的功能主要为军事防御，但由于吴城北部城垣北临萧江，其防洪作用

————————

　　① 　江西省文物考古研究所、樟树市博物馆：《江西樟树吴城商代遗址西城墙解剖的主要收获》，《南方文物》2003 年第 3 期。

也甚大，因此它同时具备防洪的功能①。

（二）居住区

吴城城内的遗迹包括有居住区、手工业作坊区、祭祀场所，还有固定的墓葬区。其居住区的遗迹发现有房址、水井、窖穴、灰坑、灰沟等。吴城遗址历次发掘只发现 2 座与人类居住生活有密切关系的房址，因此根据房址发现的状况，目前是无法确定城址内居住区的分布规律和特征的。发掘者只是从吴城城址内地形地貌特征及历次发掘所获得的大量与人类生活有关的水井、窖穴以及灰坑、灰沟等分析判断，认为城址内以高地岭、黄家岭、河背岭、大蒜院岭 4 个丘顶近似桌面的台地为中心的分布区域应当为当时的居住区。

属于居住区的 1973QSWT2F1 房址（图 6—14），是 1973 年冬发掘清理的。它位于吴城遗址Ⅲ区，即高地岭东部的一丘陵缓坡之上。房址南约 5 米处为 1975QSWT15F2 房址。房址属半地穴式圆角长方形，方向为南偏东 40°，门向东南，有门道，并设有灶台。房基南北长 3.6 米，东西宽 2.1 米，残高 0.05—0.7 米。房基中间有一柱洞，为房子的中心顶柱。房基周围的墙壁中残留有 6 个圆形柱洞。墙壁和地面都经过焙烧，表面呈青灰色。灶台呈椭圆形，高 0.15 米，径 0.35 米，中间有一圆坑，为烧坑。房子内出土的遗物有鬲、尊、罐、钵等。此房基周围还有几处红烧土壁露出地面，分布的亦应是此类的小型房基。

1975QSWT15F2 房址是 1975 年发掘所得，其结构与 1973QSWT2F1 房址相同，亦属半地穴式圆角长方形，门向东，南北长 2.65 米，东西残宽 1.52 米，墙壁残高 0.3—0.6 米，地面和墙壁也经过焙烧，唯墙体和房基中央未发现柱洞，无灶台，面积也略小，房基内的出土器物与 1973QSWT2F1 近似。

吴城遗址发掘出的这两座房址，均为小型房子，应该是一般平民的居所，其建筑风格与中原半地穴房址相同，这两座房址所在的高地岭东部的丘陵缓坡，可能是吴城遗址居住区之一。

水井在吴城遗址共发现 3 口，有方形、圆形和椭圆形三种。灰坑发现有 63 个，分圆形、椭圆形、方形和不规则形四类。灰坑中出土的以陶片、硬陶

---

① 江西省文物考古研究所、樟树市博物馆：《江西樟树吴城商代遗址西城墙解剖的主要收获》，《南方文物》2003 年第 3 期。

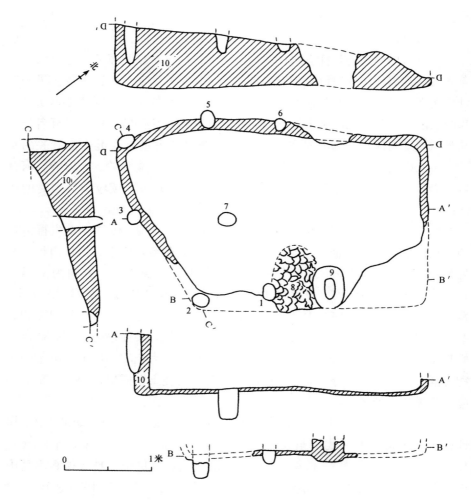

图 6—14   吴城 1973QSWT2F1 房址平面、剖面图

1—7. 柱洞   8. 地面   9. 灶   10. 烧土

原始瓷为多，也有石器和石范等。属于生活遗迹。

（三）祭祀区

吴城遗址商代祭祀场所是第 6、7 次发掘揭露出来的，它主要由红土台地、道路、建筑基址、红土台座（祭祀广场）、柱洞群等组成（图 6—15）。

建筑基址（编号 1992ZWF1，图 6—16）也称为房基，位于广场的西部、

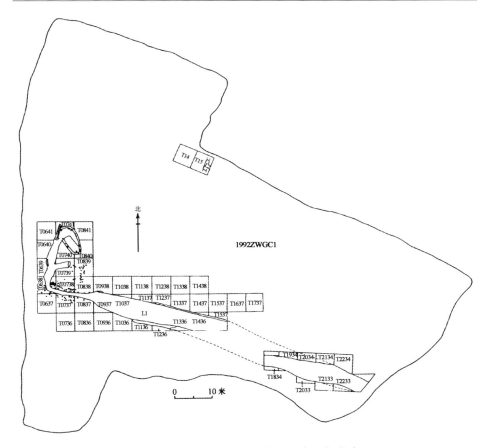

图6—15　吴城遗址祭祀广场、房基与道路

道路的西北部，为圆角长方形，面积约 30 平方米。F1 门向西南，南偏西60°，门道宽 1.2 米。门道两端各有一构造特殊的门墩，西面一个为椭圆形，长径 0.63 米，短径 0.60 米。东面为一个圆角长方形，长 1.35、宽 0.62 米。两门墩内侧各有一柱洞。室内东南角构筑一不规则长方形土台，约长 4.6米、宽 1.93 米。土台与西南墙、南墙连为一体，其建造方式为地面起建，在台上铺垫一层厚约 0.1—0.12 米的白膏泥（瓷土）。在台近南墙处，建有一椭圆形红土台墩，与门墩建造方式一致，长径 0.6 米，短径 0.4 米。由于此处建筑基址遭宋代作坊遗址的破坏，墙体已不复存在，根据残存迹象判断，可能为一地面式建筑。有柱洞一周，计 19 个。依据柱洞的分布规律，应为墙上立柱，墙厚 0.35—0.49 米。西墙长 4.6 米、宽 0.49 米；南墙长

1.93 米，宽 0.42 米。此外，建筑基址的西北面近墙处，挖建一长条形浅槽，长 4.3 米，宽 0.35—0.6 米。底部铺有成层的鹅卵石，间有少量碎陶片，可能起着散水的作用。

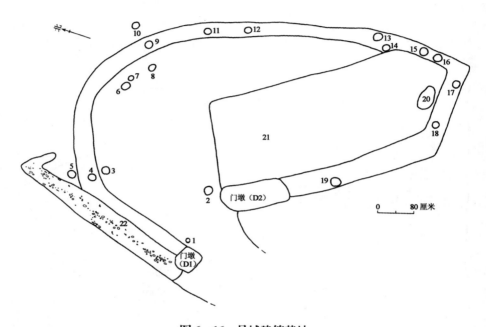

图 6—16　吴城建筑基址

1—19. 柱洞　20. 台墩　21. 白膏泥台面　22. 散水

在房基 F1 南部 5 米处的 T0739 内，还有一个红土台座（编号 1992ZWTZ1，见图 6—15），方向正东，南北长 1.6 米，东西宽 0.55 米，残高约 0.15 米。这个红土台座，发掘者也称之为祭台。在台座正西约 6 米处，修有一条南北向壁而立的红土挡墙（Q1），仅存残基，约长 2 米，宽 0.2 米。挡土墙起保护卵石路及红土台座的作用。

在台座的东南侧及其南部亦即道路的拐角处，分布着大小不一的柱洞上百个，从层位关系看，它们与上述遗迹属同一群体。这些柱洞多成行排列或间有错叠，洞径一般 9—26 厘米，深 10—30 厘米之间。柱洞群的功用为何，现已不详，笔者推测这一部分是否为干阑式建筑，值得考虑。

在道路 L1 的北侧为祭祀广场（见图 6—15），发掘报告称之为红土台地。其西面以柱洞群为界，北界因限于发掘面积情况不明。东界若考虑探方

T1536、T1537 处有一缓坡，或许以此为界；但或许并非以此为限，东界在更东的地方。祭祀广场包括 L1 北侧以及建筑基址东侧经发掘的所有探方。

在红土台地即祭祀广场的南侧是一条很特殊的编号为 1992ZWL1 的道路（见图 6—15）。这条道路，1986 年第六次发掘时，清理出的是一条长 38.8 米的用鹅卵石、陶片、黏土混合构成的商代道路；1992 年的第七次发掘，揭露的 L1 全场约 91 米，由于现代公路的破坏，路被分割为东、西两段。根据道路结构和规模，分为两部分。第一部分从东段东端开始，至 T0937 与 T0837 连接处，长约 76 米，宽 36 米。路基基本为陶片、鹅卵石、黏土，以及灰烬土、红烧土粒，其中以大量的碎陶片为主，鹅卵石较少。路面一般为较硬实的混合型黏土，薄薄一层覆盖在路基上。为防止水土流失，在路的南侧构筑起一条宽窄不等厚约 20 厘米的红土挡墙（Q2）。第二部分从 T0867 开始，至西段西端，道路两侧分布有柱洞。路基为陶片、鹅卵石及少量红烧土，鹅卵石的比例明显增加，有的路段用成片的鹅卵石铺砌。路面较窄，约 12 米。发掘者称之为长廊式道路。这一部分道路在进入 T0638 后向北拐，被分为两支，一支通向红土台座（T2），一支进入建筑基址（F1）。

以上道路、建筑基址、红土台座（祭台）、红土台地（祭祀广场）、柱洞群构成一个整体。道路 L1 第一部分在进入第二部分之前长约 33 米的路段，与红土台地相接处发现和清理出进入红土台地的踏步阶梯遗迹，而且 L1 由东南往西北逐渐由低向高，水平高差 80 厘米，表明是通过 L1 到达一个较高的区域。这样，从整体布局判断，道路、建筑基址、红土台座、柱洞群和红土台地组成了一个大型的宗教祭祀场所，其中道路起着沟通、连接的作用，建筑基址可能是祖庙，红土台座为祭台[①]，红土台地则为祭祀广场，这是一个由祖庙、祭台、柱洞群、道路等遗迹共同构成的、面积达 6500 平方米的大型祭祀广场[②]。

（四）制陶区

吴城遗址历次发掘出的制陶遗迹主要是窑炉。窑炉比较集中分布于 I 区，坐落于高地岭西北的丘陵坡地上，即吴城城址西北部。这说明当时吴城中制陶业已成为一个独立的手工业部门，吴城城址的西北部为其制陶区。

---

① 　江西省文物考古研究所、樟树市博物馆：《江西樟树吴城商代遗址第八次发掘简报》，《南方文物》1995 年。

② 　彭明瀚：《吴城文化研究》，文物出版社 2005 年版，第 173 页。

吴城遗址历次发掘共清理陶窑 14 座，依其平面形状可分为圆形、圆角三角形、圆角方形和长方形四类。其中圆形窑 2 座，圆角三角形窑 6 座，圆角方形窑 5 座，长方形窑（龙窑）1 座。

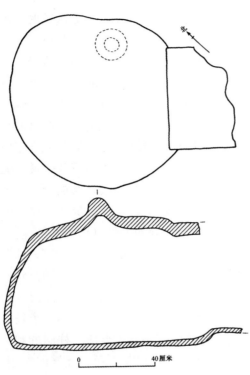

图 6—17　吴城圆形陶窑平面、剖面图

圆形窑，有 2 座，1974QSWY1 保存比较完整（图 6—17）[1]，窑体呈上小下大之圆形，即覆钵状，直接建于生土上。窑腔最大径 0.87 米，底南北长 1.1 米，东西宽 1 米，残高 0.8 米。偏东有一火门，无火膛，无火道。门墙残长 0.15 米，高 0.6 米，宽 0.55 米。在火门处保留有较多木炭屑，在火门下部尚留 0.1 米左右高的陶泥烧结快，可能为封门土坯，窑壁略呈弧形，上部内倾，下部略外凸，厚 0.03 米。窑底略呈椭圆形，并铺一层陶泥，圆形拱顶，顶壁厚 0.06 米。窑顶上偏东有一圆形烟囱，烟囱内径 0.15 米，壁厚 0.02—0.03 米。窑内堆积为一层红烧土、灰烬土混合物，充塞窑室。包含物主要为泥质灰陶，

可辨器形主要为陶鬲。

圆角方形窑，有 5 座，可举 1987QSWY1 为例（图 6—18）[2]，窑呈圆角方形，正东西向。整个窑炉由火膛、火道、窑室三部分组成。窑长 4.6 米，宽（窑室＋火膛）3.2 米，残高 0.7—1.05 米。火道口 5 个，火道底斜平，将高出火膛 0.1 米的底与窑室底斜连一体，形成火道。火膛在窑室的东侧，

①　江西省文物考古研究所、樟树市博物馆：《吴城——1973—2002 年考古发掘报告》，科学出版社 2005 年版，第 77 页图四三。

②　同上书，第 83 页图四七。

南北长 4.4 米，东西宽 1.1 米，烧土壁残高 1—1.05 米，窑东、南、北三壁均向内倾斜 8°，残存最高壁处开始出现明显内弧，当是窑顶开始起券拱顶处。烧土壁厚 0.12 米，已烧结成青褐釉层，部分有积釉现象。火膛底平坦，呈铁青色，火膛底低于窑室底 0.1 米。在火膛与窑室之间有一道由 4 个孔墩和 5 个火道组成的墙壁，将窑室与火膛隔于两边。窑内堆积分两层，共出土陶片约 35 块，为原始瓷、硬陶和泥质红陶。

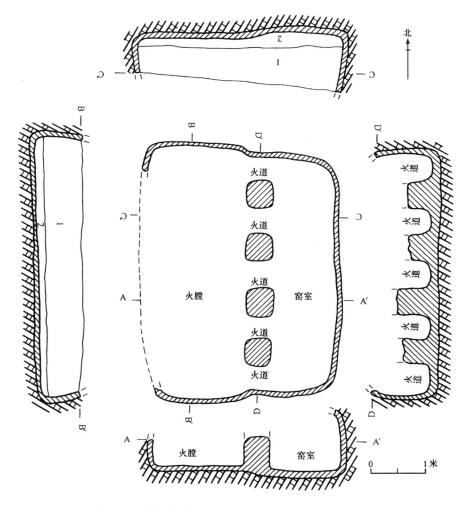

图 6—18　吴城圆角方形陶窑 1987QSWY1 平面、剖面图

　　龙窑（长方形窑），1座，发掘简报称之为平焰龙窑，编号为1986QSWY6（图6—19）[①]，保存比较完好，北偏西68°，窑头在西北，窑尾在东南，窑头在修水库时已遭破坏，窑床残长7.5米，窑尾南北宽为1.07米，窑头断残处宽1.01米。窑壁残高0.1—0.22米，厚0.6—0.28米。北壁设有小孔九个，为投柴孔，宽为0.28—0.42米，呈一字形排列。而尾端近窑尾处的小孔，呈弧形凹进东壁，与其他孔有明显区别，发掘者认为是排烟孔。从窑头至窑尾，水平高差为0.13米，坡度为1.7°。窑床与窑墙烧结面坚硬，呈砖红色，窑尾部分呈青灰色。烧结程度的差异，表明窑尾温度高于窑头，并能产生一定的抽力。窑南墙内近中段，在原烧土壁上加抹了一层泥，长为1.1米，厚0.1米，烧结程度也较高，表明此窑曾多次修补使用。窑床内红烧土之堆积相当零乱，无从判断窑顶的结构，但依据窑头发现的四块黄色土坯砖分析，可能有封门和火膛设置。同时，根据残存窑壁较直之现象判断，此窑不是从窑底开始起拱，而应有一定的高度。从窑尾保存完好，投柴孔均排列有序之现象分析，此窑基本保存完整，长度不会超过8米。窑床内堆积主要为塌落的红烧土和炭屑的混合物，且板结坚硬，其中包含物有50块陶片和一件残石器。可辨器形有原始瓷罐、粗绳纹砂陶罐、圜凹底泥灰硬陶罐等，陶质既有软陶，也有硬陶和原始瓷，纹饰有细绳纹、圆点纹、叶

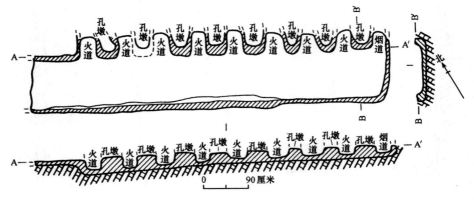

图6—19　吴城龙窑平面、剖面图

　　① 江西省文物考古研究所、樟树市博物馆：《吴城——1973—2002年考古发掘报告》，科学出版社2005年版，第84页图四八。

脉纹等。从器形和纹饰特征分析，当属吴城遗址二期即新编吴城文化三期，相当于殷墟文化一、二期。

龙窑是升焰窑的改进形制。龙窑的特点是：一、窑床有一定的倾斜度；二、有几个投柴孔；三、建立在地面上，窑身长，体积大，容量多，如吴城商代龙窑比吴城遗址 75T1Y1 窑面积大三倍。吴城商代龙窑是目前我国发现的最早的龙窑遗迹之一，也是目前所知最为先进的商代龙窑，它的发现还说明吴城商代遗址大量出现的原始瓷器，是在当地用龙窑烧造成的，吴城及其周围地区是商代原始瓷器的重要产地之一。

商代吴城城内烧制陶器、原始瓷器的窑址似乎是集中的，1986 年第六次发掘所获得的 10 座商代窑炉均分布于吴城水库库南区数千平方米范围内的丘陵山坡上，1987 年在库区南吴城水库管理局院内也发现有窑炉，这些都说明水库库区南是一个大型窑区，它反映了窑炉的集中分布与管理。

（五）冶铸区

吴城遗址历次发掘清理了 7 个与熔铜冶铸有关的灰坑，主要分布于高地岭东部，也相对集中，这一区域发掘者将之归划为冶铸区，这表明吴城遗址的青铜冶铸也是一个独立的手工业部门。

这 7 处铸铜遗迹虽均似灰坑（图 6—20）[1]，但其出土的包含物中多有与冶铸有关的器物，如石范、陶铸件及大量的炭渣、炼铜渣、木炭乃至已炼出的铜块和红烧土块、生活器皿之类的陶片等，因此，可判断其应为与冶铸有关的遗存。

在吴城商城内，既发现有石范，也发现有泥范，城内所出土的石范竟有 300 多扇（图 6—21）[2]。石范多用于铸造工具和武器，泥范主要用于铸造青铜容器，但也有铸造容器时用石质芯[3]。由于在吴城尚未发现有关铸铜作坊的建筑基址，所以，对于铸铜作坊的建筑形制等方面的知识，目前还不甚了解。但大量石范、泥范的发现以及大量铜渣、木炭的出土，显示出这里应该有规模较大、设施完备的铸铜作坊。

---

[1]　江西省文物考古研究所、樟树市博物馆：《吴城——1973—2002 年考古发掘报告》，科学出版社 2005 年版，第 85 页图四九。

[2]　同上书，第 146 页图八四。

[3]　彭适凡等：《江西早期铜器冶铸技术的几个问题》，《中国考古学会第四次年会论文集》，文物出版社，1985 年。

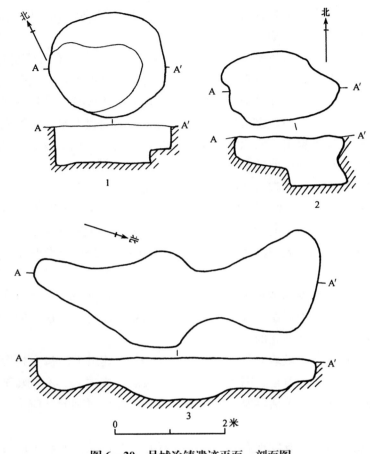

图6—20　吴城冶铸遗迹平面、剖面图

1. 1974QSWT13Z1　2. 1974QSWT6Z2　3. 1974QSWT6Z4

（六）墓葬区

在吴城遗址内先后发掘清理墓葬23座，只是这些墓都是小墓[①]，多为长方形竖穴土坑墓，墓坑长度一般在3米以下，宽度不足2米。方向清楚的墓坑有的为南偏东20°，有的为30°。没有发现殉人，也不见殷式墓中所常见的腰坑和殉犬现象，随葬器物多的有20余件，少的只有几块陶片。器物组合

[①]　江西省文物考古研究所、樟树市博物馆：《吴城——1973—2002年考古发掘报告》，科学出版社2005年版，第87页图五〇。

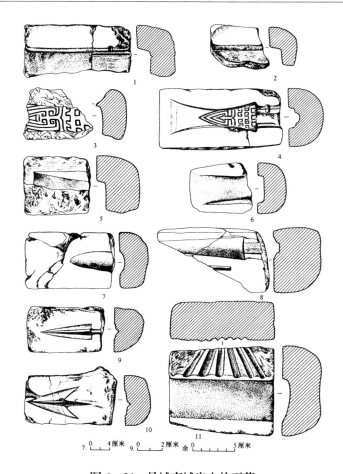

图6—21　吴城商城出土的石范

1. 锛范（1974QSWT6Z3：5）　2. 锛范（1980QSW〈采〉：78）　3. 锛范（1975QSWT6②：424）
4. 锛范（1976QSW〈采〉：19）　5. 锛范（1975QSWT5②：864）　6. 锛范（1975QSWT7②：615）
7. 预测范（1975QSWT9②：778）　8. 匕首范（1993ZW〈H〉T7③：1）　9. 镞范（1974QSWT8
②：826）　10. 镞范（1974 秋 QSW〈E〉T9H11：12）　11. 车马饰件范（1975QSWT8②：886）

有一定规律，多数墓葬器物组合为陶鬲、鼎、罐、豆；有的有青铜器，也有
的有几件生活用的陶器或陶纺轮、砺石、陶刀。未发现专门化的大型家族墓
地，更没有发现殉葬大量青铜容器的高级贵族墓。

　　吴城遗址所发现的 23 座墓，并非集中于一处，而是分散杂处，其中只
有吴城遗址南关外正塘山的墓葬比较集中，随葬器物也较精美，出土了青铜

的矛、戈、剑、斝、锛等，因此，发掘者推测南关外正塘山一带应该是吴城遗址的墓葬区，只是还有待今后进一步发掘证实。

（七）文字、符号和图像

吴城遗址历经十次发掘的另一重要收获是出土了数量不菲的石、陶质的文字、符号和图像。据统计，共有 120 件。主要采用刻划或戳印的方式，施于某类器物的口沿部、肩部和底部。其中，属于文字类的有 86 件，符号类的有 33 件，图像类的 1 件。

文字类中又可分为记事性和计数性二类。记事性文字 47 件，其中有 4 件可成句，字数 4—12 字不等；另 43 件多为单字，以刻划于陶刀和伞状器盖之“戈”字和位于罐类肩部的箭镞形的字符最多。还有一些属于计数性文字。

符号类刻符形式多样，无规律可循。属于图像类的一件是刻划于釉陶纺轮上的呈飞翔状的鸟形图案。

对于这些文字，当年唐兰先生曾作过很好的研究[①]。这些陶文和石刻文字符号的发现，特别是几个字连在一起而成句的文字的发现，与吴城遗址内发现的青铜器以及大型祭祀广场、祭台、长廊式道路、烧制几何印纹陶和原始瓷器的陶窑、铸造青铜武器、工具和礼器的作坊、水井等，共同反映出了商代吴城都邑文明的发展高度。

三　灿烂的吴城文化及其与中原的关系

上述商代吴城城址的规模面积及其城内诸项重要遗迹的发现，已经表明商代的吴城遗址是一个方国的都邑城址。而在 1989 年江西新干县大洋洲商代大墓被发现后，学术界在谈论吴城遗址的地位和吴城文化时，每每都是将樟树吴城遗址与新干商代大墓联系在一起论述的。的确，作为吴城文化，吴城遗址、新干大墓和瑞昌铜岭遗址[②]是三处各具特色而又完全可以联系在一起的典型遗址，灿烂的吴城文化的丰富内涵也是由包括这三处重要遗址在内

---

① 唐兰：《关于江西吴城文化遗址与文字的初步探索》，《文物》1975 年第 7 期。

② a. 江西省文物考古研究所、瑞昌市博物馆：《江西瑞昌铜岭商周矿冶遗址第一期发掘简报》，《江西文物》1990 年第 3 期。

b. 江西省文物考古研究所、瑞昌市博物馆：《瑞昌市铜岭铜矿遗址发掘报告》，《铜岭古铜矿遗址发现与研究》，江西科技出版社 1997 年版。

的众多遗址所展现的。

　　新干大洋洲商代大墓位于江西新干县大洋洲乡程家村劳背沙洲。其西面约 20 公里即为吴城遗址，附近约 5 公里处也有一商周时期文化遗址，即牛头城遗址。新干大墓是当地农民区沙时发现的，后经正式发掘。墓坑系长方形竖穴土坑式。棺椁已朽，可能为椁室处长约 8.22 米，宽 3.6 米。在椁室的中部偏西处可能是棺，长约 2.34 米，宽 0.85 米。骨骼已朽，仅存人牙 24 枚，经鉴定分属于 3 个不同个体。墓内随葬器物达 1900 余件，主要是铜器、玉器和陶器。其中铜器 480 余件，包括礼器（图 6—22）①、乐器、工具、兵器、生活用器等。礼器的种类有鼎 30 件、鬲 5 件、甗 3 件、盘 1 件、瓶 1 件、豆 1 件、罍 1 件、壶 2 件、卣 3 件、带把瓠形器（瓒）1 件；乐器有镈 1 件、铙 1 套 3 件；工具类有犁铧 2 件、锸 2 件、耒 1 件、耜 1 件、铲 12 件、斧 27 件、斨 8 件、锛 3 件、镰 5 件、镢 1 件、刀 3 件、凿 17 件、锥 12 件、刻刀 15 件、砧 1 件；武器有矛 35 件、戈 28 件、钩戟 1 件、钺 6 件、刀 15 件、宽形剑 1 件、匕首 2 件、镞 123 件、胄 1 件（图 6—23）②；此外还有进食匕 1 件、箕形器 1 件、双面神人头像 1 件、伏鸟双尾虎 1 件、羊角兽面 1 件。玉器 754 件（颗），其中玉琮 2 件、玉璧 2 件、玉环 1 件、玉瑗 7 件、玉玦 19 件、玉璜 2 件、神人兽面形玉饰 1 件、羽人 1 件、玉戈 4 件、玉矛 1 件、玉铲 2 件、玉镯 1 件、项链 1 串、腰带 1 串、串珠 6 串、笋形坠饰 2 件、玉蝉 1 件、水晶套环 2 件、还有鱼形和蛙形玉饰等。陶器、硬陶和原始瓷器属于完整器和已复原的件数为 139 件，包括陶鬲 26 件、陶鼎 1 件、陶釜 1 件、硬陶和原始瓷器 33 件，主要为折肩罐、高领罐和大口尊等。在部分陶器上发现有刻划的文字或符号。此外，墓中还出土有骨镞、猪牙、象牙等③。

　　在新干大墓出土的铜器中，有一小部分约相当于郑州二里岗上层，有一部分约相当于二里岗上层到殷墟早期之间，属于中商；而大部分约相当于殷墟早、中期，属于晚商时期。又据出土的陶器和原始瓷器推断，该墓的年代约为吴城遗址二期。如前所述，吴城遗址的一期为新编吴城文化的二期，约

　　①　中国社会科学院考古研究所编著：《中国考古学·夏商卷》，中国社会科学出版社 2003 年版，第 488 页图 8—12。

　　②　同上书，第 489 页图 8—13。

　　③　江西省文物考古研究所、江西省博物馆、新干县博物馆：《新干商代大墓》，文物出版社 1997 年版。

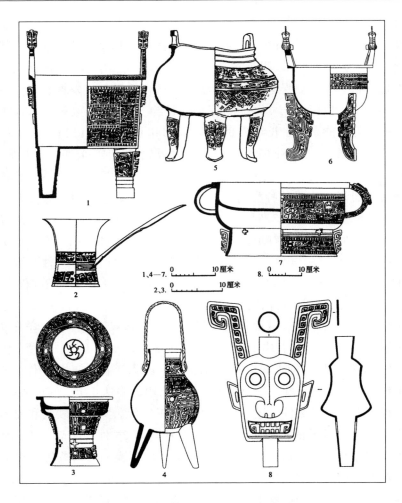

图6—22　新干大洋洲商代大墓出土铜礼器

（《中国考古学·夏商卷》）

1. 兽面纹虑耳方鼎（XDM：12）　2. 瓚（XDM：50）　3. 豆（XDM：42）

4. 三足提梁卣（XDM：49）　5. 瓿形鼎（XDM：30）　6. 鸟耳夔形扁足圆鼎（XDM：26）

7. 盘（XDM：43）　8. 双面神人头像（XDM：67）

相当于中商时期；吴城遗址二期为新编吴城文化三期，约相当于殷墟一、二期；吴城遗址三期为新编吴城文化四期，约相当于殷墟三、四期。这样，根据对新干商代大墓出土的铜礼器的分析，再结合出土的玉器、陶器与吴城遗址的比较，发掘者主张新干商代大墓的下葬年代与吴城遗址二期接近，拟定

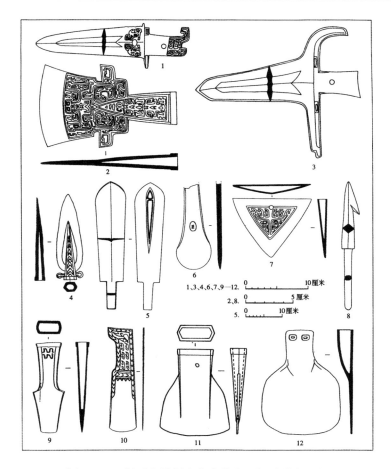

图6—23　新干大洋洲商代大墓出土铜兵器和工具

（《中国考古学·夏商卷》）

1. 戈（XDM：131）　2. 钺（XDM：338）　3. 戟（XDM：133）　4. 矛（XDM：97）

5. 剑（XDM：339）　6. 手斧形器（XDM：401）　7. 犁铧（XDM：433）

8. 鲁镖形器（XDM：259）　9. 镢（XDM：377）　10. 修刀（XDM：378）

11. 铲（XDM：360）　12. 铲（XDM：359）

在商代后期早段，亦即相当于殷墟中期[①]。

① 江西省文物考古研究所、江西省博物馆、新干县博物馆：《新干商代大墓》，文物出版社1997年版，188—192页。

　　根据新干大墓的规模之大、出土文物数量之丰富的情况来看，一般认为墓主人可能是包括吴城遗址在内的吴城文化地域内的最高统治者[①]。吴城遗址与新干大墓两地相距 20 余公里，吴城遗址一至三期的年代为新编吴城文化的二至四期。吴城遗址的城垣修筑于吴城遗址的第一期晚段，到吴城遗址二期早段时，吴城城垣又在第一期城垣的基础上加宽加高，并采取了挖基槽的筑城方法，形成宽且高的二期垣体，二期时还挖筑了城壕，吴城城址使用时期为吴城二期早段至三期早段。由此可见，新干大墓的下葬年代与吴城城址的最主要使用期是一致的，都在吴城遗址二期。所以，只要在吴城文化中确实有远离都邑 20 公里埋葬君主或其家族的习俗，那么，将新干大墓视为吴城都邑内最高统治者的墓葬，也可以说是合理的。

　　值得注意的是，在新干大墓东南 5 公里处有牛头城商周遗址，该城呈不规则长方形，有内外两座城，内城东西最长 650 米，南北最宽 400 米，面积约 20 万平方米；外城东西最长 1100 米，南北最宽 600 米，周长约 2900 米，面积约 50 万平方米[②]。据目前的看法，牛头城遗址的城墙建于商代晚期，西周是其兴盛期，周围 4 平方公里范围内，新石器时代晚期至西周时期的陶片随处可见[③]，牛头城也是商周时期赣鄱流域的一处都邑遗址。将吴城与牛头城相比较，吴城遗址的分布面积为 4 平方公里，土城的面积为 61.3 万平方米；牛头城遗址的分布面积亦为 4 平方公里，外城城址的面积为 50 万平方米；吴城城址的使用期为吴城二期早段至三期早段即殷墟文化的早、中期，牛头城城墙若果真建于商代晚期，西周为其兴盛期的话。那么，吴城与牛头城即为一废一兴之关系[④]，在吴城遗址的兴盛期时，其都邑在吴城，而其君主的墓葬则在大洋洲；到吴城三期晚段时，吴城都邑被废弃，其政治中心转

---

　　① 　a. 江西省文物考古研究所、江西省博物馆、新干县博物馆：《新干商代大墓》，文物出版社1997 年版，203 页。

　　b. 中国社会科学院考古研究所：《中国考古学·夏商卷》，中国社会科学出版社 2003 年版，第487 页。

　　② 　江西省文物考古研究所、樟树市博物馆：《吴城——1973—2002 年考古发掘报告》，科学出版社 2005 年版，第 422 页。

　　③ 　彭明瀚：《吴城文化研究》，文物出版社 2005 年版，第 7 页及第 17 页注释 31。

　　④ 　a. 彭明瀚：《吴城文化研究》，文物出版社 2005 年版，第 7 页。

　　b. 江西省文物考古研究所、樟树市博物馆：《吴城——1973—2002 年考古发掘报告》，科学出版社 2005 年版，第 422 页。

移到了牛头城，在牛头城修建了 50 万平方米的新的都邑。应该说以上关于吴城、牛头城与新干大墓的关系，只是依据目前调查和试掘的一些资料而得出的，牛头城与大洋洲商代大墓的关系究竟如何？与吴城的关系又如何？这些问题的真正解决，还有待于今后的考古发掘和研究，假若通过发掘，牛头城城墙的修建年代也能上升到吴城二期的话，那么，新干大墓的墓主人就应该是其近旁的牛头城城址内的统治者而不是 20 公里之外的吴城城址内的统治者。

除了吴城、牛头城与大洋洲遗址之间的关系外，还有吴城、牛头城、大洋洲等遗址与中原的关系问题，亦即吴城文化与中原的关系问题。在讨论大洋洲商代大墓的文化属性时，该大墓的发掘者曾将墓中出土物分为四类，第一类被称为"殷商式"，即器类、造型和纹饰等诸方面都具有典型殷商文化特征，属于此类的青铜礼器约占全部容器的 30％。第二类被称为"融合式"，即器类、形制、和纹样等方面与殷商式基本相同，但又在某些方面进行过不同程度的加工和改造，使其在形制或纹样上带有一定地域特色，属于此类的青铜礼器较多，占到全部容器的 67％。第三类被称为"先周式"，此类兵器的器类和形制不见于商王朝中心的中原大地，却在陕、晋地区的先周文化遗存中多有出现，是周人固有的一些独创物，属于此类的器物数量很少，且只有兵器，诸如 V 式长胡三穿戈、长条带穿刀和勾戟等共四件。第四类被称为"土著式"，此类器物的种类和造型乃至装饰纹样都是南方土著民族的独创，在中原地区从未见过。属于此类的青铜礼器只有瓿形鼎、折肩鬲、假腹盘和三足提梁卣等四件，只占容器总数的 3.4％。然而属于此类的兵器，不仅数量多，而且器类复杂，形式多样。属于此类的青铜工具很多，有犁、镬、双肩铲、溜肩铲、修刀和鱼镖形器等。属此类的陶瓷器也颇多，有小口折肩罐、高领削腹罐、筒形器、贯耳壶、豆和印纹硬陶釜、瓮以及双系罍等[①]。在这些陶瓷器上，特别是在硬陶和原始瓷器上，发现有刻划字符，其中以"戈"[②] 字符最多，占总字符的一半以上，这些字符与樟树吴城遗址发现的相

---

① 江西省文物考古研究所、江西省博物馆、新干县博物馆：《新干商代大墓》，文物出版社 1997 年版，第 193—202 页，图九五、图九六、图九七、图九八、图九九、图一〇〇、图一〇一、图一〇三。

② 同上书，第 170 页，图八七。

同，从而表明它们之间的文化内涵的一致性①。

在以上四类的分类中，青铜礼器以融合式最多，青铜兵器和工具又以土著式最多，融合式和土著式青铜器无疑都是吴城文化土著居民在本地铸造的。此外，商代常见的觚与爵的铜器组合，亦即所谓"重酒"礼制的铜器组合，在这里完全看不到，这里无论是从铜器还是陶器，所见的都是重食的文化传统。这些都说明，一方面这里的文化受到中原青铜文化的强烈影响；另一方面又不能把它简单地看成中原商文化的传播，从而再次证明这里确实存在着"一支与中原商周青铜文明并行发展的土著青铜文化，有着与中原殷商王朝并存的另一地域政权"②，即甲骨文中所谓的方国政权。

其实，早在 20 世纪 80 年代初，李伯谦先生就通过对吴城文化中的甲、乙两种因素的特征及其所占的比重的分析论证，指出吴城文化与商文化是互有交流和影响，但它不是所谓的"殷人的一支"，而是分布于赣江、鄱阳湖流域，与商文化相并存的一支土著青铜文化③。吴城遗址历经十次发掘后，发掘者通过对吴城遗址更加细致的分期和对其文化因素进行分析，提出吴城一期早段文化的来源应是中原商文化的一支，这一人群来到吴城地区后在文化上产生了变异和创新，吴城二期早段是其文化面貌变化较大的一个时期，带有自身特点的赣鄱地域文化因素得到了加强。二期中段至三期早段是吴城遗址文化大发展的时期，宗教祭祀广场的建立是这一时期吴城成为本地区政治和礼仪中心的一个具有象征性意义的举措。吴城三期晚段时，吴城遗址文化开始衰落，究其原因，发掘者认为可能与吴城城址受到一场大规模战争的毁灭有关，吴城城壕中出土的大量被砍伐的头颅，就与此有关④。综合吴城遗址发掘报告所讲的情况，我们可以得出，吴城遗址在其二期时，其文化已属于与中原商文化相并行、相区别的一支地域文化。

既然吴城文化是与商文化相并存的一支地域文化，那么，在论述它的特

---

① 江西省文物考古研究所、江西省博物馆、新干县博物馆：《新干商代大墓》，文物出版社1997 年版，第 192—202 页。

② 同上书，203 页。

③ 李伯谦：《试论吴城文化》，《文物集刊》第三辑，文物出版社 1981 年版。收入《中国青铜文化结构体系研究》，科学出版社 1998 年版。

④ 江西省文物考古研究所、樟树市博物馆：《吴城——1973—2002 年考古发掘报告》，科学出版社 2005 年版，第 412—417 页。

征及其与中原文化的关系时，对其族属作出一些推断，也是势所必然。为此，有的学者认为"吴城文化分布的赣江、鄱阳湖流域在西周、春秋时代是古越族的居地"，"吴城文化有可能就是先越文化的一支"①。有的据《战国策·魏策》引吴起语"昔者三苗之居，左彭蠡之波，右有洞庭之水，文山在其南，而衡山在其北"，提出吴城文化是商代的三苗文化②，或者是一部分南逃的三苗文化③。有的认为吴城文化是武丁时期的"雀"人的文化遗存④。有的依据吴城文化中以鬲、罐为主的陶器组合以及含有先周式的青铜兵器，提出周人"太伯奔吴首先到达的是赣鄱流域，赣江中游的古新淦县一带，是句吴始建地，也是吴文化的发祥地"，"吴城文化青铜文明代表了句吴文化商周之际的发展阶段，湖熟文化青铜文明，代表了句吴文化西周时期的发展阶段"⑤。也有的根据新干大洋洲商墓出土的青铜器上有特别引人注目的虎的形象，认为吴城文化是商代的虎方文化⑥；或者认为吴城文化中有的是枭阳氏，有的是虎氏，有的是戈氏⑦。等等。

我们知道"三苗"或"苗民"是一个大的概念，在地域上，吴起所说的"昔者三苗之居，左彭蠡之波，右有洞庭之水，文山在其南，而衡山在其北"，已将赣江、鄱阳湖地区包括在了其中；在时代上，三苗不但活跃于尧舜禹时期，据《国语·楚语下》观射父之语："三苗复九黎之德，尧复育重黎之后不忘旧者，使复典之，以至于夏、商"，可见三苗也活跃于夏商时期，因而说吴城文化属于商代三苗的一支文化或一部分文化，是有可能的。

新干大洋洲大墓反映出吴城文化中含有明显的对虎的崇拜，但这种对虎的崇拜与湖南安化等地所出的"虎食人卣"类铜器题材所包含的人来源于虎的"部族诞生神话"⑧ 相比，那种部族诞生神话更能说明族属的来源，而吴

---

①　李伯谦：《试论吴城文化》，《文物集刊》第三辑，文物出版社 1981 年版。

②　商志谭：《试论吴城遗址及其有关问题》，《文物集刊》第三辑，文物出版社 1981 年版。

③　俞伟超：《三星堆巴蜀文化与三苗文化的关系及其崇拜内容》，《文物》1997 年第 5 期。

④　白坚、源中根：《说雀——兼谈戈钺问题》，《江汉考古》1989 年第 1 期。

⑤　袁进：《吴城文化族属句吴说》，《南方文物》1993 年第 2 期。

⑥　a. 张长寿：《记新干出土的商代青铜器》，《中国文物报》1991 年 1 月 27 日。

b. 彭明瀚：《商代虎方文化初探》，《中国史研究》1995 年第 3 期。

⑦　彭明瀚：《吴城文化研究》，文物出版社 2005 年版，第 230—237 页。

⑧　王震中：《试论商代"虎食人卣"类铜器题材的含义》，《商承祚教授百年诞辰纪念文集》，文物出版社 2003 年版。

城文化中的对于虎的崇拜，只是受其影响的结果。此外，据中方鼎、中甗、史密簋所反映出的虎方地域看，西周时期的虎方应在汉水下游以南、湖北北部或中部偏北地区①。所以，很难说吴城文化就是商代虎方文化。

在吴城文化中出土有"戈"的族氏陶文，其中大洋洲 15 件②，吴城 14 件③，赣江中下游地区的德安陈家墩 1 件。在这里需要讨论的是：第一，吴城文化陶文中的"戈"，与甲骨文中的"戈人"（《合集》8404、33002）、"戈"（《合集》504、584、9806、10677、14915、29379，《屯南》1013 等）、"子戈"（《合集》32779），与商代族徽铭文中的"亚戈"（《续殷》上·38），与河南安阳、陕西泾阳等地出土的青铜器上的戈形族徽，是否为一回事？或者说是否有关系？若是一回事，它们何以会分散于安阳、洛阳、陕西泾阳、湘江中下游地区以及江西的赣、鄱流域？如此分散，它们之间是否还有联系？而且是如何进行联系的？第二，吴城文化中的"戈"文都出现于陶器上，而学者们所统计的安阳区、洛阳区、陕西泾阳区和湘江中下游区的"戈"文④，却是铭刻于青铜器上的族氏徽记铭文，即一般所说的族徽铭文。这种只出现于陶瓷器上的"戈"文，似乎告诉我们，吴城文化中的"戈"人并非最高统治者，甚至可以说他们不是居于统治阶层的贵族。在持有上述诸多疑问的情况下，吴城文化中的"戈"是否属于《史记·夏本纪》中作为夏族人的"斟戈氏"⑤ 之遗民以及《夏本纪》中的"斟戈氏"是否即甲骨文中的"戈人"，诸如此类问题，显然还需作进一步的探索。

说吴城文化是武丁时期的"雀"人的文化遗存，实际上等于说吴城文化

---

① 王震中：《试论商代"虎食人卣"类铜器题材的含义》，《商承祚教授百年诞辰纪念文集》，文物出版社 2003 年版。

② 江西省文物考古研究所、江西省博物馆、新干县博物馆：《新干商代大墓》，文物出版社 1997 年版，第 163—175 页。

③ 江西省文物考古研究所、樟树市博物馆：《吴城——1973—2002 年考古发掘报告》，科学出版社 2005 年版，第 376、379 页。

④ a. 邹衡：《论先周文化》，《夏商周考古学论文集》，文物出版社 1980 年版。

b. 陈晓华：《戈器、戈国、戈人》，何介钧主编：《考古耕耘录——湖南中青年考古学者论文集》，岳麓书院 1999 年版。

⑤ 《史记·夏本纪》："禹为姒姓，其后分封，用国为姓，故有夏后氏、有扈氏、有男氏、斟寻氏、彤城氏、襃氏、费氏、杞氏、缯氏、辛氏、冥氏、斟戈氏。"中华书局标点本《史记》将这里的"斟戈氏"标校为"斟（氏）戈氏"。

是殷墟一期晚段和殷墟二期早段时期南下的一支商文化。我们知道，武丁时期约为殷墟一期晚段至二期早段①，然而，如前所述，吴城遗址的一期早段相当于二里岗上层一期，它早于武丁时期一百多年，至于包括龙王岭遗址在内的新编吴城文化第一期，相当于二里岗下层二期，时代则更早，这两个时期都是与武丁时代不相吻合的。吴城遗址二期约与武丁时代相当，但此时早已将吴城一期早段时期来源于中原商文化的因素进行了消化和变异，吴城二期及其之后的吴城文化已属于与中原商文化相并行、相区别的一支地域文化。而在甲骨文中，"雀"的地位很高，商王武丁时常命他北征南战；甲骨文中有"亚雀"，表明其担任王朝的武官；又有"雀男"（《合集》3452）或"雀任"（《合集》19033），也官职之称或爵称。所以，甲骨文"雀"族所遗留的考古学文化，就应该像山东青州（益都）苏埠屯商代大墓或者像盘龙城商文化那样，与中原商文化保持高度的一致性，然而，吴城文化所表现出的土著特色显然是与商文化不属于同一系统的文化。

"吴城文化族属句吴说"考虑了吴城文化中与周人相似的重食文化传统和先周风格的兵器，先周风格兵器即发掘报告所说的"先周式"兵器，它在吴城文化的存在，表明吴城文化与先周时期的周人存在着文化上的交流与往来，但是二者之间的交流和往来是否因为周人太伯奔吴的缘故，却是很难说清的。"句吴说"的论者推测"太伯南奔赣鄱流域的时间约当殷王康丁前后"，根据殷墟文化的分期，康丁时期为殷墟文化第三期，亦即吴城遗址二期晚段至三期早段，此为新干大墓下葬的年代。但是，吴城遗址的第一期约为二里岗上层第一期与第二期，新编吴城文化的第一期即龙王岭第一期，为二里岗下层第二期，也就是说，吴城文化的出现和存在的时间，远在商王康丁之前。新干大墓下葬的年代虽在吴城遗址二、三期之间即新编吴城文化三、四期之间。然而如前所述，在新干大墓中有一小部铜器的年代分约相当于郑州二里岗上层，属于中商的早期；有一部分铜器的年代约相当于二里岗上层到殷墟早期之间，属于中商；还有一些铜器的年代约相当于殷墟一期，也就是说新干大墓墓主人所拥有的铜器绝非仅仅是康丁时期的铜器，这些不同时期的铜器不可能是太伯奔吴时由周地带到赣鄱流域所致。为此，我们说"吴城文化族属句吴说"的证据尚嫌薄弱，吴城文化中"先周式"兵器应该是吴城文化与先周文化交往的结果。

---

①　参见本书第三章第一节、第四章、第五章第一节。

　　总之，尽管关于吴城文化的族属有着诸多的推论，但都存在着这样或那样的问题。目前较为一致的看法是，吴城文化是与中原商文化相区别的颇有地域特色的一种考古学文化，它的青铜文明受到中原商文化持续的影响，与陕西的先周文化也有交往，吴城文化中所表现出的对虎的崇拜，表明它与出土的所谓"虎食人卣"类铜器题材的虎方也有密切的交往。从新干商代大墓出土的青铜礼器中我们固然可以看到中原商文化对吴城文化的影响，然而，中原的商王朝也接受有来自吴城文化的影响或来自吴城文化的文明因素，其最显著的例子就是原始瓷器。在商代，中原地区的郑州商城、垣曲商城、安阳殷墟等地，都有少量印纹硬陶和原始瓷器出土，中原地区的这些硬陶和原始瓷器，即使其产品不是直接由长江中下游地区输入，即它们产自中原，那它的生产技术也是由南方输入的，或者说是在长江中下游地区的影响下生产的。在吴城文化各遗址及大多数中小墓葬中均有原始瓷器出土，其中以吴城遗址出土的数量最多，品种最丰富，制作最精美。吴城商代龙窑是目前我国所发现的最早的龙窑遗迹之一，其形制是目前所知最为进步的商代龙窑，吴城遗址被认为是当时全国原始瓷器的烧造中心[1]，所以，将商代中原的都邑遗址中所出现的原始瓷器，从根本上看成来自原始瓷发明地影响的结果，是说得过去的。这种中原给各地以影响，各地也给中原以影响，就是吴城文化与中原总体上的关系，这种关系表现在政治上则为中原王朝即中央王国与赣鄱地域的方国之间的关系。

　　①　a. 陈铁梅等：《中子活化分析对商时期原始瓷产地的研究》，《考古》1997 年第 7 期。

　　b. 陈铁梅等：《商周时期原始瓷的中子活化分析及相关问题的讨论》，《考古》2003 年第 7 期。

第七章

商的王畿四土与都鄙结构

　　前几章我们就早商、中商和晚商的王都与地方城邑做了研究，本章欲在此基础上，对商代的行政区划与都、鄙、邑结构作一综合论述。行政区划是我们今天的概念，在商代它应是"商"或"大邑商"与"四土"的空间结构问题，或者说是"王畿"与"四土"的空间结构问题。王都、侯伯贵族大臣的都邑与边鄙、村邑的结构关系，也是在王畿与四土的区域框架中的空间结构。为此，这里先从王畿与四土谈起。

第一节　商代的王畿与四土及其
"复合型"国家结构

一　早商与晚商时期的王畿范围

　　"王畿"一词在甲骨文中尚未出现，它是周代以后的概念①。这里说的商"王畿"，当然是指商的直辖地区。若把商王朝理解为包含有众多侯伯国（或称之为诸侯国）即服属国族在内的"复合型"② 国家结构的话，那么所谓

---

　　① "王畿"一词在金文中也没有出现。在《诗·商颂·玄鸟》有"邦畿千里，维民所止"。《周礼·秋官·大行人》中有"邦畿方千里"。汉代的学者开始使用"王畿"这一概念。

　　② "复合制国家结构"这一概念已见于周书灿《中国早期国家结构研究》（人民出版社 2002 年版）一书，但他仅将之用于西周王朝，他认为夏、商时期还只是"共主制政体下的原始联盟制的国家结构"（第 85 页）。而笔者认为，夏商周三代都属于"复合型国家结构"，夏商周三代的区别只是在于其"复合型国家结构"的发展程度不同而已。这种复合型国家结构的王朝，就是所谓"天下共主"的结构，它是由王邦与众多庶邦组成的，因而是复合型的，就像数学中的复合函数一样，函数里面套函数。

商的"王畿"，亦即文献和甲骨文中所说的"殷纣之国"、"大邦殷"、"大邑商"之类。商王朝有自己的直辖区这是客观存在，用"王畿"来表达它固然有行文上的方便，但也有便于描述和理解方面的考虑。

以往论述商的王畿范围，主要是依据《战国策·魏策》"殷纣之国，左孟门，而右漳滏，前带河，后被山"等文献，说的只是晚商的王畿范围。郑州商城和偃师商城发现后，笔者以为我们有条件来谈论早商时期的王畿范围。按照笔者在《商族起源与先商社会变迁》一书的研究，成汤在推翻夏朝前，由位于内黄至濮阳一带的亳邑即鄚亳来到郑州，在郑州建有较小的城邑和一些宫室，以此作为推翻夏王朝的军事重镇。夏王朝被推翻后，成汤又在夏的腹心之地，亦即当时被认为是天下之中的地方，建成了偃师商城的宫殿宗庙和小城，这就是《汉书·地理志》偃师尸乡下班固自注所说的"殷汤所都"。此时，在郑州，由于周长近7公里的内城尚未建筑，所以郑州依旧是商王所控制的一个军事重镇。到了商王大庚时，即郑州商文化分期中的二里岗下层第一期与第二期之间，亦即偃师商文化分期中的偃师商文化第三段时期，商王首先在郑州建设了周长近7公里的内城，这就是我们今天所说的郑州商城，接着在偃师也建筑了大城。从此以后，一直到仲丁迁隞即二里岗文化上层第一期，偃师商城和郑州商城始终是两都并存。即使按照以往一般的说法，偃师商城与郑州商城的始建时间虽略有早晚，但在整个早商时期也是大体并存，对于这并存的两座城池，无论是主张汤都"西亳"说还是主张汤都"郑亳"说，也无论是提出"两京制"还是主都与陪都、主都与辅都等说法，也都承认偃师商城与郑州商城均为商王及其王室所住用。所以，在早商的绝大部分时期，偃师商城与郑州商城均为商王所使用，已属不争的事实。偃师商城与郑州商城既然是两都并存，那么，两都以及两都之间的连线范围均为商王朝所直接控制，即属于早商的直辖地区，应该没有什么问题。据此，笔者认为早商的王畿范围可以确定为偃师商城至郑州商城一线，并可以偃师商城和郑州商城为标志。

以并存的王都及君王经常居住往来之地来划定王畿的范围的做法，在商之后的西周也可以找到实例。《汉书·地理志》说："初雒邑与宗周通封畿，东西长而南北短，短长相覆为千里。"《汉书》的这一说法，由历年出土的青铜器铭文可以得到证明。根据《何尊》铭文及《逸周书·度邑》和《史记·周本纪》的记载，武王克商后，曾向上天之神誓告说自己要居于雒邑，由此处治民，武王提出并作为他的遗命，后由成王完成了新邑雒邑的建设①。在东都雒邑建成后，西周的王畿之地就可以划定为：西至横跨陕西的凤翔、岐山、扶风三县的周原，中经西安附近的沣镐之都，东到洛阳附近的成周东都，这是东西接近 500 公里即近千里的细长地域②。这三地连为一线的地域作为周王朝的直接管辖之地，都有周王的宫室，也驻有周王朝直接管辖的军队，如在西边有"西六师"，在东边有"殷八师"等。我们既然能以周原—沣镐—成周来划定西周的王畿范围，那么以偃师商城—郑州商城来划定早商时期的王畿范围，也应是切实可行的。

中商时期由于频繁的迁都，商的王畿范围目前还难以确定。晚商的王畿范围因有文献和甲骨文方面的依据，也可以大体确定。在文献中，《诗·商颂·玄鸟》称商王朝是"邦畿千里，维民所止，肇域彼四海"，一般认为这是后世诗人对商祖先的溢美之词，有夸大之处。但《战国策·魏策》说："殷纣之国，左孟门，而右漳滏，前带河，后被山。有此险也，然为政不善，而武王伐之。"这可以看做战国人吴起所谈及的商之直辖地区③，更准确地说是直辖地中有险可守之处④。漳水在殷墟北，由东往西流，汇入由南往北流的古黄河；滏水为古漳水支流，源于磁县西之滏山。漳、滏二水在殷之北，距殷墟不远。若以北边的漳滏二水为右的话，那么位于左的孟门，就应在其南边。《左传》襄公二十三年："齐伐晋，入孟门，登太行。"这个孟门在太行山东，即今河南辉县西，它位于殷墟的西南。"前带河"之河是指安阳殷都东侧由南向北流的古黄河；当时的古黄河是走河北从天津入海，并不走山东境内，其中，由浚县至巨鹿大陆泽为南北走向，穿于安阳与内黄之间。"后被山"之山是指安阳西边的太行山，若东侧的黄河为前的话，当然西侧的太行山就为后了。吴起的这段话，在司马迁的《史记·吴起列传》中被写

---

① 参见伊藤道治《西周王朝与雒邑》，《商承祚教授百年诞辰纪念文集》，文物出版社 2003 年版。

② ［日］伊藤道治：《殷周时代的政治机构》，《中国古文字と殷周文化》，日本东方书店 1989 年版，第 150—152 页。

③ a. 宋镇豪：《商代的王畿、四土与四至》，《南方文物》1994 年第 1 期。

b. 宋镇豪：《论商代的政治地理架构》，《中国社会科学院历史研究所学刊》第一集，社会科学文献出版社 2001 年版。

④ 彭邦炯：《商史探微》，重庆出版社 1988 年版，第 177 页。

作："殷纣之国，左孟门，右太行，常山在其北，大河经其南。"在这里，司马迁把《战国策·魏策》中的"后被山"即太行山置换为"常山在其北"，那么"大河"当然就要经其南了。这里的常山即恒山，但不是今山西境内的恒山，而是主峰在今河北省保定西境曲阳县西北的恒山。孙星衍在《尚书今古文注疏》中引《水经·禹贡·山水泽地所在》云："恒山为北岳，在常山上曲阳县西北。"因古黄河从今三门峡到武陟是由西往东流，从武陟到浚县是由西南向东北方向流，这样三门峡至浚县的这段古黄河勉强可以说是在殷墟之南了。常山与东西向流的黄河，一北一南，在方位上还是对的，只是比起《战国策》中吴起的原话，司马迁显然是将南北的范围扩大了。再就东西范围而言，站在殷墟向南看，太行山为其右是正确的，但孟门本不在殷墟之左，所以《史记》司马贞索隐只好说，"纣都朝歌，今孟山在其西。今言左，则东边别有孟门也"。其实，《战国策》吴起的话是以殷北边的漳滏为右，那么殷的西南边的孟门当然为左了，而《史记》却改为以太行为右，且保留了《战国策》"左孟门"的说法，《史记》的注疏者只好在殷的东边寻找"左孟门"了。应该说这是因司马迁将左右方位的参照系变动了，才出现了这样的差错。总之，我们还应以《战国策》吴起的原话为准，在殷的直辖地，北有（右有）漳滏，南有（左有）孟门；东（前）临大河，西（后）靠太行。对于吴起讲的这个范围，有学者认为它只有今河南河北的部分地区，不是商王国的全部疆域范围，是指商王国的都城或王畿四周有险可据的地方[1]。这一看法是有道理的，吴起所讲的应该是以晚商的王都为核心的王畿四周有险可据之地，它大体说出了晚商王畿最基本的区域。

与《战国策·魏策》吴起所讲的范围可以大致对照的是，《史记·殷本纪》正义引《竹书纪年》云，"自盘庚徙殷至纣之灭，二百五（七）十三年，更不徙都，纣时稍大其邑，南距朝歌，北据邯郸及沙丘，皆为离宫别馆"。沙丘，《史记》集解说，"《地理志》曰：'在锯鹿东北七十里。'"正义曰："《括地志》云：'沙丘台在邢州平乡东北二十里。'"巨鹿、邢州（今邢台附近）在今河北省南部，它较《战国策·魏策》所说的漳滏略为偏北，而较《史记·吴起列传》所说的常山则偏南。朝歌，较《战国策·魏策》所说的孟门和《史记·吴起列传》所说的经其南的"大河"，则偏北一些。但《竹书纪年》所说的北部的邯郸、沙丘与南部的朝歌，与吴起所说的商王畿的南

---

①　彭邦炯：《商史探微》，重庆出版社 1988 年版，第 177 页。

北范围，大体上还是一致的。

周初分封给康叔的卫国领地以及在这之前的周初三监之地，也提供了考察晚商王畿范围的线索。如《汉书·地理志》说："周既灭殷，分其畿内为三国，《诗·风》邶、鄘、卫国是也。"《诗·国风》郑玄《邶、鄘、卫谱》（简称《诗谱》）云："邶、鄘、卫者，商纣畿内方千里之地，其封域在禹贡冀州太行之东，北逾衡漳，东及兖州桑土之野。……自纣城而北谓之邶，南谓之鄘，东谓之卫。"此纣城就是朝歌，是商纣战败自焚的地方，在今河南淇县。邶，《说文·邑部》："邶，故商邑，自河内朝歌以北是也，从邑，北声"；郑玄《诗谱》也说"北逾衡漳"，所以，邶的范围应在淇县以北，大概包括今汤阴、安阳，乃至漳水之北。鄘，在朝歌之南，《大清一统志·河南·卫辉府》引杜佑《通典》"鄘城在新乡县西南三十二里"。唐代新乡县即今河南省新乡市，鄘在今新乡市西南 16 公里处。商代以及康叔未封于卫之前的卫，在殷东边的古黄河之东，根据笔者的研究，它应在今内黄至濮阳一带，这一带包括《吕氏春秋》所说的郼亳[1]，也包括三监之一的管叔所封的"管"地[2]，在《逸周书·作雒解》中称之为"东"。桑土，杜预注为帝丘，亦即今河南濮阳县。

如笔者在《商族起源与先商社会变迁》一书所述，周初封给康叔的卫国要大于商代的卫地，即大于作为三监之一的管叔所封的卫地，康叔所封的卫国的范围实际上是合并了三监之地，故而它大致与晚商王畿的范围相同。如《左传》定公四年说："昔武王克商，成王定之，选建明德，以藩屏周。故周公相王室，以尹天下。……分康叔以大路……封畛土略，自武父以南及圃田之北竟，取于有阎之土，以共王职；取于相土之东都，以会王之东搜。聃季授土，陶叔授民，命以《康诰》而封于殷虚。"这是周公平定三监叛乱之后而分封给康叔的卫国领地，被直接称为"殷虚"（殷墟）。其北界，武父之地无考；其南界，已达郑地的圃田之北境，郭璞说圃田为荥阳中牟县西的圃田泽；其西"有阎之土"有可能就是后世的"有庸"[3]，即上文所说的今新乡市西南 16 公里处的鄘地；而所谓"相土之东都"，在今河南濮阳市区[4]。所以，

---

① 参见拙著《商族起源与先商社会变迁》第三章第二节。

② 王震中：《商代周初管邑新考》，《2004 年安阳殷商文明国际学术研讨会论文集》社会科学文献出版社 2004 年版。

③ 郑杰祥：《商代地理概论》，中州古籍出版社 1994 年版，第 3 页。

④ 岑仲勉：《黄河变迁史》，人民出版社 1957 年版，第 91—94 页。

《左传》定公四年说的分封给康叔的卫的领地即"殷墟"的范围，与把殷之畿内分割为三国的三监封地的范围以及吴起所说的"殷纣之国"的范围，还有《竹书纪年》所说的"纣时稍大其邑"的大邑商的范围，大体上都是一致的，它就是依据文献可确定的晚商的王畿之地。

上述文献上所说的商的王畿范围，实际上也就是甲骨文中所说的"商"和"大邑商"的范围。正如笔者在《商族起源与先商社会变迁》已指出，"商"和"大邑商"在甲骨文中的用法有两层含义，一是作为一个具体的地点时，指的是安阳殷都所在地，如"王入于商"、"在商"、"王步自商"、"在商贞，今日步于……"等；另一是作为一个地区或区域概念时，指的是商的王畿，而王畿实即代表了商国，所以《何尊》铭文把武王灭商说成"武王既克大邑商"，《战国策·魏策》和《史记·吴起列传》也把商的王畿称为"殷纣之国"。作为一个区域概念即王畿来使用的"商"，其最典型的甲骨文就是"商"与"四土四方"并贞的卜辞。如：

> 己巳王卜，贞：□岁商受［年］？王占曰：吉。
> 东土受年？
> 南土受年？ 吉。
> 西土受年？ 吉。
> 北土受年？ 吉。（《合集》36975）
> 南方，西方，北方，东方，商。（《屯南》1126）

这里的"商"显然不仅仅是指商都，而应指包括商都在内的商的王畿地区。至于甲骨文中的"大邑商"[①]，它一方面也指殷都安阳，表示安阳的王都、"王邑"为大邑；另一方面完全可以把它与《竹书纪年》所说的"纣时稍大其邑"的大邑联系起来，而《竹书纪年》在说"稍大其邑"时是将"南距朝歌，北据邯郸及沙丘，皆为离宫别馆"等地方包括在内的，所以，"大邑商"也用于表示王畿。正因为它能表示王畿，所以当商纣王在商郊牧野战败，自焚于朝歌后，《何尊》铭文则说武王攻克的是"大邑商"，这个"大邑商"当然不仅仅是指安阳殷都，它指的是晚商的王畿乃至商国即《尚书》所说的

---

① 甲骨文和《尚书·多士》中的"天邑商"就是"大邑商"，参见拙著《商族起源与先商社会变迁》第三章的论述。

"大邦殷"，亦即吴起所说的"殷纣之国"。

二　王畿与四土的关系及其"复合型"国家结构

上文与"四土"并贞的"商"既然是指商的王畿，那么，"四土"就应属于王畿之外的地域了。甲骨文中的"四土"这类地域，有点类似于周初的《尚书·周书》的几篇诰命中所说的"外服"，还可以说，商的王畿与四土的关系，在周代，周人则把它们称之为"内服"与"外服"的关系。在周初的诸诰中，关于商的内服、外服之制，《酒诰》一篇说的最为详备：

> 我闻惟曰：在昔殷先哲王……自成汤咸至于帝乙，成王畏相，惟御事，厥棐有恭，不敢自暇自逸，矧曰其敢崇饮？越在外服：侯、甸、男、卫、邦伯；越在内服：百僚、庶尹、惟亚、惟服、宗工，越百姓里居（君），罔敢湎于酒。不惟不敢，亦不暇。

这是一篇完整的材料，它记载了商王之属下分内、外两服，其内服为：百僚、庶尹、亚服、宗工，还有百姓里君；其外服为：侯、甸、男、卫、邦伯。《酒诰》的记载恰可以与《大盂鼎》"惟殷边侯田粤殷正百辟"铭文对应起来，可知《酒诰》的说法是有根据的，也是可信的。《酒诰》内、外服的概括，显然与《禹贡》的五服和《周礼·职方氏》的九服不同，与《国语·周语》祭公谋父所说的"邦内甸服，邦外侯服，侯卫宾服，夷蛮要服，戎狄荒服"也不同，这后三者（即《周语》、《禹贡》、《职方氏》所说的五服、九服等）距离商代的实情都较远，不足征信。实际上，《酒诰》内、外服的概括反映的也只是晚商王畿与四土的主要特征，参照甲骨金文和考古发现来看，晚商并不是整齐划一为：四土全为侯、甸、男、卫之类的诸侯以及王畿全为各种官职的贵族大臣。实际的情形很有可能是：四土在多为侯伯和方国的同时，也含有起初是以服事商王之官职的身份出现的者，此可以称为商王派遣的外在之官，他们也可以发展为侯、甸之类诸侯[①]；而王畿之中，主要是王族和执掌各种职官的贵族大臣的族邑，是

[①] 这里指广义的诸侯。裘锡圭先生曾指出："诸侯"这个名称在商代好像还没有出现，卜辞的"多侯"是很多侯的意思，跟所谓"诸侯"有别。参见裘锡圭《甲骨卜辞中所见的"田""牧""卫"等职官的研究——兼论"侯""甸""男""卫"等几种诸侯的起源》（《文史》第19辑，1983年版）。

否有被称为侯的领地，还需要研究。但作为国家结构，王畿与四土的关系，就是"内服"与"外服"的关系，它属于我们后面将要讲到的"复合型"国家结构的关系。

甲骨文中位于四土的侯伯一类的政治实体，最明显的莫过于攸侯，例如：

（1）甲午王卜，贞：作余彭朕禾。余步从侯喜征人方，上下㰯示，受余有祐？

不曹灾祸，告于大邑商，亡𡇦在㰚？王占曰：吉，在九月，遘上甲䅺，隹十祀。（《合集》36482）

（2）癸卯卜，黄贞：王旬亡祸？在正月，王来征人方，在攸侯喜鄙永。（《合集》36484）

（3）戊戌贞：右牧于𠂤，攸侯由鄙？

中牧于义，攸侯由鄙？（《合集》32982）

（4）甲辰卜，在𠂤，牧延启又……邑……？在盫。

癸酉卜，戍伐，右牧𡚽启人方，戍有戈？引吉。

中戍有戈？

左戍有戈？吉。

右戍不雉众？

中戍不雉众？吉。

左戍不雉众？吉。（《屯南》2320）

上引第1条卜辞中的侯喜即第2条卜辞中的攸侯喜，喜为攸侯之私名。第1条卜辞是说商王征人方时告庙于殷都大邑商，攸侯喜与王一同作战，并作为王的先头部队。"余步从侯喜征人方"之"从"，就是侯喜在前、王在其后去征人方的意思，所以攸侯喜是商王这次征人方作战的先头部队。其实，在甲骨文中，凡是"王从某某"去征伐作战，或"某某从某某"去征伐作战，从字后面的某某，都可以理解为是协同作战中的先头部队，从而也就没有必要把这类卜辞中的"从"释为"比"，然后又说"比"表示了协同作战双方的平等、对等关系，并进而推论出二者为联盟方国、商代为方国联盟社会这样的结论[1]。第2条卜辞是说在征人方战役结束返回的途中，商王来到攸侯喜边鄙的永邑，辞中透露出在攸侯喜的

① 林沄：《甲骨文中的商代方国联盟》，《古文字研究》第六辑，1981年版。

边鄙上至少有称作"永"的居邑。第3条第4条卜辞中的"义"与"𡉈"是地名；"由"为攸侯私名；"中戍"、"右戍"、"左戍"是商代军队的编制，即商军戍守部队的中部、右部和左部，则"中牧"、"右牧"也可能是商代军队的编制[①]。这样，第3条卜辞是记录商王的中牧和右牧分别在攸侯边鄙的义地和片地驻扎。第4条卜辞则是右牧、牧、中戍、右戍和左戍在片地攻打人方的内容。

攸侯是位于商的边土上的一个重要的侯。有学者还根据宾组卜辞里有"攸侯唐"（《林》2.3.18），历组卜辞里有"攸侯由"（《掇》二132），黄组卜辞里有"攸侯喜"（《明后》2729、《缀》附66），指出在甲骨文时代（即商代后期），攸侯从早期到晚期一直存在[②]。那么，攸侯所在地在商的四土中的何处？因攸侯在征人方的战役中位于前沿，根据上引第4条卜辞，在攸侯的地就有与人方作战的情形，所以，攸侯的封地甚至有与人方接壤的可能，因而，人方的所在可以指示出攸侯的地望。在主张人方是殷商的东南方向的淮夷的学者当中，岛邦男先生认为"从攸至淮间有七日乃至十二日以内的行程，由此可知其位置大致在淮阴或淮安之地"[③]。陈梦家先生认为在河南永城和安徽宿县、蒙城间[④]。但是，人方有可能不是淮夷而是东夷[⑤]，这样攸侯

---

① 李雪山：《商代分封制度研究》，中国社会科学出版社2004年版，第114页。

② 裘锡圭：《甲骨卜辞中所见的"田""牧""卫"等职官的研究——兼论"侯"、"甸"、"男"、"卫"等几种诸侯的起源》，《文史》第19辑，1983年版。

③ 〔日〕岛邦男：《殷墟卜辞研究》，台北鼎文书局1975年版，第364页。

④ 陈梦家：《殷虚卜辞综述》，中华书局1988年版，第306页。

⑤ a. 郭沫若先生称"人方"为"尸方"，说人方是东夷的泛指。在《卜辞通纂》第582片的考释中，提出"殷王赴齐征夷方"；在第569片的考释中，说："它辞言'在齐隹王来征尸方'，则尸方当即东夷也。征尸方所至之地有淮河流域者，则殷代之尸方乃合山东之岛夷与淮夷而言。"见《郭沫若全集》考古（2），科学出版社1983年版，第469、462页。

b. 明义士认为人方即齐地，"甲骨言至于齐，或即至临淄而止"。见明义士《表校新旧版殷墟书契前编并记所得之新材料》，《齐大季刊》第二期，1933年版。

c. 李学勤先生在20世纪90年代发表的《重论夷方》等论文中，认为人方"释为'夷方'较好，其事与《左传》、《吕氏春秋》所载的'纣克东夷'之事有关"，修正了他在《殷代地理简论》中关于人方在西方的观点，并指出商人征夷方是从商都出发向东行走，"即由安阳—兖州—新泰—青州—潍坊，一直向东进发"。参见李学勤《重论夷方》，载《民大史学》（1），中央民族大学出版社1996年版，又收入《当代学者自选文库·李学勤卷》，安徽教育出版社1999年版；李学勤《夏商周与山东》，载《烟台大学学报》第15卷第3期，2002年7月。

的封地也当在商的东土。有一条卜辞说："醜其遷至于攸，若，王占曰：大吉。"（《合集》36824）"遷"字，于省吾先生释为古代的驿传工具或驿传者①，这条卜辞记载商王在攸侯的攸地时，醜国族的驿传送来了军事情报。"醜"，即卜辞中的"小臣醜"，亦即我们后面将要讲到的山东益都（现为青州）苏埠屯大墓出土的属于族氏徽记铭文的"亚醜"，由此，也有助于说明攸侯是商的东土方向的侯，其所在地应该是东土中最东处靠近人方的地方。

位于山东青州市的苏埠屯也是商东土的一个重要诸侯遗址。自1931年起，在青州苏埠屯陆续出土商代晚期铜器，其器类、器形、花纹均为商代晚期所常见。1965—1966年发掘四座有人殉葬的墓和一座车马坑，其中的1号大墓是一座带有四条墓道的墓葬②。1986年又发掘六座有一条或两条墓道和无墓道的土坑竖穴墓，均为贵族墓葬③。

苏埠屯1号大墓规模极大（图7—1），墓室面积有56平方米，有四条墓道，殉犬6条，兽1只，殉人多达48人（图7—2）。这是商的王畿之外殉人最多，也是唯一的四墓道大墓。该墓虽被盗，但劫余随葬品仍有铜圆鼎、方鼎、斝、罍、尊、簋、卣、觚、爵、钺、矛、镞、斧、斫、铃和其他小件铜器，还有石钺、玉戈、玉鱼、玉琮、玉玦、骨耳勺、细石器和一件以绿松石片、金箔复合制成的饰物以及3790枚磨制的海贝等。为此，有学者指出，"苏埠屯一号墓的葬制完全是商王朝礼制的体现"④。

苏埠屯一号大墓中发现的两件大铜钺，十分引人注目。一件长31.7厘米，宽35.7厘米；一件长32.5厘米，宽34.5厘米。器身有透雕的人面形纹饰，作双目圆睁，张口露齿的形状。另外一件，在正背两面的人面形口部的两侧各有一个"亚醜"铭记。还有，在1号大墓出土的一件铜爵残片和一件铜锛残片上，也都有"亚醜"铭记。此外，1986年发掘的7号墓中，一件铜爵也有"亚醜"铭记；8号墓中13件铜容器上有"融"的图识，是由"鬲"和"虫"组成的复合型族氏徽铭，另有2件铜器有"册融"徽铭。

---

① 于省吾：《殷代的交通工具和驿传制度》，《东北人民大学人文科学学报》1955年第2期。

② a.齐文涛：《概述近年来山东出土的商周青铜器》，《文物》1972年第5期。

b.山东省博物馆：《山东益都苏埠屯第一号奴隶殉葬墓》，《文物》1972年第8期。

③ 山东省文物考古研究所、青州市博物馆：《青州市苏埠屯商代墓地发掘报告》，《海岱考古》第一辑，山东大学出版社1989年版。

④ 高广仁：《海岱区的商代文化遗存》，《考古学报》2000年第2期。

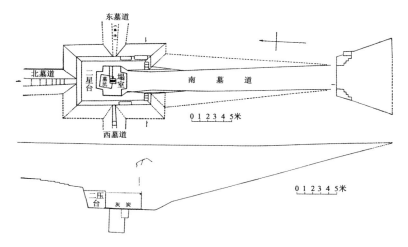

图 7—1　苏埠屯一号大墓平面图

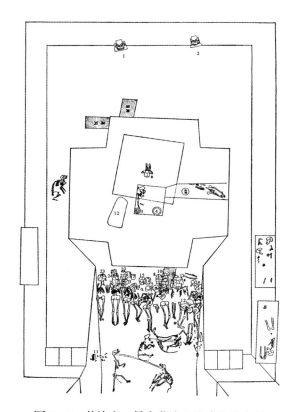

图 7—2　苏埠屯一号大墓殉人及遗物分布图

　　早在 1931 年苏埠屯出土的两组铜器中，一件铜觯的圈足内也有一个"亚醜"铭记。曾毅公《山东金文集存》辑录了苏埠屯出土的 6 件铜矛，都有"亚醜"铭记。这种铸有"亚醜"铭记的铜器，大量的散见于著录的传世青铜器中，殷之彝先生曾选录了鼎、甗、簋、爵、觚、尊、卣、觯、罍、觥、盉、彝、铙、钺、矛等十五类五十六器有"亚醜"铭记的铜器（图 7—3），汇为一表①。

图 7—3　传世铜器中的"亚醜"族徽铭文

1. 亚醜父辛鼎铭《三代》二·二八　2. 亚醜父丙爵盖铭《三代》十八·二十

3. 亚醜杞妇卣盖铭《三代》十二·六十　4. 亚醜方鼎铭《三代》二·九

5. 亚醜父辛簋铭《三代》六·十七　6. 亚醜父丁方盉铭《三代》十四·四

7. 亚醜父丙方鼎铭《拾遗》图二　8. 亚醜季尊铭《三代》十一·二十

9. 亚醜者女方觚《三代》十七·二六

① 殷之彝：《山东益都苏埠屯墓地和"亚醜"铜器》，《考古学报》1977 年第 2 期。

苏埠屯 1 号大墓发现后，有的学者认为它可能是蒲姑氏国君的陵墓①，有的认为"醜"器当属商时妣姓国器②或认为这一族徽与夏后斟寻、斟灌有关③，有的认为是商时齐国族徽④。也有的说："苏埠屯一号墓是王畿之外唯一一座有四墓道的'王者之墓'，如果它不是殷王墓，就必定是东土某一国君的陵墓。"⑤笔者以为，在苏埠屯商代墓地，虽出有"亚醜"和"融"两个族氏徽记铭文，但"融"不出于一号大墓，而"亚醜"不但出于一号大墓，而且在墓葬被盗残存的铜器中，一件巨大的铜钺上有这一族氏徽记铭文，这说明标识为"融"的族氏在这个国族中不居于最高层，又因有"册融"铭记铜器的出土，"融"氏在这个诸侯国中担当的是史官"作册"的官职。至于"亚醜"之亚，就是上引《酒诰》"越在内服：百僚庶尹、惟亚惟服"之亚，它原本是内服即王畿内之职官，联系甲骨文，"亚醜"在商的官僚职务中是"小臣"。如《甲骨文合集》36419 记录有："辛卯，王……小臣醜……其亡国……于东封，王占曰：大［吉］。""东封"指东土的封国，这条残辞的大意是小臣醜在东土的封国做事，王占卜认为吉利。将一号大墓巨大铜钺上铸的"亚醜"铭记与"小臣醜"的卜辞综合考虑后，笔者认为"亚醜"最初可能是商王派到东土驻在苏埠屯的职官，很可能还是武官，随着时间的推移，他后来发展成了外在的诸侯，但同时还在王朝兼任小臣之职。铜器铭文中作为族氏徽记的"亚"，来源于所担任的内服之职官，后来也可能演变为爵称。而根据《左传》隐公八年众仲的话："天子建德，因生以赐姓，胙之土而命之氏。诸侯以字为谥，因以为族。官有世功，则有官族，邑亦如之。"这种带有"亚"符号的族氏徽记，就是因官有世功而形成官族后的族氏徽号，并铸在铜器上，当有显示自己身世尊荣之意。

商东土的侯、伯、方国当然不只是攸侯与亚醜，如位于山东滕州市东南的前掌大商代墓地及其附近的薛国故城⑥，就有可能是商代薛国。相传薛是

① 殷之彝：《山东益都苏埠屯墓地和"亚醜"铜器》，《考古学报》1977 年第 2 期。
② 王献唐：《山东古国考》，齐鲁书社 1983 年版。
③ 杜在忠：《关于夏代早期活动的初步分析》，《夏史论丛》，齐鲁书社 1985 年版。
④ 李零：《苏埠屯的"亚齐"铜器》，《文物天地》1992 年第 6 期。
⑤ 高广仁：《海岱区的商代文化遗存》，《考古学报》2000 年第 2 期。
⑥ 此为春秋时的薛国故城，其上限也许可能上溯到晚商，这样它可与前掌大遗址连成一片，构成商代薛国。

成汤左相仲虺之所出，根据甲骨文来看，薛与商王朝的关系属于时服时叛，有"……以马自薛"（《合集》8984）即从薛国送来马匹的记录，也有薛多次受到商王征伐的情况，如第一期卜辞"贞：旨弗其伐薛伯"（《合集》6827正），就是卜问征伐薛伯。

商东土的另一侯伯国是己即纪国。1983年在山东寿光古城发现一处可能是贵族墓葬陪葬的器物坑，出土64件铜器，其中16件礼器有"己"族氏徽记，6件兵器也均有铭文"己"，因此，有学者认为该批铜器应是纪国遗物①。

卜辞、金文中都有"舃侯"，郭沫若、曾毅公、李学勤诸先生均认为舃、己一国②。殷墟妇好墓出土的铜礼器中有21件带有"亚舃"铭文，传世的铜器中也有"舃侯"和"亚舃侯"。如果舃、己为一国的话，那么，从甲骨文中的"舃侯"来看，他与商王关系亲密，"舃侯"在金文中称为"亚"，显然该族首领曾在王朝为官，并铸"亚"于宝器上加以炫耀。但也有学者不主张舃与己为一国。一件出土于北京琉璃河的名为亚盉的铜器，其铭文说："亚舃侯、夨，匽侯锡亚贝，用作父乙宝尊彝。"（《三代》14.10.7）这件铜器的时代约为商周之际，出土地点在北京的琉璃河，铭文内容又记录的是匽侯即燕侯赏赐亚货贝的事，因此有学者认为夨系中的舃侯应在北京附近③。此外，在辽宁省喀左县北洞村也出土一件夨系舃侯的铜器，铭文落款有"舃侯、亚夨"④。还有，新近刊载了一件舃侯媵器，铭文云："舃侯作舃井姜妢母媵簋，

---

① 寿光县博物馆：《山东寿光县新发现一批纪国铜器》，《文物》1985年第3期。

② a. 郭沫若：《两周金文辞大系考释》，科学出版社1957年版，第119页。

b. 曾毅公：《山东金文集存》，齐鲁大学国学研究所1930年版。

c. 李学勤：《试论山东新出土铜器的意义》，《文物》1983年第12期。

③ 彭邦炯在《从商代的竹国论及商代北疆诸氏》（载于《甲骨文与殷商史》第三辑，上海古籍出版社1991年版）一文中提出："商代舃族也应该在河北北部寻求。夨（燕）氏是舃族关系密切的族属，或许就是箕（文献上写作箕，卜辞作舃或基）族中的一支夨氏主要活动在今北京地区，该族有人在商王朝内供职，主要见于祖庚、祖甲时。周初召公奭封于燕，商代夨（燕）氏由于原来势力比较强大，仍然被周人保留其族，让其纳贡称臣。北京郊区所出的带有'夨'的青铜器，如相传为清同治六年所出的盉与爵、1973年在北京琉璃河西周墓中所出的青铜盘等都是商代夨（燕）后裔的遗物。"

④ 喀左县文化馆：《辽宁省喀左县北洞村孤山出土的殷周青铜器》，《考古》1974年第6期。

其万年子子孙孙永宝用。"① "井"，即周初的封国邢国，也是中商时期祖乙所迁之邢和晚商邢侯的封地，在今河北省邢台境内。"井姜"即姜姓女子嫁于邢国者。这件铭文是异侯为娶邢国女子为媵而作器纪念，异侯与邢国有婚姻关系，也与邢台距北京甚近的事实相吻合。依据以上三器，学者们所推测的异侯封地在今北京琉璃河一带，显然是有道理的。为此我们说己与异也许是两国，前者为姜姓的纪国，位于商的东土；后者为异侯，位于商的北土。

卜辞中，有一雇地，它位于商王征人方路线上，如"癸亥卜，黄贞：王旬亡祸？在九月，征人方在雇彝"。（《合集》36487）雇也称雇伯，商王时常呼他，如"贞：呼取雇伯？"（《合集》13925 正）还有一条卜辞则透露出雇伯也有自己的军队，如"癸卯卜，行贞：王步自雇于盩，无灾，在八月，在师雇……"（《合集》24347）"师雇"透露出雇有军队驻扎。对于这个雇伯的所在，一般多从王国维，说雇假借为扈，地在今河南省原阳县原武镇②。其实，雇既在征人方路线上，它就决不会在殷都的西南，而应在殷的东方。恰巧在殷的东方齐地春秋时有顾地，《左传》哀公二十一年："公及齐侯、邾子盟于顾。"《元和郡县图志》卷一一濮州范县条："故顾城在县东二十八里，夏之顾国也。"《太平寰宇记》、《诗地理考》、《毛诗传疏》等都有相同的说法。可见成汤当年征伐顾时，并非将其灭绝，而是使其服属。晚商时期甲骨文中的雇即文献上的顾，它是商的东土中离商都较近的侯伯。

商在北土的侯伯，首先是位于邢台的邢侯。阚骃《十三州志》和皇甫谧《帝王世纪》都载邢侯为纣之三公之事。武丁时有"妇井"其人，胡厚宣先生考证她是武丁之妻③。杨升南先生说："以卜辞中的'妇周'是周国之女入为王妻，'妇竹'是竹侯之女入为王妻例之，'妇井'亦当是井国之女入为武丁妻。"④ 所以，在今邢台境内应有晚商的邢侯。只是据《竹书纪年》"纣时稍大其邑"时，北边的邯郸、沙丘，皆有其离宫别馆，沙丘在今邢台附近，

①　张光裕：《新见扩侯媵器简释》，《第三届国际中国古文字研讨会论文集》，香港中文大学出版社 1997 年版。

②　a. 王国维：《观堂集林》，中华书局 1959 年版。

b. 陈梦家：《殷虚卜辞综述》，中华书局 1988 年版，第 305 页。

③　胡厚宣：《殷代婚姻家族宗法生育制度考》，载胡厚宣《甲骨学商史论丛》初集，河北教育出版社 2002 年版。

④　杨升南：《"殷人屡迁"辨析》，《甲骨文与殷商史》第二辑，上海古籍出版社 1986 年版。

似乎邢侯为畿内诸侯。

上文说到的曩侯位于商的北土，地在今北京琉璃河一带。除此之外，甲骨文中的“竹侯”（《合集》3324）也位于商的北土。关于竹侯，彭邦炯先生作过很好的研究，他考证甲骨文中的竹侯应即文献上所讲的商代孤竹国，其地望在今河北省东北部到辽宁省西南的部分地区，今河北卢龙县大致是竹侯的都邑所在①。根据甲骨文的记录，竹侯常常向商王进贡，如“竹入十”（《丙编》236），“取竹刍于丘”（《合集》108）；竹经常被商王“呼”“令”做事（《合集》1108正、1109正、1110正、1111正、1112正）；在竹国也有称为“子竹”者（《合集》22045）；竹国中有人曾在王朝担任卜人（《合集》23805）；还有“竹妾”（《合集》2863）、“妇竹”（《后下》27.18）、“妇笶”（《历拓》07457）、“妻竹”（《菁》6）、“母竹”（《乙》105）等来自竹国的妇女在商王朝活动的记录。竹国也常参加商对祖先的祭祀活动（《合集》6647正、20333，《英藏》1822）。这些都反映出竹侯与商的关系密切。

商在其西土的侯伯及与国可举出沚戜、丙国、戈国、周侯等为代表。沚方起初与商是敌对的，例如有这样的卜辞：

> 贞：其有艰来自沚？
> 贞：亡来艰自沚？（《合集》5532）
> 乙酉卜，圃允执沚。（《合集》5857）

后来沚方首领被分封为伯而称“伯戜”（《合集》5945正），沚对商称臣，如“呼从臣沚有冊三十邑”。（《合集》707）商王也在沚地占卜（《合集》24351），所以沚地是商王往来逗留之地。有些卜辞显示沚戜在王的率领下出征，并为先头部队，如“乙卯卜，争贞：沚戜称册，王从伐土方受有佑”。（《合集》6087正）这里的“王从伐土方”就是王从沚戜伐土方，“从”字表明了沚戜为先头部队。由于沚戜位于敌对方国不远，故也有敌对方国掠侵沚戜的报告：

> 癸巳卜，㱿贞：旬亡祸？王占曰：“有［祟］，其有来艰。”迄至五

---

① 彭邦炯：《从商代的竹国论及商代北疆诸氏》，《甲骨文与殷商史》第三辑，上海古籍出版社1991年版。

日丁酉，允有来［艰自］西，沚𢆶告曰："土方征于我东鄙，戋二邑，舌方亦侵我西鄙田。"（《合集》6057 正）

这条卜辞告诉我们，在沚𢆶的边鄙上，有邑有田。"允有来艰自西"说明沚𢆶位于商的西边，至于其具体地望，根据沚𢆶与舌方和土方的战事，可做一些推测。李伯谦先生曾将山西晋中地区南部的灵石旌介出土的商代铜器与山西石楼、陕西绥德加以比较，并结合金文中的族氏徽铭和甲骨文中在这一带的战事，认为舌方在今陕西、山西交界的石楼、绥德一带；土方在北京的偏北一带[1]。这样，从方位上来看，沚𢆶在商的西土中当位于西北方向。

丙国也见于甲骨文，如甲骨文中有"丙邑"（《合集》4475），即为丙国之都邑；也有"王令丙"（《合集》2478）、"丙妇来"（《合集》18911）等。在铜器中有大量被隶定为"丙"或"𠀬"的族氏徽铭，我们这里称之为"丙"。在出土物中，铭为"丙"的族氏徽记比较集中出土在山西省灵石旌介，据统计，在灵石旌介出土的铸有族徽铭文的 42 件铜器中，"丙"形徽铭就有 34 件，占全部徽铭的 81％。因而，学界认为旌介商墓的墓主人必是"丙"族的成员，该处应是"丙"族的墓地[2]，这一带当为"丙"国所在地[3]。在殷墟西区第三墓区随葬铜器所见的族徽铭文中，有"丙"族氏徽记[4]，这应该是"丙"国人的某一家族在商王朝担任某种职官，为商王服务，死后埋在殷墟西区的缘故，从中可以看出，"丙"国是从属于商的。

戈在卜辞中曾被称为"戈方"（《合集》8397），是一个方国；戈国之人被称为"戈人"（《合集》775 正、8404、33002）。戈也有称"子戈"者（《合集》32779），又因戈国族人在王朝为官而在商代铜器上铸有"亚戈"（《续殷》上·38）族氏徽铭。在卜辞中，戈有自己的领地，商王时常关心戈的年成和安危，如卜问：

---

① 李伯谦：《从灵石旌介商墓的发现看晋陕高原青铜文化的归属》，《北京大学学报》（哲学社会科学版）1988 年第 2 期。

② 同上。

③ 殷玮璋、曹淑琴：《灵石商墓与丙国铜器》，《考古》1990 年第 7 期。

④ 中国社会科学院考古研究所安阳队：《1969—1977 年殷墟西区墓葬发掘报告》，《考古学报》1979 年第 1 期，第 83 页，图六〇：13。

贞：戈受［年］？（《合集》9806）

癸亥卜，王戈受年？十二月。（《合集》8984）

壬子，贞：子戈亡祸？（《合集》32779）

戈有祸。（《屯南》3706）

也有戈国向商王进贡的卜辞，如"戈［入］三十……"（《合集》10677），"……戈允来……豕二、贝……王……"（《合集》11432），说的就是戈国向商王进贡龟甲、豕、贝、象牙之类。同其他附属国族一样，商王时常去戈地进行巡视和田猎，如"□寅卜，壬，王叀（惟）戈田省，亡戋？"（《合集》29379），这是卜问在壬日王在戈地田猎和巡视，有无灾祸？又如"庚申卜，王其省戈田于辛，屯日亡戋？于壬，屯日亡戋，永王？兹用。□王其省戈田于乙，屯日亡［戋］，永王？"（《屯南》1013），这是庚申日占卜，卜问王去戈地视察，究竟是于辛日田猎无灾祸，还是于壬日、乙日田猎无灾祸？这里商王在戈地的巡视和田猎是合而为一的。商王很关心戈国与羌方、方等方国的战事，如：

贞：戈执羌，得？（《合集》504）

王占曰：有祟，八日庚子，戈执羌……人饮有围二人。（《合集》584 反甲）

辛丑卜，宾贞：惟羽令以戈人伐舌方，戋？十三月。（《合集》39868）

□戌卜，宾贞：戈执亘？（《合集》6951 反）

……戈擒亘，戋？（《合集》6939）

羌方、舌方均在殷之西方，戈国也离它们不远。近年在陕西泾阳高家堡发现的一批商周墓葬中，出土有许多戈形族氏徽铭，发掘者认为这是一处戈氏家族墓地，并认为"戈方原居地在豫西，后迁居于泾阳"①。据此，晚商时期戈的封地在商西土的陕西泾阳。需要指出的是，商周时期戈人的居地不止一两处，分布的较为分散，如第六章所述，在江西吴城文化中就出土有几十件带有"戈"族氏徽文的陶器，表明这里也有戈族人的存在，只是因这里只出陶器上的徽文，不见有这样的青铜器族氏铭文，所以，吴城文化里的戈人

---

① 陕西省考古研究所：《高家堡戈国墓》，三秦出版社 1995 年版，第 114—118 页。

在当地的地位并不高。

周也曾是商的侯伯，周与商的关系有时处于交恶状态，但在相当长的时间内是和睦相处，臣服于商。关于商王征伐周的卜辞有：

> 丙辰卜，宾贞：王惟周方征？
>
> 贞：王勿惟周方征？（《合集》6657 正）
>
> □未卜……弗敦周？八月。（《合集》6824）
>
> 癸卯卜，其克戋周？四月。（《合集》20508）
>
> 惟十伐周？（《合集》22294）
>
> 己卯卜，允贞：令多子族从犬侯璞周，叶王事？五月。（《合集》6812）

在上述征伐周的卜辞之外，还有相当的卜辞记录了周臣服于商的关系。首先有周被称为周侯的卜辞，如卜辞"令周侯，今生月亡祸"。（《合集》20074）此外，卜辞中"妇周"（《合集》22264、22265）的女子来自周国，这表明商与周有婚姻关系，这与《诗·大雅·大明》"挚仲氏任，自彼殷商，来嫁于周"所说的王季从商娶妻，可相对照。最重要的是，商时的周作为侯国，要向商王纳贡。如"周入"（《合集》6649 反甲），说周向商进贡；"贞：周以巫"（《合集》5654），是周向商送巫祝人员；"甲午卜，宾贞：令周乞牛多……"（《合集》4884），是卜问可否令周进贡牛等物品；"丁巳卜，古贞：周以嫊？贞：周弗以嫊？"（《合集》1086），这是卜问周是否进贡秦氏女子。商王也很关心周族的安危，如"丁卯卜，贞：周其有祸？"（《合集》8457）商王还曾到周境内进行过"烄祭"，如"于周其烄"（《合集》30793），这是一种焚人求雨之祭①。有学者推测，可能是周境内大旱，商王到此为周求雨②。

周在相当长的时期内都是作为商的侯伯而存在的这种关系，也见于周原出土的周人的卜辞中。据研究，在周文王时，在周原建有帝乙宗庙和文丁神宫，文王在文武帝乙宗庙里祭祀成汤，祝告帝乙神示（主）并报祭帝乙二妻；还在文丁神宫贞问祭祀文丁等事宜；告祭殷先王大甲，希望能获得典册封周方伯之

---

① 裘锡圭：《说卜辞的焚巫与作土龙》，《甲骨文与殷商史》，上海古籍出版社 1983 年版。

② 李雪山：《商代分封制度研究》，中国社会科学出版社 2004 年版，第 122 页。

命，等等①。周人的这些祭祀殷先王的卜辞，与当时周为商的诸侯的身份和关系是相符的。只是，从卜辞中还可以看出，周在文王时已不满足于称侯，他还希望得到商王的册命，能名正言顺地成为西土的诸侯之长——周方伯，这就是周原甲骨"贞：王其邵祬□，□典酉周方伯……王受有侑"（H11：82）与"贞：王其拜佑大甲，酉周方伯……于受有佑"这类卜辞的本意。

商在南土方面，早商、中商与晚商的情况是不一样的。湖北黄陂盘龙城发掘后，李学勤先生曾联系甲骨文方面的情况写了一篇《盘龙城与商朝的南土》②。盘龙城属于早商和中商时期的城址，从盘龙城遗址出土的商文化与中原地区商文化联系的紧密程度以及当时商王朝的扩张势头来看，盘龙城一带应该是商的南土范围。但到甲骨文时代时期即晚商时期，商的势力从南方有所收缩。甲骨文中也难以考订商的哪些侯伯位于南土。甲骨文中有一个虎方，应该是南土的方国。虎方与商王的关系，过去因有多条卜辞讲到"途虎方"，而对于"途"字的含义，学者多从于省吾先生考释为"屠"，为"屠杀"的意思，因而似乎虎方与商为敌对关系。然而，裘锡圭先生指出："其实卜辞中所见的'途'的对象，往往是子妻（参看《类纂》，第333页）、子央（见《合》605）、等商王朝贵族，'途'决不会含有屠杀、征伐一类意思。"③近来有把"途"释读为"导引义"④；或者说"途"应读为"除"，义为"除道"⑤，这样，"令望乘暨舆途虎方"、"舆其途虎方告庙于大甲"之类的卜辞，就解释为商王命令望乘和舆引导或洒水除道迎接虎方并告庙于祖庙。在卜辞中，我们看到有虎方向商王进贡的情况，如"虎入百"（《合集》9273反）；有商王去虎方视察的情况，如"辛酉卜，王其田，惟省虎……"（《合集》33378）；也有虎方作为商王的先头部队作战的情况，如：

---

① 王晖：《商周文化比较研究》，人民出版社2000年版，第134—138页。王晖：《古文字与商周史新证》，中华书局2003年版，第16—19页。

② 江鸿：《盘龙城与商朝的南土》，《文物》1976年第2期。

③ 裘锡圭：《说殷墟卜辞的"奠"——试论商人处置服属者的一种方法》，台北"中研院"史语所《集刊》第六十四本，第三分，1993年版。

④ 林欢：《晚商地理论纲》，中国社会科学院研究生院博士学位论文，2002年5月，第32页。

⑤ a. 饶宗颐：《殷代贞卜人物通考》，香港大学出版社1959年版，第83—84页。

b. 李雪山：《商代分封制度研究》，中国社会科学出版社2004年版，第195页。

其从虎师无灾，王永？（《合集》32983）

庚戌卜，王其从虎师，惟辛无灾？

王其从虎师惟辛？（《英藏》2326）

关于虎方与商的关系，笔者通过对所谓"虎食人卣"类铜器题材的含义的探讨，也认为虎方与商王属于从属关系①。至于虎方的地望，我们通过西周有关虎方的铜器铭文，并结合出土"虎食人卣"之类铜器的地点，可以判断其为江汉及其以南的湖南安化一带②。虎方的地望若能推定，那么，晚商的南土范围是否也可以推定在江汉以南乃至江淮一带？根据晚商中原文化圈在南方有所收缩的情况，笔者认为虎方虽服属于商，但在虎方与晚商的王畿之间，很可能还杂处着一些与商敌对和时服时叛的方国，情况可能相当错综复杂。

上述所举只是商在四土中方位或位置较为明确的几个侯伯的例子，从中我们可以看到，商的四土观念，既有理念上的含义，又有实际的内容，只是这种实际的内容时常处于动态变化之中，也就是说，商的四土实际上处于一种开放的、不稳定的状态，在理念上，商对四土是存在支配权的，但这种支配权又因与位于四土的侯伯方国的关系的变化以及商自身实力的消长而有伸缩，从而，四土的范围也处于动态变化之中。商的四土的这种开放的、不稳定的、时有盈缩消长的现象，可视为商四土的第一个特点。商与周的关系，就是最为明显的例子。当周并非为商的侯伯时，卜辞中的"王惟周方征"（《合集》6657正）、"敦周"（《合集》6824）、"伐周"（《合集》22294），这种周与商时有战争发生的情况，说明此时周的领地并非为商的四土。而到周成为商的侯伯时，周要向商王室纳贡，商也甚为关心周的安危，占卜周是否有祸。此时，周的领地自然就归属于商的四土范围。虽说周在文王时，为了谋求进一步的发展，已不满足于称侯，它通过告祭殷先王大甲，希望能获得典册封周方伯之命。《竹书纪年》也说商王把"周王季命为殷牧师"，根据《逸周书·大匡解》"维周王在酆，三年遭天之大荒，作《大匡》，以诏牧其方，三州之侯咸率"，可见这里的"牧"是诸侯中势力较大、能使一方诸侯听命者。《礼记·曲礼下》云："九州之长，入天子之国，曰牧。天子同姓，

① 王震中：《试论商代"虎食人卣"类铜器题材的含义》，《商承祚教授百年诞辰纪念文集》，文物出版社2003年版。

② 同上。

谓之叔父。异姓，谓之叔舅。于外，曰侯。于其国，曰君。"这些都说明，"牧是中央王朝对诸侯之长的尊称，商代的赐封牧官大概也有承认其地位的意思"①。诚然，根据河北北部燕山山脉南缘的丰宁县出有晚商的"亚牧"鼎，陕西西部与甘肃相邻的陇县韦家出有"牧正"商尊，四川彭县竹瓦街亦出有商代"牧正"觯，有学者指出"亚牧"、"牧正"可能均是与商王朝曾有过结盟交好关系的边地族落之长②。总之，作为"周方伯"或"殷牧师"的周的领地，在原则和理念上，依旧属于商的四土范围。再如，位于商的西北方向的沚馘，情况也是这样。在它起初与商敌对时，其领地自然不能算为商的四土，只有到了它臣服于商，其首领被分封为"伯馘"，其领地才归入商的四土范围。至于其他那些时服时叛的国族，情况更是如此。例如甲骨文中的"先侯"（《合集》6834、10923），一度即受到商王及其朝臣弜和雀的征讨："丙子卜，弜戋先"（《合集》7017）；"庚戌卜，令从我伐先"（《合集》19773）、"壬申卜，贞：雀弗其……戋先"（《合集》53）。当然，我们也可以看到商王令曼在先侯境内开垦新田的记载（《合集》10923），更可以看到先侯向商王进贡龟甲"五十"（《合集》1779反）、进贡羌人"七羌"（《合集》227）的记载。薛伯的情况也是这样。在甲骨文中，既可以看到商王对薛的征伐："贞：共人呼伐薛"（《合集》248正），"壬戌卜，争贞：旨伐薛，戋。贞：勿呼伐薛"（《合集》947正），"贞：旨弗其伐薛伯"（《合集》6827正）；也可以看到从薛国送来马匹的记载（《合集》8984）。所以，这种商的附属国族时服时叛，使得商的四土的范围处于不稳定的、时有变化的状态之中。还有，从考古学来看，商的南土范围，也表现出时有伸缩。如本书第六章所述，在早商和中商的早期，盘龙城商文化与中原商文化高度的一致性，足以说明盘龙城一带为商的南土范围。但到晚商时期，由于商文化在南方的退缩，单从考古学文化上，已难以对商的南土作出划界。

商的四土的第二个特点是，作为外服的四土，其地理分布虽然以王都或王畿为中心而呈环状分布，但这个环状分布带还不是整齐划一的连为一体，而是商的外服的军事据点与附属的侯伯国族和敌族邦方混杂在一起，呈现出"犬牙交错"的状态。

---

① 林欢：《晚商地理论纲》，中国社会科学院研究生院博士学位论文，2002年5月，第84页。

② 宋镇豪：《论商代的政治地理架构》，《中国社会科学院历史研究所学刊》第一集，社会科学文献出版社2001年版，第26页。

　　当年陈梦家先生曾根据卜辞、西周金文、《尚书》以及《诗经·商颂》所叙述的殷代疆土都邑，用三个方框套方框、五个层次的图形方式表示出商的王畿与四土的这种行政区划：

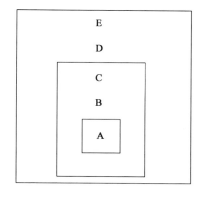

卜辞所见		西周所述
A	商，大邑商	商邑，天邑商
B	奠	
C	四土，四方	殷国，殷邦，大邦殷
D	四戈	殷边
E	四方，多方，邦方	四方，多方，小大邦

　　在上图形中，最核心的方框为商、大邑商；其外为奠；奠外为四土、四方；四土四方之外为四戈；四戈之外为四方、多方、邦方[1]。

　　陈梦家之后，宋镇豪先生也用这一方式对商国疆域和行政区划作了图示勾勒：

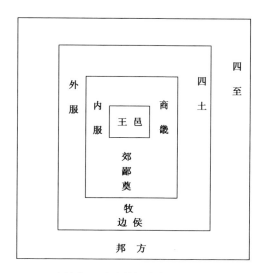

（宋镇豪：《论商代的政治地理架构》）

_____

①　陈梦家：《殷虚卜辞综述》，中华书局 1988 年版，第 325 页。

　　图中商王朝的王畿区是以王邑为中心，王邑之外的近郊称东、南、西、北四"鄙"，往外一层的区域称东、南、西、北四"奠"，"奠"即后来称作"甸服"之"甸"，它本是由王田区而起名，连同宗族邑聚及农田区一起构成了"王畿区"；自"奠"以远泛称"四土"、四方，为王朝宏观经营控制的全国行政区域；"四土"之内、四"奠"之外还有"牧"即"牧正"之类，是与商王朝曾有过结盟交好关系的边地族落之长；"四土"周围的边地又称为"四戈"，属于"边侯"之地；王畿区为"内服"之地；"四土"为"外服"之地；"四土"之外为"四至"，属于"邦方"之域①。宋镇豪对商国疆域与行政区划的勾勒较陈梦家又进了一步，联系宋新潮博士曾将商代考古文化分为"商文化中心区"、"商文化亚区"、"商文化影响区"这样三个不同层次范围的划分②，陈、宋两位有关王畿、四土、四至和内服、外服等不同层次勾勒，在总体上应该是有意义的，其空间上的相对关系显得直观而一目了然。然而，它也容易给人产生商的疆域与行政区划是以王都和王畿为中心层层外延的整齐划一的感觉。其实，仅就四土而言，它究竟是以王都王畿为中心呈环状分布并成面成片连在一起，还是在其间因为敌对国族的存在而呈"犬牙交错"的分布状态，尚需进一步的讨论。

　　商文化的影响范围并不等于商人势力实际控制范围，依据甲骨文的材料，商代的疆域很难说它就是成面成片的地域③。王玉哲先生曾指出，"王朝所能控制的是以一个大邑为都城的中心地区，以及四方远远近近散布着的属于王朝的几个或十几个诸侯方国。每一个方国其实就是王朝所能控制的'据点'。'据点'与'据点'之间，散布着不属于王朝的许多方国。所以，当时人对王朝的国土，只会有几个'据点'的概念，而没有整个'面'的概念"④。这是典型的商王朝的疆域只有"点"而没有"面"亦不成"片"的观点。这一观点对于纠正文献典籍所说的从五帝传说时代直至明清时期所谓疆

---

　　①　a. 宋镇豪：《论商代的政治地理架构》，《中国社会科学院历史研究所学刊》第一集，社会科学文献出版社 2001 年版，第 27 页。

　　b. 宋镇豪：《商代的王畿、四土与四至》，《南方文物》1994 年第 1 期。

　　②　宋新潮：《殷商文化区域研究》，陕西人民出版社 1991 年版，第 200—201 页。

　　③　林欢：《晚商"疆域"中的点、面与块》，《中国社会科学院历史研究所学刊》第三集，商务印书馆 2004 年版，第 67 页。

　　④　王玉哲：《中华远古史》，上海人民出版社 2000 年版，第 258 页。

域就是成面成片的地域这样的观念，是有意义的，但也有矫枉过正之嫌。近年，已故的林欢博士提出"晚商时期商人势力范围总体上表现为面、点、块的结合"，在这里，"面"指的是以商的王都为中心的王畿范围，"点"指商属地的一些军事据点，而"块"则在说明一些商的军事据点与附属国族不是呈散点状分布，而是利用地理优势所形成的一个个势力圈①。"块"的概念的引入，应该说是恰当的。其实，"点"与"面"概念也罢，"点"、"面"与"块"概念也罢，问题的实质是作为商外服的军事据点和附属国族（商的侯伯国）是与敌对的族邦混杂交错在一起的。例如，在商的西和西北方向，作为附属国族至少有周侯、沚或、丙国、犬侯、先侯、唐、微伯等，但在这些侯伯之间也夹杂有与商为敌的舌方、土方、羌方，以及臣服于商之前的鬼方、亘方等，这些敌对国族时常侵扰商在西土的附属国族。如被学者们经常引用的一条卜辞记有："癸巳卜，㱿贞：旬亡祸？王占曰：'有祟，其有来艰。'迄至五日丁酉，允有来艰自西，沚或告曰：'土方征于我东鄙，弐二邑，舌方亦侵我西鄙田。'"卜辞中"允有来艰自西"之西，指的是殷都以西，因为这是王占卜后的验辞，是从王的角度讲的，所以，沚或位于殷的西土，沚或所报告的施加祸祟的土方、舌方，也位于殷的西土。至于卜辞中的"沚或告曰：'土方征于我东鄙，弐二邑，舌方亦侵我西鄙田'"，因是来自沚或的报告，其"东鄙""西鄙"是沚或领地中的东鄙和西鄙，亦即是指以沚或的中心都邑为中心的东鄙、西鄙，而并非如有的学者所认为的是殷都的东鄙、西鄙。舌方、土方、羌方时常侵扰诸如沚或等商的西土的侯伯，商的这些附属国族与这些敌对国族经常处于交战态势，有时也奉商王之命征伐它们，所以，用"犬牙交错"来形容商的外服的军事据点与附属的侯伯国族和敌对族邦方混杂在一起的这种状态，是合适的。

由侯伯方国的"东鄙""西鄙""鄙田"这类边鄙之邑和边鄙上的田地可知，分散在四土的诸侯领地是有自己的边境的。但这种边境的划分并非像后世那样，划出某一分界线，界线的这边为某侯某国的领地，那边即为另一侯国方国的领地。商代四土侯国方国的边境应该是指该国四面所能支配、所能控制的最远的邑落与田地的大致领域，越过这些田野邑落，还存在大量的无主荒地、空地、牧场、山林、川泽，等等，其无人问津的范围不但与当地的

① 林欢：《晚商"疆域"中的点、面与块》，《中国社会科学院历史研究所学刊》第三集，商务印书馆 2004 年版，第 67、74 页。

地形地貌有关，也与侯伯方国是否扩张其领地或其支配力、控制力的强弱相关。所以，四土诸侯、方国的边境范围亦即其领地的范围，也并非固定不变，而是时有盈缩消长，不能像今日的所谓疆界、边界那样来理解。

商的四土的第三个特点是，散布在四土上服属于商的侯伯方国，其产生有三种途径，第一种是在商取代夏成为中央王国后，它对王畿之外愿意服属于自己的原住民即原有的国族，通过册封的方式使之成为商的侯伯。第二种是对于那些起初处于敌对的国族，经过商王的征讨，使之臣服于商王，也成为商的侯伯。对于这两种，商对它们只拥有某种程度的支配权，用今天的话来说，就是这些政治实体的主权是不完整的，而且还存在时服时叛的情况。第三种是商王因某种经济战略资源或军事上的需要，向王畿之外派遣一些外在的职官，驻守某地，时间一长，这些职官贵族也就转换成畿外诸侯，也成为散布于四土上的侯伯。关于前两者，我们可以举出杞侯、犬侯、竹侯、雇伯、宋伯、微伯、伯戉、周侯、薛伯、先侯，等等。关于后者，诸如山东青州苏埠屯的"亚醜"和北京附近的"亚異侯"，以及"亚臯"、"亚戈"、"亚雀"等，大概就属于由外派职官转化为一方侯伯者。

甲骨文和殷代青铜器铭文中的"亚"，有人认为是一种武官之名[1]，也有人认为是爵称[2]，依据《尚书·酒诰》："越在外服：侯甸男卫邦伯；越在内服：百僚庶尹、惟亚惟服、宗工，越百姓里居（君）"，可知"亚"主要属于官职的范畴。卜辞中每每"马"与"亚"、"多马"与"亚"、"马"与"小臣"、"族"与"马"、"戍"与"马"等官名并举，其中"马"、"多马"、"族"、"戍"都与军事有关，"亚"的性质也应该与它们相近[3]，这样，联系《诗经·周颂·载芟》"侯亚、侯旅"，《尚书》《立政》和《牧誓》中的"亚旅"连文，以及《左传》文公十五年所说的宋有"亚旅"、成公二年所说的晋有"侯正亚旅"，商代的"亚"原为武官，应该是明确的。

"亚"既然为官名，那么在出土的铜器中，"亚"这样的符号何以又起着族氏徽记的作用？如前所述，这就是《左传》隐公八年众仲所说的"官有世功，则有官族"，这种带有"亚"的族氏徽记，来源于官有世功而形成官族

---

① 陈梦家：《殷虚卜辞综述》，中华书局 1988 年版，第 508—511 页。

② a. 丁山：《甲骨文所见氏族及其制度》，中华书局 1988 年版，第 44—57 页。

b. 李雪山：《商代分封制度研究》，中国社会科学出版社 2004 年版，第 50—53 页。

③ 陈梦家：《殷虚卜辞综述》，中华书局 1988 年版，第 509 页。

的缘故，拥有"亚"这样的徽记并铸在铜器上，当有显示自己身世尊荣之意，所以，甲骨文和金文中的"亚醜"、"亚臩侯"、"亚臯"、"亚戈"、"亚雀"等，都属于由外派的武官，长期驻守某地后，才转化为一方之侯伯，其中的"亚"称则表明了他们最初的武官身世。成为侯伯后，有的也派遣宗人在王朝担任"小臣"官职，如"小臣醜"（《合集》36419）、"小臣臯"（《合集》5571 反）之类；有的因属于宗族之长或因拥有"子"爵的地位而称为"子某"，如"子臯"（《合集》335、3226 正）、"子戈"（《合集》32779）等。

总之，商在四土中的侯伯，由于有上述三种产生的途径，其中虽说那些由商王的外在官及其一些军事、经济据点发展而来侯伯，其领地作为商属地的性质要浓一些；但相当多的侯伯是作为商的附属国族而存在的，附属国族与作为"大邦殷"的商的关系是复杂的，也是多变的，而"大邦殷"的强权地位及其与附属国族间相互的势力和国力的盈虚消长，则是相互关系的基础。因而，致使商的四土呈现出开放、变动、不稳定的态势，以及附属的侯伯国族和敌对的族邦方国混杂在一起，呈现出"犬牙交错"的状态，都是历史的必然。

鉴于商的王畿即《尚书》所言的"大邦殷"亦即《战国策》吴起所说的"殷纣之国"，我们可以称之为"王邦"或"王国"；而商的四土即"外服"又主要是商的服属或附属的国族，我们可以称之为"属邦"或"庶邦"，那么从商的王畿与四土的关系亦即从商的"内服"与"外服"的关系来看商的国家结构，整个商王朝则呈现出"复合型"结构。对于这种复合型国家结构我们给予它一个什么样的名词呢？由于笔者已把王邦称之为王国，而这里所谓王国的范围主要指的是王畿地区，因此笔者主张将既包含位于中央的王国也包含一般的诸侯国的这种复合型国家结构称之为"王朝"或"王朝国家"。只是"王朝"这一词语也用于秦汉以后，而秦汉以来的王朝国家基本上属于高度发达的中央集权的"单一制国家结构"，而不像夏商周三代那样是复合型国家结构，苦于没有更好的词汇概念，姑且用之。

在这种"复合型"国家中，作为王邦的"大邦殷"显然有"天下共主"的特征，而王朝中，在夏时即已存在的一个个邦国，在商时它们并没有转换为商王朝的地方一级权力机构，这些邦国若臣服或服属于王朝，只是使得该邦国的主权变得不完整，主权不能完全独立，但它们作为邦国的其他性能都是存在的，所以形成了王朝内的"国中之国"。而"大邦殷"作为中央王国，则既直接统治着本邦（王邦）亦即后世所谓的"王畿"地区，也间接支配着臣服或服属于它的若干邦国，可见王邦对于其他众邦其他庶邦就是"国上之国"。邦国的结构是单一型的，而整个王朝在"天下共主"的结构中，它是由王邦（王国）与众多庶邦（庶国）组成的，是复合型的，就像数学中的复合函数一样，函数里面套函数。王国与王朝是由邦国发展而来的，它在上升为王国和王朝国家之前，原本就是邦国。例如商在灭夏之前，对于夏而言它只是一个邦国；周在灭商之前，也是一个邦国。由邦国走向王国和王朝，就是由普通的庶邦地位走向了天下的共主地位。由于在以王为天下共主的王朝中，那些主权半独立的一个个邦国之君，在其国内都行使着国家君主的权力，各邦之间的关系也都是国与国之间的关系，只要周边环境和形势允许，它们都可以走向主权完全独立的国家。我们把天下共主的这种王朝称之为复合型国家结构。

第二节　商代的都鄙邑落结构与商王的统治方式

一　侯伯方国内的都鄙邑落结构

中国商代考古学经过几十年长期的发展，取得了丰硕的成果。截至目前，在都邑和村落的考古发现方面，既发现有郑州商城、偃师商城、洹北商城、小屯殷墟这类的王都遗址，也发现有诸如湖北盘龙城、晋南垣曲商城、东下冯商城、河南焦作府城商城、辉县孟庄晚商城址、四川广汉三星堆城址、江西樟树吴城商城、新干牛头城等次一等级的大概属于侯伯方国一类的都邑遗址，还发现有再次一级的贵族居邑和更次一级的一般的普通村邑遗址。对此，它们在商代社会中，是以什么样结构方式组合的？是如何被支配和管理的？本节欲结合甲骨文首先对侯伯方国内的都鄙邑落结构作一说明。

甲骨文中没有"都"字，商代也没有《左传》庄公二十八年所说的"凡邑，有宗庙先君之主曰都，无曰邑"这样的区分[①]。在甲骨文中，是将王邑、贵族诸侯大臣之邑、普通的村邑，都称为邑的。这样，当我们要在名称上区别这些不同等级、不同层次的居址时，只使用甲骨文的邑，就感到十分不便。为此，尽管甲骨文中没有"都"这个字，本文还是不得不借助后世的一些词汇概念，如都邑、都鄙、都城、王都、国都等，来描述商代社会的居邑结构。

---

①　宋镇豪：《夏商社会生活史》，中国社会科学出版社 1994 年版，第 41 页。

甲骨文所见的都鄙结构，王畿外的侯伯的情况要比王畿内表现的明了，故我们先从侯伯的都鄙谈起。先看有一版经常被引用的卜辞：

> 癸巳卜，㱿贞：旬亡祸？王占曰："有祟，其有来艰。"迄至五日丁
> 酉，允有来艰自西，沚馘告曰：土方征于我东鄙，戋二邑，舌方亦侵我
> 西鄙田。（《合集》6057 正）

在这版卜辞中，有学者以为这里的"我"指的是商王自己，故所谓"东鄙""西鄙"也是商王畿的边鄙。殊不知，将甲骨文中的"我"一律认为指的是商王自己，只是部分研究者自己的推测之词，在这里"土方征于我东鄙，戋二邑，舌方亦侵我西鄙田"，明明是来自西边的沚馘所报告的内容，所以，这里的"我"完全可以是沚馘的自称，从而这版卜辞中的"东鄙""西鄙"也只能是沚馘领地的"东鄙"和"西鄙"。

这里的鄙为边鄙，杨树达先生对此曾有精彩的解释，"啚者，鄙之初文也。……《吕氏春秋·行论篇》云：'是以宋为野鄙也。'野鄙连言，鄙亦野也。字从囗者，像压划之形，犹或字邑字之从囗也。……从啚者，啚廩同字，野鄙为田畴之所在，盖谷获于田而藏之于廩，农夫省转输之劳，田野与仓廩理不当远距也"[1]。鄙为都邑郊外的野鄙或边境边远之地，在春秋时仍使用此意。按照沚馘向商王的报告，沚馘的东边边境受到土方的征掠，祸害了鄙上的两个邑；沚馘的西面边鄙的田地受到舌方的侵扰。这说明沚馘是以自己的都邑为中心，在都外边境之地散布有小的村邑，各村邑都有自己的田野。

与边鄙村邑相对应的是侯伯封地内中心性的都邑，它相当于甲骨文中的"唐邑"（《合集》20231）、"望乘邑"（《合集》7071）、"屮邑"（《合集》8987）、丙国之"丙邑"（《合集》4475）等[2]。例如，唐邑，甲骨文有"侯唐"（《合集》39703）、"唐入十"（《合集》9811 反），可知唐邑为诸侯"侯唐"的领邑，即唐侯领地的都邑；屮邑，因甲骨文有"王令屮伯"（《合集》20078）、"贞：令郭以屮族尹㦸屮友？五月"（《合集》5622），可知屮邑乃屮伯及其宗族所在地，它也是屮伯领地的都邑；望乘是商王武丁时著名军事将领，

① 杨树达：《积微居小学述林》卷二，第 42 页，中华书局 1983 年版。
② 宋镇豪：《商代邑制所反映的社会性质》，《中国史研究》1994 年第 4 期。

望乘邑当然也是其领地的都邑①。这些侯伯封地内的中心性都邑，也被称为"大邑"（《合集》6783）。在这里，显然位于中心的都邑与诸如上举沚戓领地的东鄙、西鄙之邑，至少可以构成侯伯方国领地中的都邑与边邑这样两级的都鄙结构，后者受前者的支配。

这种边鄙小邑，每每没有邑名而以数字计量，如：

……其多兹……十邑（《合集》28098）

大方伐鄙二十邑。（《合集》6798）

［呼］取三十邑［于］彭龙。（《合集》7073 正）

呼比臣沚屮册三十邑。（《合集》707 正）

一次被伐被"取"被"册"的邑竟达二十邑、三十邑，说明这些邑多为村落小邑。用数字计量的邑，在西周金文中也是常见的，如《鬲从盨》铭文中有二邑、三邑、十有三邑等，《命𫃅》铭中有"二百又九十又九邑"之数。这些小邑在都邑结构中因是最底层的邑，在当时社会政权结构中也属于最基层的一个单位②，有些大概就相当于文献上所说的"十室之邑"。

但是，从邑落的等级结构来分类，在侯伯的都邑与边邑之间，应该还有中等规模一级的邑，这些邑多为中小贵族或者是宗族长所居住，也就是说，在一个侯伯方国中，按照君侯、君侯之下的贵族及其族氏，以及一般的平民这样的阶层划分，在居址的规模与规格上，也应分成君侯所居住的都邑为最高等级，其他贵族及其族氏的族长所居住的宗邑为次一等级，贫穷家族所居住的普通村邑为最下等级。所以，根据侯伯领地的大小，在都邑与边邑之间，还应该有一些其他的邑，而上引甲骨文所之所以表现出都邑与鄙邑的两级结构，是因为经常遭到侵袭的每每是边境上的鄙邑，而位于中间等级的贵族宗邑，却很少有机会记录在甲骨文上，但它实际上应该是存在的。甲骨文有"柳邑"、"𫐐邑"，如"左其敦柳邑"（《合集》36526），"其𫐐邑有戎"（《甲释》补1，图版212）③。这类柳邑、𫐐邑是被命名的或者说是在甲骨卜辞中被明确记有其名的邑落，它与上引"鄙二十邑"、"三十邑"等未被记名

---

① 宋镇豪：《中国风俗通史·夏商卷》，上海文艺出版社 2001 年版，第 58 页。

② 杨升南：《殷墟甲骨文中的邑和族》，《人文杂志》1992 年，第 1 期。

③ 宋镇豪：《中国风俗通史·夏商卷》，上海文艺出版社 2001 年版，第 64—65 页。

的小邑相比，记名与否，反映了其被重视程度、重要性和规模大小的不同①，这类邑就应该相当于侯伯领地内的其他贵族及其族氏的族长所居住的宗邑。此外，即使在边邑的范围内，在数个边邑相聚不远的情况下，我们假若设想它们是一些近亲家族所居之邑，那么这些近亲家族即可构成一个宗族，其中的某一个邑当为宗族长所居住，属于这些家族的宗邑，它的规模也应略大于其他的边邑，这种邑也有自己的名称，如在征人方卜辞中出现的"攸侯喜鄙永"（《合集》36484），这个"鄙永"也许就属于边鄙上某个宗族的宗邑。实际上，在甲骨文中，有的提到"鄙二十邑"（《合集》6798），这些邑都属于鄙下之邑，为此有学者认为，"鄙虽处于某一政治区域的边缘，但它并不是一个孤立的邑，而是处于边鄙群邑的中心地位，故其属下亦有数量不等的小邑。……可见商朝的鄙自成体系，亦为一级行政区划"②。综合上述，笔者认为侯伯方国的都鄙邑落结构应该为三级结构：最高一级是君侯所居住的中心性都邑；第二级是其他贵族的贵族之邑或族长所居住的宗邑，这些中等规模的邑落，在空间分布上有的位于都邑与边邑之间，有的就在边鄙群邑之中；第三级的邑是边鄙小邑或侯伯领地内贫穷家族所居住的普通村邑。

以上是甲骨文所见的侯伯方国的都鄙邑落结构，这类邑落在考古学遗址中也可以大体找到其对应关系。如作为侯伯方国的中心性都邑，我们可以举出湖北盘龙城、江西吴城、山东青州苏埠屯、滕州前掌大、陕西西安老牛坡、四川广汉三星堆遗址等。

湖北盘龙城的情况，我们在本书第二章中已有论述，它是一个由宫城与外城构成的都邑遗址，其都邑最高统治者很可能是商王朝在江汉平原东部的一个诸侯，因而盘龙城商城应是商的诸侯一级的都邑，也就是我们这里所说的畿外侯伯领地内中心性都邑遗址。

江西清江吴城城址，如本书第六章所述，城垣周长 2860 米，城内面积 61.3 万平方米。城内建有长廊式道路，发现有大型祭祀场所、建筑基址，还有制造几何印纹硬陶和原始瓷器的龙窑，铸造青铜武器、工具和礼器的作坊

---

① 陈朝云：《商代聚落模式及其所体现的政治经济景观》，《史学集刊》2004 年第 3 期。

② a. 杜勇：《商朝政区蠡测》，《2004 年安阳殷商文明国际学术研讨会论文集》，社会科学文献出版社 2004 年版。

b. 肖良琼《商代的都邑邦鄙》一文（载胡厚宣主编《全国商史学术讨论会论文集》，《殷都学刊》增刊，1985 年）已提出："鄙、奠是诸侯与国下一级行政区域。"

等遗迹。将吴城商城出土的遗迹遗物与距离吴城遗址 20 公里的新干县大洋洲发现的商代大墓联系起来，吴城商城为商代方国的都邑，也可以得到确认[①]。盘龙城与吴城这两个畿外侯伯的都邑，构成了这两个地区的政治、经济、军事、宗教和文化的中心。由于商代冶炼青铜器的铜矿的原料，有许多来自江西瑞昌铜岭和湖北大冶铜绿山[②]，因而有研究认为，盘龙城和江西清江吴城两个地区中心，很可能就是商王朝为控制当地铜矿等资源而在长江中游地区设立的两个据点[③]。

山东青州苏埠屯一号大墓是一座有四条墓道、墓室面积达 56 平方米、殉犬 6 条、殉人多达 48 人的规模极大的墓葬。苏埠屯遗址虽然尚未发现城址，然而，如本章第一节所述，由该遗址出土"亚醜"铭文以及五六十件传世铜器中都有"亚醜"铭记来看，亚醜最初可能是商王派到东土、驻在苏埠屯的武官，随着时间的推移，他后来发展成了外在的诸侯，但同时还在王朝兼任小臣之职，称为"小臣醜"，所以，苏埠屯遗址也是一个诸侯一级的都邑遗址。

山东滕州前掌大遗址，目前发现的是一片贵族墓地，在该墓地的附近有春秋时的薛国故城，而其上限也许可能上溯到晚商，这样它可与前掌大遗址连成一片，构成商代薛国封地的遗存，从而，以前掌大商代墓地及其附近的薛国故城遗址为中心即可构成晚商薛国的都邑。

陕西西安的老牛坡遗址，有学者指出有可能属于崇国[④]，或者又认为与商代在唐杜作大邑有关[⑤]。崇国虽不见于甲骨文，从文献上看，它是商在西方的一个重要与国。《诗经·大雅·文王有声》说："既伐于崇，作邑于丰。"《史记·周本纪》将此记为"明年伐崇侯虎而作丰邑"。正义引皇甫谧曰：

---

① 关于新干大洋洲商代大墓与吴城和牛头城的关系，参见本书第六章第二节有关的论述。

② a. 刘诗中、卢本珊：《江西铜岭铜矿遗址的发掘与研究》，《考古学报》1998 年第 4 期。

b. 夏鼐、殷玮璋：《湖北铜绿山古铜矿》，《考古学报》1982 年第 1 期。

③ 刘莉、陈星灿：《中国早期国家的形成——从二里头和二里岗时期的中心和边缘之间的关系谈起》，北京大学中国考古学研究中心、北京大学古代文明研究中心编：《古代文明》第 1 卷，文物出版社 2002 年版，第 118 页。

④ 李学勤：《海外访古记（四）》，《文博》1987 年 3 期。

⑤ 李学勤：《荡社、唐土与老牛坡遗址》，《周秦文化研究》，陕西人民出版社 1998 年版，第 105—107 页。

"崇国盖在丰、镐之间。"所以，从历史地理上看，老牛坡遗址为崇国的可能性很大。至于唐杜氏以及甲骨文"作大邑于唐"，也有学者说它在山西。总之，老牛坡遗址尽管尚未发现城墙之类的遗存，但它是商在西方的与国都邑的所在地，应该没什么问题。

四川广汉三星堆遗址的年代跨度很长，其城址的使用期也较长。城墙的建筑年代在三星堆遗址第二期即二里头文化时期，其使用一直到商末或周初。三星堆不但发掘出城墙，而且从其一、二号器物坑（又称为"祭祀坑"）出土的大量青铜器、金器、玉器以及其他质料的器物来看，在商代，这里是一处商方国的都邑，大概不成问题①。

现在需要讨论的是晋南东下冯商城、垣曲商城、河南焦作府城商城这类城址，究竟是属于王畿内的侯伯即相当于周代的畿内诸侯的都邑，还是商的四土范围内的侯伯的都邑？目前是不明确的。由本书第二章的论述可知，东下冯商城、垣曲商城和焦作府城作为都邑遗址的使用年代是早商时期到中商的白家庄期，其最主要的使用期是早商时期。而由本章第一节的论述，作为早商时期的王畿范围，可以确定为西至偃师商城，东至郑州商城，是偃师至郑州的连线。在偃师至郑州一线的北部，其天然屏障就是黄河，而东下冯、垣曲和府城都在黄河以北，焦作府城属于黄河北边的河内地区。因而虽说晋南东下冯商城、垣曲商城和焦作府城商城距离偃师商城或郑州商城不太远，但它们应该还不属于早商王畿的范围，早商王畿的北界应以黄河划界。

既然晋南东下冯商城、垣曲商城和焦作府城商城不在早商王畿的范围内，位于早商王畿边缘的外边，那么，它们就不是畿内诸侯的都邑，而属于商的四土范围内的侯伯都邑，是畿外诸侯一级的中心性都邑遗址。只是东下冯商城和垣曲商城在作为畿外侯伯一级的都邑的同时，它们也是将晋南的中条山地区的铜矿和运城盆地河东盐池之盐运往偃师王都和郑州王都的重要的中转站。所以，在早商时期，这两座城邑既是商北部的重要军事屏障，也是重要的水陆运输枢纽。

作为畿外四土侯伯内的贵族居邑，我们可以举出山东济南大辛庄遗址、桓台史家遗址和河南辉县孟庄遗址等商代遗址。

济南大辛庄遗址的商文化遗存的分布达 30 万平方米，在 2003 年发掘

---

① 参阅本书第五章第四节。

的 30 余座商代墓葬中，M106 是一座属于大辛庄二期的中型墓，葬具为一棺一椁，殉有 4 人，随葬品非常丰富，有铜器 11 件，玉器 19 件，海贝 6 枚，加上其他器物，共计 40 余件①。其墓主人显然是一个贵族。2003 年在大辛庄遗址发现的刻字甲骨的埋葬年代不晚于大辛庄第五期即殷墟第三期，书写格式和内容接近殷墟出土的武丁时代非王卜辞，因而学者们推测大辛庄是殷墟以外非王的地方贵族家族居地②。在目前尚无城址以及亚字形、中字形或甲字形一类大墓发现的情况下，判定大辛庄遗址为当地贵族的居邑是合理的。

山东桓台县史家遗址的发掘是近年山东商代考古的重要收获之一。在史家遗址发掘出有龙山文化环壕聚落、岳石文化木构祭祀坑、岳石和商代甲骨刻文，以及商代祭祀遗迹和商代的铸铭铜器等③。对于桓台史家出土的商代铜器铭文，有学者称之为《戍宁觚》，将其铭文释读为"戍宁无寿作祖戊彝"④。也有学者称其为"祖戊觚"，将其铭文释读为"戍真舞畴作祖戊彝"⑤。对于铭文中"戍"的解释，都认为是戍守边地的戍官，它表明早在殷墟一期，商王朝就派"真"（或释为"宁"）族的首领在今山东桓台一带戍守，与甲骨文中戍官以族戍守边地的记载相合⑥。这种戍边的武官，在尚未发展为四土的侯伯之前，其地位可以称之为"贵族"，其居邑也属于贵族之邑。

辉县孟庄在龙山文化晚期时即已建成一个城内面积约为 12.7 万平方米的城邑，二里头文化时期在龙山文化城址上叠压有二里头文化的夯土城墙，

---

① 山东大学东方考古研究中心等：《济南市大辛庄商代居址与墓葬》，《考古》2004 年第 7 期。

② a. 朱凤瀚：《大辛庄龟腹甲刻辞刍议》，《文史哲》2003 年第 4 期。

b. 方辉：《2003 年济南大辛庄遗址的考古收获》，《2004 年安阳殷商文明国际学术研讨会论文集》，社会科学文献出版社 2004 年版。

③ 张光明：《山东桓台史家遗址发掘收获的再认识》，《夏商周文明研究——'97 山东桓台中国殷商文明国际学术讨论会》，中国文联出版社 1999 年版。

④ 王宇信：《山东桓台史家〈戍宁觚〉的再认识及其启示》，《夏商周文明研究——'97 山东桓台中国殷商文明国际学术讨论会》，中国文联出版社 1999 年版。

⑤ 何洪源、李晶：《桓台史家出土"祖戊"觚的再认识及探讨》，《夏商周文明研究——'97 山东桓台中国殷商文明国际学术讨论会》，中国文联出版社 1999 年版。

⑥ 王宇信：《山东桓台史家〈戍宁觚〉的再认识及其启示》。

城址面积也与龙山文化城址一致，到二里岗文化时期，这里不见有城址遗迹，而到殷墟文化时期，又建有城垣。由于在殷墟文化时期，这里属于畿内诸侯的都邑城址，故我们放在下一节再加以叙述。在二里岗期即早商文化时期，辉县孟庄遗址是没有城垣设施的[①]，但从其规模看，应属中小贵族一级的居邑。

在上述侯伯的都邑和贵族居邑之外，考古所发现的遗址更多的则是一般的普通村邑，如山东平阴县朱家桥殷代村落遗址，就是一个普通村邑。该遗址 20 世纪 50 年代曾进行过两次发掘，发现殷代房基 21 座、灰坑 34 个。房屋面积都较小，也十分简陋，房屋的形状有接近方形的，也有近圆形的，还有近长方形的和"▢"形的。屋内出土器物有陶器、骨锥、骨箭头、网坠、陶纺轮和卜骨等。在距离村落聚居地不远的西部和西南部，发现殷代小型墓葬 8 座，一般无随葬品，唯 12 号墓出土陶罐 2 件，时代与房屋内出土的陶器相同，均为殷代晚期[②]。所以，平阴县朱家桥遗址是晚商时期四土侯伯方国领地内的一处典型的普通村邑。这种村邑的居民多为平民族众，聚落的规模较小，数量众多，恰可以与甲骨文中以数字计量的所谓"十邑"、"二十邑"、"三十邑"这一情形相吻合。所以，甲骨文与商代考古发现相互印证，商的四土中的侯伯方国的都鄙邑落结构是一种三级结构，这种居邑结构应当与侯伯方国的支配与管理相适应。

二　商王畿内的都鄙邑落结构

分布在四土的侯伯方国的都鄙邑落结构已如上所述，商王畿的情况又是怎样？首先，在甲骨文、金文和文献中，晚商王都被称为"大邑商"（《合集》36482 等、《何尊》）、"天邑商"（《合集》36541、《英藏》2529、《尚书·多士》）、"商"（《合集》10344 等）、"兹商"（《合集》776）、"商邑"（《诗经·商颂·殷武》）、"王邑"（《英藏》344）等。因为是王都，其在商代都鄙邑落结构中当然处于最高的等级。

王都之外，在王畿内处于第二等级的则是贵族和朝臣的居邑。商的王畿也就是《尚书·酒诰》所说的"内服"，所谓"越在外服：侯甸男卫邦

---

① 河南省文物考古研究所编：《辉县孟庄》，中州古籍出版社 2003 年版，第 241—305 页。

② 中国科学院考古研究所山东发掘队：《山东平阴朱家桥殷代遗址》，《考古》1961 年第 2 期。

伯；越在内服：百僚庶尹、惟亚惟服、宗工，越百姓里居（君）"。在这里，被称为内服者的百僚庶尹、亚服、宗工和百姓里君，就是各种职官，也即王畿内主要是以居住着各种职官为其特征。而担任各种官职者，也就是大大小小的各类贵族，所以甲骨文中的百官①以及"多君"、"多子"之类的朝臣②，原则上都属于贵族的范畴。这些贵族有的与商王同姓，有许多是异姓，作为异姓的畿内贵族，韦族就是一个明显的例子。在甲骨文中有作为卜官贞人的"韦"，也有"子韦"。安阳殷墟出土的族徽铭文中，有"韦"、"子韦"、"韦弓"、"韦册"等，当然，甲骨文中也有作为地名的"卫"。在这里，韦、子韦、韦弓、韦册，似为一个族的人。他们应该是《诗经·商颂·长发》"韦顾既伐，昆吾夏桀"之韦，其族地就在滑县，为夏代豕韦之国之后裔③，根据"戊寅卜，在韦敕自，人无弋异，其糟"（《合集》28064）的卜辞，韦族似乎还有属于自己的军队。这些在朝任职任官的同姓和异姓的贵族，当然在王畿内需要有自己的居邑，对于这类居邑我们称之为贵族居邑。

此外，有材料证明，在商的王畿的边缘，似乎也有鄙邑。如有一条卜辞说："癸巳卜，在商、雷、孝、商鄙，永贞：王旬亡祸？惟来征人方。"（《英藏》2525）这里出现了"商鄙"，这是征人方结束，返回商都时占卜王在下一旬有无祸害，王在商鄙有所停留。

前引杨树达先生对鄙的解释，已得知鄙不但与野和田畴联系在一起，而且啚（鄙）廪同字，所以，有学者认为甲骨文中常见的"省廪"，就是巡视

① 陈梦家：《殷虚卜辞综述》，中华书局1988年版，第503—522页。

② 李学勤：《释多君、多子》，载《甲骨文与殷商史》，上海古籍出版社1983年版。

③ 在这里，关键是甲骨文中的"子某"之子如何理解。学术界的意见可大分为两类，其一种观点认为他们为王子，当然不限于时王之子（参见朱凤瀚《商周家族形态研究》）；其第二种观点认为"子某"之子为表明身份地位的爵称或指宗族之长即宗子。若按前一种说法，凡是"子某"者，都是殷的王姓即子姓之人。若按后一种说法，则不同姓氏的人都可以成为"子某"。笔者以为，甲骨文中称"子某"者达一百多人，若说他们都是王子，即使不限于时王之子，在许多地方都有通盘解释上的困难，而把"子某"之"子"解释为贵族宗子的尊称或爵称，获有"子"这一称呼者，既包含有王子，也包含有非王子的异姓贵族，这样的话，在许多地方解释起来要顺当得多。从而，"子韦"之子为宗子之称，则表明他可以不是子姓，而豕韦为彭姓，据此笔者把"侯韦"的封地推测为今滑县，说他是夏代豕韦国之后裔，也就顺理成章了。

鄙①。如：

> 癸巳卜，令曼省廪。（《合集》33236）
> 庚子卜，令㠱省廪。（《合集》33237）
> 己酉卜，令㠱省南廪。十月。（《合集》9638）
> 贞：勿省在南廪。（《合集》5708 正）

这样，我们对王畿内的居邑等级也可以至少划分为三个大的层次：最高一级是商王所居住的王都，例如小屯殷都，它可以称为"王邑"、"商邑"、"大邑商"等；次一级的是畿内担任各类职官的贵族大臣和畿内诸侯的居邑；再次一级的亦即最基层的则是那些普通的村邑。在第二等级的居邑即贵族居邑中，若细分又可分为规模较大的大贵族居邑与规模较小的中小贵族居邑。

将上述三个等级的居邑分类与考古发现相联系。首先，作为商王所居住的王都，在早商有偃师商城和二里岗下层的郑州商城；中商有二里岗上层的郑州商城和郑州小双桥离宫别馆遗址；晚商有洹北商城和小屯殷都。如前几章所述，偃师商城与郑州商城在早商时期是一度并列的王都，其中，偃师商城属于灭夏后成汤至仲丁以前的王都，郑州商城为商王大庚所建，在商王大庚以后、仲丁以前的是两王都相并存，在二里岗上层时期，商王仲丁放弃了偃师商城，只以郑州商城为王都，史称仲丁迁隞，小双桥是仲丁、外壬所居隞都的离宫别馆。洹北商城是盘庚所迁之殷都，为盘庚、小辛、小乙所居住。以小屯为核心的洹南宫殿区，则是武丁以来至帝辛时期的殷都。

作为畿内贵族居邑，新近在安阳大司空村发现有属于贵族宗庙院落的遗址②，就可以看成王都内贵族大臣的居址或宗邑。近年来在距离小屯村南约2公里处的北徐家桥村北和刘家庄北一带发现的几十组四合院式建筑基址群③，也是一处王都范围内贵族聚居的族居遗址。在第四章第三节专门论述

① 李雪山：《商代分封制度研究》，中国社会科学出版社 2004 年版，第 85 页。
② 岳洪彬、何毓灵：《新世纪殷墟考古的新进展》，《中国文物报》2004 年 10 月 15 日。
③ a. 孟宪武：《安阳殷墟考古研究》，中州古籍出版社 2003 年版，第 66—77 页。
b. 安阳市文物工作队：《1995—1996 年安阳刘家庄殷代遗址发掘报告》，《华夏考古》1997 年第 2 期。

的河北藁城台西的邑落居址，结合墓葬出土的青铜器来看，它也属于晚商王畿范围内的贵族居邑，只是这里的贵族从事着酿酒业的专门化生产，这所大型宅院群落的居民是一个专门从事造酒的家族或宗族，它反映出商代以家族或宗族为单位的手工业专门化生产的一般形态，使得《左传》定公四年所说的殷遗民中的条氏、索氏、长勺氏、尾勺氏、陶氏、施氏、繁氏、锜氏、樊氏、终葵氏之类，有了具体的考古学实例。

在畿内贵族的居邑中，还可以举出河南辉县孟庄商城遗址。辉县孟庄遗址，在商代二里岗期的遗迹上面发现一些夯筑坚实的夯土，夯窝清晰，夯层较厚，在这层夯土上又发现其被西周时期的灰坑打破，此类夯土在西城墙及东城墙均有发现，结合城内殷代遗迹的大量发现，发掘者认为这是到了晚商时期又在原二里头城址的基础上修筑起了城墙，故而商城的年代为殷墟文化时期，即属于晚商。其面积和形状应同二里头城址一样，城内面积为 12 余万平方米，城邑的规模不大①。参照本章第一节有关晚商王畿范围的推定，距离朝歌不远的辉县孟庄应属于晚商王畿的范围，从而这座规模不太大的孟庄商城的性质就属于畿内贵族大臣的城邑。此外，如前所述，滑县既然是甲骨文中的韦族之所在地，那么这一带也应该有这类的居邑，只是目前在这里还未发掘出这样的聚落遗址而已。

王畿的范围内所发现的普通村落遗址，其在聚落形态及其等级中也属于最基层的一级，它和畿外侯伯方国内的普通村落遗址一样，我们称之为普通的村邑。最近在安阳殷墟孝民屯发掘出的平民聚落，其房屋多由成套的半地穴居址所组成，目前发现的半地穴式建筑的数量已发掘出 100 组（套），逾 200 间②，从其规格和居住方式以及出土遗物看，它属于殷墟西部边缘地带即王都范围内的普通村邑。

1997—1998 年，中国社会科学院考古研究所与美国明尼苏达大学科技考古实验室联合组成的中美洹河流域考古队，对殷墟外围的洹河流域地区进行了有多学科目的的考古调查。调查的范围，以殷都殷墟为中心，向东西各约 20 公里，向南北各约 10 公里左右展开，总面积将近 800 平方公里③。以这

---

① 河南省文物考古研究所编：《辉县孟庄》，中州古籍出版社 2003 年版，第 306 页。

② 王学荣：《殷墟孝民屯大面积发掘的重要收获》，《中国文物报》2005 年 6 月 15 日。

③ 中美洹河流域考古队：《洹河流域区域考古研究初步报告》，《考古》1998 年第 10 期。

次调查为主，综合历次调查的结果①，发现仰韶文化后岗时期的邑落遗址有 6 处，仰韶文化大司空村时期的邑落遗址有 8 处，龙山文化时期的邑落遗址有 30 处，下七垣文化时期的邑落遗址有 8 处，商文化殷墟阶段以前的邑落遗址有 19 处，殷墟时期的邑落遗址有 25 处，西周时期 22 处，东周时期 36 处。其中，商文化殷墟第一期晚段以前的阶段即商文化白家庄期至洹北花园庄晚期（亦即殷墟第一期早段）的邑落是：姬家屯、东麻水、大正集、柴库、洹北花园庄、西官园、东官园、聂村、大市庄、大定龙、大八里庄、袁小屯、郭村西南台、晋小屯、韩河固、东崇固、开信、将台、伯台（图 7—4）。中商至晚商第一期早段的这些聚落，除洹北商城作为王都而规模庞大外，大多数属于规模较小的普通村邑。殷墟时期的 25 处邑落遗址是：北彰武、阳郡、北固现、姬家屯、蒋村、西麻水、大正集、安车、西梁村、柴库、范家庄、秋口、后张村、小八里庄、大八里庄、晁家村、南杨店、郭村、晋小屯、大寒屯、韩河固、东崇固、将台、蒋台屯（图 7—5）②。这 25 处殷墟时期即晚商时期的聚落，调查者称之为"殷墟外围的殷代聚落，面积最大者不过 35000 平方米"，并认为"除殷墟外，洹河流域似不存在其他较大的中心聚落。这有可能说明当时分布于王畿附近的聚落都是由商王直接控制的，其间或许没有介于商王与族长之间的中层组织或机构"。可见洹河流域晚商时期的这 25 处聚落，以目前发现

① 　a. 中国社会科学院考古研究所安阳工作队：《河南安阳洹河流域的考古调查》，《考古学集刊》第 3 集，中国社会科学出版社 1983 年版。

b. 中国社会科学院考古研究所安阳工作队：《1979 年安阳后岗遗址发掘报告》，《考古学报》1985 年第 1 期。

c. 中国社会科学院考古研究所安阳工作队：《安阳鲍家堂仰韶文化遗址》，《考古学报》1988 年第 2 期。

d. 中国社会科学院考古研究所安阳工作队：《安阳大寒村南岗遗址》，《考古学报》1990 年第 1 期。

e. 安阳地区文管会：《安阳八里庄龙山遗址发掘简报》，《河南文博通讯》1980 年第 2 期。

f. 中国社会科学院考古研究所安阳工作队：《安阳洹河流域几个遗址的试掘》，《考古》1965 年第 7 期。

g. 安阳博物馆：《豫北洹水两岸古代遗址调查简报》，《中原文物》1986 年第 3 期。

② 　中美洹河流域考古队：《洹河流域区域考古研究初步报告》，《考古》1998 年第 10 期，第 17—18 页，图四、图五。

的情况所反映的聚落规模而言，显然属于笔者所说的王畿内距离王都不远的普通村邑。

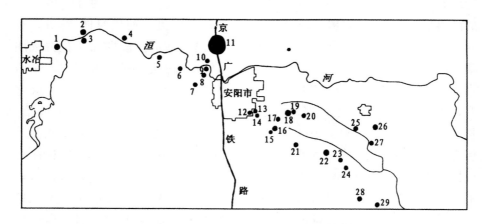

图7—4　下七垣文化至殷墟一期以前洹河流域邑聚分布示意图

（中美洹河流域考古队：《洹河流域区域考古研究初步报告》）

1. 姬家屯　2. 东麻水　3. 寨子　4. 大正集　5. 柴库　6. 孝民屯　7. 梅园庄

8. 小屯西地　9. 小屯东北地　10. 小司空村　11. 洹北花园庄　12. 西官园

13. 东官园　14. 聂村　15. 大定龙　16. 大定龙东　17. 大市庄　18. 大八里庄

19. 晁家村　20. 袁小屯　21. 韩河固　22. 东崇固　23. 开信　24. 将台

25. 郭村西南台　26. 晋小屯　27. 大寒南岗　28. 西正寺　29. 伯台

　　从图7—4和图7—5我们可以看出，以殷墟为中心的洹河流域聚落的分布：在殷墟以西的洹河上游地区，完全是沿洹河两岸分布的；在殷墟以东的洹河下游地区，则偏离洹河；位于洹河以南数公里，也呈带状，为西北至东南走向而分布；在殷墟的正南方，并无多少遗址。这些现象，不独晚商时期如此，依据这一调查报告所绘出的从仰韶文化时期至东周时期的六幅"洹河流域邑聚分布示意图"可以看出，东周以前，分布情况一直如此。对于这一现象，调查者通过对安阳地区陆地卫星影像的分析和对安阳市东南的高庄乡开信村地质钻探，认为现今殷墟以东洹河下游的河流走向，是东周以来洹河改道的结果，东周之前原来的河道，正是位于呈西北—东南向线性分布的遗址群这一线上。西周及其以前，洹河系由西北而东南流淌，无论上游还是下游，都未曾有过大的改道，因此自仰韶时期至西周时期各阶段的聚落，除数量与规模随着时间推移发生变化外，地理上的选择趋向是一致的，即无论是

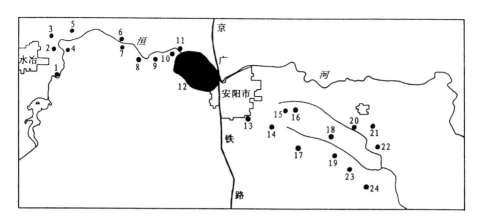

图7—5　殷墟时期洹河流域邑聚分布示意图

（中美洹河流域考古队：《洹河流域区域考古研究初步报告》）

1. 阳郡　2. 姬家屯　3. 蒋村　4. 北固现　5. 西麻水　6. 大正集　7. 安车村

8. 东梁村　9. 柴库　10. 范家庄　11. 秋口　12. 殷墟　13. 后张村　14. 小八里庄

15. 大八里庄　16. 晁家村　17. 韩河固　18. 南杨庄　19. 东崇固　20. 郭村西南台

21. 晋小屯　22. 大寒屯　23. 将台　24. 蒋台屯

上游还是下游，都是沿着洹河两岸分布的。殷墟正南方向，调查发现地表只能见到战国以后的陶片，商代及史前遗物不见踪迹，调查者推测，该地区商代以前地面很可能如东部一样被深埋于现代地面以下，或者由于该地区西周以前地势显著偏低，本来就较少人居住①。假如属于后一情况的话，对于我们理解商代邑落的分布特征是有启示作用的，也就是说，作为普通村邑与中心性都邑的分布关系，不能教条地理解为一定是围绕着中心性都邑，呈环状在四面八方均匀地分布，而是应该与河流的走向、地势的高低等自然环境状态相适应。

　　以上从甲骨金文和考古发现两个方面，论述了王畿乃至王都范围内的都鄙邑落结构，其结论是在王畿的范围内，邑落结构也是由三大等级所构成，即最高等级的是王都，次一等级的是贵族朝臣的居邑或类似于周代贵族大臣的采邑，最基层的为普通村邑，而根据对殷墟周围和洹河流域的历年考古学调查，这种普通村邑的分布每每与中心性都邑周围的地势及附近河流的走向有关。然而，不论呈现出何种分布形式，这种居邑上的不同等级，既因是其

---

① 中美洹河流域考古队：《洹河流域区域考古研究初步报告》，《考古》1998年第10期。

身份地位不同所致，也是上下垂直隶属关系的一种表现。

三　商代邑制结构与统治方式

商代无论是王畿还是四土，其邑制结构在等级上都可概括为最上的都邑、居中的贵族居邑和最下层的普通村邑。在分布上，一般来说，作为都邑，无论是王都还是侯伯方国的都邑，大体上都位于它所支配的地域范围内中心性的地方。作为贵族居邑，那些居住在王都内或侯伯都邑内的贵族，另当别论；而那些居住在都邑外的贵族，则多处于都邑与边邑之间，构成第二级性的中心性居邑，有些还是某个贵族的宗邑；但在边鄙的边邑群中，也不乏作为小宗族宗族长的居邑，我们称之为边鄙上的宗邑。至于普通村邑，应该说既存在于王都或四土侯伯都邑的边缘，也存在于贵族居邑的周围，还存在于边鄙之地。

商王对这三种居邑的支配和管理，首先有王畿和四土的区别。在四土范围内，商王对这些远距离的侯伯方国的支配，主要是通过侯伯进行间接性的支配，也就是说侯伯领地是由侯伯自己进行统治和管理的，商王的支配力是到不了诸侯方国的各类邑内的，商王主要是通过贡纳关系来控制这些附属国族的。但是，甲骨文中也有商王在附属国族即在外服之地垦田的记录。如"癸卯〔卜〕，宾贞：〔令〕皐衰田于京"（《合集》9473），"贞：勿令皐衰田"（《合集》9475），"戊辰卜，宾贞：令泳衰田于盖"（《合集》9476），"令众人入羌方衰田"（《合集》6），"王令多尹衰田于西，受禾。王令衰田于京"（《合集》33209），"令犬延族衰田于虎□"（《合集》9479），"令受衰〔田〕于先侯"。（《合集》9486），等等。卜辞中所谓"衰田"即垦田、垦荒造田的意思[1]。依据这类卜辞，研究者指出"商王确实有权到王国范围内的任何地方——包括远近诸侯、方国，去垦辟土地"[2]。这一方面反映出这些附属国族对于其领地的主权是不完整的；另一方面"农田开垦之后必定要留下人员管理，实际等于在他族内部形成了一个新的商属地"[3]，对于这种"新的商属

---

[1]　张政烺：《卜辞裒田及其相关诸问题》，《考古学报》1973年第1期。

[2]　彭邦炯：《商王国的土地关系》，胡庆钧主编《早期奴隶制社会比较研究》，中国社会科学出版社1996年版，第144页。

[3]　林欢：《晚商"疆域"中的点、面与块》，《中国社会科学院历史研究所学刊》第三集，商务印书馆2004年版。

地"的支配与管理，则可以视为商王朝直接管理的行为。

甲骨文中还可以看到一种"奠"①的行为方式，对此，有的学者认为这是商王将被商人战败的国族或其他臣服国族的一部或全部，安置在他所控制的地区内。这种"奠"是控制、役使异族人的方式②。也有认为"奠"与"设置"同义，"奠"这种行为方式与封建诸侯、拱卫王室的意义和作用是一样的③。在这里，不论所"奠"者是因战败臣服的附属国族还是设置诸侯，仅从商王对他们的支配而言，只能支配到这些国族的邦君或侯伯本人这一层面，而对其国族内部的具体族邑，是难以直接支配或控制的。

对于畿外的侯伯，商王还可以通过让他们担任朝中要职而使之成为朝臣，在卜辞中则称之为"多君"，如《史记·殷本纪》载商纣以西伯昌、九侯（一作鬼侯）、鄂侯为三公，就是明例④。他们既为朝臣，有时就需要居住在殷都，权利与义务是相辅相成的，商王对他们的调遣与支配，也就是对他们本邦邦国的间接统治。

在王畿的范围内，商王对各类居邑的支配，可分为两种情形。其一是在王都范围，例如殷墟范围内，可能在多数情况下商王可以支配到其家族或宗族长这一层面；其二是在王都范围以外，如殷墟范围之外较远的地方，诸如滑县的"韦族"，以及位于王畿边缘外不远的地方，如新郑的"子郑"，商王大概只能通过子韦这类畿内异姓贵族或王畿附近的子郑这类望族来支配其他的居邑，这两种都是一种间接支配。

关于距王都有一定距离的畿内大贵族的都邑，在早商时期，由于笔者把位于黄河之北的垣曲商城、东下冯商城和焦作府城商城都视为王畿边缘外侧的侯伯都邑，所以，作为早商的畿内大贵族一级的都邑，还有待于新的发现。到晚商时期，河南辉县孟庄商城可以视为王畿内大贵族一级的城邑，商

---

① 甲骨文中的"奠"字，目前甲骨学界认为主要有四种用法，一种是作为地名的"奠"，这种"奠"也有释为"郑"字，用作郑地、郑族讲；第二种是当作"置祭"讲；第三种是用作安置附属者的一种方法；第四种据说假为郊外之"甸"，或者说畿甸之"甸"，其本字可能就是"奠"。

② 裘锡圭：《说殷墟卜辞的"奠"——试论商人处置附属者的一种方法》，台北"中研院"史语所《集刊》第 64 本第 3 分，1993 年 12 月。

③ 连劭名：《殷墟卜辞中的戍和奠》，《殷都学刊》1997 年第 2 期。

④ 李学勤：《释多君、多子》，《甲骨文与殷商史》，上海古籍出版社 1983 年版。

王对它的支配应该是间接性的支配。前述位于河南滑县的韦族，据甲骨文"戊寅卜，在韦谏师，人无戈异，其糟"（《合集》28064），可知韦有自己的军队，有农田。韦的领地应该是由韦侯自己支配和管理的，如果说商王对子韦领地内的邑落在概念上具有支配权的话，然其实际的支配却只能是通过子韦而进行的间接性支配。

再如卜辞中的"郑"即"子郑"，白川静先生称其为殷代的雄族①，郑有自己的领地，商王有时占卜是否"步于郑"（《合集》7876），有时占卜"在郑"的年成怎么样（《合集》9769 反、9770），子郑的领地应即春秋时期郑国所在地，亦即今天河南省的新郑。卜辞有郑向商王纳贡的记录，如"郑来三十"（《合集》9613 反）、"郑入二十"（《合集》5096 反）、"郑示十屯"（《合集》18654 臼）等。由卜辞"庚寅卜，争贞：子郑唯令"（《合集》3195 甲）可知，子郑是接受商王调遣的。作为族长的子郑可以受到王的调遣和命令，但商王不能直接深入到郑的内部去管理和支配郑地之民，所以"子郑唯令"正说明商王对畿内较远的大贵族领地的支配也是通过其族长进行的间接性支配。

根据前述，洹河流域殷墟附近的晚商聚落，其面积最大者不过 35000 平方米，除殷墟之外，在这些聚落中不存在其他较大的聚落中心，因而作为发掘调查者所得出的晚商安阳殷都附近的普通邑落都是由商王直接控制的判断，应该是合理的。

在安阳殷都范围内，如第五章所述，殷墟除了有王族居住外，还居住着许多其他的贵族特别是异姓贵族。根据殷墟出土的那些族氏徽记铭文来看，这些一个个聚族而居的异姓贵族，其国族本家或者在畿外四土或者在王都的外缘，居住在殷墟的只是这些国族派往朝廷为官者及其家族，他们虽然聚族而居、聚族而葬，呈现出大杂居中的小族居，但由于他们为官于朝，当然要接受商王的直接支配和统治。如前述的韦族领地，商王实行的虽然是间接性支配，而对于韦族中那些居住在殷都内的"子韦"、"册韦"、"弓韦"等在朝为官者，则实行的是直接统治。再如"丙"这一国族，其本家在山西灵石旌介，而居住在殷墟，死后葬于殷墟西区墓地者则是丙国在商王朝为官者及其家族。

说到丙国派遣人在王朝为官，从一些传世的丙国铜器铭文也可以得到

---

① ［日］白川静：《殷代雄族考·郑》，白川静《甲骨金文学论集》，日本朋友书店 1973 年版。

印证。如《续殷文存》下 18.2 著录有一爵，"丙"下有一"亚"框，可以称之为"亚丙"，年代为殷墟文化第二、三期。此亚即《尚书·酒诰》"越在内服：百僚庶尹、惟亚惟服"之亚，它原本是内服即王畿内之职官，"亚"形徽记之所以与"丙"形徽记组合成复合型徽记，是因为古代有以官职为徽号的情况，这就是《左传》隐公八年众仲所说的"赐姓"、"命氏"，"因以为族。官有世功，则有官族，邑亦如之"。所以，"丙"下有"亚"框的这种带有"亚"符号的族氏徽记，就属于因官有世功而形成官族后将其族氏徽号铸在铜器上，以显示自己身世尊荣的又一例证。此外，丙族在商王朝还曾担任"作册"一职，如《丙木辛卣铭文》即写作"丙木父辛册"[1]。罗振玉《三代吉金文存》收录有在鼎和卣上铸有"丙"形徽铭的两篇长篇铭文[2]，鼎铭（图 7—6）记载作器者在某地受到商王赏赐贝而为父丁作器，作为时间署辞记有"唯王征井方"，最后署有族氏徽铭"丙"；卣铭（图 7—7）记载作器者在㝵地受到商王赏赐而为毓祖丁作器，最末也署有徽铭"井"。此外，还有一卣记载作器者因受到王的赐贝而为兄癸作器，作为时间署辞有"在九月，唯王九祀日"，最后也署有徽铭"丙"[3]。这些都说明丙族首领接受商王职官封号，为王服务，受王赏赐。对于远在山西灵石旌介的丙国丙族本家而言，商王对他们实行的是间接统治，而对于居住在殷都任职的丙族的某一家族而言，商王对其实行的则是直接支配。

最近发现的殷墟花园庄 54 号墓是一座在朝为官的显赫贵族墓（图 7—8）。墓内出土青铜器、玉器、陶器、石器、骨器、蚌器、竹器、象牙器、金箔、贝等各类器物共达 570 余件，其中有铜钺（图 7—9：1、3）7 件和大型卷头刀（图 7—9：4）以及大量青铜戈、矛等兵器（图 7—10），并在所出的青铜礼器上，大多有铭文"亚长"二字（图 7—11）。"亚"为武职官名，"长"为甲骨文中"长"族之长。为此，发掘者认为 54 号墓的墓主当为

① 中国社会科学院考古研究所编：《殷周金文集成释文》第四卷，香港中文大学中国文化研究所 2001 年版，第 84 页，5166。

② 罗振玉：《三代吉金文存》4·10·2、13·38·6，中华书局 1983 年版。

③ 中国社会科学院考古研究所编：《殷周金文集成释文》第四卷，香港中文大学中国文化研究所 2001 年版，第 146 页，5397。

"长"族的首领，是一位兵权在握的显赫贵族①。在甲骨文中，长族首领在一期时被称为"长伯"：

图7—6　《三代吉金文存》4·10·2

图7—7　《三代吉金文存》13·38·6

　　贞：呼取长伯？
　　贞：勿取长伯？（《合集》6987 正）

"取长白"，谓在长伯之地征取贡纳物品。到廪辛康丁时期，出现有"长子"的称呼，"其侑长子，惟⊗至，王受祐？"（《合集》27641）。在卜辞中，长族将领"长友角"、"长友唐"是有名的，如：

　　王占曰：有祟，其有来艰。迄至七日己巳，允有来艰自西，长有角告曰：舌方出侵我示麋田七十人五。（《合集》6057 正）
　　……自长友唐，舌方征……戋畣、示、易。戊申亦有来［艰］自西，告牛家……（《合集》6063 反）

---

　　①　中国社会科学院考古研究所安阳工作队：《河南安阳花园庄54 号商代墓葬》，《考古》2004年第 1 期。

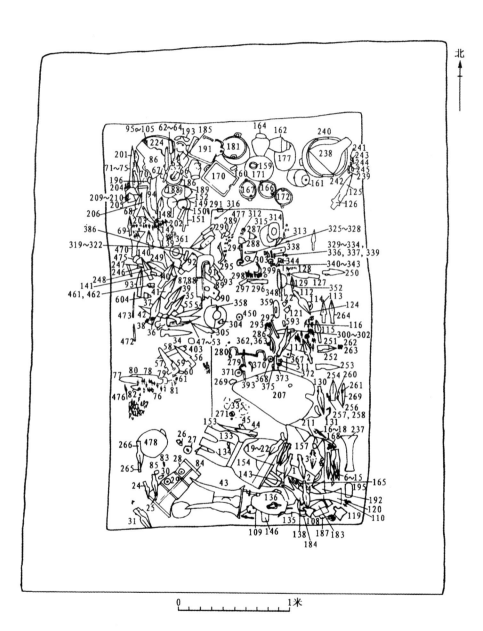

北

0　　　　　　　1米

图 7—8　殷墟花园庄 54 号墓随葬品分布图

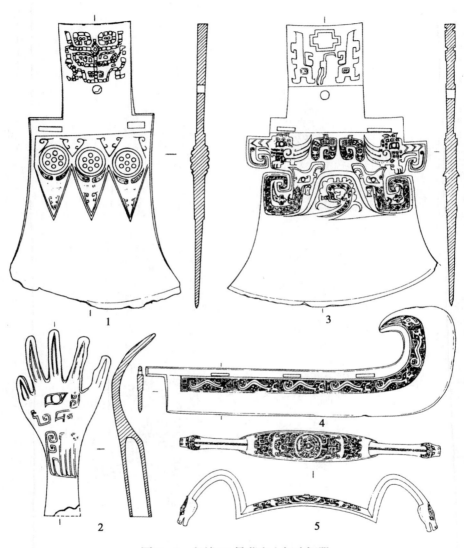

图7—9　殷墟54号墓出土部分铜器

1. Ⅲ式钺（M54：92）　2. 手形器（M54：392）　3. Ⅰ式钺（M54：86）

4. 卷头刀（M54：87）　5. 弓形器（M54：286）（1、2约2/5，余约1/5）

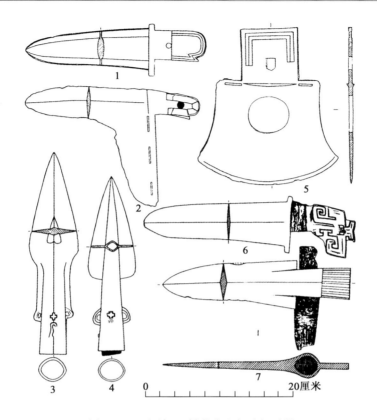

图 7—10　殷墟 54 号墓出土部分铜兵器

1. A 型 I 式戈（M54∶223）　　2. A 型 II 式戈（M54∶197）　　3. B 型矛（M54∶37）

4. A 型矛（M54∶113）　　5. II 式钺（M54∶89）　　6. B 型戈（M54∶47）　　7. C 型戈（M54∶249）

长伯的封地即称为长，商王关心长地的年成，卜问"长不其受年"（《合集》
9791）。商王还经常与长族进行联络，故常常卜问派遣官员"往于长"：

> 戊申卜，㱿贞：惟黄呼往于长？
> 戊申卜，㱿贞：惟师呼往于长？（《合集》7982）
> 丁巳卜，㱿贞：呼师般往于长？（《怀特》956）

在一期（《合集》767 反）、四期（《合集》36346）和五期（《合集》36776）
的卜辞中，都可以看到商王亲自行至长地，有"在长"的记录。关于长在何
地，根据长与舌方、羌（《合集》495）均有涉，以及今山西长子县西郊有春

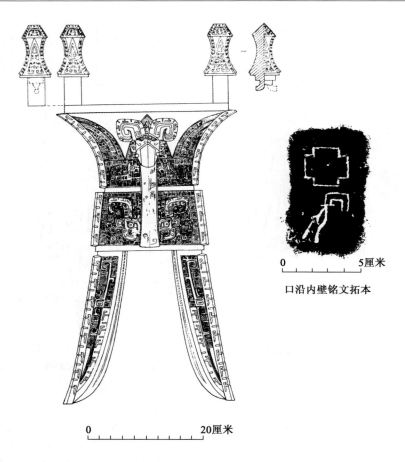

口沿内壁铭文拓本

图 7—11　殷墟 54 号墓铜方斝及其"亚长"铭文

秋时期的"长子"古地名等情况，已故的林欢博士认为"长"族原居于今山西长子县，河南鹿邑县太清宫的长子口墓墓主是商亡国之后南迁的"长子"族首领①。那么，花园庄 54 号墓墓主当为殷墟二期偏晚即商王祖庚祖甲时期长族派遣到殷都、居住在殷都的、在朝为武官的大贵族。

① 　a. 林欢：《试论太清宫长子口墓与商周"长"族》，《华夏考古》2003 年第 2 期。

　　b. 关于长子口墓，也有一种观点认为它是周初封于宋地的微子启的墓葬，参见王恩田《鹿邑太清宫西周大墓与微子封宋》，《中原文物》2000 年第 4 期；［日］松丸道雄《河南鹿邑県長子口墓をめぐる諸問題——古文献と考古学との邂逅》，《中国考古学》第四号，2004 年 11 月。

在殷墟居住着许多大大小小的贵族家族，而这些贵族家族的家长每每在王朝担任某种职官，在这里，我们还可以举出殷墟西区墓地第六墓区的墓葬出土有被称为"大中"的徽记铭文以及第三墓区出土有"中"这样的徽铭。"大中"是"大"与"中"相组合的复合型徽铭，这种复合型徽铭或者反映了家族与宗族之间的衍生、分支之类的关系，或者反映了二者之间的联合关系，而在甲骨文中就有"小臣中"（《合集》5575 和 16559 反），小臣在商代是较高的官名，"中"在这里既可以作人名即族长的私名，亦可以作为族名。据研究，卜辞中人名（族长之名）每每与族名（家族、宗族和国族之名）乃至地名相同①，像本章第一节所述的山东青州苏埠屯出土的徽铭"亚醜"之醜，与卜辞中的"小臣醜"之醜，也属于这种情况，既可以理解为人名，也是族名。既然以小族族居的形式居住在殷墟的贵族们每每在王朝是任职为官的，那么商王对王朝的各种官吏的支配，也就是对这些贵族及其家族的直接支配。当然，这种支配并不是干涉这些贵族家族内部的事情，而是要他们为王朝服务，为商王去征战、耕种、田猎等。例如，在今安阳梅园庄村一带，东北距小屯宫殿区约 2 公里，是一处集居地与墓地于一体的居邑，出土有被称为"光"等家族的徽铭，该家族是这个居邑中的望族②，而在卜辞中，我们可以看到商王要求"光"致送"羌刍"："甲辰卜，亘贞：今三月光呼来？王占曰：其呼来。迄至惟乙，旬又二日乙卯，允有来自光，以羌刍五十。"（《合集》94 正）也有卜问"光"能否获羌："贞：光获羌？"（《合集》182）"光不其获羌？"（《合集》184、185）"……光来羌"（《合集》245 正）。在卜辞中，"光"也被称为"侯光"，属于侯伯之类的诸侯，如"丙寅卜，王贞：侯光若……往✳嘉……侯光……"（《合集》20057）。"侯光"作为诸侯的领地当不在殷墟梅园庄，因为梅园庄一带出土的徽铭不止"光"一个族，还有"单"、"册韦"、"天黾"等族，梅园庄出土的"光"徽铭，只是光侯中的一个家族而已，也许就是光侯国族中在朝廷为官者，也就是说，光侯国族中在朝廷为官的家族是住在殷墟的，商王的支配力之所以能达到家族宗族这一层面，是因为这些家族宗族的居邑分布于王都所直接统辖的范围的缘故。也正因为此，才造成王都内小族居与大杂居相统一，使得晚商王都内的地缘性即亲族组织的政治性要较其他地方发达一些。

---

① 朱凤瀚：《商周家族形态研究》，天津古籍出版社 1990 年版，第 42—48 页。

② 郑若葵：《殷墟"大邑商"族邑布局初探》，《中原文物》1995 年第 3 期。

　　这里我们虽然将殷墟的居邑与"家族"、"宗族"乃至"王族"这些概念相联系，然而值得一提的是，这里的"家族"、"宗族"、"王族"之"族"，完全是从血缘层面上讲的，也正如《白虎通义·宗族》篇所说："族者何也？凑也，聚也，谓恩爱相流凑也。上凑高祖，下至玄孙，一家有吉，百家聚之，合而为亲，生相亲爱，死相哀痛，有会聚之道，故为之族。"这是一种族共同体即族组织的概念，这样的概念与甲骨文中出现的"王族"、"子族"、"多子族"、"三族"、"五族"、"左族"、"右族"之"族"字的含义是不一样的。甲骨文中的"族"字应该说的是军事军队编制中的一种，它所反映的最基本的情况不像是血缘组织而像是军队组织，表示的是一种亲属部队。因而笔者认为，"王族"指的是王的亲属部队，"子族"指的是子（子或为爵称，或指宗族之长即宗子，它既包含有王子，也包含有非王子）的亲属部队，"多子族"指的是"多子"即多个子的亲属部队，"一族"、"三族"、"五族"分别指的是一个、三个、五个亲属部队，"左族"、"右族"指的是位于左边和位于右边的亲属部队，如此而已①。大概也只有这样，才能使得一些学者所说的甲骨文中的"子某"指的是王子或不限于时王之子的说法，与甲骨文中存在着"王族"和"子族""多子族"这样的分类，不相矛盾。也就是说，既然甲骨文中的"族"主要是军事军队编制中的一种，在甲骨文中它反映的最基本的情况不是血缘组织而是军队组织，那么，甲骨文中的"王族"与"子族"和"多子族"就不是血缘意义上的族属共同体的分类。诚然，由于笔者主张甲骨文中的"子某"既包含有王子，也包含有非王子，同时也认为甲骨文中的"族"指的是军事军队编制中的一种，这样甲骨文中所谓"王族"与后世血缘意义上的王族范畴，就完全不是同一个概念，在我们所理解的血缘意义上的王族概念中，它至少包含有王、王子、不限于时王之子的历

---

　　①　在甲骨文中，族字从㫃，从矢，矢为箭镞，㫃为旌旗，因而丁山先生指出：甲骨文"族字，从㫃，从矢，矢所以杀敌，㫃所以标众，其本谊应是军旅的组织"（丁山：《甲骨文所见氏族及其制度》，中华书局 1988 年版，第 33 页）。对于卜辞中"族"的含义，历来有两种解释，多数人是从血缘层面上理解，认为它是宗族家族之族，也有认为它是商人军旅，是军事组织名称。笔者认为，甲骨文中的"族"主要是军事军队编制中的一种，它反映的最基本的不是血缘组织而是军队组织，如果说它与后来的"族"字含义有什么联系的话，甲骨文中"族"所表示的有可能是一种亲属部队，商代以后才将这种表示亲属部队的"族"逐渐地主要表示为血缘组织，并在"族军"这一层面上将二者统一了起来。关于甲骨文中"族"的问题，笔者将专文加以论述。

代诸王的后裔以及王的其他亲族亲属，即与时王和历代诸王有着血统关系的亲族集团，都属于广义的王族成员。

综上所述，商代四土侯伯领地内的都鄙邑制结构与商王畿范围内的都鄙邑制结构是一致的，都为三级的都鄙结构，二者也可以相互对照，例如，王都可与四土侯伯的都邑相对应；畿内贵族宗邑或居邑可与四土侯伯领地内的贵族宗邑或居邑相对应；畿内普通村邑可与四土侯伯领地内的普通村邑相对应。这种一致性就像商代湖北盘龙城的都邑、宫殿的形制结构与偃师商城、郑州商城商王都的形制结构一样，前者显然就是后者的一种缩影。这种缩影应该说既包含有中央王国对四土侯伯的影响，也受制于当时政治体制和权力结构的发展程度的制约。笔者以为，中央王国王权的统治范围以及对于四土侯伯领地的统治方式，每每与权力的空间性限制有关，而当时的都鄙邑落模式则在空间居址的结构上适应了这样的统治要求。从权力的空间性限制上讲，商王对于内服与外服即王畿与四土的支配方式显然是不同的，对于远距离的侯伯方国的支配，主要是间接性支配，而在王畿范围内，则采用直接支配与间接支配相结合。即使在王畿内，其支配力最强的只是王都及其附近地区。由于在王都及其附近地区商王的直接支配可以达到家族这一层面，使得安阳殷都所呈现出的大杂居中的小族居的最基本的单元是家族而非宗族，也使晚商王都内的地缘性即亲族组织的政治性要较其他地方发达一些。总之，直接支配与间接支配相结合，是商代重要的统治方式。而商代的这一统治特点，又是由商代的国家体制及当时国家形态的发展程度所决定的。

后　记

　　本书作为中国社会科学院重大课题暨国家哲学社会科学基金课题十一卷本《商代史》中的一卷，规定的时间是五年内完成，由于正式动笔前作了较多的资料准备和思索，所以，本书从2003年春节过后开始动笔，至2004年12月已完成初稿，交给了课题组负责人宋镇豪先生，因出版社要求十一卷凑齐后一起出版，故在等待出版的过程中，又添补了2005年和2006年发表的一些新资料，还作了两次通稿修改。最后，在看校样的过程中，又增添了2007年和2008年的最新资料。当然，毕竟是在校样上修改，不允许作过多的改动，所以只是添加了新资料而对学界同人的某些新观点肯定有顾及不到之处，对此恳请大家谅解。

　　既由于是集体项目的组成部分，亦由于我们中国社会科学院历史研究所先秦史研究室有着良好的学术氛围，所以，在本书的写作过程中，时常就笔者所思考的一些问题，和研究室的同人交换意见，其中通过与宋镇豪、王宇信、常玉芝、罗琨诸位先生和年轻的刘源博士等同人的相关问题的探讨，可以说受益良多。还有，研究室的马季凡副研究员以及孙亚冰、徐义华、王泽文几位年轻博士，也都给笔者提供了诸多的方便和帮助。

　　书中大量涉及的是考古学资料，因而去中国社会科学院考古研究所图书室查阅资料是经常的事情，而每次去考古所图书室都受到原为考古所图书室负责人冯浩璋先生（现已调到考古所杂志编辑部）、图书室管理人员陆志红女士的热情接待，并给予了诸多帮助。此外，为了本书的写作，笔者曾多次前往安阳殷墟、洹北商城、郑州商城、偃师商城、偃师二里头等遗址参观调查，为此，考古所原商周考古研究室杜金鹏主任、原偃师商城考古队王学荣队长、现偃师商城考古队谷飞队长、安阳殷墟考古队唐际根队长、岳洪彬副队长、偃师二里头考古队许宏队长，以及考古所原科研处姜波处长、《考古》杂志编辑部谭长生先生等考古所同仁，都曾对笔者给予了许多方便和关照，有的还将他们最近考古发掘或钻探所得的一些最新资料或信息告诉笔者，促使笔者进行这方面的思考，这些难能可贵的帮助和多年的友谊，都是令人难以忘怀的。

　　最后，对于多年来默默支持我从事研究的贤妻王馥凝，以及对本书的写作甚为关心的我的老师伊藤道治先生，还有为本书的编辑而付出许多辛劳的中国社会科学出版社的黄燕生主任在此一并致以衷心的谢意。

2004 年 12 月初稿

2006 年 12 月二稿

2008 年 1 月 11 日记于历史研究所